August-Wilhelm Scheer (Hrsg.)

# Organisationsstrukturen und Informationssysteme auf dem Prüfstand

18. Saarbrücker Arbeitstagung 1997
für Industrie, Dienstleistung und Verwaltung
6.–8. Oktober 1997
Universität des Saarlandes, Saarbrücken

Schriftleitung:
J. Hagemeyer
U. Markus

Mit 239 Abbildungen und 6 Tabellen

Springer-Verlag Berlin Heidelberg GmbH

Professor Dr. August-Wilhelm Scheer
Institut für Wirtschaftsinformatik
Universität des Saarlandes, Postfach 15 11 50
D-66041 Saarbrücken

Die Deutsche Bibliothek – CIP-Einheitsaufnahme
Organisationsstrukturen und Informationssysteme auf dem Prüfstand: für Industrie, Dienstleistung und Verwaltung / 18. Saarbrücker Arbeitstagung 1997. Hrsg. von A.-W. Scheer. – Heidelberg: Physica-Verl., 1997
ISBN 978-3-642-63916-6 ISBN 978-3-642-59253-9 (eBook)
DOI 10.1007/978-3-642-59253-9


Originally published by Physica-Verlag Heidelberg in 1997
**Softcover reprint of the hardcover 1st edition 1997**



Bindearbeiten: J. Schäffer GmbH u. Co. KG., Grünstadt
SPIN 10647367 88/2202-5 4 3 2 1 0 – Gedruckt auf säurefreiem Papier

# Vorwort

"Today, it's survival of the fastest, not the fittest". So charakterisiert der amerikanische Futurist Toffler die aktuelle Wettbewerbssituation von Unternehmen. Die hohe Geschwindigkeit des Marktgeschehens stellt das langwierige und komplizierte Verfahren des Business Process Reengineering in Frage. Wir erleben die ständige Weiterentwicklung von Informations- und Kommunikationstechnologien einerseits, die Vermarktung vermeintlich neuer Organisationskonzepte, die mit "Buzz-Words" belegt werden, andererseits. Dabei ist das unreflektierte Folgen jeder Technologiewelle Hemmschuh für eine funktionierende und stabile IV-Struktur. Gefragt ist die schnelle Umsetzung von erprobten und zukunftsorientierten Konzepten. Deshalb bleibt die Wahl der richtigen Organisations- und IuK-Strategie weiterhin eine große Herausforderung für Industrie, Dienstleistung und Verwaltung. Die 18. Saarbrücker Arbeitstagung stellt aus diesem Grunde Organisationsstrukturen und Informationssysteme auf den Prüfstand.

Die Entwicklung der vergangenen Jahrzehnte hat zu neuen Organisationsformen geführt. Durch zunehmenden Wettbewerbsdruck wurde Anfang dieses Jahrhunderts die tayloristische Industrieorganisation eingeführt. Später ging man über von streng vertikalen Hierarchien zur Matrixorganisation. Heute sind Unternehmensstrukturen erforderlich, die sich schnellem Wandel von Marktgegebenheiten anpassen können. Im Abschnitt *Organisationsformen der Zukunft* des vorliegenden Tagungsbandes wird gezeigt, daß Unternehmen sich viel mehr als bisher auf den Faktor Mensch konzentrieren müssen. Durch neuentwickelte Kooperationsmodelle, wie die virtuelle Organisation, und neue Formen des Wissensmanagements kann die Wettbewerbssituation eines Unternehmens maßgeblich beeinflußt werden.

Die Beiträge zum Thema *Strategien zur Einführung neuer Informationstechnologien* spiegeln wider, welchen Weg die Praxis gehen kann, um stimmige IV-Strategien zu entwickeln. Dabei spielt der Umgang mit dem "Netz der Netze", dem Internet, und dessen Auswirkung auf unsere Gesellschaft eine wichtige Rolle. Des weiteren werden die konsequente Einführung von Standardsoftware, die Potentiale von Konzepten wie Data Warehouse und Data Mining und Visionen zum Thema Knowledge Warehouse behandelt.

Globaler Handel, Kunden- und Wettbewerbsorientierung stellen eine neue Herausforderung für Controller dar. Das Controlling von heute kann sich nicht mehr nur auf das Betrachten interner Prozesse konzentrieren, sondern muß zunehmend flexibel auf neue Marktbedingungen reagieren und den Informationsbedarf seiner Auftraggeber proaktiv befriedigen. Weitere wichtige, im Abschnitt *Prozeß- und marktorientiertes Controlling* dargestellte Controllingentwicklungen sind der Shareholder Value-Ansatz und die Rückbesinnung auf den Unternehmenswert in Form von Value Engineering sowie Praxiserfahrungen mit der Einführung der Prozeßkostenrechnung.

Die öffentliche Verwaltung erfährt derzeit einen grundlegenden Wandel ihres Selbstverständnisses auf dem Weg zu Kunden- und Prozeßorientierung. Deshalb werden im Schwerpunkt *Controlling in der öffentlichen Verwaltung* Themen wie die Nutzung von Referenzmodellen und Produktdefinition im Rahmen des Produktcontrollings beleuchtet. Weiterhin werden auch der Ansatz des Stakeholder Value und der Weg der Verwaltung zur lernenden Organisation dargestellt.

Somit wird auch mit der diesjährigen Tagung ein attraktives Vortragsangebot und ein Forum für Diskussionen zwischen Theorie und Praxis geschaffen. Ich danke allen Referenten, die ihre Beiträge rechtzeitig in schriftlicher Form zur Verfügung gestellt haben und somit das pünktliche Erscheinen des Tagungsbandes ermöglicht haben. Darüber hinaus danke ich meinen Mitarbeitern Herrn Dipl.-Kfm. Jens Hagemeyer, Herrn Dr. Wolfgang Kraemer, Frau Dipl.-Kff. Ursula Markus, Herrn Dipl.-Kfm. Frank Milius und Herrn Dipl.-Kfm. Yven Schmidt für ihre Unterstützung.

Saarbrücken, im Juli 1997

Prof. Dr. A.-W. Scheer

# Inhaltsverzeichnis

## II Strategien zur Einführung neuer Informationstechnologien



## III Prozeß- und marktorientiertes Controlling

# Autorenverzeichnis

**Dipl.-Ing. Thomas Allweyer**
IDS Prof. Scheer GmbH, Saarbrücken

**Andreas Baumann,**
Volkswagen Financial Services AG, Braunschweig

**Dipl.-Ing. Albert Blau**
debis Systemhaus GmbH, Leinfelden

**Dipl.-Wirtsch.-Ing. Markus Bold**
Institut für Wirtschaftsinformatik der Universität des Saarlandes, Saarbrücken

**Dipl.-Kfm. Burkhard Brunner,**
KPMG Unternehmensberatung GmbH, Köln

**Dipl.-Kfm. Klaus Buchholtz**
Arthur D. Little International, Inc., Wiesbaden

**Peter Budig**
Bundesministerium der Finanzen, Bonn

**Prof. Dr.-Ing. habil. Hans-Jörg Bullinger**
Universität Stuttgart

**Dipl.-Wirtsch.-Ing. Wolfgang Faisst**
Universität Erlangen-Nürnberg

**Gustav Greve**
Arthur D. Little International, Inc., Berlin

**Prof. Dr. Thomas Günther**
Technische Universität Dresden

**Dipl.-Kfm. Jens Hagemeyer**
Institut für Wirtschaftsinformatik der Universität des Saarlandes, Saarbrücken

**Dipl.-Kfm. Ralf Heib**
IDS Prof. Scheer GmbH, Saarbrücken

**Wolfgang Heisterberg**
IBM Europe, Stuttgart

**Dipl.-Kfm. Ernst Herzog**
Plaut Controlling Systems AG, Figino

**Dipl.-Ing. Rolf Ilg**
Universität Stuttgart

**Dr. Ralf Jungclaus,**
Volkswagen Financial Services AG, Braunschweig

**Dipl.-Inf. (FH) Michael Klefges**
Informationsverarbeitung Leverkusen GmbH

**Dr. Wolfgang Kraemer**
Institut für Wirtschaftsinformatik der Universität des Saarlandes, Saarbrücken

**PD Dr. Peter Loos**
Institut für Wirtschaftsinformatik der Universität des Saarlandes, Saarbrücken

**Bruno Manser**
UniversitätsSpital Zürich

**Dr. rer. nat. habil. Wolfgang Martin**
META Group Inc., Stamford, Connecticut

**Prof. Dr. Dr. h.c. mult. Peter Mertens**
Universität Erlangen-Nürnberg

**Dr. Rolf Meyer**
KPMG Unternehmensberatung GmbH Köln

**Barbara Meyer-Piton**
Senatsverwaltung des Landes Berlin

**Dipl.-Kfm. Frank Milius**
Institut für Wirtschaftsinformatik der Universität des Saarlandes, Saarbrücken

**Dr. Christhard Pilder**
KPMG Unternehmensberatung GmbH, Berlin

**Prof. Dr. August-Wilhelm Scheer**
Institut für Wirtschaftsinformatik der Universität des Saarlandes, Saarbrücken

**Dipl.-Ing. Karl-Heinz Schelhas**
Deutsche Telekom AG, Bonn

**Silke Schmidt**
Volkswagen Financial Services AG, Braunschweig

**Dr. Carla Schneider**
KPMG MC Wien

**Dr. Manfred Schwer**
BASF AG, Ludwigshafen

**Dr. Stefan Spang**
McKinsey & Company, Inc., Düsseldorf

**Prof. Dr. Kurt Vikas**
Karl-Franzen-Universität, Graz

**Prof. Dr. Jürgen Weber**
WHU Koblenz - Otto Beisheim Hochschule, Vallendar

**Manfred Wolf**
SAP AG, Walldorf

**Dipl.-Kfm. Dipl.-Ing. Stephan Zinser**
Universität Stuttgart

# I Organisationsformen der Zukunft

# Organisationsstrukturen und Informationssysteme im Wandel - Konsequenzen für die Informationsmodellierung

Prof. Dr. August-Wilhelm Scheer,
Dipl.-Wirtsch.-Ing. Markus Bold,
Dipl.-Kfm. Jens Hagemeyer,
Dr. Wolfgang Kraemer,
Universität des Saarlandes, Saarbrücken

## Inhalt



18. Saarbrücker Arbeitstagung für Industrie, Dienstleistung und Verwaltung 1997. Hrsg.: A.-W.Scheer. 

# 1 Organisationsstrukturen und Informationssysteme im Wandel

Unternehmen von heute wollen keine unflexiblen Strukturen mit vielen Hierarchieebenen. Sie sind dabei, sich in agile, markt- und prozeßorientierte Netzwerke aus dezentralen Verkaufs- und Produktionseinheiten umzuwandeln. Schlagworte wie modulare Organisationsformen, Kooperationsgeflechte oder Telekooperationen, elektronische Märkte, virtuelle, vitale oder grenzenlose Unternehmen stehen für Marktnähe, Konzentration auf Kernkompetenzen und logistische Flexibilität. Abbildung 1 zeigt am Beispiel der Automobilindustrie ein solches Netzwerk. Unterstützt wurde diese Entwicklung durch neue bzw. verbesserte Möglichkeiten der Informations- und Kommunikationstechnologien, insbesondere das Zusammenwachsen von Informatik und Telekommunikation zur Telematik. Diese Technologien verringern den Aufwand, der durch die Koordination der und für die Kommunikation zwischen den dezentralen Einheiten bzw. den Kooperationspartnern entsteht.

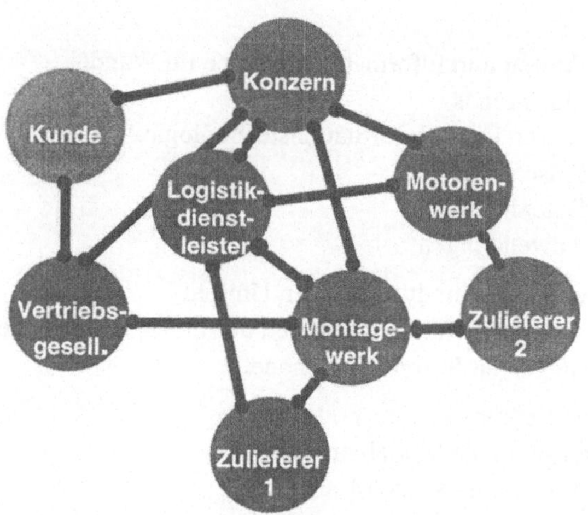


**Abb. 1: Netzwerk in der Automobilindustrie**

## 1.1 Organisationstrends

Als eine Kooperationsform wird in den letzten Jahren das Virtuelle Unternehmen in Wissenschaft und Praxis intensiv diskutiert. Unter einem Virtuellen Unternehmen versteht man ein temporäres Netzwerk unabhängiger Partner, die sich für einen konkreten Auftrag zusammenschließen. Jeder Partner trägt seine Kernkompetenz bei und realisiert einen Teil der Wertschöpfungskette. Die Leistungserstellung erfolgt durch das Netzwerk der beteiligten Partner. Statt zentraler Funktionen werden schlanke Koordinationsstellen institutionalisiert.[1]

Der Kunde erlebt das Virtuelle Unternehmen als Einheit, dies bedeutet, daß Erscheinungsbild und Realität divergieren. Sowohl „unechte" Virtuelle Unternehmen wie moderne Konzernverbünde (ABB, Höchst etc.) als auch „echte" Virtuelle Unternehmen als Zusammenschlüsse verschiedener Partner treten dem Kunden gegenüber einheitlich auf.

Für die Aktionäre verspricht diese Veränderung eine deutliche Steigerung des Unternehmenswertes, der durch die Shareholder Value-Diskussion in den Blickpunkt gerückt wurde. Erfolgreiche Großunternehmen mehren den Unternehmenswert durch geschickte Erweiterung und Bereinigung des Beteiligungsportfolios. Einerseits verbleiben Unternehmensbereiche im Unternehmensverbund, die den Kernkompetenzen sowie der strategischen Ausrichtung entsprechen. Andererseits werden Unternehmensbereiche verkauft oder geschlossen, die nicht in die Strategie passen oder nur eine geringe Rendite erwirtschaften.

Um aus der Summe aller Einzelleistungen eine „best-of-everything"-Organisation zu machen, ist neben der Funktionskompetenz bei der Ausführung spezifischer Aufgaben, stets die Prozeßkompetenz zur Beherrschung des verteilten Geschäftsprozesses erforderlich.[2]

Die Endleistung besteht zumeist aus Leistungsbündeln, die einen materiellen oder immateriellen Wert darstellen. Das materielle Produkt wird um Dienstleistungen ergänzt. Der Begriff Leistung wird häufig synonym zum Begriff Produkt verwendet, d.h. eine betriebswirtschaftliche Leistung ist das Ergebnis eines Produktionsprozesses im weitesten Sinne. Dieser Prozeß ist durch die Kombination und Transformation eingesetzter Leistungen in Ergebnisleistungen charakterisiert. Unter betriebswirtschaftlichen Gesichtspunkten ist der Leistungserstellungsprozeß derart zu organisieren, daß für die zu erzeugenden Leistungen möglichst geringe Leistungswerte und Potentiale eingesetzt werden müssen. Die Betrachtung der Geschäftsprozesse eines Unternehmens muß daher Kontroll-, Informations-, Sach- und Dienstleistungsfluß einbeziehen.

Neben der Bereitstellung von Kommunikationsinfrastruktur spielt bei dem Zusammenwirken mehrerer dezentraler Einheiten die Verfügbarkeit und die Aufarbeitungsmöglichkeit von Informationen eine entscheidende Rolle. Information wird zum Produktionsfaktor. Die beteiligten Kooperationspartner sollten ihre Kernkompetenzen, die sie in die Kooperation einbringen, klar definieren, im Unternehmen verfügbar halten und weiterentwickeln. Kernkompetenzen beschränken sich aber nicht auf die einfache Verfügbarkeit von Information über Prozesse und Technologien, sondern der Begriff zielt auch auf das Erfahrungswissen der Mitarbeiter sowie der gesamten Organisation ab.

Konzepte wie Lernende Organisation oder Wissensmanagement betonen die Bedeutung der Wissensbasis des Unternehmens. Das Wissen eines Unternehmens steckt in den Produkten, genutzten Technologien, Geschäftsprozessen sowie in den Mitarbeitern. Diese Wissensbasis ist zu dokumentieren, zu speichern, nutzbar zu machen und geeignet zu erweitern. Ein Geschäftsprozeßmodell sowie Referenzmodelle und -bausteine bilden den Ausgangspunkt für die Wissensnutzung. Es ist um die Attribute zu ergänzen, die das relevante Wissen charakterisieren helfen und somit wieder auffindbar machen.

## 1.2 Entwicklungen in der Informationstechnologie

Die Informationstechnologie stellt in rascher Folge neue technische Möglichkeiten zur Verfügung, deren Einsatz in Unternehmen unabdingbar ist. Die Entwicklung und Verbreitung von Technologien wie Netzwerke und Datenbanken haben viele der beschriebenen Organisationstrends begünstigt oder sogar ausgelöst. Einige wesentliche Entwicklungen in der Informationstechnologie faßt im Zeitablauf Abbildung 2 zusammen.

| Stand der Technik | Präsentation | Datenhaltung | Anwendungen |
|---|---|---|---|
| gestern | "Monomedia", Lochkarte<br>Text<br>Grafik<br>Multimedia<br>Hypermedia | Datei<br>Hierarchische DB<br>Netzwerk-DB<br>Relationale DB | Individualprogramme<br>Software Engineering<br>Software-Bibliotheken<br>konfigurierbare Standardsoftware |
| heute | | | |
| morgen | Virtual Reality<br>→ Enhanced Reality<br>→ Immersion, Integration von Haptik und Olfaktorik | Postrelationale DB<br>→ temporal, spatial<br>→ multidimensional<br>→ Objekt-orientierung | Componentware<br>→ Objekt-orientierung<br>→ evolutionäre Business Objects<br>→ modellgestützte Generierung |

**Abb. 2: Entwicklungspfade der Informationstechnologie**

### 1.2.1 Präsentation

Zu Beginn des Computerzeitalters wurden Lochkarten sowohl für die Informationsspeicherung, als auch für die Ein- und Ausgabe genutzt. Mit Terminals war es möglich, Texte eines festen Zeichensatzes monochrom darzustellen. Mittlerweile sind Grafikkarten erhältlich, die neben Texten und Grafiken dreidimensionale Bilder in Echtfarben darstellen und Videosequenzen synchron mit der Audiowiedergabe abspielen können. Durch die exponentielle Steigerung der Rechenleistung und der Innovation im Bereich der Ausgabegeräte wird die Entwicklung von Virtual Reality vorangetrieben.

Die Feinmechanik und Sensorik entwickelt neue Benutzerschnittstellen wie Cyber-Handschuhe und Cyber-Anzüge, die eine Bewegung im virtuellen Raum erleichtern. Der Benutzer nimmt mit Hilfe spezieller Hardware wie Head-mounted Displays oder sog. CAVEs den virtuellen Raum dreidimensional wahr. Die durch das System verarbeitete und präsentierte Information wird dem Benutzer so dargeboten, als bewege er sich in einer realen Welt. Er kann sie durch optische und akustische Reize wahrnehmen. Neuere Entwicklungen zielen auf die Integration weiterer Sinne und der Anreicherung der Realität um virtuelle Elemente.

## 1.2.2 Datenhaltung

Die Entwicklung der Datenhaltung vollzog sich von redundanter Dateiverarbeitung, über hierarchische und netzwerkorientierte Datenbanken hin zu relationalen Datenbanksystemen.[3]

Zunächst verwaltete jedes Programm seine benötigten Daten in Form einer Datei selbst. Dies war an ein programmspezifisches Datenformat gebunden, Daten konnten nicht ohne Konvertierung zwischen verschiedenen Programmen ausgetauscht werden und eine konsistente Datenbasis wurde durch die redundante Datenhaltung nahezu unmöglich gemacht. Abhilfe schafften integrierte Datenbanken, in der die Daten redundanzarm gehalten werden und auf die sämtliche Anwendungsprogramme zugreifen können. Stark verbreitet sind relationale Datenbanken, die gegenüber ihren Vorläufern Vorzüge in punkto Flexibilität und Erweiterbarkeit haben. Aber auch dieses Konzept erfährt Veränderungen.

Mittlerweile sind sowohl relationale Datenbanken mit objektorientierten Erweiterungen als auch objektorientierte Datenbanken auf dem Markt erhältlich. Sie ermöglichen die Einstellung von Klassen, die Informationsobjekte mit ihrer Datenstruktur und den auf dieser Datenstruktur ausführbaren Operationen aufnehmen. Gemäß des Geheimnisprinzips wird eine Klasse nach außen hin nur durch die definierten Schnittstellen der Operationen repräsentiert.

Postrelationale Datenbankkonzepte erweitern das Relationenmodell um neue Konzepte oder ersetzen dieses durch andere Paradigmen. Zu nennen sind multidimensionale, temporale und spatiale Datenbanken, Wissensdatenbanken und aktive Datenbanken.

### 1.2.3 Anwendungen

Als Folge unbefriedigender Produktivität bei klassischer Individualentwicklung wurden ingenieursmäßige Methoden entwickelt, die eine zeit-, kosten- und termingerechte Softwareproduktion sicherstellen sollten. Auch wurden Bibliotheken wiederverwendbarer Software-Bausteine erstellt. Trotz großer Fortschritte in diesen Bereichen setzt sich bei betriebswirtschaftlichen Anwendungen Standardsoftware immer stärker durch.

Die zunehmende Bedeutung der Objekttechnologie für betriebliche Informationssysteme geht mit steigenden Anforderungen an Standardsoftwaresysteme hinsichtlich Flexibilität, Anpaßbarkeit und Erweiterbarkeit einher. Diese Anforderungen finden im Konzept des komponentenbasierten Informationssystems (Componentware) ihren Ausdruck. Hier wird ein Informationssystem realisiert, in dem Komponenten als lose miteinander gekoppelte, vorintegrierte, vorzugsweise objektorientiert entwickelte Moduln zur Laufzeit miteinander in Verbindung treten und ein Gesamtsystem bilden. Eine Komponente erbringt dabei zu einem abgegrenzten Sachverhalt einen Softwaredienst, auf den sie fachlich und technologisch optimal zugeschnitten ist. Beim komponentenbasierten Informationssystem handelt es um eine Fortführung des Client/Server-Prinzips, wobei die Anwendung nicht nur vertikal über die Schichten Präsentation, Anwendungslogik und Datenlogik, sondern auch horizontal innerhalb der Schichten verteilt wird.[4]

Ursprünglich monolithische Standardsoftwaresysteme werden in Komponenten zerlegt, wodurch eine Installation unterschiedlicher Releasestände für die einzelnen Komponenten der Standardsoftware möglich ist. Damit einher geht eine Normierung der Schnittstellen. Mit „best of breed" zeichnet sich dabei eine Entwicklung ab, welche die Zusammenstellung von Komponenten unterschiedlicher Hersteller vorsieht. Die Komponenten werden dabei so ausgewählt, daß für jede benötigte Funktionalität die jeweils beste Softwarekomponente eingesetzt wird. Im Softwaremarkt kristallisieren sich hierbei zwei Gruppen von Herstellern heraus: Wenige große Anbieter liefern das Rahmenwerk, bestehend aus einem Basissystem und standardisierten Funktionalitäten. Um diese scharen sich viele kleinere Softwarehäuser, die spezialisierte, mit der Standardsoftware kompatible Add-Ons für einzelne Marktsegmente anbieten.

Dieser Trend wird durch die Entwicklung vorgefertigter Business Objects gefördert, aus denen sich eine Anwendung nach dem Lego-Prinzip zusammensetzen läßt. In Softwarebibliotheken werden die Anwendungskomponenten mit genau definiertem Funktionsumfang, Metainformationen, den Input- und Output-Spezifikationen abgelegt und dokumentiert. Zur Zeit entstehen bereits solche Sammlungen von Business Objects, die in elektronischen Handelsplätzen über das World Wide Web (WWW) vertrieben und bereitgestellt werden. Ein Ansatz zur Erstellung der benötigten Komponenten ist deren modellgestützte Generierung und Konfiguration.

# 2 Informationsmodellierung im dynamischen Umfeld

## 2.1 Veränderungen im Wirkungsbereich der Informationsmodellierung

Organisation und Informationstechnologie stehen in engem Zusammenhang miteinander. Einerseits nutzen Unternehmen die Möglichkeiten der Informationstechnologie, um ihre bestehenden Prozesse zu verbessern, andererseits fungiert Informationstechnologie als „Enabler" für vollkommen neue Formen der Leistungserstellung. Daher stellt sich die Frage nach der "richtigen" Informationstechnologie-Strategie. Als Königsweg wird üblicherweise folgende Vorgehensweise vorgeschlagen: Ausgehend von der Formulierung einer Geschäftsstrategie wird eine Unternehmensstruktur definiert, aus der sich wiederum Führungsprozesse und eingesetzte Technologie, dann Rollen und Fertigkeiten ableiten [5]. Diese Vorgehensweise, die beim Business Process Reengineering typisch ist, kann als „top down" bezeichnet werden. Aber auch der umgekehrte Weg, von der Technologie zur Strategie, ist gangbar, wie Beispiele aus der Praxis zeigen [6].

Der Weg von der betriebswirtschaftlichen Fragestellung zum Informationssystem, also „top down", wird durch Phasenkonzepte systematisch beschrieben.[7] Zentrales Gestaltungsobjekt der schrittweisen Annäherung an die Implementierung sind Informationsmodelle. Informationsmodelle sind von der Realität abstrahierende Abbildungen interessierender Sachverhalte. Diese Abbildungen stellen Hilfsmittel zum leichteren Umgang mit der komplexen Realität dar.

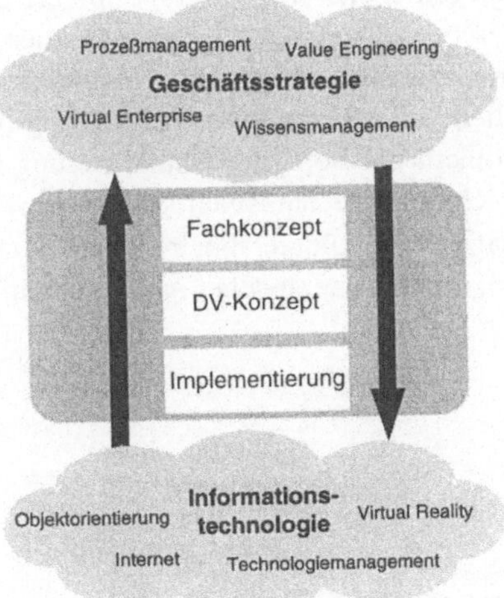


**Abb. 3: Wirkungsbereich der Informationsmodellierung**

So werden im Rahmen der Abbildung von Fachkonzepten semi-formale Beschreibungsmethoden genutzt, die Probleme und Lösungsansätze aus fachlicher Sicht darstellen. Beispiele hier genutzter Methoden sind Organigramme, semantische Datenmodelle, Funktionsbäume und Ereignisgesteuerte Prozeßketten. Fachkonzeptmodelle werden im Rahmen der DV-Konzeption in Modelle transformiert, die der Informationstechnik näher sind. Die fachlichen Beschreibungen bleiben erhalten, werden aber aus einer anderen Perspektive formuliert. Es erfolgt eine Festlegung auf bestimmte Technologien (z.B. relationale Datenbank oder deklarative Programmierung) und Rahmenbedingungen, jedoch noch keine Berücksichtigung spezieller Entwicklungswerkzeuge. Hier genutzte Modelltypen umfassen u.a. Module, Relationen, Netzmodelle, Maskendiagramme oder Verteilungsdiagramme. Aus diesen dv-technischen Modellen werden in einem letzten Überführungsschritt, der Implementierung, von Rechnersystemen interpretierbare Spezifikationen und ausführbare Anweisungen entwickelt. So erfolgt eine Erstellung, Generierung oder Konfiguration von Datenbanktabellen, Programmcode und physischen Netzkomponenten.

Die Informationsmodellierung bietet Lösungen für betriebswirtschaftliche Probleme. Für das Prozeßmanagement stellen Geschäftsprozeßmodelle Hilfsmittel dar. Sie bilden die Basis für eine zielgerichtete Analyse und Verbesserung der Abläufe, bei der auch Simulationsverfahren eingesetzt werden können. Zur systemgestützten Ablaufsteuerung können diese Prozeßketten in Workflow-Modelle transformiert werden. Dabei werden sie um Informationen erweitert, die für die Anbindung von Anwendungssystemen und den Datentransport notwendig sind. Der Weg von betriebswirtschaftlichen Konzepten wie Wertorientierung, Wissensmanagement und Virtuelle Unternehmen zur Umsetzung wird durch Informationsmodelle unterstützt.

Durch neue Informations- und Kommunikationsmöglichkeiten erschließen sich neue Potentiale. Der technologiegetriebene Weg „bottom up“ zur Definition von Geschäftsfeldern kann in der Praxis beobachtet werden. Ein aktuelles Beispiel ist das Internet, das unter anderem Unternehmen neue Marketing- und Vertriebskanäle (z.B. für Software-Distribution) erschließt, neue Formen der Ausbildung (wie die Virtuelle Universität) ermöglicht, das Problem der Software-Aktualisierung (über Java-Applets) löst, neue Zahlungs- und Abrechnungsmechanismen (wie e-cash) hervorbringt. Hier ist zu beobachten, daß Informationstechnologie die treibende Kraft des Wettbewerbs ist. Abbildung 4 zeigt die Prognosen verschiedener Analysten zur Marktentwicklung.

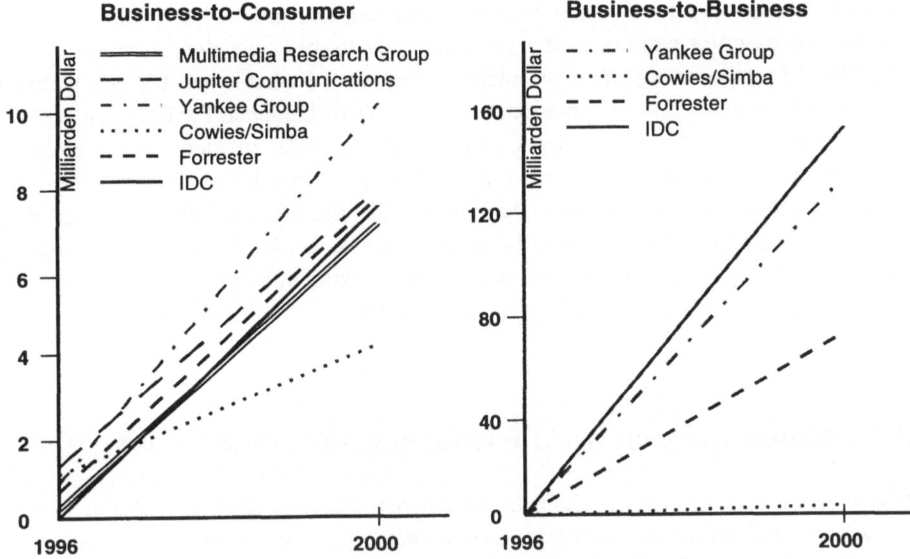


**Abb. 4: Prognosen zu Electronic-Commerce-Umsätzen [8]**

Neben dem Internet sind Virtual Reality, Objektorientierung und Repository Technologien, die einerseits die Informationsmodellierung als betriebliche Aufgabe verändern und anderseits methodische Unterstützung durch die Informationsmodellierung erfahren.

## 2.2 Anforderungen an Informationsmodelle

Zentrales Anliegen der Informationsmodellierung ist es, Information als Produktionsfaktor genauso effizient nutzen zu können, wie Arbeit, Betriebsmittel und Kapital. [9] Informationsmodelle werden in vielen Bereichen eines Unternehmens genutzt. Typisch sind unter anderem Organigramme, Prozeßmodelle, Konstruktionszeichnungen, Schaltpläne, Datenmodelle oder Grundrisse. Einsatzgebiete sind u.a. die Einführung neuer Technologien und Software, Reorganisation von Abläufen, Dokumentation von Wissen, Schaffung von Transparenz, Erleichterung der Kommunikation, Herstellung von Vergleichbarkeit oder auch Konsistenzprüfung.

Die verschiedenen Informationsmodelltypen stellen verschiedene Sichten auf unternehmensrelevante Tatbestände dar und weisen zum Teil starke Beziehungen zueinander auf. So sind die Modelle der Aufbau- und Ablauforganisation eng miteinander verbunden, genau wie die Modelle von Produkten und zugehörigen Fertigungsprozessen. Daraus ergibt sich die Notwendigkeit, auch diese Zusammenhänge für den Benutzer modellübergreifend transparent abzubilden. Informationsmodelle werden jedoch mit verschiedenen Werkzeugen erstellt und isoliert voneinander verwaltet. Dadurch können Inkonsistenzen zwischen Modellen gleichen und unterschiedlichen Typs entstehen, die beseitigt werden sollten. Ein weiteres Problem ist die Verteilung dieser Modelle. Modellierungswerkzeuge müssen geeignete Mechanismen für den weltweiten Zugriff vorsehen. Da Informationsmodelle in verschiedenen Fachabteilungen von Mitarbeitern mit unterschiedlichen Qualifikationen genutzt werden, ist ein einheitliches Modellverständnis wichtig, um Kommunikationsprobleme zu vermeiden. Zur Senkung des Aufwandes bei der Erstellung von Informationsmodellen muß ihre Wiederverwendbarkeit erhöht werden. Zu diesem Zweck werden Referenzmodelle angeboten, welche vorhandenes Wissen strukturiert dokumentieren. [10] Diese müssen aktuell, ständig verfügbar und über geeignete Suchmechanismen zugänglich sein.

# 3 Konsequenzen für die Informationsmodellierung

Die im vorangegengenen Abschnitt beschriebenen Veränderungen der Rahmenbedingungen für und Anforderungen an Informationsmodelle bedingen eine Evolution der heute genutzten Modellierungsmethoden. Im folgenden werden Ansätze vorgestellt, welche die Informationsmodellierung auf verschiedenen Ebenen weiterentwickeln.

## 3.1 Interorganisationale Modellierung

Die Rolle der Informationsmodellierung bei der interorganisationalen Optimierung der Wertschöpfungskette kann anhand des Lebenszyklus eines Virtuellen Unternehmens deutlich gemacht werden (vgl. Abbildung 5).

Virtuelle Unternehmen entstehen ad-hoc oder in Virtuellen Zentren, Kooperationsbörsen sowie Elektronischen Marktplätzen. Virtuelle Zentren stellen mittelfristig gültige Kooperationsrahmen dar, wie sie insbesondere bei KMU aufgrund ihrer geringen Kooperationsgeübtheit notwendig sind, und vermindern die Transaktionskosten bei der Bildung des Virtuellen Unternehmens. Die Kooperationsbörse ist ein Kommunikations- und Koordinationsforum für Kunden und potentielle Teilnehmer des Virtuellen Unternehmens.

Der Lebenszyklus besteht im Zeitablauf aus den fünf Phasen Grobplanung, Partnerwahl, Feinplanung, Umsetzung und Umstrukturierung.[11] Die Bildung eines Virtuellen Unternehmens erfolgt entweder reaktiv aufgrund einer Kundenanfrage oder eines Kundenauftrages oder proaktiv zur Bearbeitung einer Marktchance.

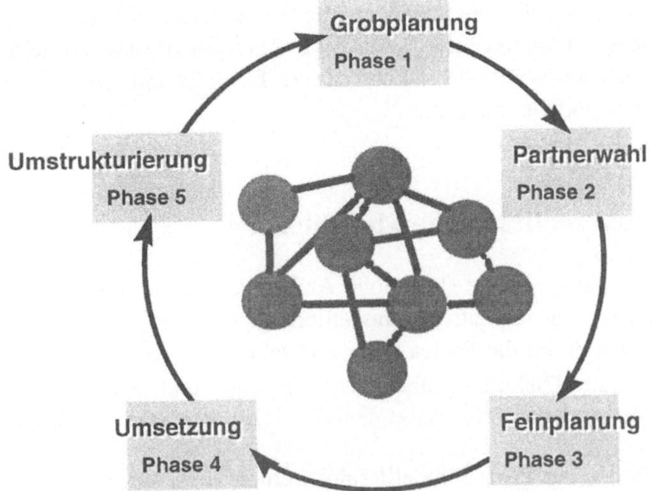


**Abb. 5: Lebenszyklus eines Virtuellen Unternehmens**

In der Grobplanung werden das Produkt bzw. Leistungsbündel, die benötigten Kompetenzen und Bausteine der Wertschöpfungskette festgelegt. Hierbei kann auf vorhandenes Wissen über Geschäftsprozesse und zu erbringende Leistungen in Form von Referenzmodellen und -bausteinen zurückgegriffen werden. Die Referenzmodelle sind hierfür zu klassifizieren, um ein Wiederauffinden der benötigten Lösungen zu beschleunigen. Die materiellen und immateriellen Schnittstellen zwischen den Partnern sind zu analysieren. Bei der Umsetzung bilden diese die Informations- und Materialflüsse.

Bei der Partnerwahl bzw. -suche sind potentielle Partner zu identifizieren und anzufragen. Kompetenzkataloge erleichtern die Suche. Den einzelnen Prozeßbausteinen werden nun die Partner (Organisationseinheiten) zugeordnet, eine spezifische Anpassung des Gesamtmodells der Virtuellen Unternehmung wird vorgenommen.

In der Feinplanung sind die Prozesse und Leistungen auf Detailebene zu beschreiben und für die spätere Abrechnung mit konkreten Werten zu hinterlegen. Die optimierten Modelle dienen als Grundlage für die Umsetzung und die informationstechnische Implementierung.

Aus Basis der Feinplanung erfolgt die Realisierung. Für die Koordination und Steuerung der Geschäftsprozesse erlangen Workflow-Systemen und Intra- sowie Internet zunehmend größere Bedeutung. Workflow-Systeme automatisieren den Informationsfluß und das Monitoring des Prozeßfortschritts. Über das Internet kann eine stärkere Kopplung der Informationssysteme erreicht werden: Entweder durch ein Workflowsystem, welches das integrierte Modell des Virtuellen Unternehmens unterstützt oder durch direkten Zugriff auf die Anwendungen des Partner.

In der Umstrukturierung werden die Projektergebnisse entsprechend den Vereinbarungen der Planungsphase verwertet und das Projekt abgerechnet. Das Virtuelle Unternehmen wird entweder aufgelöst oder rekonfiguriert. Bei letzterem werden wiederum Prozeß- und Leistungsmodelle modifiziert.

## 3.2 Intuitive und realitätsnahe Modellierung

Die Analyse der Geschäftsprozesse stellt hohe Anforderungen an die Darstellung der betrieblichen Abläufe: Nur realitätsnah modellierte und intuitiv verständliche Geschäftsprozesse können durch die Fachabteilungen validiert werden, um Ausgangsbasis für die anschließende Diskussion über Schwachstellen und Verbesserungspotentiale zu sein.

Gegenwärtige Methoden zur Prozeßmodellierung werden von zweidimensionalen Beschreibungssprachen geprägt. Diese arbeiten mit grafischen Darstellungselementen, die einer rein textuellen Dokumentationen überlegen sind. Mögliche Weiterentwicklungen zielen auf eine größere Akzeptanz der Informationsmodelle in den Fachabteilungen und gehen in zwei Richtungen: Erstens können die Beschreibungselemente der existierenden zweidimensionalen Beschreibungssprachen um weniger abstrakte und intuitiv erfaßbare Symbole ergänzt werden. Zweitens kann Virtual Reality zur dreidimensionalen Visualisierung vorhandener dokumentierter Prozesse genutzt werden.

### 3.2.1 Prozeßmodellierung mit intuitiven 2D-Beschreibungssprachen

Formale oder semi-formale Modellierungssprachen legen abstrakte Beschreibungsobjekte für die Modellierung zugrunde. Während Methoden-Experten in den EDV- und Organisationsabteilungen diese Objekte eindeutig zuordnen können, erschließen sie sich den Prozeß-Experten in den Fachabteilungen erst mit einigem Zeitaufwand. Ziel sollte es sein, daß diese in die Lage versetzt werden, ihre eigenen Abläufe zu dokumentieren, um damit ihr Wissen über die Prozesse auch anderen Mitarbeitern verfügbar zu machen. Die Modellierungsmethoden und -werkzeuge sind daher so zu gestalten, daß Metaphern aus dem gewohnten Arbeitsumfeld der Mitarbeiter genutzt werden können. Abbildung 6 zeigt einen mit Piktogrammen dargestellten Prozeß aus dem Bereich der Auftragsbearbeitung.

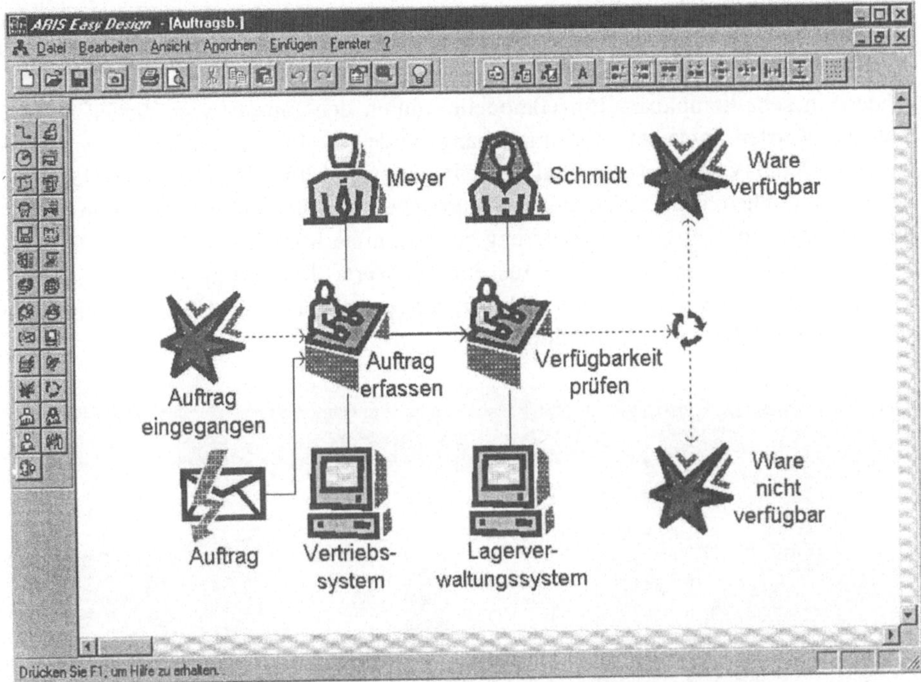


**Abb. 6: Intuitiv verständliche Prozeßbeschreibung**

## 3.2.2 Realitätsnahe Prozeßvisualisierung mit Virtual Reality

Das Unternehmensumfeld der Geschäftsprozesse ist dreidimensional. Symbolische Beschreibungssprachen bilden Geschäftsprozesse jedoch zweidimensional ab. Virtual Reality ist eine Möglichkeit zur anschaulichen Visualisierung komplexer Daten und erlaubt dem Benutzer, diese auf intuitive Art zu manipulieren. Der Einsatz von Virtual Reality ermöglicht die realitätsnahe Prozeßvisualisierung und bietet neue Formen der Interaktion mit Daten an. Im Vordergrund des Einsatzes von Virtual Reality steht die Erstellung VR-basierter Prozeßmodelle. Diese kann manuell ausgehend von zweidimensionalen Vorlagen oder automatische durch Generierung der VR-basierten Modelle aus vorhandenen computergestützten Prozeßmodellen erfolgen. Letzteres reduziert den Implementierungsaufwand zur Erstellung VR-basierter Modelle erheblich.[12]

Geschäftsprozesse können auf verschiedenen Abstrationsebenen dargestellt werden. Auf einer aggregierten Ebene ist die abstrakte Visualisierung der Wertschöpfungskette sinnvoll. Im Vergleich zur herkömmlichen Darstellung lassen sich durch die Nutzung aller drei Dimensionen in der virtuellen Umgebung des Modells die einzelnen Beschreibungsobjekte übersichtlicher anordnen. Auf den Abstraktionsebenen, die den

Geschäftsprozeß sehr detailliert beschreiben, steht der Entwurf dreidimensionaler Metaphern zur Beschreibung der verschiedenen Aspekte eines betrieblichen Ablaufs im Mittelpunkt. Über die reine Visualisierung hinaus kann auch die Navigation insbesondere in sehr komplexen Prozeßmodellen durch den Einsatz von Virtual Reality intuitiver werden. In diesem Zusammenhang werden die für Virtual Reality typischen Level-of-Detail-Verfahren zur Grafikbeschleunigung dahingehend abgewandelt, daß sie es ermöglichen, die Komplexität umfangreicher Prozeßmodelle zu reduzieren. Beispielsweise werden erst bei Annäherung an bestimmte Modellobjekte weiterführende Detailinformationen eingeblendet. Aus einer größeren Entfernung sind nur die wesentlichen Elemente des Modells sichtbar, um einen einfachen Überblick über den Prozeß zu ermöglichen (vgl. Abbildung 7).

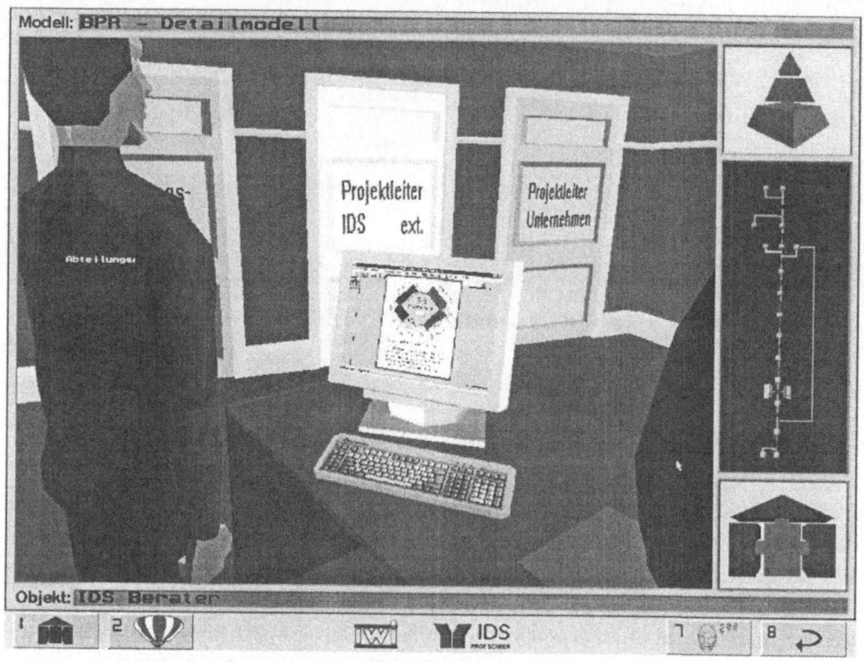


**Abb. 7: Mit Virtual Reality Geschäftsprozesse erleben**

Fokussiert der Einsatz von Virtual Reality bislang auf die Darstellung bereits modellierter Geschäftsprozesse, so ist zukünftig zu untersuchen, ob der Einsatz der neuen Technologie nicht in allen Phasen der Prozeßmodellnutzung sinnvoll ist, d.h. sowohl während der Wissenserhebung, der Modellerstellung, als auch während der Prozeßanalyse. Beispielsweise ist zu prüfen, ob eine VR-basierte Unternehmensdarstellung die richtige Benutzeroberfläche für eine intuitiv verständliche und Mitarbeiter-orientierte Prozeßlenkung sein könnte.

## 3.3 Modellierung der Leistungssicht

Bei der Reorganisation der Geschäftsprozesse ist der Gedanke der Leistungsorientierung nicht auf den Leistungsaustausch mit externen Marktpartnern beschränkt. Vielmehr sollten auch für unternehmensinterne Beziehungen, sowohl zwischen Organisationseinheiten als auch zwischen Funktionen, Leistungsflüsse definiert werden. An die Stelle der Marktpreise treten im Fall interner Leistungsbeziehungen Verrechnungspreise, welche die Geldwertigkeit der Leistungen ausdrücken.

Damit bei der Gestaltung und Steuerung der Geschäftsprozesse diesem Prinzip der Marktorientierung durchgängig gefolgt werden kann, müssen Modellierungskonstrukte bereitgestellt werden, welche die Beschreibung der relevanten betriebswirtschaftlichen Zusammenhänge ermöglichen (vgl. Abbildung 8).

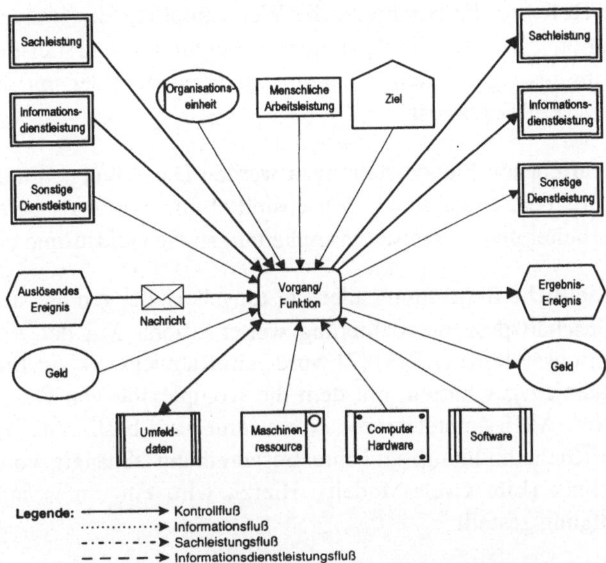


**Abb. 8: Allgemeines Geschäftsprozeßmodell**

Der *Kontrollfluß* bildet den zeitlich-logischen Ablauf der Funktionen im gesamten Geschäftsprozeß ab. Dadurch werden die Vorgänger- und Nachfolgerbeziehungen in der Prozeßkette definiert, wobei sequentielle und mittels Operatoren auch parallele, alternative und zusammenführende Wege dargestellt werden können. Der Kontrollfluß wird durch Ereignisse und von ihnen ausgelöste Nachrichten realisiert. In Abbildung 9 ist dieser Fluß durch *durchgezogene Linien* symbolisiert.

Der *Informationsfluß* bildet den zweckbezogenen Zugriff auf Daten ab, die in den einzelnen Funktionen gebraucht bzw. erzeugt oder verändert werden. Träger von Informationen können einzelne Datenobjekte oder zu gröberen Datenclustern zusammengefaßte Datenstrukturen sein. Im allgemeinen Geschäftsprozeßmodell wird dieser Fluß durch *gepunktete Linien* veranschaulicht.

Der Leistungsfluß gliedert sich in den *Sachleistungsfluß (Punkt-Strich-Linien)* und den Dienstleistungsfluß, wobei Dienstleistungsflüsse alleine auftreten können, Sachleistungsflüsse jedoch in der Regel durch Dienstleistungsflüsse begleitet werden. Während Sachleistungen als materielle Leistungen relativ eindeutig zu bestimmen sind, ist der Begriff der Dienstleistung vielfältig. Dienstleistungen werden deshalb weiter in Informationsdienstleistungen, bei denen die Dienstleistung in der Erzeugung und Bereitstellung von Informationen besteht, und in sonstige Dienstleistungen (z.B. Wartungs-, Reparatur- oder Energieversorgungsleistung), deren Austausch zwischen Organisationseinheiten einer Unternehmung bereits seit langem in der innerbetrieblichen Leistungsverrechnung abgebildet wird, unterschieden. Dem *Informationsdienstleistungsfluß (gestrichelte Linie)* kommt bei der Entwicklung von Informationssystemen eine besondere Rolle zu. Er beschreibt die Wertschöpfung des immateriellen Werkstoffs „Information". Mit der durchgängigen Modellierung der Leistungsflüsse wird die Dienstleistung als eigenständiger Faktor hervorgehoben, der mit dem güterlichen Werkstoffeinsatz vergleichbar ist.

Neben den beschriebenen Flußdarstellungen werden Darstellungsmittel zur Beschreibung der Zielvorgaben, eingesetzten Betriebsmittel und Software, beteiligten Aufgabenträger (Mitarbeiter und Organisationseinheiten) sowie Geldströme bereitgestellt.

Durch die ganzheitliche Betrachtung aller Leistungsbeziehungen hat sich die Komplexität bei der Geschäftsprozeßmodellierung weiter erhöht. Mit der Architektur integrierter Informationssysteme (ARIS) [7] wurde ein Rahmenwerk zur Entwicklung von Informationssystemen geschaffen, mit dem die Komplexität von Geschäftsprozessen beherrschbar wird. ARIS unterstützt die Fokussierung auf bestimmte Aspekte der Geschäftsprozesse (Sichtenbildung) und ihre Beschreibung abhängig von der Nähe zur Informationstechnik (Life Cycle-Modell). Hierzu wird ein umfassender Methodenvorrat zur Verfügung gestellt.

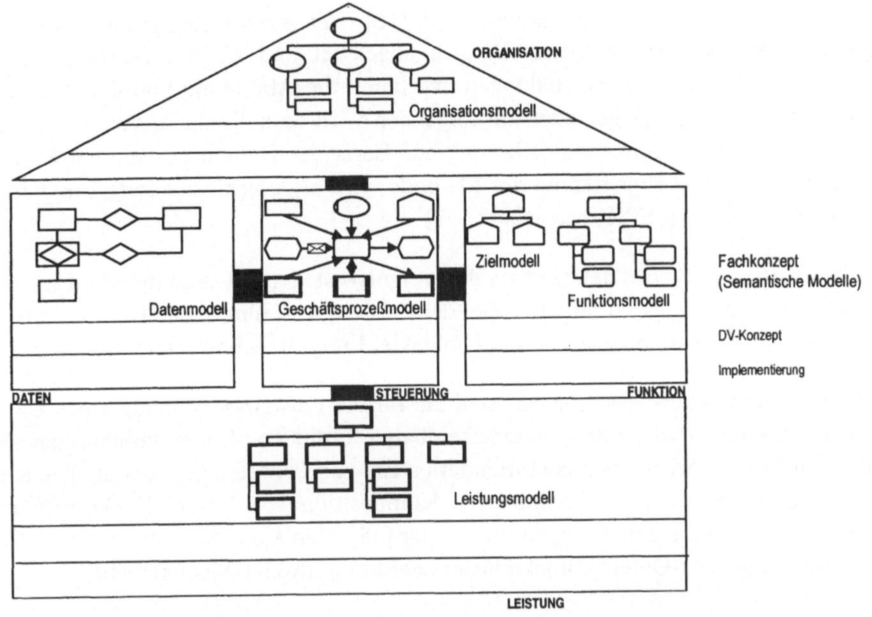


**Abb. 9: ARIS-Haus und ARIS-Modelle auf Fachkonzeptebene**

In der ARIS-Fachkonzeptebene werden die Geschäftsprozesse, die durch ein Informationssystem unterstützt werden sollen, mittels semi-formaler Methoden semantisch modelliert. Abbildung 9 veranschaulicht die Bildung von Sichten auf ein Geschäftsprozeßmodell. In der Leistungssicht werden die betriebswirtschaftlichen Leistungen nach verschiedenen Kriterien strukturiert, hierarchisiert und in Leistungsmodellen abgebildet. Die semantischen Modelle können mittels der Methoden der darunterliegenden ARIS-Ebenen in die Implementierung überführt werden. Auf diese Art und Weise wird eine vollständige, durchgängige und widerspruchsfreie Beschreibung von Informationssystemen ermöglicht.

## 3.4 Objektorientierte Geschäftsprozeßmodellierung

Mit der zunehmenden Verbreitung des objektorientierten Paradigmas auf Seite der Implementierung von betrieblichen Informationssystemen stellt sich die Frage, inwieweit diese Modellierungsmethoden für den Fachkonzeptentwurf von Informationssystemen genutzt werden können. Die Überführung in die Implementierung könnte nahtloser durchgeführt werden. Für die statische Modellierung von Objektklassen ist diese Fragestellung bereits weitgehend gelöst. Die Frage nach der Modellierung von Geschäftsprozessen und deren konsistente Verbindung mit Objektschemata hingegen stellt sich trotz neuerer Entwicklungen im Rahmen der Unified Modeling Language (UML) [13] nach wie vor. Die dort enthaltenen Methoden Sequenzdiagramme [14],

Kollaborationsdiagramme [15], State-Charts [16] oder Aktivitätsdiagramme sind aus implementierungsnahen Problemstellungen abgeleitet und für die Betrachtung betriebswirtschaftlicher Problemstellungen und damit die Abbildung von Geschäftsprozessen meist nur bedingt geeignet. Im folgenden wird deshalb ein Ansatz zur objektorientierten Geschäftsprozeßmodellierung auf Basis der Ereignisgesteuerten Prozeßkette dargestellt. Die Erweiterung der Methode wird als objektorientierte Ereignisgesteuerte Prozeßkette (oEPK) bezeichnet.[17]

Ein Geschäftsprozeß wird definiert als die ereignisgesteuerte Bearbeitung und Interaktion von Geschäftsobjekten mit dem Ziel der Leistungserstellung. Die Definition beinhaltet als zentrale Bestandteile: Geschäftsobjekte, Ereignisse, und Interaktionen.

Geschäftsobjekte (Business Objects) sind die für die Leistungserstellung eines Unternehmens relevanten diskreten, unterscheidbaren Entitäten. Dabei beschreiben Geschäftsobjekte aus Sicht des objektorientierten Entwurfs ein rein konzeptionelles Konstrukt. Sie stellen in ihrer Struktur eine Komposition von Daten, Funktionen und Schnittstellen verschiedener Objektklassen dar.[18] Man kann deshalb auch von Verbund- oder Aggregat-Objekt, Objektcluster oder komplexem Objekt sprechen.

Beispiele für Geschäftsobjekte sind Aufträge, Produkte, Lieferscheine, Buchungsbelege und Mitarbeiter. Ein „Auftrag" wird selbst wiederum - entsprechend der obigen Definition als komplexes Objekt- durch mehrere, hierarchisch komponierte Objektklassen repräsentiert. Diese sind beispielsweise die Klasse Auftragskopf und Auftragsposition.

Ereignisse beschreiben die Zustandsänderung eines Objektes zu einem bestimmten Zeitpunkt.[7] Die Zustandsänderung erfolgt durch die Ausführung von gekapselten Methoden des Objektes. Welche Methoden ausgeführt werden, ist dabei abhängig von dem alten Zustand des Objektes und dem eingetretenen Ereignis. Die Überführung eines Geschäftsobjektes in einen neuen Zustand wird als Transition bezeichnet.

Die Interaktion zwischen Objekten erfolgt über Nachrichten. Sie bilden den Kontrollfluß ab, d.h. mit ihnen werden die Entscheidungs- und Steuerungsfragen in einem objektorientierten System definiert und bestimmt, welche Objekte in welcher Reihenfolge aufgerufen werden.

Bei der Modellierung der aufgeführten Aspekte Geschäftsobjekt, Ereignis und Interaktion auf Typ-/Klassenebene ergibt sich ein Grundmodell, das den ereignisgesteuerten Nachrichtenaustausch zwischen Geschäftsobjekten darstellt. Dieses Grundmodell kann um Konnektoren, Funktionen, Daten, Organisationseinheiten und Ressourcen erweitert werden. Zusammengefaßt ergibt sich dann ein Prozeßmodell, wie es für den Prozeß der Auftragsbearbeitung in Abbildung 10 als oEPK dargestellt ist.[17] Die oEPK kann als natürliche Verbindung der Geschäftsprozeßbetrachtung mit der objektorientierten Betrachtungsweise gesehen werden.

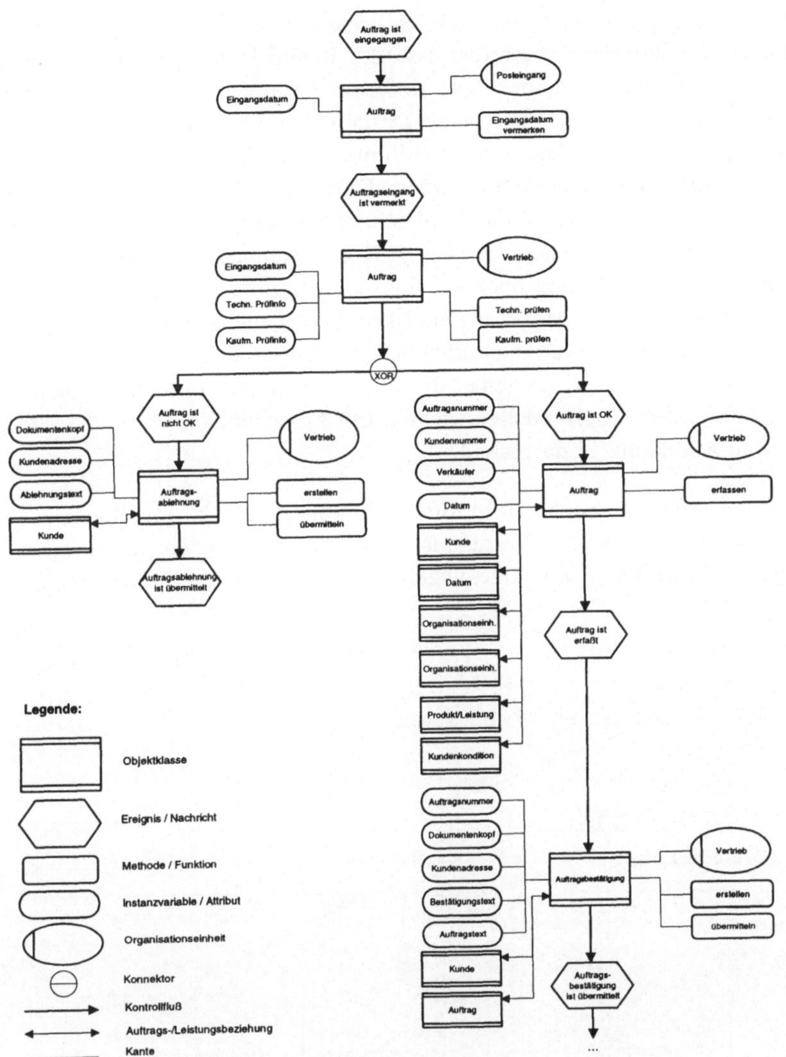


**Abb. 10: Die Auftragsbearbeitung als oEPK**

## 3.5 Ein Modell-Thesaurus für wiederverwendbare Informationsmodelle

Wesentliche Anforderungen an die Weiterentwicklung von Informationsmodellen sind die Verbesserung der Modellverständlichkeit und die Erhöhung der Wiederverwendbarkeit.

Die Modellverständlichkeit kann erheblich verbessert werden, wenn die Semantik der Modelle an die Informationserfordernisse der Benutzer angepaßt wird. Für die Erschließung dem Benutzer unbekannter Informationsmodelle und zur Behebung von Kommunikationsproblemen sind genaue Definitionen der verwendeten Begriffe wichtig. Diese Definitionen sollten in allen Informationsmodellen und über alle Modelltypen hinweg konsistent verwendet werden. Durch Einsatz eines methodenneutralen, übergreifenden Repositorys, in dem Anreicherungen der Modellsemantik gespeichert werden, kann dies sichergestellt werden. [19] Beziehungen zwischen den in Informationsmodellen repräsentierten Sachverhalten können dort üblicherweise jedoch nicht abgebildet werden. Deren Abbildung als Über- bzw. Unterordnung, Synonym, Homonym und Verweis trägt allerdings erheblich zur Verständlichkeit von Modellen bei. Die Bildung solcher Begriffsysteme, die Thesauri genannt werden, ist daher für die Nutzung von Informationsmodellen wichtig. Ein Ausschnitt aus einem derartigen Thesaurus ist in Abbildung 11 dargestellt.

Nachfolgend wird ein offenes Repository vorgestellt, das Informationsmodelle aufnimmt, über das WWW zur Verfügung stellt und insbesondere die Integration von Produkt- und Prozeßmodellen unterstützt.

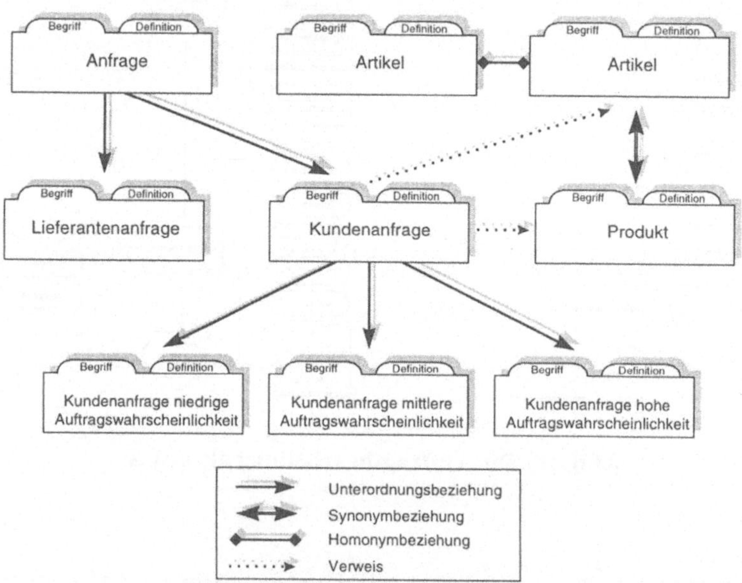


**Abb. 11: Begriffsystem (Beispiel)**

Nicht nur die in Informationsmodellen dargestellten Konzepte, sondern auch die Modelle selbst bedürfen einer Klassifizierung. Um nach Modellen bestimmten Inhaltes suchen zu können, sollten Deskriptoren spezifiziert werden, die beispielsweise bezüglich Modelltyp (wie Produkt-, Daten- oder Prozeßmodell), Modellart (wie unternehmensspezifisches Ist- und Soll-, Referenz- oder Common Practice-Modell), Branchenbezug, Modellierungsperspektive oder Organisationsstruktur unterscheiden.

Um die Wiederverwendbarkeit von Informationsmodellen zu unterstützen, sollten neben dem Aufbau eines konsistenten Begriffsystems und der Angabe von Modelldeskriptoren komfortable Navigationsmöglichkeiten im Repository zur Verfügung gestellt werden. Wenn Modellierungsaktivitäten auf mehrere Mitarbeiter und über mehrere Standorte hinweg verteilt stattfinden, ist eine besondere Unterstützung sinnvoll, z.B. durch ein geeignetes Groupware-System. [20] Eine gemäß des Hypermedia-Konzeptes realisierte Benutzerschnittstelle eines solchen Systems[21] ist in den Abbildungen 12 und 13 dargestellt.

**Abb. 12: Recherche- und Navigationsschnittstelle des Modellthesaurus**

Zur Verwirklichung einer Integration über verschiedene Modelltypen hinweg kann neben der Beschreibung der Modelle vor allem auf die in den Modellen repräsentierten Konzepte fokussiert werden. Gleiche Konzepte werden in unterschiedlichen Modelltypen aus verschiedenen Perspektiven beschrieben. Die in diesen Modellen verwendeten Begriffe eignen sich zu deren Integration, z.B. zur Verbindung von Produkt- und Prozeßmodellen. Ein Beispiel hierfür ist die Beschreibung eines Montagevorganges als Prozeßmodell und die Abbildung des montierten Teils als Explosionszeichnung. Derartige Modelle sind über entsprechende Verweise miteinander zu verbinden, die vom Benutzer zur Navigation verwendet werden können.

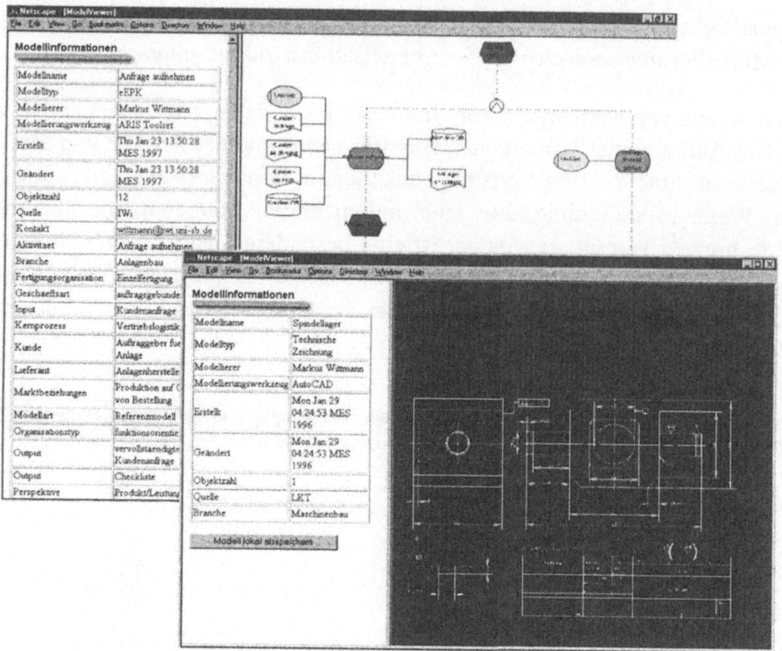


**Abb. 13: Visualisierung von Prozeß- und Produktmodellen**

Das Repository sollte eine auf dem WWW basierende Architektur haben, um weltweit verteilten Zugriff zu ermöglichen. Anwender können dann über Web-Browser auf Modelle zugreifen und im Begriffsystem navigieren. Modelle, die zur Nutzung geeignet erscheinen, können lokal abgespeichert werden und dann mit den entsprechenden Modellierungswerkzeugen weiterbearbeitet werden. Zudem ist es möglich, eigene Informationsmodelle zur Aufnahme in den Modellspeicher anzubieten. Diese Modelle werden von einem Administrator in das Repository aufgenommen. Dazu gehört, daß die Begriffe des neuen Modells in das vorhandene Begriffsystem konsistent integriert werden und Beziehungen mit bestehenden Begriffen aufgebaut werden.

Sinnvolle Einsatzfelder eines Modell-Thesaurus sind die Bereitstellung von:

- Referenzmodellen aller Art wie Vorgehensreferenzmodellen, Datenmodellen, Referenzmodellen für die Konfiguration von Fertigungsanlagen etc.,
- durch Kennzahlen ergänzten Ist-Modellen von Prozessen für Benchmarking-Analysen,
- Best-practice-Modellen,
- Standardsoftware-Konfigurations-Modellen und
- Workflow-Modellen.

Die Verwendung eines Modell-Thesaurus kann dazu beitragen, daß wegen der besseren Verständlichkeit die Nutzung von Informationsmodellen in Fachabteilungen höhere Akzeptanz erfährt. Zudem kann die Modellqualität in Bezug auf Konsistenz, Integrationspotential, Informationsdichte und Vollständigkeit verbessert werden. [22] Durch die Verknüpfbarkeit von Modellen verschiedener Bereiche (Organisation, EDV, Technik) können Reibungsverluste minimiert und Synergiepotentiale aktiviert werden. Dem gegenüber steht ein erhöhter Aufwand: Modelle müssen mit Deskriptoren beschrieben werden und die in ihnen enthaltenen Begriffe müssen definiert und in das Begriffsystem integriert werden. Dies steigert letztendlich jedoch die semantische Qualität der Modelle. Mittelfristig kann ein solches Repository zu einer allgemeinen Informationsmodellbörse im Word Wide Web ausgebaut werden.

## 3.6 Wissensmodellierung

### 3.6.1 Bedeutung der Unternehmensressource „Wissen"

In einigen Unternehmen sind 50% der Wertschöpfung auf wissensintensive Dienstleistungen zurückzuführen [23]. Wissen wird somit zum dominierenden Produktions- und Wettbewerbsfaktor [24]. Stehr geht soweit, Wissen als das eigentliche Strukturprinzip von Organisationen zu bezeichnen, da beispielsweise Organisationsstrukturen, Prozesse, Produkte und Dienstleistungen nichts anderes darstellen als Materialisierungen der dahinter liegenden organisatorischen Wissenspotentiale [25]. Das Paradoxe in der Wissensgesellschaft ist, daß durch die Informationsflut zunächst kein Wissensmangel konstatiert werden kann. Im Gegenteil, Unternehmen sind oftmals „randvoll" mit Wissen. Allerdings beträgt der Nutzungsgrad dieses internen Wissens, das Mitarbeiter über Märkte, Prozesse oder Innovationen besitzen, nur ca. 20% [26]. „I wish we knew what we know", lautet die prägnante Botschaft für zunehmendes Problembewußtsein der Ressource Wissen [27]. Dies soll durch einige Beispiele aus der Praxis verdeutlicht werden [28]:

- *„Bis vor kurzem wußten wir in der Zentrale nicht, welche neuen Produkte in unseren weltweit verteilten Tochter- und Beteiligungsunternehmen entwickelt wurden. Das ist das Ergebnis unserer konsequenten Dezentralisierungspolitik. Obwohl wir in der Summe die weltweit größten Forschungsbudgets in unserer Branche bewegen, weiß unser Forscher in Kanada nicht, ob sein Kollege in Frankreich sich mit identischen Problemen beschäftigt." (Manager eines internationalen Industriekonzerns)*
- *Von über 29.000 eigenen Patenten der Firma Dow Chemical wurden weniger als die Hälfte angewandt. Für den Rest fühlte sich niemand zuständig. Heute kümmern sich 127 bereichsübergreifende Teams um das „Intellectual Capital". Da heute Transparenz über das Wissens-Portfolio besteht, werden zum Beispiel die Lizenzeinnahmen durch Patente von 25 Millionen Dollar in 1995 auf 125 Millionen Dollar im Jahr 2000 gesteigert.*

- *Die konkrete Anforderung an ein Wissensmanagementsystem ergab sich aus der Tatsache, daß sich schnell entwickelnde Informationen in diesem genannten Projekt dokumentiert und verteilt werden mußten. Sowohl auf Entwickler- als auch auf Kundenseite waren eine Vielzahl von Abteilungen und Personen betroffen. Es entstand die Notwendigkeit, einerseits für das Projektteam eine Plattform zu schaffen, auf der man ohne großen Zeitaufwand Informationen über Entwicklungen im eigenen Projekt untereinander austauschen konnte, anderseits diese Informationen an beteiligte Projektgruppen auf Kundenseite auch weitergeben konnte. Ferner sollten die Informationen so aufbereitet sein, daß einzelne „Informationsobjekte" daraus bei zukünftigen Dokumentationen wiederverwendbar waren. (Mitarbeiter eines international tätigen Consulting-Unternehmens)*

Dies zeigt, daß ein Management der Ressource Wissen erforderlich ist. Wissensmanagement beschäftigt sich mit Fragen der Wissensproduktion, -reproduktion, -distribution, -verwertung und -logistik bzw., wer in der Organisation Wissensträger, -vermittler und -multiplikator ist [29]. So sorgen zum Beispiel bei Beratungsunternehmen sogenannte Wissensmanager für die Dokumentation von Wissen, das allen Mitarbeitern durch elektronische Wissensnetzwerke verfügbar gemacht wird [30]:

- McKinsey (Rapid Response Network),
- Arthur Andersen (Knowledge Xchange),
- Booz Allen & Hamilton (Knowledge On-Line)
- CAP Gemini (Knowledge Galaxy)
- Ernst & Young (Center for Business Knowledge)

Der Zugriff auf Wissensdepots mit Wissen aus abgeschlossenen Projekten ist nicht nur für Beratungsunternehmen ein wichtiger Erfolgsfaktor. Neue Berufsbezeichnungen in Unternehmen wie zum Beispiel Corporate Director Intellectual Capital bei Skandia oder Chief Knowledge Officer bei Sequent Computer Systems dokumentieren dies [31]. Diese Wissensexperten sind verantwortlich, Wissen zu definieren, zu identifizieren, vorhandenes Wissen weiterzuentwickeln, es innerhalb und außerhalb der Organisation zu transferieren und das Wissen in neue Produkte, Dienstleistungen, Systeme und Prozesse zu überführen [32].

### 3.6.2 Wissenslandkarten für das unternehmensinterne Wissen

Wissensmanagement setzt den Aufbau einer organisationalen Wissensbasis (Organizational Memory) voraus, in der Wissen auf allen ontologischen Ebenen (Individuum, Gruppe, Unternehmen, Unternehmensverbund, Unternehmenskooperation etc.) dokumentiert ist [33].

In virtuellen Unternehmen, bei denen sich die Partner kaum kennen, befinden sich die beteiligten Parteien durch ständig wechselnde Konstellationen in der Zusammenarbeit ständig am Anfang der Lernkurve, wobei gegenüber dem Kunden der Vorteil virtueller Unternehmen in Form von Kompetenzbündelung vermittelt werden muß [34].

Ein Großteil der Arbeit in Organisationen findet heute in einer schwer überschaubaren Anzahl von Projekten statt. Darüber hinaus ist das Wissen weltweit verteilt. In international tätigen Großorganisationen und Beratungsunternehmen deren Größenordnung und Standortverteilung einen informellen Erfahrungsaustausch erschweren, ist der Zugriff auf das Wissen aus laufenden und abgeschlossenen Projekten von Interesse.

Mit Hilfe von Wissenslandkarten wird visualisiert, welches Wissen von wem wo in welcher Ausprägung vorhanden ist.

#### 3.6.2.1 Verzeichnisse von Wissensträgern

Ein Großteil der Wissensmerkmale von Individuen ist durch die Dokumentation von Personalstammdaten (Ausbildung, Weiterbildungsmaßnahmen etc.) bekannt. Allerdings besitzen diese Aufzeichnungen einen eher statischen Charakter. Fähigkeiten, die im Laufe des Berufslebens zum Beispiel in verschiedenen Projekten erworben wurden, sind zwar der Einzelperson bekannt, aber für die Gesamtorganisation nicht transparent. Somit bietet es sich an, diese Wissensmerkmale mit den jeweiligen Wissensträgern der Organisation zu verknüpfen. Als Ergänzung zu der in Abbildung 14 dargestellten Wissenstopographie, bietet sich die Darstellung der Wissenstiefe und -breite an. Durch eine Analyse der Ist- und Soll-Ausprägungen der Wissensmerkmale können Personalentwicklungsmaßnahmen eingeleitet werden.

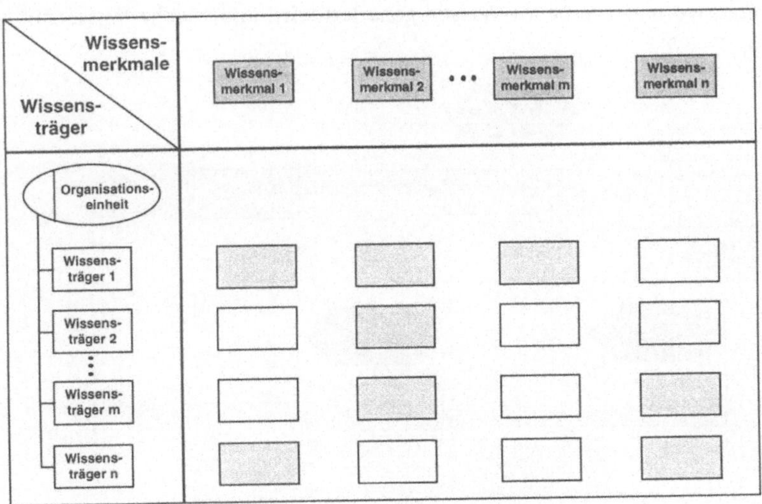


**Abb. 14: Wissenstopographie**

### 3.6.2.2 Verzeichnisse von gespeichertem Wissen (Wissensarchive)

Zur Vermeidung von Doppelarbeiten bei neuen Projekten ist es sinnvoll, nicht nur auf eventuell vorhandene Wissensträger, sondern auch auf dokumentierte Projekterfahrungen zurückzugreifen. Hierzu ist es erforderlich, entsprechende Wissensarchive aufzubauen, die bereits im Rahmen der Wissenserfassung mit auswertbaren Attributen (Themengebiete, Dokumententyp, Verfasser, Version, gültig seit, gültig bis, Zielgruppe, Abnahmestatus, Referenzdokumente, Kontext, Ansprechpartner, lessons learned etc.) versehen werden [35]. Wissensarchive lassen erkennen, wo und wie das Wissen gespeichert ist.

### 3.6.2.3 Wissensnetze

Formelle und informelle Wissensbeziehungen werden durch Wissensnetzwerke dargestellt. Diese eignen sich auch für die Unterstützung der Besetzungsentscheidung von neuen Projektgruppen, indem das Wissensnetzwerk von Wissensträgern veranschaulicht wird (Knowledge Links). Dadurch ist auch ersichtlich, welche Mitarbeiter besonders intensive Wissensbeziehungen pflegen, welche Mitarbeiter als anerkannte Wissensträger gelten und welche Mitarbeiter unzureichend in Wissensnetzwerke eingebunden sind.

### 3.6.2.4 Wissen in Geschäftsprozessen

Geschäftsprozesse können per se bereits als Wissen betrachtet werden. Auf der Basis von Geschäftsprozeßmodellen kann dargestellt werden, wo und welches Wissen eine Rolle spielt, wo und wie neues Wissen generiert wird und welche Wissensträger relevant sind.

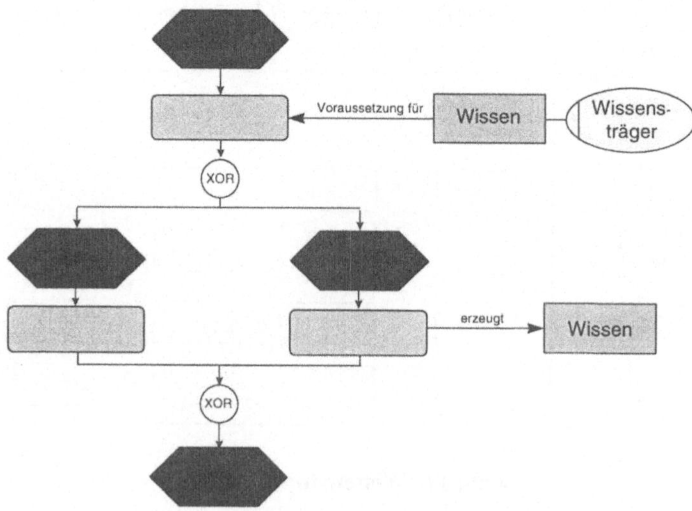


**Abb. 15: Geschäftsprozeßwissen**

#### 3.6.2.5 Wissensprofile

Mit Hilfe von Wissensprofilen können Defizite des Wissensmanagements in Unternehmen identifiziert werden. Abbildung 16 zeigt beispielhaft das Resultat einer Selbsteinschätzung in Form eines Wissensprofils des Unternehmens. Dieses Beispiel veranschaulicht, daß die Stärken des Unternehmens, die von der Festlegung der Wissensziele bis zur Wissensentwicklung reichen, nicht in Produkte und Dienstleistungen umgesetzt werden, da Defizite bei der Wissensverteilung, -bewahrung, -nutzung und -bewertung erkennbar sind.

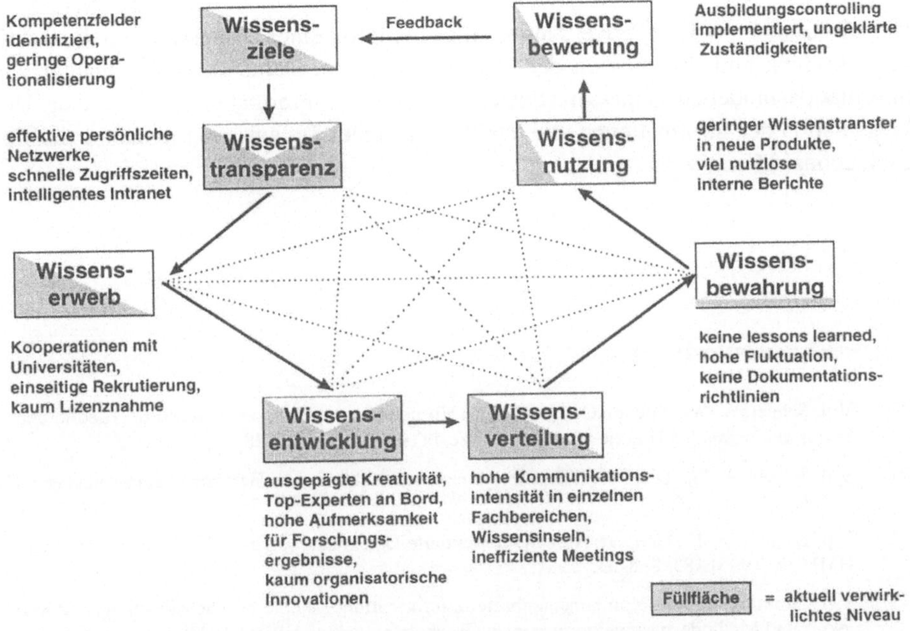


**Abb. 16: Wissensprofile eines Unternehmens [36]**

Diese Anwendungsbeispiele veranschaulichen unterschiedliche Sichten auf den effizienten Umgang mit der Ressource Wissen. Weitere Forschungsanstrengungen könnten sich auf einen integrativen Ansatz auf der Basis eines zu entwickelnden Knowledge Warehouse konzentrieren.

# 4 Fazit

Die skizzierten Entwicklungen der Informationsmodellierung zeigen, daß Informationsmodelle:

- Zunehmend breitere Ausschnitte der Realität abbilden,

- verstärkt betriebswirtschaftliche Inhalte repräsentieren,
- durch reichere Semantik besser verständlich werden,
- sich neue Benutzergruppen und Anwendungsgebiete erschließen und
- unternehmensübergreifend genutzt werden können.

Damit wandeln Informationsmodelle sich vom Handwerkszeug des Informatikers zum Organisationsmittel von Fach- und Organisationsabteilungen, des Informations- und Wissensmanagers.

Die Diskussion um die richtige Syntax sollte zukünftig einer Diskussion um die richtige Abbildung und Präsentation der Semantik weichen. Daran wird die Qualität von Informationsmodellen gemessen. Letztendlich stellen Informationsmodelle eine Dokumentation der Informationen und des Wissens einer Organisation im Sinne des Organizational Memory dar.

# Literaturverzeichnis

[1] Vgl. Scheer, A.-W.; Kocian, C.: kiesel - Das Virtuelle Umweltkompetenzzentrum. Theorie und Praxis der Virtuellen Unternehmung, in: m&c 4 (1996) 4, S. 221-228.

[2] Vgl. Scheer, A.-W.: Die Geschäftsprozesse einheitlich steuern, in: Harvard Business manager 19 (1997) 1, S. 115-122.

[3] Vgl. Dittrich, K. R.; Geppert, A.: Objektorientierte Datenbanksysteme - Stand der Technik, in: HMD 32 (1995) 183, S. 8-23.

[4] Vgl. Zimmermann, V.: Komponentenbasierte Informationssysteme für Dienstleistungen: Architektur und Methode zur objektorientierten Geschäftsprozeßmodellierung, Dissertation in Vorbereitung.

[5] Vgl. Scott Morton, M.: The Corporation of the 1990s. New York 1991.

[6] Vgl. Yetton, P. W.; Craig, J. F.; Johnston, K. D.: Fit, Simplicity and Risk: Multiple Paths to Strategic IT Change, in: J. I. DeGross; G. Ariav; C. Beath; R. Hoyer; C. Kemerer (Hrsg.): Proceedings of the 16th International Conference on Information Systems 1995. Amsterdam 1995.

[7] Vgl. Scheer, A.-W.: Architektur integrierter Informationssysteme: Grundlagen der Unternehmensmodellierung. Berlin et al., 2. Aufl. 1992.

[8] O.V.: E-Handel im Wandel, in: Screen Multimedia o.Jg. (1997) 8, S. 24.

[9] Vgl. Brombacher, R., Hars, A., Scheer, A.-W.: Informationsmodellierung, in: Scheer, A.-W. (Hrsg.): Handbuch Informationsmanagement: Aufgaben - Konzepte - Praxislösungen. Wiesbaden 1993.

[10] Hars, A.: Referenzdatenmodelle - Grundlagen effizienter Datenmodellierung, Wiesbaden 1994.

[11] Vgl. Kocian, C.; Correa, G. N.; Scheer, A.-W.: Das Virtuelle Zentrum: Rahmenkonzept für Entstehung und Management von Virtuellen Unternehmen, in: Information Management 12 (1997) 3, in Vorbereitung.

[12] Vgl. Leinenbach, S.; Scheer, A.-W.: Geschäftsprozeßvisualisierung: Neue Wege mit Virtual Reality?, in: Information Management 11 (1996) 4, S. 73 - 76.

[13] Vgl. Rational Software Corporation (Hrsg.): UML Notation Guide, Version 1.0. Santa Clara 1997.

[14] Rumbaugh, J.; Blaha, M.; Premerlani, W.; Eddy, F.; Lorensen, W.: Object-Oriented Modeling and Design. Englewood Cliffs 1991.

[15] Booch, G.: Object-Oriented Analysis and Design with Applications, 1st Edition. Redwood City 1991.

[16] Harel, D.: Statecharts: A Visual Formalism for Complex Systems, in: Science of Computer Programming 8 (1987), S. 231-274.

[17] Vgl. Scheer, A.-W.; Nüttgens, M.; Zimmermann, V.: Objektorientierte Ereignisgesteuerte Prozeßkette (oEPK) - Methode und Anwendung, in: A.-W. Scheer (Hrsg.): Veröffentlichungen des Instituts für Wirtschaftsinformatik, Heft Nr. 141. Saarbrücken 1997.

[18] Vgl. Gamma, E.; Helm, R.; Johnson, R.; Vlissides, J.: Entwurfsmuster: Elemente wiederverwendbarer objektorientierter Software. Bonn et al. 1996.

[19] Vgl. Hagemeyer, J.; Rolles, R.: Aus Informationsmodellen weltweit verfügbares Wissen machen: Ein Modell-Thesaurus zur Erhöhung von Verständlichkeit und Wiederverwendbarkeit, in: Information Management 12 (1997) Sonderausgabe, in Veröffentlichung.

[20] Vgl. Galler, J.; Hagemeyer, J.; Scheer, A.-W.: ContAct: Ein Koordinationssystem für verteilte Modellierungsaktivitäten, in: W. Augsburger; H. Ludwig; K. Schwab (Hrsg.): Koordinationsmethoden und -werkzeuge bei der computergestützten kooperativen Arbeit, Tagungsband zum Workshop „Koordinationsmechanismen bei der computergestützten kooperativen Arbeit", Bamberger Beiträge zur Wirtschaftsinformatik Nr. 30. Bamberg 1995.

[21] Das hier vorgestellte System SETCOM (Semantisch reicher Thesaurus für cooperatives Modellieren) ist im WWW unter der URL http://iwintsrv2.iwi.uni-sb.de/setcom in einer Demonstrationsversion nutzbar.

[22] Vgl. Brombacher, R., Hars, A., Scheer, A.-W.: Informationsmodellierung, in: Scheer, A.-W. (Hrsg.): Handbuch Informationsmanagement: Aufgaben - Konzepte - Praxislösungen. Wiesbaden 1993, S. 184.

[23] Vgl. Pierer, v. H.: Ist Wissen Geld?, Manager Magazin o.Jg. (1996) 5, S. 183.

[24] Vgl. Drucker, P.: The Discipline of Innovation, in: J. Henry; D. Walkner (Hrsg.): Managing Innovation. London 1995, S. 9-17.

[25] Vgl. Stehr, N.: Arbeit, Eigentum und Wissen: Zur Theorie von Wissensgesellschaften. Frankfurt 1994.

[26] Vgl. Zucker, B.; Schmitz, C.: Knowledge Flow Management: Wissen nutzen statt verspielen, in: Gablers Magazin 8 (1994) 11-12, S. 62-65.

[27] Grayson, J.: Taking Inventory of Your Knowledge Management Skills, in: http://www.apqc.org/b2/b2stories/story1.html, Seite 1.

[28] Vgl. Romhardt, K.: Wissenstransparenz und Wissensidentifikation, in: http://www.cck.uni-kl.de/wmk/papers/public/Wissensidentifkation; Christmann-Jacoby, H.; Maas, R.: Wissensmana-

gement im Projektumfeld auf Basis von Internet-Technologien, in: Information Management 12 (1997) 3, in Vorbereitung.

[29] Vgl. Schüppel, J.: Wissensmanagement: Eine neue Dimension der Unternehmensführung?, in: Wissenschaftsmanagement 2 (1996) 3, S. 127-131; Nonaka, I.; Takeuchi, H.: The Knowledge Creating Company. New York - Oxford 1995.

[30] Vgl. Roehl, H.; Romhardt, K.: Möglichkeiten und Grenzen von Wissensmanagement: Wissen über die Ressource „Wissen", in: Gablers Magazin 11 (1997) 6-7; Malhotra, Y.: Knowledge Management in Inquiring Organizations, in: http://www.brint.com/km/km.htm.

[31] Vgl. Palass, B.: Der Schatz in den Köpfen, in: Manager Magazin o.Jg. (1997) 1, S. 112 und 119.

[32] Vgl. Krogh, v.G.; Venzin, M.: Anhaltende Wettbewerbsvorteile durch Wissensmanagement, in: Die Unternehmung 49 (1995) 6, S. 418.

[33] Vgl. Walsh, J.P.; Ungson, G.R.: Organizational Memory, in: Academy of Management Review 16 (1991) 1, S. 57-91.

[34] Vgl. Faisst, W.: Wissensmanagement in Virtuellen Unternehmen, in: D. Ehrenberg; J. Griese; P. Mertens (Hrsg.): Arbeitspapier der Reihe „Informations- und Kommunikationssysteme als Gestaltungselement Virtueller Unternehmen, Nr. 8. Bern - Leipzig - Erlangen-Nürnberg 1996, S. 3.

[35] Vgl. Christmann-Jacoby, H.; Maas, R.: Wissensmanagement im Projektumfeld auf Basis von Internet-Technologien, in: Information Management 12 (1997) 3, in Vorbereitung.

[36] Vgl. Probst, G.; Raub, S.; Rombardt, K.: Wissen managen - Wie Unternehmen ihre wertvollste Ressource optimal nutzen. Wiesbaden 1997, S. 346.

# Turbulente Zeiten erfordern kreative Köpfe - Neue Impulse für das Management von Unternehmen

Prof. Dr.-Ing. habil. Hans-Jörg Bullinger,
Dipl.-Ing. Rolf Ilg,
Dipl.-Kfm. Dipl.-Ing. Stephan Zinser
Universität Stuttgart

## Inhalt

# 1 Globaler Wandel - lokale Herausforderung

Nichts ist beständiger als der Wandel. So kann in knappen Worten die Situation charakterisiert werden, in der sich die deutschen Unternehmen derzeit befinden. Der Wandel bezieht sich zum einen darauf, daß sich die Art der Produkte gewandelt hat. Produkte materieller und immaterieller Art werden nicht mehr für einen anonymen Massenmarkt, sondern vielmehr für Einzelkunden mit individuellen Produkt-, Liefer- und Qualitätsanforderungen angeboten. Darüber hinaus verlangt der Kunde das Produkt ergänzende Dienstleistungen. Zum anderen sehen sich sowohl Käufer als auch Hersteller nicht an Länder- und Kulturgrenzen gebunden. Neue Anbieter aus Südamerika, Südostasien und Osteuropa beleben mit Produkten und Komponenten den Markt. Produkte werden weltweit eingekauft und dort hergestellt, wo die Ressourcen dazu günstig sind. Internationalisierung und Globalisierung sind hierzu die Stichworte. Es findet derzeit eine Transformation des Produktmix, der Prozesse, Märkte und Standorte statt (Abb. 1).

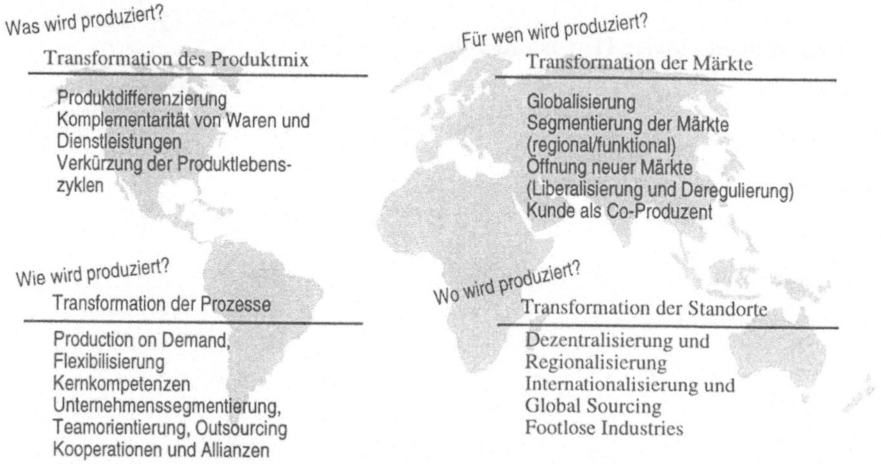

**Abb. 1: Transformation des Produktmix, der Prozesse, Märkte und Standorte**

Die Stabilität traditioneller Märkte zerfällt, die Wettbewerbsstruktur wird durchlässiger. Dazu zählt das Zerbrechen von Monopolen wie im Post-, Telekommunikations- und Energiebereich, aber auch die zunehmende Liberalisierung und Deregulierung im europäischen Umfeld, wie sie derzeit bei Finanzdienstleistungen, im Handel und Transport geschehen. Technologien werden in zunehmenden Maße miteinander kombiniert. Unterhaltungselektronik, Software und Fernmeldetechnik sind hierfür die besten Beispiele. In der Folge verschmelzen unterschiedliche Branchen. Darüber hinaus werden aus den Schrittmachertechnologien Gentechnik, Mikroelektronik oder Verbundwerkstoffe bahnbrechende Querschnittstechnologien, ohne die viele Produkte heute nicht mehr denkbar sind. Die Schnelligkeit der Informationsverarbeitung und die Diffusion von Know-how sowie der Zeitfaktor in Entwicklung, Produktion etc. gewinnen zunehmend an Bedeutung und wirken sich auf die Arbeitswelt aus. Quantensprünge wie bei Computern bzw. Prozessoren sind heute schon alltäglich geworden: doppelte Leistung zum alten Preis.

Unternehmen, die Ihre Kompetenzen auf Kerngeschäfte, d.h. Kernprodukte bzw. Kernkunden konzentrieren, werden in der Lage sein, personifizierte Produkte anzubieten. Dies sind Produkte für einen globalen Markt, die jedoch für lokale Märkte modifizierbar sind. Das bedeutet Individualisierung in der Massenproduktion. In diesem Sinne bieten Glocals (GLObally loCAL) Produkte mit gleichen Grundeigenschaften, aber mit passenden, leicht zu bewerkstelligenden Variationsmöglichkeiten an. Glocals konzentrieren sich mit dem internationalen Produkt auf die jeweils notwendigen lokalen Gegebenheiten d.h. auf den jeweiligen Kundenkreis mit der ihm eigenen Kultur. Dazu gehören ein auf lokale Gegebenheiten zugeschnittenes Produktmanagement, Marketing und Vertrieb sowie lokale Fertigungsstätten mit lokalen Zulieferern (Abb. 2).

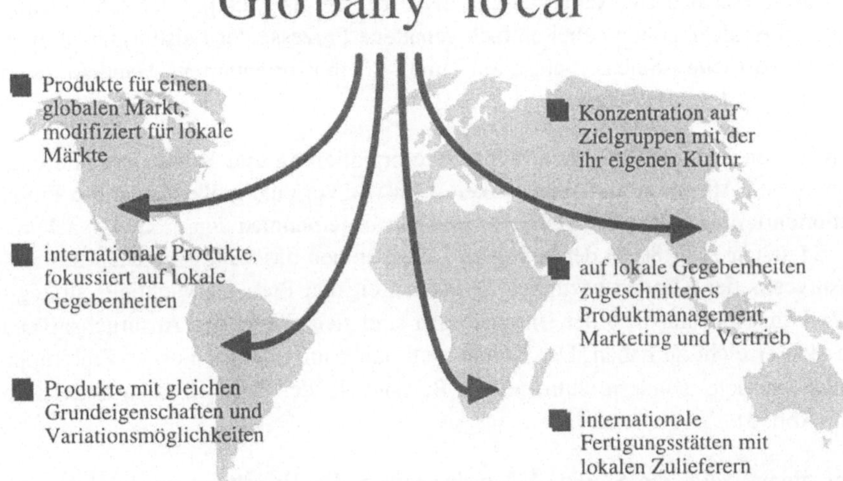


**Abb. 2: Unternehmen, die als GLOCALS (GLObally loCAL) agieren**

Alte tayloristische Konzepte stoßen bei derartigen Veränderungen an ihre Grenzen. Gesucht sind Organisationsstrukturen, die in der heutigen Zeit ein intelligentes Wachstum ermöglichen und die Markt und Technik mit dem Ziel in Übereinstimmung bringen, das langfristige Überleben und die Wettbewerbsfähigkeit des Unternehmens zu sichern. Als Paradigmen eines intelligenten Wachstums können derzeit formuliert werden:

- Konsequente Konzentration auf den Kundennutzen
- Schaffung einer wachstumsfähigen Hochleistungsorganisation
- Doppelstrategie: Wachstum und Konsolidierung
- Rapid Prototyping in der Strategie-Entwicklung
- Wissen managen.

Die Einbeziehung der Mitarbeiter durch die Schaffung eines Umfelds, das Kreativität weckt, erhält und fördert, ist einer der Schlüssel zum Erfolg. Die Veränderungen, mit denen die Unternehmen konfrontiert sind, bedeuten auf der einen Seite eine Gefahr für diejenigen, die an traditionellen Strukturen festhalten. Auf der anderen Seite eröffnet der Wandel neuen Wettbewerb und damit neue Chancen.

Zusammengefaßt läßt sich die Herausforderung Wettbewerb auf drei Kernaufgaben fokussieren. Diese zentralen Aufgaben der Unternehmen sind die Entwicklung innovativer Prozesse, d.h. Geschäftsprozeßmanagement, innovativer Produkte, d.h. Kundenorientierung und innovativer Strukturen, d.h. Mitarbeiterorientierung.

Die erste Aufgabe, Geschäftsprozeßmanagement, haben einer Studie des Fraunhofer-Instituts für Arbeitswirtschaft und Organisation (IAO) zufolge die meisten Unternehmen erkannt [11]. In der Untersuchung haben 72 % der insgesamt befragten Unternehmen diese Ansätze zur Neugestaltung der Prozesse als wichtig oder sehr wichtig angesehen. Leitideen sollen dabei einfach gehaltene Prozesse der Leistungserstellung, eigenverantwortliche Selbstorganisation und ergebnisorientiertes Handeln statt Befolgen verkrusteter Regeln sein.

Bei den beiden anderen Aufgaben, Mitarbeiterorientierung und Kundenorientierung, klafft zwischen Anspruch und Wirklichkeit nach wie vor eine große Lücke. Im Punkt Kundenorientierung haben der Studie zufolge die Unternehmen den größten Nachholbedarf. So sahen zwar 80 % der befragten Unternehmen das volle Erreichen des Anspruchsniveaus der Kunden bezüglich Qualität, Zeit und Preis als wichtiges strategisches Ziel an. Aber nur 6 % der Unternehmen sind sich sicher, das Anspruchsniveau der Kunden erreicht zu haben. Der Kunde muß daher nicht länger nur als Zielgruppe betrachtet werden, sondern zum festen Bestandteil der Unternehmensaktivitäten werden (Abb. 3).

Darüber hinaus zeigt die Studie, daß insbesondere die Gestaltung neuer Unternehmensstrukturen bisher vernachlässigt wurde. Und dies, obwohl von über 90 % der befragten Unternehmen die Anpassung der Strukturen an veränderte Gegebenheiten als entscheidender Erfolgsfaktor angesehen wird. Der Umbau der Unternehmen mit innovativen Strukturen, unter Berücksichtigung der Auswirkungen auf die Arbeitslandschaft, wird daher die Schlüsselaufgabe der nächsten Jahre sein. Die aktuell diskutierten Managementkonzepte wie Business Reengineering, Lean Management,

Total Quality Management, Kaizen etc. sind Ausdruck dieses Bemühens, wettbewerbsfähige Unternehmensstrukturen zu bilden.

**Nachholbedarf bei der Kundenorientierung**

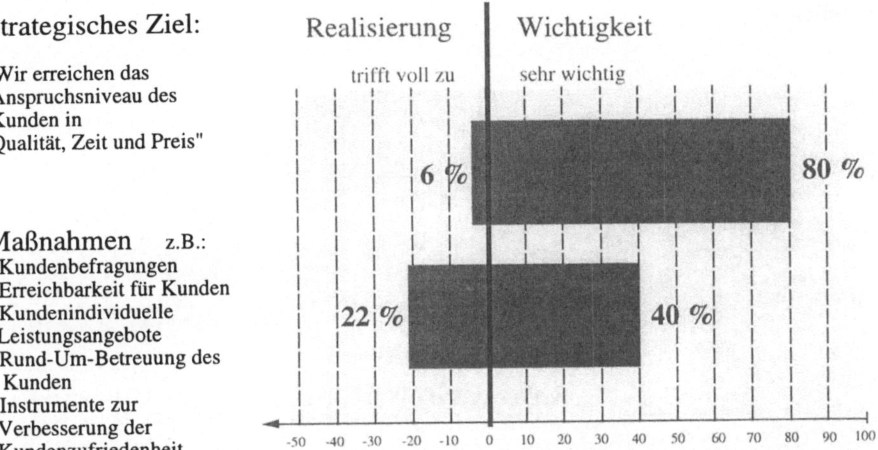


**Abb. 3: Unternehmen haben Nachholbedarf bei der Kundenorientierung (n= 385 deutsche Unternehmen) [11]**

# 2 Lernende Unternehmen

Hoch arbeitsteilige Strukturen lassen keinen Spielraum für kreative Gestaltung zu. Die Trennung zwischen Planung, Ausführung und Kontrolle der Arbeit, unflexible Kontrollmechanismen vom Controlling bis zur Qualitätssicherung hemmen die Entfaltung eigener Ideen. Kreativität muß folglich nicht nur gefordert sondern auch gefördert werden. Lernfähigen Organisation schaffen das erforderliche Klima zur Erhaltung und Förderung der Kreativität von Unternehmen. Die Dynamik kann durch die Schaffung von lernorientierten Organisationsstrukturen und -Prozessen erhalten werden.

Die Anpassungsfähigkeit an Umweltveränderungen ist ein Charakteristikum lernender Organisationen. Darüber hinaus besitzen sie die erforderlichen Kernkompetenzen, sich schneller als Wettbewerber an den Wandel anzupassen und diesen zu bewältigen. Dazu sind geeignete Organisationsumgebungen notwendig. Diese umfassen integrierte Lern- und Arbeitsumgebungen, ein organisatorisches Gedächtnis und kooperative Prozesse. Ziel sind wissensbasierte Innovationen bei Produkten und Services (Abb. 4) [12].

Erfolgreiche Unternehmensgeschichten beginnen in der Regel mit einer neuen großartigen Idee. Langfristig gesehen reicht dies jedoch nicht aus. Wettbewerbsfähige Unternehmen müssen in der Lage sein, einen stetigen Strom an Produkten und Dienstleistungen auf den Markt zu bringen. Es gilt, Verhaltensmuster zu entwickeln, um technologische Herausforderungen zu bewältigen und Kundenbedürfnisse zu verstehen.

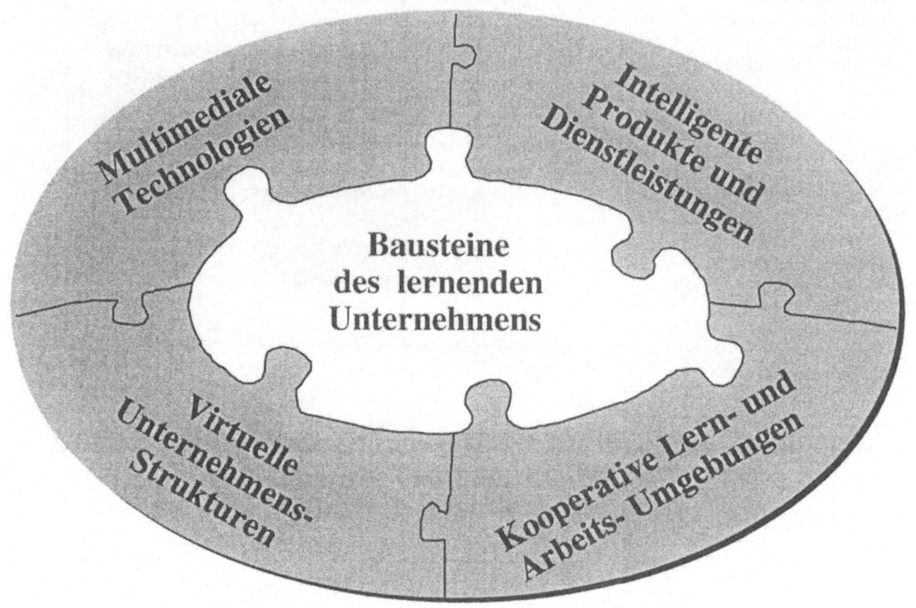


**Abb. 4: Neue Strategien für die Unternehmensführung**

Erfolgreiche Produkte und Dienstleistungen bieten für den Kunden einen Mehrwert, einen Zusatznutzen gegenüber anderen Produkten. Dieser Zusatznutzen kann in Alleinstellungsmerkmalen liegen, z.B.:

- Autonome Attribute wie die Anpassung der Produkte an Umweltveränderungen (z.B. sich selbst verdunkelnde Gläser) oder das Melden von Umweltveränderungen (z.B. geringer Reifendruck),
- Proaktive Attribute wie "Remote Monitoring" (z.B. das Melden von Anzeichen, die zu Störungen führen könnten),
- Imagewirkung wie Eigenschaften zur Wiederverwendung, Weiterverwendung oder Wiederverwertung,
- Design wie hoher Wiedererkennungswert bei Markenartikeln,
- "On Demand" wie verkaufsunterstützende Produkte (z.B. Kiosksysteme am Point of Sale oder Point of Information) oder
- "Commodity" wie geringer Lernaufwand zur Nutzung oder funktional robust.

Als Beispiele für innovative Produkte seien die sogenannten Multimediaanwendungen genannt. Die Kombination der klassischen Darstellung von Information (Zeichen, Buchstaben, Grafiken) mit neuen Möglichkeiten (Fotos, Ton, Videos) eröffnet eine neue Welt interaktiver Nutzungsmöglichkeiten. Der Einsatz reicht von der Arbeitswelt (wie die Übertragung von Videoclips bei der Begutachtung von Fahrzeugschäden im Versicherungswesen) bis in den privaten Unterhaltungsbereich.

Dazu will die Idee des Lernunternehmens das bei den Mitarbeitern vorhandene Kreativitätspotential in den Leistungserstellungsprozeß konstruktiv mit einbeziehen. Durch systematische Nutzung innerbetrieblicher Lernvorgänge sollen Veränderungen aller Art erzeugt werden, die den Leistungserstellungsprozeß verbessern. Ein lernendes Unternehmen fördert bewußt Kreativität. Dabei wächst die Fähigkeit, in neuen, ungewohnten Beziehungsmustern zu denken, Lernprozesse zu initiieren und zu beschleunigen. Zielsetzung in lernenden Organisationsstrukturen ist es, das vorhandene Kreativitätspotential durch eine darauf ausgerichtete, organisatorische Gesamtkonzeption für den Wertschöpfungsprozeß nutzbar zu machen und auf diese Weise Innovationspotentiale im Unternehmen zu erschließen.

Die Fähigkeit, als Individuum, in Teams und in der Organisation als Ganzes zu lernen, sich zu verändern und immer wieder neu zu orientieren, kann eine wirksame Strategie darstellen, um die vorhandene strukturelle Komplexität und Dynamik beherrschbar zu machen. Wenn es gelingt, dezentrale lernende Organisationsstrukturen zu bilden, ist eine schnell und wirksame Adaption an geänderte Umgebungsbedingungen möglich. Der daraus resultierende Konkurrenzvorteil kann für ein Unternehmen einen wettbewerbsentscheidenden, strategischen Erfolgsfaktor darstellen.

Lernende Unternehmen benötigen unterschiedliche Lern- und Arbeitsumgebungen:

- Individuelle Lernumgebungen, die in die Arbeitstätigkeit der Mitarbeiter integriert sind. Dazu erforderlich ist eine Arbeitsorganisation, die Zugriff auf die lern- und arbeitsförderlichen Informationen bereitstellt.
- Lernkooperationen in Teams und Arbeitsgruppen: Dazu sind kooperative Arbeitsumgebungen notwendig, die die gemeinsamen Arbeitsergebnisse in einem "Unternehmensgedächtnis" zur Verfügung stellen.
- Unternehmensübergreifende virtuelle Lernallianzen mit Kunden, Lieferanten und Partnern: Dazu sind Prozeßstrukturen entlang der Wertschöpfungskette erforderlich.

Die virtuelle Lern- und Arbeitsumgebung liefert nicht nur den Zugang zur gesamten Informationswelt, sondern dient insbesondere als Kontakt- und Kommunikationsplattform zwischen den Menschen (Abb. 5).

Lernumgebungen im Unternehmen

Persönliche Lernumgebung
Ziel: Unterstützung der individuellen Kreativität
Merkmal : Selbstorganisierte Informationsressourcen
Heutige Beispiele : CBT-Selbstlernen

Innerorganisatorische Lernumgebung
Ziel: Unterstützung von Teamarbeit bzw. Gruppenlernen
Merkmal : Gemeinsame Informationsressourcen
Heutige Beispiele : Lernzirkel, Unternehmens-TV

Interorganisatorische Lernumgebung
Ziel: Unternehmensübergreifende Kooperation
Merkmal : Verteilte Informationsressourcen
Heutige Beispiele : Entwicklungspartnerschaften

Virtuelle Lernumgebung
Ziel: Globale Unterstützung nach Bedarf
Merkmal : Weltweit verteilte Informationsressourcen
Heutige Beispiele : Bibliotheken im Internet, Virtual Campus im Smart Valley, Konzept Bildungsnetz 2000

**Abb. 5: Lernumgebungen im Unternehmen**

Für den Einzelnen bedeutet dies, daß er entsprechend seinem Einsatz im Unternehmen Kreativität entwickeln und leben muß, wobei Kreativität die Fähigkeit ist, allein oder im Team auf der Basis vorhandenen Wissens in neuen, ungewohnten Beziehungsmustern zu denken und zu handeln. Unterstützt werden kann der Einzelne u. a. durch die konsequente Nutzung von Informations- Kommunikationstechnologien. Dies bedeutet jedoch, daß neben der Methoden-, Fach- und Sozialkompetenz mit der geforderten Team- und Kooperationsfähigkeit verstärkt eine Medienkompetenz hinzukommen muß (Abb. 6).

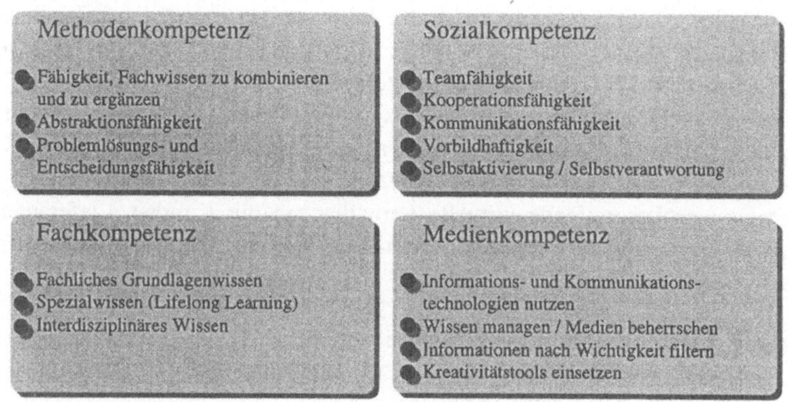


**Abb. 6: Erforderliche Kompetenzen des Einzelnen für die Zukunft**

# 3 Netzwerkorientierte Kooperationen

Einzelne Unternehmen haben oft nicht mehr die Zeit und auch die finanziellen Mittel, alle Stufen eines Produktlebenszyklus selbst zu begleiten. Kooperative Netzwerkstrukturen, die das Zurückgreifen auf Wertschöpfungspartner in mehr oder weniger verzahnten Leistungsverbünden unter Wahrung und Sicherung der Kernkompetenzen aller Beteiligten erlauben, drängen sich als Organisationsform der Zukunft auf. Geklärt werden muß nur, mit welchen Partnern, unter welchen Umständen und mit welchen Konsequenzen. [2]

Netzwerkartig organisierte Arbeitsprozesse fußen auf dem Verbund kleiner Einheiten auf der Basis eines mehr oder weniger fest gefügten Netzes von Geschäftsbeziehungen. Formen derartig verteilter Leistungsprozesse sind als Kooperationen bekannt und haben als marktnaher Organisationsansatz bereits Einzug in den unternehmerischen Alltag gehalten. Unternehmensübergreifende Kooperationen sind vielfältig und lassen einen großen Interpretationsspielraum zu. Sie fangen bei einfachen Zulieferbeziehungen an und reichen bis zu komplizierten Konzernverflechtungen. Derartige Kooperationen können sowohl vertikal als auch horizontal gestaltet sein. Unter vertikaler Kooperation wird die überbetriebliche Zusammenarbeit zwischen Unternehmen unterschiedlicher Wirtschaftsstufen wie die Abnehmer-Zuliefer-Kooperation verstanden. Eine horizontale Kooperation kann als eine Zusammenarbeit zwischen Unternehmen oder Unternehmensbereichen derselben Wirtschaftsstufe, die gleichartige Produkte anbieten oder ähnliche Technologien benutzen, bezeichnet werden. Arbeitskreise, Bildungsallianzen, Einkaufsallianzen sind nur einige wenige Beispiele dafür. [3]

Traditionell dominiert in deutschen, insbesondere in klein- und mittelständischen Unternehmen, der Grundsatz, den Wettbewerb alleine bestehen zu wollen. Unabhängigkeit in unternehmerischen Entscheidungen ist ein wesentliches Element. Der Wettbewerbsdruck erfordert jedoch ein tiefgreifendes Umdenken. Durch Kooperationen im F&E-Bereich können Unternehmen ihre Innovationsanstrengungen bündeln [13]. Unternehmen, die Entwicklungskooperationen eingehen, forschen mit einer größeren Effektivität als Einzelgänger: zum einen können kooperierende Unternehmen bei im Vergleich gleichem Mitteleinsatz neue Ideen besser vermarkten. Zum anderen steigt der Umsatzanteil neuer Produkte, wenn Kooperationen eingegangen werden.

Der Wettbewerb auf den Absatzmärkten wird durch eine derartige Zusammenarbeit kaum gefährdet. Durch gemeinsame Forschungsanstrengungen wird noch lange nicht der Wettbewerb ausgeschaltet, wenn es um die Vermarktung der Produkte geht. Ein weiterer Aspekt betrifft die Anbieter komplementärer Produktgruppen. Beispiel Telekommunikation: Die verschiedenen Anbieter von Endgeräten, Netzwerken und Anwendungssoftware können nur dann auf entsprechenden Markterfolg hoffen, wenn zeitgleich alle notwendigen Produkte marktreif sind. Dies erfordert eine zeitlich parallele und technisch abgestimmte Entwicklung. Dazu lassen sich mittels Netzwerkkonzepten weltweite Innovationszentren errichten. Dadurch sind insbesondere kleine und mittlere Unternehmen in der Lage, Kunden gegenüber wie große Organisationen zu agieren. Letztendlich kann so in angestammte Märkte von Großunternehmen eingedrungen werden und der Zwang, sich in Nischenmärkte zu begeben, entfällt.

# 4 Virtuelle Organisationen

Als umfassendste Kooperationsform können virtuelle Organisationsstrukturen gesehen werden. Nach dem Duden bedeutet virtuell "der Kraft oder der Möglichkeit nach vorhanden, scheinbar". Die große Bandbreite dieser Definition läßt eine beinahe schon als inflationär zu bezeichnende Verwendung des Begriffes "virtuell" zu. Beispiele dafür sind: Durch virtuelle Speicherverwaltung in der Informatik wird erreicht, daß ein Speicher logisch größer ist als seine physische Kapazität. Virtual Reality simuliert computergenerierte Welten, in denen "Cybernauten" Teil dieser synthetischen Umgebung sind. Virtuelle Organisationen sind in Analogie dazu nicht mehr durch klare Strukturen und abgrenzbare Leistungen definiert, sondern erscheinen fließend, durchlässig und ständig wechselnd in den Grenzen zu Lieferanten, Kunden und der eigenen internen Struktur (Abb. 6 und 7) [4].

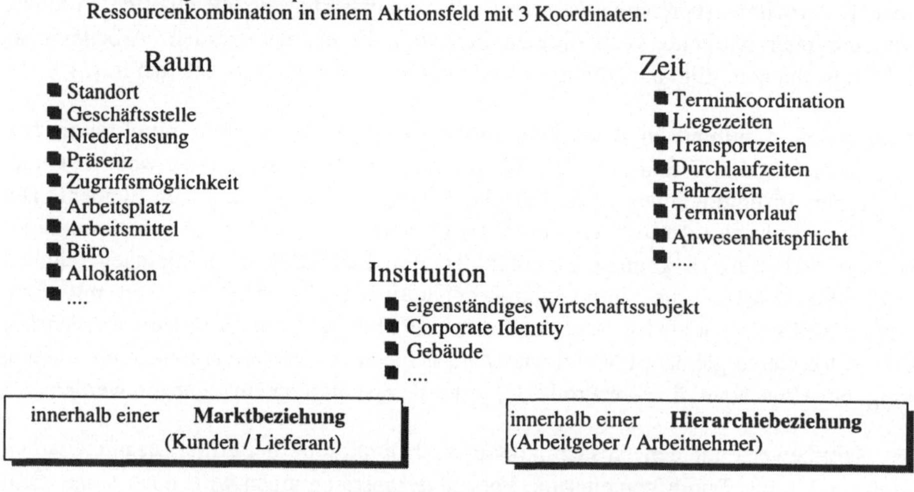


**Abb. 7: Koordinaten der Leistungserstellung**

Die heutigen Pilotprojekte und Organisationen, die durch virtuelle Strukturen gebildet werden, lassen einen Entwicklungspfad, angefangen von virtuellen Arbeitsplätzen bis hin zum virtuellen Unternehmen, erkennen [5,12,14]:

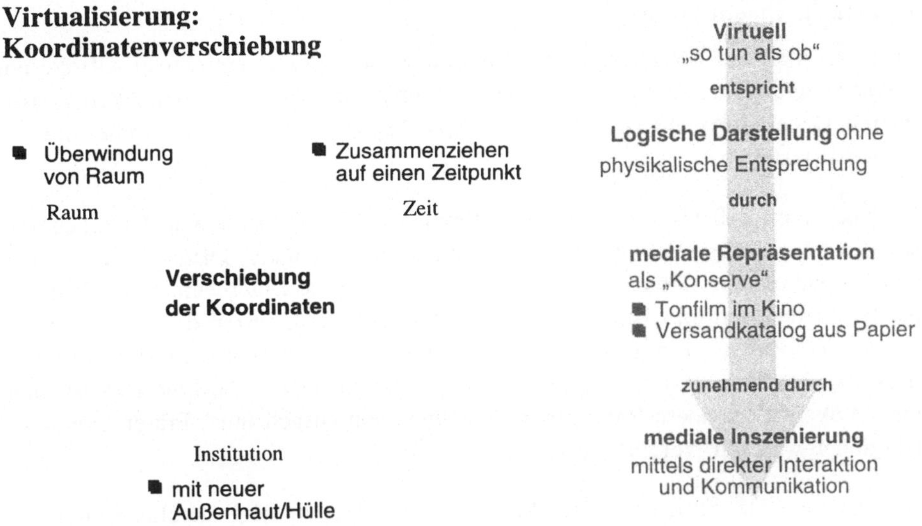

**Virtualisierung: Koordinatenverschiebung**

Virtuell
„so tun als ob"
entspricht
Logische Darstellung ohne physikalische Entsprechung
durch
mediale Repräsentation als „Konserve"
- Tonfilm im Kino
- Versandkatalog aus Papier

zunehmend durch
mediale Inszenierung mittels direkter Interaktion und Kommunikation

- Überwindung von Raum

Raum

- Zusammenziehen auf einen Zeitpunkt

Zeit

Verschiebung der Koordinaten

Institution

- mit neuer Außenhaut/Hülle

**Abb. 8: Koordinatenverschiebung durch Virtualisierung**

- Virtuelle Arbeitsplätze

sind ausgelagerte, räumlich entfernte Arbeitsplätze, die von eigenen Arbeitnehmern, freien Mitarbeitern oder auch Kunden zu Hause oder wohnortnah in Anspruch genommen werden können. Diese Arbeitsplätze können als virtuell bezeichnet werden, da sie über entsprechende Telekommunikationsanwendungen in das innerbetriebliche Geschehen eingegliedert sind, d. h. es kann auf den Daten- und Dokumentenbestand des Unternehmens zurückgegriffen werden, ohne hierzu tatsächlich vor Ort sein zu müssen. Das Tätigkeitsgebiet erfordert nicht die ständige Präsenz in der Firma; im Gegenteil, an virtuellen Arbeitsplätzen lassen sich viele kreative Arbeitsprozesse wie Softwareentwicklung oder Design eher besser erledigen.

- Virtuelle Teams

werden für die Dauer eines Projektes unter Nutzung leistungsfähiger Telekommunikation zusammengeführt. Das Team kann sich dabei sowohl nur aus unternehmsinternen als auch aus Mitarbeitern mehrerer Unternehmen zusammensetzen. Anwendungsbeispiele sind Entwicklungsteams, die aus Mitarbeitern eines Automobilkonzerns und dessen Zulieferbetrieben bestehen, oder Organisationsteams, die mit der Planung und Vorbereitung von Großveranstaltungen wie Sportveranstaltungen oder Konzerte betraut sind.

- Virtuelle Einheiten

unterscheiden sich von virtuellen Teams durch eigenständige Ergebnisverantwortung und einen eigenständigen Marktauftritt.

• Virtuelle Unternehmen

treten als Verbund unterschiedlicher Mitarbeiter und/oder Unternehmen auf, die ein eigenständiges Unternehmen mit eigenem Namen und Rechtspersönlichkeit konstituieren. Dabei muß nicht zwingend ein entsprechendes Gebäude an einem bestimmten Standort existieren.

Dies bedeutet, daß bisherige wesensbestimmende Eigenschaften von Unternehmen, wie Eigentum oder Verfügungsrechte, gemeinsame Produkte, Dienstleistungen und Projekte als identitätsbildende Funktionen für traditionelle Unternehmen durch andere ersetzt werden. Ort und Zeit im Sinne festgeschriebener Grenzen des Unternehmens werden unwichtiger. Ein Ziel virtueller Unternehmen kann es gerade sein, örtlich in breiterem Umfang vertreten zu sein als bisher allein. Definitionskriterium ist nicht mehr Lokalität , sondern Raumgewinn im Sinne von ausgedehnter Präsenz, ohne institutionell wirklich "vor Ort" zu sein.

Allgemeine Ziele virtueller Unternehmen sind die Überwindung räumlicher und zeitlicher Begrenzungen sowie ein ausgewogenes Gleichgewicht zwischen Zentralisierung und Dezentralisierung. Darüber hinaus ergeben sich operative Vorteile wie höhere Flexibilität, systematische Rationalisierung und effizientere Koordination. Für die einzelnen Beteiligten in virtuellen Unternehmensverbünden ergeben sich insbesondere folgende strategische Vorteile (Abb. 9) [7]:

- Zusammenführen komparativer Kernkompetenzen,
- Teilen von Infrastruktur und Risiko,
- Fixkostendegression,
- Flexibler Zugriff auf Ressourcen wie Mitarbeiter, Maschinen und Informationen,
- Gegenseitiger Zugang zu Märkten und Kunden,
- Anbieten kompletter Lösungen statt einzelner Produkte.

Virtuelle Unternehmensstrukturen erlauben eine völlig neue Art der Leistungserstellung. Der Kunde tritt nicht länger nur als Zielgruppe in Erscheinung , sondern wird zum festen und aktiven Bestandteil ins Unternehmen integriert. Eine intensive Kundenkommunikation sowie -zusammenarbeit wird dadurch schon während der Entwicklungsphase, aber auch während der Produktion und nach dem Verkauf ermöglicht. Produkte und Dienstleistungen werden den Kundenbedürfnissen entsprechend erstellt. Darüber hinaus erhält der Kunde während des gesamten Produktlebenszyklusses den zugehörigen individuellen Service. Der gesamte Leistungsprozeß selbst, von der Entwicklung bis zum After Sale-Service, wird räumlich und zeitlich auf die Partner mit ihren jeweiligen Kernkompetenzen verteilt. Durch die Kombination unterschiedlicher Kernkompetenzen lassen sich Produkte und Lösungen dem Kundenwunsch entsprechend individualisieren. Das heißt, je nach Aufgabe werden die einzelnen Kernkompetenzen wie

- spezielles Entwurfs-, Design- oder Produktions-Know-how,
- spezifische Maschinen und Systeme,

- genaue Kenntnisse über Zielgruppen und -Märkte,
- etablierte Vertriebskanäle etc.

miteinander verknüpft. Für den Kunden erscheint das Produkt, trotz der verteilten Produktionsweise, wie aus einer Hand. Das virtuelle Unternehmen wandelt sich vom Produzenten bzw. Produktverkäufer zum Problemlöser.

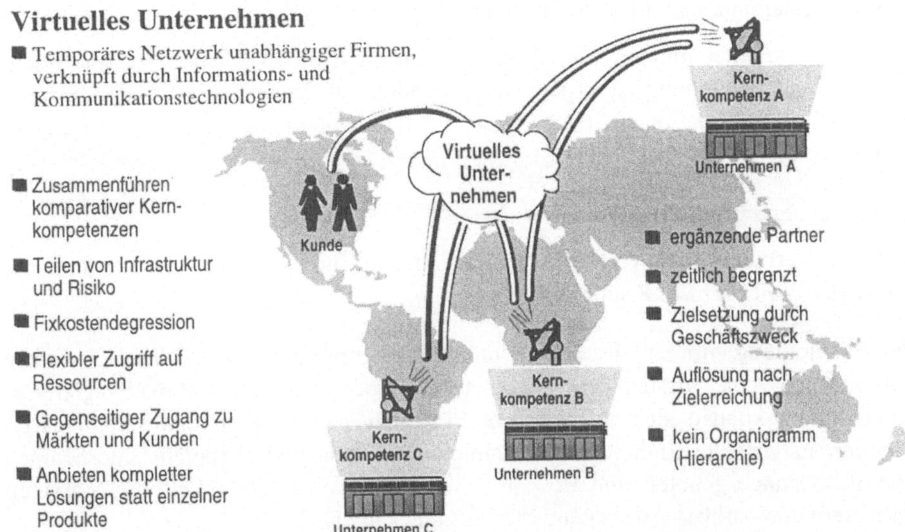


**Abb. 9: Vorteile virtueller Unternehmensverbünde**

Darüber hinaus wird durch die Schnellebigkeit der Märkte und die ständig steigende Technologieintensität von Produkten und Produktionsprozessen die dauerhafte Eingliederung spezialisierter Ressourcen in die Unternehmen immer unrentabler. Durch den fallweisen Zugriff auf die verteilten Ressourcen in virtuellen Unternehmensverbünden werden Kapazitäten ausgelastet, Fixkosten und damit Kapital effizient eingesetzt.

Virtuelle Strukturen, die sich aus kleinen Unternehmen, freien Mitarbeitern, Kunden und Lieferanten zusammensetzen, sind schon heute in vielen Unternehmensverbünden verwirklicht. Realisierungspotentiale ergeben sich insbesondere bei:

- klassischer Telearbeit

Abhängig Beschäftigte arbeiten zu Hause oder in Telearbeitszentren. Dadurch werden zum einen Fahrt- und Raumkosten sowie Zeit gespart. Zum anderen wird Arbeitnehmern eine größere Flexibilität zugestanden und Arbeitskräfteressourcen erschlossen, die sonst nicht nutzbar sind.

- besserer Kundenintegration

Auf Kundenanforderungen, insbesondere bei hoch individuelle Produkten und Dienstleistungen oder bei Leistungen, die auch nach der Auslieferung laufenden Service erfordern, kann schneller, bedarfsorientierter und flexibler reagiert werden. Beispielsweise können virtuelle Arbeitsplätze bei der Fernwartung von Maschinen oder Software eingerichtet werden

- Vertriebsanbindung und -unterstützung

Vertriebsmitarbeiter müssen beim Kunden sein, nicht in der Firma. Für eine qualifizierte Kundenbetreuung ist es jedoch notwendig, daß Vertriebsmitarbeiter bedarfsgerecht auf Informationen, Fachwissen in der Unternehmenszentrale zugreifen können.

- zeitlich begrenzten Projektaufgaben

Virtuelle Verbünde formieren sich projektgebunden und nur über die Laufzeit der jeweiligen Projekte bzw. Kundenaufträge.

Die Entwicklung hin zu virtuellen Unternehmensstrukturen bietet daher für viele Unternehmen eine strategische Alternative. Große und international agierende Unternehmen können sich in flexiblere Einheiten segmentieren und sich bedarfsorientiert in virtuelle Einheiten rekombinieren. Kleinen und mittleren Unternehmen wird die Chance geboten, die Beweglichkeit und Reaktionsfähigkeit am Markt zu verbessern und darüber hinaus neue Märkte zu erschließen.

Entscheidender Erfolgsfaktor ist der Einsatz hochentwickelter Informations- und Kommunikationstechnologien. Diese bilden die Infrastruktur virtueller Unternehmen. Virtuelle Organisationsformen sind zumeist komplex sowie koordinations- und kommunikationsintensiv. Dies bedeutet, daß ein Effizienzgewinn nur dann erzielbar ist, wenn die Vorteile größerer Flexibilität und Autonomie die Koordinations- und Kommunikationskosten überwiegen. Dies beginnt beim gemeinsamen Zugriff auf Adreßdatenbestände, Organisationsanweisungen, Arbeitsdokumente und endet bei Anrufweiterschaltungen. Leistungsfähige digitale Datennetze und neue Dienste im Telekommunikationsbereich stellen die Basis für die erwähnte Überwindung räumlicher und zeitlicher Begrenzungen sowie des Widerspruchs von Zentralisierung und Dezentralisierung.

Groupwaresysteme ermöglichen hierbei unter Aufhebung von Raum und Zeit eine Fülle innovativer Einsatzgebiete. So können Menschen entweder

- am gleichen Ort zur selben Zeit oder
- am gleichen Ort zu unterschiedlichen Zeiten oder
- an unterschiedlichen Orten zur gleichen Zeit oder
- an unterschiedlichen Orten zu unterschiedlichen Zeiten

arbeiten. [8] Groupware-Konzepte erlauben somit ungeachtet geographischer und organisatorischer Grenzen quasi kollaboratives Arbeiten und bieten Unterstützung bei notwendigen Arbeitsabläufen. Damit wird eine Kommunikationsumgebung geschaffen, die komplementär zu Face-to-face-Sitzungen qualitative, inhaltliche und häufige Interaktion ermöglicht.

# 5 Ausblick

Verändernde Rahmenbedingungen im wirtschaftlichen Umfeld der Unternehmen, d.h. Wettbewerber, Kunden, Staat etc., zwingen Unternehmen beständig dazu, bisherige Verhaltensweisen und Strukturen neu zu überdenken. Mit der schnellen weltweiten Verbreitung technischen Wissens schwinden traditionelle Vorteile im Technologiewettbewerb. Die fortschreitende Globalisierung, die steigende Bedeutung des Technologiewettbewerbs, der deutliche Rückgang von Protektionismus und das schnelle Wachstum neuer Märkte und neuer Wettbewerber haben entscheidende Auswirkungen auf die zukünftige Arbeits- und Unternehmenslandschaft. Trends der Zukunft lassen sich folgendermaßen zusammenfassen (Abb. 10) [15]:

- Trend zu (qualifikationsintensiven) Dienstleistungen,
- Veränderung der Unternehmensorganisation und des Arbeitsdesigns durch Informations- und Kommunikationstechnologien,
- Entwicklung der Unternehmen in Richtung von Netzwerkorganisationen,
- steigende Attraktivität und Intensität der Arbeit,
- andere Qualifikationsanforderungen: lösungssensible und entscheidungskompetente Mitarbeiter und
- Annäherung von Lebens- und Arbeitsstil.

| | Diskrepanz | Realisierung | Handlungsbedarf |
|---|---|---|---|
| Gemeinsame Ergebnisverantwortung mehrerer Bereiche | | | → |
| Verflachung der Hierarchien | | | ↓ |
| Flexible, teamorientierte Organisationsstrukturen | | | → |
| Geschäftsprozeß-management | | | → |
| Mitarbeiterorientierung | | | ↑ |
| Kundenorientierung | | | ↑ |

**Abb. 10: Handlungsfelder für die Zukunft**

Die Flexibilität und die Anpassungsfähigkeit virtueller Unternehmen an Markterfordernisse lassen Ort und Zeit, betriebliche Funktionen, Marktgrenzen, Mitarbeiter und Know-how, die traditionellen Grenzen des Unternehmens, zusehend verschwinden [9]. Ort und Zeit verlieren an Bedeutung, da die Leistungserstellung dezentralisiert und verteilt wird. Im Bereich virtueller Arbeitsplätze werden ohne Zweifel in großem Umfang auf individuellen Antrieb Strukturen implementiert. Die Zahl der sogenannten "Guerilla Teleworker", die am Wochenende zu Hause und nicht im Büro arbeiten, wächst weiter. Aber auch Unternehmensneugründungen, insbesondere im Medienbereich, bedienen sich zunehmend virtueller Unternehmensstrukturen.

Als Erfolgsgröße der Unternehmen in der Zukunft gilt die Abstimmung der beiden Faktoren Arbeitsorganisation und Information. Der Wandel der Informations- und Kommunikationstechnik verursachte eine Wirtschaftsrevolution. Bedeutender Aspekt ist die Kopplung der sich hierbei ergebenden Möglichkeit mit den sich immer rasanter entwickelnden Potentialen der Informations- und Kommunikationstechnologien. [10] Die Fähigkeit zur Informationsgewinnung, -verarbeitung und deren gezielter Nutzung kann als Kernkompetenz für das Unternehmen der Zukunft - das virtuelle Unternehmen - angesehen werden. Innovatives prozeßorientiertes Informationsmanagement sollte unter der Zielsetzung eingesetzt werden, einen reibungslosen und möglichst einfachen Ablauf von Geschäftsprozessen zu ermöglichen.

Der temporäre Charakter einer virtuellen Organisation bedingt in besonderem Maße die Lernfähigkeit und die Flexibilität sowohl der jeweilig beteiligten Organisation als auch in den Organisationen selbst. Dadurch werden neue Anforderungen an Management und Mitarbeiter in den beteiligten Organisationen gestellt. Das Management muß fähig sein, neue Visionen zu entwickeln und diese auch den Mitarbeitern auf allen

Ebenen durch Vorleben verständlich zu machen Die Herausforderung für die Arbeit der Zukunft besteht darin, mit intelligenten, pragmatischen Methoden die Bereitschaft zur Eigeninitiative zu fördern. Es wird zur Aufgabe der Unternehmen, ein denk-, lern- und kreativitätsförderndes Umfeld zu schaffen. Gefragt sind Motivationsinstrumente, die den Ehrgeiz aller wecken. Dies liefert neue Impulse für Beschäftigung und Arbeit und damit für die Zukunft, so daß der Übergang in die schöpferisch gestaltende Gesellschaft im nächsten Jahrtausend gelingen kann.

# Literaturverzeichnis


[1] Bullinger, H.-J.; Ilg, R.; Zinser, S.: Arbeitsstrukturen der Zukunft. In: Technische Rundschau Transfer 38/1995, S. 10 ff.

[2] Bullinger, H.-J.; Thaler, K.: Zwischenbetriebliche Zusammenarbeit im Virtual Enterprise. In: m&c - Management & Computer 1/1994, S. 19 f.

[3] Bullinger, H.-J.: Unternehmensübergreifende Zusammenarbeit - Ein neuer Stern am Horizont. In: Office Management 4/1995, S. 16 f.

[4] Davidow, N.; Malone, M.: Das virtuelle Unternehmen - Der Kunde als Co-Produzent. Frankfurt/Main, New York: Campus Verlag, 1993, S. 15 ff.

[5] Hofmann, J.: Virtuelle Unternehmen - ein neues Konzept. In: Computerinformationen Juli/August 1995, S. 50 ff.

[6] Weber; Walsh, I.: Die virtuelle Organisation. In: Gablers Magazion 6-7/1994, S. 24 ff.

[7] Goldman, S.; Nagel, R.; Preiss, K. (1995): Agile Competitors and Virtual Organizations. New York: Van Nostrand, 1995, S. 211 ff.

[8] Lautenbacher, S.; Walsh, I.: Neue Technologien für das virtuelle Unternehmen. In: Gablers Magazin 6-7/1994, S. 30

[9] Klein, S.: Virtuelle Organisation. In: WiSt 6/1994, S. 310 f.

[10] Bullinger, H.-J.; Ohlhausen, P.; Stanke, A.: Vom Rivalen zum Partner. In: Vom Rivalen zum Partner - durch Kooperationen neue Leistungspotentiale freisetzen. Tagungsband zum IAO-Kongreß 27.4.1995, Bullinger, H.-J. (Hrsg.), Stuttgart 1995, S. 10

[11] Bullinger, H.-J.; Wiedmann, G.; Niemeier, J.: Business Reengineering - aktuelle Managementkonzepte in Deutschland: Zukunftsperspektiven und Stand der Umsetzung. Studie des Fraunhofer-Instituts für Arbeitswirtschaft und Organisation (IAO). Stuttgart: IRB-Verlag, 1995.

[12] Bullinger, H.-J.; Zinser, S.: Lernende Organisationen und virtuelle Unternehmen. In: Hoß, D; Schrick, G. (Hrsg.): Wie rational ist Rationalisierung heute? Stuttgart; Berlin: Raabe, 1996, S. 379-385.

[13] Bullinger, H.-J.; Hase, B.: Kundenorientiertes Qualitätsmanagement im FuE-Bereich - Daten Fakten, Trends: Ergebnisse einer Unternehmensstudie in Deutschland. Fraunhofer-Institut für Arbeitswirtschaft und Organisation (IAO), Stuttgart, 1996.

[14] Kern, P.; Ilg, R.; Zinser, S.: Organisationsstrukturen im Wandel - aktuelle Entwicklungen und Perspektiven. In: Tessaring , M. (Hrsg.): Die Zukunft der Akademikerbeschäftigung. Schriftenreihe Beiträge zu Arbeitsmarkt und Berufsforschung Nr. 201. Nürnberg: 1996, S. 174-194.

[15] Bullinger, H.-J.: Wenn zu Arbeit, Kapital und Boden der Faktor Information kommt. Frankfurter Rundschau, 20. Mai 1997, Nr. 114, S. 12.

# Der Virtuelle Campus: Bildungsdienstleistungen für lernende Organisationen

Dr. Wolfgang Kraemer,
Dipl.-Kfm. Frank Milius
Universität des Saarlandes, Saarbrücken

## Inhalt



18. Saarbrücker Arbeitstagung für Industrie, Dienstleistung und Verwaltung 1997. Hrsg.: A.-W. Scheer.© Physica-Verlag Heidelberg 1997

# 1 Von der Informations- zur Wissensgesellschaft

Das Management von Wissen entwickelt sich für Unternehmen und Individuen zu einer zentralen Herausforderung. Roman Herzog postuliert, daß „in der Wissensgesellschaft des 21. Jahrhundert wir alle lebenslang lernen, neue Techniken und Fähigkeiten erwerben und wir uns an den Gedanken gewöhnen müssen, später einmal in zwei, drei oder sogar vier verschiedenen Berufen zu arbeiten. Wir müssen Teil einer lernenden Gesellschaft werden, die rund um den Globus nach den besten Ideen, den besten Lösungen sucht"[1]. In eine ähnliche Richtung zielen die Aussagen von Tapscott, nachdem Arbeit zunehmend identisch mit der Aufnahme von Informationen wird. Arbeit und Lernen sind somit bald eins [2].

Das im Rahmen der Aus- und Weiterbildung in Unternehmen und an Hochschulen vermittelte Fachwissen unterliegt immer schneller werdenden Veränderungen und Erweiterungen. In vielen Bereichen wird davon ausgegangen, daß sich das Fachwissen in sechs bis zehn Jahren vollständig erneuert, wobei sich eine Tendenz zu kürzeren Innovationszyklen abzeichnet.[3] Damit wird es immer schwieriger, auf einem aktuellen Wissensstand zu sein. Die Innovationszyklen sind in einigen Bereichen bereits so kurz, daß eine Vermittlung des notwendigen Wissens mit herkömmlichen Bildungsmaßnahmen nicht geeignet ist, da die Dauer der Bildungsmaßnahme den Innovationszyklus übersteigen würde.[4] Lernen ist somit zu einem lebenslangen Prozeß geworden und kann nicht mehr als abgeschlossene Lebensphase betrachtet werden (Life Long Learning).

Dies bedeutet, daß das in Schule und Erstausbildung erworbene Wissen ständig aktualisiert und ergänzt werden muß. Aus diesem Grund wird bereits vielfach von der Wissensgesellschaft gesprochen. Sie ist gekennzeichnet durch den effizienten Umgang mit Wissen, d.h. der Bewertung und Einordnung von Informationen in Zusammenhänge sowie der Einbringung von Erfahrungen [5], um Produktions-, Dienstleistungs- und Innovationsprozesse zu forcieren. Dokumentiert wird dies durch Umfragen, in denen deutsche Unternehmen dem Produktionsfaktor Wissen bereits 60-80% an der Gesamtwertschöpfung zurechnen [6].

Damit avanciert die Fähigkeit zum problemorientierten, innovativen Umgang mit Wissen zum grundlegenden Wettbewerbsfaktor des Industrie- und Dienstleistungsstandorts Deutschland. Dennoch dokumentiert die hohe Rate der Insolvenzen und Erwerbslosigkeit, daß erhebliche Defizite in der Umsetzung dieser Forderung bestehen.

Maßnahmen zur Verbesserung der Beziehungen zwischen den Hochschulen und deren Kunden werden als ein wichtiges Merkmal im Rahmen der Hochschulreformdiskussion diskutiert [7]. Dabei entspricht das traditionelle Vollzeitstudium nur noch teilweise den Bedürfnissen der Gesellschaft. Die computergestützte Aus- und Weiterbildung unter Nutzung multimedialer Telematikdienste, häufig mit Telelearning, Teleteaching, virtuelle Universität/Campus, Distance Learning/Education, Learning on demand bezeichnet, kann als Chance betrachtet werden, die Bildungs- und Qualifizierungsprobleme zu lösen.

# 2 Die Virtuelle Universität

Lehren und Lernen hat sich verändert, vor allem an deutschen Universitäten. Nicht zuletzt deshalb, weil die Universitäten trotz sinkender Studentenzahlen an ihre Kapazitätsgrenzen gestoßen sind und die Kassen der „Alma Mater" leer sind. Überfüllte Hörsäle, lange Studienzeiten von im Durchschnitt 7 an Universitäten und 5 Jahren an Fachhochschulen, die Reduktion des wissenschaftlichen Personals verbunden mit einem geringen Grad an persönlicher Betreuung, eine Studienabbrecherquote mit einem Gesamtdurchschnitt von 25%, Studienstrukturen und Abschlüsse, die inkompatibel mit dem angloamerikanischen System sind, das Fehlen eines *Credit Transfer System*, mit dessen Hilfe bereits erworbene Studien- und Prüfungsleistungen an anderen, auch ausländischen Hochschulen problemlos anerkannt werden, der von der Wirtschaft als unzureichend charakterisierte Praxisbezug des Studiums etc. verdeutlichen die Misere an deutschen Universitäten [8]. Darüber hinaus ist zu konstatieren, daß der Studienstandort Deutschland seine ehemals internationale Attraktivität für ausländische Studierenden verliert. So studieren zur Zeit lediglich 80.000 Studenten aus dem Ausland an deutschen Universitäten [9]. Die langfristigen Konsequenzen für die Exportnation Deutchland sind damit absehbar.

Die Entscheidungsträger in Politik und Wissenschaft haben diesen Mißstand erkannt und gemeinsam mit der Wirtschaft umfangreiche Maßnahmen zur Reform der Universitäten definiert. Hierunter fallen beispielsweise Ansätze zur Reduzierung des Lehrstoffs, die Berufung von Professoren auf Zeit, die Abkehr von der kameralistischen Haushaltsführung oder die Einführung von Studiengebühren für Langzeitstudenten. Zunehmend wird der integrative Einsatz von neuen Medien und ihrer internen sowie externen Vernetzung in der universitären Lehre als weiterer Katalysator für die Hochschulentwicklung angesehen [10]. Daher ist es von besonderem Interesse, die Eigenschaften von virtuellen Universitäten zu identifizieren, um auf dieser Grundlage die Leistungsbeziehungen zwischen den beteiligten Akteuren zu definieren.

## 2.1 Merkmale

Seit mehreren Jahren werden innovative Organisationsformen für Unternehmenskooperationen unter dem Begriff „Virtuelles Unternehmen" diskutiert [11, 12, 13]. Der Bildungsbereich hat den Begriff der Virtualität unreflektiert auf die Organisationsform der Universität übertragen. Aus diesem Grund ist es sinnvoll, Konzepte für virtuelle Organisationsformen zu analysieren und darauf aufbauend Kriterien für den Aufbau und Betrieb einer virtuellen Universität abzuleiten.

In der Literatur wird unter einem virtuellen Unternehmen ein flexibles, zeitlich begrenztes Netzwerk von örtlich Unternehmen, die zur Erfüllung eines bestimmten Geschäftszwecks miteinander kooperieren [14], verstanden. Hierzu bringt jedes Unternehmen seine Kernkompetenzen und Ressourcen komplementär in den Verbund mit ein. Synergiepotentiale eröffnen sich durch die Teilung von Ressourcen, durch die Teilung von Wissen und den Aufbau von Wissensnetzwerken (Knowledge Networks) [15] sowie die Minimierung von Kosten oder die Reduktion von Markteintrittsschranken. Welcher Kooperationspartner welche Leistung erstellt, bleibt dem Kunden intransparent. Der umfassende Einsatz leistungsfähiger Informations- und Kommunikationstechnologie hilft, die Netzwerke aufzubauen sowie die Kommunikation und Koordination zwischen den Partnern zu beschleunigen beziehungsweise zu vereinfachen [16]. Die Dauer der Kooperation ist in der Regel auf die Länge des Lebenszyklus eines Produktes oder einer Dienstleistung beschränkt. Auf eine vertragliche Gestaltung der Kooperationsbeziehung, Kapitalverflechtungen oder gar die Gründung einer rechtlich selbständigen Unternehmung wird verzichtet. Ebenso fehlt ein gemeinsames Management sowie eine Verwaltung, die sich alle Beteiligten teilen [17]. Als wesentliche Erfolgsfaktoren können klar definierte gemeinsame Ziele, übereinstimmende Wertvorstellungen sowie eine solide Vertrauensbasis der Akteure identifiziert werden.

Scholz fügt diesen definitorischen Ansätzen eine weitere Sichtweise hinzu, indem er sich mit dem Begriff der Virtualität auseinander setzt. Er spezifiziert Virtualität als

> *„... ein konkretes Objekt über Eigenschaften, die nicht physisch, aber doch in ihrer Funktionalität vorhanden sind. Diese Ausgangsdefinition von Virtualität impliziert Bezug zu einem konkreten Objekt. Es gibt demnach keine Virtualität per se, sondern ausschließlich virtuelle Unternehmen, virtuelle Produkte ...[18]"*

oder auch virtuelle Universitäten. Ausgehend von dieser Spezifikation zeichnen sich virtuelle Objekte durch folgende vier Merkmale aus [19]:

1. Das virtuelle Objekt muß Merkmale aufweisen, die **konstituierende Eigenschaften** des realen Objekts sind und die das virtualisierte Objekt weiterhin kennzeichnen. Für ein Unternehmen sind solche Charakteristika beispielsweise die Bestrebung, seine Gesamtwertschöpfungskette zu optimieren oder eine maximale Kundenorientierung zu erreichen. Diese Eigenschaften gelten demzufolge auch für virtuelle Unternehmen.

2. Dem virtuellen Objekt fehlen **physikalische Attribute** des realen Objekts. Bezogen auf das virtuelle Unternehmen sind dies zum Beispiel fehlende Gesellschaftsverträge oder Kapitalverflechtungen.

3. An die Stelle der fehlenden physischen Attribute treten **Zusatzspezifika**, über die das reale Objekt nicht verfügt, wie komplementäre Kernkompetenzen.

4. Das virtuelle Objekt weist einen zusätzlichen **Nutzen** gegenüber dem realen Objekt auf. Hier sind hauptsächlich die Flexibilität sowie die Effekte, die sich aus dem gemeinsamen Synergiepotential erzielen lassen, anzuführen.

Auf der Basis dieses Vier-Merkmal-Schemas der Virtualität wird im folgenden eine Arbeitsdefnition für die virtuelle Universität abgeleitet. Hierzu ist es erforderlich, den Geschäftszweck einer Universität vor dem Hintergrund ihres bildungspolitischen Auftrags abzuleiten. Hierbei handelt es sich im Kern um die Erbringung von Forschungs- und Ausbildungsleistungen (Forschung und Lehre) [20].

Virtualisierung in der Forschung ist nicht neu: So war zum Beispiel das Ziel eines Projektes am internationalen Kernforschungszentrum (CERN) in Genf, den Informationsaustausch zwischen internationalen Forschergruppen im Bereich Hochenergiephysik zu fördern und den Zugriff sowie die Publikation von Forschungsergebnissen zu erleichtern. Als Ergebnis wurde das World Wide Web entwickelt.

Darüber hinaus wird der Aufbau von virtuellen Organisationsstrukturen zur Durchführung von Forschungsprojekten von staatlicher Stelle aus geradezu gefordert, wie das folgende Beispiel verdeutlicht:

> *In Deutschland werden breit angelegte Forschungsprogramme wie „Produktion 2000" oder „Dienstleistung 2000plus" durch das Bundesministerium für Bildung und Forschung initiiert. Ziel ist es, forschungsrelevante Fragestellungen im Rahmen von Verbundprojekten, an denen jeweils eine Vielzahl von Kooperationspartnern beteiligt sein müssen, bearbeiten zu lassen. Universitäten, Forschungseinrichtungen und Unternehmen werden hierzu aufgefordert, geeignete Projektideen zu formulieren. Ziel ist die schnelle Erarbeitung eines komplexen Themengebiets. Dies soll durch die Bündelung von* ***Kernkompetenzen*** *unter Nutzung von* ***synergetischen Potentialen*** *erreicht werden.*
>
> *Analog zu den vier Lebensphasen eines virtuellen Unternehmens [21] sucht sich ein Initiator zur Realisierung seiner Projektidee in der Phase der „Anbahnung und Partnersuche" zunächst potentielle Partner mit unterschiedlichen Kernkompetenzen. Oftmals werden Forschungseinrichtungen oder Unternehmen, zu denen bereits frühere Kooperationsbeziehungen bestanden haben, bevorzugt angesprochen, da zwischen den Partnern bereits eine gewisse* ***Vertrauensbasis*** *gegeben ist. Während der Phase 2 „Vereinbarung" werden zur Durchführung des Projektes die einzelne Arbeitsschritte terminiert, das potentiell zur Verfügung stehende Finanzvolumen gemäß der Aufgabenverteilung den Partnern zugeteilt sowie grundlegende Verfahrensweisen und Regeln für das Projektmanagement definiert. Ergebnis der beiden Phasen ist ein*

*Projektantrag, der beim Projektträger eingereicht wird. Der Projektantrag ist als* ***gemeinsamer Geschäftszweck*** *der Kooperation anzusehen. Die Projektlaufzeit ist in der Regel* ***zeitlich befristet****. Erfolgt die Zuteilung des Forschungsauftrags durch den Projektträger tritt das Projektkonsortiums in die Phase der „Durchführung" ein. Traditionell setzten Forschungseinrichtungen zur Koordination und Kommunikation der Projektaktivitäten intensiv* ***Informations- und Kommunikationstechnologien*** *wie Email oder das World Wide Web ein. Zunehmend werden auch Videokonferenz- und Workflowmanagementsysteme eingesetzt. Nach Beendigung des Forschungsauftrags (Phase 4) wird die Kooperation aufgelöst.*

Solche Formen der Kooperationen existieren für den Bereich der Lehre allerdings nicht. Aus diesem Grund ist es sinnvoll, im folgenden bei der Beschreibung von Merkmalen einer virtuellen Universität den Fokus auf die Virtualisierung der Lehre zu legen.

In Analogie zu obiger Merksmalsbeschreibung des virtuellen Unternehmens soll unter einer virtuellen Universität ein flexibles, zeitlich begrenztes Netzwerk von örtlich getrennten Lehrstühlen einer Fakultät unterschiedlicher Universitäten verstanden werden, die zur Erfüllung eines bestimmten Geschäftszwecks miteinander kooperieren.

Der Geschäftszweck wird durch die konstituierenden Merkmale einer Universität bestimmt. Bezogen auf den Bereich der Lehre sind dies die Vermittlung von Wissen in Verbindung mit einer universitären Erstausbildung von Studierenden. Realisiert wird dies durch die Bereitstellung von Lernmaterialien, die Durchführung von Lehrveranstaltungen und die Ausstellung von Zertifikaten im Sinne von Leistungsnachweisen (Credit Points, Scheine) oder eines Diploms. Darüber hinaus sind Beratungs- und Betreuungsleistungen (Sprechstunden, Betreuung von Diplom- und Seminararbeiten etc.) gegenüber den Kunden der virtuellen Universität zu erbringen. Ergänzt werden diese Eigenschaften um adminstrative Dienstleistungen (Studienberatung, Immatrikulation, Prüfungsanmeldung, Verwaltung von Prüfungsleistungen, Urlaubssemester, Exmatrikulation etc.).

Gegenüber einer Präsenzuniversität fehlen der virtuellen Universität physische Attribute, wie Hörsäle, Lehrkörper, universitäre Gremien (beispielsweise ein Studentenparlament). Diese werden ersetzt, durch den umfassenden Einsatz leistungsfähiger Informations- und Kommunikationstechnologie.

Abbildung 1 veranschaulicht das Konzept der virtuellen Universität. In dem dargestellten Szenario beschließen vier Lehrstühle einer wissenschaftlichen Fachrichtung, die sich jedoch auf unterschiedliche Präsenzuniversitäten verteilen, eine virtuelle Universität aufzubauen. Hierzu bringen die beteiligten Lehrstühle ihre Kernkompetenzen und Ressourcen komplementär in den Verbund mit ein. Als Kernkompetenzen werden in diesem Zusammenhang Inhalte von Lehrveranstaltungen verstanden, die einen engen Bezug zu den Hauptforschungsgebieten der Lehrstühle besitzen. Der

Einsatz der Informations- und Kommunikationstechnologien dient zur Kommunikation und Koordination zwischen den Akteuren. Jeder Lehrstuhl entwickelt gemäß seiner Kernkompetenzen Wissensinhalte, die multimedial aufbereitet werden. Die multimedialen Lehr- und Lernangebote werden über Datennetze wie beispielsweise das WWW distribuiert. Durch diese Zusatzspezifika eröffnen sich vielfältige Nutzenpotentiale:

- Durch die Nutzung der multimedialen Wissensinhalte werden die zeitliche und örtliche Gebundenheit von Lehrveranstaltungen aufgehoben und erlauben den Studierenden ein Lernen von zu Hause oder vom am Arbeitsplatz.

- Die Studierenden sind nicht mehr an die spezifischen Lehrangebote einer Präsenzuniversität gebunden, sondern können sich aus der pluralistischen Angebotsvielfalt der virtuellen Universität entsprechend ihren persönlichen Präferenzen Studienschwerpunkte auswählen. So erhöht sich die Anzahl der Lehrveranstaltungen im dargestellten Beispiel von jeweils zwei, die an den Präsenzuniversitäten angeboten werden, auf sechs Lehrveranstaltungen an der virtuellen Universität.

- Die Wahlfreiheit zwingt die Lieferanten der Wissensinhalte, ihre Angebote ständig aktuell und auf einem hohen Qualitätsniveau zu halten.

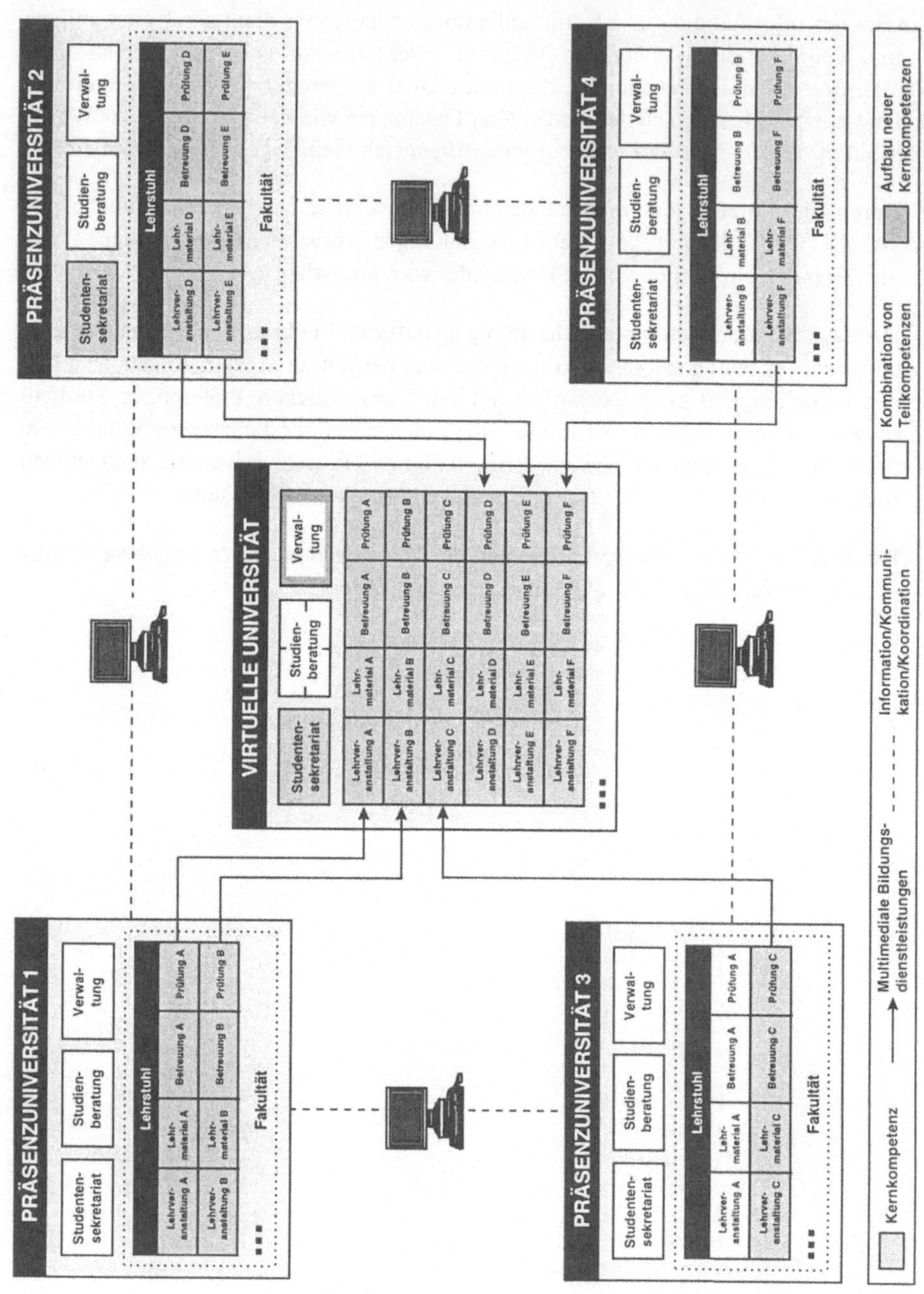


**Abb. 1: Konzept der Virtuellen Universität**

Dieses Konzept einer virtuellen Universität, die insbesondere den Kooperationsaspekt hervorhebt, ist gegenüber weiteren Wissenslieferanten offen gestaltet, d.h. das virtuelle Bildungsangebot kann jederzeit um komplementäre Angebote ergänzt werden. Auf eine vertragliche Gestaltung der Kooperationsbeziehung wird verzichtet, insbesondere auf die Gründung einer rechtlich eigenständigen Universität.

Die Bereitstellung von administrativen Dienstleistungen erfolgt ebenfalls im Verbund. Hier sind verschiedene Kooperationsmodelle denkbar. Neben der Kombination von Teilkompetenzen zu einer Dienstleistung (Bsp.: Studienberatung) oder der Übernahme einer singulären Dienstleistung durch eine Universität (Bsp.: Studentensekretariat) ist es auch denkbar, daß spezifische Kompetenzen neu entwickelt werden müssen (Bsp.: allgemeine Verwaltung).

Das Leistungsangebot von „existierenden" virtuellen Universitäten ist sehr heterogen. Dies liegt darin begründet, daß das Begriffsspektrum von virtuellen Universitäten von der Vorstellung eines Lehrstuhls im Internet bis zur vollständigen telebasierten Abwicklung eines Studienganges reicht. Nachfolgend werden exemplarisch einige Projekte vorgestellt, die verschiedene methodische und informationstechnische Ansätze zur Realisierung einer virtuellen Universität verfolgen. Auf dieser Grundlage wird ein Klassifikationsschema zur Abgrenzung der verschiedenen Ansätze entwickelt.

## 2.2 Projekte

### 2.2.1 Tele-Teaching Heidelberg-Mannheim (Universität Heidelberg - Universität Mannheim)

Im Rahmen des Projektes Tele-Teaching der Universitäten Heidelberg und Mannheim haben die beiden Universitäten anläßlich der Einrichtung eines neuen Studienganges Technische Informatik an der Universität Mannheim ein Abkommen geschlossen, mit dem die Übertragung von Lehrveranstaltungen im Fach Informatik von Mannheim nach Heidelberg und im Gegenzug die Übertragung von Lehrveranstaltungen im Fach Physik von Heidelberg nach Mannheim geregelt wird [22].

Neben der Möglichkeit, die Lehrveranstaltungen an beiden Universitäten vor Ort zu besuchen, wurde in einer ersten Ausbaustufe die technische Infrastruktur geschaffen, um über Breitband-Hochgeschwindigkeitsnetze Vorlesungen per Videokonferenz von einer Universität zur anderen zu übertragen. Gleichzeitig haben Studenten die Möglichkeit, mit Dozenten in den entfernten Hörsälen zu kommunizieren. Desweiteren werden auch Seminare dezentral durchgeführt. Ein World Wide Web gestützter Online-Dienst ermöglicht den Studenten einen Zugriff auf Lehr- und Lernmaterialien von zu Hause aus [23].

### 2.2.2 DFN-Projekt Teleteaching (TU Dresden - TU Bergakademie Freiberg)

Ähnliche konzeptionelle Ziele wie unter Kapitel 2.2.1 vorgestellt, sind auch Inhalt des DFN-Projekts Teleteaching Dresden-Freiberg. Kooperationspartner sind die Fakultäten Informatik, Wirtschaftsinformatik und Psychologie der TU Dresden, die Fakultät Informatik der TU Bergakademie Freiberg und der DFN Verein.

Vorlesungen werden mittels Hochgeschwindigkeitsnetzen in Form von digitalem Video an entfernte Partner übertragen, welche die Veranstaltung über Großbildprojektion verfolgen können. Durch den Einsatz multimedialer Konferenzsysteme können auch Fragen und Feedback-Informationen von den Partnern zurückgesandt werden. Die Nutzung von Application Sharing ermöglicht die gezielte Übertragung von Folien und Animationen, die online abgerufen werden können. Alternativ ist auch ein zeitversetzter Abruf einer Videoaufzeichnung der Veranstaltung möglich. Daneben werden die Vorlesungsunterlagen und Übungsblätter über das WWW bereitgestellt und sind damit ortsübergreifend verfügbar. Bei ausgewählten Übungen wird es möglich sein, Lösungen an den Tutor zu versenden, der dann mögliche Korrekturen später wieder online an die Teilnehmer übermittelt [24, 25].

### 2.2.3 MM-unterstützte Dezentralisierung interdisziplinärer Lehre (Universität Erlangen-Nürnberg)

Das Projekt „MM-unterstützte Dezentralisierung interdisziplinärer Lehre" der Universität Erlangen-Nürnberg kann sowohl inhaltlich als auch methodisch als komplementär zu den beiden zuvor beschriebenen Hochschulprojekten angesehen werden. Das Projekt wird vom Lehrstuhl für Wirtschaftsinformatik II koordiniert und durchgeführt.

Mit Hilfe von virtuellen Hörsälen und Übungsräumen werden die Lehrveranstaltungen synchron zwischen den beiden Standorten übertragen. Diese Veranstaltungen werden zusätzlich aufgezeichnet und können auch asynchron von den Studierenden bezogen werden. Hypermediale Teachware, die didaktisch aufbereitet wird, ermöglicht den Zugriff auf vorlesungs- und übungsbegleitendes Lehrmaterial.

Gefördert wird es durch den DFN-Verein, das Bundesministerium für Bildung, Wissenschaft, Forschung und Technologie und die Bayerische Staatsregierung im Rahmen der Initiative „Bayern Online". Weitere Kooperationspartner sind das Regionale Rechenzentrum Erlangen, der Lehrstuhl für Betriebssysteme, der Lehrstuhl für Datenbanksysteme sowie der Lehrstuhl für Operations Research der Universität [26].

### 2.2.4 Aufbaustudium Informations- und Kommunikationssysteme (TU Chemnitz-Zwickau)

Die TU Chemnitz-Zwickau bietet seit September 1995 ein Aufbaustudium Informations- und Kommunikationssysteme an. Zielgruppe sind vor allem Mitarbeiter von Klein- und mittelständischen Unternehmen, die sich berufsbegleitend weiterbilden wollen. Hierzu wird allen Teilnehmern für die gesamte Dauer des Studiums ein Internet-Zugang inklusive einer Email-Adresse zur Verfügung gestellt. Damit wird ihnen die Möglichkeit eröffnet, von zu Hause aus am Aufbaustudiengang teilzunehmen.

Voraussetzung zur Teilnahme an dem Studium ist ein abgeschlossenes Hochschulstudium, im Ausnahmefall der Eignungsnachweis durch berufliche Erfahrung. Das Studium gliedert sich in zwei Teile. Der erste Teil behandelt Architekturen, Anwendungen und Analysen zur Wirtschaftlichkeit von Informations- und Kommunikationssystemen. Im zweiten Teil werden Netz-Infrastrukturen, Protokolle und das Management von Informations- und Kommunikationssystemen behandelt. Beide Teile bauen aufeinander auf, können jedoch auch unabhängig voneinander absolviert werden. Jeder Teil umfaßt eine Laufzeit von zwei Semestern. Studienbeginn ist zu jedem Semester möglich.

Die beiden Teile können getrennt voneinander mit einem Zertifikat abgeschlossen werden. Die Teilnahmekosten belaufen sich auf 1500,- DM pro Studienjahr. Nach einer einführenden Präsenzveranstaltung zur Erläuterung der technischen Basis an der TU Chemnitz-Zwickau findet das weitere Studium unter Nutzung des Internet statt [27].

### 2.2.5 Virtuelle Universität - FernUniversität Online (FU Hagen)

An der FernUniversität Hagen wird derzeit ebenfalls ein Konzept der virtuellen Universität realisiert und im realen Betrieb erprobt und evaluiert. Das Projekt „Virtuelle Universität - FernUniversität Online

*“ zielt darauf ab, „daß alle Funktionen einer Universität integriert umgesetzt werden und so ein vollständiges und homogenes System entsteht [28]“.*

Interaktives Lehrmaterial wird hierzu über das Internet verschickt. Gleichzeitig werden Kommunikationsmöglichkeiten für die Studierenden wie Email und Chat-Systeme bereitgestellt. Durch diese Vernetzung können die Studierenden gemeinsam miteinander lernen. Daraus ergeben sich neue Formen des Übungs- und Praktikumsbetriebs. Ebenso wird ein direkter Zugriff zur real existierenden und digitalen Bibliothek sowie zu administrativen Funktionen ermöglicht. Zusätzlich stehen Informations- und Beratungssysteme zur Verfügung. Über Personal Computer, die via ISDN-Leitung an das Internet angeschlossen sind, können zur Betreuung der Studierenden auch Videokonferenz-Systeme eingesetzt werden.

### 2.2.6 Lehre 2000 (Universität des Saarlandes)

Im Rahmen des Projektes „Lehre 2000“ bietet das Institut für Wirtschaftsinformatik die Vorlesung "Wirtschaftsinformatik III - Informationssysteme für Industriebetriebe" virtuell im WWW seit dem Sommersemester 1996 an [29, 30]. Jeder Internet-Benutzer kann kostenlos an der virtuellen Vorlesung teilnehmen.

Für die Realisierung der virtuellen Vorlesung wurden vier verschiedene Module entwickelt. Das Modul „Service-Zentrum“ repräsentiert das organisatorische und administrative Rahmenkonzept des Studienganges. Dort können sich Studierende zum virtuellen Studiengang anmelden, Teilnahmebedingungen nachlesen oder sich regelmäßig über methodische, organisatorische und technische Weiterentwicklungen des Online-Dienstes etc. informieren.

Mit Hilfe des Moduls „Vorlesung“ können sich Studierende den Vorlesungsstoff selbständig erarbeiten. Hierzu wurde Pflichtliteratur „Wirtschaftsinformatik - Referenzmodelle für industrielle Geschäftsprozesse“, die der realen Veranstaltung zugrunde liegt, in Form eines hypermedialen Kursbuches für das WWW aufbereitet. Das Kursbuch wurde in einzelne Lerneinheiten (Lektionen) aufgeteilt. Zu jeder Lektion gibt es eine Zusammenfassung der Inhalte, die um die wichtigsten Schlagwörter der Lerneinheit ergänzt wird. Die Schlagwörter sind mit dem hypermedialen Kursbuch verknüpft. Dies ermöglicht einen schnellen und zielgerichteten Einstieg in die Pflichtliteratur. Während des Wintersemesters 95/96 wurden Videoaufzeichnungen der Vorlesung erstellt. Diese Mitschnitte wurden inhaltlich erschlossen, in einzelne Sequenzen extrahiert und anschließend digitalisiert. Die Videosequenzen ergänzen die Inhalte des Kursbuches an didaktisch sinnvoller Stelle um zusätzliche Informationen. Darüber hinaus erläutern Animationen komplexe Sachverhalte, die während der Vorlesung hergeleitet wurden. Abbildung 2 veranschaulicht die Benutzeroberfläche des Moduls Vorlesung.

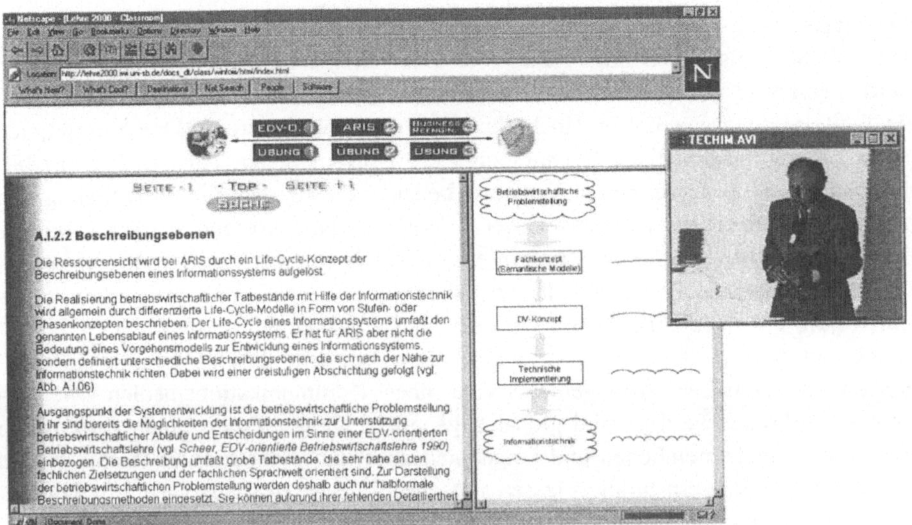


**Abb. 2: Benutzeroberfläche Lehre 2000 - Modul Vorlesung**

Das Modul „Übungen" dient der Vertiefung des Vorlesungsstoffes mit Hilfe von Übungs- und ehemaligen Klausuraufgaben.

Mit Hilfe des Moduls „Bibliothek" wurde eine virtuelle Bibliothek erstellt, mit deren Hilfe die Studenten auf weiteres Lehr- und Lernmaterial im Internet zugreifen können. Hierzu wurden Literaturrecherchen im World Wide Web durchgeführt und die Ergebnisse nach Themengebieten klassifiziert. Die Studierenden können von zu Hause aus auf das Rechercheprogramm der Bibliothek der Universität des Saarlandes sowie andere weltweit öffentlich zugängliche Bibliothekskataloge zugreifen. Ein Glossar zum hypermedialen Kursbuch erleichtert die Suche nach Fachbegriffen und Definitionen.

## 2.2.7 Wirtschaftsinformatik-Online (WINFO-LINE)

### 2.2.7.1 Ziele von WINFO-LINE

Ziel des Projektes ist die Entwicklung, der Betrieb und die Erprobung eines multimedialen, interaktiven Online-Dienstes unter Nutzung von Internet-Technologien für das Studienfach Wirtschaftsinformatik [31] an den Universitäten Saarbrücken (Projektkoordination), Dortmund, Göttingen, Kassel und Leipzig. Der Kreis der Kooperationspartner ist jederzeit um weitere Universitäten, Fachhochschulen, Unternehmenspartner im nationalen als auch internationalen Umfeld erweiterbar. Insbesondere akzentuiert das Projektkonsortium eine Gesamtstrategie aus lehrstuhl- und fakultätsübergreifender Kooperation über lokale Universitätsgrenzen hinweg.

Der Einsatz neuer Medien in der universitären Ausbildung ist mit der Frage verbunden, welche Zielgruppen mit multimedial unterstützten Lehreinheiten angesprochen werden sollen [32]. Dabei ist zu berücksichtigen, daß neben dem Ausbildungs- auch ein Weiterbildungsangebot im Hochschulrahmenrecht verankert ist. Damit ergibt sich beim Einsatz multimedialer Technologien die Notwendigkeit, Aus- und Weiterbildungsangebote zu kombinieren. Teilweise bedeutet dieses, daß eine Verzahnung von universitärer und unternehmensbezogener Weiterbildung erprobt werden soll. Das Einbeziehen von industriellen Partnern ermöglicht es in einem solchen Projekt ebenfalls, über multimediale Lehrinhalte praxisbezogene Beispiele und Fallstudien in das Curriculum einzubeziehen. Damit wird der häufig geäußerten Kritik einer in Teilbereichen zu großen Praxisferne der wirtschaftswissenschaftlichen Ausbildung entgegengewirkt. Lehr-Lern-Arrangements, die über Kommunikationsmedien wie das Internet verbreitet werden, sind global zugänglich. Dieses fördert einen ganz neuen Austausch von Lerneinheiten und -angeboten zwischen Industrie und Praxis. Neben neuen Formen des Fernstudiums lassen sich auch Tele-Heimarbeitsplätze um Komponenten des Tele-Learnings ergänzen. Damit würde letztendlich auch der Know-how-Transfer zwischen Industrie und Praxis positiv beeinflußt.

Studierenden der jeweiligen Universitäten soll es im Rahmen von WINFO-LINE schwerpunktmäßig ermöglicht werden,

- Scheine und diplomrelevante Prüfungsleistungen über das Internet zu erwerben und damit unabhängig vom Ort der eigenen Einschreibung die Lehrangebote der verschiedenen Universitäten in Anspruch zu nehmen. Auf diese Art erworbene Scheine und Prüfungsleistungen werden von den beteiligten Lehrstühlen und Instituten an den jeweiligen Universitäten anerkannt.

- Praktika und Seminare in universitätsübergreifenden Gruppen gemeinsam mit Studierenden der anderen Wirtschaftsinformatik-Lehrstühle im Rahmen von „Projekten“ durchzuführen. Die Kommunikation wird in direktem Kontakt der Akteuere untereinander (Studierende, Betreuer, Professoren) über Chat- und Videokonferenzsysteme abgewickelt. Die Betreuung erfolgt durch mehrere wissenschaftliche Mitarbeiter der beteiligten Universitäten.

### 2.2.7.2 Erwartete Nutzeneffekte von WINFO-LINE

WINFO-LINE strebt eine qualitative und quantitative Verbesserung der Dienstleistung einer Hochschule gegenüber ihren Kunden an. Gegenüber traditionellen Vermittlungsformen des Wirtschaftsinformatik-Wissens werden durch WINFO-LINE entsprechende Nutzeffekte erwartet. Durch WINFO-LINE können im Kern zwei Nutzenpotentiale identifiziert werden. Diese sollen im folgenden in Abhängigkeit der Zielgruppen einer Hochschule unterteilt werden in Serviceorientierung und Wirtschaftlichkeit.

#### 2.2.7.2.1 Serviceorientierung

Im Rahmen des Zielkomplexes Serviceorientierung steht als hochschulpolitischer Beitrag des Projektes die qualitative und quantitative Verbesserung der Dienstleistungen einer Hochschule gegenüber ihren Kunden im Vordergrund. Als Kunden werden die Studierenden, die Auszubildenden im Rahmen externer Kurse sowie Mitarbeiter von Unternehmen aus Industrie und Dienstleistung, die sich durch Inanspruchnahme von Hochschulangeboten weiterbilden möchten, angesehen. Im einzelnen werden die folgenden Zielsetzungen und Ansätze für Veränderungen in der mediengestützten Hochschule angestrebt:

- **Reduktion der durchschnittlichen Studienzeiten:**
  - **Zeit- und ortsunabhängiges Studieren:** Durch den Einsatz neuer Medien wird die starre Abhängigkeit von Vorlesungszyklus, Semester- und Ortsgebundenheit überwunden. Studierende erhalten die Möglichkeit, auch außerhalb der regulären Studienzeiten das Dienstleistungsangebot der Hochschule in Anspruch zu nehmen.
  - **Vergrößertes Leistungsangebot pro Semester:** Durch die Kooperation von mehreren Wirtschaftsinformatik-Lehrstühlen, die gegenseitige Anerkennung von Prüfungsleistungen, die Betreuung an mehreren Studienorten usw. wird insgesamt das Angebot pro Semester gegenüber den Studierenden vergrößert
  - **Vergrößerte Wahlfreiheit der Studierenden:** Ein weiterer Faktor für die Studienzeitverkürzung ist die erhöhte Wahlfreiheit der Studierenden. Sie können mit WINFO-LINE sowohl inhaltlich als auch räumlich bzw. zeitlich Schwerpunkte bilden.
- **Vergrößerung der Leistungstiefe und Qualitätssteigerung:**
  - **Leistungsspektrum / Steigerung der inhaltlichen Vielfalt:** In WINFO-LINE werden die Dienstleistungen in Kooperation angeboten. Dadurch entstehen für die Studierenden mehr Wahlmöglichkeiten bezüglich der angebotenen Leistungen und inhaltlichen Schwerpunktbildung. Die Individualität des Studiums kann gesteigert werden.
  - **Angebotstransparenz:** Durch elektronische Medien werden die Inhalte von Lehrveranstaltungen transparent. Damit wird die Leistungsstruktur gegenüber den Studierenden offensichtlich. Die Meßbarkeit der Qualität von Lehrveranstaltungen wird verbessert.
  - **Aktualität des Bildungsangebotes:** Durch die elektronische Verfügbarkeit der Lerninhalte ist eine Anpassung an Neuerungen des Lehrstoffes im Gegensatz zu gedruckten Lehrmedien besser möglich.

- **Vergrößerung der Leistungsbreite:**

  Die Hochschule der Zukunft kann durch den Einsatz neuer Medien ihr Leistungsangebot ausweiten und damit sowohl neue Kundengruppen erreichen (Diversifizierung) als auch mehr Dienstleistungen gegenüber ihren Kunden erbringen:

  - **Zielgruppenspezifisch konfigurierbare Angebote:** Lehrinhalte, die an einer Hochschule vermittelt werden, können in Abwandlung (z.B. durch Vereinfachung, Streichung von Inhalten, Modularisierung etc.) leichter in andere Vorlesungen mit anderen Zielgruppen integriert werden.

  - **Auftragsorientierte Lehrveranstaltungen:** In Zukunft werden Universitäten zusätzlich zu ihrem Lehrangebot durch die Nutzung neuer Medien auch auftragsorientierte Leistungen anbieten können. Beispielsweise ist dies für die Weiterbildung von Mitarbeitern in Unternehmen denkbar. Elektronische Medien ermöglichen es, daß Unternehmen auf die Entwicklung eigener Ausbildungsinhalte verzichten und statt dessen speziell konfigurierte Vorlesungen von Hochschulen beziehen (vgl. hierzu insbesondere Kapitel 3).

  - **Internationalisierung:** Bildung wird sich durch den Einsatz elektronischer Medien zu exportierfähigen Dienstleistungen entwickeln. Es wird deshalb notwendig sein, daß Vorlesungen und Inhalte auch im internationalen Umfeld angeboten werden. Gleichzeitig bietet dies die Chance für eine stärkere Multiplikation von Lehr- und Forschungsinhalten im Ausland. Auch können sich Studierende in einem internationalen Umfeld weiterbilden.

#### 2.2.7.2.2 Wirtschaftlichkeit

Der hochschulpolitische Beitrag des Projektes WINFO-LINE in Bezug auf die internen Interessensgruppen (Lieferantenseite; hierzu gehören insbesondere die Hochschulorganisation, die Bildungsträger, das Lehrpersonal) umfaßt die folgenden Endziele:

- **Konzentration auf Kernkompetenzen:**

  - **Make-or-Buy / Outsourcing:** Eine grundsätzliche Frage der Hochschule der Zukunft wird es sein, ob sie für ein bestimmtes Fach, Themengebiet oder inhaltlichen Schwerpunkt eigene Kompetenz aufbaut und unterhält (Make) oder ob sie diese fremdbezieht (Buy). Derzeit sind Hochschulen aufgrund des meist an Raum und Zeit gebundenen Leistungsangebots nicht zu solchen strategischen Überlegungen in der Lage. WINFO-LINE wird zeigen, daß der Fremdbezug in Zukunft möglich, effizient und effektiv ist.

  - **Modulares Leistungsangebot:** Modularität ist eine Grundanforderung, um spezialisierte Bildungsprodukte zusammenfügen zu können und Make-or-Buy/

Outsourcing - Entscheidungen treffen zu können. Bildungsprodukte haben zudem den Vorteil, daß sie im Rahmen von ähnlichen Lehrveranstaltungen mehrfach verwendet werden können.

- **Offenheit gegenüber externen Anbietern:** Im Projektvorhaben sollen Wissensinhalte externer Anbieter einbezogen werden, ohne daß diese von den Projektpartnern selbst erstellt werden.

• **Kostenreduktion / Finanzierungskonzepte:**

- **Kostenreduktion durch Vermeidung von Mehrfacharbeit:** Grundlegende Themen der Wirtschaftsinformatik werden derzeit standortgebunden von allen Lehrstühlen erbracht. Durch Kooperation und die mediengestützte, modulare Bereitstellung der Lehrinhalte kann diese Mehrfacharbeit vermieden werden und damit Kosten deutlich reduziert werden.

- **Kostenreduktion durch die Verringerung administrativen Aufwands:** Die elektronische Einschreibung, Studienverwaltung, Dokumentenverarbeitung (Scheine, Skripten etc.) kann durch den Einsatz von neuen Medien erheblich vereinfacht werden.

- **Finanzierung durch leistungsorientierte Angebote:** Die Hochschule muß sich aufgrund des Haushaltsdrucks in Zukunft neuen, ggf. auch marktwirtschaftlich orientierten Finanzierungskonzepten öffnen.

• **Nutzung von Synergien:**

- **Abkehr von institutionalisierter Lehre:** Lehre und Ausbildung muß nicht mit einer Institution verknüpft sein. Die Zusammenarbeit der Lehrstühle der Wirtschaftsinformatik über Organisationsgrenzen hinweg wird zeigen, daß gerade durch Kooperation Vielfalt im Lehrangebot erreicht wird und Synergieeffekte in erheblichem Maße aufgrund der Modularisierung entstehen.

- **Bildung von Gestaltungsvarianten / Vergrößerung der Entwicklungs- und Angebotskapazität:** Die kooperative Bereitstellung von Bildungsprodukten ermöglicht mehr Gestaltungsvarianten als dies ein einziger Lehrstuhl erbringen kann.

WINFO-LINE geht von dem Ansatz aus, daß die Entwicklung und Einführung des virtuellen Studienfachs Wirtschaftsinformatik nicht notwendig zur Vorab-Änderung von Studiengängen führen muß, sondern will testen, wie die Einführung multimedialer, interaktiver Lern-/Lehrsysteme integriert werden kann, welche Änderungen sinnvoll sind und wie diese zu begründen sind. Die Gestaltung dieser Variantenbildung wird mitentscheidend sein für die breite Akzeptanz und damit die Nutzung und Wirtschaftlichkeit der Systeme. Die komplette Abwicklung eines Studienfachs im Internet ist dabei auf absehbare Zeit folgerichtig nur eine der zu entwickelnden Varianten.

## 2.3 Klassifikationsschema

Abbildung 3 klassifiziert die beschriebenen Projekte nach den Kriterien:

- Umfang des Dienstleistungsspektrums, welches im Rahmen dieser Projekte den Studierenden angeboten wird sowie
- Intensität der Kooperationsform, mit der das Bildungsangebot erstellt wird.

**Module** sind dadurch charakterisiert, daß lediglich einzelne Lehrveranstaltungen, wie beispielsweise eine Vorlesung, online angeboten werden. Wie aus der Abbildung 3 hervorgeht, liegt der Schwerpunkt des derzeitigen Angebotes in diesem Sektor. Werden mehrere Module auf der Basis von definierten Curricula miteinander kombiniert, entstehen virtuelle **Studienfächer/ bzw. -gänge**. Studierende, die solche Studienfächer/-gänge in Anspruch nehmen, erwerben abschließend ein Zertifikat im Sinne von Leistungsnachweisen (Credit Points) oder eines Diploms. Als virtuelle **Universitäten** werden solche Projekte eingestuft, deren Produktspektrum mehrere virtuelle Studienfächer/-gänge umfaßt.

Werden Wissensinhalte von einer einzelnen Institution, wie beispielsweise von einem Lehrstuhl, erstellt und angeboten, wird der Kooperationsgrad als **niedrig** eingestuft. Ein **mittlerer** Kooperationsgrad liegt vor, wenn Projekte Informationen über virtuelle Bildungsangebote sammeln und den Studierenden einen zielgerichteten Zugriff auf diese Bildungsangebote mittels proprietärer Informationsdienste ermöglichen. Projekte, die der Kategorie **hoher** Kooperationsgrad zugeordnet werden, zeichnen sich dadurch aus, daß mehrere, institutionell unabhängige Projektpartner die verschiedenen Komponenten des Online Aus- und Weiterbildungsangebots dezentral erstellen. Die Bildungsangebote werden jedoch den Studierenden über ein zentrales Zugangssystem angeboten.

Als **Teleteaching-Projekte** werden solche Vorhaben klassifiziert, die auf eine synchrone Übertragung von Lehrveranstaltungen zwischen räumlich getrennten Einrichtungen mit Hilfe von breitbandigen Hochgeschwindigkeitsnetzen fokussieren. **Telelearning-Projekte** verfolgen das Ziel, hypermediale Lehr- und Lernmaterialien über Computernetze, in der Regel das Internet, den Studierenden zur Verfügung zu stellen. Zunehmend konvergieren jedoch diese verschiedenen Ansätze der Wissensvermittlung und des Wissenserwerbs. So werden beispielsweise im Rahmen des Teleteaching-Projektes Heidelberg/ Mannheim auch Lernmaterialien über das Internet den Studierenden zur Verfügung gestellt. Aus diesem Grund wurde auf eine Klassifizierungsdimension, die sich an dem Intensitätsgrad der eingesetzten Technik ausrichtet, bei der Matrix verzichtet.

Weiterhin können Online Aus- und Weiterbildungsangebote danach differenziert werden, ob sie das Ziel verfolgen, die Studierenden **berufsbildend**, im Sinne einer universitären Ausbildung, oder **berufsbegleitend** zu qualifizieren. Dabei sind ebenfalls Mischformen möglich.

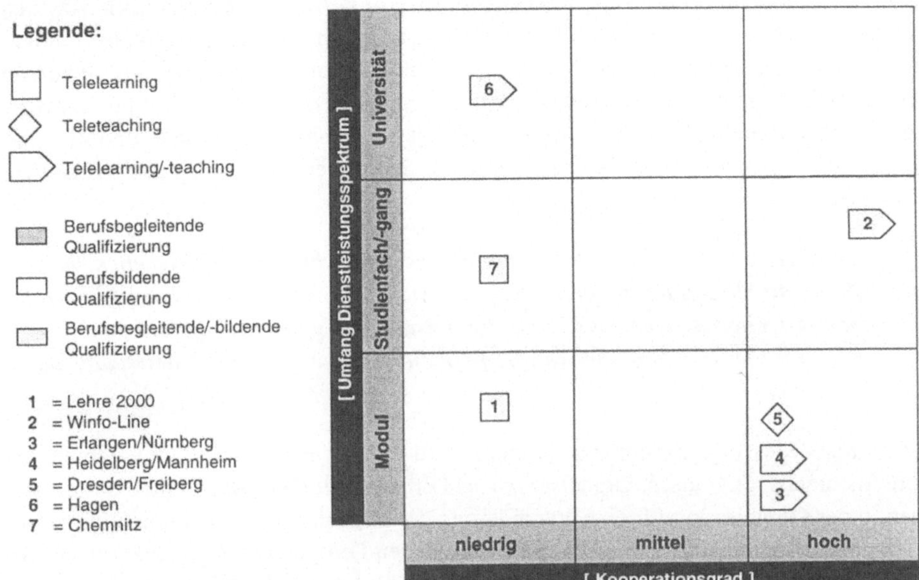


**Abb. 3: Klassifizierungsmatrix für Bildungsdienstleistungen**

Die Abbildung verdeutlicht, daß „die" virtuelle Universität, im Sinne der Ausführungen in Kapitel 2.1, zur Zeit noch nicht existiert (oberer rechter Quadrant). Darüber hinaus wird sichtbar, daß die in den Pilotprojekten verfolgten Konzepte des Teleteaching und des Telelearning zunehmend konvergieren. Es geht ebenfalls aus der Abbildung hervor, daß die Hochschulen die betriebliche Aus- und Weiterbildung als einen neuen Absatzmarkt für ihr Wissen identifiziert haben. Umfassende Bildungsdienstleistungen müssen den Anforderungen an ein lebenslanges Lernen gerecht werden und neben den multimedial verfügbaren Wissensinhalten auch die relevanten Serviceleistungen beinhalten. Hierzu müssen Konzepte entwickelt werden, die eine effiziente Nutzung solcher medienbasierten Bildungsdienstleistungen in Unternehmen sicherstellen.

# 3 Bildungsdienstleistungen für die lernende Organisation

Der Begriff „Lernende Organisation" zählt zu den aktuelleren Organisationsparadigmen. Die Lernende Organisation paßt sich proaktiv in kleinen Reorganisationszyklen an die sich ständig verändernden Umfeldbedingungen an, um auf diese Weise Innovationspotenatiale zu erschließen. Mit der Lernfähigkeit von Unternehmen im Sinne von kreativer Erzeugung von Wissen ist die nachhaltige Erzielung von Wettbewerbsvorteilen eng verbunden [33]. Wissen ist somit Ausgangspunkt, Gegenstand und Ziel von Prozessen des organisationalen Lernens [34]. Senge versteht unter einer Lernenden Organisation [35]:

> *„ein wissenschaffendes Unternehmen, wo Menschen ihre Fähigkeiten vergrößern, die Resultate zu erreichen, die sie sich wünschen; wo neue, bewußtseinserweiternde Denkmuster erzeugt werden; wo gemeinschaftliche Ambitionen freien Raum erhalten und wo alle permanent lernen, wie sie miteinander dazulernen können".*

Der Prozeß des organisationalen Lernens wird dabei verstanden als ein Lernen des Unternehmens als Ganzes. Organisationales Lernen nutzt dabei das Lernen des einzelnen in der Organisation für eine Veränderung der Organisation. Das Lernen in organisationalen Systemen ist also nicht mit individuellen Lernprozessen gleichzusetzen, wo das Wissen zum Beispiel durch Aus- und Weiterbildungsmaßnahmen von Individuen kumuliert wird. Dennoch bilden individuelle Lernprozesse die Voraussetzung und Basis für das organisationale Lernen [36].

## 3.1 Wissensmanagement-Bausteine

Wissensmanagement kann als Weiterentwicklung von Ideen des Organisationalen Lernens verstanden werden. Im Zentrum des Interesses steht die Verbesserung der organisatorischen Fähigkeiten auf allen Ebenen der Organisation durch einen besseren Umgang mit der Ressource Wissen. Die Geneva Knowledge Group schlägt das in Abbildung 4 dargestellte Modell für das Wissensmanagement vor.

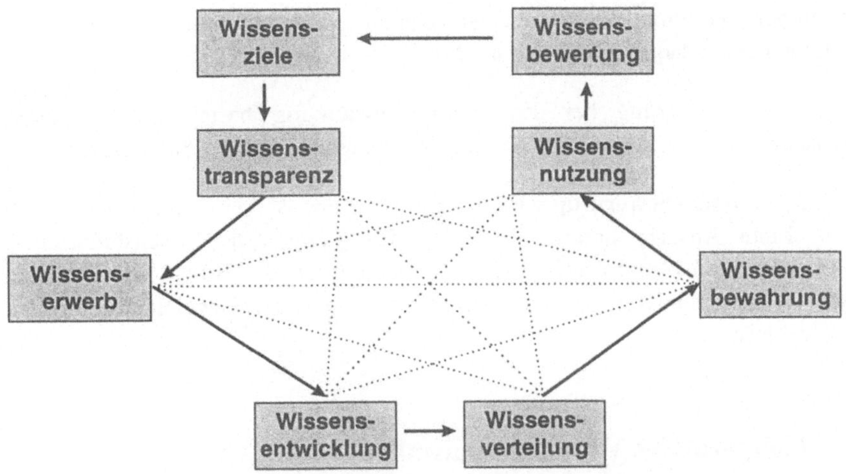


**Abb. 4: Wissensmanagement-Bausteine**

Dieses stellt eine Konzeptualisierung von Aktivitäten dar, die unmittelbar wissensbezogen sind [37]:

1. Durch die Formulierung der **Wissensziele** werden strategische und operative Organisationsziele in eine wissensorientierte Sprache übersetzt. Mit der Festlegung von strategischen Wissenszielen wird der zukünftige Kompetenzbedarf eines Unternehemens beschrieben. Operative Wissensziele gewährleisten die notwendige Konkretisierung von strategischen Zielvorgaben des Wissensmanagements.

2. Durch eine systematische Wissensidentifikation soll **Transparenz** über das vorhandene Wissen geschaffen werden.

3. Mit dem **Erwerb** von unternehmensexternem **Wissen** wird das Ziel verfolgt, Zukunftskompetenzen schneller aufzubauen. Dies erfolgt zum Beispiel durch Übernahme von innovativen Firmen, die Rekrutierung von externen Spezialisten, oder dem Erwerb von Wissensprodukten.

4. Die **Wissensentwicklung** umfaßt alle Maßnahmen bei denen sich die Organisation bewußt um den Aufbau von intern noch nicht bestehender oder nicht existierender Fähigkeiten bemüht. Durch den Aufbau von think tanks, interest groups, Lernarenen oder Kompetenzzentren kann die Wissensentwicklung unterstützt werden.

5. Neben der Erschließung von Wissen auf individueller und kollektiver Ebene ist der Wissenstransfer von entscheidender Bedeutung. Bei der **Verteilung** von Wissen wird der Wissensfluß von den Wissensträgern über die -multiplikatoren zu den -nutzern auf Basis einer -infrastruktur (z.B. Intranet) festgelegt.

6. Nach der Verteilung des Wissens ist sicherzustellen, daß dieses Wissen in Organisationen eine adäquate **Nutzung** erfährt.

7. Die Herausforderung bei der **Wissensbewahrung** besteht in der Selektion zwischen bewahrungswürdigem und entsorgbaren Wissensbestandteilen.

8. Mit der **Wissensbewertung** wird der Kreislauf des Wissensmanagement geschlossen. Erste Ansätze liefern hierzu die Erstellung von Wissensbilanzen [38], Nutzungs- und Nachfrageanalysen von medienbasierten Bildungsdienstleistungen oder Rankinganalysen von berufsbildenden oder berufsbegleitenden Bildungsnachweisen.

## 3.2 Kooperatives Wissensmanagement

Das oben explizierte Wissensmanagementmodell zeigt, daß der Fokus nicht nur auf dem unternehmeninternen Wissen liegt, sondern durch den Wissenserwerb und die Wissensentwicklung auch unternehmensexterne Wissensressourcen eingebunden werden. Als Lieferanten für unternehmensexterne Wissensressourcen für das lebenslange und bedarfsorientierte Lernen am Arbeitsplatz spielen neben Online-Datenbanken und virtuellen Bibliotheken Bildungsdienstleistungen von virtuellen Universitäten eine wichtige Rolle. In den nachfolgenden Ausführungen wird beschrieben, wie durch die Verknüfung des unternehmensinternen Wissensmanagement mit Bildungsdienstleistungen von virtuellen Universitäten ein kooperatives Wissensmanagement entstehen kann.

Im Gegensatz zu konventionellen Aus- und Weiterbildungsmaßnahmen wird mit medienbasierten Bildungsdienstleistungen das Ziel verfolgt, das Wissen direkt in die individuelle Lern- und Arbeitsplatzumgebung der Mitarbeiter zu integrieren. In solchen Lernallianzen werden alle involvierten Akteure, also Kunden und Lieferanten der medienbasierten Bildungsdienstleistungen quasi just-in-time zusammengeführt. Die Nutzung dieser Bildungsdienstleistungen eröffnen für Unternehmen die Möglichkeit einer zeit- und kostengünstigen Qualifizierung ihrer Mitarbeiter. Die Qualifzierungsmaßnahmen erfolgen somit zielgerichtet am Arbeitsplatz oder von zu Hause aus, womit der häufig genannten Restrikion der mit den konventionellen Schulungsmaßnahmen verbundenen Nebenkosten (Reisekosten, Arbeitsausfall etc.) begegnet wird.

Für die Erstellung und Vermarktung von medienbasierten Bildungsdienstleistungen wird es erforderlich sein, die Organisation des universitären Wissensaustausches zu verändern. Die bisher orginäre Aufgabenstellung des Hochschulsektors ist es, Lern- und Forschungsinhalte seinen derzeitigen Kunden (Studierenden) mit dem Ziel der Qualifikation im Sinne von Handlungskompetenz zur Verfügung zu stellen. Die Hochschule fungiert in der klassischen Ausprägung für die Vorbereitung auf das Berufsleben. Die Weiterbildung für die anschließenden 35 bis 40 Jahre im Rahmen der Erwerbstätig- oder Selbständigkeit erfolgt weitgehend auf Basis von Personalentwicklungsmaßnahmen durch Schulungen, Seminare, Kongresse Tagungen etc., die entweder von betrieblichen oder unternehmensexternen Weiterbildungseinrichtungen veranstaltet werden. Der Wissenserwerb, die -verarbeitung und die -vermittlung durchlaufen dabei einen sequentiell angeordneten Prozeß. An den Hochschulen wird Wissen im Rahmen der Lehre und Forschung generiert. Dieses Wissen wird von betrieblichen und unternehmensexternen Bildungseinrichtungen adaptiert, gefiltert und an die entsprechenden Zielgruppen vermittelt. Die Empfänger dieser Wissensinhalte adaptieren, selektieren und filtern erneut für die Anwendung des Erlernten im Unternehmen. Durch die mehrfache Filterung geht ein Teil der Wissensinhalte verloren oder werden verzerrt aufgenommen. Es liegt also nahe, den Wissenswertschöpfungsprozeß so zu reorganisieren, daß die Transformationsverluste von den Wissenslieferanten über die -multiplikatoren zu den -empfängern minimiert werden. Dies bedeutet aber weder, daß sich die Endabnehmer wieder zurück an den Ort der Wissensquellen also an die Hochschule begeben, noch daß auf die betrieblichen und unternehmensexternen Bildungseinrichtungen als Wissensmultiplikatoren verzichtet werden kann. Vielmehr ist es sinnvoll, wenn sich die Wissenserzeuger an den Hochschulen mit den betrieblichen und unternehmensexternen Weiterbildungseinrichtungen inhaltlich vernetzen.

## 3.3 Elektronische Bildungsmärkte

Es stellt sich die Frage, welche Rahmenbedingungen geschaffen werden müssen, um den Prozeß der Wissenswertschöpfung zu verbessern. Für die Hochschulen bedeutet dies, bereits in der Erstellungsphase der Wissensinhalte zu kooperieren und das bisherige „Vermarktungsverständnis", das einer Monopolstellung gegenüber den immatrikulierten Studenten gleicht und nicht auf weitere Bildungsinteressenten ausgerichtet ist, zu überprüfen.

Weiterhin bedarf es, die Kernkompetenzen der Wissenslieferanten (Content/Education Provider) mit spezialisierten Multimedia-Dienstleistern (Multimedia-Production), Network-Providern, deren Infrastruktur von Content- und Serviceanbietern genutzt werden können und Service-Providern, die primär die Vermarktung und Abwicklung zum Endkunden vornehmen, zu verbinden. Dabei bietet sich eine Kooperation im Sinne eines Public Private Partnership an. Für die Umsetzung dieser Lernallianzen ist es erforderlich, den gesamten Prozeß der Wissenswertschöpfung, wie in Abbildung 5 dargestellt, zu betrachten:

- **Content/Education Providing**

  Attraktive Wissensinhalte sind ein wichtiger Erfolgsfaktor in der Wissenswertschöpfung. Allerdings nehmen Inhalte, die nicht einzigartig sind, immer mehr die Eigenschaften von Commodities an. Deshalb ist es wichtig, alle Stufen der multimedialen Wertschöpfungskette abzudecken. Als wesentliche Kernfähigkeit wird das Management von Gemeinschaften definiert. Dazu zählt der Besitz von qualitativ hochwertigen Inhalten sowie deren Selektion und Bündelung zu attraktiven Produkten. In dem Maße, wo also die Verfügbarkeit von kostenlosen Inhalten zunimmt, wächst die Bedeutung von Ordnungs- und Filteraufgaben. Der Kunde erwirbt keine isolierten Inhalte, sondern erhält als Abonnent ein Zugangsrecht zu einem kontinuierlichen Informations- und Bildungsangebot [39]. Hochschulen, Industrie- und Dienstleistungsunternehmen, unternehmensinterne, kommerzielle sowie öffentlich-rechtliche Aus- und Weiterbildungseinrichtungen fungieren als Lieferanten der Wissensinhalte. Diese Partner können wiederum in unterschiedlichen Leistungsbeziehungen zueinander stehen. So können zum Beispiel Hochschulen, die bereits über medienbasierte Bildungsdienstleistungen verfügen, Bildungsbausteine von anderen Hochschulen und Fallbeispiele von Industrie- und Dienstleistungsunternehmen integrieren und zu einem themenspezifischen Wissensgebiet zusammenfassen.

- **Multimedia-Production**

  Virtuelle Bildungsdienstleistungen unterscheiden sich von traditionellen Bildungsangeboten unter technischen und organisatorischen Aspekten im wesentlichen durch den Einsatz der neuen Medien sowie der Nutzung der Informations- und Kommunikationstechnologie. Durch die multimediale Aufbereitung, Veredelung und Montage von Wissensinhalten zu virtuellen Bildungsdienstleistungen gelingt es, neue didaktische Konzepte zu realisieren.

- **Network Providing**

  Der Zugang zu den medienbasierten Bildungsdienstleistungen setzt den Aufbau einer entsprechenden Informations- und Kommunikationsinfrastruktur (z.B. WWW-Server) voraus. Diese Network-Provider übernehmen den Betrieb, die Wartung und Pflege der technischen Infrastruktur.

- **Service Providing**

  Service-Provider übernehmen die Mechanismen des marktmäßigen Tauschens von Leistungen und institutionalisieren somit einen elektronischen Markt [40] für Bildungsdienstleistungen. In diesem elektronischen Markt werden die Austauschbeziehungen zwischen den Marktpartnern abgebildet und die Interaktionsprozesse durch entsprechende Services unterstützt. Neben der Vermarktung der Bildungsdienstleistungen werden von Service-Providern Beratungs-, Betreuungs- und Abrechnungsfunktionen wahrgenommen. Die Abrechnung mit den Wissenslieferanten und -nutzern kann von den Service-Providern auf Basis des Nutzungsumfangs der Bildungsdienstleistungen erfolgen.

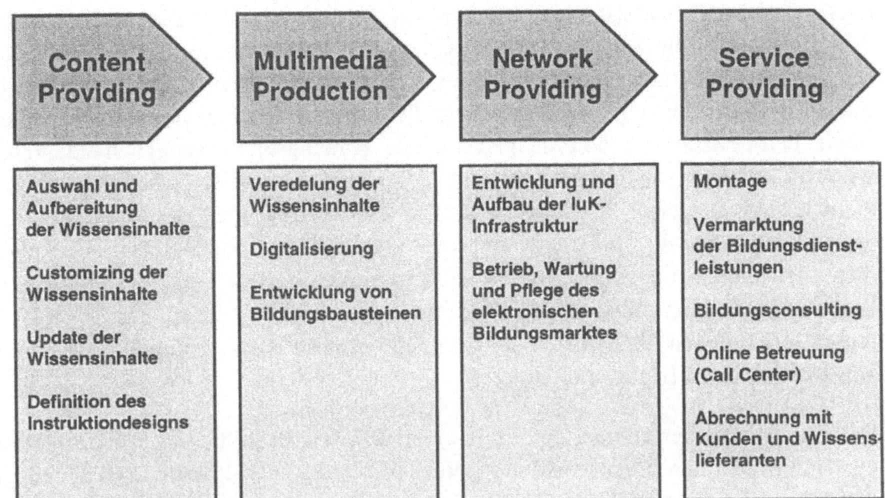


**Abb. 5: Wertschöpfungskette für medienbasierte Bildungsdienstleistungen**

Bildung kann im Anschluß an die erste Lernphase (Grundschule bis Hochschule) eine vermarktbare Dienstleistung darstellen. Die Leistungsbeziehungen zwischen den Hochschulen und Studierenden enden dann nicht mit der Exmatrikulation, sondern werden in eine lebenslange Lernallianz überführt. Bildungsbroker koordinieren in dieser Lernallianz die gesamte Wertschöpfungskette der medienbasierten Bildungsdienstleistungen. Durch diese Lernallianzen entstehen völlig neue Aufgaben und Leistungsbeziehungen zwischen den involvierten Akteuren, die durch ein Kunden-Lieferanten-Szenario, wie in Abbildung 6 dargestellt, beschrieben werden kann:

- Zukünftig können neben den betrieblichen und unternehmensexternen Bildungseinrichtungen die Hochschulen als Entwickler und Lieferanten von Wissensinhalten fungieren. Zielsetzung ist es, diese Wissensinhalte für das Life Long Learning weiter zu nutzen. Dabei kann auf bereits existierende Wissensinhalte der tertiären Ausbildung zurückgegriffen werden. Voraussetzung ist allerdings, daß bereits bei der Gestaltung und Erstellung dieser Bildungsbausteine den Hochschulen die Anforderungen ihrer potentiellen Kunden bekannt sind. Dadurch kann ein „Komplementärmarkt" für die Wissensinhalte des tertiären Sektors geschaffen werden.

- Die Bewertung, Auswahl sowie der Erwerb der Bildungsbausteine erfolgt durch Bildungsbroker. Diese Bildungsbausteine werden in Zusammenarbeit mit spezialisierten Multimediaunternehmen veredelt und zu kundenspezifischen Bildungsdienstleistungen zusammengefaßt. Es entstehen so medienbasierte Bildungsdienstleistungen, die unabhängig von Ort und Zeit im Internet zur Verfügung stehen und von den Endverbrauchern gegen Entgelt abgerufen werden können.

- Diese Bildungsdienstleistungen werden von Bildungsbrokern über elektronische Bildungsmärkte, die von Network-Providern zur Verfügung gestellt werden, den Endkunden angeboten. Hierbei kann es sich um Selbständige, Erwerbstätige in Industrie, Dienstleistung und Verwaltung, Erwerbslose, aber auch um Hochschulen sowie betriebliche und unternehmensexterne Bildungseinrichtungen handeln. Es wird im elektronischen Bildungsmarkt „Hitlisten" der erfolgreichsten Bildungsdienstleistungen geben, die Aufschluß über die Zufriedenheit der Kunden geben und gleichzeitig als Indikator für die Qualität der angebotenen Bildungsdienst-leistungen fungieren. Dabei kann letztendlich auch auf die Leistungsfähigkeit der Lieferanten, also der Hochschulen, geschlossen werden. Die Weiterbildungseinrichtungen können sich bei der Lieferantenauswahl der Bildungsbausteinanbieter an diesen Hitlisten orientieren.

- Die Endverbraucher können unter den verschiedenen Angeboten der Bildungsbroker eine freie Auswahlentscheidung treffen. Erfolgreiche Bildungsdienstleistungen werden nachgefragt, weniger erfolgreiche Angebote können sich auf Dauer am Markt nicht behaupten.

- Mit dieser Wettbewerbssituation werden letztendlich auch die Hochschulen konfrontiert. Dies kann als Maßstab für ein marktorientiertes Hochschulranking verwendet werden, das als Orientierungshilfe bei der Hochschulauswahl der Studenten dienen kann.

- Die Erlöse aus dieser neuen Form der Wissenswertschöpfung teilen sich die involvierten Akteuren. Durch diesen geschaffenen Komplementärmarkt für medienbasierte Bildungsdienstleistungen eröffnen sich auch neue Einnahmequellen für die Wissenslieferanten.

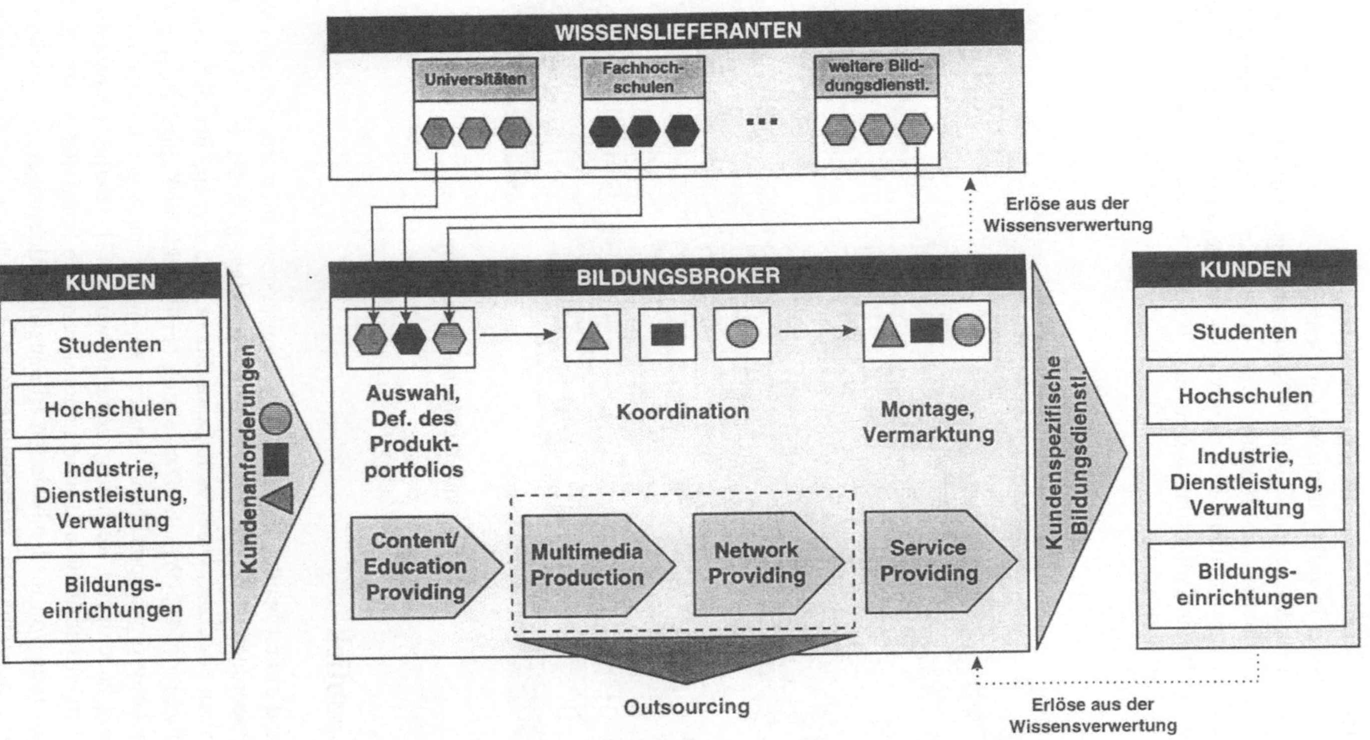


**Abb. 6: Bildungsbrokerage**

Ein Beispiel für eine umfassende virtuelle Bildungsorganisation ist die in Abbildung 7 dargestellte Global Learning Initiative der Deutschen Telekom AG. Global Learning ermöglicht den strukturierten Zugriff auf themenbezogen aufbereitete Inhalte und interaktive Anwendungen verschiedener Bildungsanbieter. Global Learning beinhaltet Aufgaben des Network- und Service-Providing und stellt einen elektronischen Markt u.a. auch für Bildungsdienstleistungen dar, die von entsprechenden Anbietern zur Verfügung gestellt werden.

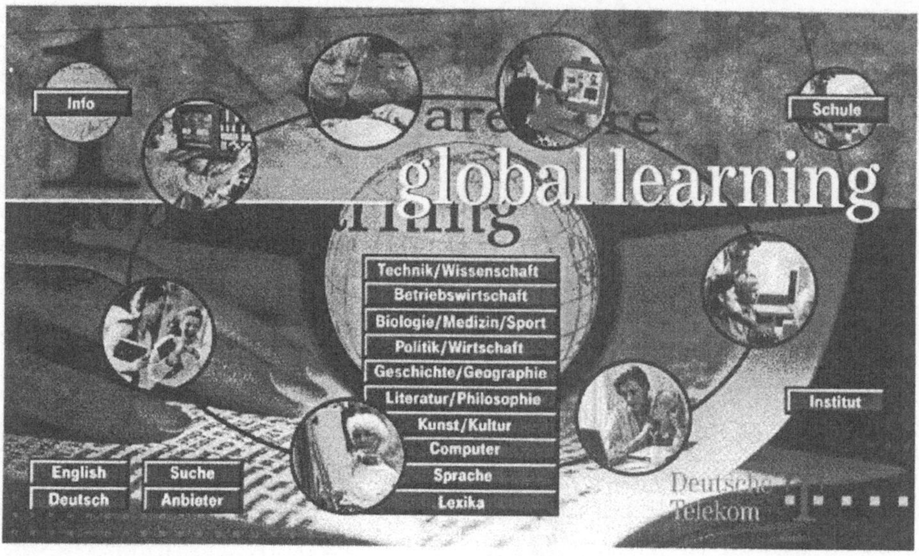


**Abb. 7: Global Learning**

# 4 Ausblick

Deutschland nimmt bei der Reform des Bildungssystems im internationalen Vergleich eine untergeordnete Rolle ein. Während in Australien 27% der Hochschullehrer die neuen Medien einsetzen, waren es in Deutschland 1995 erst drei bis sechs von hundert Hochschullehrern [41]. Wie die Darstellung der Projekte in Kapitel 2 zeigt, zeichnen sich dennoch erfolgversprechende Ansätze ab, wobei auch der Internationalisierung der Bildung zunehmend Rechnung getragen wird [42]. Hierbei ist es erforderlich, frühzeitig organisatorische und informationstechnische Standards bei der Konzeption und Realisierung von medienbasierten Bildungsdienstleistungen zu definieren, damit die Bildungsbausteine der Wissenslieferanten effizient und auf die entsprechenden Zielgruppen angepaßt zusammengefügt werden können. Ansonsten besteht die Gefahr, das Rennen um den Zukunftsmarkt der Bildungdienstleistung gegenüber den finanz- und servicestarken anglo-amerikanischen Hochschulen zu verlieren.

Zeitpunkte und Dauer des individuellen Wissenserwerbs werden sich durch die Notwendigkeit zum lebenslangen Lernen verändern. Die Wissensakkumulation, die bisher schwerpunktmäßig im Vorfeld der Berufstätigkeit stattfindet wird bis zum Ende der Berufstätigkeit ausgeweitet. Dies eröffnet Hochschulen die Möglichkeit, als Dienstleistungsunternehmen im Bildungssektor zu agieren. Dies könnte zum einen bedeuten, daß Hochschulabsolventen in Zukunft an Wissensupgrade-Programmen teilnehmen können, um ihr Wissen regelmäßig aufzufrischen und zum anderen, provokativ formuliert, daß Diplome in Zukunft mit einem „Verfallsdatum" versehen werden. Dadurch wird sich auch der Ausbildungsauftrag der Hochschule und die Form des Wissensaustausches verändern. So könnten zum Beispiel die administrativen Serviceleistungen von einer Hochschule am Ort des Weiterbildungsinteressenten zur Verfügung gestellt werden, während die Bildungsdienstleistungen von virtuellen Universitäten oder Bildungsbrokern bezogen werden.

Die Tatsache, daß US-amerikanische Firmen zur Zeit umgerechnet 170 Mrd. DM in Aus- und Weiterbildungsmaßnahmen investieren, verdeutlicht, welche wirtschaftlichen Potentiale sich für die Wissenslieferanten und Broker von medienbasierten Bildungsdienstleistungen ergeben, die über globale Datennetze zugänglich sind. In diesem Zusammenhang sind auch visionäre Aussagen [43]. zu sehen, wie

> *„...education is a prime candidate for becoming the ultimate electronic commerce application".*

# Literaturverzeichnis


[1] Vgl. Herzog, R.: Berliner Rede „Aufbruch ins 21. Jahrhundert" vom 26.04.97, erschienen in: Bulletin Presse und Information der Bundesregierung Nr. 33, S. 353ff.

[2] Vgl. Tapscott, D.: Die digitale Revolution. Verheißungen einer vernetzten Welt - die Folgen für Wirtschaft, Management und Gesellschaft, Wiesbaden 1996.

[3] Vgl. Feldmann, P.: Lerntraining, München 1974, S. 11-12.

[4] Vgl. Glowalla, U., Schoop, E: Entwicklung und Evaluation computergestützter Lernsysteme, in: Glowalla, U., Schoop, E: Hypertext und Multimedia - Neue Wege in der computergestützten Aus- und Weiterbildung, Berlin et al. 1992, S. 21-36, insbesondere S. 21-24.

[5] Vgl. Tsichritzis, D.: Daten, Information, Wissen - Aspekte von Produkten in der Informationsgesellschaft, in: OFW (Hrsg.): Mehrwert Information - Kommunikationsformen, Märkte und Arbeitsweisen in der Informationsgesellschaft, Stuttgart 1995, S. 105-114.

[6] Vgl. Pallas, B.: Der Schatz in den Köpfen, in: Manager Magazin o. Jg.(1997)1, S. 114.

[7] Vgl. Müller-Böling, D.: Mehr Freiheit für die Universität - Was getan werden müßte, um unser marodes Bildungssystem wieder in Schwung zu bringen. Vier Vorschläge, in: DIE ZEIT 51(1997)9, S. 29.

[8] Vgl. Rüttgers, J.: Hochschulen für das 21. Jahrhundert. Pressedokumentationen des Bundesministeriums für Bildung, Wissenschaft, Forschung und Technologie, Bonn, 26.02.1997, in: http://www.bmbf.de/dokus /hochschul.htm.

[9] Vgl. Schmitz, U.: Hochschulen unattraktiv für Ausländer, in: Handelsblatt Karriere, 24.01.1997, in: http://www.handelsblatt.de/karriere/studium/ st_056.htm.

[10] Vgl. Hultzsch, H.: Telelernen - Die Strategie der deutschen Telekom, in: Glowalla, U., Schoop, E. (Hrsg.): Deutscher Multimedia Kongreß '96 - Perspektiven multimedialer Kommunikation, Berlin et al. 1996, S. 91-96.

[11] Vgl. Mowshowitz, A.: Social Dimensions of Office Automation, in: Yovitz, M. (Hrsg.): Advances in Computers, Orlando et al 1986, Jg, 25, S. 335-404.

[12] Vgl. Davidow, W. H., Malone, M. S.: The Virtual Corporation: Structuring and revitalizing the corporation for the 21th century, New York 1992.

[13] Vgl. Griese, J.: Auswirkungen globaler Informations- und Kommunikationssysteme auf die Organisation weltweit tätiger Unternehmen, in: Staehle, W. H., Conrad, P. (Hrsg.): Managementforschung, Band 2, Berlin et al. 1992, S. 163-175.

[14] Vgl. Byrne, J. A., Brand, R., Port, O.: The Virtual Corporation, in: Business Week, vom 8. Februar 1993, S. 36-40.

[15] Vgl. Mertens, P., Faisst, W.: Virtuelle Unternehmen - eine Organisationsstruktur für die Zukunft, in: technologie&management 44(1995)2, S. 61-68.

[16] Vgl. Scheer, A.-W., Kocian, C.: kiesel - Das virtuelle Umweltkompetenzzentrum - Theorie und Praxis der Virtuellen Unternehmung, in: Management&Computer 4(1996)4, S. 221-228.

[17] Vgl. Scholz, C.: Virtuelle Unternehmen - Faszination mit (rechtlichen) Folgen, in: jur-pc o.Jg.(1994)12, S. 2927-2935.

[18] Scholz, C.: Die virtuelle Organisation als Strukturkonzept der Zukunft?, in: Scholz, C. (Hrsg.): Veröffentlichungen des Lehrstuhls für Betriebswirtschaftslehre insbesonder Organisation, Personal- und Informationsmanagement, Nr. 30, Saarbrücken 1994, S. 5.

[19] Vgl. Scholz, C.: Virtuelle Unternehmen - Organisatorische Revolution mit strategischer Implikation, in: Mangament&Computer 4(1996)1, S. 27-34.

[20] Vgl. Rüttgers, J.: Hochschulen für das 21. Jahrhundert, Bonn 1997, in: http://www.bmbf.de/ dokus/hochschul.htm.

[21] Vgl. Mertens, P., Faisst, W., a. a. O., S. 65f.

[22] Vgl. o.V.: The TeleTeaching Project of the Universities of Heidelberg and Mannheim, in: http://www.informatik.uni-mannheim.de/informatik/pi4/projects/ tele-Teaching/.

[23] Vgl. o.V.: Das Projekt TeleTeaching der Universitäten Heidelberg und Mannheim, in: http://wwwcp.tphys.uni-heidelberg.de/teleteach/.

[24] Vgl. Stöcker, S.: DFN-Project JaTeK Component JaWoS (Java Based Workgroup Support), in: http://www.telematik.tu-freiberg.de/.

[25] Vgl. Neumann, O.: Projekt Teleteaching Dresden-Freiberg, in: http://wwwrn.inf.tu-dresden.de/telet/tele.html.

[26] Vgl. Grebner, R., Langenbach, C.: MM-unterstützte Dezentralisierung interdisziplinärer Lehre, in: http://www.wi2.uni-erlangen.de/project/RTB-312/doc/in-dex-d.html.

[27] Vgl. Schubert, S., Hübner, U.: Aufbaustudium INFORMATIONS- UND KOMMUNIKATIONSSYSTEME, in: http://www.tu-chemnitz.de/iuk/aufb-inf-kom-sys.html.

[28] Vgl. Schlageter, G., Kaderali, F.: Projekt "Virtuelle Universität - Fernuniversität Online", in: http://artus.fernuni-hagen.de/projekt.html.

[29] Vgl. Milius, F.: Lehre 2000 - Wirtschaftsinformatik Online, in: http://lehre2000.iwi.uni-sb.de.

[30] Vgl. Scheer, A.-W., Milius, F.: Lehre 2000 - Wirtschaftsinformatik Online: Interaktives Lernen im World Wide Web, in: Information Management 11(1996)2, S. 26-33.

[31] Beteiligte Partner sind die Institute und Lehrstühle für Wirtschaftsinformatik der Universität des Saarlandes (Prof. Dr. Scheer), der Universität Goettingen (Prof. Dr. Schumann), der Universität Kassel (Prof. Dr. Winand), der Universität Leipzig (Prof. Dr. Ehrenberg) und das BIFEGO e.V. der Universität Dortmund (Dr. Klandt). Industriepartner und Sponsoren sind die RWE AG sowie die IDS Prof. Scheer GmbH. WINFO-LINE wird im Rahmen der Initiative „B.I.G. - Bildungswege in der InformationsGesellschaft“ von der Bertelsmann Stiftung und der Heinz Nixdorf Stiftung gefördert.

[32] Vgl. Sander, J.; Stehle, S.; Galler, J.; Scheer, A.-W.: Multimediale Lerntechnologien - Bildung 2000, in: Information Management 9(1994)4, S. 6-10.

[33] Vgl. Stata, R.: Organizational Learning - The Key to Management Innovation, in: Sloan Management Review 30(1989)3, S. 63-74.

[34] Vgl. Zahn, E.; Greschner, J.: Strategische Erneuerung durch organisatorisches Lernen, in: Bullinger, H.-J. (Hrsg.). Lernende Organisationen - Konzepte, Methoden und Erfahrungsberichte, Stuttgart 1996, S. 44.

[35] Vgl. Senge, P.M.: The Fifth Discipline, New York 1990, zitiert nach Bullinger, H.-J. et al.: Management kreativer Unternehmen - Die Beherrschung von Strukturen und Prozessen lernender Organisationen, in: Bullinger, H.-J. (Hrsg.)., a.a.O., S. 26.

[36] Argyirs, C.: On Organizational Learning, Oxford 1994; Probst, G.J.B., Büchel, B.S.T.: Organisationales Lernen, Wiesbaden 1994, S. 17 ff.

[37] Vgl. Probst, G., Romhardt, K.: Bausteine des Wissensmanagements - ein praxisorientierter Ansatz, in: http://www.cck.uni-kl.de/wmk/papers/public/Bausteine.

[38] So liefert zum Beispiel die Firma Skandia als Ergänzung zum Geschäftsbericht einen Report über die Entwicklung seines intellektuellen Vermögens. Vgl. Palass, B., a.a.O., S. 114.

[39] Vgl. Middelhoff, T.: Perspektiven und Herausforderungen im Multimedia-Markt, in: Picot, A. (Hrsg.): Information als Wettbewerbsfaktor, Stuttgart 1997, S. 50.

[40] Zum Begriff der elektronischen Märkte vgl. hierzu Schmid, B.: Elektronische Märkte, in: Wirtschaftsinformatik 35(1993)5, S. 465-480.

[41] Vgl. Hamm, I., Müller-Böling, D.: Einführung, in: Hamm, I., Müller-Böling, D.: Hochschulentwicklung durch neue Medien: Erfahrungen, Projekte, Perspektiven, Gütersloh 1997, S. 10.

[42] Vgl. Reuter, A.: International University, unveröffentliche Arbeitspapiere, Stuttgart 1997.

[43] Vgl. Hämäläinen, M., Whinston, A.B., Vishik, S.: Electronic Markets for Learning: Education Brokerakes on the Internet, in: Communications of the ACM 39(1996)6, S. 58.

# Dezentrale Planung und Steuerung in der Fertigung - quo vadis?

PD Dr. Peter Loos,
Universität des Saarlandes, Saarbrücken
Dipl.-Ing. Thomas Allweyer,
IDS Prof. Scheer GmbH, Saarbrücken

## Inhalt



18. Saarbrücker Arbeitstagung für Industrie, Dienstleistung und Verwaltung 1997. Hrsg.: A.-W. Scheer.

# 1 Dezentralisierungstendenzen in der Fertigung

Die Dezentralisierung von Planungs- und Steuerungsaufgaben ist ein wesentlicher Bestandteil fast aller in den vergangenen Jahren diskutierten Vorschläge zur Organisation der Fertigung. Untersucht man die wesentlichen Entwicklungen, die diese Dezentralisierungstendenzen ermöglicht und vorangetrieben haben, sind einerseits betriebswirtschaftliche Beiträge in Form von Management- und Organisationskonzepten zu berücksichtigen, andererseits die Entwicklungen betrieblicher Informationssysteme und schließlich die Möglichkeiten moderner Produktionstechnik, wobei sich diese Dimensionen der Dezentralisierung gegenseitig überschneiden und ergänzen (vgl. Abb. 1).

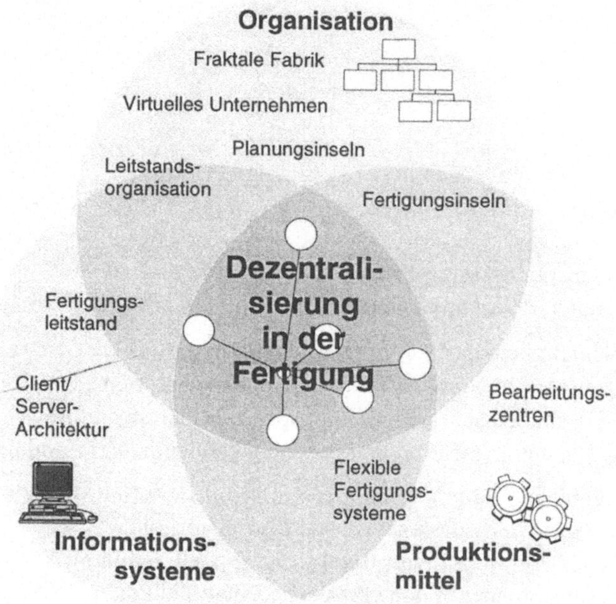


**Abb. 1: Dimensionen der Dezentralisierung in der Fertigung**

## 1.1 Produktionsmittel

Elemente einer dezentralisierten Fertigung, die sich wesentlich auf die Produktionsmittel beziehen, sind etwa die Bildung von Bearbeitungszentren oder Flexiblen Fertigungssystemen (FFS). Die durch moderne Produktionstechnik erreichte Flexibilität hat es vielen Unternehmen ermöglicht, starre, über eine ganze Reihe von Maschinen hinweg fest vorgegebene Produktionsabläufe abzuschaffen, und sich häufig ändernde Abläufe an kleine dezentrale Einheiten zu delegieren, die eine Komplettbearbeitung durchführen. Somit entfällt die Notwendigkeit, den gesamten Produktionsablauf in allen Einzelheiten zentral zu planen, da dieser nicht mehr eine Vielzahl organisatorischer Einheiten durchläuft, sondern in seiner Gänze an eine dezentrale Einheit übergeben wird, so daß die Durchführung der einzelnen Arbeitsschritte auch dort geplant und gesteuert werden kann. Die heute erreichte Flexibilität der Produktionsmittel beruht zu einem wesentlichen Teil auf dem Einsatz von Informationstechnik, etwa in CNC-Maschinen oder Materialflußsteuerungen.

## 1.2 Informationssysteme

Neben den genannten technisch orientierten Aufgaben spielt die Informationstechnik vor allem auch für die Unterstützung und die Dezentralisierung von Planungs- und Steuerungsaufgaben durch betriebliche Informationssysteme eine wichtige Rolle. Wesentliche Voraussetzung hierfür ist das in starkem Maße erfolgte Vordringen von verteilten, offenen und skalierbaren Systemarchitekturen, insbesondere der Client/Server-Architektur. Die Client/Server-Architektur ermöglicht eine Aufteilung von Datenhaltung, Programmausführung und Präsentation auf verschiedene Knoten in einem Netzwerk. Hierdurch wird der Aufbau einer geeigneten Informationssystemunterstützung dezentral durchgeführter Planungs- und Steuerungsaufgaben wesentlich erleichtert, indem beispielsweise ein Planungssystem vor Ort eingesetzt wird, dieses aber zentral gehaltene Daten verwendet, wodurch eine bereichsübergreifende Konsistenz sichergestellt wird.

Auf Seiten der Anwendungssysteme geht der Trend weiterhin weg von den klassischen Produktionsplanungs- und -steuerungssystemen (PPS) und ihren zentralistischen Planungsansätzen hin zu dezentralen Lösungen [1,2,3]. So werden beispielsweise Fertigungsleitstände seit einigen Jahren erfolgreich eingesetzt. Diese enthalten als Benutzerschnittstelle in der Regel ein Gantt-Chart zur Visualisierung von Maschinenbelegungen, welche interaktiv in der grafischen Darstellung verändert werden können, wobei zu berücksichtigende Abhängigkeiten und Restriktionen automatisch geprüft werden. Heutige Fertigungsleitstände umfassen nicht nur Funktionen zur Einplanung von Aufträgen auf Betriebsmitteln und Arbeitsplätzen, sondern u. a. auch die Veranlassung von Materialbereitstellungen, Verfügbarkeitsprüfungen von Material und Ressourcen, die Arbeitsgangfreigabe, die Überwachung freigegebener Arbeitsgänge, die Kommunikation mit technischen Steuerungen, die Verarbeitung von Rückmeldungen, die Erzeugung von Rückmeldungen an das PPS-System, sowie die Erstellung von Statistiken und Auswertungen [1].

Ein häufig praktiziertes Dezentralisierungsszenario ist damit bereits angesprochen: Die zentrale, PPS-gestützte Planung wird auf eine grobe Rahmenplanung reduziert, welche lediglich Produktionsanforderungen mit den entsprechenden Eckdaten erzeugt.

Die eigentliche Feinplanung findet dann in dezentralen Organisationseinheiten mit Hilfe von Fertigungsleitständen statt.

## 1.3 Organisationskonzepte

Kaum ein modernes Management- und Organisationskonzept - von der Lean Production bis zum Agile oder Holonic Manufacturing - kommt ohne die Forderung nach Dezentralisierung aus.

Im Zuge einer durchgängigen Betrachtung und Optimierung von ganzheitlichen Geschäftsprozessen wird die traditionell funktional gegliederte Organisation industrieller Unternehmen zunehmend nach dem Objektprinzip umgestaltet, d. h. an die Stelle verschiedener funktionaler Organisationseinheiten wie "Vertrieb", "Produktionsplanung", "Arbeitsvorbereitung" und "Produktion" treten Organisationseinheiten, welche möglichst viele - im Extremfall alle - dieser Aufgaben integrieren, allerdings nur für ein begrenztes Objektspektrum, beispielsweise für eine Produktgruppe. Hierdurch wird die vollständige Bearbeitung durchgängiger Geschäftsprozesse in kleinen, flexiblen Organisationseinheiten erreicht [4].

Im Fertigungsbereich bedeutet eine derartige Geschäftsprozeßorientierung beispielsweise die Bildung von Fertigungsinseln, welche die Prozesse der Steuerung und der Produktion für eine begrenzte Produktpalette übernehmen. Bei Planungsinseln werden auch weitere Aufgaben der indirekten Bereiche nach Produktgruppen strukturiert [5]. Zur Realisierung eines solchen Konzeptes ist es erforderlich, sowohl entsprechend flexible Produktionsmittel als auch Informationssysteme, welche eine dezentrale Planung unterstützen, zur Verfügung zu haben. Insofern gehen die Entwicklungen der in Abb. 1 dargestellten drei Dimensionen Organisation, Informationssysteme und Produktionsmittel Hand in Hand, d. h. sie bedingen sich gegenseitig.

Trotz einer Funktionsintegration in Fertigungsinseln agieren die Inseln meist nicht unabhängig voneinander. Beispielsweise kann es Montageprozesse geben, welche die Produkte unterschiedlicher Fertigungsinseln zusammenführen, oder es existieren von mehreren Inseln genutzte Ressourcen. Hieraus resultiert die Notwendigkeit zur Koordination der dezentral erfolgenden Planungen auf einer übergeordneten Ebene. Für derartige Koordinationsfunktionen können wiederum Leitstände eingesetzt werden. Insgesamt kann auf diese Weise eine mehrstufige „Leitstandsorganisation“ aufgebaut werden, wobei der Begriff Leitstand nicht nur das entsprechende Informationssystem umfaßt, sondern auch die damit unterstützen betriebswirtschaftlichen Planungs- und Steuerungsfunktionen [1,4].

Dezentralisierungskonzepte wie das der fraktalen Fabrik [6], das die Aufteilung in kleine, weitgehend autonome Einheiten vorsieht, welche als eine Art Unternehmen im Unternehmen agieren, sind nicht nur für die interne Organisation von Unternehmen von Bedeutung, sondern auch für die überbetriebliche Zusammenarbeit, etwa im Rahmen von virtuellen Unternehmen, in denen die dezentralen Organisationseinheiten selbständige, miteinander kooperierende Unternehmen sind, wobei auf eine zentrale Planung und Steuerung völlig verzichtet wird, und eine Koordination durch Selbstabstimmung stattfindet [7,8,9].

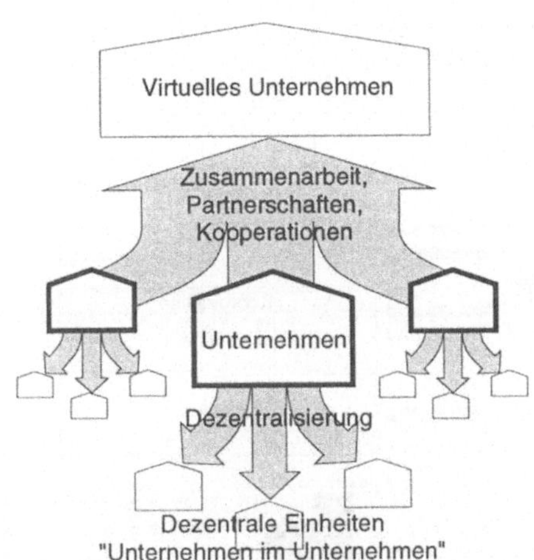


**Abb. 2: Auflösung von Unternehmensgrenzen**

Betrachtet man beide Entwicklungen - die Dezentralisierung innerhalb von Unternehmen und die Bildung von virtuellen Unternehmen - so ist ein zunehmender Bedeutungsverlust der juristischen Unternehmensgrenzen in Bezug auf planerische und logistische Aufgaben festzustellen (vgl. Abb. 2). Es ergeben sich stark dezentralisierte, vernetzte Strukturen aus kleinen, weitgehend selbständig agierenden Einheiten, welche ihre Geschäfts- und Produktionsprozesse eigenverantwortlich gestalten, planen und ausführen. Übergreifende Prozesse werden durch Selbstabstimmung gestaltet und durchgeführt. Wo dies sinnvoll ist, können Koordinationsaufgaben zusammengeführt werden, allerdings weniger bei einer weisungsbefugten Zentrale, als vielmehr im Sinne einer Dienstleistung für die beteiligten Einheiten.

## 1.4 Stufen der Dezentralisierung

Bisherige Dezentralisierungsbemühungen waren meist vor allem auf die Verlagerung von Planungs- und Steuerungsaufgaben in die ausführenden Organisationseinheiten hinein gerichtet. Die Gestaltung der durchzuführenden Geschäftsprozesse blieb jedoch in der Regel eine zentrale Aufgabe. In dem geschilderten Szenario selbständiger, vernetzter Einheiten ist zu erwarten, daß zunehmend auch diese Aufgabe dezentralisiert wird (vgl. Abb. 3). Ebenso wie für eine übergreifende Planung ist für die Gestaltung übergreifender Geschäftsprozesse eine Koordination zwischen den beteiligten

Organisationseinheiten erforderlich. In virtuellen Unternehmen erfolgt bereits heute die Gestaltung der unternehmensübergreifenden Abläufe in Selbstabstimmung zwischen den beteiligten Unternehmen.

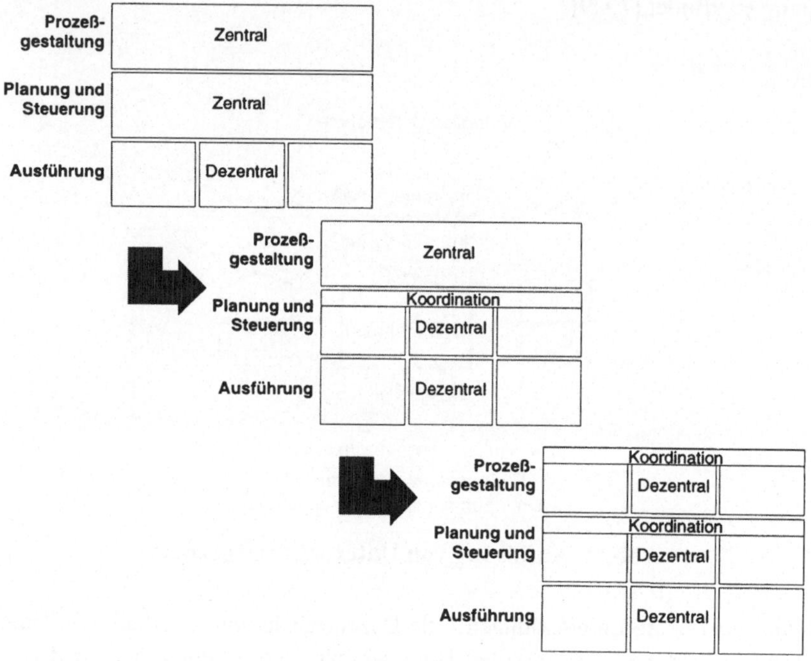


**Abb. 3: Stufen der Dezentralisierung**

In Kapitel 3 werden Vorteile und Möglichkeiten einer solchen Dezentralisierung der Prozeßgestaltung behandelt. Zunächst aber wird in Kapitel 2 dargestellt, wie sich mit Hilfe von Workflow-Management-Systemen eine durchgängige Informationssystemunterstützung von Geschäftsprozessen und Produktionsprozessen in der dezentralen Fertigung erreichen läßt. Kapitel 4 untersucht abschließend die Frage, ob neue Hardware-Entwicklungen eine organisatorische Re-Zentralisierung notwendig machen.

# 2 Workflow-Unterstützung für die dezentrale Fertigung

Im Zuge einer Funktionsintegration in dezentralen Organisationseinheiten übernehmen die dezentralen Einheiten, z. B. Fertigungsinseln, zunehmend auch Aufgaben außerhalb der eigentlichen Fertigung, beispielsweise planerische Aufgaben, Materialwirtschaft und die Erstellung technischer Unterlagen. Damit kommen zu primär auf die Materialtransformation bezogene Prozesse auch primär informationstransformierende Prozesse hinzu.

Es stellt sich die Frage, wie eine geeignetes Informationssystem für ein solches Szenario aussehen sollte, um eine durchgängige Unterstützung von informations- und materialtransformierenden Funktionen gleichermaßen zu ermöglichen. Produktionsbezogene Informationssysteme wie Fertigungsleitstände unterstützen bisher nur einen Teil der genannten Aufgaben, wohingegen etwa Workflow-Management-Systeme (WFMS), die eine durchgängige Geschäftsprozeßunterstützung ermöglichen, bisher primär auf den Bürobereich ausgerichtet sind, und daher die speziellen Belange der Fertigung nicht berücksichtigen.

## 2.1 Eigenschaften von Workflow-Management-Systemen

Unter Workflow-Management wird die Unterstützung der Bearbeitung und Steuerung von Geschäftsvorgängen verstanden. Für die informationstechnische Umsetzung werden Workflow-Management-Systeme eingesetzt [10]. Diese können vor allem für die Unterstützung solcher Geschäftsprozesse eingesetzt werden, bei denen es sich um strukturierte, zeitlich versetzte Abläufe handelt, deren Lösungsweg im allgemeinen bekannt ist, und die eine gewisse Wiederholungsrate aufweisen, so daß die Steuerung der Routineaufgaben einem System übertragen werden kann. Ein Hauptziel ist dabei die zeitlich effiziente Abwicklung der Prozesse.

Für die operative Durchführung der Vorgangssteuerung muß ein Workflow-Management-System verschiedene Funktionen bereitstellen. Dazu gehören etwa für die Vorgangsbearbeitung die Integration von fremden Anwendungssystemen (z. B. Textverarbeitung), das Versenden von Dokumentenkopien, die integrierte Bearbeitung multimedialer Informationen, die Anlage von Notizen und Querverweisen, elektronische Unterschriften, Soll-/Ist-Vergleiche, die Kommunikation mit anderen Mitarbeitern, die Definition von Vertretern etc. Für die Ablaufsteuerung werden z. B. Funktionen benötigt wie das Verteilen und Transportieren von Dokumenten, die Parallel- und Simultanbearbeitung der einzelnen Vorgänge, die Änderung der vorgegebenen Ablauffolge der einzelnen Vorgänge, die Aufnahme oder das Löschen von Bearbeitungsschritten für einen Vorgang, das Management von Warteschlangen, die Behandlung von Ausnahmefällen etc.

Ein wesentlicher Vorteil von Workflow-Management-Systeme liegt in der flexiblen Anpassung an unternehmensspezifische Abläufe. Die WFMS verfügen deshalb neben der Runtime-Komponente für die Prozeßausführung auch eine Modellierungskomponente, die das Design der zu unterstützenden Abläufe gestattet. Die Ablaufmodelle stellen ihrerseits verfeinerte Geschäftsprozeßmodelle dar, wie sie im Rahmen des Business Process Re-engineering erfaßt werden. Die Geschäftsprozeßmodelle dienen damit als Grundlage für die Workflow-Beschreibung.

## 2.2 Analogien zwischen Produktionsprozessen und Workflow

Bei genauer Betrachtung ergibt sich eine Reihe von Gemeinsamkeiten und Analogien bei der Beschreibung von Produktionsprozessen und Workflows [11]. In beiden Fällen handelt es sich um eine Menge von Aktivitäten, welche in einer bestimmten zeitlich-logischen Reihenfolge abzuarbeiten sind. Hierfür sind jeweils Informationen erforderlich, und es werden Ressourcen benötigt. Der wesentliche Unterschied besteht darin, daß in Produktionsprozessen eine Materialumwandlung erfolgt, während typische Funktionen eines Workflows lediglich Informationstransformationen durchführen und den Papierfluß als Materialisierung der Information „elektrifizieren“.

In Abb. 4 sind die Inhalte der verschiedenen bei Informationssystemen für die Fertigung (z. B. PPS-Systeme oder Leitstände) einerseits und für die Workflow-Steuerung (WFMS) andererseits auftretenden Abstraktionsebenen einander gegenübergestellt.

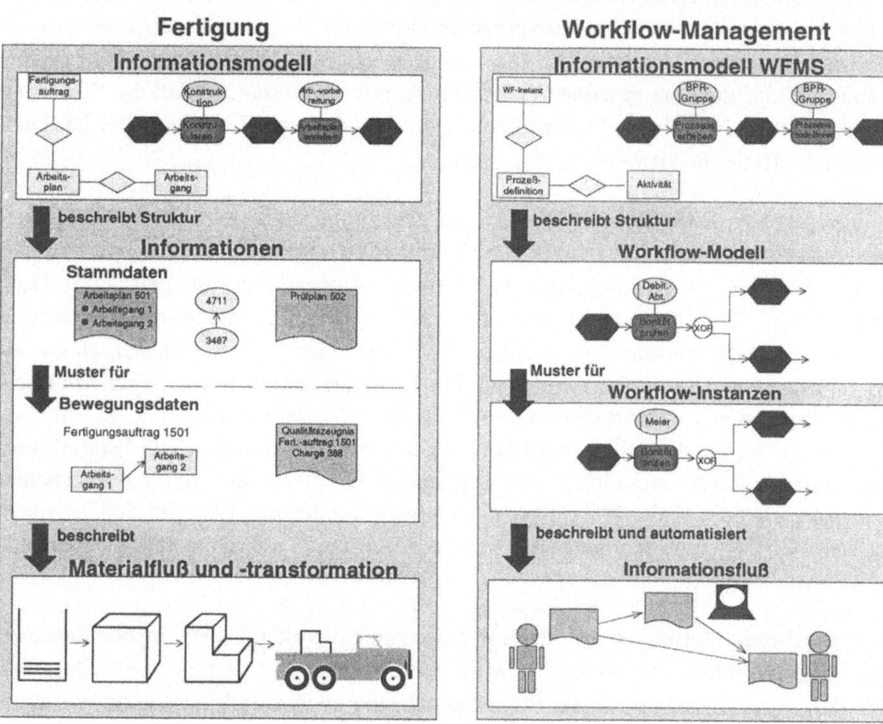


**Abb. 4: Abstraktionsebenen**

Die eigentliche Produktionsdurchführung findet auf der Ebene des Materialflusses und der Materialtransformation statt (links unten in der Abbildung). Diese Ebene stellt zwar den Gegenstand unseres Interesses dar, doch aus Sicht der Informationsverarbeitung ist erst die zweite Ebene, die Ebene der Information und Informationsflüsse relevant. Hier werden die Materialflüsse und -transformationen z. B. in Form von

Arbeitsplänen und Stücklisten beschrieben. Die Informationsebene wird unterteilt in Informationen, die Sachverhalte auf Typebene (z. B. Material 4711) beschreiben (Stammdaten), und solche, die Instanzen oder Ausprägungen dieser Typen repräsentieren (z. B. die Charge 388 des Materials 4711). Die Ebene der Informationsmodelle wiederum beschreibt die Strukturen der Informationsebene, also z. B. daß ein Arbeitsplan aus mehreren Arbeitsgängen bestehen kann oder welche Funktionen zum Geschäftsprozeß Arbeitsplanerstellung gehören.

Trotz der Unterschiede auf der unteren, physischen Ebene finden sich die gleichen Abstraktionsebenen auch beim Workflow-Management. Auf der Informationsmodellebene werden wiederum die grundsätzlichen Strukturen beschrieben (z. B. daß ein Workflow-Modell Funktionen und Ereignisse enthält). Entsprechend dieser Definition werden auf der zweiten Ebene Workflow-Modelle auf Typebene erstellt. Beispielsweise kann es ein Modell geben, welches prinzipiell beschreibt, wie ein Kundenauftrag bearbeitet wird. Für einen konkreten Auftrag des Kunden Mayer vom 6.10.1997 wird eine Instanz des allgemeinen Auftragsbearbeitungsmodells angelegt, welche dann vom WFMS abgearbeitet wird.

Auch wenn bisher meist unterschiedliche Beschreibungsmethoden für Prozeßbeschreibungen in Produktion und Bürobereich angewandt werden (tabellarisch aufgebaute Arbeitspläne einerseits, und graphisch modellierte, komplexe Geschäftsprozeßmodelle andererseits), so kann man doch zeigen, daß sich beide prinzipiell auf gemeinsame Strukturen einer allgemeinen Prozeßbeschreibung abbilden lassen. Außerdem reicht für immer komplexere und flexiblere Produktionsverfahren eine rein tabellarisch darstellbare, sequentielle Arbeitsgangfolge zur Beschreibung häufig nicht mehr aus. So werden beispielsweise Möglichkeiten zur Darstellung von Varianten, parallelen Vorgängen u. ä. benötigt, wie sie für die Darstellung von Geschäftsprozessen bereits seit längerem angewandt werden [11].

## 2.3 Durchgängige Informationssystemunterstützung der Produktion

Die aufgezeigten Analogien und Gemeinsamkeiten legen es nahe, eine integrierte Informationssystemunterstützung auf der Grundlage einer allgemeinen Prozeßbeschreibung aufzubauen. Hierdurch wird eine nahtlose informationstechnische Umsetzung von Gesamtprozessen erreicht, welche sowohl reine Informationsbearbeitungsfunktionen als auch Produktionsprozesse umfassen. Somit kann eine durchgängige, dezentrale Unterstützung über direkte und indirekte Bereiche hinweg realisiert werden (Planung und Steuerung sowie Ausführung in Abb. 3). Über eine hierarchisierte Prozeßbeschreibung können gegebenenfalls auf einer feineren Detaillierungsstufe spezifische Zusatzinformationen modelliert sein, welche etwa nur für Produktionsprozessen relevant sind (vgl. Abb. 5).

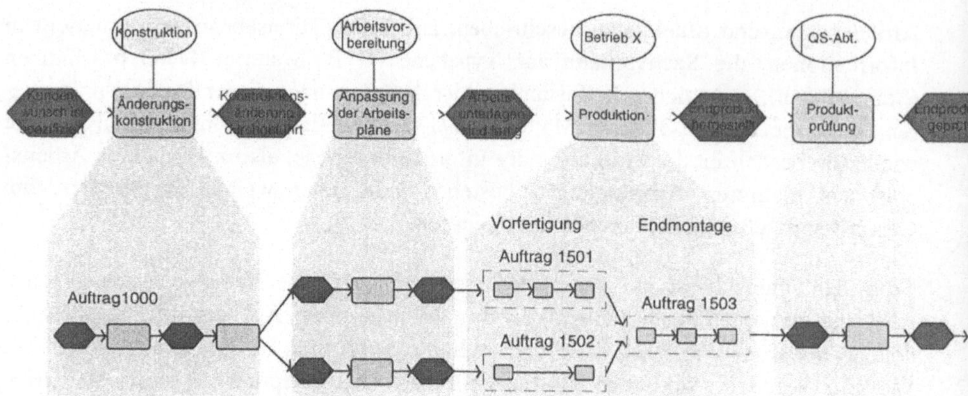


**Abb. 5: Integration der Prozeßbeschreibung**

Folgt man dem dargestellten Ansatz, so führt dies zu einem Zusammenwachsen von bisher getrennten Informationssystemen für die Produktion (PPS, Leitstand) und für den Bürobereich (Workflow-Management). Damit können Methoden, die für die jeweiligen Bereiche entwickelt wurde, gewinnbringend auf den Gesamtprozeß, der den indirekten Bürobereich und die Fertigung umfaßt, übertragen werden. Beispielsweise können auch im Bürobereich detaillierte Prozeßbeschreibungen, Terminierungsverfahren und eine Leitstandsteuerung angewendet werden. Für die Fertigung kann das Konzept zur Steuerung von Geschäftsprozessen auf Produktionsprozesse übertragen werden. Damit wird die Flexibilität gewonnen, Produktionsprozesse umzugestalten und beispielsweise bisher indirekt durchgeführte Tätigkeiten in den Produktionsprozeß zu integrieren, wie es z. B. für kundenauftragsbezogene Fertigung sinnvoll ist. Dies ist insbesondere wichtig bei Produktionsnetzwerken, die standort- oder unternehmensübergreifende realisiert werden [12,13,14].

# 3 Anpassungsfähigkeit durch dezentralisierte Prozeßgestaltung

Nachdem dargestellt wurde, wie sich Geschäftsprozesse in dezentralen Organisationseinheiten informationstechnisch unterstützen lassen, stellt sich die Frage, wie und durch wen diese Geschäftsprozesse gestaltet werden sollen (Prozeßgestaltung in Abb. 3). Bis vor kurzem waren sie in vielen Unternehmen nicht bewußt gestaltet worden, sondern sie haben sich im Laufe der Zeit eher ungezielt entwickelt. Dadurch sind die Geschäftsprozesse häufig ineffizient. Seit einigen Jahren versuchen viele Firmen dieses Defizit auszugleichen, indem sie im Rahmen von Business Process Reengineering (BPR)-Projekten ihre Abläufe erheben, analysieren und grundlegend neu gestalten [15,16,17,18].

## 3.1 Dezentralisierte, kontinuierliche Prozeßanpassung

In dezentralen, flexibel agierenden Organisationsstrukturen sind mit der ausschließlichen Geschäftsprozeßgestaltung im Rahmen von BPR-Projekten vor allem folgende beiden Problemfelder verbunden:

- Aufgrund des erforderlichen Umfangs und Aufwandes eines BPR-Projektes kann dies nur relativ selten durchgeführt werden, d. h. die Prozesse bleiben zwischen zwei solchen Projekten relativ lange unverändert. Andererseits sind viele Unternehmen einem turbulenten Umfeld mit ständig wechselnden Anforderungen ausgesetzt. Daher sind sie gezwungen, ein hohes Maß an Anpassungsfähigkeit zu entwickeln, und ihre Prozesse möglichst rasch an veränderte Rahmenbedingungen anzupassen. Dies wird durch die zwangsläufig selten durchgeführten BPR-Projekte nicht erreicht.
- Bei BPR-Projekten handelt es sich meist um zentral initiierte, das ganze Unternehmen umfassende Reorganisationsprojekte, die einem Top-Down-Vorgehen folgen. Angesichts der Forderungen nach einer hohen Autonomie dezentraler Organisationseinheiten und des vor Ort vorhandenen Wissen über die Geschäftsprozesse ist es fragwürdig, ob eine ausschließlich zentrale Geschäftsprozeßentwicklung alleine die besten Lösungen garantieren kann.

Die Durchführung von BPR-Projekten ist in vielen Unternehmen zunächst notwendig, um eine systematische, durchgängige Gestaltung der Geschäftsprozesse durch das gesamte Unternehmen zu erreichen. In den meisten Fällen ist eine dezentralisierte, prozeßorientierte Organisationsstruktur zunächst nicht vorhanden, sondern muß erst im Rahmen eines Reorganisationsprojekts geschaffen werden. Insofern stellen die genannten Problemfelder den BPR-Ansatz nicht in Frage, sie weisen vielmehr auf folgende sinnvolle Ergänzungen von BPR hin:

- **Weiterführung der Geschäftsprozeßgestaltung durch kontinuierliche Verbesserungs- und Anpassungsmaßnahmen:** Die Gestaltung und Weiterentwicklung der Geschäftsprozesse sollte als ständige Aufgabe aller Mitarbeiter betrachtet werden [16,19]. Entsprechend sind Prozesse zur Beobachtung des Umfeldes und der Veränderung der implementierten Geschäftsprozesse im Unternehmen zu verankern [20].
- **Dezentralisierung von Prozeßgestaltungsaufgaben:** Während der Top-Down-Ansatz für die grundlegende Neugestaltung der Gesamtprozesse sicherlich geeignet ist, sollte insbesondere die ständige Weiterentwicklung und Anpassung der implementierten Geschäftsprozesse im Verantwortungsbereich der weitgehend autonomen dezentralen Organisationseinheiten liegen, so daß vor Ort schnell und flexibel auf geänderte Anforderungen des Umfeldes, z. B. geänderte Kundenanforderungen, reagiert werden kann (vgl. dritte Stufe in Abb. 3).

## 3.2 Konzept zur koordiniert-dezentralen Prozeßgestaltung

In Abb. 6 ist eine Möglichkeit für eine koordiniert-dezentrale Prozeßgestaltung skizziert. Hierbei ist vorgesehen, daß zunächst jede dezentrale Organisationseinheit für die Weiterentwicklung und ständige Anpassung ihrer intern durchgeführten Teilprozesse verantwortlich ist. Probleme können hierbei einerseits durch Interdependenzen mit Prozessen anderer Organisationseinheiten auftreten, weshalb lokale Prozeßänderungen zu unerwarteten Nebeneffekten auf andere Prozesse führen können. Andererseits kann bei rein lokalen Prozeßentwicklungen die Betrachtung der Gesamtabläufe vernachlässigt werden, wodurch ein wesentlicher Vorteil der Geschäftsprozeßorientierung verloren geht.

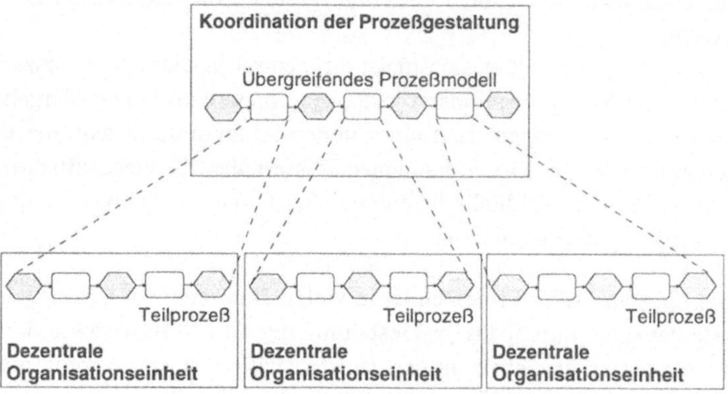


**Abb. 6: Koordiniert-dezentrale Prozeßgestaltung**

Deshalb wird - in Analogie zum Konzept des Koordinationsleitstand für die Planung und Steuerung von Produktionsprozessen - eine Ebene zur Koordination der Prozeßgestaltung vorgeschlagen, auf welcher die Gesamtabläufe betrachtet, mögliche Konflikte gelöst und übergreifende Änderungen koordiniert werden. Voraussetzung für die Umsetzung dieses Vorschlags ist die Existenz eines stets aktuellen Geschäftsprozeßmodells. Meist werden die im Rahmen von BPR-Projekten erstellten Modelle nach Projektabschluß nicht mehr aktualisiert. Hierdurch geht das in diesen Modellen dokumentierte Wissen weitgehend verloren. Daher ist die fortlaufende Dokumentation aller durchgeführten Prozeßänderungen im Prozeßmodell zu fordern. Eine derartige Dokumentation wird durch die Analyse von Historiendaten über abgeschlossene Geschäftsprozesse wesentlich vereinfacht. Solche Daten stehen bei Einsatz von Workflow-Management-Systemen automatisch zur Verfügung. Prinzipiell sollten alle Organisationseinheiten lesenden Zugriff auf das gesamte Prozeßmodell haben. Lediglich die Möglichkeit zur Änderung sollte jeweils auf den entsprechenden Verantwortungsbereich beschränkt werden.

## 3.3 Organisationales Wissen für die Prozeßgestaltung

Geschäftsprozeßmodelle sind ein wichtiges Instrument für den Entwurf und die Weiterentwicklung der Abläufe im Unternehmen, da sie wesentliche Informationen über die Prozesse, wie die auszuführenden Funktionen, den Kontroll- und Datenfluß, die ausführenden Organisationseinheiten usw., übersichtlich und gemäß einer einheitlichen Notation darstellen.

Damit bilden diese Modelle allerdings nur einen Teil des gesamten in der Organisation über die Prozesse gesammelten Wissens ab [21]. Im Rahmen von BPR-Projekten entsteht bei den Mitgliedern des Projektteams umfangreiches Wissen über die Hintergründe der Geschäftsprozesse, beispielsweise die Geschichte der Prozesse, zugrunde gelegte Annahmen, zu erfüllende Ziele, relevante Einflußfaktoren, Gründe von Gestaltungsentscheidungen etc. (vgl. Abb. 7). Derartiges Wissen läßt sich mit Hilfe herkömmlicher Modellierungstools höchstens in Form von textuellen Anmerkungen zu den Modellen ablegen. Außerdem ist der Aufwand zur expliziten Dokumentation dieses Wissens beträchtlich.

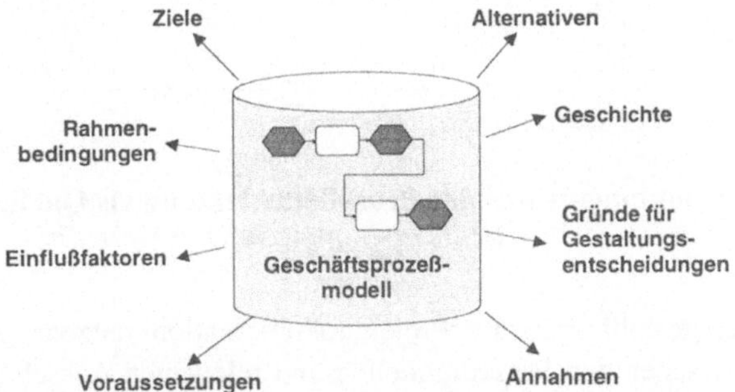


**Abb. 7: Hintergrundwissen zu Prozeßmodell**

Andererseits wäre es für eine Weiterentwicklung der Prozesse in dezentralen Organisationseinheiten von großem Nutzen, auf solches Hintergrundwissen zurückgreifen zu können, zumal vor Ort in der Regel keine Modellierungs- und Prozeßgestaltungsexperten vorhanden sind, und es im Rahmen kleinerer Veränderungen nicht praktikabel ist, einen großen Aufwand zur Erschließung des Modells und seiner Hintergründe zu betreiben. Wenn es für die kontinuierliche Prozeßanpassung möglich wäre, ohne großen Aufwand herauszufinden, warum ein Prozeß so ist, wie er ist, welche Annahmen bei seiner Entwicklung zugrunde gelegt wurden, oder welche alternativen Lösungen in der Vergangenheit getestet wurden, würde das Verständnis über den Prozeß verbessert. Dadurch kann die Qualität von im Rahmen der kontinuierlichen Anpassung entwickelten Prozeßänderungen tendenziell erhöht werden. Beispielsweise könnte man leicht herausfinden, ob und warum eine vorgeschlagene Änderung in der Vergangenheit bereits verworfen wurde. Ist dies der Fall, kann geprüft werden, ob die damaligen Gründe für die Ablehnung nach wie vor gültig sind.

Um solches Hintergrundwissen verfügbar zu machen, kann die Tatsache genutzt werden, daß zumindest ein großer Teil dieses Wissens in während der Prozeßentwicklung erstellten und genutzten Dokumenten enthalten ist, beispielsweise in Form von Protokollen, Konzepten, E-Mails etc. Da derartige Dokumente aber für den Gebrauch während eines BPR-Projektes bestimmt sind, werden sie entsprechend den Anforderungen des Projektes strukturiert und meist in chronologischer Reihenfolge abgelegt. Damit ist das in der Projektdokumentation enthaltene Hintergrundwissen nach Projektabschluß durch Dritte faktisch nicht nutzbar, da es sehr schwierig und aufwendig ist, eine gewünschte Information herauszusuchen.

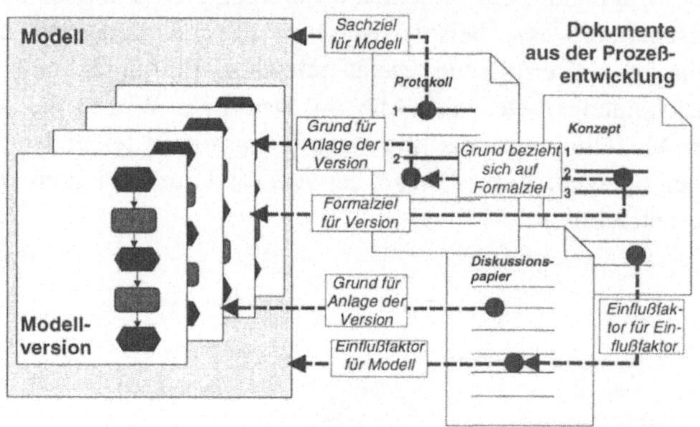


**Abb. 8: Dokumente aus der Prozeßentwicklung als Quellen von Hintergrundwissen**

In Abb. 8 ist dargestellt, wie die Projektdokumentation nutzbar gemacht werden könnte, indem zwischen den Prozeßmodellen und relevanten Ausschnitten aus Dokumenten der Prozeßentwicklung Hyperlinks angelegt werden. Diese Hyperlinks werden entsprechend den unterschiedlichen Arten von relevantem Hintergrundwissen klassifiziert, so daß ausgehend vom Modell gezielt zur gewünschten Information in einem Entwicklungsdokument navigiert werden kann. So kann im abgebildeten Beispiel etwa herausgefunden werden, welche Sachziele von einem Modell erfüllt werden sollen, welche Einflußfaktoren relevant sind, oder warum eine neue Version des Modells angelegt wurde.

Die Verwendung der Projektdokumentation als Quelle von Hintergundwissen trägt auch der Tatsache Rechnung, daß - im Gegensatz zu den Modellen selbst - derartiges Hintergrundwissen prinzipiell unvollständig und häufig auch nicht völlig konsistent ist. Es geht daher nicht darum, entsprechendes Wissen vollständig zu erfassen und zu formalisieren, sondern dem Benutzer eine einfache Möglichkeit zu bieten, Informationen zu einem Modell zu finden. Im Rahmen der kontinuierlichen Prozeßanpassung entstehende Dokumente werden ebenfalls wieder in die Wissensbasis eingestellt. Dieses Wissen sollte nicht nur für die Aufgaben der Prozeßgestaltung verfügbar sein, sondern auch für die Aufgaben der Planung und Steuerung und der Ausführung.

# 4 Auf dem Weg zur Re-Zentralisierung?

Die bisherige Tendenz einer zunehmenden Dezentralisierung ist durch die Parallelität von informationstechnischen und organisatorischen Entwicklungen gekennzeichnet. Zu Zeiten einer stark zentralisierten Produktionsplanung und -steuerung herrschte eine ebenso zentralisierte Informationssystemunterstützung in Form von Großrechnern und Programmen zur Errechnung unternehmensweiter Produktionspläne vor. Das Aufkommen der Client/Server-Architektur erleichterte die informationstechnische Realisierung dezentraler Planungs- und Steuerungsansätze, wodurch die Umsetzung dezentraler Organisationskonzepte unterstützt wurde.

Wer die aktuelle Diskussion um das Konzept der „Network Computer“ (NC) verfolgt, stellt fest, daß hiermit wieder eine stärke Zentralisierung von Aufgaben des Informationsmanagements erreicht wird. Die PCs und Workstations mit eigenen Speichermedien und lokal installierten Anwendungen werden dabei durch NCs ersetzt, die zur Erfüllung ihrer Aufgaben Daten und Anwendungsfunktionen prinzipiell über das firmeneigene Netzwerk beziehen. Führt ein derartiger Ansatz aufgrund der bisher beobachteten Parallelität von informationstechnischen und organisatorischen Entwicklungen künftig auch zu einer Re-Zentralisierung von Prozeßgestaltung, Planung und Steuerung in der Fertigung?

Ganz im Gegenteil! Mit dem NC-Konzept ist die Verteilung von Informationstechnik und betriebswirtschaftlichen Aufgaben nicht mehr zwangsläufig so eng gekoppelt, wie dies in der Vergangenheit der Fall war. Mit zentralen PPS-Systemen war die Unterstützung einer dezentralen Planung und Steuerung schlichtweg nicht möglich, und auch die Installation von dezentralen Leitständen gab letztlich eine bestimmte Verteilung von Planungs- und Steuerungsaufgaben vor.

Zentralisiert werden beim NC zunächst nur die Aufgaben der DV-Administration. Hierdurch werden dezentrale Organisationseinheiten weitgehend von Problemen der Hard- und Softwarewartung entlastet. Die logische Verteilung betriebswirtschaftlicher Aufgaben und Anwendungen läßt sich mit dem NC prinzipiell beliebig gestalten. So ist es beispielsweise möglich, Planungsdaten und Leitstandsfunktionen zwar zentral vorzuhalten, die Berechtigung und Verantwortung zur Planungsdurchführung aber den jeweiligen dezentralen Organisationseinheiten zuzuordnen. Hierdurch können die Mitarbeiter der jeweiligen Fertigungsinsel wie gewohnt mit einem Leitstand arbeiten. Geändert hat sich nur die physische Implementierung, indem die benötigten Funktionen beispielsweise in Form von Applets - ebenso wie die der Fertigungsinsel „gehörenden“ Daten - über das Netz geladen werden. Zweifellos ist es auf Grundlage der NC-Architektur leichter, auch die Funktionen der Produktionsplanung und -steuerung wieder zu zentralisieren. Da eine derartige Informationssystem-Architektur aber prinzipiell die Gestaltung und Unterstützung beliebiger Geschäftsprozesse erlaubt, sollte die Chance genutzt werden, Fragen des geeigneten Dezentralisierungsgrades nicht mehr auf die Möglichkeiten der informationstechnischen Verteilung reduzieren zu müssen, sondern aufgrund betriebswirtschaftlicher Kriterien entscheiden zu können.

# Literaturverzeichnis

[1] Scheer, A.-W.; Loos, P.: Fertigungsleitstände - Vorhut eines generellen Organisationstrends, in: VDI-Z 137(1995)5, S. 62-68.

[2] Möhle, S.; Weigelt, M.; Braun, M.; Mertens, P.: Dezentrale Produktionsplanungs- und -steuerungs-Experten: Kombination Wissensbasierter Ansätze mit ComponentWare, in: IM Information Management 11(1996)1, S. 30-37.

[3] Theis, R.; Lutz, P.; Theis, K.-H.: Gruppenarbeit und PPS - Vom Widerspruch zur Symbiose, in: PPS Management 1996, Industrie Management special, P86-P89.

[4] Scheer, A.-W.: Wirtschaftsinformatik - Referenzmodelle für industrielle Geschäftsprozesse, 6. Auflage, Berlin et al. 1995.

[5] Remme, M.; Habermann, F.; Scheer, A.-W.: Die Planungsinsel - Der Weg zu einer gezielt dezentralisierten Unternehmung, in: m&c Management & Computer 4(1996)2, S. 103-110.

[6] Warnecke, H.-J.: Die Fraktale Fabrik. Revolution der Unternehmenskultur, Hamburg 1996.

[7] Hoffmann, W.; Hanebeck, Ch.: Das virtuelle Unternehmen, in: m&c Management & Computer 3(1995)1, S. 69-71.

[8] Scholz, Ch.: Strategische Organisation. Prinzipien zur Vitalisierung und Virtualisierung, Landsberg/Lech 1997.

[9] Picot, A.; Reichwald, R.; Wigand, R. T.: Die grenzenlose Unternehmung - Information, Organisation und Management, Wiesbaden 1996.

[10] Jablonski, S.: Workflow-Management-Systeme: Motivation, Modellierung, Architektur, in: Informatik Spektrum 18(1995)1, S. 13-24.

[11] Loos, P.: Workflow-Management in der dezentralen Produktion, in: Scherer, E.; Schönsleben, P.; Ulich, E. (Hrsg.): Werkstattmanagement - Organisation und Information im Spannungsfeld zentraler und dezentraler Strukturen, Zürich 1996, S. 291-309.

[12] Gomber, P.; Schmidt, C.; Weinhardt, Ch.: Synergie und Koordination in dezentral planenden Organisationen, in: Wirtschaftsinformatik 38(1996)3, S. 299-307.

[13] Wiendahl, H.-P.; Kuhn, A.; Beckmann, H.; Fastabend, H.; Helms, K.; Kloth, M.: Kooperatives Management in wandelbaren Produktionsnetzen, in: Industrie Management 12(1996)6, S. 23-28.

[14] Zelewski, St.: Elektronische Märkte zur Prozeßkoordination in Produktionsnetzwerken, in: Wirtschaftsinformatik 39(1997)3, S. 231-243.

[15] Harrington, H. J.: Business Process Improvement. The Breakthrough Strategy for Total Quality, Productivity and Competitiveness, New York 1991.

[16] Davenport, T. H.: Process Innovation: Reengineering Work Through Information Technology, Boston 1993.

[17] Hammer, M.; Champy, J.: Reengineering the Corporation. A Manifesto for Business Revolution, New York 1993.

[18] Johansson, H. J.; McHugh, P.; Pendlebury, A. J.; Wheeler III, W. A.: Business Process Reengineering, Breakpoint Strategies for Market Dominance, Chichester 1993.

[19] Imai, M.: Kaizen. Der Schlüssel zum Erfolg der Japaner im Wettbewerb, Frankfurt 1992.

[20] Allweyer, Th.: Modellierung und Gestaltung adaptiver Geschäftsprozesse, in: Veröffentlichungen des Instituts für Wirtschaftsinformatik, Heft 115, Saarbrücken 1995.

[21] Allweyer, Th.; Scheer, A.-W.: Kontinuierliche Anpassung und Verbesserung mit adaptiven Geschäftsprozessen, in: Dangelmaier, W.; Gausemeier, J. (Hrsg.): Fortgeschrittene Informationstechnologie in der Produktentwicklung und Fertigung, 2. Internationales Heinz Nixdorf Symposium für industrielle Informationstechnologie, Tagungsband, Paderborn 1996, S. 159-172.

# Virtuelle Unternehmen: Idee, Informationsverarbeitung, Illusion

Prof. Dr. Dr. h.c. mult. Peter Mertens,
Dipl.-Wirtsch.-Ing. Wolfgang Faisst,
Universität Erlangen-Nürnberg

## Inhalt



18. Saarbrücker Arbeitstagung für Industrie, Dienstleistung und Verwaltung 1997. Hrsg.: A.-W.Scheer. 

## Idee

In einem Aufsatz über Virtuelle Unternehmen (VU) schreibt Semich:

„Wäre es nicht wunderbar, wenn Sie ein wirklich gewinnträchtiges Unternehmen betreiben könnten, ohne die Arbeit zu tun? Sie würden sich damit begnügen, ein großartiges neues Produkt auszudenken oder eine Idee zu kaufen, und dann nur noch den ganzen Prozeß orchestrieren. Die Arbeit würden Konstruktionsbüros, Komponentenlieferanten, Montagebetriebe, Distributoren verrichten, die sich am Bedarf der Kunden orientieren." (vgl. [28], ins Deutsche übersetzt durch die Autoren).

## 1 Definition

Versucht man, die Idee, um nicht zu sagen Vision oder „konkrete Utopie", in eine wissenschaftlich haltbare Definition umzusetzen, so könnte man diese z.B. wie folgt formulieren (modifiziert nach [1]):

Ein Virtuelles Unternehmen ist eine Kooperationsform rechtlich unabhängiger Unternehmen, Institutionen und/oder Einzelpersonen, die eine Leistung auf der Basis eines gemeinsamen Geschäftsverständnisses erbringen. Die kooperierenden Einheiten beteiligen sich an der horizontalen und/oder vertikalen Zusammenarbeit vorrangig mit ihren Kernkompetenzen und wirken bei der Leistungserstellung gegenüber Dritten wie ein einheitliches Unternehmen. Dabei wird auf die Institutionalisierung zentraler Managementfunktionen zur Gestaltung, Lenkung und Entwicklung des VU weitgehend verzichtet und der notwendige Koordinations- und Abstimmungsbedarf durch geeignete Informations- und Kommunikationssysteme gedeckt. Das VU ist mit einer Mission verbunden und endet mit dieser.

## 2 Anliegen

In diesem Vortrag sollen aufbauend auf theoretischen und empirischen Arbeiten in einem von der Deutschen Forschungsgemeinschaft (DFG) geförderten Projekt[1] einige Beobachtungen zur Wirklichkeit des VU mitgeteilt werden. Wir wollen einen Beitrag dazu leisten, allmählich Möglichkeiten und Grenzen der kühnen Konzeption abzuschätzen. Dabei soll - dem Charakter der Saarbrücker Arbeitstagung für Industrie, Dienstleistung und Verwaltung entsprechend - die Informationsverarbeitung (IV) in einem weiteren Sinne den Fokus bilden, und zwar sowohl was Unternehmen der IV-Branche als Beispiel als auch was die IV-Unterstützung der VUs betrifft.

# 3 Beispiele

## 3.1 Beobachtungen in einer Feldstudie[2]

In der Folge skizzieren wir grob Beispiele von Verbünden, die der Idee des VU mehr oder weniger nahe kommen und die im Rahmen des Projektes von den Autoren oder dem Teammitglied Pascal Sieber besucht wurden.

**1) Personalvermittlung (NEWPLAN)**

Die Personalberatungsgesellschaft NEWPLAN wurde im Jahre 1994 in München von drei Partnern gegründet (vgl. [8]). NEWPLAN ist mehr als nur (Personal-)Vermittler. Die Gesellschaft bietet Freelancern eine Infrastruktur für das Selbständigsein an. Der Freiberufler konzentriert sich auf seine Kernkompetenzen, NEWPLAN übernimmt die restlichen Aufgaben. Die dazu notwendigen Dienstleistungen werden jedoch in Form einer virtuellen Netzwerkstruktur von eigenständigen Partnern erbracht. So kümmert sich etwa eine Münchner Anwaltskanzlei um steuerliche und juristische Belange der Freelancer und hat dazu schon eine entsprechende Bibliothek aufgebaut, die bald als Datenbank im Internet zugänglich sein soll. Außerdem übernimmt ein anderer Partner Rechnungswesen-Dienstleistungen für die Freelancer. Heute hat NEWPLAN durch Dienstleistungspartnerschaften ein bundesweites Netzwerk von rd. 150 Personen. Abb. 1 zeigt die Geschäftsfelder von NEWPLAN.

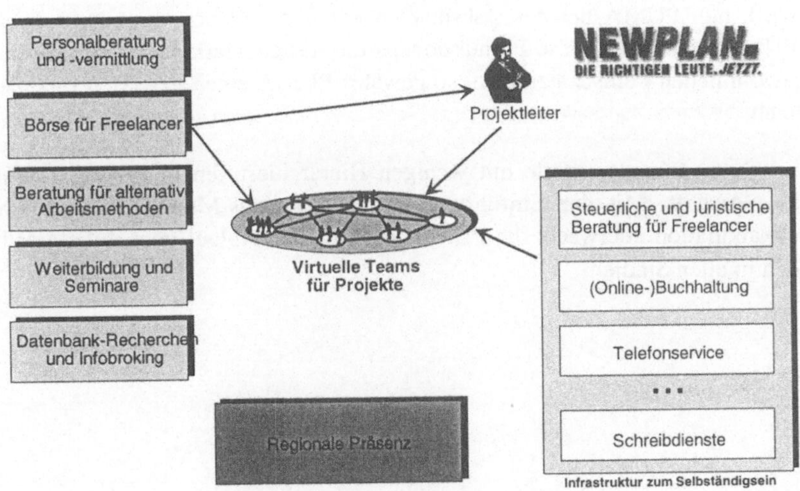


**Abb. 1: Geschäftsfelder von NEWPLAN**

Die Münchner Agentur betreut inzwischen 1.500 Freelancer in ihrer Börse, in der Regel „Kopfarbeiter", von Buchhaltern bis zu Computerspezialisten. Viele „Abgefundene" und Ältere haben dadurch ein neues Betätigungsfeld. Beispielsweise befinden sich auch ehemalige Projektmanager der DASA im Pool. Die Freelancer bieten über das Jahr eine bestimmte Kapazität an.

NEWPLAN wickelt als Generalunternehmen „schlüsselfertig" Projekte ab. Der Projektleiter und die bestgeeigneten Teammitglieder werden über die Börse der Freelancer rekrutiert. Die Projekte kommen vielfach aus der IV-Branche, Aufgaben sind z.B. Vertrieb und Marketingplanung, eine Markteinführung oder auch die Konstruktion einer Maschine. Wenn das Vorhaben gelungen ist, finden die Mitglieder des virtuellen Teams entweder eine feste Anstellung, oder die Freelancer erhalten als „Quasi-Selbständige" ein längeres Engagement.

**2) Textilindustrie, insbesondere Sportartikel (PUMA)**

Die aktuelle Struktur von PUMA entstand schrittweise, ohne jedoch in ihrer Gesamtheit geplant gewesen zu sein (vgl. [8]). Der Sportartikelhersteller konzentriert sich auf seine Kernkompetenzen: Entwicklung, Design und Marketing. Die Produktion und fast die gesamte weltweite Logistik erledigen Partnerunternehmen (vgl. Abb. 2). PUMA arbeitet mit Schuhfabrikanten in Asien zusammen. Den Transport der Waren wickelt das britische Transportunternehmen P & O ab.

Tochterunternehmen sind nur noch für den Vertrieb zuständig. Bis auf Indonesien, wo die Fabriken entsprechend große Kapazitäten haben und auch für die Konkurrenz gefertigt wird, hält PUMA bei den Fabrikanten einen Anteil von zwei Dritteln des Outputs. PUMA unterstützt diese Produktionspartner durch Marktprognosen. Kommt es zu ungewöhnlichen Fehlschätzungen, so gewährt PUMA einen gewissen finanziellen Ausgleich.

Eine kleine Unternehmenszentrale mit wenigen Hierarchiestufen in Herzogenaurach steuert das Geschäft. Mit der Einführung von Produktions-Monitoring und einer Einzelstückkalkulation überwacht die PUMA-Zentrale den Ablauf vom Zulieferer bis zum Kunden in allen Stadien.

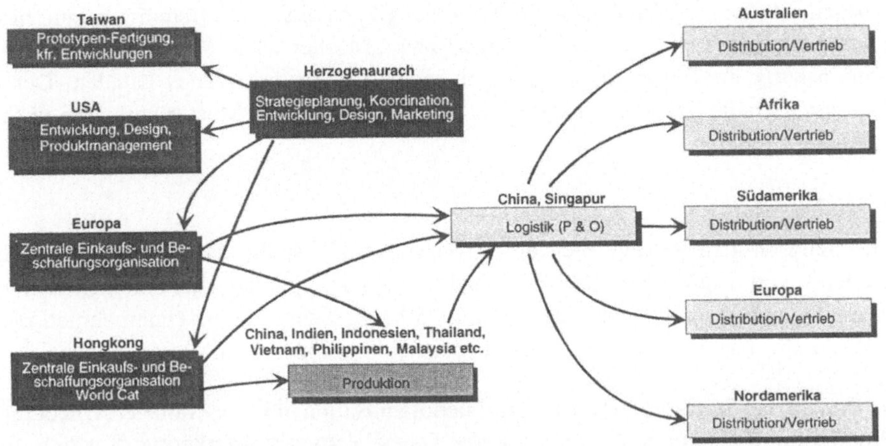


**Abb. 2: Prozeßkette bei der PUMA AG (vgl. [8])**

Durch Einsatz von Informations- und Kommunikationstechnologie werden die Kunden, Produzenten, Vertriebspartner und Lizenznehmer „zusammengebunden". In Teilbereichen kommuniziert PUMA bereits online mit seinen Kooperationspartnern. So entsteht ein temporäres Netzwerk von miteinander verknoteten selbständigen Einheiten, die von außen als eine Einheit unter eigenem Markennamen erscheinen. Einen ähnlichen Aufbau zeigen Adidas, Nike und Reebok oder auch Benetton.

### 3) Informationstechnik

#### a) „The virtual Company"

Es handelt sich um einen losen Verbund von z.Zt. 14 eigenständigen kleinen und mittleren Schweizer Unternehmen mit einem Mix an Fachkompetenzen aus der Informationstechnik- und Telekommunikationsbranche (vgl. URL: http://www.virtual company.ch). Jeder Partner verfügt über ein bereits etabliertes Beziehungsnetz bzw. eine Kundenbasis und eine „schlanke" Infrastruktur. Um ein länger andauerndes und komplexeres Projekt in Auftrag zu nehmen, reichen seine eigenen Fachkompetenzen und personellen Ressourcen nicht aus.

So wendet sich das akquirierende Unternehmen an geeignete Verbundmitglieder, um zum entsprechenden Zeitpunkt die benötigte Fachkompetenz für den jeweiligen Arbeitsschritt beizuziehen. Vertragspartner gegenüber dem Kunden ist immer jenes Verbundmitglied, welches die Verbindung zum Auftraggeber hergestellt oder schon über längere Zeit etabliert hat, so ähnlich, wie dies in einem Generalunternehmensverhältnis der Fall ist; allerdings besteht kein GU-Vertrag mit dem Auftraggeber. Man schätzt die hierfür eingesparten Kosten in einer Größenordnung von ca. 10 % des gesamten Projektbudgets.

Hierarchiestufen bzw. Managementfunktionen gibt es nicht, alle Beteiligten sind hierarchisch gleichgestellt, jeder ist Manager bzw. „Macher". Die Koordination und die Überwachung des Gesamtauftrags liegen beim Vertragspartner des Kunden. Der in [30] beschriebene Unternehmensverbund Advance folgt dem Muster von „The virtual Company".

**b) Seitz**

„Die Seitz-Gruppe versteht sich als IT-Servicespezialist für die Fertigung und den Handel - von Hard- und Software bis hin zum kompletten Outsourcing. Das im gesamten deutschsprachigen Raum mit ca. 250 Mitarbeitern tätige Unternehmen zählt zu den traditionsreichsten und größten deutschen Systemhäusern.

Im Prinzip ist Seitz als einfache Einlinienorganisation mit funktionaler Gliederung (Produktion, Rechnungswesen und interne Dienstleistungen, Marketing, Vertrieb, Beteiligungen) strukturiert. Die Arbeit wird aber in fast allen Bereichen ausschließlich in Projekten geleistet. Zusammengesetzt werden Projektteams meistens aus Angestellten, die denselben organisatorischen Einheiten angehören, sowie Mitarbeitern der Partner, Kunden und Lieferanten. Die etablierte Organisationsstruktur wird nur für die Entwicklung neuer Produkte und die Erschließung neuer Märkte durch temporäre Formen überlagert. So wurde z.B. für die Einführung der Internet-Dienstleistungen eine Task-Force gebildet, die mit keiner anderen Aufgabe betraut ist. Sobald sich das Produkt durchsetzt, wird die Task-Force in die etablierte Struktur zurückgeführt. Teilweise werden dadurch neue Abteilungen gebildet und neue Mitarbeiter beschäftigt, teilweise verbleiben die Personen aus der Task-Force in den neuen Abteilungen. Oft ist es aber auch nötig, z.B. Führungskräfte, die über einige Zeit eine Task-Force geleitet haben, wieder in die Organisation zurückzuführen, wo sie nicht mehr über dasselbe Maß an Unabhängigkeit verfügen und nicht mehr mit ähnlich großen Kompetenzen ausgestattet sind (ein Projektleiter wird temporär zum Geschäftsführer). Dies führt manchmal zu Problemen, hat aber auch den Vorteil, daß sich die Mitarbeiter neue Fähigkeiten aneignen können. Die Hauptziele dieser Vorgehensweise sind (1) die Fokussierung und (2) die Risikominderung in der Pionierphase von Marktlebenszyklen. Ein Organigramm existiert bei Seitz nicht. Ein großer Teil der Ablauforganisation ist formalisiert. Der informelle Aufbau funktioniert deshalb sehr gut.

Das Partnernetzwerk ist grundsätzlich offen und langfristig ausgerichtet. Jeder Projektleiter pflegt zudem sein eigenes personales Netzwerk, was die Bildung von Projektteams oft erleichtert. Die sich überlappenden Netzwerke werden ohne Verträge zusammengehalten. Rechtliche Absicherungen sind nur für einzelne Projekte vorgesehen (vgl. Abb. 3).

Z. Zt. macht das Unternehmen ca. 20 % des Umsatzes über seine Partner. Mittelfristig will man die Zahl auf 40 % erhöhen. Im Bereich der R/3-Realisation wird das

„temporäre Outsourcing“ bereits am stärksten angewandt: Durchschnittlich 40 % der Aufgaben vergibt man fremd.“ [29]

Da die Beispiele der Unternehmen IBK und Rösinger & Associates dem Modell von Seitz folgen, wurden sie hier nicht explizit beschrieben (die Beispiele sind in [30] und [31] dokumentiert).

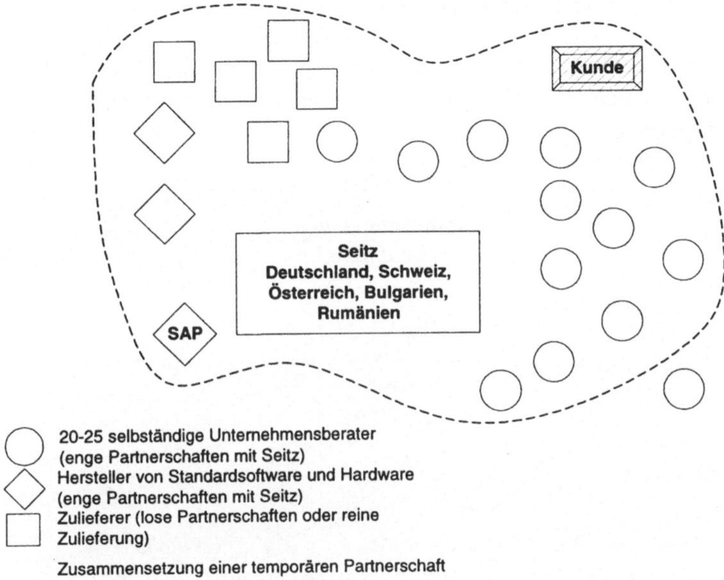


**Abb. 3: Das Unternehmensnetzwerk der Seitz-Gruppe (vgl. [29])**

**c) delta consult**

Die Gruppe um die delta consult GmbH besteht zum größten Teil aus ehemaligen Mitarbeitern von AT&T/NCR, aus denen die jetzt kooperierenden Spin-offs hervorgegangen sind. Sie sind zuständig für Regionen oder Branchen im Hinblick auf Hardware, Software und Unternehmensberatung. Einige Glieder kümmern sich mehr um den Vertrieb, andere übernehmen oft das Projektmanagement (vgl. [8]).

**4) Broker (Epstein's Enterprises)**

Hinter der Unternehmensgruppe Epstein's Enterprises steht ein orgineller Entrepreneur, Bill Epstein. Er hat im Bezirk Anderson, South Carolina (USA), zahlreichen Landbesitz (vgl. [15]). Diesen erschließt er in mehreren Projekten zu Einkaufszentren, Mobilwohnungsparks oder Bürokomplexen. Vor einigen Jahren hat er sich mit einem theoretischen Chemiker als Quantum Group zusammengetan, um High-Tech-Produkte, wie bspw. einen Kohlenmonoxiddetektor, zu vermarkten. Je nach Produkt sucht er geeignete Vertriebspartner. Epstein kümmert sich um Unternehmensplanung sowie Marketing und sorgt für interne Anreizsysteme. Gummi-beschichtete Stoffe für Babysitze vertreibt Epstein zusammen mit einem Belgier, der das Patent hält. Epsteins eigentliches Stammunternehmen, IVA Manufacturing, ein Textilunternehmen, das er allmählich an seine Mitarbeiter verkauft hat, übernimmt dabei das Zuschneiden und Nähen der Stoffe. Eine bei IVA Manufacturing entwickelte Produktionsapparatur vermarktet Epstein nun auch in anderen Einsatzbereichen und hat dazu ebenfalls eine Partnerschaft geschlossen. Cutters, Inc. berät Textilunternehmen etwa beim Outsourcing, bei der Produktionstechnik oder beim Management der Logistikkette.

Die genannten Betätigungsfelder (vgl. Abb. 4) stellen eine Momentaufnahme der wesentlichen Bereiche von Epstein's Enterprises dar, jedoch unterliegen diese einer ständigen Dynamik.

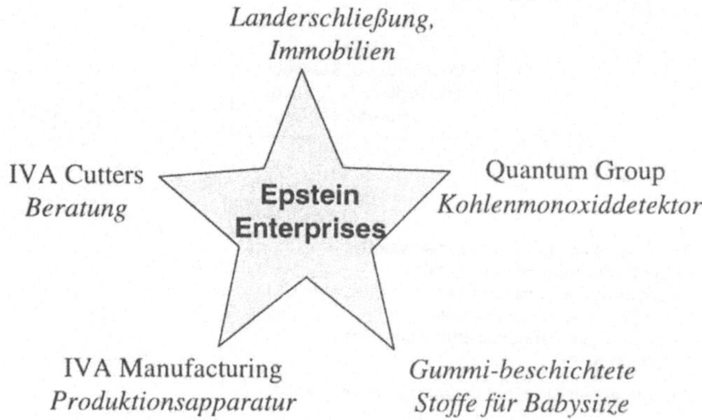


**Abb. 4: Aktivitäten von Epstein's Enterprises (vgl. [15])**

Epstein ist sehr innovationsorientiert und versucht neue Geschäfte mit Partnern anzustoßen, die sich dann um das „Tagesgeschäft" kümmern. Ihm kommt eine Art Brokerrolle im Sinne von Snow, Miles und Coleman [33] zu. Seine einzelnen Geschäfte sind eher kurzlebig. Daher verzichtet Epstein auch weitgehend auf vertragliche Absicherungen. Oft werden Kooperationen per Handschlag geschlossen. Sollte sich ein längerfristiges Engagement ergeben, bei dem ein entsprechendes Geschäftsvolumen erreicht wird, so bemüht Epstein einen Anwalt.

Erst durch die mannigfaltigen Bereiche seiner Aktivitäten gelingt ihm ein Risikoausgleich, der eben langfristig eine gewisse Lebhaftigkeit zuläßt. Nach eigener Aussage spielt er „Seven-day-a-week-monopoly". Zudem dient ihm sein Aktiendepot, das er nach erfolgreicher Mission wieder auffüllt, als Finanzierungsquelle.

## 3.2 Ein eigenes Experiment

Nach dem Vorbild der Virtuellen Unternehmen entstand in Erlangen und Nürnberg eine Struktur, in der mehrere Institutionen mit ihren Arbeitsschwerpunkten ("Kernkompetenzen") so zusammenarbeiten, wie es die aktuelle Projektsituation erfordert ("Missionsorientierung"). Zunächst wurde der Bereich Wirtschaftsinformatik I (WI I) geschaffen.

Den Kern dieses Bereichs bilden an der Nahtstelle von Hochschule und Praxis der IV drei vom Autor Mertens in Personalunion geleitete Einheiten (vgl. Abb. 5):

1) der Lehrstuhl für Betriebswirtschaftslehre, insbesondere Wirtschaftsinformatik I, an der Wirtschafts- und Sozialwissenschaftlichen Fakultät der Universität Erlangen-Nürnberg,
2) die Informatik-Forschungsgruppe B (Betriebliche Anwendungen) am Institut für Mathematische Maschinen und Datenverarbeitung (IMMD) der Technischen Fakultät und
3) die Forschungsgruppe Wirtschaftsinformatik am Bayerischen Forschungszentrum für Wissensbasierte Systeme (FORWISS)[3].

An den Kern haben sich in jüngerer Zeit über einen eigens gegründeten Verein (FORWISS-Professional e.V.) verschiedene junge High-Tech-Unternehmen nach dem Vorbild der "Spin-offs" amerikanischer Hochschulen angebunden.

Es bestehen zum einen personelle Verflechtungen dergestalt, daß Mitarbeiter des Bereichs Wirtschaftsinformatik I für eine gewisse Zeit Halbtagsstellen bekleiden und mit der anderen Hälfte ihrer Arbeitskraft ein Unternehmen gründen und aufbauen. Es findet also eine Art langsame Abnabelung der Unternehmensgründer von der Alma Mater statt.

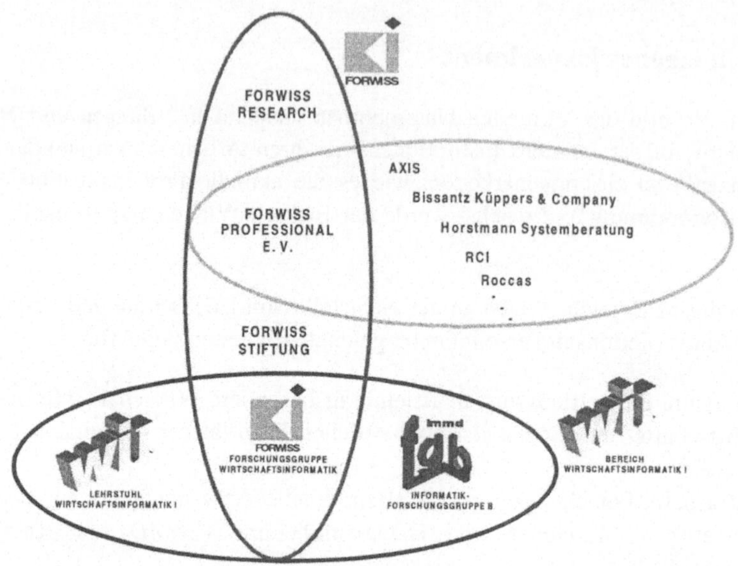


**Abb. 5: Bereich Wirtschaftsinformatik I - ein virtuelles Gebilde**

**Vorteile dieser Konstruktion sind:**

1) Das in der Universitätsforschung erworbene Know-how, einschließlich der entwickelten Informationssysteme, fließt direkt der Praxis zu. Dem deutschen Wirtschafts- und Bildungswesen wird oft der Vorwurf gemacht, daß es am deutschen Standort viel zu lange dauere, bis Resultate der universitären Grundlagenforschung marktwirksam würden. Der beschriebene Verbund versucht, auf diesem Wege einen Beitrag zu leisten, diesem Standort-Nachteil entgegenzuwirken.
2) Existenzgründungen werden nachhaltig gefördert.
3) Die universitären Einrichtungen können den Teil ihrer Projekte, der eher "routiniertes Können" erfordert, an die Praxispartner delegieren, während jene dann, wenn sie in ihrem Tagesgeschäft auf Bedarf nach Grundlagenforschung stoßen, die universitären Stellen einschalten.
4) Es ist möglich, daß Studierende in den angeschlossenen Unternehmen ihr Pflichtpraktikum ableisten. Sie haben dann die Gewähr, daß sie eine verhältnismäßig enge Betreuung erfahren, fachnah arbeiten und die reizvolle Atmosphäre eines jungen Unternehmens unmittelbar erleben.
5) Erkenntnisse und Fälle aus der Projektarbeit der Praktiker gehen wiederum in den Lehrbetrieb ein.
6) Das Humboldtsche Universitätsideal von der Vermaschung der Forschung und Lehre wird zeitgemäß zu einer Art neuer Konzeption "Einheit von Forschung, Lehre und Anwendung" erweitert.
7) Der Lehrstuhlinhaber betreibt die Unternehmen nicht selbst und ist auch nicht an ihnen beteiligt. Er fördert sie nur ideell. Der Vorwurf, daß Staatsbeamte in Interes-

senkonflikte gelangen könnten, wenn Professoren "ihre GmbH" haben, kann somit nicht erhoben werden.

Über die Spin-offs hinaus wird dieser Kreis für spezielle Aufgaben um kleinere Unternehmen erweitert, die zwar nicht von ehemaligen Mitarbeiterinnen und Mitarbeitern des Bereichs, wohl aber von früheren Projektpartnern gegründet wurden. Dazu zählen die Firmen mediatec GmbH multimediale Systemlösungen sowie Cobax-Gesellschaft für Medieninformatik mbH i. Gr.

# 4 Typologie

Während unserer Feldstudie konnten wir feststellen, daß durch die kurze Zeit, die für die Konfiguration von Virtuellen Unternehmen zur Verfügung steht, der Faktor Vertrauen eine besonders große Bedeutung erhält. Unternehmen müssen vor dem Zusammenschluß bereits vertrauenerweckende Hinweise auf die Arbeitsweise ihrer künftigen Geschäftspartner haben. Oft formieren sich Unternehmen deshalb aus einem Netzwerk (Business Network) zum Virtuellen Unternehmen (Typ A). Es zeigen sich Verwandtschaften zum japanischen Keiretsu-Modell. Ebenso kommt es vor, daß eines oder wenige „fremde" Unternehmen hinzugezogen werden (Typ B). Dieser Typ tritt immer dann auf, wenn eine für das VU benötigte Kernkompetenz („fehlender Baustein") im Pool gar nicht bzw. nicht ausreichend vorhanden ist (vgl. Abb. 6). Der Partner wird dann sozusagen temporär für die Dauer des VU in den Pool einbezogen. Wenn sich das Unternehmen während der Kooperation etabliert hat, ist eine Aufnahme als permanentes Pool-Mitglied möglich. Eher selten ist zu beobachten, daß Unternehmen zusammenarbeiten, zwischen denen zuvor keine Beziehung bestand (Typ C).

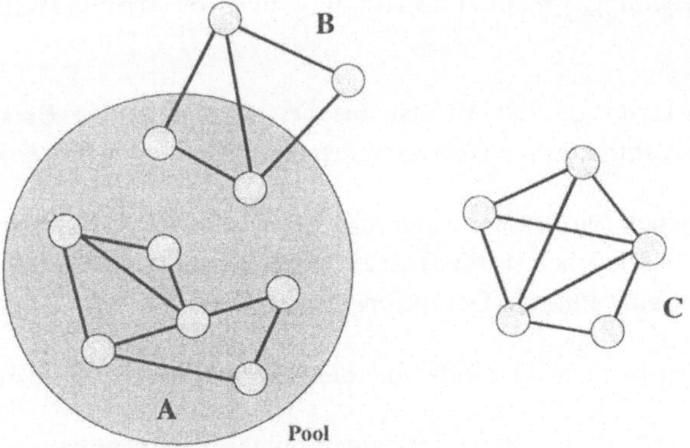


**Abb. 6: Typen Virtueller Unternehmen**

Eine andere Typisierungsrichtung betrifft die Historie der einzelnen Partner. So kann sich das VU entweder aus Elementen eines ehemaligen Großunternehmens (Quasi-Externalisierung; vgl. etwa die Beispiele PUMA bzw. delta consult in Abschnitt 3.1), gleichsam einem ***virtualisierten*** Unternehmen, oder aber aus völlig voneinander unabhängigen kleinen Einheiten (meist kleine und mittlere Unternehmen) zusammensetzen (Quasi-Internalisierung; vgl. z.B. „The virtual Company" in Abschnitt 3.1). Der Typ C taucht nur beim Zusammenschluß kleiner Einheiten auf, da beim Auflösen eines Großunternehmens immer ein Pool übrigbleibt.

Vor allem für finanzierungstechnische und steuerliche Betrachtungen mag es sich empfehlen, auch zwischen nationalen und internationalen (grenzüberschreitenden) VUs zu unterscheiden.

# 5 Idee und Realität

In der Literatur werden extreme Beispiele von Virtualisierung beschrieben:

„For example, Galoob Toys operates on a very high scale indeed, but relies almost exclusively on contractual market relationships rather than hierarchy. A small staff (115 employees) contracts with inventors to design the toys, with manufacturers to make the toys, with retailers to distribute the toys, with advertising firms to publicize the toys, even with collection agencies to collect the revenue." [19]

Im Jahre 1994 wurden in den USA 20 neue Fluggesellschaften gegründet. Glenn L. Urban, zur Zeit Dean der Sloan School of Management des Massachussets Institute of Technology (MIT), behauptete 1995 in einem Vortrag in Nürnberg, daß man eine solche ohne „eigenes Unternehmen" betreiben könnte. Die Flugzeuge kann man leasen, EDS stellt das Buchungssystem zur Verfügung, und von MANPOWER ist das Personal zu mieten.

Der Ressourcen-Leverage von VU ist aus den letzten beiden Beispielen sehr gut erkennbar. *Jedoch sind diese aufsehenerregenden Fälle eher selten anzutreffen.*

Mit Tab. 1 versuchen wir, unsere Eindrücke aus den besuchten Unternehmen (nur ein Teil konnte hier beschrieben werden) so zu verdichten, daß erkennbar wird, inwieweit die in Abschnitt 1 aufgeführten Definitionselemente des VU erfüllt sind.

Insgesamt glauben wir, aus der Feldstudie diese Folgerungen ziehen zu können:

a) Das „reinrassige" VU im Sinne der beiden obigen Beispiele haben wir im deutschsprachigen Raum nicht angetroffen. Legt man strenge begriffliche Maßstäbe an, so kommen einige Unternehmen, wie z.B. NEWPLAN, einem VU zwar recht nahe, sie sind es aber nicht. Insofern mag es sich empfehlen, eher von „Virtualisierung" als Richtungsangabe als vom VU als realem Konstrukt zu sprechen.

b) Einige andere Aktivitäten hätte man schon in der Zeit vor der „Entwicklung des VU-Konzeptes" mit wenig Mühe in einer Systematik klassischer Unternehmensverbünde unterbringen können, z.B. als Konsortien, Keiretsu, Genossenschaften, ARGEs oder auch als gewöhnliche Abkommen mit Zulieferern.

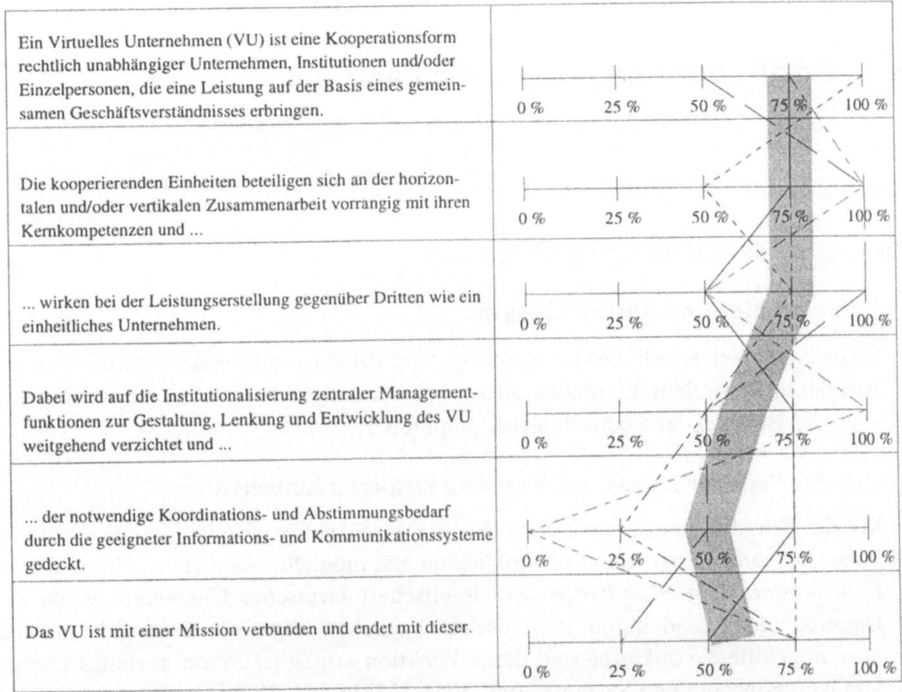


**Legende:**

- - - - NEWPLAN —— · PUMA - - - - Epstein's Enterprises - - - - - delta consult "The virtual Company" —— Seitz

**Tab. 1: Ausprägung der Begriffselemente in der Praxis**

c) Einerseits prägen sich in bestimmten Branchen gewisse Organisationsstrukturen als „Stand der Kunst" heraus. Uns fielen vor allem die Sportartikelindustrie (Adidas, Nike, Puma, Reebok) und die IV-Industrie (Advance, delta consult, IBK, Rösinger & Associates, Seitz, „The virtual Company") auf. In einigen Branchen haben wir durchaus Virtualisierungstendenzen gefunden. Andererseits scheint uns die Vielfalt der Organisationsvarianten bzw. der Architekturen von Unternehmensverbünden zu wachsen. (Ein Gedankenexperiment verdeutlicht dies: In Übersichtsvorlesungen bzw. korrespondierenden Lehrbüchern der Betriebswirtschaftslehre hat man heute sehr viel mehr Mühe als früher, die Verbundformen mit wenig Zeit und Raum zu beschreiben und zu systematisieren.)

d) Zahlreiche vollzogene, versuchte und geplante Unternehmenszusammenschlüsse bis hin zu sog. „Elefantenhochzeiten" signalisieren: Die Prognose, daß Großunternehmen wie die Dinosaurier zum Aussterben verurteilt sind, erscheint uns fraglich (siehe Abschnitt 9).

# 6 Fördernde und hemmende Faktoren

## 6.1 Fördernde Faktoren

Faktoren, die die Virtualisierung fördern, sind:

**1) Gründerhilfen und Ausgründungen:**

Einerseits reizen staatliche Gründerhilfen zum Bilden von (Klein-)Unternehmen an. Auf der anderen Seite kommt es oft zu Ausgründungen bei größeren Betrieben (so auch das Beispiel delta consult aus Abschnitt 3.1).

**2) Erhöhte Separierbarkeit und Trend zu kleineren Einheiten:**

Mit der Vorgabe eines spezifischen Designs wird das Outsourcing der angewandten Forschung und Entwicklung in der Chemie erst möglich. Nach Hans-Jürgen Quadbeck-Seeger, dem Präsidenten der Gesellschaft Deutscher Chemiker, werde die Empirie zunehmend durch strategisches Vorgehen abgelöst. Neue Erkenntnisse über molekulare Strukturen und deren Funktion ermöglichen ein gezieltes Design von Komponenten und Systemen (vgl. [21], [23] und [13]). So ist eine breite Streuung der Forschung unter hohem Kapital- und Kapazitätseinsatz mit der Hoffnung auf zufällige Treffer nicht mehr nötig. Die kritische Masse an Forschern sinkt und somit auch die Größe eines Chemie- oder Pharmaunternehmens.

Früher produzierten große Hochöfen Blöcke, die auf fixkostenintensiven Breitbandstraßen weiterverarbeitet wurden. Heute kommt beim sog. endabmessungsnahen Gießen aus dem Elektroofen ein schmales Band, und die Breitbandstraße entfällt in den heutigen Mini-Stahlwerken.

Günter Spur prognostizierte schon vor Jahren wiederholt, daß viele Unternehmen ihre Produktion in gemeinsam unterhaltene regionale Fertigungszentren ausgliedern werden.

Dieses Szenario wird bei der Produktion der Boston Beer Company in den USA Realität. Man bedient sich dort der Überkapazitäten lokaler Brauereien und verzichtet ganz auf eine eigene Herstellung und Transport. Der Vorteil dabei ist die Frische des Bieres (vgl. [17]).

3) **Gleichzeitige Marktzykluskontraktion, Entstehenszyklusexpansion und Vorbereitungskostenexplosion („Magisches Dreieck"):**

Mit zunehmender Individualisierung, dem Trend vom Einzelprodukt zu Systemlösungen, der Anwendung unterschiedlichster, relativ wenig verwandter Technologien zur Gestaltung eines Erzeugnisses mit jeweils sehr hohem Veränderungstempo etc. können die Unternehmen in eine Art „Zeitfalle" geraten (vgl. [23]). Daher empfiehlt sich das Kooperieren zur Rekombination der Kernkompetenzen.

4) **Trend zu wenigen Softwaresystemen:**

Wenige Anwendungssysteme setzen sich durch (bspw. SAP R/3, MS-Office, MS-Exchange, Lotus Notes). Dadurch mag sich die rasche und nur temporäre Kopplung von Unternehmen, die früher wegen der unterschiedlichen IV-gestützten Funktionen und Prozesse schwierig war, etwas leichter gestalten.

## 6.2 Hemmende Faktoren

1) **Streben nach erhöhter Marktmacht:**

Krupp/Hoesch versuchte Thyssen zu übernehmen, VEBA, VIAG und Southern beteiligen sich mehrheitlich bei der BEWAG, Spar fusioniert mit Intermarché, VEBA kauft sich bei Degussa ein, Roche „schluckt" Boehringer, Ciba-Geigy und Sandoz wurden zu Novartis, Hochtief versucht es bei seinem schärfsten Rivalen Holzmann, Boing und McDonnell Douglas gehen zusammen (vgl. [4]), Hamburg-Mannheimer und die Viktoria-Versicherung wollen sich zur Ergo-Versicherungsgruppe verbinden. Man mag diese Zusammenschlüsse mit dem Erreichen einer kritischen Masse bzw. Kostendegressionseffekten begründen, um im weltweiten Wettbewerb zu bestehen. Bemerkenswert an den Beispielen ist jedoch, daß es sich um Großunternehmen handelt und die betroffenen Märkte oligopolistische Tendenzen haben. Es fällt unter dem Eindruck dieser vielen aktuellen Beispiele schwer, an die von Organisationstheoretikern und -praktikern zuweilen vertretene These zu glauben, wonach Großunternehmen in Zukunft die Ausnahme und netzwerkartige Verbünde die Regel sein würden.

2) **Fehlende Langfristerfahrung:**

Das folgende Beispiel mag einen Eindruck von den längerfristigen Risiken virtueller Strukturen geben: Die 1993 gegründete amerikanische Fluglinie ValuJet bediente sich einer Vielzahl fremder Betriebe, die für die Fluggesellschaft Leistungen aller Art - von der technischen Bodenabfertigung über die kleine, die mittlere und große Wartung bis hin zum Telefonverkauf der Flugscheine - erbrachten. Leider verlor die Unternehmensleitung schließlich die Übersicht über den Betriebsablauf, was vor allem die Sicherheit des Flugbetriebs gefährdete (vgl. [22]). Dies mag dem Beispiel von Urban (vgl. Abschnitt 5) widersprechen.

3) **Feste Bindung der Besten:**

Viele Unternehmen versuchen Fachspezialisten, die etwa auch als Freelancer tätig sind bzw. sein könnten, evtl. durch enorme Anreize an sich zu binden, um sie - ähnlich wie bei Patenten üblich - der Konkurrenz zu entziehen. So erhalten bspw. ganz besonders qualifizierte oder versierte Entwickler und Forscher, die Bill Gates abgeworben hat, bei Microsoft doppelt so viel oder mehr Gehalt als normale (vgl. [5]).

4) **Einsicht in die Nachteile der Planned Obsoletion:**

Eine wichtige Triebfeder bei der Bildung von vernetzten Unternehmen ist die Dynamik oder auch Hektik der Produktentwicklung, verbunden mit kurzen Lebenszyklen und Technologiesprüngen in engen Abständen. Oft kommt es zu inhaltlich wenig fundierten, ineffizienten Modewechseln [18]. Es ist aber gut vorstellbar, daß die Einsicht in die Nachteile solcher Tendenzen bzw. die Vorteile einer stetigeren, beruhigten Entwicklung, etwa beim Ausreifen von Produkten und Prozessen oder ganz allgemein bei den Fortschritten auf Lernkurven, zunimmt. Damit würden oben genannte Einflußfaktoren auf die VU-Bildung entfallen [14].

5) **Arbeitnehmervertretungen:**

Die Gewerkschaften zeigen Verständnis für Einsicht in die notwendige Flexibilisierung der Arbeitszeit. Es kommt zu einer schleichenden Arbeitszeitverlängerung, einer Auflösung der Flächentarifverträge, einem Wettbewerb um Arbeitszeitmodelle in Deutschland bzw. Europa. Damit entfällt ein Moment zur Übertragung von Aufgaben auf kleinere, flexiblere Partner, z.B. Freiberufler.

6) **Hemmnisse während des Kooperierens:**

Als Einflüsse, die in besonderer Weise geeignet sind, den Aufbau oder das Funktionieren von VU zu erschweren, gelten eine Art Proporzdenken, die geringe Transparenz des Gesamtgebildes (Inseln), die „Not-Invented-Here"-Attitude, die Angst vor Verlust von Know-how oder gar der Eigenständigkeit.

Besonders kleine und mittlere Unternehmen befürchten, daß mit Kooperationen ein Prestigeverlust verbunden sein könnte, da sich das Unternehmen Ressourcen von außen beschafft. Man glaubt, von größeren Unternehmen nicht als würdiger Kooperationspartner angesehen zu werden, nicht mehr alles alleine regeln und entscheiden zu können, oder scheut sich, seine persönlichen Schwächen oder die eigene Leistungsfähigkeit offenzulegen.

7) **Auslagerung der Kernkompetenzen:**

Es besteht die Gefahr der Auslagerung der Kernkompetenzen: Nach einer Untersuchung von Hermann Simon pflegen die meisten „Star-Unternehmen" mit Kernkompetenz in der Produktion eine ausgesprochene Präferenz zum Selbstmachen, „sie stehen dem Outsourcing überaus skeptisch gegenüber" [32]. Als Gründe sieht er den hohen Qualitätsanspruch sowie die Vorstellung, daß die Einzigartigkeit als Quelle dauerhafter Wettbewerbsüberlegenheit nur durch eigene Produktion sichergestellt werden kann. Oft bauen diese Unternehmen die Maschinen für die Produktion sogar selbst und sichern sich somit ein Wissen jenseits der Endproduktebene. Auf diese Weise gelingt es ihnen, hochqualifiziertes Personal zu halten, das sich etwa mit einer Beschränkung auf die Enderzeugnisse nicht genügend herausgefordert fühlen würde.

8) **Mehrfache Komplexität bei VU:**

Die Mitarbeiter in den VU-Partnerfirmen könnten damit überfordert sein, gleichzeitig mit fremden Unternehmen zu kooperieren, neue Produkte zu entwickeln (eigentliche Mission) und neue Informationstechnik für das VU kennenzulernen.

9) **Gefahr eines zu kurzfristigen Fokus:**

Mit der missionsorientierten Philosophie geraten virtuelle Organisationen in die Gefahr eines zu kurzfristigen Fokus, d.h., man orientiert sich eher an schnellen Gewinnen (und ist sehr stark im Tagesgeschäft gebunden), als längerfristig gewinnbringende Marktanteile zu erringen.

10) **Personenabhängigkeit:**

Netzwerkorganisationsformen sind hochgradig personen- und damit extrem fluktuationsabhängig. Dies wird besonders bei der Schlüsselrolle des Brokers deutlich. So kann man sich das Beispiel in Abschnitt 3.1 ohne Bill Epstein nicht vorstellen.

**Fazit:** VU kommen dort nicht in Frage, wo die notwendigen Faktoren fehlen, d.h., wo es etwa um langlebige bzw. Kundendienst-intensive Vertrauensprodukte geht, wo die Risiken durch einen unzuverlässigen Partner zu groß sind (Luftfahrt), wo die Risikomischung im Projektportfolio wichtig ist, wo unteilbare (große) Kapazitäten (Flughäfen) oder eine hohe Kapitalintensität nötig sind sowie wo der Schutz von kaum patentierbaren Ideen eine Rolle spielt.

# 7 Spezifische Probleme

## 7.1 Führung und Mitarbeiter

1) Netzwerke vermitteln ihren Mitgliedern weit weniger materielle und soziale Sicherheit als klassische, langfristige Vertragsverhältnisse.
2) Mit zunehmendem Gemeinschaftseigentum in den Netzwerken sinkt tendenziell die unternehmerische Motivation, man begnügt sich mit der „kollektiven Verfügbarkeit aller Ressourcen für möglichst alle Netzwerkmitglieder" [25].
3) Auf den motivationsfördernden Effekt von Feindbildern muß die Führung ebenfalls verzichten, da der „Feind" von heute der Partner von morgen sein kann.
4) Aufgrund der geringeren Bindung kommt es zur einer Art Söldnermotivation der Mitarbeiter.
5) Die Mitarbeiter mögen mit den unterschiedlichen Unternehmenskulturen, die in kurzfristigen Kooperationen plötzlich „aufeinanderprallen", überfordert sein.
6) Mit der zunehmenden Dezentralisierung und Verflachung der Hierarchien kommt auf die Führungskräfte mehr Arbeit zu, besonders dann, wenn immer neue Kooperationen betreut werden müssen.
7) Die These, daß die modernen Informations- und Kommunkationstechniken die Führung von vernetzten Unternehmen erleichtern, gilt nicht uneingeschränkt, wie neuere empirische Untersuchungen belegen [24]. Telemedien mögen auch zu einem erhöhten Aktivitätsniveau, einer stärkeren Fragmentierung des Arbeitstages und zu einem Anstieg der Reiseaktivitäten im Management führen („Telekommunikationsparadoxon").

## 7.2 Steuern[4]

Für die folgende Betrachtung gehen wir zunächst davon aus, daß ein VU im engsten Sinne der Definition (gemäß Abschnitt 1) vorliegt, insbesondere also keine Verträge geschlossen sind, sondern das Einhalten von Vereinbarungen auf Vertrauen basiert. Das jeweilige Unternehmen bzw. der Freiberufler tritt der Steuerverwaltung einstweilen als einzelner Steuerpflichtiger gegenüber. Es stellt sich die Frage, ob ein VU im Vergleich zu alternativen Unternehmensverbünden besondere steuerliche Vor- und Nachteile hat.

Kleinere Unternehmenseinheiten genießen Freibeträge, z.B. bei der Gewerbeertragsteuer. Ein aus n Betrieben bestehendes VU kann n mal den Freibetrag in Anspruch nehmen, beim homogenen Großbetrieb zählt er nur einmal.

In einem Konzern, vor allem in internationalen Unternehmensverbindungen, können Erträge und Vermögensbestandteile in gewissen legalen Grenzen so verlagert werden (bspw. über die Gestaltung der Verrechnungspreise, aber auch durch faktische Maßnahmen, wie z.B. die Aufteilung der Produktionskapazität auf die Konzernglieder), daß beträchtliche Steuerersparnisse resultieren. In einem VU existieren solche Möglichkeiten im Prinzip ebenfalls.

**Beispiel:**

Partner A ist in einem Jahr von seiner Steuerplanung her an einem Verlust interessiert, Partner B kann im gleichen Jahr einen Gewinn gegen einen Verlustvortrag verrechnen. Partner C arbeitet in einem Staat, dessen hohe Ertragssteuersätze im kommenden Jahr reduziert werden sollen; hingegen erwartet man in dem Land, in dem Partner D operiert, eine Steuererhöhung.

Zusätzlich zur Problematik der steuerlichen Anerkennung ist zu beachten, daß die Partner ein erhebliches Risiko eingehen, da nur ein Vertrauens- und kein schriftlich fixiertes Vertragsverhältnis besteht. Dies gilt insbesondere dann, wenn sie in einem Jahr zugunsten eines anderen VU-Mitgliedsbetriebes auf einen Gewinn verzichten und verabreden, im Folgejahr entgegengesetzt zu verfahren.

Zwar sind derartige Gewinnverschiebungen wohl als Mißbrauch von Gestaltungsmöglichkeiten des Zivilrechts (§ 42 Abgabenordnung, AO) zu beurteilen; in der Praxis stellt sich jedoch die Frage, ob die Finanzverwaltung über die Informationen verfügt, um den Gestaltungsmißbrauch nachweisen zu können.

Das VU könnte sogar noch einen Schritt weitergehen als der Konzern: Im Konzern werden die Finanzbehörden routinemäßig prüfen, ob die tatsächlichen wirtschaftlichen Verhältnisse mit den formalen Vereinbarungen übereinstimmen; hingegen haben die Finanzbehörden keinen Anlaß, das gleiche gegenüber rechtlich nicht verbundenen Betrieben und Personen zu tun. Die Finanzverwaltung wird also ebensowenig eingreifen, wie sie es z.B. tut, wenn ein Unternehmer altruistisch einem in Not geratenen und persönlich geschätzten Lieferanten erhöhte Einkaufspreise durchgehen läßt.

Kleinere Unternehmenseinheiten genießen Vorteile bei der Steuergesetzgebung in Form von Freibeträgen. Auf die Grauzone, die dadurch entsteht, daß die Partnerbetriebe wegen ihrer geringen Größe seltener der Steuerprüfung unterliegen, als es bei einem durch formalen Zusammenschluß entstandenen Vertragskonzern oder bei der Fusion zustandegekommenen Unternehmen der Fall wäre, soll hier nicht eingegangen werden.

Eine andere Situation ist gegeben, wenn die Steuerbehörden Anlaß haben, eine Gesellschaft bürgerlichen Rechts (GbR) zugrunde zu legen (vgl. Kapitel 7.5). Das wird beim VU-Typ A der Fall sein (vgl. Kapitel 4), also bei einem festen Netzwerk an Partnern, die vielleicht sogar noch ein gemeinsames Logo pflegen (vgl. z.B. den Fall „The virtual Company"). Bei der GbR ist der von den Partnern innerhalb des VU gemeinschaftlich erwirtschaftete Gewinn zu ermitteln und nach dem vertraglich vereinbarten

Schlüssel zu verteilen. Sofern in dem (durch konkludentes Verhalten) abgeschlossenen Gesellschaftsvertrag keine Vereinbarungen getroffen werden, muß der Gewinn den Partnern nach „Köpfen“ zugerechnet werden (§ 722 BGB). Zwar besteht aufgrund des Grundsatzes der Vertragsfreiheit die Möglichkeit, im Gesellschaftsvertrag eine andere Lösung vorzusehen [12]; diese muß jedoch gegenüber der Finanzverwaltung nachgewiesen werden. Das Ziel der Steuerersparnis wird nicht als ausreichender Grund akzeptiert, um eine von Jahr zu Jahr geänderte Gewinnverteilungsabrede steuerlich anzuerkennen. Wird eine GbR angenommen, sind nicht nur steuerliche Buchführungspflichten zu erfüllen, sondern auch die Gestaltungsmöglichkeiten von VU sehr stark eingeschränkt.

Ganz anders ist die Interessenlage der Finanzverwaltung, sobald nicht alle VU-Partner im gleichen Land angesiedelt sind (zur Besteuerung grenzüberschreitender Unternehmenstätigkeit vgl. [26]). In diesem Fall können einzelnen Staaten durch Gewinn- und Vermögensverlagerungen erhebliche Steuereinnahmen entgehen. Dies kommt besonders dann zum Tragen, wenn für die Leistungen innerhalb des Unternehmensverbundes kein externer Markt besteht (z.B. Lieferung von unfertigen Erzeugnissen), bei verwaltungsbezogenen Dienstleistungen sowie bei immateriellen Vermögenswerten (z.B. Forschung und Entwicklung) [26]. Die Finanzverwaltung des benachteiligten Staates wird in besonderem Maße prüfen, ob eine „Trick-Lösung“ anzunehmen ist. In Deutschland heißt das speziell, daß eine GbR unterstellt werden könnte (siehe oben). Zusammenfassend besteht bei der Besteuerung von VU erhebliche Rechtsunsicherheit, die man als Nachteil dieser Verbundform sehen muß.

## 7.3 Subventionen

Eine Reihe von staatlichen Beihilfen werden nur Unternehmen unterhalb einer Betriebsgrößenschwelle gewährt. Um Umgehungen zu verhindern, behandelt der Subventionsgeber i.d.R. formale Unternehmensverbünde wie einen homogenen Betrieb.

Ein VU, dessen n einzelne Partner die Obergrenze nicht überschreiten, könnte im Prinzip n mal die Subvention beantragen und würde deshalb besser dastehen als ein formaler Unternehmensverbund, der wegen Größenüberschreitung keinen Anspruch auf Förderleistung hat (zu einem formalen Verbund im Sinne der Beihilfe-Vorschriften gehören im allg. Betriebe, an denen eine andere Unternehmung mit mindestens 25 % beteiligt ist).[5]

Das VU ist gegenüber Konzernen dadurch benachteiligt, daß es keine Stäbe mit Subventionsspezialisten unterhalten kann; ohne solche ist es aber kaum möglich, das vielschichtige Angebot der vielen staatlichen und halbstaatlichen Subventionsgeber annähernd optimal ausbeuten. Abhilfe könnten Broker mit entsprechendem Spezialwissen schaffen.

## 7.4 Finanzierung[6]

Auch in stark dezentralisierten Konzernen wird die Finanzierungsfunktion fast ausschließlich zentral gehalten. Einige weltweite Gruppen wie z.B. der Solvay-Konzern haben sogar nachträglich eine Art konzerninterne zentrale Bank gegründet. Dies mag man als Symptom dafür werten, welche Nutzeffekte eine sehr enge Koordination der Funktionen innerhalb des Finanzierungssektors hat. Ähnliches gilt auch auf der Prozeßseite: Dort kann ein Konzern die Möglichkeiten des modernen Cash Managements mit Hilfe von Informations- und Kommunikationssystemen nutzen. Dazu gehören etwa die Überwachung aller (internationalen) Geschäfte und des Zahlungsverkehrs.

Für Kunden, die von mehreren Tochtergesellschaften beliefert werden, ist es im Konzern möglich, ein globales Kreditlimit vorzugeben. Das Zahlungsverhalten der Kunden und die Länderrisiken (Wechselkurs, politische Einflüsse) überwacht man dann zentral und gleicht gegebenenfalls aus. Bei VU ist es nicht in gleichem Maße möglich, solche Synergieeffekte zu ernten.

Braucht ein VU für seine Geschäftstätigkeit einen Kredit, so werden die Partner in der Regel anteilig Kredite aufnehmen. Wenn es sich um kleinere Einheiten handelt, die nur wenig Sicherheiten bieten können, ist deren (bisherige) Position bzw. Bonität gegenüber der Bank tendenziell schlechter als beim Großunternehmen bzw. Konzern. Die Kreditaufnahme durch einen Partner bei Bürgschaft durch die anderen ist wegen der damit verbundenen Haftungsrisiken als kritisch anzusehen. Sobald eine Bankbürgschaft in Anspruch genommen werden muß, sind zusätzliche Kosten nicht unerheblich (mindestens 1 % des verbürgten Betrages). Scheidet gar der für die Bank wichtigste Partner aus dem VU aus, so ist mit einer zusätzlichen Sicherung bzw. Verschlechterung der Finanzierungsbedingungen bis hin zur Kündigung der Kredite zu rechnen, was die Existenz des VU in Frage stellt.

Zusammenfassend muß man die dem VU immanenten Schwierigkeiten, bei der Finanzierung mit insoweit straff geführten Konzernen gleichzuziehen, als Nachteil des Konzeptes werten.

## 7.5 VU im Lichte des deutschen Wirtschafts-, Gesellschafts- und Rechtssystems

Der VU-Gedanke weist eine besondere deutsche Facette auf. Diese These mag man einfach damit begründen, daß in Deutschland große Unternehmen einige spezifische Nachteile haben, die man durch Zerlegung in kleine Einheiten vermeiden kann. Zu den „harten" Pflichten für große Unternehmen zählen die Auflagen des Publizitätsgesetzes, die Arbeitnehmer-Mitbestimmung, die Einrichtung bestimmter Instanzen wie die des Datenschutzbeauftragten sowie wettbewerbsrechtliche Auflagen bei Zusammenschlüssen.

Eine derzeit deutlich sichtbare Reaktion der Unternehmen auf die Fehlentwicklungen des deutschen Wohlfahrtsstaates, die zur VU-Idee Bezüge aufweist, stellt die Scheinselbständigkeit[7] [27] dar. Die Verselbständigungstendenz ist als Schutzmaßnahme von Unternehmen zu interpretieren. Die Scheinselbständigen bilden mit ihrem früheren Betrieb fast zwangsläufig ein Virtuelles Unternehmen. Beispielsweise sind die „Ein-Mann-Transporteure", die aus der Versandabteilung eines Industriebetriebes heraus gegründet wurden, oft streng in die logistischen Planungen und Dispositionen ihres ehemaligen Arbeitgebers eingebunden.

Dieses Gebäude steht freilich auf schwankendem Boden, solange noch nicht hinreichend überschaubar ist, wie die Rechtsprechung und die Gesetzgebung reagieren werden. Auf die mit der Flucht von Beitragszahlern verbundene Schwächung des sozialen Netzes muß die Gesellschaft natürlich reagieren. Man mag einwenden, daß dies kein betriebswirtschaftliches Problem sei. Jedoch wird der Staat wahrscheinlich gesetzgeberisch aktiv werden und Fluchtkonstellationen unattraktiv machen: In Berlin mußte z.B. ein Spediteur knapp eine Million Mark Sozialabgaben nachzahlen, weil er 57 Fahrer als Selbständige geführt hatte (vgl. [16]). Verbundkonstruktionen, die auf derartigen Möglichkeiten basieren, stehen folglich auf unsicherem Grund.

Das VU ist noch nicht Gegenstand von Gesetzen und u.W. auch nicht von spezieller Rechtsprechung. Wir wollen daher nur (in Anlehnung an Müthlein) Fragen auflisten, die mit dieser Kooperationsform verbunden sein können (vgl. Tab. 2), ohne der Rechtsentwicklung vorzugreifen.

| Betroffenes Recht | Beziehung zu VU |
|---|---|
| **Gesellschaftsrecht** | • VU wird grundsätzlich als Gesellschaft bürgerlichen Rechts gemäß §§ 705 ff. BGB behandelt<br>• Förmlicher Gesellschaftsvertrag sinnvoll, sonst gemeinschaftliche Führung (§§ 709 ff. BGB) |
| **Haftungsrecht** | • Ohne weitere Regelungen im Gesellschaftsvertrag haften nach den Regeln der GbR alle Gesellschafter als Gesamtschuldner mit ihrem ganzen Vermögen (z.B. Produkt- und Gefährdungshaftung). |
| **Kartellrecht** | • Mögliche Beschränkung des Wettbewerbs durch VU-Bildung |
| **Bundesdatenschutzgesetz (BDSG)** | • Wer ist die Datenverarbeitende Stelle im Sinne von § 3 Abs. 8 BDSG?<br>• Bei VU mit internationalen Gliedern könnte es zu einer Kollision der nationalen Datenschutzgesetze kommen<br>• Verpflichtung auf das Datengeheimnis auch bei entliehenen Mitarbeitern (§ 5 BDSG)<br>• Betrieblicher Datenschutzbeauftragter? |
| **Arbeitsrecht** | • Betriebsübergang der Arbeitnehmer (§ 613 a BGB)<br>• Arbeitnehmerüberlassung (AÜG)<br>• Wenn das VU in seinen Abläufen stark auf Workflow- oder Groupware-Konzepte setzt, dann gelten beratungs- und mitbestimmungsrechtliche Regelungen des Betriebsverfassungsgesetzes (BetrVG), z.B. bei Leistungskontrollen durch IV oder Veränderung von Arbeitsverfahren, Arbeitsabläufen oder Arbeitsplätzen |
| **Patent- und Urheberrecht** | • Arbeitnehmererfindungsgesetz (Wer ist Arbeitgeber: Partner oder ganzes VU?)<br>• Wer profitiert von Rechten in welchem Umfang? |
| **Handels- und Steuerrecht** | • Sicherung der Transparenz und Revisionsfähigkeit der verteilten Unternehmensdaten im Sinne der GoB |

**Tab. 2: Rechtliche Bezüge von VU in Deutschland (vgl. [20])**

# 8 VU und Informationsverarbeitung

## 8.1 Anforderungen an die Informationsverarbeitung

Tab. 3 zeigt die charakteristischen Eigenschaften von VU, wobei wir erneut auf unsere Definitionsmerkmale gem. Kapitel 1 zurückgreifen, und Anforderungen an die IV, die sich daraus ergeben (vgl. [7]):

| Merkmale | Anforderungen an IV-Systeme |
|---|---|
| Ein Virtuelles Unternehmen (VU) ist eine Kooperationsform rechtlich unabhängiger Unternehmen, Institutionen und/oder Einzelpersonen, die eine Leistung auf der Basis eines gemeinsamen Geschäftsverständnisses erbringen. | Vernetzungsinfrastruktur, z.B. Internet oder Corporate Networks, automatisierte „End-to-End-Connectivity", technische Offenheit und Modularität<br><br>Interoperabilität zwischen heterogenen IV-System-Architekturen, Fähigkeit zur Kopplung, Standardisierung |
| Die kooperierenden Einheiten beteiligen sich an der horizontalen und/oder vertikalen Zusammenarbeit vorrangig mit ihren Kernkompetenzen und ... | Unterstützung der Partnersuche zur Herstellung einer erfolgversprechenden Kooperation durch Partner-Datenbanken, Elektronische Gelbe Seiten etc. |
| ... wirken bei der Leistungserstellung gegenüber Dritten wie ein einheitliches Unternehmen. | Alle Schnittstellen zum Kunden sollten einheitlich gestaltbar sein<br><br>Unterstützung der „Mission Identity", z.B. durch schnell veränderbare Benutzungsoberflächen |
| Dabei wird auf die Institutionalisierung zentraler Managementfunktionen zur Gestaltung, Lenkung und Entwicklung des VU weitgehend verzichtet und der notwendige Koordinations- und Abstimmungsbedarf durch geeignete Informations- und Kommunikationssysteme gedeckt. | Planungs-, Durchführungs- und Kontrollsysteme, die durchgängig bei den Kooperationspartnern eingesetzt werden |
| Das VU ist mit einer Mission verbunden und endet mit dieser. | Rascher Auf- und Abbau von Kommunikationsbeziehungen durch offene Standards und einheitliche Protokolle<br><br>Temporäre Integration der IV-Systeme von Kooperationspartnern<br><br>Hochgradig adaptierfähige Organisations- und IV-Strukturen |

**Tab. 3: Eigenschaften Virtueller Unternehmen und Anforderungen an die IV**

## 8.2 Mögliche IV-Unterstützung im Lebenszyklus eines VU

Abb. 7 zeigt mögliche IV-Systeme, die in den einzelnen Lebensphasen eines VU zum Einsatz kommen könnten [7]. Im folgenden werden die genannten Anwendungen erläutert, Beobachtungen aus den Feldstudien präsentiert und Einsatzpotentiale von IV-Systemen bewertet. Die (subjektiven) Bewertungen stützen sich nicht nur auf die - aus Platzgründen wenigen - Beispiele, die wir hier erwähnen können, sondern auf die Gesamtheit unserer Studien.

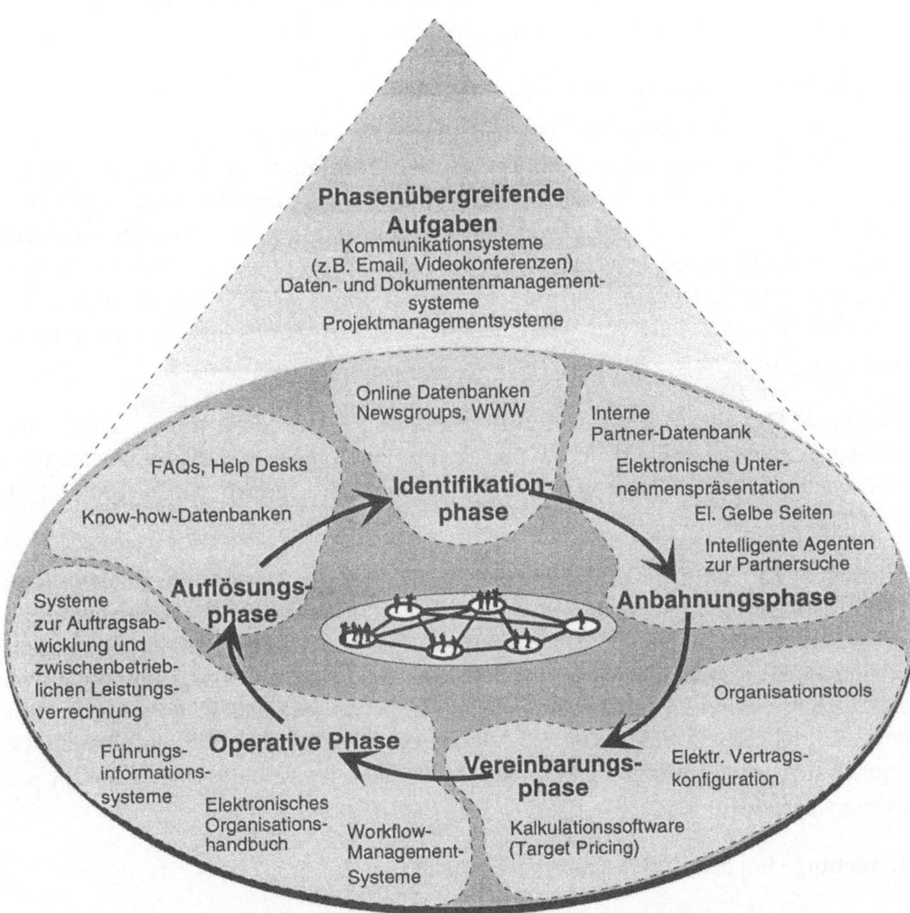


**Abb. 7: Mögliche IV-Unterstützung im Lebenszyklus eines VU**

## 8.3 Phasenübergreifende Aufgaben

**a) Kommunikationssysteme**

**Beispiel 1)** Die einzelnen organisatorischen Einheiten im Netzwerk von **PUMA** sind per Email (auch Internet Mail) miteinander verbunden. Der Datentransfer USA - Deutschland - Taiwan wird schon praktiziert, um Festbilder mit Entwürfen auszutauschen. Videokonferenzen setzt PUMA wegen der hohen Kosten selten ein [8].

**Bewertung:** Zunehmende Verbreitung (hauptsächlich Email, bei den Besten auch Videokonferenztools und andere Groupware schon vorhanden)

**b) Daten- und Dokumentenmanagementsysteme**

Zwar werden Teilabläufe sehr effizient durch Anwendungsprogramme abgedeckt, doch fehlt es an geeigneten Schnittstellen zur Integration der einzelnen (über)betrieblichen Prozeßabläufe. Oft zitierte Probleme sind etwa die Mehrfacheingabe und -identifikation von Daten und Dokumenten, redundante und inkonsistente Datenverwaltung, unzureichende Transparenz bei der Ablauforganisation, zunehmende Vielfalt der eingesetzten (Standard-)Software mit in der Regel proprietären Formaten oder mangelnde Unterstützung von systemübergreifenden Kontroll- und Steuerungsaktivitäten (vgl. [10]).

**Beispiel 2)** Das World Wide Web dient **Seitz** als Front End für ihre Intranetlösung. Momentan sind drei Mitarbeiter zu 100 % mit der Vergabe von Zugriffsrechten und der Gestaltung der projektspezifischen „virtuellen Aktenschränke“ für ca. 100 Projekte betraut [29].

**Beispiel 3)** Der Kern der Zusammenarbeit liegt bei der **Rosenbluth International Alliance (RIA)** in einer modernen Informationsverarbeitung (IV). Anfänglich arbeitete man mit drei Anbietern von Buchungssystemen (Apollo, Galileo und Gemini) zusammen. Es gelang, diese drei verschiedenen Buchungsnetze durch eine Reihe von zusätzlichen Programmsystemen so miteinander zu verknüpfen, daß sie wie eines wirken („Virtuelles Netzwerk“). Bei der Analyse des RIA-Beispiels fällt auf, daß die IV-Organisation „zusammengestückelt“, jedenfalls nicht als geschlossenes Konzept projektiert wurde [3].

**Bewertung:** Bei den Besten schon vorhanden

**c) Projekt-Management-Systeme**

**Bewertung:** Zunehmende Verbreitung (vor allem MS-Project)

## 8.4 Identifikationsphase

**Online Datenbanken, Newsgroups, WWW**

**Bewertung:** Bald im Einsatz, breite Nutzung vielleicht in Zukunft

## 8.5 Anbahnungsphase

**a) Interne Partner-Datenbank:**

**Beispiel 4) Rösinger & Associates** (R&A) (vgl. [30]) hat sich über die Jahre seiner Geschäftstätigkeit eine Datenbank mit ca. 600 Fachkräften angelegt, die verstreut über ganz Europa, auf unterschiedliche Technologien spezialisiert, zu projektweiser Zusammenarbeit bereit sind. Die Personen verfügen über Erfahrungen als Analytiker, Programmierer, Software-Entwickler, Projektleiter, System-Spezialisten und Unternehmensberater. Herbert Michael Rösinger teilt seine teilweise „virtuellen Mitarbeiter" in drei Kategorien ein:

| | |
|---|---|
| Active Associates (AA): | Zu dieser Kategorie zählen einerseits die vertraglich langfristig gebundenen Berater bei der Rösinger & Associates GmbH und andererseits die zur Zeit in aktuellen Projekten tätigen Freelancer. |
| Qualified Associates (QA): | Diese Bezeichnung erhalten bereits von Herbert Michael Rösinger persönlich interviewte Spezialisten mit mehreren überprüften Referenzen. Aus diesem Pool werden die für neue Projekte benötigten Arbeitskräfte rekrutiert. |
| Virtual Associates (VA): | Diese Gruppe bildet den Rest der Fachkräfte. Sie stellen aufgrund formeller Gesichtspunkte betreffend Ausbildung, Kenntnisse und Erfahrungen potentiell qualifizierte Associates dar. |

Projektteams stellt man jeweils nach den Vertragsverhandlungen mit den Kunden, die immer von R&A durchgeführt werden, zusammen. Mit erster Priorität beschäftigt R&A Personen aus dem Kreis der AA. Sind nicht genügend Kapazitäten frei, so fragt Herbert Michael Rösinger bei den QA nach. VA werden möglichst nicht in Schlüsselpositionen gesetzt, bevor sie sich nicht in Projekten bewährt haben.

**Beispiel 5)** „Bei der Suche nach Teammitgliedern wird der Projektleiter bei **Seitz** durch eine Profil-Checkliste unterstützt: Die wichtigsten Auswahlkriterien sind - auch intern - die Qualität und der Preis. Die Projektleiter achten bei der Auswahl allerdings auch auf die Persönlichkeit der Mitarbeiter. Die Partnersuche außer- und innerhalb des Unternehmens wird zur Zeit nicht mit Informationssystemen unterstützt, obwohl manchmal ein erheblicher Aufwand mit der Suche verbunden ist und z.B. Softwarehersteller, die komplementäre Produkte liefern können, schwierig zu finden sind." [29]

**b) Elektronische Gelbe Seiten, Elektronische Unternehmenspräsentation und Intelligente Agenten:**

**Bewertung:** Die Idee, IV in der Anbahnungsphase zu benutzen, ist bisher nur ansatzweise in der Praxis umgesetzt worden. Es ist in Zukunft denkbar, etwa nach dem fehlenden Baustein für ein VU bzw. Netzwerkpool über Elektronische Unternehmenspräsentationen bzw. Elektronische Gelbe Seiten mit Hilfe Intelligenter Agenten zu suchen (vgl. [9]). „Running Systems" in Verbindung mit VUs sind uns nicht begegnet.

## 8.6 Vereinbarungsphase

**a) Organisationstools:**

Heute ist es die Regel, daß man bei der Kopplung eine individuelle Schnittstellenlösung programmiert. Editoren im EDI-Bereich bzw. Schnittstellenvisualiserungstools weisen den Weg zu einer transparenten und effizienten Schnittstellenverwaltung. So entstand etwa am Bereich Wirtschaftsinformatik I der Universität Erlangen-Nürnberg der Prototyp „**VUWizard**" [11]. Er kann die Struktur eines VU mit seinen Partnern, deren Anwendungssystemen, Schnittstellen, Kopplungen und Konvertierregeln ablegen sowie graphisch darstellen (vgl. Abb. 8).

**Bewertung:** Bald im Einsatz

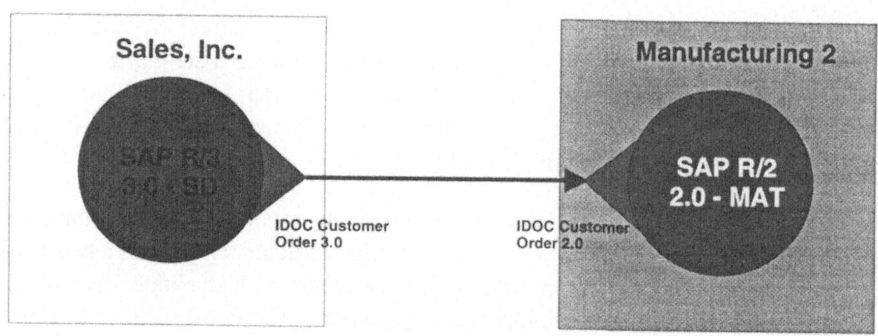


**Abb. 8: VUWizard**

**b) Elektronischer Vertragskonfigurator:**

Ein solcher Konfigurator könnte folgendes Dilemma lösen helfen: Für die rasche Gründung von VU sind herkömmliche Verfahren der Vertragsausarbeitung zu langwierig, während der Verzicht auf Verträge zu riskant ist. Als Mittelweg bieten sich schnell aus (Vertrags-)Bausteinen konfigurierte Abkommen an.

**Bewertung:** Uns noch nicht bekannt geworden, in primitiver Fassung mit dem System „It's legal" jetzt schon für private Verträge in den USA einsetzbar

**c) Kalkulationssoftware:**

Ein Angebot muß nach außen hin, dem Kunden gegenüber, einheitlich erscheinen. Besondere Herausforderungen ergeben sich beim Target Pricing: Verlangt der potentielle Kunde ein preisgünstigeres Angebot, so müssen die Konfigurationen der Produkte oder Dienstleistungen unter Beteiligung aller Betriebe „koordiniert abgespeckt" werden. Die besondere Herausforderung liegt darin, daß i.d.R. nicht die Preisforderungen der VU-Mitglieder proportional zurückgenommen werden können; vielmehr werden diejenigen Partner, die an dem Auftrag besonders interessiert sind (etwa wegen schlechter Kapazitätsauslastung), mehr Opfer bringen müssen als andere.

**Bewertung:** Die Idee wird in der Forschung verfolgt (für Target Pricing ist etwa eine auf MS-Excel basierende Lösung naheliegend)

## 8.7 Operative Phase

**a) Workflow-Management-Systeme (WMS):**

**Bewertung:** Bei den Besten im Einsatz (wichtig: zwischenbetriebliche WMS; vgl. [35])

**b) Elektronisches Organisationshandbuch:**

**Bewertung:** Bei den Besten im Einsatz (vgl. [6])

**c) Führungsinformationssystem:**

Für die Führung im VU sowie der jeweiligen Partnerunternehmen sind entsprechende Berichte notwendig. Ein Führungsinformationssystem (FIS) im VU sollte unterschiedliche Berichtsphilosophien, heterogene Datenbanken, international verschiedene Rechnungslegung, Sprachunterschiede sowie semantische Differenzen beispielsweise bei Kennzahlen berücksichtigen. Die Data-Mart-Idee läßt sich ebenfalls übertragen.

**Beispiel 6) PUMA:** Die Buchhaltung ist national, d.h., jede lokale Einheit erstellt ihren eigenen Abschluß. Gab es früher bspw. kein einheitliches Financial Reporting auf IV-Basis, so erfolgt es nun monatlich im Standardformat, abzugeben in MS-Excel [8].

**Beispiel 7)** „**Seitz** legt für jedes Projekt ein eigenes Reporting fest. Dokumente werden über Internet ausgetauscht. Bleibt eine Meldung des Kunden an den Sachbearbeiter bei Seitz länger als die abgemachte Zeit unbearbeitet liegen, so wird automatisch eine Meldung an den zuständigen Projektpaten gesendet. Dieses reduzierte Workflow-System ist als internet-basierte Applikation implementiert." [29]

**Bewertung:** Bei den Besten im Einsatz

**d) Systeme zur Auftragsabwicklung und zwischenbetrieblichen Leistungsverrechnung:**

**Beispiel 8)** Ein physisches Zentrallager ist bei **PUMA** nicht vorhanden. Die Bestände werden alle zwei Wochen abgeglichen. Danach findet ein Conference-Call statt, das vom englischen Büro aus organisiert wird. Die Vertreter diskutieren daraufhin gemeinsam. Ein (teil)automatischer Ausgleich kommt wegen der unterschiedlichen Lebenszyklen der Produkte (drei bis sechs Monate) und Saisonalitäten nicht in Frage. Die Möglichkeit einer elektronischen Börse sieht Jochen Zeitz (Vorstandsvorsitzender von PUMA) auch, schränkt dies aber wegen der mangelnden Größe von PUMA wieder ein.

Bisher gibt PUMA ein sog. Order Window vor, in dem die Lizenznehmer bestellen können. Zuvor hat PUMA Kapazitäten bei den Fabrikanten gebucht („geblockt"). Die Produktkalkulation wurde vereinheitlicht und transparent gemacht. Schon bei der Anlage der Artikelstammdaten bestimmt man die Kostenanteile. Der Inspektor (aus Hongkong) geht mit der Kalkulation auf dem PC in die Fabriken. Ein Fabrikant kann auch ein eigenes feineres Produktionssteuerungssystem verwenden, aber es gilt die Politik, daß PUMA-Leute vor Ort sind und ihr Know-how einbringen. Dazu gehört eine gemeinsame Steuerung mit dem Ziel, möglichst früh korrigierend einzuwirken [8].

**Bewertung:** Bald im Einsatz (besonders wünschenswert ist ein zwischenbetriebliches PPS-System für Fertigungsprozesse, die in mehreren KMU stattfinden; vgl. [36])

## 8.8 Auflösungsphase

**a) Know-how-Datenbanken**

Nach Beendigung der Mission ist u.a. an eine Sicherung von Ergebnissen in Erfahrungs- oder Know-how-Datenbanken zu denken.

**Beispiel 9)** Das Unternehmen **Verifone** (IV-Branche) ist als virtuelle Organisation konzipiert (vgl. URL: http://www.verifone.com). Durch die Informationstechnologie wird in Projekten gewonnenes Wissen kodiert und für jedermann in Form von Produktkatalogen, Richtlinien, Erfahrungs- und Reiseberichten, Datenbanken über Wettbewerber, Kunden und Mitarbeiter usw. gespeichert [6].

**Bewertung:** Bei den Besten im Einsatz

**b) FAQs und Help-desks**

**Bewertung:** Bei den Besten im Einsatz (diese Systeme eignen sich zur Unterstützung des „Residual Representative" eines VU im After-Sales-Service; vgl. [15])

## 8.9 Fazit

In unserer Feldstudie konnten wir beobachten, daß Unternehmen elektronische Formen der Kommunikation lediglich zur Feinabstimmung einsetzen. Die Grobkoordination, also die Allokation von Ressourcen sowie die generelle Regulation, erfolgt eher face-to-face oder aber hierarchisch - und in diesem Fall möglicherweise elektronisch unterstützt (vgl. [29]).

Hinsichtlich der IV-Unterstützung orientieren sich die VU-Glieder häufig am „schwächsten Partner". Dies mag besonders am Missionscharakter von VU liegen, der den Investitionen in eine gemeinsame Infrastruktur entgegensteht. So steuert entweder ein „starker" Partner die für die unternehmensübergreifenden Funktionen und Prozesse notwendige IV bei, oder man nutzt im einfachsten Fall lediglich Email für den zwischenbetrieblichen Datenaustausch.

Häufig setzen die von uns besuchten Betriebe moderne Technologien noch nicht ein. Daher lassen sich Aussagen über Stärken und Schwächen der IV-Systeme nur eingeschränkt treffen bzw. haben eher subjektiven Charakter. Autoren wie Sieber [29] oder Upton und McAfee [34] legen dar, daß das größte Problem bei der informationstechnischen Kopplung der VU-Mitglieder die fehlende Integration der vier Technologien - Groupware, Wide Area Networks, Electronic Data Interchange und Workflow-Management-Systeme - sei. Erst durch den Einsatz von Internet sei es einigen Unternehmen gelungen, eine von den Verwendern akzeptierte Integration herbeizuführen.

# 9 Zusammenfassung

Am Ende des Diffusionszyklus der „Mode VU" steht möglicherweise - wie in anderen Feldern der IV, z.B. bei der Künstlichen Intelligenz auch - ein pragmatischer Mittelweg zwischen der neuen Idee und klassischen Verbundformen. Vielleicht hat man sich als einen solchen Mittelweg besonders flexible, heterogene kleine Konzerne vorzustellen. Auch die Quasi-Externaliserung (siehe Abschnitt 4) könnte eine bleibende Erscheinungsform von Unternehmensverbünden sein. Viel spricht dafür, daß sich verstärkt Architekturen „herausmendeln", wie wir sie z.Zt. in der Automobilindustrie beobachten: Großunternehmen versammeln einen festen Stamm mit ihren (evtl. im

Rahmen von Vertrags- oder faktischen Konzernen verbundenen) System-Partnern um sich. An diesen „hängen" VUs (Sonne-Planeten-Mond-System).

Das Extremszenario, wie es hier und da in US-amerikanischen Business Schools vertreten wird, wonach im nächsten Jahrtausend Großunternehmen in eine Art Rechtfertigungszwang ihrer selbst geraten und Verbünde à la VU an der Tagesordnung sind, erscheint uns aus heutiger Sicht illusionär.

Man mag die virtuelle Organisation als Zwischenstufe im Organisationslebenszyklus (vgl. [2]) begreifen, auf die dann wieder eine Verstetigung folgt:

Jochen Zeitz von PUMA sieht in VU eher eine Lösung, die ihrem Charakter nach kurzfristig für spezielle Gegebenheiten sinnvoll ist. Als Beispiel nannte er die Internationalisierung ohne Risiko („Allerletztes holt man nur alleine heraus. Bei Partnern muß man teilen."). So kauft PUMA gegebenenfalls auch gut bewertete Partner [8].

Man erkennt eine interessante, bislang kaum beachtete Facette: Das VU als Umgebung, in der potentielle Beteiligungen eine Art Probezeit für Unternehmen (und Freelancer eine Art Probezeit für noch zu akquirierende Mitarbeiter, vgl. das NEWPLAN-Beispiel in Abschnitt 3.1) absolvieren.

# Endnoten

1 Die Arbeit basiert auf Erkenntnissen aus dem Forschungsprojekt „Informations- und Kommunikationssysteme als Gestaltungselement Virtueller Unternehmen", welches von der DFG unter der Nummer Me 241/16-1 und Eh 127/3-1 von 1995 bis 1997 gefördert wurde. Beteiligte Partner waren der Bereich Wirtschaftsinformatik I der Universität Erlangen-Nürnberg (Prof. Dr. P. Mertens), das Institut für Wirtschaftsinformatik der Universität Leipzig (Prof. Dr. D. Ehrenberg) und assoziiert das Institut für Wirtschaftsinformatik der Universität Bern (Prof. Dr. J. Griese).

2 Wir besuchten im Laufe des Jahres 1996 etwa 30 Unternehmen, hauptsächlich aus der IT-Branche. Die Interviews führten wir mit den Geschäftsleitern einem Leitfaden folgend durch (vgl. [29]).

3 Das FORWISS wurde vom Freistaat Bayern und bayerischen Unternehmen für 12 Jahre (1989-2000) mit dem Ziel ins Leben gerufen, Grundlagenforschung, Anwendungsforschung und Know-how-Transfer auf dem Gebiet der Künstlichen Intelligenz (KI) im weitesten Sinne voranzutreiben.

4 Wir danken Herrn Prof. Dr. Wolfram Scheffler für seine wertvollen Hinweise.

5 Hier sieht man auch die Analogie zum Umgehen der Mitbestimmungsgrenze durch Betriebsaufspaltung.

6 Herrn Prof. Dr. Wolfgang Gerke danken wir für seine wichtigen Hinweise.

7 Vgl. auch das Urteil des Arbeitsgerichts Nürnberg vom 31. 7. 1996 - AZ: 2 Ca 4546/95 zum Begriff der Scheinselbständigkeit von Versicherungsvertretern gem. § 611 BGB: „Wer faktisch nur in eigener Person, ohne Kapital und Organisation und ohne unternehmerische Chance ausschließlich für ein Versicherungsunternehmen tätig wird und an dessen Vorgabe weitgehend gebunden ist, ist als Arbeitnehmer tätig und nicht als Selbständiger."

# Literaturverzeichnis


[1] Arnold, O.; Härtling, M.: Virtuelle Unternehmen: Begriffsbildung und -diskussion, Institut für Wirtschaftsinformatik der Universität Bern, Institut für Wirtschaftsinformatik der Universität Leipzig, Bereich Wirtschaftsinformatik I der Universität Erlangen-Nürnberg, Arbeitspapier der Reihe „Informations- und Kommunikationssysteme als Gestaltungselement Virtueller Unternehmen“ Nr. 3/1995, Bern Leipzig Nürnberg 1995.

[2] Bleicher, K.: Organisation: Strategien, Strukturen, Kulturen, 2. Auflage, Wiesbaden 1991.

[3] Clemons, E.K.; Row, M.C.: Rosenbluth International Alliance: Information Technology and the Global Virtual Corporation, in: Nunamaker jr., J.F.; Sprague, R.H. (Hrsg.): Proceedings of the 25th Hawaii International Conference on System Sciences, Hawaii 1992, S. 678-686.

[4] Canibol, H.-P.; Palan, D.; Pöpsel, F.; Schwartz, S.: Es wird scharf geschossen, in: FOCUS o.Jg. (1997) 23, S. 208-215.

[5] Cusumano, M.; Selby, R.: Die Microsoft Methode, Freiburg 1996.

[6] Faisst, W.: Wissensmanagement in Virtuellen Unternehmen, Institut für Wirtschaftsinformatik der Universität Bern, Institut für Wirtschaftsinformatik der Universität Leipzig, Bereich Wirtschaftsinformatik I der Universität Erlangen-Nürnberg, Arbeitspapier der Reihe „Informations- und Kommunikationssysteme als Gestaltungselement Virtueller Unternehmen“ Nr. 8/1996, Bern Leipzig Nürnberg 1996.

[7] Faisst, W.: Information Technology as an Enabler of Virtual Enterprises: A Life-cycle-oriented Description, Internes Arbeitspapier, Nürnberg 1997.

[8] Faisst, W.; Mertens, P.: Auf dem Wege zum Virtuellen Unternehmen - Interviewskizzen, Institut für Wirtschaftsinformatik der Universität Bern, Institut für Wirtschaftsinformatik der Universität Leipzig, Bereich Wirtschaftsinformatik I der Universität Erlangen-Nürnberg, Arbeitspapier der Reihe „Informations- und Kommunikationssysteme als Gestaltungselement Virtueller Unternehmen“ Nr. 19/1997, Bern Leipzig Nürnberg 1997.

[9] Faisst, W.; Spiegel, H.: Unterstützung der Anbahnungsphase von Virtuellen Unternehmen durch elektronische Firmenpräsentation und Partner-Retrieval, Institut für Wirtschaftsinformatik der Universität Bern, Institut für Wirtschaftsinformatik der Universität Leipzig, Bereich Wirtschaftsinformatik I der Universität Erlangen-Nürnberg, Arbeitspapier der Reihe „Informations- und Kommunikationssysteme als Gestaltungselement Virtueller Unternehmen“ Nr. 7/1996, Bern Leipzig Nürnberg 1996.

[10] Faisst, W.; Stürken, M.: Daten-, Funktions- und Prozeß-Standards für Virtuelle Unternehmen - strategische Überlegungen, Institut für Wirtschaftsinformatik der Universität Bern, Institut für Wirtschaftsinformatik der Universität Leipzig, Bereich Wirtschaftsinformatik I der Universität Erlangen-Nürnberg, Arbeitspapier der Reihe „Informations- und Kommunikationssysteme als Gestaltungselement Virtueller Unternehmen“ Nr. 12/1997, Bern Leipzig Nürnberg 1997.

[11] Faisst, W.; Will, S.: Konzeption und prototypische Realisierung eines Tools zur Visualisierung von Schnittstellen betriebswirtschaftlicher Anwendungssysteme, Institut für Wirtschaftsinformatik der Universität Bern, Institut für Wirtschaftsinformatik der Universität Leipzig, Bereich Wirtschaftsinformatik I der Universität Erlangen-Nürnberg, Arbeitspapier der Reihe „Informations- und Kommunikationssysteme als Gestaltungselement Virtueller Unternehmen“ Nr. 18/1997, Bern Leipzig Nürnberg 1997.

[12] Heinhold, M.: Unternehmensbesteuerung, Band 1: Rechtsform, Stuttgart 1996.

[13] Henderson, R.: Managing Innovation in the Information Age, in: Harvard Business Review 72 (1994) 1/2, S. 100-105.

[14] Horváth, P.; Seidenschwartz, W.; Sommerfeldt, H.: Kostenmanagement - Warum die Schildkröte gewinnt, HARVARD BUSINESS manager 15 (1993) 3, S. 73-81.

[15] Kanet, J.J.; Faisst, W.: Application of Information Technology to a Virtual Enterprise Broker: The Case of Epstein's Enterprises, Internes Arbeitspapier, Nürnberg 1997.

[16] Kupilas, B.: Der ausgebeutete Unternehmer, in: DIE ZEIT, 16.07.1995, S. 21.

[17] Linden, F.A.: Wachsen im Netz, in: Managermagazin o.Jg. (1997) 7, S. 103-113.

[18] Mertens, P.: Wirtschaftsinformatik - Von den Moden zum Trend, in: König, W. (Hrsg.): Wirtschaftsinformatik '95, Wettbewerbsfähigkeit - Innovation - Wirtschaftlichkeit, Heidelberg 1995, S. 26-64.

[19] Miller, G.: Managerial Dilemmas, The Political Economy of Hierarchy, Cambridge 1992.

[20] Müthlein, T.: Virtuelle Unternehmen mit einem rechtssicheren informationstechnischen Rückgrat?, in: HMD - Theorie und Praxis der Wirtschaftsinformatik 32 (1995) 185, S. 68-77.

[21] O.V.: Nicht geliebt, aber gebraucht, in: Frankfurter Allgemeine Zeitung, 23.08.1995, S. N1.

[22] O.V.: Wie ein Unternehmen über sein Outsourcing stolpern kann, in: Blick durch die Wirtschaft, 05.07.1996, S. 12.

[23] Pfeiffer, W.; Weiß, E.: Zeitorientiertes Technologie-Management als Kombination von "just-in-time-design", "just-in-time-production" und "just-in-time-distribution", in: Pfeiffer, W.; Weiß, E. (Hrsg.): Technologie-Management. Philosophie - Methodik - Erfahrungen, Göttingen 1990, S. 1-39.

[24] Pribilla, P.; Reichwald, R.; Goecke, R.: Telekommunikation im Management, Stuttgart 1996.

[25] Reiß, M.: Grenzen der grenzenlosen Unternehmung, in: Die Unternehmung 50 (1996) 3, S. 195-206.

[26] Scheffler, W.: Besteuerung grenzüberschreitender Unternehmenstätigkeit, München 1994.

[27] Scherl, H.: Scheinselbständigkeit als rechtliches und sozialpolitisches Problem, in: Datenverarbeitung, Steuer, Wirtschaft, Recht 24 (1995) 10, S. 286-290.

[28] Semich, J.W.: Information Replaces Inventory at the Virtual Corp., in: Datamation 15 (1994) 7, S. 37-42.

[29] Sieber, P.: Virtuelle Unternehmen in der Wirtschaftsprüfungs- und Informationstechnologiebranche, Institut für Wirtschaftsinformatik der Universität Bern, Institut für Wirtschaftsinformatik der Universität Leipzig, Bereich Wirtschaftsinformatik I der Universität Erlangen-Nürnberg, Arbeitspapier der Reihe „Informations- und Kommunikationssysteme als Gestaltungselement Virtueller Unternehmen“ Nr. 11/1996, Bern Leipzig Nürnberg 1996.

[30] Sieber, P.: Virtuelle Unternehmen in der Informationstechnologiebranche II, Institut für Wirtschaftsinformatik der Universität Bern, Institut für Wirtschaftsinformatik der Universität Leipzig, Bereich Wirtschaftsinformatik I der Universität Erlangen-Nürnberg, Arbeitspapier der Reihe „Informations- und Kommunikationssysteme als Gestaltungselement Virtueller Unternehmen“ Nr. 13/1997, Bern Leipzig Nürnberg 1997.

[31] Sieber, P.: Virtuelle Unternehmen in der Informationstechnologiebranche III, Institut für Wirtschaftsinformatik der Universität Bern, Institut für Wirtschaftsinformatik der Universität Leipzig, Bereich Wirtschaftsinformatik I der Universität Erlangen-Nürnberg, Arbeitspapier der Reihe „Informations- und Kommunikationssysteme als Gestaltungselement Virtueller Unternehmen" Nr. 14/1997, Bern Leipzig Nürnberg 1997.

[32] Simon, H.: Do it Yourself, in: Managermagazin o.Jg. (1996) 7, S. 157-158.

[33] Snow, C.; Miles, R.; Coleman, H.: Managing 21st Century Network Organization, in: Organizational Dynamics 20 (1992) 3, S. 5-20.

[34] Upton, D.; McAfee A.: The Real Virtual Factory, in: Harvard Business Review 74 (1996) 7/8, S. 123-133.

[35] Wewers, Th.; Faisst, W.: Kooperierende Workflow-Management-Systeme für Virtuelle Unternehmen, in: Uellner, S. (Hrsg.): Proceedings zum GI-Workshop „CSCW in großen Unternehmungen" am 9./10. Mai 1996 in Darmstadt, Darmstadt 1996, S. 167-175.

[36] Wiendahl, H. et. al.: Produktionsmanagement in wandelbaren Produktionsnetzen, Beitrag zur Tagung „Dezentrale Produktionsstrukturen" am 17./18.10.1996 in Hannover, Hannover 1996.

# Das betriebliche Vorschlagswesen als Erfolgsfaktor

Dr. Manfred Schwer,
BASF AG, Ludwigshafen

## Inhalt



18. Saarbrücker Arbeitstagung für Industrie, Dienstleistung und Verwaltung 1997. Hrsg.: A.-W. Scheer.

# 1 Unternehmensziel

Das Ziel eines jeden Unternehmens ist, den Wert der anvertrauten Mittel zu mehren. Hierzu bietet das Unternehmen den Kunden Leistungen, wie Produkte und Service, an. Akzeptiert der Kunde diese und zahlt hierfür einen angemessenen, gewinnbringenden Preis, dann spricht man von Unternehmenserfolg (Abb. 1). Der Kunde, der übrigens unsere einzige Einnahmequelle ist, entscheidet also darüber, ob er unsere Leistungen in Anspruch nimmt. Es gilt also diese im Konkurrenzkampf der Unternehmen mit möglichst hoher Qualität und zu akzeptablen Preisen anzubieten. Um dies auch erfolgreich leisten zu können, ist es notwendig, in einem ständigen Optimierungsprozeß diese zu verbessern. Mit eine Möglichkeit dies zu erreichen ist, hierbei alle Mitarbeiter einzubinden.

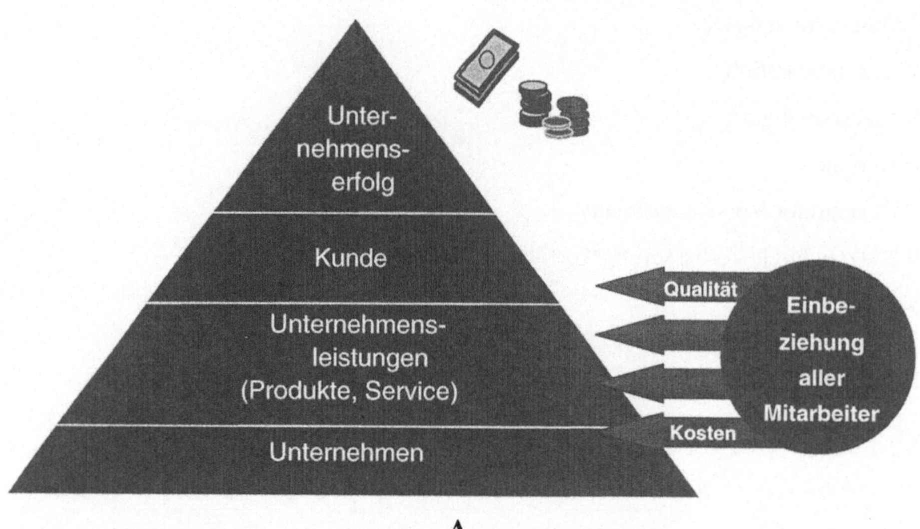


**Abb.1: Unternehmensziel**

## 2 Kommunikation

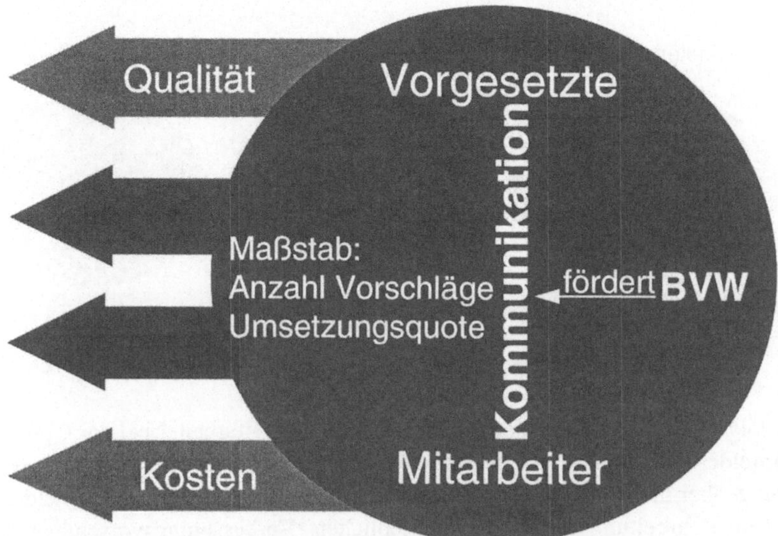


**Abb. 2: Einbeziehung aller Mitarbeiter**

Die intensive Einbeziehung der Mitarbeiter in diesen Prozeß, der aus Mitarbeitern Mitdenker macht, erfordert, daß die Kommunikationsschiene zwischen diesen und den Vorgesetzten verstärkt wird (Abb. 2). Im Gegensatz zu mündlichen Hinweisen, die oftmals auch ohne Beachtung bleiben, haben hierbei schriftliche Verbesserungsvorschläge noch den Vorteil, daß man deren Anzahl und Umsetzungsquote als Maß für die Kommunikation werten kann. Eine wesentliche Aufgabe des Betrieblichen Vorschlagswesens ist es, genau diese zu fördern.

## 3 Nichtbeteiligung

Eine Betrachtung der BVW-Kennzahlen von 1992 zeigt, daß nur wenige Mitarbeiter, und dies nur mit wenigen Verbesserungsvorschlägen, an dem Verbesserungsprozeß beteiligt waren (Abb. 3). Die geringe Umsetzungsquote ist ein Maß dafür, daß selbst die wenigen Verbesserungsvorschläge bei den Vorgesetzten nicht in ausreichendem Umfang Beachtung fanden.

BVW - Kennzahlen 1992

3623 Vorschläge

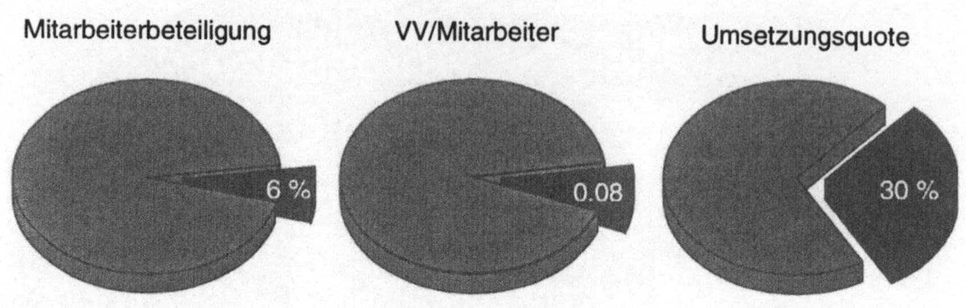


**Abb. 3: BVW-Kennzahlen 1992**

Eine Analyse der Gründe für die Nichtbeteiligung der Mitarbeiter bei der Optimierung des Umfeldes hat auf die Barrieren: fachliche Fähigkeit, Willen, Risiko, fehlende Förderung, aber nicht zuletzt auch auf den zu großen bürokratischen Aufwand und die zu langen Bearbeitungszeiten der betrieblichen Verbesserungsvorschläge geführt (Abb. 4). Andererseits haben die Analysen gezeigt, daß viele Schwellen abbaubar sind. Häufig sind es die Vorgesetzten, die durch ihre Einstellung und ihr Führungsverhalten dies erreichen können.

## Gründe für die Nichtbeteiligung am Vorschlagswesen

| | |
|---|---|
| - Fachliche Fähigkeit: | Fehlende Ausbildung bzw. Schulung |
| - Willen: | Fehlende Bereitschaft zur kreativen Mitarbeit<br>Geringe Identifikation mit der Firma |
| - Risiko: | Furcht vor Kollegen und Vorgesetzten,<br>vor Einkommens- und Arbeitsplatzverlust |
| - Förderung: | Fehlende Förderung und Hilfe, bis zur<br>Blockierung durch Vorgesetzte |
| - Aufwand: | Zu großer bürokratischer Aufwand<br>Zu lange Bearbeitungszeiten |

**Abb. 4: Gründe für die Nichtbeteiligung am Vorschlagswesen**

Genau diese Führungskräfte haben es oft in der Hand, inwieweit sich die Mitarbeiter in die Optimierung des eigenen Arbeitsplatzes einbringen. Hierzu ist es jedoch notwendig, daß diesen ein Umfeld geschaffen wird, welches die aktive Verbesserung erlaubt und fördert (Abb. 5).

Bedingung für Beteiligung der Mitarbeiter:

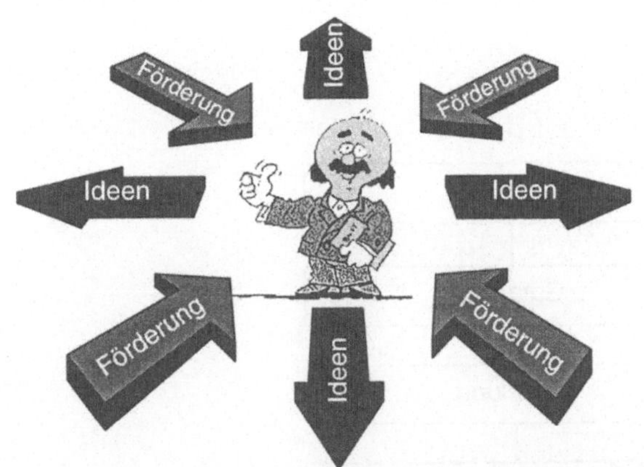


Ein Umfeld, das den Prozeß der ständigen Verbesserung erlaubt und fördert.

**Abb. 5: Bedingung für Beteiligung der Mitarbeiter**

## 4 Aktionen

Zur Förderung betrieblicher Verbesserungsvorschläge werden seit 1985 Reisen unter den Einreichern von Verbesserungsvorschlägen ausgelost. Diese sind auch heute noch beliebt und werden auch weiterhin angeboten. Mit dem Ziel der Steigerung der Anzahl der Teamvorschläge, sowie zur Förderung der Teamneubildung wurde unter dem Titel „Teamarbeit ist Spitze“ eine analoge Aktion für Gruppen durchgeführt. Angeregt durch diese Aktion sowie andere Aktivitäten reichten 1996 483 Verbesserungsteams 1.251 Vorschläge ein. Dies waren mehr als doppelt so viele wie in 1995.

Seit 1993 werden zusätzlich themenbezogene werksweite Aktionen angeboten..„Geh mit auf Nummer sicher“ hat schon im Anlauf zahlreiche Aniliner angeregt, Hinweise zu Stolper-, Ausrutsch- und Umknickstellen zu nennen. Die Aktion „Ideen sparen Energie“ schärft das Bewußtsein der Aniliner ökonomisch mit Energie umzugehen. Auch bei diesen Aktionen hat es sich gezeigt, daß es vorteilhaft ist, zu den Geldprämien und Sachgeschenken für realisierte Vorschläge, Zusatzanreize für die Abgabe von Ideen zu bieten.

Der Durchbruch hin zu höheren Vorschlagszahlen und verbesserter Umsetzungsquote konnte durch einheitsbezogene Maßnahmen eingeleitet werden. Vorbereitet durch die Informationen und Aktivitäten des Qualitätsmanagements der BASF Gruppe und des Betrieblichen Vorschlagswesens wurden hier über die Führungskräfte die Mitarbeiter der Einheiten angesprochen und aufgefordert, Verbesserungsvorschläge zu ihrem Arbeitsumfeld direkt im Betrieb abzugeben (Abb. 6). Bei dieser wesentlichen Neuerung wird der Mitarbeiter schon bei der Abgabe seines Vorschlages in den Verbesserungsprozeß mit eingebunden. Als erste Anerkennung erhielt der Einreicher sofort von seinem Vorgesetzten eine Videocassette. Erst nach der Erstellung des Gutachtens wurde der Verbesserungsvorschlag an das Betriebliche Vorschlagswesen weitergeleitet.

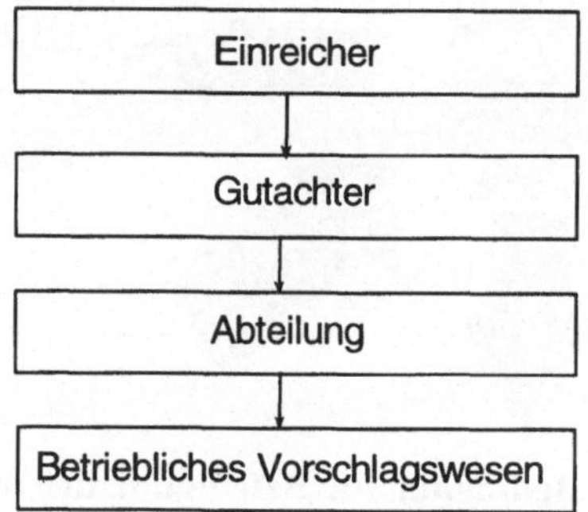


**Abb. 6: Abwicklung der betrieblichen Verbesserungsvorschläge im Rahmen eines Pilotprojektes bei einem operativen Bereich**

# 5 Dezentraler Vorschlagsablauf

In der Erkenntnis, daß der Vorgesetzte die entscheidende Rolle spielt, wie sich die Mitarbeiter in das tägliche Arbeitsleben einbringen sowie der Inhalt und die Ergebnisse der einheitsbezogenen Aktionen, wurde die bestehende Betriebsvereinbarung grundlegend überarbeitet.

Im Mittelpunkt stand dann auch der dezentrale Vorschlagsablauf (Abb. 7):

- Abgabe des Verbesserungsvorschlages im Betrieb beim Vorgesetzten
- Bewertung der Mitarbeiteridee
- Realisierung und
- Beschluß der Prämie vor Ort bis 1.000,-- DM

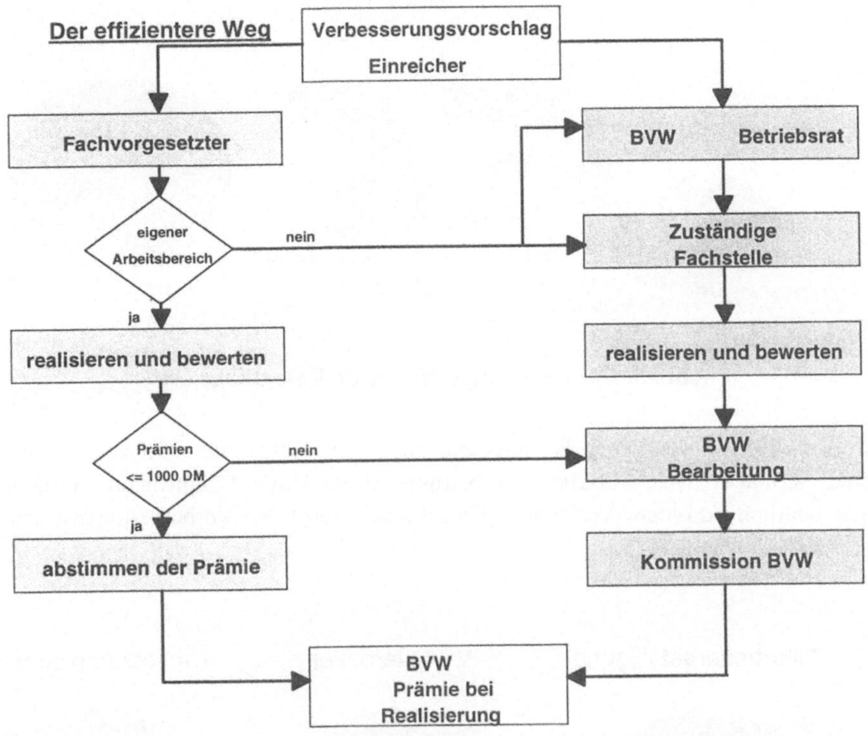


**Abb. 7: Betriebsvereinbarung 17**

Eine Auswertung der 1996 dezentral abgeschlossenen Vorschläge bestätigte die bisherige Erkenntnis der Vorschlagsakzeptanz dieses Weges auch quantitativ in der Form, daß von den so eingereichten Vorschlägen 65 % als realisiert gemeldet werden konnten (Abb. 8). Dieser Prozentsatz liegt etwa doppelt so hoch, wie die vergleichbaren Zahlen bei zentralem Vorschlagsablauf.

## Dezentral abgeschlossene Vorschläge 1996

**Abb. 8: Dezentral abgeschlossene Vorschläge 1996**

Ein Vergleich wesentlicher BVW-Kennzahlen von 1992 und 1996 zeigt, daß sich heute viermal so viele Mitarbeiter konstruktiv in ihr Umfeld einbringen und dies bei einer deutlich erhöhten Akzeptanz (Umsetzungsquote) der Verbesserungsvorschläge auf nahezu 50 % (Abb. 9).

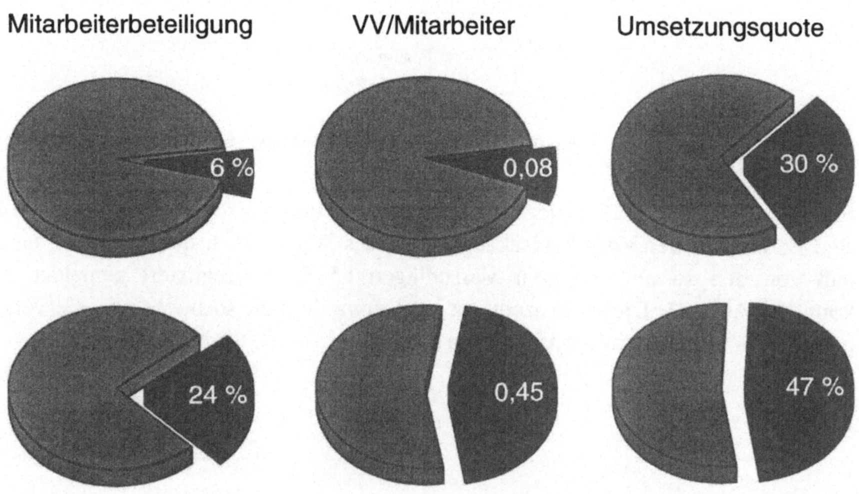


**Abb. 9: BVW-Kennzahlen 1992/1996**

Um diese positiven Effekte des dezentralen Vorschlagsablaufes weiter zu fördern, wurde 1996 eine Punkteaktion durchgeführt. Hier gab es für jeden Verbesserungsvorschlag, der im Aktionszeitraum beim Vorgesetzten eingereicht wurde, einen Punkt im Werte von 10,-- DM.

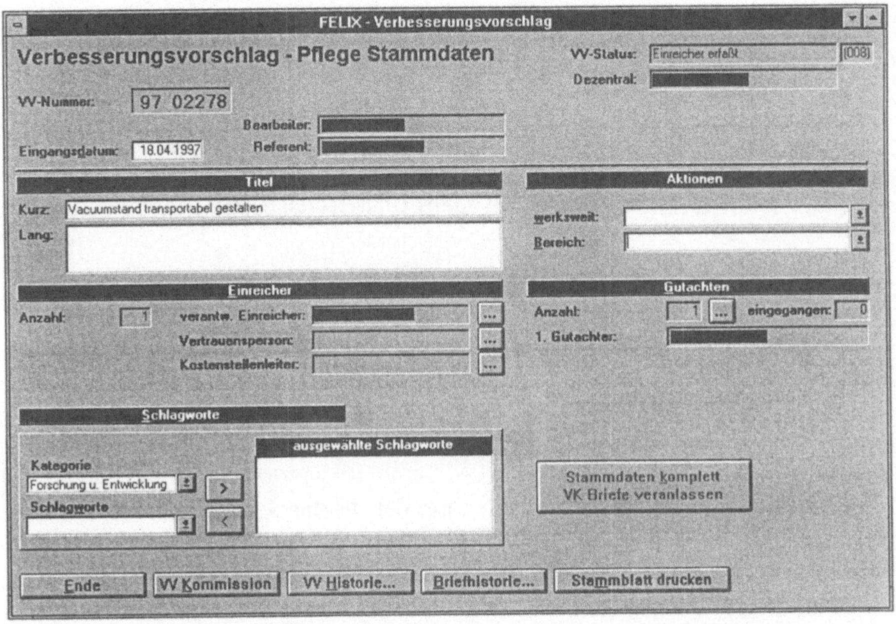

Abb. 10: Verbesserungsvorschlag - Pflege Stammdaten

Parallel zu diesen Aktivitäten wurde eine neue EDV-Anwendung erstellt, die es ermöglicht, daß Verbesserungsvorschläge direkt in den Betrieben eingegeben werden können (Abb. 10). Zusätzlich erlaubt dieses Programm spezifische Auswertungen sowie die Verfolgung von Terminen bei der Vorschlagsüberwachung.

# 6 Nutzen durch Verbesserungsvorschläge

Ziel des Betrieblichen Vorschlagswesens ist, einen möglichst hohen Nutzen durch Verbesserungsvorschläge für das Unternehmen zu erreichen, bei einer angemessenen Beteiligung der Einreicher und einem geringen bürokratischen Aufwand für Nebenleistungen (Abb. 11).

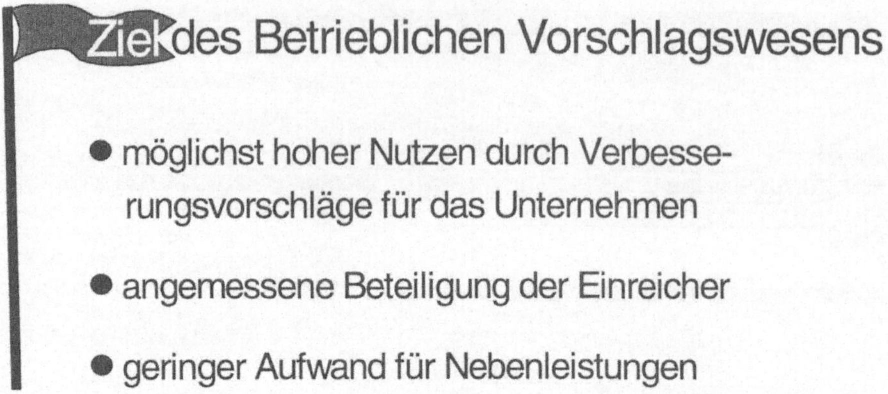

## Ziel des Betrieblichen Vorschlagswesens

- möglichst hoher Nutzen durch Verbesserungsvorschläge für das Unternehmen
- angemessene Beteiligung der Einreicher
- geringer Aufwand für Nebenleistungen

**Abb. 11: Ziel des Betrieblichen Vorschlagswesens**

Mit der Steigerung der Vorschlagszahlen um den Faktor 5 von ca. 3.600 Verbesserungvorschlägen des Jahres 1992 auf ca. 18.400 in 1996 hat sich parallel die meßbare Nettoersparnis von ca. 16 Mio. DM pro Jahr auf 40 Mio. entwickelt (Abb. 12).

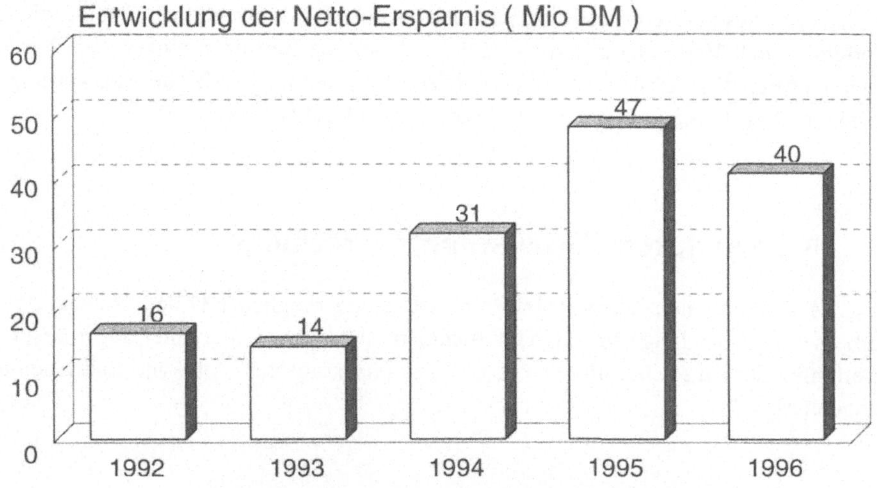


**Abb. 12: Entwicklung der Nettoersparnis**

Der Vergleich des meßbaren Nutzens durch Verbesserungsvorschläge mit anderen wirtschaftlichen Kenngrößen zeigt deren Wichtigkeit (Abb. 13). Bei einem Umsatz von 20,6 Mrd. DM hat die BASF AG in 1996 einen Gewinn vor bzw. nach Steuer von 2,2 bzw. 1,7 Mrd. DM erwirtschaftet. Die rechenbare Ersparnis durch Verbesserungsvorschläge 1996 betrug 40 Mio. DM. Berücksichtigt man dabei jedoch die Laufzeit der Vorschläge zwischen vier und fünf Jahren, ergibt sich durch Summation eine tatsächliche Ersparnis von ca. 140 Mio. DM. Dies ist in der Größenordnung etwa 0,7 % vom Umsatz bzw. 6 % vom Ergebnis vor Steuern.

| | | |
|---|---|---|
| Umsatz BASF AG | | 20.607 |
| Ergebnis | vor Ertragssteuer | 2.215 |
| | nach Ertragssteuer | 1.701 |
| meßbare Einsparung der in 1996 realisierten Verbesserungsvorschläge | | (40) |
| stat. Meßbare Einsparung* der Verbesserungsvorschläge über die Laufzeit | | ca. 140 |
| *summiert über die letzten 4½ Jahre: | | |
| 1992: 16 ; '93: 14 ; '94: 31 ; '95: 47 ; '96: 40 | | |

**Abb. 13: Meßbarer Nutzen durch Verbesserungsvorschläge im Vergleich zu anderen Kenngrößen für 1996 (Angaben in Mio. DM)**

Noch nicht beinhaltet in diesem Vergleich sind die nicht rechenbaren Verbesserungsvorschläge, die ca. dreiviertel der realisierten ausmachen (Abb.14).

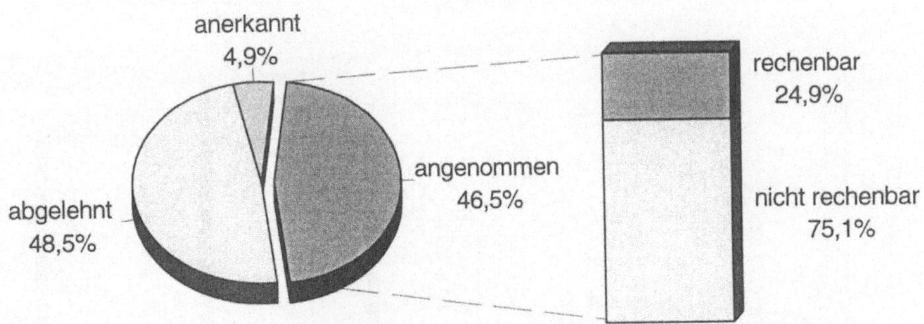


**Abb. 14: Abgeschlossene Vorschläge 1996**

Diese Verbesserungsvorschläge erhöhen z.B. die Sicherheit, verbessern den Umweltschutz, das Firmenimage usw. und führen auf diese Art zu einem beträchtlichen Zugewinn (Abb. 15). Ja selbst Verbesserungsvorschläge, die z.B. aus wirtschaftlichen

Gründen nicht realisiert wurden, tragen doch zur innerbetrieblichen Diskussion und Kommunikation bei und haben so ihre positiven Auswirkungen auf das gemeinsame Arbeiten im Betrieb.

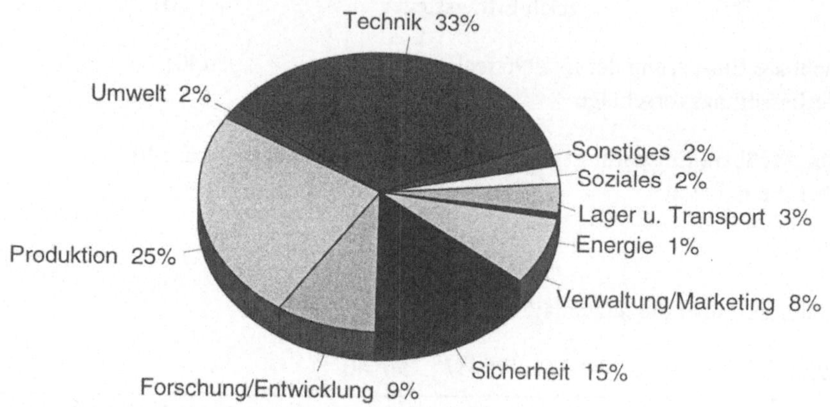


**Abb. 15: Anwendungsgebiete der Vorschläge 1996**

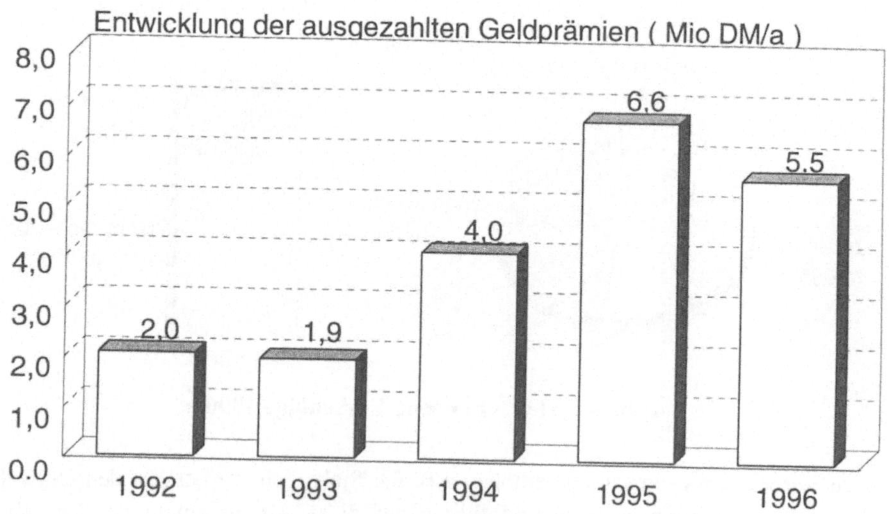


**Abb. 16: Entwicklung der ausgezahlten Geldprämien**

Aber auch die "Erfolgsbeteiligung" der Mitarbeiter, in Form der ausgezahlten Geldprämien, hat sich entsprechend dem Nutzen für das Unternehmen mitentwickelt, und ist ein Motivationsbaustein dafür, sich aktiv in das betriebliche Geschehen einzubringen (Abb. 16).

Eine Analyse des Nutzens durch Verbesserungsvorschläge und des gegenüberstehenden Aufwandes zeigt, daß in 1996 der Nettoersparnis pro Mitarbeiter von ca. 1.012,-- DM durch meßbare Verbesserungsvorschläge ein Aufwand für Prämie von 139,-- DM gegenübersteht (Abb. 17). Unberücksichtigt sind hierbei die Gewinne der Folgejahre, in denen ungeschmälert diese 1.012,-- DM pro Mitarbeiter dem Unternehmen zugute kommt, sowie der Nutzen der nichtrechenbaren Vorschläge.

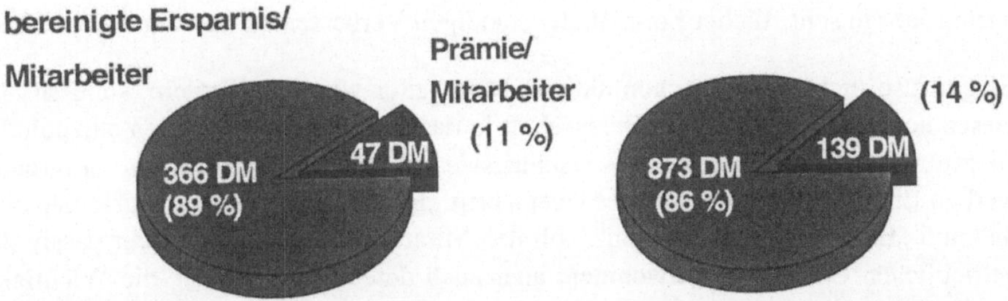


**Abb. 17: Kosten-Nutzenvergleich für rechenbare Verbesserungsvorschläge**

# 7 Potential

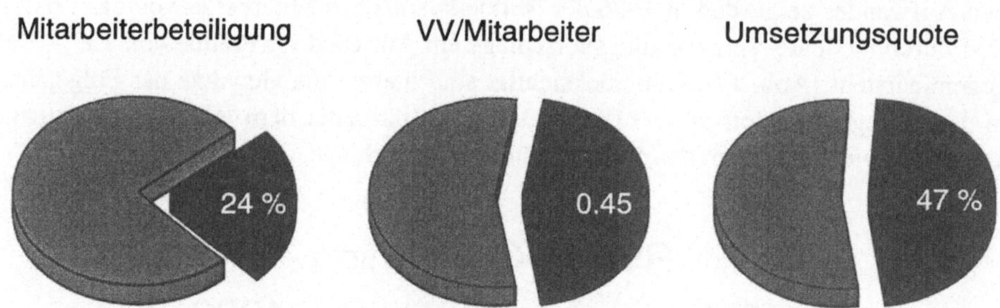


**Abb. 18: BVW-Kennzahlen 1996**

Die Verbesserungsvorschläge der Mitarbeiter des Unternehmens leisten einen bemerkenswerten Beitrag zum Unternehmenserfolg. Daß hier noch Potentiale liegen, sieht man schon an der Mitarbeiterbeteiligung. Nur jeder vierte Mitarbeiter hat sich im letzten Jahr in schriftlicher Form an der ständigen Verbesserung beteiligt (Abb. 18).

Es gilt also nicht nur die schon aktiven Mitarbeiter weiter zu fördern, sondern auch diesen noch großen Anteil der Belegschaft in das betriebliche Geschehen einzubinden. Hierzu führt das Betriebliche Vorschlagswesen eine gezielte Aktion „Einreicher werben Einreicher" durch. Mit der Überschrift „Es gibt noch zu viele Vorschlagsmuffel" und „Es kommt auf Jeden an", soll den Mitarbeitern, die bisher mehr passiv dem betrieblichen Geschehen beiwohnten, aber auch deren Vorgesetzten, die Wichtigkeit der Einbindung aller signalisiert werden. Als Anreiz für die erstmalige Einreichung eines Verbesserungsvorschlages erhält der Einreicher einen Punkt im Wert von 10,-- DM; ebenso auch der Werber, der seinen Kollegen dazu motiviert hat. Eine weitere Steigerungsfähigkeit ist auch bei der Umsetzungsquote von heute 47 % möglich. Wie die Erfahrung zeigte, ist die Akzeptanz der Mitarbeiterideen dann am höchsten, wenn sie direkt beim Vorgesetzten abgegeben werden. Insofern wird auch diesem im Rahmen der Aktion Rechnung getragen, als daß es die ausgesetzten Punkte nur für so eingereichte Verbesserungsvorschläge gibt.

# 8 Ausrichtung BVW

Das Betriebliche Vorschlagswesen hat, und wird sich auch weiterhin im Rahmen seiner neuen Ausrichtung weiterentwickeln. Während in den früheren Jahren die klassische Vorschlagsbearbeitung im Vordergrund stand, sind heute das Marketing durch Information, Werbung, Publikation, Datenservice, Teambetreuung und auch die schon frühzeitige Ansprache der Auszubildenden als gleichwertig daneben anzusehen. Ein ebenso wichtiges und nicht mehr wegzudenkendes Hilfsmittel ist auch die EDV: Diese ist schon lange mehr als nur ein Gedächtnis für Verbesserungsvorschlagsdaten. Sie wird u.a. heute zur Veranlassung der Prämienzahlung, zur Verfügungstellung der Daten für die Personalstelle, zur Darstellung verbesserungsspezifischer Kenngrößen und in neuerer Zeit zur ansatzweisen Verbreitung von Mitarbeiterideen eingesetzt. Das BVW ist insgesamt auf dem Weg von einer bürokratischen Vorschlagsbearbeitungsinstitution hin zu einem modernen, am Unternehmenserfolg sich orientierenden Servicebetrieb und ist damit ein integraler Teil eines umfassenden Qualitätsmanagementkonzepts.

# II Strategien zur Einführung neuer Informationstechnologien

# IT-Strategie eines internationalen Finanzdienstleisters

Andreas Baumann,
Silke Schmidt,
Dr. Ralf Jungclaus,
Volkswagen Financial Services AG, Braunschweig

## Inhalt

# 1 Einleitung

Im Jahre 1994 wurde die Volkswagen Financial Services AG als Holding zur Integration der europäischen und später auch asiatisch/pazifischen Finanzdienstleistungsgesellschaften im VW-Konzern gegründet. Unter ihrem Dach wurden bereits existierende Gesellschaften wie die Volkswagen Bank GmbH und neu gegründete Gesellschaften wie z.B. Volkswagen FS (UK) Ltd. vereinigt.

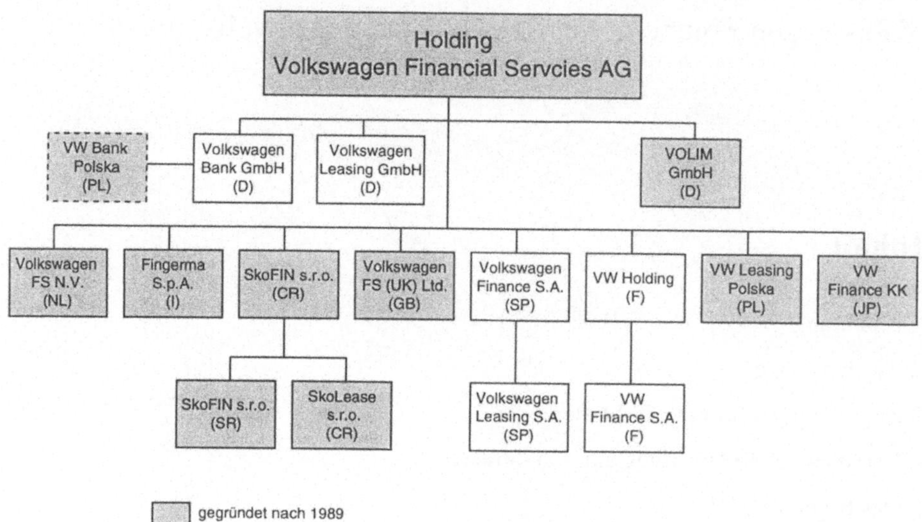


**Abb. 1: Struktur der Volkswagen Financial Services AG**

Neben Finanzprodukten entlang der Automobilen Wertschöpfungskette wurde ein weiterer Geschäftsbereich der Volkswagen Bank GmbH im Bereich Direktbank gegründet.

Derzeit beträgt die Bilanzsumme der VW FS Gruppe etwa 28 Mrd. DM. Das Portfolio umfaßt weltweit fast 2 Mio. Verträge. Das Forderungsvolumen beträgt etwa 18 Mrd. DM. Im Bereich der Direktbank beträgt das Einlagevolumen derzeit mehr als 2,5 Mrd. DM bei 175.000 Kunden.

Die operative Verantwortung für die Informationssysteme der deutschen Gesellschaften VW Bank und VW Leasing liegt in der Abteilung Organisation und Informationssysteme, die direkt der Holding VW FS AG zugeordnet ist.

In diesem Beitrag wollen wir aufzeigen, auf welcher Basis nach der Aufnahme des operativen Geschäfts im VW FS-Verbund 1995 mit der Entwicklung einer IT-Strategie begonnen wurde, welche Schritte bei der Entwicklung unternommen wurden und kurz die Grundzüge der Strategie präsentieren. Die IT-Strategie wurde in Zusammenarbeit mit der Beratungsgesellschaft KPMG entwickelt.

Zur Umsetzung der IT-Strategie wird exemplarisch die in übergreifenden Projekten durchzuführende Geschäftsprozeßanalyse näher beschrieben.

## 2 Ausgangslage

Für die Volkswagen Financial Services AG ergab sich eine Ausgangslage, die folgendermaßen charakterisiert werden kann:

- Es ist eine Anpassung an bedeutende geschäftliche Änderungen notwendig. Dazu gehören Änderungen in der Gesetzgebung, neue Distributionskanäle, neue Märkte, Produktinnovationen, Konzentration und neue Wettbewerber.
- Neue Technologien wie integrierte Kommunikationsnetze, elektronischer Geschäftsverkehr, neue Medien und neue Methoden beinhalten ein großes Potential zur Wettbewerbsdifferenzierung.
- Die bestehenden System erlaubten nicht die notwendige Systemintegration. Gründe dafür waren die Spartenorientierung, redundante Anwendungen und Daten sowie redundante Planungen und Projekte aufgrund der Zusammenfassung unterschiedlicher nationaler Gesellschaften mit unterschiedlichen existierenden Lösungen.

**Abb. 2: Ausgangslage der Volkswagen Financial Services AG**

Eine weitergehende Analyse der Ausgangssituation ergab folgende Erkenntnisse:

- Die eingesetzten Informationssysteme unterschieden sich in allen Einheiten von VW FS: es fanden sich verschiedene Plattformen und uneinheitliche Softwarelösungen. Management und Mitarbeiter kamen aus "unterschiedlichen Welten". Es existierten keine übergreifenden Standards (z.B. Entwicklungsmethoden).
- Die IS-Unterstützung der Fachbereiche wies erhebliche Defizite auf: es wurden fehlende und unzureichende Funktionalitäten diagnostiziert. Es gab „Insellösungen", die kaum miteinander verbunden werden konnten.
- Durch die Zusammenfassung der Gesellschaften wurden aufwendige Entwicklungsvorhaben nicht ausreichend koordiniert.

Die Folgen dieser Situation lassen sich wie folgt zusammenfassen:

- Uneinheitliches, redundantes Projektportfolio
- Eingeschränkte Reaktionsfähigkeit
- Vermeidbare Kosten und erhöhte Risiken

Vor diesem Hintergrund war die technische und organisatorische Integration der Gesellschaften in die FS-Gruppe ist in einem wesentlichen Bereich gefährdet.

# 3 Zielsetzungen für eine IT-Strategie

Aus der Ausgangslage wurde als generelle Zielsetzung die mittelfristige Neuausrichtung von Organisation und Informatik im Rahmen der VW Financial Services Gruppe abgeleitet.

Im einzelnen ging es um folgende Zwecke:

- Bestmögliche Unterstützung der strategischen Ziele der Volkswagen Financial Services AG. Im einzelnen sind hier zu nennen die Sicherung der Beziehungen zu den Händlern, die Sicherung der Kundenbindung und nicht zuletzt die Sicherstellung der Rentabilität.
- Flexibilität und schnelle Reaktionsgeschwindigkeit
- Integration der Landesgesellschaften durch Harmonisierung der internen Prozesse und Etablieren von Kompetenz-Zentren für Anwendungen und Technologien
- Mittelfristig deutliche Kostensenkung und gezielte Steuerung der Investitionen.

Für die IT-Strategie gelten eine Reihe von Grundprinzipien die als die Pfeiler Gesamtstrategie vorgegeben wurden.

Grundsätzlich ist der Einsatz ausgereifter Systemplattformen anzustreben, um die Stabilität und die schnelle Reaktionsgeschwindigkeit nicht durch nicht ausreichend erprobte (Basis-)Systeme zu gefährden. Durch Standardisierung sollen die technischen

Probleme der Integration heterogener Systeme minimiert werden und die Kosteneffizienz gesteigert werden. Bei der Standardisierung ist deshalb die Anlehnung an existierende Standards im Volkswagen-Konzern notwendig. Anbieter von Software- und Hardwarekomponenten müssen in allen relevanten Märkten präsent sein. Es ist eine weitgehende Unabhängigkeit von Anbietern anzustreben.

Für die Einbindung von Informationssystemen in die Entwicklung der Geschäftstätigkeit wurden folgende Vorgaben formuliert:

- Im Kerngeschäft folgen die Informationssysteme der Produktgestaltung. Es ist erforderlich, die notwendige Wettbewerbsdifferenzierung durch speziell ausgerichtete und angepaßte Informationssysteme zu unterstützen.
- Im erweiterten Geschäft ist die Produktgestaltung an den Vorgaben aus dem Bereich Informationssysteme ausgerichtet, um effizient Lösungen bereitstellen zu können.
- Für administrative Systeme bestimmen Informationssysteme die internen Prozesse.

Für den Bereich der Software-Entwicklung sind folgende Prinzipien vorgegeben worden:

- Entwicklungsprojekte werden grundsätzlich durch eine Geschäftsprozeß-Analyse begonnen, die Potentiale zur Neugestaltung und Optimierung von internen Prozessen vor der Implementierung von IS-Unterstützung für diese Prozesse aufzeigen soll.
- Grundsätzlich soll modulare, lösungsorientierte Software entwickelt werden oder flexibel anpaßbare Standardsoftware oder Basissoftware gekauft werden.
- Individualentwicklungen sind nur im Bereich des Kerngeschäfts durchzuführen, um signifikante Wettbewerbsvorteile zu erzielen.
- Sämtliche Entwicklungen sollen durch Bündeln aller zur Verfügung stehenden Ressourcen und mit der Vorgabe der Minimierung der Pflege- und Wartungskosten durchgeführt werden.
- Das Projektrisiko ist durch geeignete Maßnahmen wie z.B. durch Pilotierung zu minimieren.

Als grundsätzliche Maxime ist die kurzfristige Akzeptanz bei den Anwendern durch pragmatische Lösungen erreicht werden.

# 4 Der Weg zur Entwicklung einer IT-Strategie

Bei der Erarbeitung der IT-Strategie wurde von der Geschäftsstrategie ausgegangen (top-down). Gleichzeitig wurde die bestehende Situation mit Hilfe einer bestehenden Methode analysiert und damit das IS-Konzept validiert (bottom-up). Dies ist in der folgenden Abbildung dargestellt.

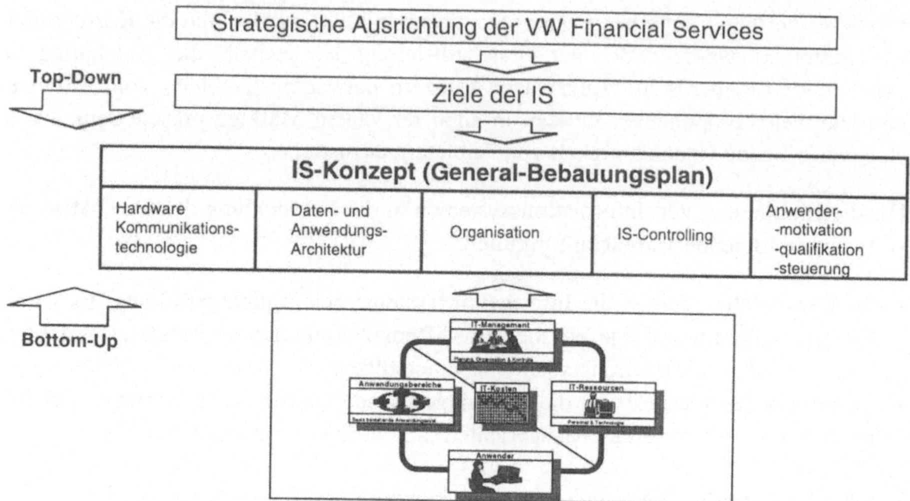


**Abb. 3: Weg zur Entwicklung der IT-Strategie**

In Workshops mit der Geschäftsleitung der VW Financial Services AG wurde die strategische Ausrichtung der VW Financial Services AG dokumentiert und die Ziele für die Informationsverarbeitung entwickelt.

Ein Schwerpunkt lag auf der Analyse der Ausgangslage im Bereich Informationssysteme. Dazu wurden die Bereiche Anwendungssysteme, Anwender, IT-Ressourcen, IT-Management und IT-Kosten betrachtet.

- Zunächst wurde die funktionellen und technischen Qualität der eingesetzten Anwendungssysteme beurteilt. Es wurde weiterhin ermittelt, für welche Anwendungen die Umsetzung der bestehenden Projektanträge aufgrund ihres Volumens im Verhältnis zur Systemqualität hinterfragt werden könnte.
- Besonders wichtig für die erfolgreiche IS-Integration ist die Einbeziehung der Anwender in Konzeption und Umsetzung. Sie sind die Nutzer des Systems, sie haben wichtige Erfahrungen und Ideen, die als Input nützlich sein können, sie müssen aber auch die nötige Qualifikation und das richtige Engagement mitbringen, um IS-Komponenten optimal auszunutzen. Nicht zuletzt müssen sie die neue IS-Infrastruktur annehmen. Hierzu wurden Anwenderbefragungen durchgeführt.
- Bezüglich der vorhandenen IT-Ressourcen wurden Erhebungen zur Arbeitseffizienz der IS-Mitarbeiter und zur Qualität der eingesetzten IS-Technik durchgeführt. Bezüglich des IS-Personals wurden die Anzahl der Mitarbeiter, ihre Einsatzbereiche und ihre Qualifikation betrachtet. Kriterien für die technische Ausstattung waren Bestand, Kosten und Leistungen.
- Planung, Steuerung und Organisation im IS-Bereich waren Gegenstand der Untersuchungen, die den "state of the art" des IS-Management erfassen sollten. Diese Analyse sollte im wesentlichen eine Beurteilung der Organisation der IS-Serviceleistungen und der Unterstützung der IS-Nutzung ermöglichen. Dazu wur-

den Aufgabenverteilung und Verantwortlichkeiten, Organisation der Serviceleistungen und Prozesse und Abläufe bei der Beschaffung, Anwendungsentwicklung, Einführung und Wartung von IS-Bestandteilen untersucht.

- Zuletzt wurde die Höhe und Struktur der Kosten im Kontext der gerade aufgezeigten Faktoren ermittelt. Gegenstand der Betrachtung waren Kostenrelationen und -verteilungen, zum einen bezüglich existierender Aktivitäten und Ressourcen, zum anderen auf bestehende Systeme und Geschäftsbereiche. Eine maximale Transparenz der aktuellen Kostensituation erlaubt erst die Bildung einer Prioritätenrangfolge. Diese wiederum ist für die Entwicklung einer adäquaten IT-Strategie fundamental wichtig. Es wurden z.B. die Kosten der für 1995 beantragten Erweiterungen pro Benutzer und die Aufteilung der Projektanträge auf Kerngeschäft bzw. erweitertes Geschäft ermittelt.

Analoge Erhebungen, die sich am "magischen Kreuz" orientierten, wurden auch bei den Auslandsgesellschaften von VW Financial Services durchgeführt. Natürlich mußte hierbei auf lokale Spezifika eingegangen werden. Die Standortbestimmung umfaßte zusätzlich die Strategie, die Rahmenbedingungen und die Produkte im lokalen Markt. Auch die geplanten und laufenden IS-Projekte und die Anforderungen an den zentralen IS-Service-Bereich der VW FS AG wurden aufgenommen und analysiert.

Die so ermittelten Daten und Informationen bildeten die Basis für die Konzeption einer IT-Strategie.

# 5 Das Ergebnis

In diesem Abschnitt wollen wir wesentliche Elemente der erarbeiteten IT-Strategie vorstellen. Die IT-Strategie enthält die wesentlichen Bereiche Hardware- und Kommunikationstechnologie, Daten- und Anwendungsarchitektur, Organisation, IS-Controlling und Anwendermotivation, -qualifikation und -steuerung.

In den Bereichen Hardware- und Kommunikationstechnologie wurden Standards für Anwendungsserver (AIX und Windows NT), Netzstrukturen und Protokollen (TCP/IP), Kommunikationssystemen (z.B. MS Exchange), Endbenutzer-Werkzeugen (Microsoft Office, SAS), Dokumentenverwaltung (Documentum) und weitere Bereiche etabliert.

Beim Design der IS-Landschaft steht die Ausrichtung hin zum Kunden im Vordergrund. Alle Geschäftsprozesse sollten auf kürzestem Weg die Realisierung des Kundenwunsches initiieren. Die Struktur der Anwendungsbereiche zeigt die folgende Abbildung:

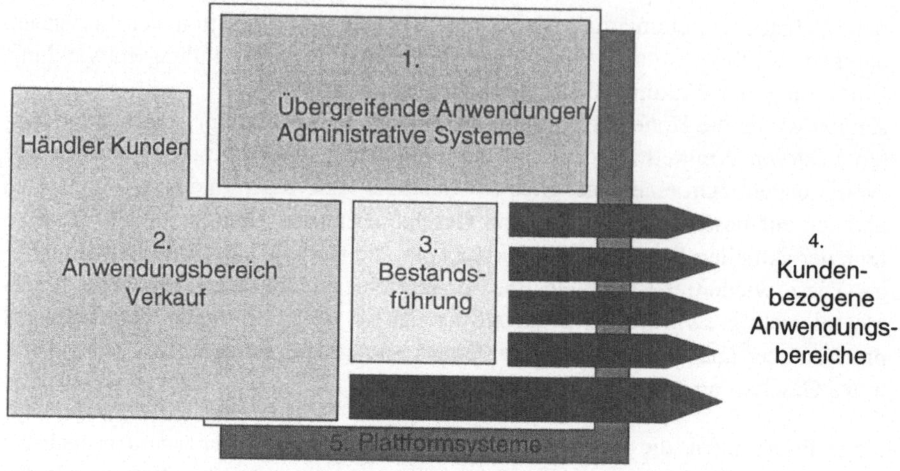


**Abb. 4: Struktur der Anwendungsbereiche**

Derzeit wird untersucht, inwieweit sich die Front-End-Systeme beim Handel, beim Kunden und in den internen kundenorientierten Bereichen teils unternehmensübergreifend über eine einheitliche Schnittstelle mit den Systeme im Bereich der Bestandsführung und im administrativen Bereich verbunden werden können.

Im Bereich der administrativen Systeme kommt die Standardsoftware SAP R/3 zum Einsatz. Der Aufbau eines Finanz-Management-Systems für alle Bereiche des Rechnungswesens, des Controllings, des Zahlungsverkehrs und des Treasury ist im Gange. SAP R/3 ist hier als „Backbone“ zu betrachten, um das Finanzmanagement der Gruppe zu vereinheitlichen. Im Bereich der Bestandsführung wird ein System zur Führung von Kontokorrent-Konten auf SAP R/3-Basis entwickelt. Für die Geschäftsbereiche Kundenfinanzierung und Leasing sind derzeit noch Altanwendungen im Einsatz. Für den Bereich Händlerfinanzierung wird derzeit ein Standardsoftware-Paket um notwendige Komponenten erweitert.

Ein wichtiger Ergebnis sind Leitlinien zur Frage der Entscheidung "make or buy" bei Softwarekomponenten. Die folgende Abbildung zeigt die Systematik auf, nach der künftig Entscheidungen zur Entwicklung von Softwaresystemen oder zum Einsatz von Standardsoftware-Paketen vorbereitet werden.

Generell kommt die Eigenentwicklung von Anwendungssystemen nur noch für Anwendungen des Kerngeschäfts in Frage. Zuvor sind jedoch Prüfungen durchzuführen, inwieweit es in der VW Financial Services Gruppe Anwendungssysteme gibt, die die Anforderungen erfüllen, ob auf dem Markt Standardsoftware-Pakete erhältlich sind oder ob nicht die Anforderungen soweit geändert werden können, daß eine Kostenträchtige und zeitintensive Eigenentwicklung nicht erforderlich ist. Generell wird insbesondere zur Beantwortung der letzten Frage eine Geschäftsprozeßanalyse durchgeführt.

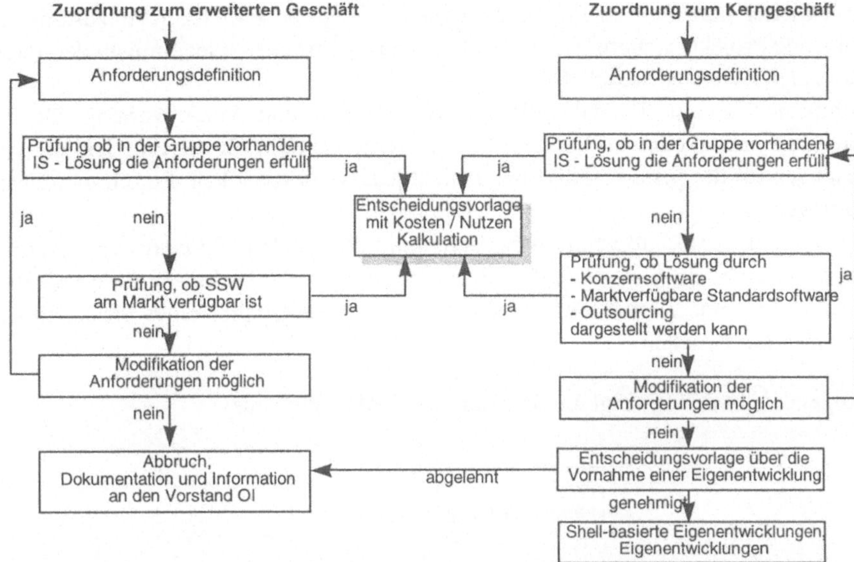


**Abb. 5: Entscheidungsstruktur für Bereitstellung von IS-Lösungen**

Die beste Anwendungsarchitektur nutzt allerdings wenig ohne ein effektives und effizientes Management der IT. Dazu wurde gemeinsam mit KPMG ein Kompetenz- und Regelwerk entwickelt.

Dieses IS-Management garantiert eine schnelle, effektive Realisierung aller notwendigen Projekte und verhindert so Doppelarbeiten, Mißverständnisse und Ressourcenverschwendung.

Wesentlicher Bestandteil sind Ausschüsse, die Entscheidungen auf verschiedenen Ebenen des IS-Einsatzes bei der Volkswagen Financial Services AG vorbereiten und treffen. Die Kompetenzen regelt eine Kompetenzmatrix. Danach gibt es eine lokale Verantwortung für IS in den Landesgesellschaften sowie eine zentrale Steuerung durch die Ausschüsse.

- Der Internationale Lenkungsausschuß (ILA) entscheidet über die Durchführung und Priorisierung von übergreifenden Projekten.
- Für die deutschen Gesellschaften wurde wegen des Übergangs der operativen Verantwortung für IS auf die Holding VW Financial Services AG ein eigener Steuerungsausschuß geschaffen, das Steuerungsgremium Deutschland.
- Die Anwenderausschüsse sind zusammengesetzt aus den IS-Verantwortlichen der Fachbereiche und den für die Betreuung dieser Fachbereiche verantwortlichen IS-Vertreter. In den Anwenderausschüssen werden Budgets für Wartung und Weiterentwicklung geplant und verwaltet sowie Weiterentwicklungen priorisiert.

- Projektleiter berichten an Projektausschüsse, die große Projekte oder zusammenhängende Projekte steuern. Die Projektausschüsse berichten wiederum an den Internationalen Lenkungsausschuß.
- Kompetenz-Zentren bündeln Wissen, Erfahrungen und Verantwortung für bestimmte Systeme oder Techniken. Sie sind verantwortlich für die Entwicklung von Lösungen für die gesamte FS-Gruppe, nicht jedoch für die lokale Einführung dieser Lösungen.
- Der Technik-Ausschuß ist als Arbeitsgremium der lokalen IT-Leiter zum Informationsaustausch, zur übergreifenden Projektplanung und zur Vorbereitung von Entscheidungen eingerichtet worden und ist als Ausgangspunkt einer virtuellen IT-Organisation zu sehen.

Die folgende Abbildung zeigt die Struktur des IS-Managements.

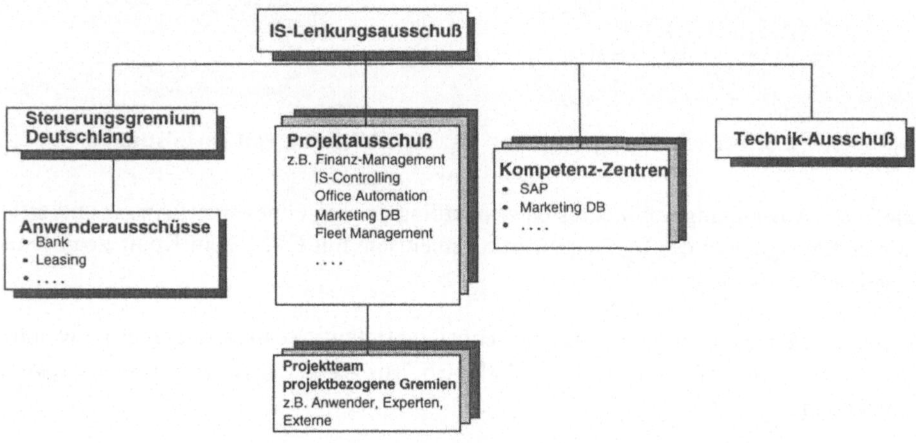


**Abb. 6: Struktur des IS-Managements**

Aktuelle Gemeinschaftsprojekte sind derzeit Entwicklung einer Standard-Bankensoftware (zunächst Kontokorrentkonto), Händlersysteme, Finanz-Management-System FS-Gruppe auf Basis SAP R/3, Fleet Management (Reporting System), Händlerfinanzierung, Marketing-Datenbank, IS-Controlling, Office Automation/ Dokumenten-Management und Ergebnissteuerung für Betriebsbereich (SAP CO) und Wertebereich (SAP IS-B, SAS CFO).

# 6 Die Bedeutung von Geschäftsprozeßanalysen bei der Umsetzung

Ein wesentlicher Aspekt bei der Umsetzung der IT-Strategie war die Durchführung von Business Process Reengineering Projekten. In diesem Rahmen wurde nach einem Werkzeug gesucht, das über den Einsatz des Fachkonzeptes hinaus auch im Bereich Datenmodellierung und DV-Konzept einsetzbar war und zugleich eine Schnittstelle zu dem in der VW FS AG eingesetzten CASE-Tool Key4E (ADW) bot. Da das ARIS-Toolset bereits bei der Volkswagen AG eingesetzt wurde, die Gartner-Group das Toolset favorisierte und eine Präsentation der Fa. IDS mit einer Vielzahl von Funktionalitäten beeindruckte, entschloß man sich ein Pilotprojekt im Januar 1995 mit dem ARIS-Toolset zu starten.

## 6.1 Überblick der abgeschlossenen Projekte

Bisher wurden Erfahrungen zur Geschäftsprozeßanalyse und zur Neugestaltung von Geschäftsprozessen in folgenden Bereichen gesammelt:

- Leasing 2000

  Das Projekt Leasing 2000 hatte die Aufgabe, die Geschäftsprozesse für den Bereich operative Vertriebssysteme der Volkswagen Leasing GmbH zu untersuchen und im Hinblick auf Zeiten und Kosten zu bewerten, um eine Grundlage für das Business Process Reengineering zu schaffen. Dieser Gesamtumfang wurde zunächst auf die Teilbereiche "gewerbliche und private Einzelkunden" begrenzt, um in Form eines Pilotprojektes mit einem überschaubaren Aufwand die eingesetzte ARIS-Methode und das ARIS-Toolset Version 2.1 auf ihre Eignung für die o.g. Aufgabenstellung zu prüfen.

Nach erfolgreicher Beendigung des Projektes und positiver Beurteilung von Methode und ARIS-Toolset wurde ARIS zum Standard für die Volkswagen Financial Services AG und mittlerweile auch für den gesamten VW-Konzern erklärt. Mittlerweile wird kein Projekt ohne vorherige Geschäftsprozeßanalyse durchgeführt.

- Händlerfinanzierung

  Der zu untersuchende Bereich beinhaltete die Finanzierung der Lagerbestände beim Handel sowie die Investitions- und Betriebsmittelkredite in der Volkswagen Bank GmbH. Der Schwerpunkt dieses Projektes zielte auf die Neukonzeption eines DV-Systems, da z. Z. ein veraltetes System mit geringer Flexibilität gegenüber neuen Anforderungen im Einsatz ist.

- Verkäuferarbeitsplatz

  Bei dem Projekt Verkäuferarbeitsplatz handelte es sich um die Analyse der Ist-Geschäftsprozesse der Händlerorganisationen VW/Audi, Seat und Skoda. Zugleich sollten spezifische Anforderungen an den Verkäuferarbeitsplatz aus Sicht der Handelsorganisation bezüglich Informationsbedürfnisse und Unterstützung der DV-Systeme und deren Einschätzung von Multimedia und Marktkommunikationsmitteln erhoben werden.

- Finanz-Management-System

  Dieses BPR-Projekt umfaßte die Untersuchungsbereiche Nebenbuchhaltung der Volkswagen Leasing sowie die buchhalterischen Bereiche der Volkswagen Bank. Ziel war es, die Datenerfassung und -bearbeitung an den Ort der Datenentstehung zu verlagern, manuelle Aufwände weitestgehend durch systemseitige Funktionalitäten zu unterstützen und zu standardisierende Prozesse zu erarbeiten. Somit wurden Sollprozesse definiert, die auf dem strategischen Ziel basieren, eine einheitliche Datenbasis einzusetzen. Auf diese Weise geschieht die Erfassung und Bearbeitung der Geschäftsvorfälle online am Ort der Datenentstehung, manuelle Aufwände entfallen, Informationsverluste durch Organisations- und Systembrüche werden vermieden, Durchlaufzeiten verringert und Kapazitäten eingespart. Durch die Verwirklichung des Prozeßgedankens findet eine Steigerung der Daten- und Informationsqualität statt. Darüber hinaus wurden Prozesse erarbeitet, die künftig einheitlich abgewickelt werden.

- Standardbanken-Software

  Bei diesem Projekt handelt es sich um eine Kooperation zwischen SAP, der VW FS AG und drei weiteren Banken. Es wurde ein grobes Fachkonzept zum Thema Bankenkontokorrent erarbeitet. Im Rahmen des Projektes wurden grobe Sollprozesse entwickelt, Funktionalitäten beschrieben und Attribute für Kernfunktionalitäten ergänzt. Auf Grundlage der Ergebnisse hat die SAP bereits eine Version 0.1 entwickelt, die derzeit bei der VW FS AG getestet wird. Die Version 0.1 umfaßt die Verwaltung der Stammdaten von Geschäftspartner, Konto und Konditionen.

- Personalwesen

  Das Projekt führt eine Geschäftsprozeßanalyse in den Personalwesen der deutschen Gesellschaften durch. Erste Ergebnisse sind, daß Zentralfunktionen nur einmal durchgeführt werden, eine weitgehend ganzheitliche Bearbeitung stattfindet und die Prozesse kundenorientiert ausgerichtet sind. Für die neue Personalstruktur wurde das Referentenmodell empfohlen.

## 6.2 Einsatz des ARIS-Toolsets

In den bisherigen Projekten wurde das ARIS-Toolset im Bereich Daten-, Funktions-, Organisations- und Steuerungssicht auf Fachkonzeptebene eingesetzt. Verwendet wurden die Modelltypen ERM, Attributzuordnungsdiagramm, Organigramm, Funktionsbaum, eEPK, Wertschöpfungskette, VKD und Ereignisdiagramm.

Anhand der Projekte Leasing 2000, Händlerfinanzierung und Verkäuferarbeitsplatz werden die von den Projektzielen abhängigen Vorgehensweisen beschrieben. In den bisherigen Projekten wurde das Kernprojektteam aus Mitarbeitern des Fachbereichs, der Organisation, der Datenverarbeitung und IDS-Beratern zusammengesetzt. Zur Unterstützung des Kernprojektteams standen weitere Mitarbeiter der Fachabteilungen stunden- bzw. tageweise zur Verfügung. Für die Geschäftsprozeßaufnahme hat es sich bewährt, parallel in zwei Teams vorzugehen und die Phasen Ist-Aufnahme, Dokumentation in ARIS, Validierung mit dem Fachbereich und Nachdokumentation zu durchlaufen. Nach Abbildung der Aufbauorganisation im Organigramm wird ein Funktionsbaum mit den Kernprozessen des jeweiligen Untersuchungsbereiches erstellt, welcher im Rahmen der Ist-Analyse jedoch noch verifiziert wird. Die Detaillierungstiefe der Geschäftsprozesse in der Steuerungssicht ist in Abhängigkeit mit den Projektzielen zu wählen, ebenso die Art und Weise der Kennzahlenanalyse. Am Beispiel Leasing 2000 und Händlerfinanzierung wird der unterschiedliche Ansatz erläutert, auf Kennzahlentypen eingegangen und dafür verwendete Kennzahlenblätter vorgestellt. Ein ausführliches Beispiel zur Auswertung der erhobenen Kennzahlen und Nutzung der Standard-Windows-Applikation Excel ist der Prozeß „Vorzeitige Vertragsbeendigung" aus dem Leasing 2000 Projekt. Abschließend werden die Ergebnisse der bisherigen Projekte kurz vorgestellt.

## 6.3 Bewertung und Nutzen des ARIS-Toolsets

Das ARIS-Toolset stellt aufgrund seiner guten graphischen Benutzeroberfläche und der leicht verständlichen Methodik ein sehr gutes Kommunikationsmittel zwischen Fachbereich und Datenverarbeitung dar. Die Komplexität der Geschäftsprozesse wird durch die übersichtliche Strukturierung und Gliederung in ein Sichten- und Ebenenkonzept sinnvoll reduziert. Es wird eine einheitliche Beschreibung von Unternehmens- und Geschäftsstrukturen geschaffen, der Detaillierungsgrad kann entsprechend der Projektbedürfnisse gewählt werden. Weiterhin bietet ARIS Schnittstellen zu CASE-Tools, Workflowmanagement-Systemen, Standard-Windows-Applikationen und Standardsoftware.

Sind die Geschäftsprozesse erst ganzheitlich beschrieben, bilden sie die Grundlage für Business Process Reengineering Projekte. Die Abläufe im Unternehmen werden transparenter und Schwachstellen der bestehenden Aufbau- und Ablauforganisation lassen sich aufzeigen und optimieren. So können vorhandene Ressourcen genutzt werden bzw. das Ersetzen des Altsystems durch neue Systemkomponenten geplant werden. Durch die enge Kopplung des ARIS-Toolsets zum R/3-Analyzer können die betriebswirtschaftlichen Inhalte der Standardsoftware konsequent genutzt werden. Mit dem Produkt ARIS-Link ist es jetzt möglich, die kundenspezifischen Änderungen an den SAP-Geschäftsprozeßmodellen durchzuführen. Es ist ein geeignetes Instrument zur Kosten-/Nutzenanalyse, da die Kennzahlen systematisch und vor allem einheitlich ermittelt werden können.

## 6.4 Aktueller Stand und Ausblick

Zur Zeit wird eine zentrale Geschäftsprozeßstelle aufgebaut, die künftig verantwortlich ist für das Geschäftsprozeßmodell der Volkswagen Financial Services AG. Die Aufgaben umfassen die Definition und Einhaltung von Konventionen, Sicherung und Pflege der erhobenen Geschäftsprozesse, Identifikation gleichgerichteter Prozesse zur wirtschaftlichen Software-Entwicklung über einzelne Geschäftsbereiche hinaus, Aufbau von Verfahren zur Prüfung der Notwendigkeit von Programmänderungen und damit verbundene Wirtschaftlichkeitsberechnungen. Weiterhin sollen dort die ablauforganisatorischen Grundlagen geschaffen werden, um Workflow-Systeme effizient einsetzen zu können. Neben Durchführung von Schulungen und Beratung bei BPR-Projekten ist die Geschäftsprozeßstelle dafür verantwortlich, daß die erhobenen Geschäftsprozesse ergänzt um essentielle aufbauorganisatorische Regelungen und Unternehmensrichtlinien im Organisationshandbuch (OHB) im Intranet zur Verfügung stehen. Es ist geplant das OHB künftig zweisprachig zu pflegen, da in absehbarer Zeit auch die Geschäftsprozeßmodelle der internationalen Gesellschaften aufgebaut und gepflegt werden müssen. Gleichzeitig ist immer von größter Bedeutung, daß die Gesellschaften möglichst nach gleichen Geschäftsprozessen ausgerichtet werden. Um die Geschäftsprozesse entsprechend zu unterstützen, ist eine Voruntersuchung zum Einsatz von Workflow-Systemen geplant.

# 7 Zusammenfassung

In diesem Beitrag haben wir die Entwicklung einer IT-Strategie für die Volkswagen Financial Services AG beschrieben. Nach einer Definition der Ziele und Grundprinzipien und einer Analyse der Ausgangssituation wurde eine IT-Strategie entwickelt. Die Strategie umfaßt die Bereiche technische Architektur und Standards, Anwendungs- und Datenarchitektur, Organisation, IS-Management und die Anwendermotivation, -qualifikation und -steuerung.

Zur Umsetzung der Strategie haben wir exemplarisch die Nutzung von Geschäftsprozeßanalysen im Vorfeld von übergreifenden Projekten zur Bereitstellung von Informationssystemen erläutert.

Als zukünftige Aufgaben sind die organisatorische Ausrichtung der IT an den geänderten Organisationsstrukturen der Volkswagen Financial Services AG, die Fortschreibung der IT- und Anwendungsarchitektur, die Bereitstellung von übergreifenden, gemeinsam genutzten Anwendungen und die Konzentration von Produktionsstandorten zur Realisierung von Skaleneffekten und zur Erhöhung der Sicherheit zu bewältigen. Die bestehende IT-Strategie der Volkswagen Financial Services AG stellt dazu eine solide Grundlage dar.

# Business Transformation Services und Branchenorientierung - Zwei Erfolgsfaktoren für IT-Dienstleister der Zukunft

Albert Blau,
debis Systemhaus GmbH, Leinfelden

## Inhalt



18. Saarbrücker Arbeitstagung für Industrie, Dienstleistung und Verwaltung 1997. Hrsg.: A.-W. Scheer.© Physica-Verlag Heidelberg 1997

# Einleitung

Anläßlich der diesjährigen Tagung des „Instituts für Wirtschaftsinformatik" der Universität des Saarlandes befinden sich „Organisationsstrukturen und Informationssysteme auf dem Prüfstand". Damit taucht die Frage auf, wer die Rolle einer Prüfinstanz einnimmt? Für im Markt tätige Unternehmen kann dies nur der Markterfolg sein, der in Form von Resonanz, Ansprüchen und Bedürfnissen der Kunden sein Urteil fällt und letztlich darüber entscheidet, ob Organisationsstrukturen und Informationssysteme wettbewerbs- und überlebensfähig sind.

# 1 Der Wandel als gemeinsame Ausgangsbasis für IT-Dienstleister und deren Kunden

Größere Märkte, globale Konkurrenten, gestiegene Ansprüche der Kunden und damit einhergehend, eine verschärfte Wettbewerbssituation, erfordern von Unternehmen die Bereitschaft, sich zu verändern. Im öffentlichen Bereich wird dieser Wandel durch die Knappheit der öffentlichen Kassen und die Frage nach der Notwendigkeit, bestimmte Tätigkeiten im öffentlichen Bereich zu belassen, ausgelöst.

Die Motive für eine Änderung der Unternehmensprozesse von Industrieunternehmen sind mannigfaltig: So können Maßnahmen gesucht werden, um sich von Konkurrenten abzusetzen, oder Unternehmen werden dazu gezwungen, weil die Marktanteile sinken und eine Verschlechterung der Marktposition droht oder explodierende Kosten ein rasches Handeln erfordern. Firmen können strategiegetriebene Motive haben, indem sie sich neu positionieren oder neue Aufgaben wahrnehmen. Und schließlich kann sich ein Unternehmen verändern, weil dessen Strukturen, etwa in der Informationsverarbeitung, veraltet sind. Welche Motive letztendlich auch den Ausschlag für eine Transformation geben, Eines ist sicher: Entscheidet sich ein Unternehmen, diesen Wandel aktiv zu vollziehen, erhöht es seine Erfolgschancen erheblich.

Aufgrund der Bedeutung der Informationsverarbeitung innerhalb der heutigen Geschäftsprozesse liegt es an den IT-Dienstleistern und ihrem Angebot, ob und wie sie Unternehmen bei diesem Wandel begleiten können.

Unser Angebot ist, die Unternehmen durch Dienstleistungen, den IT-Services, zu unterstützen. Der Bedarf an diesen Services wächst, nicht zuletzt durch das Bedürfnis vieler Unternehmen, sich auf ihre eigentlichen Kernkompetenzen zu konzentrieren. Der Markt der Informationstechnologie beweist seit Jahren seine Ausnahmestellung im konjunkturellen Umfeld. Im Vorjahr um erneut fünf Prozent gewachsen, hat er 1996 in Deutschland ein Volumen von 80,5 Milliarden Mark erreicht. Bis 1998 soll der deutsche IT-Markt auf 92 Milliarden Mark wachsen.

Aber auch dieser Markt ist, entsprechend den Märkten unserer Kunden, einem permanenten Wandel unterworfen Noch vor einigen Jahren zeichneten Fertigkeiten in der Softwareentwicklung und Systemintegration schwerpunktmäßig das Angebot eines IT-Dienstleisters aus. In den letzten Jahren wuchs der Bedarf an der kompletten Auslagerung der Datenverarbeitungsaktivitäten, dem Outsourcing, sowie an der Auslagerung kompletter Geschäftsprozesse - den Business Solutions.

Die Veränderungen in den Märkten unserer Kunden spiegeln sich daher auch in unserem Leistungsportfolio wider. Um den Erwartungen des Marktes noch besser zu entsprechen, lag es für uns nahe, unser Angebot noch näher an unsere Kunden heranzuführen. Das bedeutet, für die Fülle an Erwartungen und Möglichkeiten, die Neuorientierungen von Unternehmen mit sich bringen, ein umfassendes Angebot zu gestalten: Es soll alle Schritte von der Planung über die Entwicklung von Informationssystemen bis hin zu deren Betrieb beinhalten. Das Ergebnis ist ein komplettes Angebot, das dennoch so individuell wie möglich ist. Diesem Produkt haben wir einen Namen gegeben. Business Transformation Services (BTS), die wir auf die jeweilige Branche unserer Kunden zugeschnitten anbieten.

## 2 Die drei Elemente des Wandels in Unternehmen: Geschäftsprozeß, IT-Systeme und Mitarbeiter

Um sich auf den Markt von Morgen einzustellen, holen sich Unternehmen für die Beratung und Realisierung umfassendes externes Wissen. Oft müssen Sie aber erkennen, daß zwischen den Planungszielen und der umgesetzten Lösung - die häufig von unterschiedlichen Anbietern erbracht werden - erhebliche Lücken klaffen. Außerdem haben wir beobachtet, daß kurzfristige und auf Einzelbereiche beschränkte Lösungen nur eine sehr kurzfristige Wirkung zeigen. Unserer Ansicht nach kann sich aber ein Unternehmen unter den derzeitigen Wettbewerbsbedingungen und aufgrund einer weiter zunehmenden Marktdynamik nur behaupten, wenn es seinen Geschäftsprozeß ganzheitlich versteht und ganzheitlich ändert. Aber es sei darauf hingewiesen: Ganzheitlich bedeutet nicht, ein starres Gesamtkonzept überstülpen zu wollen, sondern einen kompletten Wandel mit höchster individueller Anpassung an die Kundenwünsche durchzuführen.

Das debis Systemhaus setzt daher bei der Transformation von Unternehmen an drei zusammenhängenden Bereichen an: Dem Geschäftsprozeß, dem System der Informationsverarbeitung und den Mitarbeitern.

## 2.1 Geschäftsprozeß und Marktorientierung

Der Geschäftszweck industrieller Unternehmen definiert sich vor allem über den Erfolg im Markt. Aus unserer Sicht ist es daher entscheidend, die Unternehmensprozesse auf den Kundennutzen und, daraus resultierend, eine verbesserte Marktpräsenz auszurichten. Mit der Organisation des Geschäftsprozesses nach den Leistungen im Markt entstehen Konzepte, die die Leistungsfähigkeit des Unternehmens verbessern, die Unternehmensorganisation umwandeln und persönliche Fähigkeiten fördern. Eine Optimierung des Geschäftsprozesses zielt also auf die Verbesserung erfolgsrelevanter und funktionsübergreifender Tätigkeiten und Funktionen ab. Sie kann durch eine strukturelle Veränderung in „einem Akt", kontinuierliche Verbesserungen, oder aber durch eine Kombination beider Vorgehensweisen erreicht werden.

Zur genauen Analyse und Neudefinition eines Geschäftsprozesses ist es notwendig, den Markt seiner Kunden genau zu kennen. Denn wie wollte ein Dienstleister ohne diese Kenntnis Probleme erkennen, Verbesserungsvorschläge machen und Lösungen anbieten? Aus diesem Grund haben wir bundesweit tätige Branchenzentren in den Bereichen Chemie, Energie, Fertigung inklusive Automobilindustrie, Finanzdienstleistungen, Handel, Luft- und Raumfahrt, Öffentlicher Bereich, Telekommunikation, Verkehr, Verlage und Medien gegründet. In ihnen wird das Fachwissen unserer Informatik- mit der Expertise von Branchenexperten kombiniert. Diese Ausrichtung auf Branchen haben unsere Kunden sehr positiv aufgenommen. Denn sie garantiert, daß sie auf der Basis erprobter Standardlösungen oder notwendiger Spezialentwicklungen gänzlich individualisierte Angebote erhalten.

## 2.2 Die Bedeutung der Informationsverarbeitung

Die zweite zentrale Rolle bei der Gestaltung des Wandels in einem Unternehmen nimmt die informationstechnische Unterstützung der Geschäftsprozesse ein. Heute sind Systeme der Informationsverarbeitung in nahezu jeder Teilfunktion eines Unternehmens verfügbar. Aber diese Systeme haben sich von einstmals überschaubaren Teil- zu komplexen Spezialanwendungen entwickelt. Investitionen im Bereich der Informationsverarbeitung werden daher vor allem in den Weiterbetrieb der zunehmend komplexer gewordenen Systeme gesteckt. Damit ist der Wettbewerbsvorteil eines Unternehmens aber keinesfalls ausgeschöpft. Denn die häufig isolierten Systeme behindern eine Marktorientierung des gesamten Unternehmens und damit einen schnellen und durchschlagenden Erfolg der Transformation.

Die Weiterentwicklung der Technologien in der Datenverarbeitung und Kommunikation wird die Bedeutung der Informationsvermittlung eines Unternehmens noch beschleunigen. Bereits heute sichtbare Ergebnisse dieses dynamischen Prozesses sind die Entwicklung weltumspannender Datennetze, der Einsatz von Software mit einfachen Bedienerprozeduren und die Verwendung neuer Multimedia-Anwendungen, die bisher unbekannte Formen der unternehmens- und grenzüberschreitenden Kommunikation erlauben. Leistungsfähige Simulations- und Animationsverfahren zur Optimierung von Kundenprozessen und offene, verteilte Systemarchitekturen erhöhen darüber hinaus die Flexibilität und Anpassung der Informationssysteme an die neuen Anforderungen.

## 2.3 Die Mitarbeiter

Der dritte zentrale Bestandteil eines Wandels in Unternehmen ist die Miteinbeziehung aller betroffenen Mitarbeiter. Denn die Veränderung des Geschäftsprozesses und in der Informationsverarbeitung bringt auch ein neues Selbstverständnis und Verhalten der Führungskräfte und Mitarbeiter mit sich. Außerdem werden Veränderungen im Geschäftsprozeß und die daraus resultierende Formulierung und Umsetzung neuer Unternehmensziele nicht mehr auf Basis funktionaler Zuständigkeiten, sondern in kompletten Prozessen, die auf die Leistungen des Marktes zugeschnitten sind, vorgenommen. Statt der eingesetzten Mitarbeiter und der von ihnen verrichteten Arbeit (dem Input) ist die Leistung, die sich in den Markt- oder Kundenanforderungen ausdrückt (der Output), für die Formulierung von Unternehmenszielen entscheidend. Am diesem Output orientiert sich somit nicht nur die erforderliche Unterstützung durch Systeme der Informationsverarbeitung, sondern auch die Ausgestaltung neuer Mitarbeiter- und Führungsstrukturen. Integration und Training erhalten daher innerhalb der Transformation eines Unternehmens einen hohen Stellenwert.

# 3 Die Business Transformation Services (BTS)

## 3.1 Das Konzept der Business Transformation Services (BTS)

Die Business Transformation Services (BTS) sind Teil unserer Angebotes, das wir aufgrund der Erfordernisse unserer Kunden entwickelt haben. Waren wir zunächst ein Anbieter mit Spezialwissen und Einzellösungen, so haben wir uns innerhalb von sieben Jahren zu einem IT-Serviceunternehmen entwickelt, das für seine Kunden komplette Lösungsangebote bereit hält. Heute umfaßt unser Servicespektrum rund um die Informationstechnik Planung und Beratung (Plan), Softwareprojekte (Build) und den Betrieb von Rechenzentren und Kommunikationsnetzen (Run).

Mit der Vernetzung der Bereiche Plan, Build und Run und der Erweiterung um Dienstleistungen des Trainings und der Integration von Kundenmitarbeitern haben wir ein neues, komplettes Angebot geschaffen: Die Business Transformation Services (BTS). Ihr Unterschied zu bisherigen Ansätzen: Jene rücken, meistens isoliert von einander, eine bestimmte Einflußgröße in den Mittelpunkt ihrer Analyse. Sei es die Strukturorganisation, die Informationstechnik, Verhaltensänderungen der Mitarbeiter oder neue Steuerungsverfahren. Mit diesem punktuellen Vorgehen sind aber selten signifikante Sprünge zu erreichen. Das Konzept der Business Transformation Services (BTS) hat dagegen einen ganzheitlichen und integrativen Ansatz, der die drei wesentlichen, bereits erwähnten Einflußfaktoren, die sich auf die Leistungsfähigkeit und das Kostenniveau eines Unternehmens auswirken, miteinbezieht.

- Den Geschäftsprozeß
- Die informationstechnischen Systeme
- Die Führungskräfte und Mitarbeiter

Die Umstellung innerhalb dieser drei Bereiche wird, im Gegensatz zu bisherigen Modellen, simultan aufeinander abgestimmt. Das bedeutet, daß auch Veränderungen in einem der Bereiche, etwa der Informationsverarbeitungssysteme, nicht nach den „Wunschlisten" der Anwender angenommen werden, sondern als integrativer Bestandteil des gesamten Veränderungsprozesses behandelt werden.

## 3.2 Die Durchführung

Konzepte der Veränderung von Unternehmensprozessen sind oft bekannt, weniger dagegen die Durchführung. Die Business Transformation Services (BTS) beschränken sich bei den Veränderungen auf die Maßnahmen, die am meisten dazu beitragen, die aus Markt- und Kundenanforderungen abgeleiteten Ziele zu erreichen.

Dabei ist egal, ob diese Maßnahmen die informationstechnischen Systeme betreffen, Strukturveränderungen oder etwa die Ausbildung. Es geht um die Steigerung der gesamten Leistungsfähigkeit und nicht nur um die Erhöhung der Breite und Leistungsfähigkeit eines Bereiches, wie beispielsweise der Informationsverarbeitung.

### 3.2.1 Voraussetzungen

Die Voraussetzung für die Business Transformation Services (BTS) bilden die vom debis Systemhaus entwickelte Methode zur Geschäftsprozeßoptimierung (GPO) und das mit unserem Partner Cap Gemini entwickelte Qualitätsmanagementsystem „Perform", das unter anderem für Transformationsprozesse einsetzbar ist.

Die Methode der Geschäftsprozeßoptimierung (GPO) hat die simultane Optimierung der erfolgsrelevanten und systemübergreifenden Geschäftsprozesse des Unternehmens zum Ziel. „Perform" beinhaltet Vorgehensmodelle, Werkzeuge des Projektmanagements sowie Elemente zur Qualitätssicherung. Mit „Perform" wird der gesamte Kreislauf der Informationsverarbeitungssysteme ganzheitlich (von der Konzeption,

Spezifikation über die Realisierung und Integration bis zum Betriebsmanagement) unterstützt.

Die Business Transformation Services (BTS) verbinden diese beiden Elemente zu einer ganzheitlichen Lösung, die die Geschäftsprozesse optimiert, die Informationsverarbeitungssysteme darauf ausrichtet und die persönlichen Fähigkeiten der Beteiligten innerhalb eines Veränderungsprozesses umfaßt.

Neben diesen Grundvoraussetzungen gilt es auch, für eine zielorientierte Durchführung der Transformation unterschiedliches Fachwissen in die Arbeitsteams einzubauen. Die Beteiligten müssen Erfahrungen in der Veränderung von Struktur- und Ablauforganisationen, von Planungs- und Steuerungssystemen, der Einleitung von Verhaltensänderungen, und in der Anpassung, Implementierung und Betriebsoptimierung von Informationsverarbeitungssystemen haben.

### 3.2.2 Zielfindung und Vision: Die Neudefinition des Geschäftsprozesses

Zu Beginn der Business Transformation Services (BTS) werden in einer strategischen Untersuchung alle Aspekte, die (geschäfts-)strategische, organisatorische, personelle und IT-relevante Bedeutung haben, beleuchtet. Das Ergebnis der Überprüfung ist ein gemeinsames Grundverständnis über die strategische (Neu-) Ausrichtung des Unternehmens. Dieses Grundverständnis bildet die Basis und den Rahmen für die Umsetzung der Business Transformation Services (BTS). Ergebnisse einer solchen Zielfindung können neue Strategien zum Standort, zu Investitionen, Geschäftsfeldern, Geschäftsfeldmerkmalen und Markterfolgsfaktoren sein.

Die darauffolgende Potentialanalyse entwickelt eine Vision für die künftige Geschäftsabwicklung. In ihr werden konkrete Prozeßziele für die Transformation definiert. Allerdings ist diese Analyse nicht auf die ausschließliche Formulierung singulärer Zielvorgaben, die der Markt erforderlich macht, beschränkt. Die Grundlage der Formulierung neuer Leistungsziele ist die Entwicklung eines ganzheitlichen, neuen Geschäftsmodells. Dieses Modell beschreibt visionsartig, wie das Geschäft und dessen Unterstützung durch die Informationsverarbeitung in Zukunft betrieben werden sollen.

Es geht auch nicht darum, Veränderungen innerhalb einer gegebenen funktionalen Struktur durchzuführen. Vielmehr wird eine Veränderung durchgeführt, um die Differenz zwischen der aktuellen Situation und den quantifizierten Leistungszielen zu reduzieren. Umgesetzt wird, was zur Reduzierung dieser Differenz beiträgt.

Als Folge einer solchen Analyse können organisatorische Regelungen, die keinen Mehrwert für den Kunden haben, reduziert, Doppelarbeiten eliminiert, Überschneidungen abgegrenzter Funktionen beseitigt, isolierte und veraltete Informationssysteme abgelöst und unterschiedliche Informationsverarbeitungskonzepte aufeinander abgestimmt oder ersetzt werden.

### 3.2.3 Strukturelle Erneuerung

Die im Projektstadium entwickelte und definierte Zukunftsvision der Organisation der Geschäftsabwicklung wird in ein neues Geschäftsmodell überführt. Anschließend muß der Veränderungsbedarf, der sich aus der Differenz des neuen Modells und der Ist-Situation ableitet, definiert werden. Die Ergebnisse der Veränderungen werden wie folgt dokumentiert:

1. Durch das unternehmensspezifische Geschäftsmodell (Aufbauorganisation, Ablauf-, Steuerungssysteme)
2. Durch das Konzept der Unterstützung von Geschäftsprozessen durch Informationsverarbeitungssysteme
3. Durch das Konzept der Entwicklung personeller Fähigkeiten

Die im Geschäftsmodell bestehenden Leistungen, die mit den Prozeßzielen verglichen werden, erlauben erste Aussagen über Kostensenkungen und Änderungen in der Organisation. Die kontinuierliche Weiterentwicklung des Geschäftsmodells sichert eine datenverarbeitungsgestützte Dokumentation mit speziellen Softwareanwendungen (beispielsweise Simulations Tools).

Bei der strukturellen Änderung innerhalb der Informationsverarbeitungssysteme muß vor allem die Flexibilität und Anwenderfreundlichkeit der eingesetzten Software beachtet und die Forderung nach offenen und konfigurierbaren Systemarchitekturen erfüllt werden. Somit beginnt, neben der Optimierung des Geschäftsprozesses, die Identifikation, Auswahl und Festlegung der Informationsverarbeitungs-Landschaft. Sie kann beispielsweise die Analyse vorhandener Informationsverarbeitungssysteme und der Standardsoftware für die Abdeckung der Prozeßziele, einen Gesamtentwurf für die Systemlandschaft der Informationsverarbeitung oder die Konzeption einer Systemumgebung (IT-Infrastruktur), die die modellierten Geschäftsprozesse optimal unterstützt, umfassen.

### 3.2.4 Implementierung

Nach der Analyse und Entwicklung eines neuen Geschäftsprozeßmodells und den strukturellen Maßnahmen erfolgt die Durchführung der geplanten Veränderungen. Für diese Implementierungsphase ist ein Geschäftsprozeß-Management, das ein prozeßorientiertes Zeit-, Kosten- und Leistungscontrolling umfaßt, unerläßlich. Dazu dienen Instrumente des Prozeßcontrollings, die zu Beginn des Veränderungsprozesses implementiert werden, um die Fortschritte, also die Reduzierung zwischen dem Ist-Zustand und dem nach Marktanforderungen definierten Soll-Zustand, transparent zu machen.

Häufig haben wir erlebt, daß im Rahmen dieser Implementierung ein kompletter Ersatz der Informationsverarbeitungssysteme notwendig ist, weil viele Systeme nicht oder nur unzureichend in der Lage sind, die Leistungsfähigkeit der Geschäftsabwicklung zu steigern, die Chancen der neuen Technologien zu nützen oder überhaupt nicht die Flexibilität haben, sich auf die Veränderungen einzustellen.

Neben diesen funktionalen Anforderungen ist aber genauso ein Wandel in der Handhabe der Investitionen für die Informationsverarbeitung geboten. Kernbestandteile dieses veränderten Investitionsverhaltens sollten sein:

1) Eine Synchronisation der Implementierung von Informationsverarbeitungssystemen und Veränderungen der Geschäftsprozesse. In der Vergangenheit waren die Anwendungen von Informationsverarbeitungssystemen in isolierten Bereichen auf höchste Funktionalität ausgerichtet. Das ist aber bei der Neustrukturierung des Geschäftsprozesses problematisch, da diese Anwendungen an die bestehende funktionale Arbeitsteilung geknüpft sind.
2) Strategische Weichenstellungen auf der Ebene des Top-Managements: Die geplanten Informationsverarbeitungsprojekte müssen sich nach der Strategie orientieren und dürfen nicht nach IT-Kriterien durchgeführt werden. Aus der Weichenstellung muß klar hervorgehen, welcher Nutzen wann und mit welchem Implementierungsaufwand zu erzielen ist. (Weitere Fragen für das Management, das übrigens voll hinter den Veränderungen stehen muß, könnten sein: Wird das bestehende Informationsverarbeitungssystem komplett oder teilweise zu ersetzen sein, wird das Anwendungsmanagement und der Betrieb der Netze intern oder von externen Dienstleistern wahrgenommen?)
3) Eine zielorientierte Vorgehensstrategie bei der Implementierung: Für schnelle Erfolge der Transformationsvorhaben müssen die Implementierungszeiten drastisch verringert werden. Möglich wird das, wenn statt der klassisch aufeinander folgenden Phasen Konzepte der adaptiven Systementwicklung (wie beispielsweise „Alterative Application Development") eingesetzt werden. Das Innovationsmanagement gilt somit genauso für die Informationsverarbeitung. Die Konsequenz: Die Systementwicklung der Informationsverarbeitung muß nicht die beste Anwendung zur Verfügung stellen, sondern zum richtigen Zeitpunkt die geeignetste Unterstützung für den Geschäftsprozeß liefern und den Transformationsprozeß für Informationsverarbeitungssysteme beherrschen.

Werden als Elemente des neu definierten Geschäftsprozesses etwa die Funktionsstrukturen oder Informationssysteme verändert, ist eine deutliche Verbesserung in der Leistungsfähigkeit eines Unternehmens nur dann wirklich erfolgreich, wenn alle Mitarbeiter diese neuen Strukturen auch leben. Eine Änderung der funktionalen Strukturen ermöglicht dagegen nur eine Verbesserung der Unternehmensperformance. Grundlage einer gelebten Veränderung ist die breite Akzeptanz der Veränderungen, die etwa durch eine offene Kommunikation, Feedback-Möglichkeiten oder die Berücksichtigung von Verbesserungsvorschlägen ermöglicht werden. An die Stelle von Programmverkündungen sollten Einführungs- und Implementierungsstrategien treten.

Zur Realisierung von Veränderungsprozessen in Unternehmen gibt es drei Vorgehensweisen: Die strukturelle Erneuerung, die in einem „Akt" durchgeführt wird, die kontinuierliche Verbesserung in Einzelschritten oder aber die Verbindung dieser beiden Vorgehensweisen. Die strukturelle Erneuerung kann in kurzer Zeit eine deutliche Verbesserung der Marktposition herbeiführen. Die kontinuierliche Verbesserung erfolgt aufgrund einer Vielzahl einzelner Ideen und Maßnahmen. Der Vorteil in der Verbindung beider Vorgehensweisen liegt darin, daß die kontinuierlichen Verbesserungen die erreichten Ergebnisse eines organisatorischen „Kraftaktes", wie er in einer strukturellen Veränderung durchgeführt wird, langfristig sichern.

# 4 Die Produktion der A-Klasse in Rastatt - ein Beispiel für die Business Transformation Services in der Praxis

## 4.1 Ausgangslage

Das Mercedes-Werk Rastatt gehört zu den modernsten Autofabriken in Deutschland. Gegenwärtig wird dort die A-Klasse von Mercedes Benz gebaut. Für das Werk wurde ein funktionsübergreifend gestaltetes, objektorientiertes und vollintegriertes Geschäftsprozeßmodell entwickelt.

Anfang 1995 hatte das debis Systemhaus den Auftrag für die Modellierung des Geschäftsprozesses nach einer externen Ausschreibung gewonnen. Die Aktivitäten der Geschäftsprozeßmodellierung umfaßten den Leitworkshop, eine Erfassung der Betriebstypologie, die Gliederung der Funktionen, ein Grobkonzept der Aufbauorganisation, Datenmodelle, Standardsoftware-Auswahl und die Grobauswahl der Hardware, Betriebssysteme und Datenbanken.

Als Ergebnis legte das debis Systemhaus in Folge sechs Haupt- und 150 Unterprozesse einschließlich Organisationsvorschlägen vor. Die Realisierung dieser Prozesse und Vorschläge, sowie die Auswahl der Standardsoftware bilden die zweite Phase („Einführung neuer Geschäftsprozesse und Organisationsentwicklung") der Business Transformation Services (BTS) für das Mercedes-Werk in Rastatt. In einem weiteren Schritt werden dann in einem „Informationsverarbeitungskonzept" die ausgearbeiteten Vorgehensweisen zur Organisation, Datenverarbeitung und Implementierung präsentiert.

Die Startbedingungen für die Entwicklung dieses Modells waren besonders günstig, weil der Auftrag und die Motivation von der Werkleitung ausgingen und die Modellierung des Geschäftsprozesses von den Führungskräften durch eine aktive Beteiligung in den Workshops tatkräftig unterstützt wurde.

## 4.2 Beispiele für die Umsetzung

Als Hauptaufgabe wurde im Rahmen der Modellierung des Geschäftsprozesses der Bau der A-Klasse in einem Produktionsfluß definiert. Einer der Kernprozesse zur erfolgreichen Realisierung dieses Ziels ist der Prozeß "Betriebsmittel bereitstellen". Er unterliegt den folgenden Prämissen:

- Übernahme von Wartung und Reparaturarbeiten durch Instandhalter vor Ort
- Schnelle Störerkennung und -diagnose durch Visualisierung
- Weitgehende Normung und Standardisierung von Anlagen und Komponenten der Mechanik, Elektrik und der Software
- Bedarfsgerechte Qualifizierung der Maschinenführer und Einrichter
- Dezentrale Lagerung von häufig gebrauchten Verschleißteilen in den Gewerken.

Auch dieser Prozeß besteht wiederum aus Teilprozessen, wie der „Planung der Betriebsmittel", der „Bedienung und Beobachtung der Betriebsmittel" oder dem „Management von Instandsetzungsaufträgen".

So kommt etwa dem Teilprozeß „Bedienung und Beobachtung der Betriebsmittel" eine entscheidende Bedeutung zu. Er bezieht sich auf die Anlagen in den Bereichen Rohbau, Oberfläche und Montage und ist ein kontinuierlicher Prozeß, durch den die Anlagen ständig in Bereitschaft gehalten werden. Das Bedienen und Beobachten wird schwerpunktmäßig durch die Maschinenbediener durchgeführt. Jeder Maschinenbediener ist für einen bestimmten Fertigungsabschnitt innerhalb der Produktion zuständig. Die Zuständigkeit einer Gruppe für einen Fertigungsabschnitt bezieht sich neben dem Betreiben der Anlagen auch auf logistische und qualitätssichernde Maßnahmen.

Der Teilprozeß " Bedienung und Beobachtung der Betriebsmittel" umfaßt im Detail:

- das Einschalten/Ausschalten der Anlage
- die Anlagen in Bereitschaft fahren
- die Stillstandserkennung über Visualisierung
- die Fehlerlokalisierung
- den Hand- und Einrichtbetrieb

Außerdem sind vorbeugende Maßnahmen in Bezug auf Anlagenverschleiß durchzuführen. Dazu zählen Aufgaben wie sporadisches Beobachten, etwa morgens vor Anlauf der Produktion, oder Funktionsprüfungen aller Art, zum Beispiel nach Umbauten, Änderungen oder Reparaturen.

Durch erfolgreiche Einzelprozesse kann der Kernprozeß „Betriebsmittel bereitstellen" das im Geschäftsprozeß definierte Ziel erreichen: eine hohe Verfügbarkeit der Betriebsmittel für den Hauptprozeß und deren kontinuierliche Verbesserung.

Der Geschäftsprozeß „Betriebsmittel bereitstellen" wird bereits im Anlauf des A-Modells durch SAP R/3 unterstützt. Zusammen mit dem technischen Werkservice und der Organisation und Datenverarbeitung hat das debis Systemhaus ein Team gebildet, das die Software R/3 auf die Anforderungen des Werkes zuschneidet, die Schnittstellen programmiert und die Anwender im Umgang mit der Software schult. Das Hauptaugenmerk ist dabei auf die Unterstützung der schlanken Prozesse gerichtet und nicht auf die Informationsverarbeitungstechnik. Sie dient lediglich der Erreichung der Ziele des Geschäftsprozesses.

Im Rahmen der Business Transformation Services (BTS) werden auch die Organisationsstrukturen des Kunden dem formulierten Ziel angepaßt. So wurden in Rastatt selbständig agierende Unternehmenseinheiten mit eindeutig beschreibbaren Zielen und Leistungen gebildet. Diese Einheiten sind untereinander nach dem Prinzip des internen Kunden organisiert, operieren miteinander auf der Basis von Leistungsvereinbarungen und treffen innerhalb dieser Leistungsvereinbarungen ihre Entscheidungen selbst. Ein neuer Ansatz eines objektorientierten Prozeßdenkens, der als Geschäftsprozeßmodell von den Auftraggebern aus dem Werk Rastatt bereits in der Ausschreibung des Ideenwettbewerbs gefordert wurde.

## 4.3 Das Ergebnis für den Kunden

Als Ziel wurde definiert, die A-Klasse in einem Produktionsfluß herzustellen. Diese gerade Prozeßkette beginnt beim Käufer, der in einer Mercedes-Niederlassung seine „A-Klasse " einschließlich gewünschter Farbe, Motor und Extras bestellt und mit seinem Auftrag die Reihenfolge der Produktion bestimmt. Damit wird die bisherige Produktionsweise, mit festgelegter Tagesstückzahl, bei der entweder zuviel oder zuwenig gefertigt wurde, ersetzt. Vorratshalden oder unzumutbare Lieferzeiten gehören der Vergangenheit an. In die Prozeßkette ebenfalls integriert wurden die Produktion und die Lieferung der einzelnen Ersatzteile.

Mit den Business Transformation Services (BTS) ist es dem debis Systemhaus gelungen, äußerst flexibel auf Veränderungen der Anforderungen seines Kunden zu reagieren. So wurde zum Beispiel bestehende und von Mercedes-Benz selbst entwickelte Software oder die Teilung des Systems in Anlauf- und Zielsystem in den Geschäftsprozeß integriert.

# 5 Weitere Anforderungen an Anbieter von Business Transformation Services (BTS)

Das debis Systemhaus wurde 1990 als Tochterunternehmen des Daimler-Benz Konzerns gegründet. Unsere IT-Dienstleistungen umfassen die Beratung (Plan), Software-Projekte (Build) und den Betrieb von Rechenzentren und Netzwerken (Run).

Diese drei Bereiche bündelt das debis Systemhaus zusammen mit Maßnahmen der Integration und des Trainings von Kundenmitarbeitern zum Service der Business Transformation Services (BTS). In die Business Transformation Services (BTS) fließen ein:

1. Die langjährige Re-Engineering Erfahrung in der Transformation der Führungsorganisation und der strategischen Ausrichtung von Unternehmen auf Basis der von unserem Beratungsunternehmen Diebold entwickelten Methode der Geschäftsprozeßoptimierung.
2. Die Erfahrung des debis Systemhauses und seines Partners Cap Gemini in der Transformation von Informationssystemen, im Anwendungsmanagement und im Systembetrieb.
3. Praxiserprobte Vorgehensweisen zur Stärkung der Mitarbeiterfähigkeiten bei unseren Kunden im Rahmen der Transformationsprojekte.
4. Das Instrument des Geschäftsprozeßmanagements zur Steuerung einmalige Veränderungsmaßnahmen und Verbesserungen.

Aus unserer Sicht haben sich innerhalb der letzten Jahre die Anforderungen unserer Kunden hin zu kompletten Lösungen entwickelt. Zu den Grundvoraussetzungen erfolgreicher IT-Unternehmen gehört aber auch, diese in ihrem Leistungsumfang weiter wachsenden Angebote an die individuellen Bedürfnisse der Kunden anzupassen. Unsere Antwort auf diese Marktentwicklungen sind, wie in diesem Beitrag beschrieben, die Business Transformation Services (BTS) und die Ausrichtung unseres Unternehmens auf die Märkte unserer Kunden.

In den kommenden Jahren wird es darüber hinaus entscheidend sein, dieses „Grundangebot" weiter zu entwickeln. Zu den zusätzlichen Anforderungsprofilen gehört:

1. Neue Partnerschaften zu schließen. Durch die Verbreitung neuer Technologien steigt der Bedarf, Umwandlungsprozesse von Unternehmen mit IT-Dienstleistungen zu unterstützen. Dies gilt etwa für die elektronischen Medien, die Luft- und Raumfahrt oder die Telekommunikation. Möglichkeiten der Kooperation gibt es auch im öffentlichen Bereich. Beispielhaft dafür steht der Aufbau und Betrieb eines kommunalen Netzes in Sachsen und Sachsen-Anhalt, das Einzelinformationen zusammenführt und die Auskunfts-Selbstbedienung der Bürger über elektronische Medien ermöglicht.
2. Aktuelle Themen aufzugreifen: Das Erreichen der Konvergenzkriterien und die Diskussion um seine Stabilität zeigen: Das Thema „Euro" ist zur Zeit in aller

Munde. Für Unternehmen bedeutet die Einführung der gemeinsamen europäischen Währung aber nicht nur die Installation einer geeigneten Umrechnungssoftware, sondern vielmehr die Chance, die einheitliche europäische Währung als Chance zu begreifen: Im Rahmen der Business Transformation Services (BTS) können Unternehmen ihre Ziele neu definieren, bestehende Geschäftsprozesse optimieren und ein Re-Engineering der Informationstechnik vornehmen. Das debis Systemhaus hat für Analyse relevanter Prozesse ein datenbankgestütztes Vorgehensmodell entwikkelt. Es umfaßt die Überprüfung der Geschäftsabläufe und Organisationsstrukturen, die Erfassung der notwendigen organisatorischen Änderungen und die Anpassung der Softwaresysteme.

3. Innovative Lösungen anzubieten: Mit dem Zugang zu neuen Kommunikationsnetzen, vor allem dem Internet, haben Firmen neue Möglichkeiten, weitere Vertriebskanäle zu erschließen. Wir unterstützen sie und übernehmen in Generalunternehmerschaft Konzept und Entwicklung, Marketing, Vertrieb sowie die Projektumsetzung von Electronic Commerce unserer Geschäftskunden.
4. Immer mehr Unternehmen operieren global und verlangen von ihren Geschäftspartnern, international präsent zu sein. Daher wird es in Zukunft für IT-Serviceunternehmen unverzichtbar sein, ihr Angebot über die Landesgrenzen anzubieten. Das Angebot der Business Transformation Services (BTS) muß sich als passende Lösung auch auf europäischen und außereuropäischen Märkte bewähren.

# Business im Internet: Was geht, was geht nicht in der globalen Web-Infrastruktur?

Wolfgang Heisterberg,
IBM Europe, Stuttgart

## Inhalt



18. Saarbrücker Arbeitstagung für Industrie, Dienstleistung und Verwaltung 1997. Hrsg.: A.-W. Scheer.© Physica-Verlag Heidelberg 1997

# 1 Infrastrukturen für die Daseinsvorsorge

## 1.1 Infrastruktur, der Begriff

Gerade Software-Designer müssen sich immer wieder bewußt machen, daß sie nicht nur Komponenten zu einem Ganzen zusammenfügen, sondern ***Infrastrukturen*** für die Kommunikation von Partnern gestalten müssen. Dabei ist es nützlich, diesen Begriff in seiner ganzen Bedeutung zu verwenden. In der Definition des Brockhaus [1] ist **Infrastruktur**, Gesamtheit der staatl. und privaten Einrichtungen, die für eine ausreichende Daseinsvorsorge und die wirtsch. Entwicklung eines Gebiets erforderlich sind. Hierzu zählen z.B. die Einrichtungen des Verkehrswesens, der Energieversorgung (**technische** I.); Kindergärten, Schulen, Sportanlagen, Krankenhäuser, Alten- und Pflegeheime (**soziale I.**) als **materielle I.**; daneben unterscheidet man **institutionelle I.** (Normen, Verfahrensweisen einer Volkswirtschaft) und **personelle I**. (Zahl und Fähigkeiten der am Wirtschaftsprozeß beteiligten Personen).

Für die Entwicklung von Wirtschaftsgebieten und damit die Quelle von Wohlstand und Kultur haben immer schon die **Verkehrswege** eine hervorragende Rolle gespielt. Der Nil hat mit seinem Wasser und mit seinen Überflutungen nicht nur die Fruchtbarkeit des alten Ägypten begründet sondern war auch Verkehrsweg und Nachrichten-"Kanal". Karthographie und staatliche Strukturen sind entwickelt worden, um die Rechte der Eigentümer nach den Überflutungen durchzusetzen.

Neben dem Transport materieller Güter sind auf den Verkehrswegen immer auch Informationen transportiert worden. Auf den Straßen des Marco Polo sind nicht nur Waren nach Europa gekommen sondern auch **Kenntnisse** über die Herstellung von Glas und Seide. Nicht von ungefähr wurden bei der Erschließung Amerikas die Telegraphenleitungen neben den Eisenbahnstrecken nach Westen vorgetrieben.

## 1.2 Infrastruktur für die entstehende Informationsgesellschaft

Aus der Einsicht heraus, daß die sich abzeichnende Informationsgesellschaft geeignete Infrastrukturen für die Verkehrswege der Information schaffen muß, um die abzusehenden Veränderungen zu ermöglichen, hat insbesondere der amerikanische Vizepräsident Al Gore die Initiative für eine "National Information Infrastructure" (NII) ergriffen.

Bei dem überwältigenden Gewicht der Volkswirtschaft der USA und daran anschließend der englischsprachigen Wirtschaftsräume wird jede Form globaler Informations-Infrastrukturen nur eine Erweiterung und Ergänzung dazu sein können. Jede nationale Abgrenzung wird nur zu einer Ausgrenzung der Volkswirtschaften führen, zum Schaden der abgeschnittenen Staaten.

## 1.3 Infrastrukturen hemmen oder fördern ganze Wirtschaftszweige

Rudolf Bayer hat darauf hingewiesen, daß viele Versorgungsnetze eine geschichtete Struktur aufweisen. "Die unterste Ebene bildet das Netz selbst mit den Regeln und Vorschriften zur Benutzung des Netzes...Die nächste Ebene besteht aus den Geräten und Zusatzeinrichtungen, die erforderlich sind, um das Netz nutzen zu können...Diese Zusatzeinrichtungen werden von einer eigenständigen Basisindustrie (z.B. Automobilbau) produziert...Spezialunternehmen nutzen das Netz zusammen mit den Zusatzeinrichtungen, um besondere Dienstleistungen für den Endverbraucher anzubieten...Der Endverbraucher nutzt Dienstleistungsunternehmen oder umgeht sie, indem er die Zusatzeinrichtungen beschafft oder mietet und so das Netz direkt nutzt."[2]

| | Straßenverkehr | Schienenverkehr | Fernsprechdienste | Informationsdienste |
|---|---|---|---|---|
| Ebene 4 | Transport von Personen und Waren | Personen- und Gütertransport | Ferngespräche Dokumentenübertragung | private und industrielle Erzeuger und Nutzer von Informationen |
| Ebene 3 | Transportunternehmen | Bundesbahn | Kommunikationsgesellschaften | Informationsanbieter |
| Ebene 2 | Kraftfahrzeuge | Züge und Loks | Telefon- und Faxgeräte | Innovative Anwendungen, Software und Endgeräte |
| Ebene 1 | Straßen- und Straßenverkehrsordnung | Schienen und Signale | Telefonnetz | Nationale Informations-Infrastruktur |
| Finanzierung der Ebene 1 | Kfz-Steuer Mineralölsteuer | über Ebene 3 | über Pauschale und Ebene 3 | |

**Tab. 1: Beispiele für Versorgungsnetze und zugehörige Industriezweige, Ausschnitt [2]**

Es wird beklagt, daß in wichtigen Infrastrukturen der Wirtschaft "die Ebene 1 und 3 allzu oft in derselben (öffentlichen) Hand waren. Diesen Fehler hat man inzwischen erkannt und versucht, ihn durch Privatisierung der Ebene 3 zu beheben (Telekom, Bahn, Lufthansa)."[2] Gleichwohl ist es in Deutschland weder beim Schienenverkehr noch bei den Fernsprechdiensten gelungen, im Bereich der Ebene 3 wirksame Wettbewerbsstrukturen zu gestalten. Bei der Privatisierung der japanischen Eisenbahnen z.B. sind Mitte der 80er Jahre für die Ebene 3 mehrere Bahnbetriebsgesellschaften gegründet worden. "Die japanischen Staatsbahnen haben pro Kilometer ein ähnlich hohes Defizit eingefahren wie die Bundesbahn. 1986 wurden diese Staatsbahnen in sieben Gesellschaften aufgeteilt und privatisiert. Seither verdienen alle Nachfolgegesellschaften Geld. Zwei sind sogar so erfolgreich, daß sie jetzt an die Börse gehen können."[3]

Wäre man in Deutschland entsprechend verfahren, hätten bei der Privatisierung der Fernsprechdienste die Ortsnetze selbst in öffentlicher Hand bleiben müssen und mehreren Telefongesellschaften einschließlich einer privaten Deutschen Telekom AG zu gleichen Bedingungen zur Verfügung stehen können und müssen. Das wurde versäumt mit den bekannten Konsequenzen für die letzte Meile zum Privatkunden.

Je mehr RWE/VEBA mit o.tel.o und Mannesmann mit Arcor der Deutschen Telekom AG in dem Geschäft mit Großkunden und bei Ferngesprächen Preiszugeständnisse abringen können, um so mehr wird sich die Telekom an die Privatkunden im Ortsnetz erinnern wenn es um die notwendigen Einnahmen geht. Dabei ist das Fernsprechnetz der privaten Haushalte der Kern der einen und einzigen bestehenden globalen Informations-Infrastruktur, des World-Wide-Web im Internet.

Zwar ist die Deutsche Telekom mit der Umstellung des T-Online-Dienstes auf Internet-Technologie der größte Internet-Serviceanbieter. Die Verbreitung von Internet in Deutschland, in den privaten Haushalten und am Arbeitsplatz fällt aber mit ca. 50 Teilnehmern pro 1000 Einwohnern im internationalen Vergleich weit zurück.

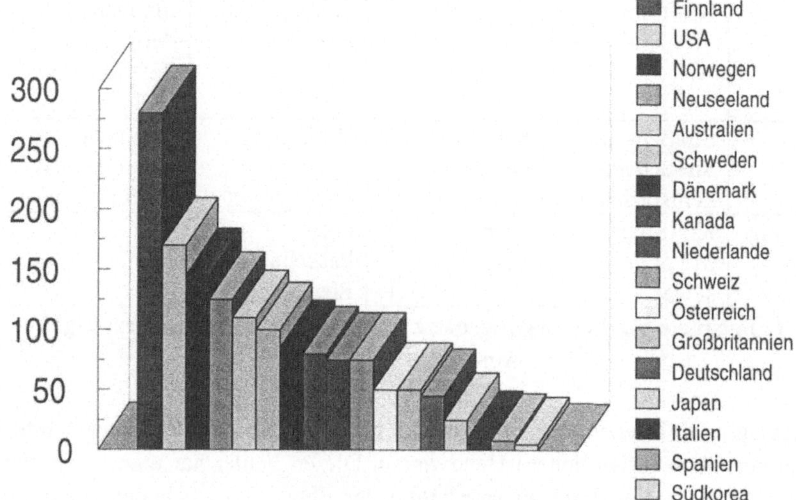


**Abb. 1: Teilnehmer am Internet ja 1000 Einwohner**

## 2 Web-Infrastruktur für den globalen Informationsabruf

Das Internet besteht, in der gelungenen Definition von Gerhard Schneider [7] aus:

- einer Menge von Computern,
  - die dasselbe Kommunikationsprotokoll TCP/IP verwenden,
  - die irgendwie (direkt oder indirekt) miteinander verbunden sind,
  - auf denen gewisse Dienste angeboten oder genutzt werden,
- einer Menge von Nutzern, die vom Arbeitsplatz oder auch von Zuhause aus direkten Zugriff auf diese Dienste haben,
- einer Menge von weiteren, über Gateways erreichbare Netze.

Entscheidende Eigenschaft des Transmission Control Programs für das Internet Protokoll (TCP/IP) ist das dynamische Routing von Internet Paketen und die Eigenschaft, daß bei Herstellung nur einer Stichleitung von Netz X zu Netz Y alle Netze mit Zugang zu X auch Zugang zu allen Netzen haben, die Zugang zu Y haben.

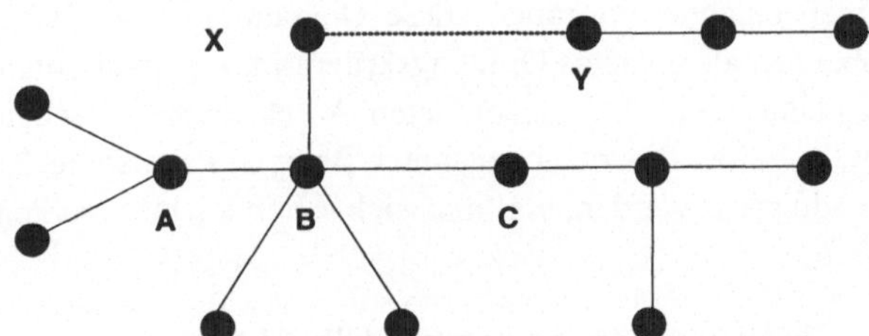


**Abb. 2: Zwei Teilnetze werden verbunden [7]**

Im Internet hat jeder Computer eine eindeutige physische Nummer, die derzeit vier Byte lange Adresse. Da jedes Byte 256 unterschiedliche Werte haben kann, wird die Adresse in vier Zahlen angegeben, jeweils für ein Byte, getrennt durch einen Punkt. 193.17.27.1 ist beispielsweise die Adresse für "Das Informationssystem für Parlamentarische Vorgänge (DIP)" des Deutschen Bundestags.

Die Adressen von Empfänger und Absender sind in jedem Paket codiert. Die Paketinhalte gehen so über das Netz, wie sie vom Absender aufbereitet wurden, im Klartext. Auf jedem Netzsegment kann man die Pakete mitkopieren, nach Empfänger oder Absenderadresse ordnen und in die richtige Reihenfolge bringen. Man bekommt zwar nur Bruchstücke, die die Abhörstelle erreichen, kann sich aber für den rechtmäßigen Empfänger ausgeben und die fehlenden Teile anfordern. Außer der Internet-Adresse hat kein Kommunikationspartner Anhaltspunkte über den Kommunikationspartner, und die Adresse kann dazu noch unberechtigt verwendet werden. Es gibt auf dieser Paketebene nichts, auf was man sich verlassen kann. Alles Vertrauen zum Netz und zum Partner muß erst durch höhere Protokolle begründet werden. Dafür ist die Reichweite dieser unverbindlichen Kommunikation unbegrenzt soweit irgend ein physisches Netz reicht, und sei es über Funkstrecken oder Infrarot.

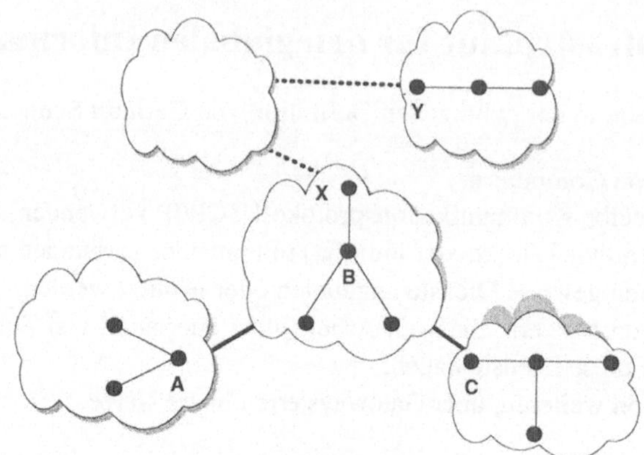


**Abb. 3: Das Internet als Netz von Netzen**

Um nicht mit den physischen, von der Netztopologie abhängigen Adressen arbeiten zu müssen, bietet das Internet einen Domain Name Service, der physische Adressen und symbolische Namen einander zuordnet. Diese Domain-Adressen haben die Struktur ccc.bbb.aaa , wobei aaa als oberstes Ordnungskriterium, top level domain, dient. Über die Vergabe der Namen und die zugeordneten Adressräume entscheiden für diesen Zweck gegründete Vereine. Das oben genannten Beispiel kann so auch symbolisch als dip.bundestag.de adressiert werden, was man sich schon leichter merken kann.

> ... leading to a total number of **880383** hosts registered under DE.This is an increase of **7.2 %** compared to last month. The annual rate again slightly raised and reached **62 %**.

**Hostcount für *.DE vom 31.5.97**

Zum Zeitpunkt der Drucklegung dieses Artikels konnte man nebenstehende Informationen über Anzahl und Wachstum von *.DE, dem deutschen "top level domain", erhalten.

Für die ganze Welt werden Wachstumswerte angegeben, die durch eine Verdopplung der Benutzer pro Jahr, ein weiteres Netz alle 20 Minuten und einen zusätzlichen Anbieter alle 5 Sekunden gekennzeichnet sind.

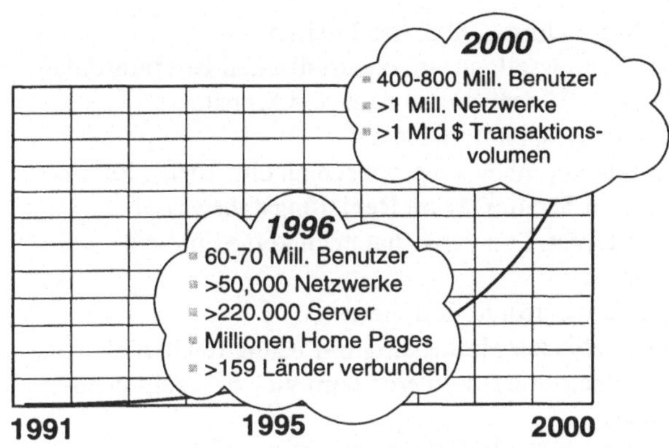


**Abb. 4: Internet Wachstum**

## 2.1 World-Wide-Web

Es wird im weiteren nötig sein, daß der Leser mit der Möglichkeit vertraut ist, auf ein Angebot im World-Wide-Web zuzugreifen. Das World-Wide-Web ist eine Informations-Infrastruktur, die sich auf das TCP/IP und das Internet stützt und durch die einfache Benutzbarkeit das hohe Wachstum im Internet in den vergangenen Jahren ausgelöst hat. Hier ist bei einem Vortrag eine Vorführung angebracht.

Um für die folgenden Darstellungen exemplarische Beispiele zu haben für das, was heute geht in der globalen Web-Infrastruktur, sei aus der Fülle des Angebots je ein Beispiel von Rundfunk, Presse, staatlichen Institutionen und privaten Unternehmen gewählt und hier skizziert.

http://www.tagesschau.de, ein Auftritt der Arbeitsgemeinschaft der Rundfunkanstalten Deutschlands (ARD). Man beachte, daß die bisherige Form des Rundfunks sich dadurch dramatisch wandelt. Bisher waren Rundfunk und Fernsehen isochron und sequentiell. Nun haben die Empfänger die Möglichkeit, asynchron, zur individuell günstigsten Zeit, und in wahlfreier Reihenfolge, nach spontanem Interesse, die Information aufzunehmen. Dem Sender gibt das Web einen individuellen Rückkanal und die Möglichkeit, weitergehende Informationsangebote vorzuhalten, die früher den Druckmedien vorbehalten waren.

http://www.computer-zeitung.de, der Index auf mein Zeitungsarchiv. Frühere Jahrgänge sind auf CD-ROM veröffentlicht und erlauben, daß wenigstens einmal im Jahr ein Stapel in den Altpapier-Container kann. Hilfreich ist der Index auf den laufenden Jahrgang und natürlich der Inhalt der letzten Ausgabe ... die irgendwo gerade gelesen wird und mir so dennoch zur Hand ist. Suchergebnisse bei der Abfrage nach "Internet" und "Commerce" sind die Titelzeilen von Artikeln, z.B.

- 1,2 Milliarden Mark Umsatz über das Internet
- Regierung will "Schlüsselloch" im elektronischen Briefumschlag
- HP strukturiert um - Umsetzung in nächsten Monaten
- OPS sichert die Privatsphäre im Netz
- IDC, Forrester und Garmhausen prophezeien eine rosige Zukunft
- IBM schwimmt mit Secureway im Regierungsfahrwasser
- Die Hälfte der Internet-Companys hat noch keine Firewall
- Der Kommentar
- Kooperation beim Electronic Commerce
- Vom Kiosksystem bis zur Homebanking-Lösung reichen die neuen Anwendungen
- G7-Konferenz: Electronic Commerce wird viel zu wenig genutzt
- E-Commerce-Deal
- Netscape-Vorstoß gibt Surfern Kontrolle

Jedes der Suchergebnisse ist mit einem Verweis auf den Text der Meldung hinterlegt, die, was man gar nicht wissen muß, nicht im Domain "computer-zeitung.de" vorgehalten werden sondern auf http://muenchen.bda.de, der "Bundes Daten Autobahn", liegen und dort auch direkt erreicht werden können.

Da alle Daten im Web in einem standardisierten Format, der Hyper-Text-Markup-Language (HTML) vorliegen und es für HTML eine Fülle von Multimedia Erweiterungen gibt, die auch von den gängigen Textverarbeitungsprogrammen importiert werden können, macht das Benutzen zum privaten und wissenschaftlichen Gebrauch richtig Spaß. Man kann ausschneiden und übernehmen, mit Quellenangabe, wie z.B. diese Grafik aus der aktuellen Ausgabe zum Zeitpunkt der Erstellung dieses Artikels.

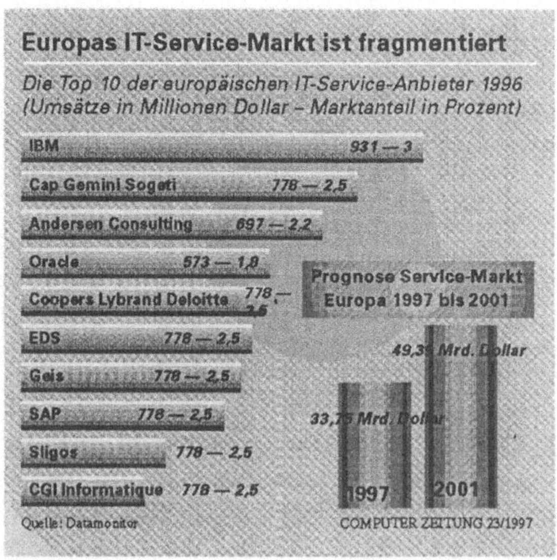


**Abb. 5: Fragmentierung des IT-Service-Marktes in Europa**

Schließlich sei noch auf **http://www.bundestag.de** hingewiesen. Es ist der Auftritt der Legislative in unserem Land, die die institutionelle Infrastruktur bestimmt, auch und gerade für die Weiterentwicklung der deutschen Web-Informations-Infrastruktur durch das neue Gesetz zur Regelung der Rahmenbedingungen für Informations- und Kommunikationsdienste (Informations- und Komunikations-Gesetz - IuKDG).

## 2.1.1 Grundbegriffe

Mit diesen Beispielen haben wir die Grundfunktionen des World-Wide-Web erlebt: Ein Protokoll aus dem Internet-Protokollvorrat, das HyperTextTransferProtocol (HTTP), wird gewählt. Diesem Protokoll wird ein Universal Resource Locator (URL) übergeben, der das gewählte Ziel benennt. Es wird darauf hin eine Connection hergestellt, ein Ergebnis geliefert und die Connection sofort beendet. Das Ergebnis besteht aus einem Textstrom, welcher mittels der HyperTextMarkLanguage (HTML) ausgezeichnet wurde. Ein Browser interpretiert die Formatierungsbefehle der HTML und zeigt eingebettete Multipurpose Internet Multimedia Extensions (MIME) Komponenten an. Und nun der Clou, der die Begriffe HyperText und HyperMedia begründet: Im HTML Text sind in der Regel weitere URLs eingebettet, die automatisch oder bei expliziter Auswahl die nächste Anforderung starten. Wie beim Blättern in einer unendlich großen Enzyklopädie springt man von Anfrage zu Anfrage, wie von einer Welle zur nächsten Welle beim Surfen.

Um den Beginn eines Surf-Ausflugs zu finden, braucht man einen übersichtlich gestalteten Platz, englisch Site. Diese Sites werden in allen Medien beworben und sollen durch Assoziationen zu Markenzeichen und Firmennamen helfen, den Einstieg zu finden, sozusagen die Heimat des Anbieters (Home-Page).

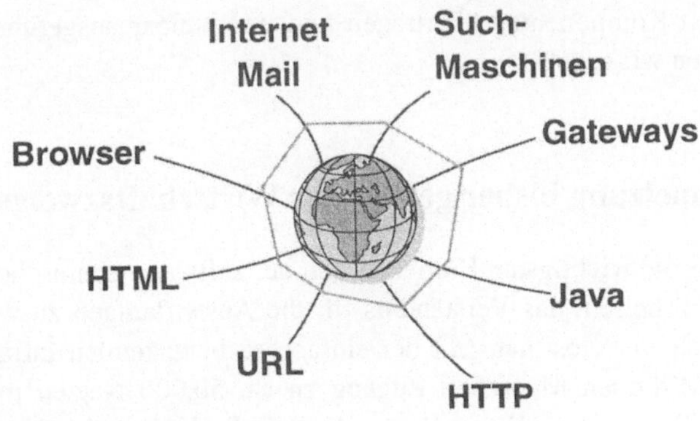


**Abb. 6: World-Wide-Web Technologien**

Alle gängigen Browser bieten über die Interpretation der Web-Pages hinaus auch eine graphische Benutzerunterstützung für Internet-Mail.

Von den notwendigen Funktionen, die auf der nebenstehenden Grafik skizziert sind und fundamentale Einrichtungen jeder Web-Infrastruktur darstellen, sei als Beispiel für Suchmaschinen exemplarisch http://www.yahoo.de benutzt.

Prinzipiell sind Suchmaschinen programmierte Web-Surfer, die iterativ alle gefundenen Adressen von Web-Seiten speichern, Stichworte auf den gefundenen Seiten indizieren, Web-Sites bestimmten Kategorien zuordnen und für Abfragen bereitstellen. Finanziert werden die Einrichtungen in der Regel über Werbeflächen auf den Webseiten.

Schließlich gibt es für fast alle heutigen Computersysteme Gateways, um früher installierte Systeme mit einem Zugang für Browser zu versehen. Die Protokolle und Formate HTML, HTTP und URL sind erst vor sechs Jahren entwickelt worden und Browser gibt es seit vier Jahren. Die meisten bestehenden Systeme sind viel früher implementiert worden und für die Informationsversorgung unverzichtbar.

So führt http://www.holiday-inn.com unmittelbar auf das Reservierungssystem der Hotelkette, das auf einem Großsystem mit Datenbank- und Transaktions-System läuft. Dessen Programme können trotz Aufruf über das Internet genauso ablaufen, als ob ein Benutzer die Transaktionen von einer direkt angeschlossenen Datenstation eingegeben hätte. Unterschiede sind nicht in der Funktion, sondern in den Chancen für die Gestaltung neuartiger Geschäftsprozesse zu sehen.

Bis jetzt haben wir nur über die Anzeige von Hypertexten gesprochen, die statisch vorgehalten werden oder zur Ausführungszeit auf der Web-Site aufbereitet werden. Angedeutet werden soll an dieser Stelle, daß durch eine Softwaretechnologie namens Java, die von SUN Microsystems mit Partnern entwickelt wird, auch Programme wie andere Hypertext-Komponenten übertragen und unmittelbar ausgeführt werden können. Das vertiefen wir später.

## 2.2 Verschmelzung bisher getrennter Wirtschaftszweige

Damit haben wir die wichtigsten Einrichtungen der software-technischen Infrastruktur gestreift. Das soll helfen, das Verständnis für die Auswirkungen zu wecken, die das World-Wide-Web ausgelöst hat. Mit der einfach zu benutzenden Infrastruktur haben derzeit ca. 64 Millionen Menschen Zugang zu ca. 50.000 Netzen mit ca. 220.000 Servern und Millionen von Home-Pages. Im Wechselspiel mit dieser Technologie formieren sich die soziale, institutionelle und personelle Infrastruktur und prägen die neue Kultur. Die kulturellen Auswirkungen haben ihre Ursache in der Verschmelzung bisher disjunkter Wirtschaftszweige zu einer homogenen Informations- und Kommunikations-Wirtschaft mit gemeinsamer Informations-Infrastruktur. In Anlehnung an Bayer[2] kann man die bisherigen Informations-Infrastrukturen wie folgt schichten:

| | Bücher und Zeitschriften | Fern-sprech-dienste | Online-Dienste über Wählnetz | Rundfunk und Fernsehen |
|---|---|---|---|---|
| Ebene 4 | Information und Unterhaltung | Fern-gespräche Doku-menten-übertragung | Daten-verarbeitung und Koordination | Information und Unterhaltung |
| Ebene 3 | Verlage | Kommuni-kationsgesell-schaften | T-Online AOL CompuServe Internet-Pro-vider | Landes-Rundfunk-anstalten und Privatsender |
| Ebene 2 | Druck-maschinen Kopiergeräte | Telefon- und Faxgeräte | Personal Computer und Modem | Rundfunk- oder Fernseh-empfänger |
| Ebene 1 | Grosso Buchhandlung | Telefonnetz Ortsnetz Fernwählnetze | Telefonnetz Zugangs-Rechner Internet-Backbone | Sender und Kabelnetz |
| Finanzierung der Ebene 1 | Preisbindung der Verlage auf Ebene 3 | Pauschale und zeitabhängige Preise der Ebene 3 | Differenzierte Anschluß-preise und Ebene 3 | Pauschale Anschluß-gebühr und Ebene 3 |

**Tab. 2: Wirtschaftszweige mit verschmelzender Informations-Infrastruktur**

Es vergeht kein Tag, in dem nicht Menschen, Betroffene (im doppelten Sinn des Wortes) der verschiedensten Wirtschaftszweige, die gesellschaftlichen und wirtschaftlichen Konsequenzen dieser Verschmelzung schildern, wie sie sich aus der Konvergenz der technischen Infrastruktur ergeben. Es gibt Veröffentlichungen, die uns schildern, wie sich Gesellschaft und das "Business im Internet" verändern kann. Don Tapscott mit seinem Buch "Die digitale Revolution: Verheißungen einer vernetzten Welt- die Folgen für Wirtschaft, Management und Gesellschaft" [4] schildert die Entwicklungen ausführlich aus nordamerikanischer Perspektive. Gerhard Schröder beklagt als Ministerpräsident eines Bundeslandes: "Die deutsche Sucht nach ewigen Lösungen, die Angst vor Experimenten und der Mangel an Phantasie hemmen die politische Tat" [5]. Ein Hochschullehrer liefert erschreckende Fakten bei der Beantwortung der Frage: "Hat Deutschland die Internet-Entwicklung verschlafen?" [6].

Mit unseren Beispielen Computer-Zeitung, ARD Tagesschau, Holiday-Inn und dem Zugang zu all diesen Diensten über das Telefon haben wir aus den wichtigsten betroffenen Wirtschaftszweigen je ein Beispiel angesehen. In der Tat waren die Beispiele bisher nur Abruf von Informationen und in jeder Bedeutung des Wortes unverbindlich.

Der Entwicklung des Internet folgend beobachten wir deutliche Reifestufen von reiner Informationsabfrage mit Browser und Modem über die Bildung von Interessen-Gruppen zu ersten Formen von Business im Internet, indem ein qualifiziertes Kundeninteresse an bestimmten Marketing-Informationen festgestellt werden kann.

Die Bereitstellung von Katalogen und die Bestellung unterscheidet sich aber bei den meisten Web-Services (noch) überhaupt nicht von der Abwicklung einer Bestellung per Fax oder Brief. Zwar entsteht ein Eindruck von Service und Kundennähe, der aber nicht wirklich zu neuen Geschäftsformen oder drastischen Einsparungen führt. Das liegt daran, daß die Mehrzahl der heute installierten Web-Server nur weitere Inseln in der Informationssystemlandschaft der Unternehmen sind oder gar von Dritten betrieben werden. Die unternehmensinternen Systeme sind als universelles HOST-System oder seit einigen Jahren als statische Client/Server-Lösung implementiert und gehen nicht davon aus, die Privatkunden oder Geschäftspartner unmittelbar zu bedienen. Tatsächlich liegt in der unmittelbaren Kommunikation mit den Kunden und Lieferanten der Schlüssel für die geschäftlichen Chancen: Man kann im Wettbewerb mit anderen Anbietern neuartiges und zusätzliches Business durch Leistungsdifferenzierung und erhebliche Kosteneinsparungen durch nahtlose Einbeziehung der Partner in integrierte Geschäftsprozesse erreichen. Daher wollen wir uns damit befassen, was diese bisher nur für globalen Informationsabruf bewährte Web-Infrastruktur zusätzlich auch für Business im Internet leisten kann. Was geht, was geht nicht, wenn es um Gut und Geld geht?

**Abb. 7: Reifestufen im Web-Business**

# 3 Client/Server-Infrastrukturen für Geschäftsprozesse

Geschäftsprozeßorientierung und die Überwindung tayloristischer Arbeitsformen ist seit Jahren das bevorzugte Konzept, um Unternehmen wettbewerbsfähig zu machen.

Führungskräfte gestalten die Wertschöpfungsprozesse und damit die arbeitsplatzindividuelle Unterstützung der Zusammenarbeit im Team, aber auch mit Partnern, mit Kunden und Lieferanten. Eine breitere Produkt- und Dienstleistungs-Palette mit immer spezielleren Angeboten, die Gewährleistung einer schnellen und flächendekkenden Lieferfähigkeit sowie der wirtschaftliche Umgang mit gemeinsamen Betriebsmitteln sind in der Regel ohne die Unterstützung durch integrierte Datenbank- und Transaktionssysteme nicht mehr möglich. Um so erstaunlicher ist, daß die Informations-Infrastruktur, die Gesamtheit der Einrichtungen und die Summe der anbietbaren Dienste und Betriebsmittel bisher meistens nur bis an die Unternehmensgrenzen reichte.

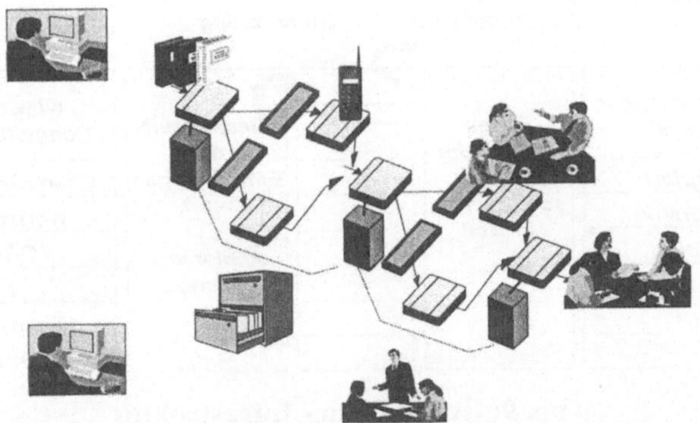

**Abb. 8: Wertschöpfungsprozeß und Zusammenarbeit**

Zwei Entwicklungslinien zeichnen die Evolution der Infrastruktur [Abb.7] aus: Eine primäre, die sich an Gestaltungszielen für die Wertschöpfungsprozesse orientiert, und eine sekundäre, welche die Weiterentwicklung der technischen Infrastruktur leitet. Im Laufe der letzten vier Jahrzehnte kommerzieller Datenverarbeitung waren die Gestaltungsziele unterschiedlichsten Pendelbewegungen unterworfen, meistens in enger Abhängigkeit von jeweils verfügbar werdender Datenverarbeitungstechnik.

Stapelverarbeitung löste Automatisierungwünsche, Transaktionssysteme erlaubten koordinierte, fast gleichzeitige Buchungen von Tausenden gegen gemeinsame Datenbanken, Timesharingsysteme erschlossen individuelle Lösungen für Mitarbeiter in den Fachabteilungen, der Personal Computer emanzipierte Einzelne von den planwirtschaftlich betriebenen Großrechnern.

Die Erfahrungen mit PCs haben schnell gezeigt, daß isolierte Arbeitsplatzsysteme für die Verbesserung der Geschäftsprozesse nicht viel beitragen können. Sehr schnell kamen Terminal-Emulationsprogramme hinzu. Dennoch hatte der Einsatz der ersten Personal Computer eher desintegrierende Wirkungen,allerdings gepaart mit Kreativität der Benutzer und einer drastischen Ausweitung der Anwendungsmöglichkeiten.

Der jetzt stattfindende Entwicklungschub bei der evolutionären Weiterentwicklung der Infrastruktur für Client/Server-Lösungen zu Network Computing wird vor allem durch die Einsicht ausgelöst, daß das World-Wide-Web nicht nur für den Informationsabruf geeignet ist, sondern auch für die Geschäftsprozeßunterstützung und die Zusammenarbeit im Team. Alle Partner, Kunden und Lieferanten, Interessenten und Mitarbeiter, können unmittelbar in einer neuen globalen Infrastruktur für Business im Internet zusammenarbeiten.

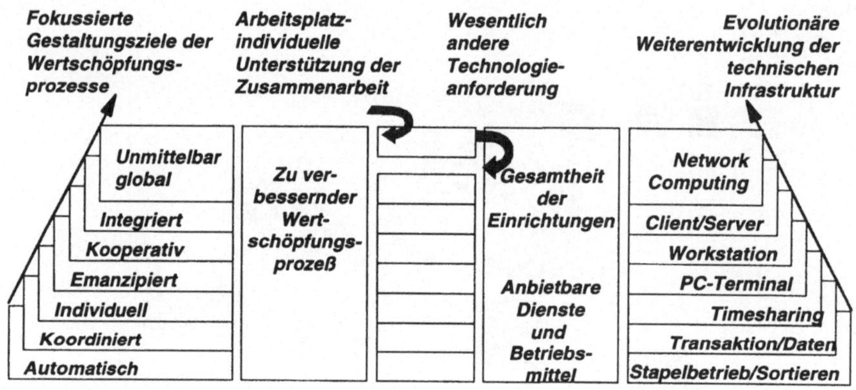


**Abb. 9: Evolution der Infrastruktur**

Die Vorstellung des Apple Macintosh im Jahre 1984 mit der graphischen Benutzeroberfläche und der Bedienung durch eine Maus kann in gewisser Hinsicht als Meilenstein gelten. Microsoft und IBM haben daraufhin gemeinsam mit der Entwicklung das völlig neuen Workstation-Betriebssystems OS/2 begonnen, das die Benutzbarkeitseigenschaften des Macintosh mit der Kooperationsfähigkeit in Unternehmensnetzen verbindet. IBM dachte dabei vorrangig an die Einbindung in die unternehmensweiten Datenbank- und Transaktionsanwendungen, welches Multithreading erfordert, und an die Kompatibilität des neuen Präsentations-Managers für die Graphikprogrammierung mit den Graphiksubsystemen der IBM Mehrbenutzersysteme. Insbesondere ein "Common Programming Interface for Communication (CPI-C)" war eine notwendige Technologie für die Verteilung der Aufgaben auf Workstations und Mehrbenutzersysteme und damit die Möglichkeit, ein verteiltes System zu bauen unter Einsatz heterogener Systeme.

## 3.1 Wandel der Client/Server-Konzepte

Die Trennung der Wege von Microsoft und IBM seit etwa 1989 hat klar erkennbare konzeptionelle Unterschiede als Grund: Microsoft orientierte sich weiterhin mit Windows an den Emanzipationszielen der PC Ära und dem Privatkundenmarkt. IBM verhalf mit OS/2 und AIX, ihrer wichtigsten UNIX-Implementierung, sowie durch konsequente Weiterentwicklung ihrer Mehrbenutzersysteme dem Client/Server-Modell für die Integration heterogener Systeme zum Erfolg. Das ist für Unternehmen wichtig, wenn es auch der kleinere Markt ist bezüglich der Anzahl der eingesetzen Personal Computer. Es werden heute schon dreimal so viele Personal Computer bei Privatkunden eingesetzt wie bei Geschäftskunden. Auch im betrieblichen Umfeld werden etwa doppelt soviele Personal Computer benutzt wie integrierte Arbeitsplatzsysteme. Es steht also 6 :1 für Personal Computer. Daraus erklärt sich die Attraktion von Windows für Softwarehäuser: Man kann mit einer Passpartout-Entwicklung für emanzipierte PC-Benutzer einen sechsmal so großen Markt auf Basis von Windows erreichen als wenn man sich auf die Entwicklung verteilter Lösungen für integrierte Workstations einläßt. Daher herrschen in den Unternehmen häufig schlichte File- und Druck-Server für autonome Personal Computer vor und werden dennoch schon als Client/Server-Infrastruktur wahrgenommen.

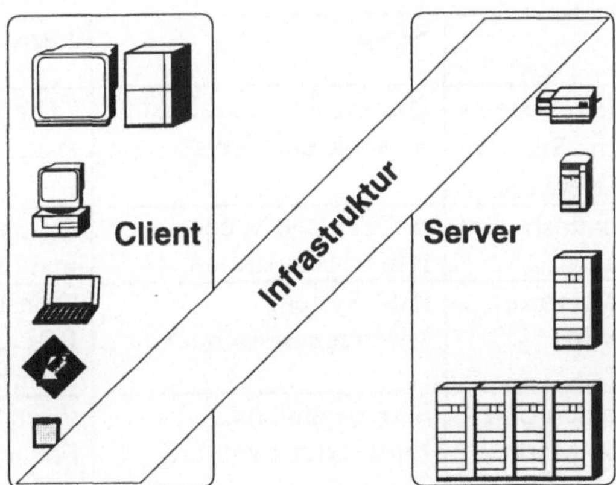


**Abb. 10: Client-Infrastruktur-Server**

Um trotz des Einsatzes von Personal Computern und Workstations zu integrierter Prozeßunterstützung im Unternehmen zu gelangen, sind Client/Server-Lösungen entwickelt worden. Als Mindestkonsens für den viel diskutierten Begriff „Client/Server Computing" soll hier festgehalten werden, daß es sich dabei um zwei Programme auf unterschiedlichen Systemen handelt, die durch ein Kommunikationsmedium miteinander verbunden sind und eine Kunden/Lieferanten-Beziehung miteinander haben. Eines nennen wir den „Client", den Kunden, den Nachfrager nach Diensten, und das andere den „Server", den Anbieter von Diensten. Wichtig ist, daß der Anbieter von Diensten wieder in einer weiteren Beziehung als Client eines oder mehrerer anderer Server auftreten kann. Softwaretechnisch ist das die Umsetzung von Unterprogrammtechnik in heterogenen vernetzten Systemen.

Sehr weit geht der technische Konsens über Client/Server-Konzepte allerdings nicht. In den vergangenen fast fünfzehn Jahren, seitdem es in Deutschland Personal Computer zu kaufen gibt, hat es etwa alle drei bis vier Jahre massive Änderungen in den Bauprinzipien für Client/Server-Lösungen gegeben.[Tabelle 2].

Die Übertragung des Begriffs Infrastruktur[1] auf Client/Server-Infrastrukturen, den unscheinbaren Schrägstrich zwischen C und S, liegt unmittelbar nahe: Sie ist die Gesamtheit der systemweiten und persönlichen Einrichtungen, die für eine ausreichende Informationsversorgung und zur wirtschaftlichen Entwicklung einer Unternehmung mit ihren Geschäftsprozessen erforderlich sind. Hierzu zählen z.B. die Datennetze, die Arbeitsplatzsysteme und die Anwendungsserver als technische Infrastruktur. Ausbildungsprogramme, Übungsmöglichkeiten, Hot-Line-Service, Anwendungsberatung und Installationshilfen vor Ort als soziale Infrastruktur. Daneben ist die institutionelle Infrastruktur mit Standards und Methoden und die personelle Infrastruktur zu betrachten, die Zahl und Fähigkeiten der Menschen, die am Wertschöpfungsprozeß teilnehmen. Diese Infrastruktur entscheidet über die Wirksamkeit und die Kostenstruktur der Wertschöpfungsprozesse im Versorgungsgebiet.

| | Client | Server | Infrastruktur |
|---|---|---|---|
| 1982 | Sun Microsystems entsteht im Stanford University Network | Universelle Timesharing-Systeme und Peers | „The network IS the system" |
| 1984 | Apple Macintosh wird vorgestellt | AT&T: UNIX, consider it to be standard. | Graphische Oberfläche und Maus |
| 1987 | OS/2 von Microsoft und IBM wird vorgestellt | IBM System Awendungs-Architektur | Transaktionen zwischen PCs und Mehrbenutzersystemen |
| 1988 | IBM tritt in den UNIX Workstation-Markt ein | SAP beginnt die Entwicklung von R/3 | Open Software Foundation gegründet, entwickelt ein Distributed Computing Environment (DCE) |
| 1990 | Standardized General Markup Language zu HTML weiterentwickelt | Universal Resource Locator wird entwickelt | Internet wird geöffnet für kommerzielle Netzbetreiber |
| 1991 | Windows 3.0 von Microsoft auf Basis von DOS | SAP bringt ihr System R/3 an den Markt | Object Management Group auf dem Weg zur Common Object Request Broker Architecture (CORBA) |

| 1993 | Mosaik-Browser wird bekannt | Netscape Communications wird gegründet | Das "Web" entwickelt sich rapide in der UNIX-Welt |
|---|---|---|---|
| 1994 | OS/2 Version 3 wird mit Internet Zugang ausgeliefert | Microsoft bietet mit dem Windows NT Server eine Alternative zu OS/2 LAN Server oder UNIX Servern | CORBA 2.0 spezifiziert die Interoperabilität zwischen heterogenen Systemen |
| 1997 | Windows NT übernimmt die Oberfläche von Windows95 | Alle IBM Mehrbe-nutzersysteme bieten UNIX Funktionen, OS/390 ist zertifiziert | Auslieferung einer CORBA Suite für das Internet |

**Tab. 3: Zeittafel bedeutender Ereignisse auf dem Weg zu Client/Server im Internet**

Alle der in den achtziger und frühen neunziger Jahren entwickelten Client/Server-Infrastrukturen orientierten sich an einem Referenzmodell, das als "Gartner-Modell" in der Literatur zu finden ist [Abb.11].

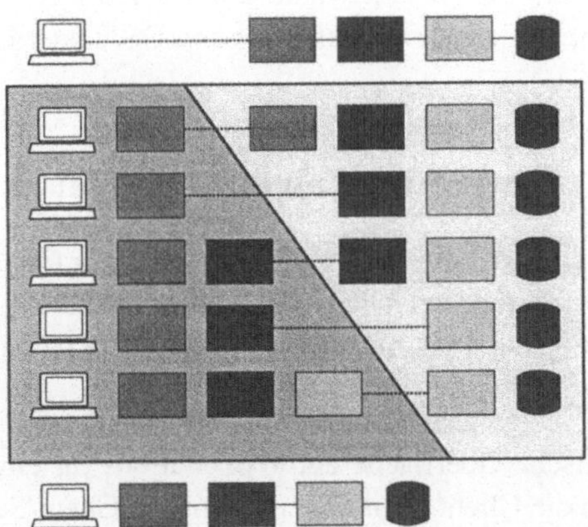

**Abb. 11: Client/Server-Modell für die Verteilung**

Wie haben Sie vor neun Jahren über zentrale und dezentrale Datenverarbeitung gedacht? Meine Sicht habe ich damals in die 9. Saarbrücker Arbeitstagung eingebracht [8]. Ich war ganz gefangen von den Herausforderungen, die sich mit der Verteilung von Funktionen auf so heterogene Computersysteme wie Mainframes und Personal Computern auf Basis von Intel x86 stellten. Es galt, mit unterschiedlichen Zeichensätzen und Sortierreihenfolgen, **ASCII und EBCDIC**, völlig anderen Strukturen der Rechner bei der Adressierung graphischer Darstellungen und den Konsequenzen aus der Kooperation sowohl über **lokale Netze** als auch über **Weitverkehrsnetze** fertig zu werden. Relationale Datenbanken auf unterschiedlichen Rechnern führten trotz standardisierter **SQL Sprache** jeweils zu unterschiedlichen Ergebnissen. Gruppenwechsel und Zwischensummen sind eben abhängig von den Sortierreihenfolgen der benutzten Computerdaten. Es war damals überhaupt nicht selbstverständlich, daß man sicher auf eine **beliebige relationale Datenbank** über das Netz zugreifen konnte.

Relationale Datenbanken im Hintergrund, Transaktionsverarbeitung in den Anwendungsystemen und interaktive Workstations mit graphischer Benutzerunterstützung war das Design-Muster der Zeit. IBM hatte die notwendigen Bauprinzipien im Jahr zuvor als IBM Systems Application-Architecture (SAA) veröffentlicht und zusammen mit Microsoft ***OS/2*** als transaktionsfähiges Workstation-Betriebssystem für Intel-Prozessoren vorgestellt. Über die Implementierung **virtueller Maschinen** konnte erreicht werden, daß DOS Programme der ersten PC-Generation weiterbenutzt werden können, auch mehrere Programme gleichzeitig.

Für IBM und Microsoft waren neben den Multitaskingfunktionen, nämlich **mehrere unterschiedliche Programme** gleichzeitig laufen zu lassen, vor allem die Threading-Funktionen wesentlich. Threading bedeutet, daß ein Programm mehrere Aufgaben gleichzeitig im Auge haben kann, z.B. die Anforderungen vieler Clients überfliegen und Prioritäten setzen. Nur auf Basis von Multithreading konnten effiziente Server-Betriebssysteme entwickelt werden. Bis weit in die 90er Jahre, bis zur erfolgreichen Entwicklung der Windows NT Server, hatte auch Microsoft keine Alternative für Client/Server-Lösungen, als den Server auf Basis von OS/2 oder UNIX zu betreiben.

## 3.2 Erfolgreiche Client/Server Infrastruktur für Datenbanken

Im Rückblick kann man feststellen, daß alle Client/Server-Infrastrukturen, die auf die Verteilung von Betriebsmitteln, vor allem Datenbanken und Programme, auf Workstations und mehrere vernetzte Systeme abzielen, folgende Reihenfolge einhalten:

1. Man hat zentrale Betriebsmittel, z.B. Datenbanken und Programmbibliotheken.
2. Man nutzt die graphische Oberfläche der Workstations für eine produktive Benutzerunterstützung und die Client-Funktionen der neuen Client/Server-Programme.
3. Man muß eine neue Zwischenschicht für die Ablaufumgebung der neuen Anwendungs-Services entwickeln, die dem verteilten System wieder die Charakteristik eines Mehrbenutzersystems gibt.

Nach öffentlich vorgetragenen Zahlen hat die SAP AG in den Jahren zwischen 1989 und 1991 einen dreistelligen Millionenbetrag, etwa eine viertel Milliarde DM, in die Entwicklung der SAP R/3 Basis investiert. Ein wesentlicher Teil des Wettbewerbsvorteils, den sich SAP verschafft hat, ist auf die entschiedene und mutige Investition in den Aufbau einer eigenen Client/Server-Infrastruktur auf Bauprinzipien der IBM System-Anwendungs-Architektur zurückzuführen. Für die **Verteilung** von Programmfunktionen und Betriebsmittel ist ein Transaktionsprotokoll wie das CPI-C unverzichtbar. Hasso Plattner und Gerhard Oswald haben auf der Basis dieser Architektur die ersten Designarbeiten an dem begonnen, was heute als SAP R/3 Basis die erfolgreichste Client/Server-Infrastruktur dieser "Datenbank-zentrischen" Bauweise ist [9]. Diese Basistechnologie stand zunächst für OS/2 und die IBM Großsysteme zur Verfügung, seit 1989 aber auch für die UNIX-Angebote aller großen Hersteller. Zwischenzeitig gibt es entsprechende Transaktionsprotokolle auch auf Basis des Internets.

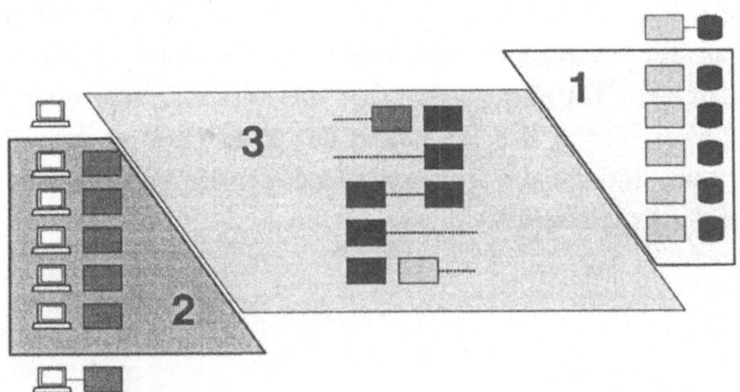


**Abb. 12: Entwicklungsreihenfolge herkömmlicher Client/Server-Infrastrukturen**

Für SAP war von Beginn an die relationale Datenbank, die graphische Benutzeroberfläche und die Transaktionsfestigkeit wichtig, weil damals nur so Arbeitsplatzsysteme mit Intel-Prozessoren im Umfeld von IBM Mehrbenutzersystemen sicher und robust eingesetzt werden konnten. Mit dem dafür entworfenen neuen Workstation-Betriebssystem OS/2 und insbesondere der Kopplung über das synchrone Transaktionsprotokoll CPI-C haben unabhängige Softwarehäuser und größere Unternehmen, vor allem Banken und Sparkassen, aber auch Versicherungen und Fertigungsunternehmen, mit PCs auf Basis von **Intel-Prozessoren** Client/Server-Infrastrukturen zur Unterstützung von Geschäftsprozessen aufgebaut.

## 3.3 Erfolgreiche Client/Server-Infrastruktur für Zusammenarbeit

Mit der Erfindung und Entwicklung von Notes seit 1984 ist von Ray Ozzie[10] ein völlig anderer Ansatz für eine Client/Server-Infrastruktur gewählt worden als die eben geschilderte transaktionsorientierte Datenbanktechnik. Hier ging es von Anfang an nicht um die Verteilung von zentralen Systemen, sondern um die Kommunikation Gleichberechtigter, die Kooperation von Partnern und die **Koordination gemeinsamer Dokumente**. Bereits von Anfang an auf dem Internet-Protokoll basierend, hat sich Notes zu Recht davon getrennt, daß eine Datenbank für Dokumente die gleichen transaktionsorientierten Prinzipien befolgen müsse wie relationale Datenbanken. Die Arbeit an Dokumenten, die sehr wohl zentral koordiniert werden können, erfolgt über lange Phasen auf einer eigenen Kopie im Notes Desktop auf der Workstation. Die Grundinnovation war die **vollständig automatisierte Replikation** der Notes-Datenbanken auf einen oder mehrere Server und die Aushändigung der Dokumente mit Anlagen an Autoren auch ohne sichere, ständige oder schnelle Netzverbindung. Dieses Design hat gerade bei der **Nutzung über das Internet** massive Vorzüge. Erst nach Fertigstellung eines Dokuments wird die lokale Version des Dokuments mit der zentralen Version abgeglichen. Wenn sich seit der letzten Replizierung auf der Datenbank keine Veränderung eingestellt hat, wird die neue Version problemlos übernommen. Sollten, bei mehr als einem Autor, auf beiden Seiten einander ausschließende Veränderungen erfolgt sein, wird der Replizierungskonflikt von einem Editor zu lösen sein. Durch ein an der Erfahrung gewachsenes Autorisierungskonzept, für bestimmte Aufgaben **strukturierte Datenbanken**, z.B. für Diskussionen oder Vorgangsverfolgung, und schließlich durch die im Laufe der Jahre immer granularer gewordene Dokumentenstruktur, sind diese manuellen Klärungen für gut entworfene Notes-Dokumentenbanken in der Praxis selten.

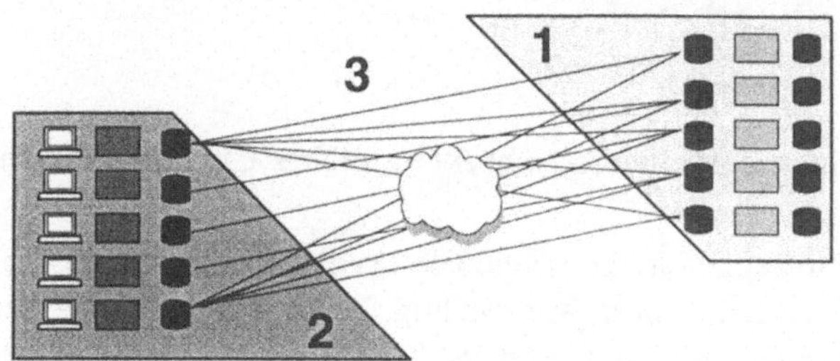


**Abb. 13: Lotus Notes**

Bei diesem Design ist die Anbindungsmöglichkeit **mobiler PCs über Wählleitungen** ein wesentlicher Vorteil. Dadurch, daß prinzipiell nur eine lokale Kopie bearbeitet wird, die sobald wie möglich, aber grundsätzlich zeitversetzt, mit dem Server repliziert wird, kann ein ganzer Vorrat an Briefen, Arbeitsberichten, Kommentaren auf den lokalen Notes-Datenbanken bearbeitet werden, die dann, bei (Wieder-) Herstellung einer Verbindung mit dem Server, in jeweils einer Unit-of-Work repliziert wird. Notes -Replikationen erfolgen nur synchron, in einer langlaufenden Transaktion. Auch Notes folgte der herkömmlichen Designreihenfolge:

1. den Notes Server,
2. den Notes Desktop und
3. die "Kleinigkeit" dazwischen, die ganze Notes Infrastruktur, die führende Client/Server-Infrastruktur für **Groupware**.

# 4 Network Computing in einer offenen Infrastruktur

So hat jeder gedacht bei herkömmlichen Client/Server-Infrastrukturen. Das Ergebnis sehen wir in vielen Unternehmen: Die neuen Client/Server-Lösungen sind, als ganzes gesehen, wieder nur eine Insel oder ein Archipel mit einer jeweils besonderen und dadurch sonderlichen Infrastruktur.

Die Client/Server Lösung des Herstellers ABC bildet eine eigenständige Inselgruppe aus Desktop, Anwendungs-Servern und Datenbank-Server, die durch transaktionsfeste Brücken miteinander fest verbunden sind.

Die Notes Infrastruktur ist ein zweites Archipel, das durch ein höchst effizientes und robustes, allerdings auch nur wenigen Menschen zugängliches, Replikationsprotokoll zusammengehalten und gesichert wird.

Einige große Unternehmen hatten das Geld, die Entwickler und die Zeit, eine Client/Server-Infrastruktur für den eigenen Versorgungsbereich zu bauen. Auch dort führte die Verteilung wieder zu einer Inselgruppe oder blieb im Sonderfall ein neuer Kontinent, wenn die Insel mit einem Mainframe oder einem massiv parallelen System bestückt war, das sich wie ein System nach außen darstellt.

Die Unterstützung der Arbeitsplätze im Wertschöpfungsprozeß durch Datenbanken und die Unterstützung der asynchronen Zusammenarbeit erfolgt aus getrennten Infrastrukturen. Unterschiedliche Sicherheitskonzepte, unterschiedliche Benutzernamen, unterschiedliche Anwendungsentwicklungs- und System-Management-Prinzipien behindern die Teams. Das ist das Gegenteil von dem, warum Unternehmen Client/Server-Lösungen einführen wollten.

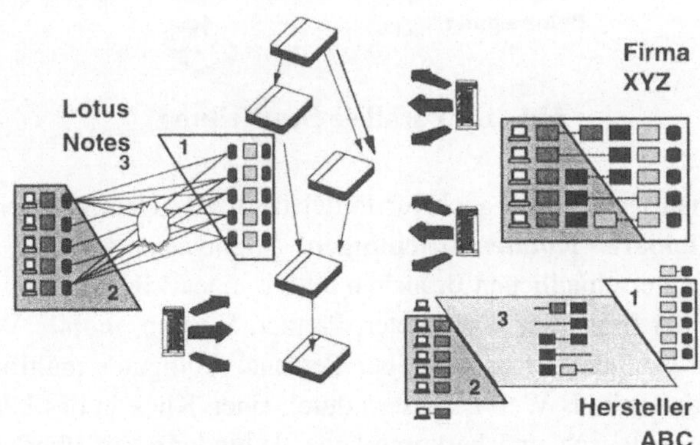


**Abb. 14: Client/Server Inseln und Archipele**

## 4.1 Network Computing aus Sicht eines Unternehmens

Die **Verkürzung der Produkt- und Service-Zyklen** ist in allen Branchen ein wichtiges Organisationsziel, das nur durch integrierte Geschäftsprozesse erreichbar ist. Ob es um "Parallel Engineering" in der Fertigungsindustrie geht oder um die Schadenbearbeitung in der Versicherungswirtschaft: Um die **gleichzeitige Benutzung derselben Information an unterschiedlichen Orten** zu erreichen, muß man sich von der physischen Zeichnung auf dem Reißbrett oder vom Original des Kundenbriefes trennen. Personal Computer oder Workstations mit ihrer graphischen Oberfläche erlauben ein **Surrogat für Zeichnung und Brief** vorzuhalten. Da mehrere Arbeitsschritte an unterschiedlichen Orten mit arbeitsplatzindividueller Unterstützung für die Befriedigung **derselben Kundenanforderung** vorgenommen werden können, kann das Ergebnis durch diese **Parallelisierung** früher vorliegen und so der Wertschöpfungsprozeß beschleunigt werden. Gleichzeitig werden die an unterschiedlichen Orten sichtbaren **Daten nur einmal verwaltet**. Das ist und bleibt die Haupttriebkraft der Client/Server-Technik.

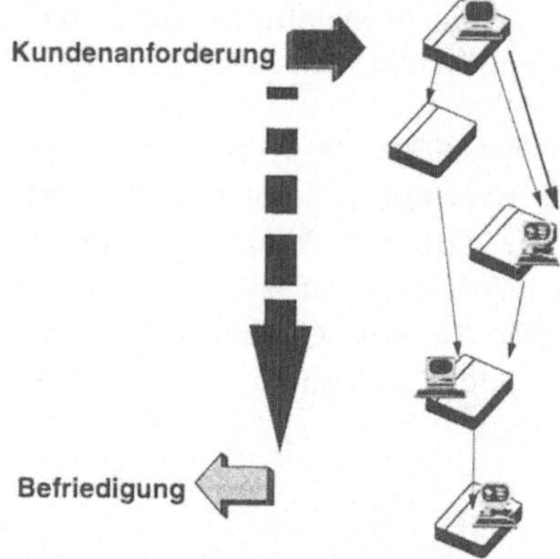


**Abb. 15: Parallele Bearbeitung**

Es geht immer häufiger darum, auch für mittelständische Unternehmen auf globalen Märkten **unmittelbare Kundenbeziehungen** aufzubauen und zu pflegen. Das geschieht in den unterschiedlichen Branchen mittels einer **Vielzahl von Kommunikationskanälen:** Über freie Handelsvertreter, Partner, Filialen, mobile Vertreter, durch Werbemittel wie Compact-Disks, die über Personal Computer multimediale Inhalte kommunizieren und mittels Web-Browsern durch einen Klick in das Internet verzweigen, durch Datenaustausch und herkömmliche Anbindung mit überlassenen Datenleitungen, durch effiziente Telefondienste wie die Einrichtung von Call-Center oder herkömmlich mit Geschäftsbriefen und Fax. Jeder dieser in der Vergangenheit technisch und organisatorisch getrennten Kommunikationskanäle stellte bisher eine wesentlich andere Technologieanforderung an die Informations-Infrastruktur. Die Einsichten in die Wirkungsweise des World-Wide-Web lassen die Hoffnung aufkeimen, daß die gesamte Kommunikation mit Partnern unternehmens- und herstellerunabhängig durchgängig gestaltet werden kann. Die Medien **Papier** in Form von Fax, **Sprache** in Form von digitalen Fernsprechnetzen auf Basis von ISDN, **Daten** über das Internet-Protokoll sowieso, **Multimedia** über das World-Wide-Web, Unterstützung der **Vertreter** durch mobile Computer mit Modemanschluß, die flächendeckende Ausstattung der **Filialen** mit Client/Server-Lösungen und die Erreichbarkeit aller weltweiten **Partner** über Internet-Technologie macht in Summe das aus, was die IBM mit **Network Computing** beschreibt.

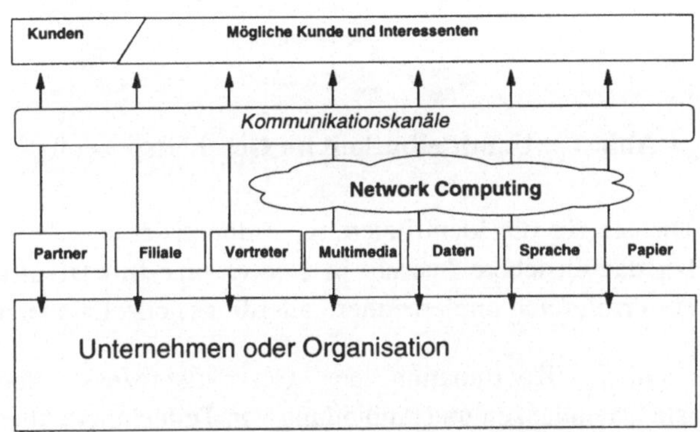


**Abb. 16: Network Computing**

Dann erreicht man eine Geschäftsprozeßunterstützung, die weiterhin auf zuverlässige, individuelle und zügige Befriedigung der **Kundenanforderungen** zielt, aber durch **unmittelbare Einbeziehung der Partner** in den Geschäftsprozeß **sofortige Nachfrage** seitens der Mitarbeiter des Unternehmens erlaubt. Diese Unmittelbarkeit führt zur Chance, zusätzliche Geschäftsmöglichkeiten wahrzunehmen und eine individuelle Behandlung des Partners zu erreichen. Für den Partner ergibt sich die Chance für **Nachverhandlung,** er sitzt am Hebel und weiß jederzeit, welchen Status seine Anforderung hat und welcher Sachbearbeiter sich gerade um seine Wünsche kümmert. Die gegenseitige Information erlaubt eine **Disposition** relevanter Ereignisse im Geschäftsprozeß bis hin zur **Befriedigung** und Bezahlung. Damit eine **universelle Infrastruktur** für die globale Informationsgesellschaft diese von vielen erwarteten Verbesserungen erlaubt, muß die bestehende World-Wide-Web-Infrastruktur um wesentliche **zusätzliche Einrichtungen** erweitert werden, die in den heutigen Client/Server-Infrastrukturen ganz selbstverständlich sind.

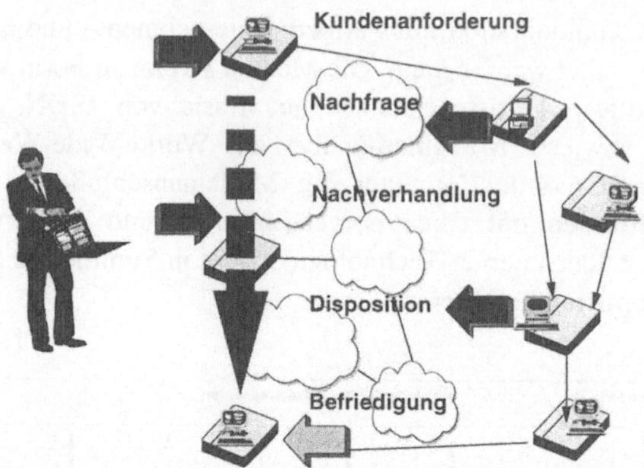


**Abb. 17: Unmittelbarkeit im Geschäftsprozeß**

Dabei sind die Dienste für die Identifizierung, Authentisierung, Authorisierung und Zertifizierung über das unsichere Internet in **Groupware-Infrastrukturen** wie z.B. Lotus Notes bereits erfolgreich implementiert, allerdings herstellerspezifisch.

Transaktionsmanagment, Koordination der Geschäftsprozesse über gemeinsam benutzte relationale Datenbanken und Anbindung von Teilnehmern über langsame und fehleranfällige Kommunikationswege sind in den **Datenbank-Infrastrukturen** wie z.B. SAP R/3 im Einsatz, allerdings herstellerspezifisch.

Die universelle Infrastruktur wird die Charakteristik dieser erfolgreichen Client/Server Infrastrukturen ebenfalls haben müssen, aber **unternehmensübergreifend und herstellerneutral**, damit alle Partner in allen Unternehmen und Organisationen, auch die Privatkunden, ohne Einschränkungen mitmachen können wie beim World-Wide-Web.

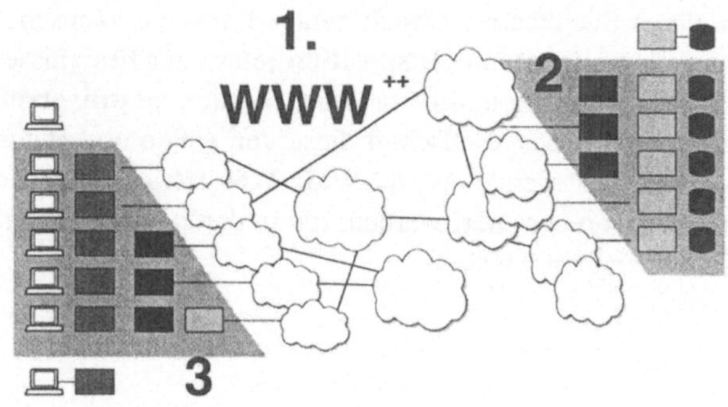


**Abb. 18: Network Computing Entwicklungsreihenfolge**

World-Wide-Web Benutzer gehen wie selbstverständlich davon aus, daß man als Client jederzeit mit jedem Server ins Geschäft kommen kann. Brauchen die Inseln nur alle einen Web-Server vorzuschalten und alle Probleme sind gelöst? Wir werden sehen, daß dieser Weg nicht von heute auf morgen zum Ziel führt, insbesondere weil die Bauprinzipien dieser neuen Infrastruktur für Network Computing mit den notwendigen Bauprinzipien der bisher erfolgreichen Client/Server-Infrastrukturen für Datenbanken und Zusammenarbeit kollidieren.

1. Die globale Reichweite des Internet und der World-Wide-Web-Infrastruktur ist gegeben. Sie ist so etwas wie der Ozean zwischen den Inseln und Kontinenten, auf denen Browser und Web-Server, aber auch Client/Server-Infrastrukturen residieren.
2. Die Server müssen mindestens die Web-Server-Dienste leisten wie eine Anlegebrücke. Darüber hinaus können und müssen sie aber auch zusätzliche Anwendungen vorhalten, die über Web-Gateways angeschlossen werden.
3. Die wie Boote "anlegenden" Clients melden sich mittels des HTTP-Protokolls und fordern etwas zum Festmachen, mindestens aber eine Web-Page als Wurfleine, vom Server.

Um aus diesem unverbindlichen Zustand eine feste Client/Server-Bindung aufbauen zu können, müßte der Client-Teil vom Server auf den Client geladen und von dort aus eine zuverlässige Transaktions- oder Replikationsbeziehung aufnehmen. Wie verteilt man aber Software ohne Ansehen der internen Rechnerarchitektur des jeweiligen Clients?

## 4.2 Erfahrungen mit Open Systems und die Entwicklung von Java

Als Mehrbenutzer-Timesharingsystem bekannt geworden, wurde UNIX seit Anfang der 80er Jahre auch für vernetzte Arbeitsplatzsysteme verfügbar gemacht. Mit den UNIX-Workstations wurde eine TCPI/IP Implementierung der Internet-Technologie **ohne gesonderte Berechnung** ausgeliefert. **UNIX** und das **Internet** haben sich gemeinsam entwickelt und verbreitet. Die Gründung von Sun Microsystems kann als ein Meilenstein gewertet werden. Gerade die Entwickler innovativer Prozessoren lieben die Eigenschaft des UNIX Betriebssystems, fast vollständig in der **compilierbaren Sprache C** geschrieben zu sein. Die Entwicklung eines neuen Prozessors mit einem eigenständigen Instruktionssatz, wie er für Reduced-Instruction-Set-Computers (**RISC**) charakteristisch ist, mußte nur durch die Entwicklung eines effizienten C-Compilers ergänzt werden. Mit dem C-Compiler konnte man das Betriebssystem fast vollständig kompilieren und so schnell mit einem Rechner an den Markt gehen, der für alle auf UNIX-Schnittstellen aufbauenden Programme sofort einsetzbar ist - wenn es der Eigentümer des Quellcodes will und/oder die **Portierung** auf das neue System zuläßt.

Mit diesen RISC Rechnern ist IBM 1988 mit AIX in den UNIX Markt eingetreten, hat sich der **X/Open** Gruppe angeschlossen und gründete mit führenden Mitbewerbern die **Open Software Foundation** für die arbeitsteilige Entwicklung herstellerneutraler Basistechnologie. Der Gedanke portabler, skalierbarer und herstellerneutraler Systemsoftware war damals in aller Köpfe. Wesentliche Entwicklungsimpulse sind seither von der Open Software Foundation ausgegangen und haben zu einer gemeinsamen **Distributed Computing Environment** (**DCE**)-Technologie der wichtigsten Systemhersteller geführt [11]. Diese zentrale Technologie für die Gestaltung herstellerneutraler Infrastrukturen ist in jeder Hinsicht offen: Öffentlich entwickelt, neutral lizenziert, standardkonform und auf die Integration heterogener Systeme zu Client/Server-Systemen mittels Remote-Procedure-Call auf **Internet-Protokollbasis** optimiert. DCE ist die fundamentale Technologie für den **Open Blueprint**, in dem IBM den Stand des Konsenses für den Bau verteilter heterogener Systeme dokumentiert [12].

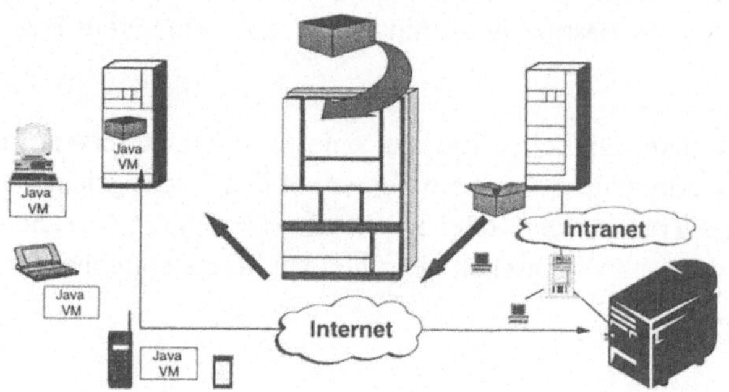


**Abb. 19: Open Blueprint Szenario**

In diesem Zusammenhang ist es wichtig, daran zu erinnern, daß neben erfolgreichen Techno-logien wie **Motif** als graphische Oberfläche und **DCE** als Laufzeitumgebung zwei wichtige Projekte gescheitert sind: Es ist nicht gelungen, sich auf ein "Architecture Neutral Distribution Format" für die Auslieferung der Software zu einigen und auch beim "Distributed Management Environment" konnte kein Konsens für eine gemeinsame Technologie gefunden werden. Diese Lücken kann man jetzt für die globale Informations-Infrastruktur mit **Java** von Sun Microsystems im Konsens aller großen Hersteller von Hardware und Software lösen.

## 4.3 Java

In diesem Vortrag müssen drei Eigenschaften von Java als wesentliche Software-Technologie in einer Web-Infrastruktur für verteilte heterogene Systeme angesprochen werden. Java ist Programmierumgebung mit einer neuen **Sprache**, ist die Spezifikation einer Laufzeitumgebung für dynamisch über das Web geladene Programme in Form einer **virtuellen Maschine** und schließlich ist Java Softwaretechnologie der

Firma Sun Microsystems [13], die unter Lizenzvertrag anderen Herstellern verfügbar gemacht wird. Dabei handelt es sich um die **Entwicklungsumgebung** und eine Referenzimplementierung der Laufzeitumgebung, die auf eine Vielzahl von Systemen portiert werden kann.

Letztere ist bereits von der Mehrzahl der Anbieter von Informationssystemen **in Lizenz** genommen worden, darunter IBM und Microsoft. Das Grundprinzip soll hier skizziert werden. Spezialisten mögen mir den Versuch einer anschaulichen Schilderung dieser Umgebung verzeihen.

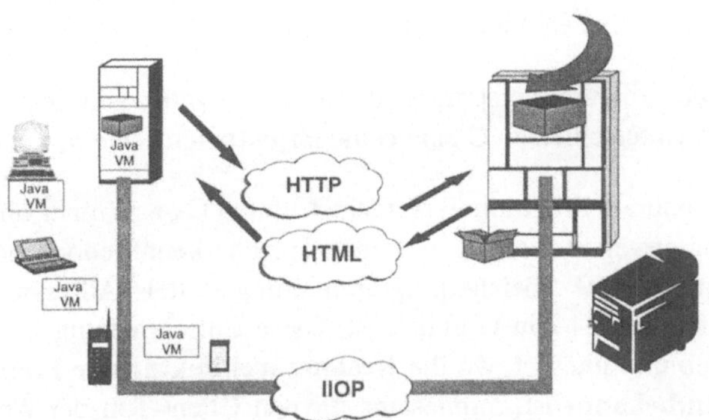


**Abb. 20: Java Umgebung**

Ein beliebiges System fordert über HTTP statt einer Grafik ein Programm an. Die dynamisch anforderbaren Programme nennt man **Applets**, kleine Applications. Der Programmcode wird auf dem Web-Server in der Architekturneutralen Form als **Java-Code** vorgehalten und in einer HTML-Seite übertragen. Der Browser erkennt das eingebettete Applet und übergibt es einer **Virtuellen Maschine**, die den Java-Code ausführt. Diese Ausführung kann immer mindestens interpretativ erfolgen oder wahlfrei zur Laufzeit Maschinencode compilieren, binden und ausführen. Die Spezifikation der Virtuellen Maschine ist aufwärts kompatibel für SmartCards, PC-Cards, mobile Geräte und Workstations sowie alle Server vorgesehen.

Zu der virtuellen Maschine gehören mindestens **Core-** und einheitliche **Standard-Klassen**, die die Einbettung der Java-Applets in die lokale Betriebssystem-Umgebung leisten. Die wichtigsten Core-Klassen, die in allen Java-Laufzeitumgebungen implementiert sein müssen, sind Elemente der graphischen Oberfläche mit dem **Abstract Windowing Toolkit**, Kommunikationsklassen, die es erlauben, zwischen Applet und Server mittels eines **Internet Inter-Object Request Broker Protocol** (IIOP) Informationen auszutauschen. Schließlich benötigt das Applet immer ein minimales **Dateisystem** für Objektklassen und Instanzen. Insgesamt ist diese Umgebung aber aus Sicherheitsgründen wie ein Sandspielkasten vom Rest des Spielplatzes abgeschottet. Das Java Applet kann mit allen Eimern und Formen spielen, die innerhalb der **Sandbox** vorgehalten werden. Besondere Einrichtungen des lokalen Systems, wie z.B. ein besonderer Sparbuchdrucker, müssen als Java-Klassen innerhalb der Sandbox implementiert und mit plattformspezifischen Mitteln angebunden werden. Dadurch wird sichergestellt, daß das Applet selbst plattformneutral bleiben kann. Es stellt dann eben auf einer anderen Plattform fest, daß die benötigte Klasse "Sparbuchdrucker" nicht verfügbar ist. Andere Klassen lassen sich aber zum Vorteil aller Java-Entwickler standardisieren. Sie werden mit dem **Java Development Kit** ausgeliefert. Die entsprechenden Implementierungen müssen von allen Lizenznehmern in einem Zeitraum von 3 Monaten nach Verfügbarkeit eines neuen Java Development Kits auch wirklich vollständig implementiert werden. Dazu gehören Klassen für die **Benutzung von relationalen Datenbanken** und für die **Kommunikation mit anderen Objekten**, die nicht notwendigerweise in Java entwickelt sind.

Java ist eine neue Programmiersprache, die in ihrer Syntax von der Sprache C abgeleitet ist, aber im Unterschied zu C eine **reine objektorientierte Sprache** ist.

Zwar ist die prozedurale Programmiersprache C durch C++ zu einer objektorientierten Hybridumgebung erweitert worden. Die Java-Sprache kennt jedoch **nur** Objekte und erlaubt z.B. keine direkte Speicherprogrammierung mittels Adressrechnung, wie es durch Ausweichen aus C++ in C üblich ist. Diese Einschränkung ist von Vorteil im World-Wide-Web und Internet, wo die **Rechnerarchitektur der Laufzeitumgebung grundsätzlich unbekannt** ist, mindestens für den Client-Teil der Anwendung, aber auch zunehmend für die Server der Partner, mit denen man Geschäftstransaktionen austauschen will.

Zwar ist das Objektmodell von C++ reicher als das Objektmodell von Java. Beispielsweise kennt Java nur einfache Vererbung. Die Anpassung selbst großer - zunächst für Implementierungen mit C++ vorgesehener - Softwareentwicklungen wie das San Francisco Projekt [14] der IBM und ihrer Softwarepartner hat gezeigt, daß das Java **Objektmodell semantisch reich** genug ist, um auch komplexe Lösungen zu bauen. In dieser Entwicklung benutzt die IBM zusammen mit bisher über 75 unabhängigen Softwarehäusern die Java Technologie, um die Art und Weise zu revolutionieren, wie Lösungen für betriebswirtschaftliche Aufgabenstellungen entwickelt werden. Viele spezifische Lösungen für bestimmte Branchen setzen auf die Internet-Infrastruktur, um das Nutzenpotential der **unmittelbaren Unterstützung unternehmensübergreifender Wertschöpfungsprozesse** zu heben, z.B. durch Verbesserung der Logistikkette, der Außendienstkommunikation oder durch engere Einbeziehung von Lieferanten und die Neugestaltung des Einkaufs. Wenn zum Beginn einer Entwicklung klar ist, daß die Lösung nur erfolgreich sein kann wenn sie von **allen möglichen** Partnern übernommen werden kann und übernommen werden sollte, ist Java die Entwicklungs- und Laufzeitumgebung der Wahl. Sie bringt durch Programme, die zur Laufzeit verteilt werden können, Relevanz für geschäftliche Beziehungen in die **ohne Java unverbindliche** Web-Infrastruktur.

## 4.4 Was man noch benötigt für Business im Internet

Hier sollen zwei Grundmuster angesprochen werden, wie bestehende Client/Server- oder Mainframe-Infrastrukturen für die universellen Java-Clients geöffnet werden. Dabei müssen alle bekannten Grundprobleme der Internet-Infrastruktur gelöst werden wie z.B. Abhörbarkeit, Verfälschung und Täuschung sowie das Fehlen von Transaktionsmechanismen. Wir haben bei den bisher erfolgreichen Client/Server Infrastrukturen zwei Grundmuster für die Koordination verteilter Systeme unterschieden: Auf den Einsatz von Datenbanken mit Transaktionen und auf die Zusammenarbeit in Geschäftsprozessen optimierte Lösungen. Für beide Formen sind neue Infrastrukturen für Network Computing entwickelt worden, die **dynamische Bindung von Clients zur Laufzeit** unterstützen.

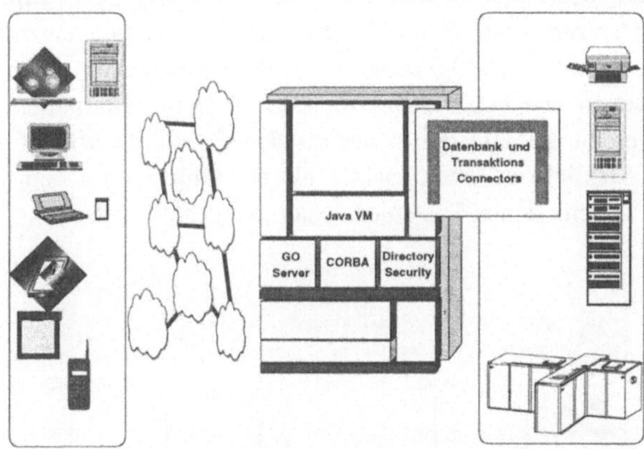


**Abb. 21: Network Computing Framework for e-Business**

Ein Beispiel, das eher die Geschäftsprozesseinbindung einzelner Personen (Business-to-Consumer) optimiert, ist das **Network Computing Framework für e-Business.** [15] Im Grundsatz ist das eine Web-Server-Technologie, die zwischen die vorhandene Infrastruktur und das Internet eingefügt wird, um spezielle Dienste für Business im Internet auf einer dedizierten Plattform vorzuhalten. Über Datenbank- und Transaktions-Konnektoren werden die neuen Dienste in die vorhandenen Systeme eingekoppelt. Transaktionen finden wesentlich innerhalb des geschützten Unternehmensnetzes statt. Diese sind vom öffentlichen Internet logisch getrennt und sind entweder nach herstellerspezifischen Regeln oder nach Internet-Bauregeln aufgebaut. Interne geschützte Netze mit Internet-Diensten nennt man **Intranet.**

In der Tradition der klassischen Transaktionssysteme, mit denen im Internet Business-to-Business-Anwendungen und im Intranet-Lösungen mit verteilten Systemen und Network Computern gebaut werden können, hat die IBM für objektorientierte Systeme den **Component Broker** vorgestellt [16]. Mit dieser Technologie können neue Web-Anwendungen und bestehende Datenbank- und Transaktionsanwendungen nahtlos zu einer Lösung weiterentwickelt werden. Wesentlich an dieser Art von Technologie ist es, daß sie **symmetrische Infrastrukturen** an das Internet heranführt und Transaktionen auszutauschen erlaubt. Dazu wird die standardisierte **Common Object Request Broker Architektur (CORBA)** der Object Management Group als fundamentale Technologie genutzt.

In diesem Zusammenhang ist wichtig einzusehen, daß die CORBA Architektur genau die Voraussetzung für die in Abb. 18 gezeigte Entwicklungsreihenfolge erfüllt, um **Business im Internet** auf eine sichere und transaktionsfeste Basis zu stellen.

Die **bestehende** Software-Infrastruktur wird durch den Component Broker erweitert. Dank der unterliegenden **CORBA** Technologie, die auf allen gängigen Computersystemen im Internet von verschiedenen Herstellern angeboten wird, können in einer Transaktion Daten bearbeitet werden, die heute in **völlig getrennten heterogenen Systemen der Partner** residieren: Bei Reisebüros, Mietwagenfirmen, Fluglinien, Firmenkantinen, Kreditkarten-Organisationen oder Tankstellen und natürlich in den eigenen Datenbanken wie IMS, DB2 oder Oracle. Dem Mitarbeiter, aber auch dem Privatkunden, werden diese Daten in der für den Geschäftsvorgang optimalen Form als Modell der Wirklichkeit bereitgestellt, als ein Objekt, von dem er nicht wissen muß, wie es aus verschiedenen Systemen zusammengestellt worden ist.

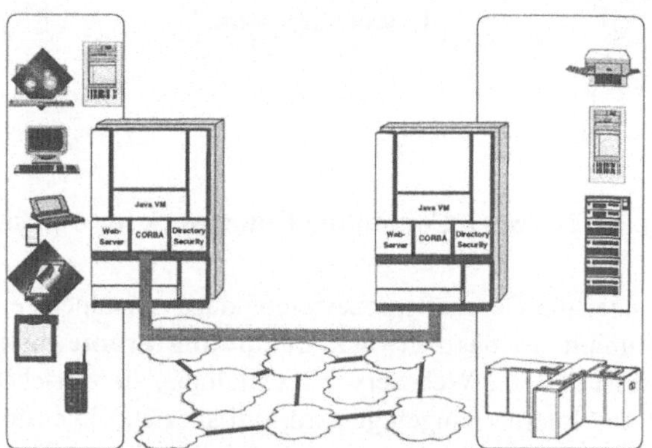


**Abb. 22: Component Broker**

Das Erstinstallations-Programm des IBM Component Broker nutzen so bekannte Firmen wie der Schweizer Bankverein und Volvo. Der Schweizer Bankverein wird Component Broker für ein großes Re-Engineering-Projekt namens **"Millenium Bank"** einsetzen. Betroffen sind 300 verteilte Computersysteme, die täglich Millionen von Transaktionen durchführen. Nach der Restrukturierung werden sich diese Systeme wie ein einziges großes System verhalten. Volvo integriert verschiedenste IT-Systeme in eine gemeinsame Umgebung mit dem programmatischen Namen **"Volvo Extended Enterprise"**, die im wesentlichen netzbasiert sein wird.

Der Component Broker wird auch die Infrastruktur für die "Commercial Sharable Frameworks" aus dem obengenannten **San Francisco** Projekt bilden. Fundamentale Eigenschaft ist es, Transaktionen in das Internet zu bringen. Dazu wollen wir uns erinnern, was der Kern einer **Geschäftstransaktion** ist:

Zwei Partner wollen Güter austauschen, z.B. Ware gegen Geld. Dazu ist es notwendig, daß beide Partner in einer "Logical Unit of Work" abgestimmt handeln. Der eine muß das Geld zahlen und die Ware erhalten und der andere muß das Geld erhalten und die Ware auch wirklich liefern. Manche dieser Geschäftstransaktionen, zum Beispiel bei Immobilientransaktionen, müssen von einem Notar beurkundet werden. Wie geht das denn aber entsprechend beim Business im Internet?

# 5 Auf dem Weg zur globalen Informations-Infrastruktur

Geschäftstransaktionen im Internet, wenn sie denn sicher durchgeführt werden können, sind in der Tat die wesentliche Eigenschaft, die der bisherigen Web-Infrastruktur zum "Business im Internet" fehlt. Alles was wir im Business kennen - Märkte, Geld, Personalausweise, Unterschriften, Zustellurkunden und vieles andere mehr - wird in der Informations-Infrastruktur genauso zu entwickeln sein wie in der physischen Welt.

Erste Erfahrungen damit haben viele Menschen gemacht, zum Beispiel beim Home-Banking. Schon heute nutzen über eine Million Deutsche das T-Online-System für ihren bargeld- und formularfreien Zahlungsverkehr. Früher hat man über **nur einen** Dienstanbieter den Netzzugang zu **nur zu jeweils einem** Institut erreicht und die **seitens der Institute** fest vorgeplanten Transaktionen abgewickelt. Als Kunde hatte man dort nur sehr beschränkte Einflußmöglichkeiten, wie sie z.B. auf Abb. 15. dargestellt waren: Man durfte sein "Überweisungsformular" abgeben, nun über Computer, Modem und Telephonnetz statt auf Vordruck über die Briefpost.

Eine ganz andere Qualität erhält das Business im Internet schon allein durch die Web-Infrastruktur, wie wir es auf Abb. 17 angedeutet haben: Man kann verhandeln, wenn auch nur mit jeweils einem Partner zur Zeit.

Das Internet erlaubt **mit einem von vielen** Dienstanbietern **zu vielen unterschiedlichen Geschäftspartnern** gleichzeitig Beziehungen zu unterhalten. Alle Institute haben die gleiche Web-Oberfläche, im Browser hat man mehrere Partner gleichzeitig am Draht und kann das jeweils beste Angebot weiterverfolgen und zweitrangiges verwerfen, wenn man **Transaktionen sicher** ausführen kann. [Abb.23]

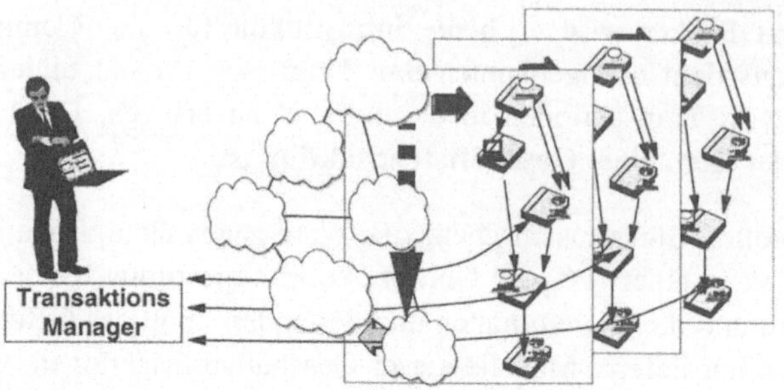


**Abb. 23: Transaktionen im Internet**

"Damit die kommerzielle Nutzung des Internet Realität wird, müssen fünf grundsätzliche Sicherheitsbedingungen zum Schutz persönlicher und finanzieller Informationen erfüllt sein:

- **Vertraulichkeit**: Sensible Daten dürfen nur einem genau definierten Personenkreis zugänglich sein, der zur Einsicht in dieser Informationen autorisiert ist.
- **Zugriffskontrolle**: Wer geschützte Daten verändern will, bedarf einer ausdrücklchen Berechtigung.
- **Integrität**: Vertrauliche Daten müssen während des gesamten Zeitraums und insbesondere während ihrer Übermittlung im Internet vor Manipulationen jeder Art geschützt sein.
- **Beglaubigung**: Der Empfänger von persönlichen Daten muß einwandfrei nachprüfen können, ob diese tatsächlich von jenem Absender stammen, von dem sie zu stammen vorgeben.
- **Anerkennung**: Es ist sicherzustellen, daß keine an einer digitalen Transaktion beteiligte Person diese Beteiligung nachträglich in Abrede stellen kann."[17]

Um Integrität, Beglaubigung und Anerkennung durchzusetzen, benötigt man eine unbedingte Identifikation der Partner und dazu ein auch im Rechtsstreit anerkanntes Ausweisverfahren, dessen Funktion im traditionellen Geschäftsleben die **Unterschrift** erfüllt. Hier hat Deutschland als erstes Land weltweit mit dem **Informations- und Kommunikationsdienste-Gesetz** (IuKDG) [18] und dort besonders mit dem **Gesetz zur digitalen Signatur** (Signaturgesetz, SigG) Rechtsklarheit zu setzen versucht.

Die Sicherstellung von Vertraulichkeit und Zugriffskontrolle stützt sich auf Verschlüsselungstechniken. Das oben genannte Gesetz, das an einem Freitag, den 13. (Juni 1997), verabschiedet wurde, hat bewußt **Verschlüsselungstechniken ausgeklammert**. Sachzusammenhang mit dem Datenschutzgesetz, dem Gesetz über die Verbreitung jugendgefährdender Schriften, dem Preisangabengesetz und anderen relevanten Gesetzen hat man mehrheitlich gesehen und durch entsprechende Änderungen geregelt, so auch das Urheberrechtsgesetz und andere.

Zum vieldiskutierten Thema Verschlüsselung: Natürlich kann man jede Nachricht für eine geschlossene Benutzergruppe verschlüsseln. Die technisch mögliche sichere Verschlüsselung kollidiert allerdings teilweise - nicht nur in Frankreich - mit nationalen Gesetzen. In Deutschland wird eine Regelung ebenfalls getroffen werden müssen, die Diskussion wird noch kontrovers geführt. Ein Verbot starker Verschlüsselung, an das gedacht wird, ist m.E. jedoch aus verschiedenen Gründen fragwürdig:

- Man kann nicht eindeutig sagen, ob eine Nachricht eine verschlüsselt Nachricht enthält. Es ist ja bekannt, daß zu Zeiten des Kalten Krieges über offen abhörbare Grußsendungen verschlüsselte Nachrichten übersandt wurden.
- Informationen lassen sich z.B. in Bilder oder Tonsequenzen so einbauen, daß sie nach menschlichem Ermessen nicht zu entschlüsseln sind.
- Bei der internationalen Struktur des Internet wird kaum zu regeln sein, welche nationale Rechtsprechung gelten soll?

Auf der anderen Seite kann man fragen, ob eine starke Verschlüsselung wirklich notwendig ist. Ich kenne niemand, der seine Euroscheck-Karte mit Persönlicher Identifikations-Nummer (PIN) bei der Bezahlung im Geschäft wirklich sicher benutzt. Müßte er doch prüfen, daß der PIN-Leser auf dem Tresen nicht unter dem Tisch mit einem Gerät verbunden ist, das nur die Aufgabe hat, die PIN und den Inhalt der Karte mitzuschreiben. Von Kreditkartenbelegen, die in jeder Hotelrezeption inklusive Unterschrift des Eigentümers kopiert werden (können), wollen wir lieber schweigen.

Sowohl beim Zahlungswesen als auch bei Copyright ist die **zweifelsfreie Identifikation der Teilnehmer** an Geschäftstransaktionen wesentlich, und hier ist das **Gesetz zur digitalen Signatur** umfassend. Wie in der realen Welt müssen die Teilnehmer mit "Personalausweis" auf fälschungssicheren Dokumenten ausgestattet werden. Es müssen fälschungssichere "Gutscheine" ausgegeben werden, die von allen Händlern akzeptiert werden. Es wird geregelt, welche Informationen zwischen Händler und Kreditkartenfirma ausgetauscht werden dürfen, ohne das Persönlichkeitsrecht der Kunden zu verletzen. Es werden Vorkehrungen gefordert, wie ein Kunde sich über den Stand der Vertragsbeziehung orientieren kann..

Unabhängig von der Frage, wie die nationalen Gesetze für die Verschlüsselung und Signierung sich weiterentwickeln, müssen sichere Zahlungstechniken entwickelt und erprobt werden, damit sie **technisch sicher und universell akzeptiert** werden. Nur wenn eine sehr große Zahl von Käufern, eine sehr große Zahl von Händlern, die Mehrzahl der Sparkassen und Banken und mehrere Kreditkartenfirmen sich auf einen Standard verständigen, kann die neue Zahlungsform die Akzeptanz von Bargeld erhalten.

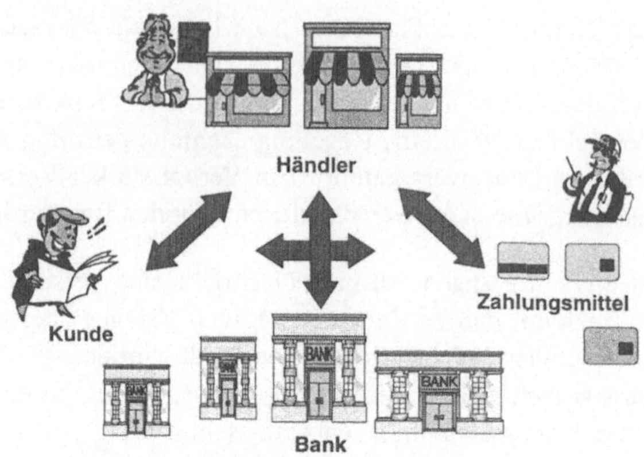


**Abb. 24: Secure Electronic Transactions**

Die besondere Herausforderung für die informationstechnische Industrie ergibt sich aus der Einsicht, daß die bisher für einzelne Unternehmen oder geschlossene Benutzergruppen entwickelte Technologie für die globale Infrastruktur nicht unmittelbar übernommen werden kann: Die bisherigen Implementierungen sind, soweit sie wirtschaftlich erfolgreich waren, samt und sonders entweder herstellerspezifisch oder unternehmensspezifisch. Für die globale Infrastruktur, wenn sie die pluralistischen Züge der demokratischen Welt behalten soll, müssen jedoch herstellerneutrale und über netzübergreifende Lösungen gefunden werden, also breit akzeptierte Standards.

Die Standardisierung der **Secure Eletronic Transaction** (SET) Protokolle ist abgeschlossen soweit sie sich auf die Bezahlung mit Kreditkarten beziehen. Aufbauend auf diesen Protokollen sind auch erste Implementierungen von Debit-Karten erfolgt und SmartCard-Lösungen für die Zahlung von Kleinbeträgen.

IBM wird ihre auf dem jüngsten SET-Standard aktualisierte Software-Palette voraussichtlich im Spätsommer ausliefern. Ein mißbrauchgeschütztes System für elektronische Zahlungen mittels Kreditkarten ist aber bereits heute im Einsatz. Auf der Grundlage einer SET-Vorläuferversion sind zur Zeit in diversen Ländern Pilotversuche mit einem ausgewählten Kreis von Händlern und Kreditkartenkunden in Gang. Das erste Projekt unter Benutzung des SET-Standards führten IBM und Mastercard im Dezember 1996 in Dänemark durch. Im Japan kam der SET-Standard in Zusammenarbeit mit der Fuji Bank erstmals für Debitkarten zur Anwendung. Das japanische Finanzhaus rechnet noch in diesem Jahr mit 100 000 Bankkunden, die einen Teil ihrer Einkäufe über das Internet erledigen.

Während in der globalen standardisierten technischen Infrastruktur keine nationalen Differenzierungen erlaubt sind, ohne die eigene Volkswirtschaft auszuschließen, können gerade neue **Anwendungsideen** wirtschaftliche Impulse für kleinere Kulturräume wie den deutschen Sprachraum geben. Eigentlich bedeutet ja die bereits besprochene **Verschmelzung bisher getrennter Wirtschaftszweige** die Chance für Innovationen. Leider trägt aber das Informations- und Kommunikationsdienste-Gesetz dazu bei, Bücher und Zeitschriften über das Presserecht des Bundes, Fernsehen und Rundfunk über den Rundfunkstaatsvertrag der Länder und Kommunikationsdienstleistungen und Fernsprechdienste über das Telekommunikationsgesetz von den Online-Diensten eher dauerhaft abzutrennen. Da hilft auch nicht, das Gesetz als „Multimedia-Gesetz" zu bezeichnen, was es eben nicht ist.[19]

Ohne Zweifel haben wir in der Bundesrepublik eine hervorragende **technische** Infrastruktur, die mit der Deutschen Telekom in private Hand gegeben wurde, wenn auch laut Buchstaben des Gesetzes 1998 nicht mehr als Monopol. Hier und sonst sind es eher die **institutionellen** und **sozialen** Infrastrukturen, die dafür sorgen, daß manches in Deutschland (noch?) nicht geht im Internet. Um auf einen eklatanten Unterschied zwischen den USA und der Bundesrepublik hinzuweisen: Mit der Grundgebühr sind bei der Mehrzahl der amerikanischen Telefongesellschaften alle Ortsgespräche bereits abgegolten. Der Internet-Zugang ist als Anruf im Ortsnetz frei.

Ein weiteres Beispiel für krasse Unterschiede: Viele Kabelfernseh-Dienste in den USA bieten einen Internet Zugang über ihre Breitbandleitungen und damit eine Individualisierung der Kommunikation über eine Infrastruktur, die in Deutschland Länderrecht unterliegt.

Bei uns gibt es feste Pläne für digitales Fernsehen. Allgemein erwartet wird ein Angebot für **mehr aber homogenere** Spezialsender für $H^3$ $P^3$ $S^3$, Heimat, Horror und Humor, Pleiten, Pech und Pannen, Singen, Sex und anderen Sport. Kürzlich haben sich die Medienriesen Bertelsmann und Kirch auf einen gemeinsamen Weg geeinigt. Mit Individualkommunikation hat das alles recht wenig zu tun.

Leider wird die technisch unsinnige und rahmenpolitisch fragwürdige Trennung in Individualkommunikation und Rundfunk und Fernsehen nach dem Rundfunkstaatsvertrage der Länder im IuKD Gesetz ausdrücklich angelegt: Wenn redaktionelle Gestaltung zur Meinungsbildung für die Allgemeinheit im Vordergrund des Dienstes steht, wird Video und Ton über das Internet in rundfunkrechtlichen Maßstäben und damit in Landesgesetzen gefaßt. Die Rundfunkanstalten in Deutschland stehen in den Startlöchern, um für das Vorhalten von Personal Computern, die Rundfunk- und Fernsehsendungen empfangen **können**, über die GEZ eine monatliche Grundgebühr wie für Radios und Fernseher zu kassieren, auch in Ferienwohnungen. Dann würden sich die Kosten für den Einsatz eines Home-PCs, über fünf Jahre gerechnet, schlicht verdoppeln. Das ist eine absurde Vorstellung.

Was sonst alles geht aber dann doch nicht geht in der globalen Web-Infrastruktur, ist vor allem in der Mentalität der Menschen und in den nationalen Gesetzen angelegt.

# Literaturverzeichnis

[1] Der Brockhaus in fünf Bänden, Bd.2 , Mannheim 1993

[2] Vgl. Bayer, Rudolf.: Plädoyer für eine Nationale Informations-Infrastruktur, in Informatik Spektrum 17, S. 302, Springer-Verlag Heidelberg 1994

[3] Ederer, Günter: Das leise Lächeln des Siegers. Was wir von Japan lernen können, Econ Düsseldorf 1993, S. 320

[4] Tapscott, Don.: The Digital Economy, McGraw-Hill New York 1996, dt.: Die digitale Revolution: Verheißungen einer vernetzten Welt- die Folgen für Wirtschaft, Management und Gesellschaft", Gabler Wiesbaden 1996

[5] Schröder, Gerhard: Gegen den Luxus der Langsamkeit. Der Spiegel 21 /1997

[6] Zorn, Werner: Hat Deutschland die Internet-Entwicklung verschlafen? Vortrag auf dem Deutschen Internet Kongreß 1997, http://www.garos.de/dik/vortraege/Zorn.html

[7] Schneider, Gerhard: Eine Einführung in das Internet, Informatik Spektrum 18, S.263, Springer-Verlag Heidelberg 1995

[8] Heisterberg, Wolfgang: Verbundanwendungen aus interaktivem und transaktionsorientiertem Teil, in: Scheer,A.W. (Hrsg.): Rechnungswesen und EDV, 9.Saarbrücker Arbeitstagung 1988, Integrierte Informationsverarbeitung, S. 497, Physica-Verlag Heidelberg 1988.

[9] Plattner, Hasso; Oswald, Gerhard: Die strategische Produktentwicklung der SAP AG, in SAP Information, Ausgabe Nr. 18, Walldorf 1989

[10] Pyle, Hugh; The Architecture of Lotus Notes. Technical Paper.Lotus Development European Corporation, Staines 1994

[11] Cerutti, Daniel, Pierson, Donna (ed.): Distributed Computing Environments. McGraw-Hill New York 1993

[12] IBM: Informationen über den Open Blueprint: http://www.software.ibm.com/openblue/

[13] SUN: Informationen über Java: http://java.sun.com/

[14] IBM: The San Francisco Project: http://www.ibm.com/java/Sanfrancisco/

[15] IBM: Network Computing Framework for e-Business: http://www.software.ibm.com/ebusiness/

[16] IBM: Component Broker: http://www.software.ibm.com/ad/cb/

[17] Bohnhoff, Peter: Der Schlüssel zur kommerziellen Nutzung des Internet. Neue Züricher Zeitung, 16.6.1997

[18] Deutscher Bundestag: Gesetz zur Regelung der Rahmenbedingungen für Informations- und Kommunikationsdienste ( Informations- und Kommunikationsdienste-Gesetz (IuKDG) http://dip.bundestag.de/ , dort 13. Wahlperiode, Druckstück 7934

[19] Deutscher Bundestag: Forschung: Rechtsbasis für Multimedia-Branche schaffen. http://www.bundestag.de/wib97/1197146.htm

# Data Mining zwischen Wunsch und Wirklichkeit - eine kritische Betrachtung

Dr. rer. nat. habil. Wolfgang Martin
META Group Inc., Stamford, Connecticut

## Inhalt



18. Saarbrücker Arbeitstagung für Industrie, Dienstleistung und Verwaltung 1997. Hrsg.: A.-W. Scheer

# 1 Einleitung

Unternehmen sind heutzutage prozeß-orientiert. Wesentlich dazu beigetragen haben die Standardsoftware-Anbieter wie Baan, JD Edwards, Oracle, Peoplesoft und SAP, die mit ihren Softwarelösungen die notwendige informationstechnische Unterstützung zum Implementieren und Betreiben der Geschäftsprozesse liefern. Zur optimalen Nutzung von Geschäftsprozessen, zum Verstehen, welche Produkte und Dienstleistungen mittels der Geschäftsprozesse in den Markt zu bringen sind, braucht man mehr Informationen und Wissen über das Ziel oder die Ziele der jeweiligen Geschäftsprozesse. Und hier genau setzt das Data Warehouse Konzept an.

Alle möglichen Datenquellen, die die Ziele beschreiben können mittels unterschiedlicher Datentypen müssen evaluiert, gesammelt und aufbereitet werden, um mittels einer Data Warehouse Architektur als Informationen bereit zu stehen. Die so auf die Geschäftsprozesse bezogenen Informationen werden in einer solchen Data Warehouse Architektur gespeichert in Form spezieller denormalizierter Datenmodelle, um "intelligente" Anwendungen zu unterstützen. Unter "intelligenten" Anwendungen versteht man heute unterschiedliche Klassen von Werkzeugen und Technologien für unterschiedliche Zwecke, um aus den Data Warehouse Informationen Wissen zu erzeugen.

Es handelt sich dabei um

a) Berichtswesen ("managed reporting environments (MRE)")
b) Adhoc-Abfragen ("managed query environments (MQE)")
c) mehrdimensionale Analysen ("online analytical processing (OLAP)")
d) Data Mining

In jeder dieser Klassen von Anwendungen findet man entsprechende Werkzeuge. Es gibt aber auch übergreifende Ansätze, die ein Rahmenwerk unterschiedlicher Werkzeuge integriert anbieten und so "intelligente" Anwendungen ganzheitlich versuchen abzudecken.

Schließlich muß noch das Wissen, das man durch solche "intelligente" Anwendungen gewinnt, in entsprechende Aktionen umgesetzt werden. Das entspricht einer Rückkopplung in die Unternehmensstrategie hinein, aus der heraus die Geschäftsprozesse kontrolliert und gesteuert werden. Auf diese Art und Weise wird ein geschlossener Systemkreis beschrieben (ein sogenanntes "Closed loop decision implementation system"), bei dem die operativen Standardsoftwarepakete den Vorwärtszweig darstellen und das Data Warehouse Konzept den Rückführungszweig. (Abb. 1)

**System-Modell “DIS”**

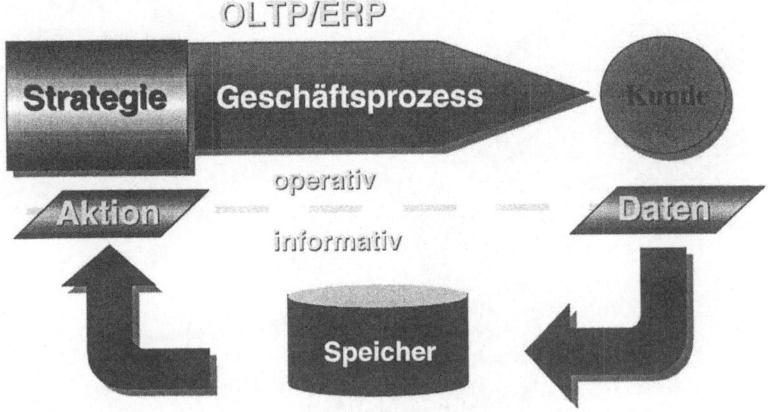


**Abb. 1: Data Warehousing dient dem Steuern und Kontrollieren von Geschäftsprozessen**

Data Warehousing wird so zu einem Oberbegriff für Berichtswesen, als auch MIS oder EIS, und geht damit wesentlich weiter in seinen Möglichkeiten. Ein Berichtswesen hat die Aufgabe, aus Daten Informationen zu machen. Das gilt auch - wie der Name schon sagt - für MIS/EIS-Anwendungen. Berichtswesen und MIS/EIS sind darüber hinaus funktional orientiert, d.h. sie liefern Informationen für die verschiedenen funktionalen Einheiten im Unternehmen.

Data Warehousing hat dagegen die Aufgabe, aus Daten nicht nur Informationen zu liefern, sondern diese Informationen in Wissen weiterzuentwickeln und dann in Aktionen zu wandeln. Dazu dienen insbesondere die intelligenten Analyseverfahren wie OLAP und Data Mining. Noch wichtiger, Data Warehousing ist prozeßorientiert: Mit Data Warehousing werden Unternehmensprozesse kontrolliert und gesteuert. Data Warehousing ist so die informative/dispositive Komponente des Systemkreises aus Abbildung 1.

Data Mining wird als die interessanteste und eigentlich wirklich “intelligente” Anwendung auf einer Data Warehouse Architektur angesehen. Data Mining ist definiert als ein *halb-automischer Prozeß zur Identifizierung und/oder Extraktion vorher unbekannter, nicht-trivialer, unerwarteter und wichtiger Information aus großen bis sehr großen Datenmengen.* In diesem Sinne ist Data Mining ein “bottom-up”-Ansatz zum Entdecken von Mustern, Strukturen und Zusammenhängen, um Hypothesen zu bilden. Dahingegen sind die anderen intelligenten Anwendungen (MRE, MQE, OLAP) alle “top-down”-Ansätze, um Hypothesen zu verfizieren: Data Mining ist als komplementärer Ansätz insbesondere zu OLAP zu verstehen (Abb. 2).

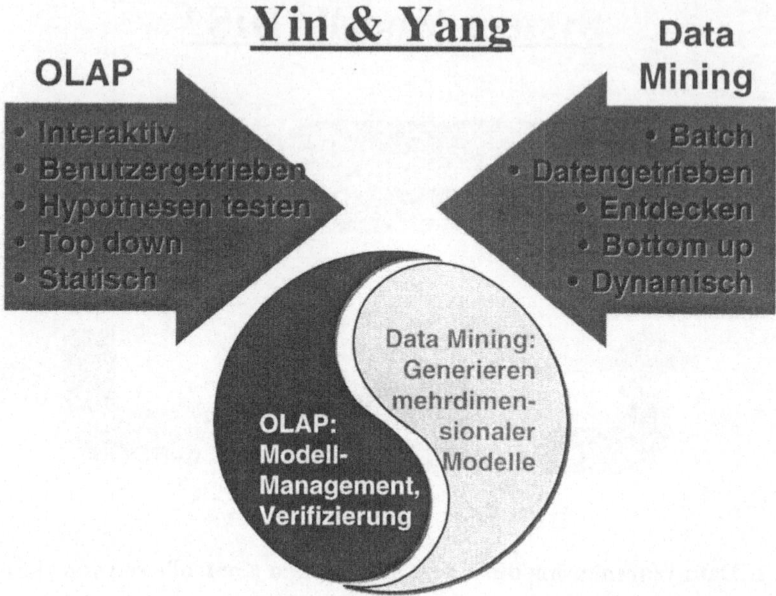


**Abb. 2: OLAP und Data Mining sind komplementäre Ansätze im Rahmen "intelligenter" Anwendungen auf einer Data Warehouse Architektur**

# 2 Data Mining in der Praxis

## 2.1 Der Data Mining Markt

Data Mining wird bereits heute von den Global2000-Unternehmen eingesetzt und als strategische wettbewerbssteigernde Waffe angewendet. Abbildung 3 zeigt die schon als typisch geltenden Data Mining Einsatzgebiete. Die führenden Branchen, bei denen Data Mining sehr aktiv betrieben wird, sind:

- Handel
- Finanzdienste
- Telekommunikation
- Versicherung

Die Praxis zeigt, daß es hierbei zwei Klassen von Geschäftsprozessen gibt, bei denen das Modell des geschlossenen Systemkreises den besten Mehrwert bringt, i.e. in der Versorgungskette (Supply Chain Management) und im Kundenbeziehungs-Management (Customer Relationship Management).

## Data Mining: Anwendungen

◆**Handel/Marketing**
Marktkorb Analyse
Zielgruppenmarketing
Data Base Marketing

◆**Bankwesen**
Kredit-Analyse
Kredit-Missbrauch
Portfolio Analyse
Kundensegmentierung

◆**Transport & Netzwerke**
Lastoptimierung

◆**Versicherung**
Risiko Analyse
Vermeiden von Mißbrauch

◆**Medizin**
Patienten-Verhalten
Erfolgreiche Therapien

◆**Telekommunikation**
Kundenbestandssicherung
Anrufverhalten

◆**Allgemein**
Preis/Tarif-Modelle
Demographie

**Finde Gold in Deinen Daten**

**Abb. 3: Data Mining Einsatzgebiete heute: typische Anwendungen in verschiedenen Branchen**

Vertieft werden soll hier der Kundenbeziehungs-Management Prozeß durch einige Beispiele. Dieser horizontale Prozeß wird heute immer stärker aufgebaut und unterstützt, da eine ganzheitliche Kundensicht die Effektivität und Produktivität von Vertrieb und Marketing deutlich steigert. Abb. 4 zeigt vier typische Steuerungs- und Kontrollsysteme im Rahmen von Marketing, Vertrieb, Kundendienst und Forschung und Entwicklung.

## Kunden-Management-Prozeß

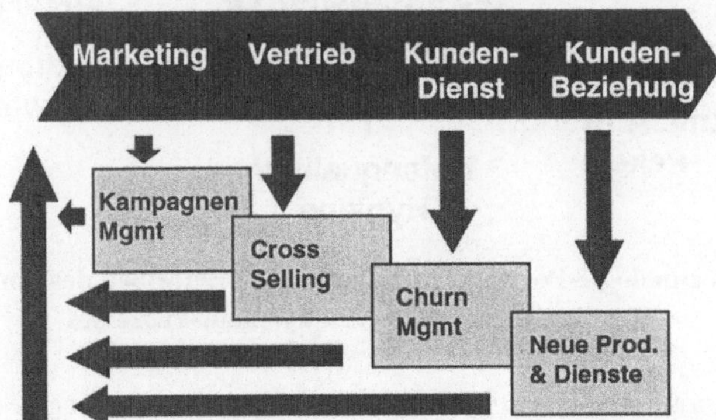


**Abb. 4: Der Kunden-Beziehungs-Management-Prozeß als Beispiel von Data Warehousing als Steuerungs- und Kontrollprozeß von Geschäftsprozessen**

Im Marketing wird Kundeninformation zu einer Kundensegmentierung genutzt. Dadurch können Zielgruppen für eine Direktansprache durch Marketing besser identifiziert werden und Kampagnen zielorientiert aufgesetzt, kontrolliert und gesteuert werden. So kann die Hit-Rate im Marketing deutlich gesteigert werden und Kosten für Druck und Versand von Marketingmaterialien drastisch reduziert werden. Im Vertrieb ist es insbesondere in gesättigten Märkten enorm kostenintensiv, neue Marktanteile zu gewinnen. Mit einem "Cross-Selling" Ansatz aber steigert man den Vertrieb in die eigene Kundenbasis. Kundenbestands-Sicherung ist das große Thema in vielen Branchen heute (Telekommunikation, Versicherung, Banken usw.). In den US wird mit "Churn Management" vor allem in der Mobil-Telephonie die Kundenverlustrate bekämpft (Sie beträgt teilweise bis zu 35% in 2 Monaten!) Die Idee basiert wieder auf einer Kundensegmentierung, um genau die Kundengruppen zu finden, die das größte Risiko tragen abzuwandern. In diese Kundengruppen hinein werden wieder über Data Base Marketing proaktive Angebote getragen, um die Kunden zu halten. Aus dem Verstehen des Kunden kann es zu einem weitereicheneden Kunden-Beziehungs-Management kommen, wo neue Produkte und Dienstleistungen wieder aus Wissen über Kundensegmente entworfen und entwickelt werden. Abb. 5 zeigt im Überblick das heutige Technologie-Portfolio zum Aufbauen solcher Rückkopplungsmodelle.

**Abb. 5: Technologie-Portfolio zum Bauen und Betreiben des horizontalen Kunden-Beziehungs-Management-Prozesses**

Das typische Profil eines Unternehmens, das sich mit Data Mining beschäftigt, kann beschrieben werden durch:

- Führerschaft in seiner Branche
- innovativ durch frühe Nutzung neuer Technologien

- starker Wettbewerbsdruck
- Data Mining Sponsor im Vorstand
- Erfahrungen in statischer Modellbildung
- Data Warehouse Expertise

## 2.2 Data Mining Anbieterklassifikation

Im gesamten Data Mining Markt wurden 1996 weltweit 3,3 Milliarden US$ umgestzt. META Group erwartet, das dieser Markt auf 8,4 Milliarden US $ im Jahr 2000 anwachsen wird. Der Markt wird dabei von sechs Gruppen von Anbietern bedient, deren jeweilige Segmente unterschiedlich wachsen werden (Abb. 6).

- **Daten-Service-Anbieter**

  Dies ist eine Form von Data Mining Outsourcing, indem Datenverarbeitungsdienste für den gesamten Data Mining Prozeß angeboten werden. Das umfaßt auch das Angebot externer Industriedaten zwecks Anreicherung der untersinternen Datenbestände und das Bereitstellen von Lösungen besonders im Bereich des Direkt-Marketing.

- **Sytem Integratoren**

  Hier findet man generische Rahmenwerke, die als integrierende Gesamtlösung auch Hardware und Datenbanken umfassen.

- **Standardsoftware-Anbieter**

  Basierend auf ihrer Kenntnis des Betreibens von Geschäftsprozessen werden die geeigneten Kontroll- und Steuerungs-Mechanismen im Sinne des geschlossenen Systemkreises angeboten.

- **Macromining-Anbieter**

  Diese bieten die Basis-Werkzeugfamilien, um kunden- und problemspezifische Data Mining Lösungen zu bauen. Ein starker Trend weg von reinem Technologieangebot hin zu branchen- und prozeß-spezifischen Lösungen zeichnet sich ab.

- **Micromining-Anbieter**

  Diese Anbieter umfassen alle traditionellen MQE-/OLAP-Anbieter mit Fokus auf den allgemeinen Datenbank-Benutzer oder den technischen Benutzer. Alle Anbieter in diesem Segment wollen den Wert ihres Produktes durch Data Mining Technologien steigern und auch in Richtung paketierter vertikaler und horizontaler Lösungen sich bewegen.

- **Daten-Visualisierungs-Anbieter**

Diese stellen eine Spezialklasse von Anbietern dar, da durch die gute Präsentation komplexer Zusammenhänge alle Anbieter aus den anderen Klassen die Produkte dieser Anbieter mit kombinieren und einbringen können.

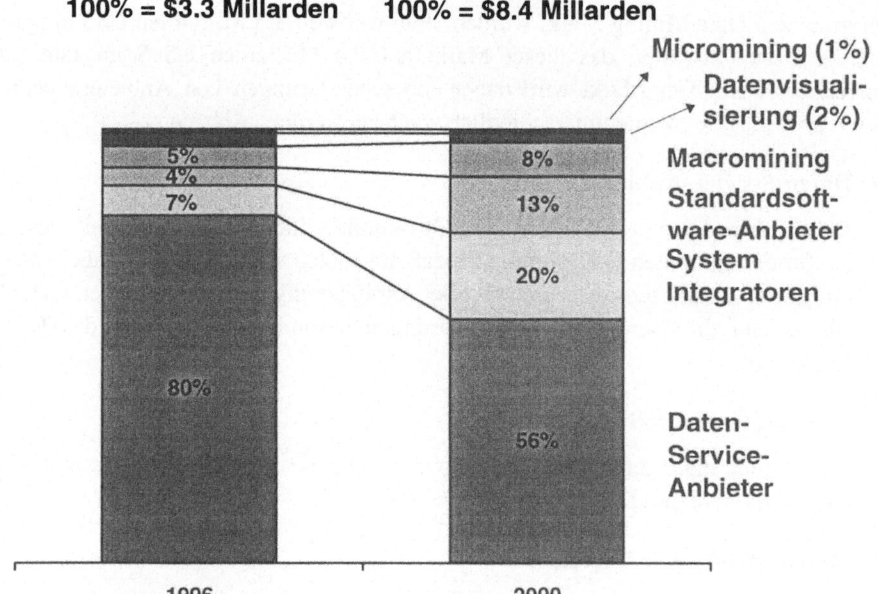


**Abb. 6: Der Gesamtmarkt Data Mining: META Group's Abschätzung und Vorhersage (vgl. auch Abb. 9)**

# 3 Der Data Mining Prozeß: das Datenanalyse-Rahmenwerk

Data Mining basiert auf einem "Datenanalyse-Rahmenwerk" (Abb. 7). Das Datenanalyse-Rahmenwerk beschreibt den iterativen, fachgetriebenen Prozeß des Data Mining. Es umfaßt die Data Mining Methodologie und die verschiedenen Werkzeuge. In diesem Sinne ist ein Datenanalyse-Rahmenwerk wesentliches Bestandteil des geschlossenen Systemkreises ("closed-loop DIS"), der zur Aufgabe hat, den zugrunde liegenden Geschäftsprozeß im Sinne der Profitabilität zu optimieren.

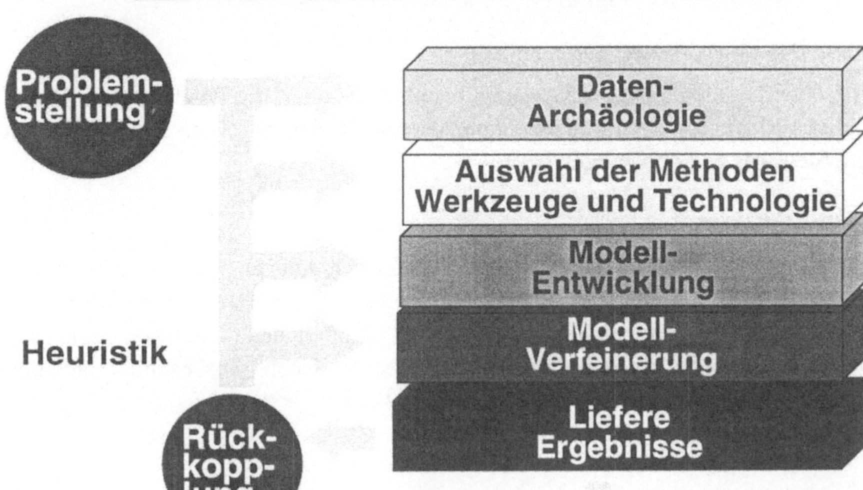


**Abb. 7: Ein Datenanalyse-Rahmenwerk beschreibt den Data Mining Prozeß als halb-automatisiert, iterativ und heuristik getrieben**

## 3.1 Daten-Archäologie

Die erste Phase im Datenanalyse-Rahmenwerk ist die Datenarchäologie. Ohne Daten kein Data Mining, das klingt trivial, aber: 60 bis 80 % aller Aufwendungen im Data Mining stecken in der Verfügbarkeit, Zugreifbarkeit und der Qualität der Daten fürs Data Mining. Abb. 8 faßt die verschiedenen Aufgabenbereiche der Daten-Archäologie zusammen. Im Rahmen der Daten-Archäologie sind die folgenden Aktivitäten besonders zu beachten:

- **Datenmanagement**

  Datenqualität ist eine prozeß-bezogene Tätigkeit. Datenqualität - wie jede qualitätssichernde Maßnahme - muß also in die Geschäftsprozesse eingebaut werden und kann nicht im Nachhinein erzielt werden. Das bedeutet, daß die Verantwortung für die Dateninhalte und ihre Qualität an die Prozeßbetreiber, und damit an die Fachabteilungen zu delegieren sind. Dies wird mit einem sogenannten "Data Custodian"-Konzept umgesetzt, in dem die Verantwortlichkeiten festgeschrieben werden. Den "Data Custodians" stehen im Aufgabenbereich der IT sogenannte

"Data Stewards" gegenüber, die auf der physikalischen Datenadministrationsseite, die Custodian-Prinzipien umsetzen.

- **Daten-Qualitäts-Manager**

  Erste Unternehmen in den USA gehen bereits dazu über, die Position eines Daten-Qualitäts-Managers zu implementieren, der die Rollen der Data Custodians und Data Stewards zu koordinieren hat.

- **Daten-Einkäufer**

  Zukünftig wird die Bedeutung externer Daten noch steigen. Diese sind besonders wichtig, um die unternehmensinternen, prozeßbezogenen Daten anzureichern und vielfältige Interpretationen und Analysen zu ermöglichen. Die Daten-Einkäufer werden so sicherstellen, daß die richtigen externen Daten - insbesondere aus dem Internet - eingekauft, promotet und eingesetzt werden.

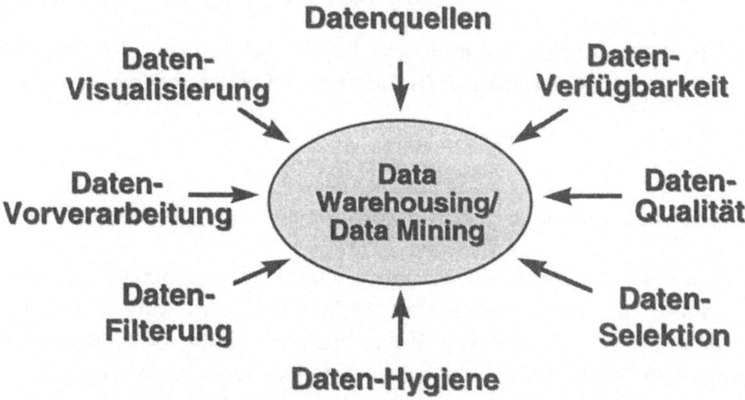


**Abb. 8: Die verschiedenen Aufgaben der Daten-Archäologie im Rahmen des Data Warehouse Konzepts, die wichtigste Voraussetzung für das Data Mining**

Die fürs Data Mining notwendige Daten-Archäologie erklärt, warum Data Mining auf dedizierten Data Marts aufzusetzen ist. Die Schritte, Daten in einen Data Mart einer Data Warehouse Architektur zu bringen, sind identisch mit den Aufgaben, die im Rahmen der Daten-Archäologie im Data Mining zu leisten sind. In Sinne ist ein Data Warehouse Konzept die Voraussetzung fürs Data Mining, aber nicht notwendigerweise muß ein Data Warehouse bereits implementiert sein, bevor man mit dem Data Mining beginnen kann. Natürlich ist Erfahrung in Data Warehouse Konzepten sehr hilfreich bei der Daten-Archäologie beim Data Mining.

## 3.2 Data Mining: Methoden und Techniken

Nach der ersten Schritt im Datenanalyse-Rahmenwerk (vgl. Abb. 7), der Daten-Archäologie, folgt dann die Auswahl der Metoden, Techniken und Werkzeuge. Das Data Mining unterscheidet verschiedene Methoden, derer sich Data Mining Werkzeuge zur Lösung betriebswirtschaftlicher Aufgaben bedienen.

*Assoziationsanalyse.* Mit dieser Methode werden Beziehungen zwischen unterschiedlichen Elementen einer Kategorie ermittelt. Typisches Beispiel sind Marktkorbanalysen im Handelsbereich, wobei statistische Zusammenhänge zwischen Produkten aufgedeckt werden und zu neuen Produkt-Plazierungen führen

*Sequentielle Muster.* Hier geht es meist um das Aufdecken zeitlicher Abfolgen als Grundmuster im Kaufverhalten. Typisches Beispiel aus dem Handelsbereich ist das Aufdecken von Folgekäufen, i.e. welches Produkt induziert Kauf welches Folgeprodukt.

*Klassifikation.* Diese Methode dient der Zusammenfassung von Elementen zu disjunkten Klassen. Typisches Beispiel ist eine Kundensegmentierung zur Zielgruppenermittlung im Direktmarketing, zur Risikosenkung bei Kreditvergaben oder auch zur Qualitätskontrolle in der Fertigung.

*Clustering/Mustererkennung.* Hier versucht man, Elemente einer Kategorie durch Eigenschaften zu charakterisieren. Beispiel hierzu ist die Ableitung eines Tarif/Preissystems durch Analyse des kundenspezifischen Verkehrsverhalten im Telephon-Netz oder durch Analyse des Schadensverhaltens in der Kraftfahrtzeugversicherung.

*Vorhersage.* Aufgrund von identifizierten analytischen Modellen, die die Datenstrukturen sequentiell beschreiben, wird eine i.a. zeitliche Vorhersage gemacht. Beispiel hierzu sind Zeitreihenmodelle im Finanzwesen wie Vorhersage von Börsenkursen etc.

Data-Mining-Werkzeuge unterstützen diese Methoden durch verschiedene Techniken. Das sind zum einen traditionelle mathematisch-statistische Verfahren, wie man sie seit langem in der Datenanalyse kennt, also General Linear Analysis, Diskriminanzanalyse, Regressionsanalyse, Korrelationsanalyse etc., und zum anderen Verfahren, die aus der informationstheoretischen Kybernetik stammen wie neuronale Netze, Induktionsregeln, Fuzzy-Logik und wissensbasierende Systeme. Wichtig sind weiterhin Visualisierungsverfahren, denn bei aller Mathematik, Statistik und Informationstheorie ist das menschliche Auge ein gleichwertiger Detektor, wenn man Strukturen adäquat darstellen kann. Aufgrund vieler vergleichender Studien und Tests hat man festgestellt, daß die Techniken, die auf Anwendung informationstheoretischer Kybernetik beruhen, zumeist den traditionellen statistischen Verfahren überlegen sind. Das liegt an den unterschiedlichen Modell-Voraussetzungen dieser Verfahren.

Ein großes Problem beim Data Mining besteht nun in der Zuordnung der verschiedenen Techniken zu den Methoden: Es gibt keine Eins-zu-eins-Zuordnung. Natürlich gibt es gewisse auf Erfahrung beruhende Regeln, die hilfreich sein können, die richtige Data Mining Technik als Lösungsmethode zu wählen, aber diese Regeln sind rein heuristisch. Im Sinne des Datenanalyse-Rahmenwerks heißt das, daß man zur Problemlösung grundsätzlich verschiedene Techniken heranziehen sollte um die Ergebnisse miteinander vergleichen zu können. Für die Auswahl der Werkzeuge bedeutet das, daß für ein Datenanalyse-Rahmenwerk Werkzeuge, die nur eine Data Mining Technik unterstützen, nicht geeignet sind, oder aber zumindest dann mehrere solcher Werkzeuge einzusetzen sind, wobei dann die Aufgabe der Integration dem Nutzer überlassen ist. Das Vergleichen der Ergebnisse wird dann i.a. in einem Assessment-Schritt mittels statischer Methoden gemacht. Natürlich ist es sehr vorteilhaft, wenn das Data Mining Werkzeug dann auch dieses Assessment unterstützt. Nach Wahl der geeigneten Data Mining Technik kann man dann gemäß des Datenanalyse-Rahmenwerks in die Schritte Modell-Entwicklung und Verfeinerung übergehen (vgl. Abb. 7).

Die Vorgehensweise innerhalb eines Datenanalyse-Rahmenwerks sollte als Methodologie dokumentiert sein und damit Bestandteil des Datenanalyse-Rahmenwerks. Eine Werkzeug-Unterstützung dieser Data Mining Methodologie ist dann weiter wünschenswert. Dies sollte analog einem Workflow-Management geschehen und die Abfolge der Iterationen gemäß Abbildung 7 werkzeuggeführt erlauben.

## 3.3 Data Mining: Werkzeuge und Anbieter

Data Mining Werkzeuge versuchen so durch geeignete Algorithmen bislang unbekannte Zusammenhänge in Datenbeständen zutage zu fördern. An solcher problemlösender entscheidungsunterstützender Software wird in verschiedenen Entwicklungslabors seit einiger Zeit gearbeitet. Auch sind die Techniken in der Praxis schon eingesetzt worden, meist aber nur im Rahmen kundenspezifischer Projekte oder auf dem Gebiet der mathematisch-statistischen Software für Datenanalysen, wo man bereits über eine sehr lange Tradition verfügt: Bereits auf den Mainframes der 70er Jahre gab es Werkzeuge von SAS Institute oder SPSS. Zum damaligen Zeitpunkt war der Begriff des Data Mining natürlich noch nicht eingeführt.

Data Mining Werkzeuge sind auch heute noch keine von jedem Endbenutzer einfach zu bedienenden Werkzeuge. Beratung durch Spezialisten ist weiterhin erforderlich, oder die Data Mining Werkzeuge werden im Rahmen einer vertikalen/horizontalen Lösung so eingebaut, daß der Nutzer nicht mit den technischen Details konfrontiert wird. Abbildung 9 beschreibt die "Data Mining Strada", eine Klassifikation der unterschiedlichen Lösungsangebote der Hersteller.

**Abb. 9: Klassifikation der Data Mining Angebote im Markt (vgl. Abb. 6)**

Die wesentlichen Unterscheidungsmerkmale der verschiedenen Anbieter sind:

1. Ist ein Datenanalyse-Rahmenwerk vorhanden?
2. Wird das Datenanalyse-Rahmenwerk durch das Werkzeug unterstützt?
3. Ist ein Satz hybrider Data Mining Werkzeuge vorhanden?
4. Ist KnowHow in vertikalen/horizontalen Lösungen vorhanden?
5. Ist eine Integration mit operativen Systemen und einer DW-Architektur vorhanden?
6. Ist die gewählte Lösung skalierbar?

Die Frage der Skalierbarkeit ist dann wichtig, wenn die Problemlösung einen "Macromining"-Ansatz erfordert. Unter Macromining versteht man Data Mining auf großen und sehr großen Datenmenegen, also z.B. Kundensegmentierungen beim Data Base Marketing in Branchen wie Banken, Handel, Telekommunikation und Versicherungen. Viele der heute im Markt befindlichen Werkzeugen sind nicht geeignet, solche großen (100e von GB bis hin zu TBs) zu analysieren: Die verwendeten Algorithmen skalieren nicht, i.e. die Rechenzeit wächst überproportional mit der dem Datenvolumen. Hier versucht man sich mit dem aus der Statistik bekannten Stichprobenansatz zu helfen. So wird eine dann relativ kleine Stichprobe gezogen und diese dem Data Mining Verfahren unterworfen. Dieser Ansatz ist sehr kritisch zu sehen, da Stichproben im Rahmen von Data Mining sowohl Muster und Strukturen, die es zu entdecken gilt, verstecken als auch künstliche Muster erzeugen.

Im Falle von "Micromining"-Ansätzen spielt die Skalierbarkeit keine Rolle. Micromining (auch als Desktop-Mining bezeichnet) ist Data Mining auf kleinen Datenmengen. Ein Beispiel für Micromining ist eine Kundenzufriedenheitsanalyse, die nur einige Hundert oder Tausend Fragebögen als Datenbasis hat. Hier macht natürlich der statistische Stichprobenansatz Sinn: Ein vollständiges Erfassen der Gesamtheit ist nicht machbar und man beschränkt sich auf das Erkennen vorgegebener Strukturklassen. Abb. 10 positioniert Micromining und Micromining.

Data Mining im Data Warehouse

OLTP Systeme
VSAM
IMS
DB2
MacroMining
Dynamische Data Marts
MicroMining
DSS, EIS & OLAP
Daten Visualisierung
Demographische Daten
Psychographische Daten
Firmographische Daten
Segment-Mgr, Markt-Analytiker

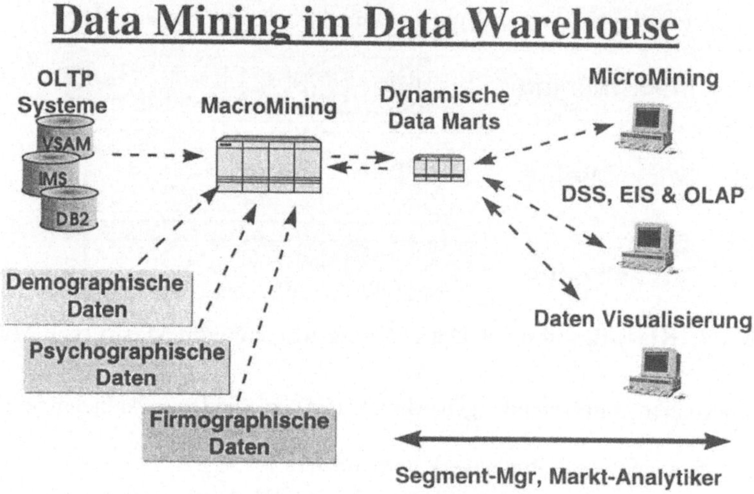

**Abb. 10: Macromining und Micromining, zwei unterschiedliche Anwendungen und Aufgaben im Rahmen des Data Mining Prozesses**

Data Mining ist brandaktuell und heiß, aber: Die meisten Ansätze sind auch brandneu und für 1997/98 ist auf Nutzerseite noch immer extreme Vorsicht angesagt. Zwar gibt es hervorragende Referenzen, aber Data Mining Lösungen sind heute noch als Nischenlösungen für Spezialaufgaben zu verstehen.

Hürden und Herausforderungen sind insbesondere:

*Datenqualität.* Wie bei allen Anwendungen im Data Warehouse - wie schon oben ausgeführt - sind fehlende Daten, falsche Daten und nicht-verfügbare Daten das große Problem für den Einsatz von Data Mining. Ohne eine qualitativ hochstehende Data Warehouse Architektur verbietet sich Data Mining zumeist von selbst.

*Nicht fachrelevante Aussagen.* Rein methodisch/technisch arbeitende Verfahren können zu Data Mining Aussagen führen, die keine fachliche Bedeutung haben oder keine fachlichen Rückschlüsse zulassen. Das ist bereits aus der Statistik bekannt, wo man z.B. Korrelationen ohne Bedeutung für fachliche Modelle finden kann. Expertenwissen, das solche Aussagen von vorneherein ausschließt, ist noch nicht vorhanden.

*Black Box Ansatz versus Methodenverständnis.* In den Data Mining Techniken stecken bestimmte Modellannahmen, die mögliche Erkenntnisse verfälschen können. Einige Techniken lassen Benutzereingriffe zu, so daß über steuernde Parameter die Techniken an die Problemstruktur angepaßt werden können. Das steht in Widerspruch zur Forderung nach einfacher Bedienbarkeit von Data Mining Maschinen und klarer Interpretierbarkeit der Ergebnisse durch Nutzer aus den Fachabteilungen.

*Relevanz der Ergebnisse.* Data Mining Techniken bieten gegenüber konventioneller Statistik eine größere Flexibilität bei den Modellannahmen. Das bringt dann auch eine höhere Unsicherheit bei der Modellfindung, so daß der sichere Boden der mathematischen Statistik verlassen wird und über die statistische Relevanz der Ergebnisse i.a. keine Aussagen mehr getroffen werden können.

## 3.4 Projekt-Organisation

Folgt man der Methodologie eines Datenanalyse-Rahmenwerks, dann ist ein Data Mining Projekt-Team ein interdisziplinäres Team, das sich aus drei Gruppen mit unterschiedlichen Wissen, Denken und Erfahrungen zusammensetzt, i.e.

1. den Mitarbeitern der Fachabteilung, die die fachliche Problemstellung (vgl. Abb. 7) spezifiziert haben. Wie bei jedem Projekt im Data Warehousing ist hier eine Vollzeit-Delegierung ins Data Mining Projekt-Team absolute Voraussetzung.
2. den Daten-Archäologen, die für die Datenbereitstellung gemäß Abb. 8 zu sorgen haben. Diese stammen aus der Informationsverarbeitung und haben als Erfahrungshintergrund die Datenadministration, bzw. das Datenmanagement.
3. den "Data Minern". Das sind die Fachleute, die die Data Mining Methodologie beherrschen und damit auch die einzusetzenden Methoden und Techniken. Diese stammen in der Regeln von den Data Mining Werkzeuganbietern.

Meist wird es nicht notwendig sein, eigene Data Miner auszubilden und beschäftigen. Der Trend im Markt geht zu Data Mining Lösungen, die die Data Miner so ersetzen wird, wie einst Chauffeure beim Automobil durch den Selbstfahrer ersetzt wurden, als die Technik des Automobils zu einer Lösung ausgebaut werden konnte.

Data Mining Projekte sollten grundsätzlich basiert sein auf den üblichen ROI-Überlegungen und -Kalkulationen, auf Durchfuhrbarkeitsbetrachtungen, Akzeptanzerwartungen der zukünftigen Nutzer als auch auf Performanz und Skalierbarkeit. Die Präzision der Ergebnisse als auch die mathematische Eleganz bestimmter Data Mining Techniken sollten jedoch als weniger wichtig bewertet werden, wie Erfahrungen aus der Praxis zeigen. Hieraus folgen dann auch die "sieben goldenen Regeln der META Group:

1. Implementiere Data Mining als einen geschlossenen Systemkreis. Fokussiere auf präzise Beschreibung der fachlichen Problemstellung.
2. Unterschätze nicht die Rolle interdisziplinären Denkens. Kooperation des Fachbereiches mit der Informatik ist (wie immer) ein kritischer Erfolgsfaktor.
3. Plane ein Datenanalyse-Rahmenwerk. Werkzeuge mit Methodologie-Unterstützung und hybriden Techniken sind zu bevorzugen.
4. Stelle ausreichend Resourcen für die Daten-Archäologie zur Verfügung. Fehler in der Auswahl der Quelldaten können das gesamte Data Mining Projekt zu Fall bringen. Das Volumen der ausgewählten Daten muß zu den gewählten Werkzeugen passen.
5. Sei gefaßt auf Budgetüberschreitung beim Datenbereinigen und -aufbereiten. Die Daten-Qualität beeinflußt direkt die Qualität der Data Mining Ergebnisse, denn Data Mining stellt den Rückführungszweig des geschlossenen Systemkreises dar, und für geschlossene Systemkreise gilt umgangssprachlich: Müll rein, Müll raus.
6. Unterschätze nicht die Rolle der Daten-Vorverarbeitung. Daten-Kontext und -Inhalt haben die fachliche Problemstellung zu adressieren.
7. Profitiere von der Data Warehouse-Infrastruktur. Redundanzen und doppelte Arbeiten beim Data Mining werden so vermieden.

# 4 Ausblick: Knowledge Warehousing

Heutige Data Warehouses umfassen i.a. nur strukturierte Daten. Setzt man aber Data Warehousing zur Kontrolle und Steuerung von Geschäftsprozessen ein, so reichen in vielen Fällen strukturierte Daten allein nicht aus. Wesentliche Informationen lassen sich aus unstrukturierten Daten gewinnen, aus Textdokumenten meist. Fügt man in einem Data Warehouse dem einfachen Datentyp "strukturiert" noch weitere "komplexe" Datentypen wie Text hinzu, so wird aus einem Data Warehouse ein "Knowledge Warehouse".

Ein solches Knowledge Warehouse unterstützt den Prozeß der Informationsgewinnung durch das Speichern und Verwalten aller zur Informationsgewinnung notwendigen Daten. Damit wird man mit einem Knowledge Warehouse zukünftig auch anders arbeiten als mit einem reinen Data Warehouse. Ein Knowledge Warehouse wird zu einem Publikationsmedium, aus dem heraus der Informationssuchende mittels einer Subskription seinen Informationsbedarf befriedigen kann. Ein Knowledge Warehouse ermöglicht so, die Informationsgewinnung als Prozeß mittels eines "Publish/Subscribe -Modells" zu realisieren. So wird der Nutzer eines Knowledge Warehouse zu einem echten "Verbraucher" im Sinne einer Versorgungskette "Information" (Abb.11).

Erste Knowledge Warehouses sind bereits implementiert und gehen in die Produktion, auch hier in Europa. Ein weltweit führender Konsumgüterkonzern nimmt gerade ein Knowledge Warehouse in einer europäischen Region als ersten Piloten in Betrieb.

Stellt man sich nun die Kontrolle und Steuerung der Subskriptionen mittels intelligenter Verfahren vor, so kommt man zu einer Anwendung von sogenannten "intelligenten Agenten" im Rahmen der diskutierten Informations-Versorgungskette. Intelligente Agenten haben die Aufgabe, Angebot und Nachfrage auszugleichen. Man kennt solche Software bereits heute in einigen Standardsoftwarepaketen innerhalb des Supply Chain Management (z. B. bei Red Pepper, einer Peoplesoft-Produkt). Es ist zu erwarten, daß auch im Data Warehousing intelligente Agenten als nächste Stufe von intelligenten Anwendungen folgen werden. Das erlaubt so eine Steuerung der Informationslieferung an den Arbeitsplatz quasi wie eine nachfragegetriebene Produktlieferung an einen Konsumenten. Die Zielsetzung ist natürlich, den heute überschwellenden und überbordenden Informationsfluß einzudämmen und intelligent zu filtern, um Information mit Mehrwert an die Arbeitsplätze der Fachbereiche zu liefern.

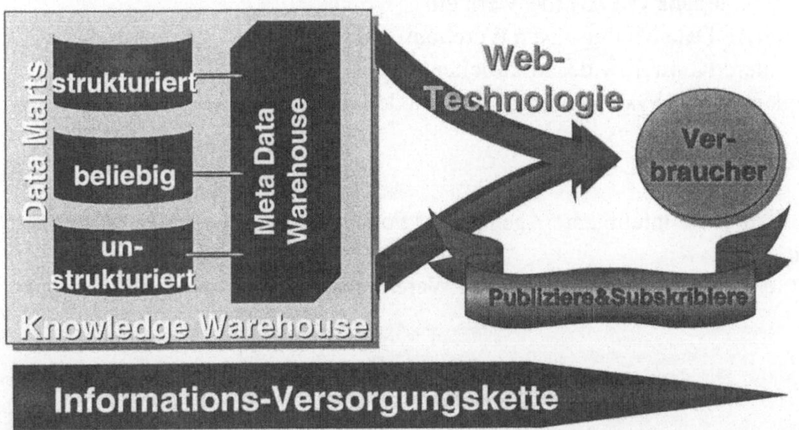


**Abb. 11: Ein Knowledge Warehouse kann durch ein Meta Data Warehouse implementiert werden. Die Meta-Ebene übernimmt die Verwaltung und Kontrolle aller verschiedenen Datentypen, die in unterschiedlichen Data Marts abgelegt sind. Alternativ könnte ein Knowledge Warehouse mittels eines objekt-relationalen DBMS realisiert werden**

# 5 Data Mining Fahrplan

Für Unternehmen, die Data Mining einführen wollen, empfiehlt sich der folgende Fahrplan der META Group, der auf den Plandaten führender Global-2000-Unternehmen basiert mit einer Anpassung an der Reifegrad des deutschen Marktes im Data Warehousing:

*Heute:*

- Implementiere Data Warehouse Architekturen
- Lerne durch Data Mining Pilotprojekte
- Baue erste Erfahrungen in der Data Mining Methodologie auf
- Identifiziere Datenquellen und sichere Datenqualität
- Kommuniziere erste Erfolge

*1998/99:*

- Führe Datenanalyse-Rahmenwerk ein
- Integriere Data Mining-/Data Warehouse-Architektur
- Erweitere KnowHow der Mitarbeiter
- Implementiere Systeme gemäß dem Modell des geschlossenen Systemkreises

*1999/2000:*

- Pilotiere erste intelligente Agenten der Folgegeneration von Data Mining Werkzeugen
- Starte mit der Migration vom Data Warehouse zum “KnowledgeWarehouse”

# Erfahrungen auf dem Weg zur Kundenorientierung

Dipl.-Ing. Karl-Heinz Schelhas
Deutsche Telekom AG, Bonn

## Inhalt

# 1 Unternehmensporträt

Die Deutsche Telekom AG ist die Nummer eins unter Europas Telekommunikationsanbietern und drittgrößter Carrier weltweit. Mit einer Mitarbeiterzahl von derzeit etwa 199.000 und einem Investitionsvolumen von insgesamt rund 135 Milliarden Mark seit 1990 hat die Deutsche Telekom in Deutschland eine der weltweit modernsten Telekommunikationsinfrastrukturen geschaffen. Dabei wurde vor allem in den neuen Bundesländern eine beispiellose Aufbauarbeit geleistet.

Längst ist aus dem national orientierten Netzbetreiber Deutsche Telekom AG ein weltweit agierender "Global Player" geworden. Dazu gehört auch der kontinuierliche Ausbau aller Produkte und Dienste sowie deren Bereitstellung auch über alle Grenzen hinweg. Voraussetzung dafür bilden internationale Partnerschaften mit ausländischen Telekommunikationsanbietern. Kernstück ist dabei die Allianz mit France Telecom und Sprint.

# 2 Neugestaltung der IV-Systeme für das Rechnungswesen, die Logistik, den Einkauf und die Erfolgsrechnung

Der Einsatz betriebswirtschaftlicher Standardsoftware bei der Deutschen Telekom AG reicht zurück bis in das Jahr 1985. Damals wurde, aufbauend auf einer Studie zur Einführung eines modernen Controllingverfahrens bei der Deutschen Bundespost, eine Projektgruppe „Dezentrale Leistungs- und Kostenrechnung“ damit beauftragt, die vorgesehene Grenzplankostenrechnung mit dem Modul SAP R/2-RK für Großrechneranlagen zu realisieren. Aufgrund der großen Datenmengen - z.B. existierten ca. 60000 Kostenstellen- wurde schon damals eine Verarbeitung innerhalb einer Systemumgebung ausgeschlossen und das RK mehrmals implementiert.

Mit der Aufteilung der Deutschen Bundespost im Jahr 1989 in drei eigenständige, unabhängige Unternehmen mußte die kaufmännische Buchhaltung eingeführt werden, die die bislang durchgeführte kameralistische Buchhaltung ablösen sollte. Dafür wurde ebenfalls die SAP-Software ausgewählt. Zur gleichen Zeit wollte die Logistik und der Einkauf Module der SAP-Software einführen. So entstand die Idee und später das Konzept, die unterschiedlichen Funktionsbereiche in einem SAP-System zusammenzufassen. Dazu mußten die einzelnen Fachkonzepte erst aufeinander abgestimmt werden.

Dem integrierten SAP-Softwaresystem liegt die Konzeption zugrunde, daß die Daten nur ein einziges Mal am Ort der Entstehung gewonnen werden müssen, um in alle Einzelbausteine dieses Softwaresystems zu gelangen. Die besondere Eigenschaft dieser SAP-Software liegt in der Verbindung von Mengen- und Wertefluß im Unternehmen. Hierdurch werden die gesetzlichen Anforderungen an eine Buchhaltung, die Bereitstellung von Controllingdaten sowie die operativen Vorgänge in den Anwendungsbereichen in geeigneter Weise unterstützt.

1993 gelang es in einem großen gemeinsamen Kraftakt, die Standardsoftware SAP R/2 integriert bei der Deutschen Telekom AG in Produktion zu geben. Die gesamte Buchhaltung, das Controlling, die Logistik, der Einkauf und die Managementerfolgsrechnung vereinigten nun ihre Informationsströme in dem neuen System SINTEL (Softwareintegration Deutsche Telekom AG), schafften für die Deutsche Telekom AG neue Anwendungsmöglichkeiten und vereinfachten die Datenerfassung und -aufbereitung entscheidend. SINTEL übernahm damit Aufgaben, die bislang in 80 verschiedenen Informationssystemen abgewickelt worden waren. Das Herz dieses SINTEL-Systems bildet ein einmaliges Mehrinstallationskonzept, das sieben separate Regionalsysteme über eine Zentralinstallation zu einer Daten- und Prozeßeinheit zusammenführt. SINTEL war das weltweit aufwendigste und komplexeste IV-Projekt mit SAP-Software.

# 3 Ausrichtung der Organisation auf die Kundenbedürfnisse

Um den Anforderungen der Kunden gerecht zu werden, richtete sich die Deutsche Telekom AG schon Anfang der 90-Jahre neu in der internen Organisation auf die steigenden Kundenbedürfnisse eines umkämpften Telekommunikationsmarktes aus.

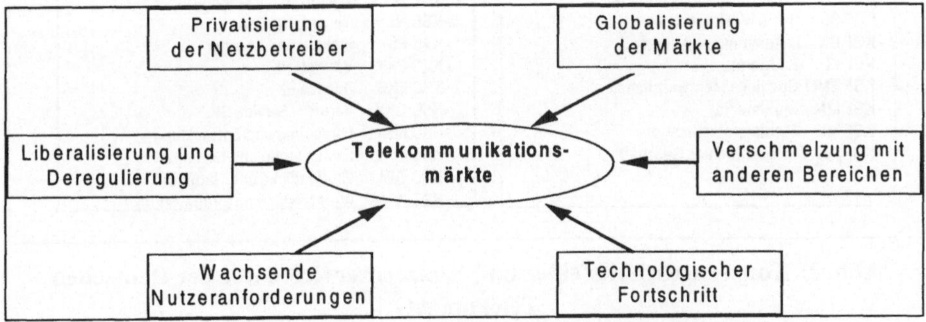


**Abb. 1: Trends in der Telekommunikation**

Diese Neuausrichtung bezog sich einerseits auf die Aufbauorganisation und andererseits eine schwerpunktmäßige Konzentration auf die Kernprozesse der Deutschen Telekom AG. Dadurch stieg bei der Deutschen Telekom AG die Bereitschaft und teilweise auch die Notwendigkeit, bestehende IV-Anwendungen den neuen Erfordernissen anzupassen. Erster Kandidat für eine neue Softwareplattform, auch in den Kernprozessen, bei der Umgestaltung der IV-Systeme ist Standardsoftware. Der Deutschen Telekom AG stellen sich dabei folgende Fragen:

- Konkurrenzfähigkeit durch gegebene Kostenstrukturen?
- Reduzierung der Bearbeitungszeit eines Auftrages?
- Welcher Deckungsbeitrag erzielt welches Produkt?
- Verkürzung der Bereitstellungszeit eines neuen Produktes?
- Termintreue gegenüber dem Kunden?

Die Beantwortung dieser Fragen war für die Deutsche Telekom AG erfolgskritisch und ergaben folgende organisatorischen Veränderungen:

## 3.1 Bildung von Konzerngeschäftsfeldern und Konzernservicecentern

Zusätzlich zu der statischen klassischen aufbauorganisatorischen Gliederung in Zentrale mit Vorstandsbereichen, Geschäftsbereichen und Fachbereichen, und in eine Flächenorganisation mit Direktionen und Niederlassungen , wurden produktorientierte Konzerngeschäftsfelder (KGF) mit Planungs- und Ergebnisverantwortung definiert.

| Marktsegmentorganisation<br>Konzerngeschäftsfelder | | Umsetzungsorganisation<br>Konzerservicecenter und Costcenter | |
|---|---|---|---|
| -KGF TNK | Telefonnetzkommunikation | -KCC PR | Personal / Recht |
| -KGF LDC | Lizenzierte Dienstanbieter | -KCC F | Finanzen |
| -KGF SL | Systemlösungen | -KCC UQ | TN/PK/GK Querschnitt |
| -KGF DK | Datenkommunikation | -KSC NI | Netzinfrastruktur |
| -KGF EL | Endgeräte | -KSC EL | Einkauf und Logistik |
| -KGF SMD | Spezielle Mehrwertdienste | -KSC PKV | Vertrieb PK |
| -KGF MM | Multimedia | -KSC PKS | Service PK |
| -KGF MK | Mobilkommunikation | -KSC GKVS | Vertrieb/Service GK |
| -KGF IN | Internationales Geschäft | -KSC FE | Forschung und Entwicklung |
| | | -KSC FD | Fakturierung und Debitoren |
| | | -KSC GG | Grundstücke und Gebäude |
| | | -KSC IV | IV-Unterstützungsorganisation |

**Abb. 2: Konzerngeschäftsfelder und Konzernservicecenter der Deutschen Telekom AG**

Für die operative Umsetzung und Planungsausführung wurden die Konzernservicecenter (KSC) eingerichtet.

## 3.2 Identifizierung der wichtigsten Geschäftsprozesse

Bei der Deutschen Telekom AG wurden die in Abb. 3 aufgezeigten Kernprozesse identifiziert und im Rahmen einer TQM Maßnahme in den Brennpunkt der Handlungen gestellt. Für jeden dieser Prozesse übernahm ein Prozeßmanager, der unmittelbar dem Vorstand verpflichtet wurde, die Umsetzungsverantwortung.

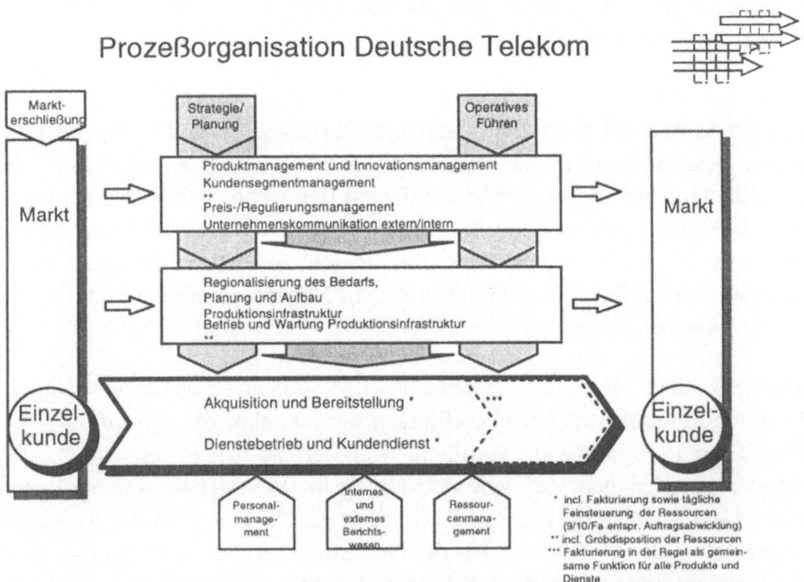


**Abb. 3: Die Kernprozesse der Deutschen Telekom AG**

## 3.3 Bildung von Töchterunternehmen und Beteiligungen

Flexibilität ist die Voraussetzung für eine Wettbewerbsfähigkeit im Telekommunikationsmarkt. So gliederte die Deutsche Telekom AG in den letzten Jahren Geschäftsfelder und andere Einheiten als Töchterunternehmen aus und investierte in zukunftsträchtige Beteiligungen. Dabei werden in der Regel neue IV-Systeme zur Unterstützen der geänderten Organisation für die Töchter geschaffen, neue Infrastrukturen aufgebaut und neues Personal eingestellt.

## 3.4 Wie folgt die IV bisher diesem Veränderungsprozeß?

Die Anpassungsgeschwindigkeit der bestehenden IV-Systeme oder des Entwicklungs- und Einführungsprozesses neuer IV-Systeme an die Gegebenheiten und Zielsetzungen neuer Aufbau- und Ablauforganisationsformen in den Unternehmen ist immer problematisch. So auch bei der Deutschen Telekom AG. Dabei ist davon auszugehen, daß die IV-Systeme grundsätzlich bei der Abbildung von neuen Organisationsformen nur mühsam und zeitverzögert folgen. Mit der Größe und Komplexität des Unternehmens steigt der Schwierigkeitsgrad.

Es kommt vor, daß erst nach Jahren dieser Anpassungsprozeß abgeschlossen ist oder durch laufende Modifikation der bestehenden IV-Systeme und deren Verbindungsstellen das Gesamtsystem immer undurchschaubarer und starrer wird. Auch der Einsatz von Standardsoftware ist hier kein Allheilmittel, wenn auch besser als Individualsoftware. So kann es geschehen, daß ganze IV-Systemverbünde in eine Sackgasse hineinlaufen, aus der es kein zurück mehr gibt, um den zukünftigen Geschäftsanforderungen zu entsprechen. Hier hilft dann nur noch ein Neuanfang mit neugestalteten fachlichen Integrationsbereichen .

Ein Problem liegt oft darin begründet, daß Organisationsveränderungen oder Geschäfts- und Produktstrategien beschlossen werden, ohne die Auswirkungen auf die entsprechenden IV-Systeme im vorhinein analysiert zu haben. Es wird fälschlicherweise davon ausgegangen, daß jede Anpassung in IV-Systemen nur ein technisches Problem darstellt und somit grundsätzlich lösbar ist. Daher sollten die Architekten die Verantwortlichen der IV-Systeme bei der Gestaltung von neuen Organisationsformen und Geschäftsanforderungen frühzeitig mit einbezogen werden.

Bei der Gründung von Tochterunternehmen liegt die Problematik in dem Neuanfang. Die Geschäftsprozesse werden neu definiert und auf der grünen Wiese entstehen neue IV-Systeme. In der Regel erfolgt nur eine Altdatenübernahme. Der Erfolgsdruck, dem die neue Tochter ausgesetzt ist, bringt es mit sich, daß meistens eine Prozeß- und Datenabstimmung im Konzern in der Anfangsphase unterbleibt. Erst später erkennt man die Notwendigkeit hierzu. Ein mühsamer Anpassungsprozeß ist die Folge. Hier ist es hilfreich, schon zu Beginn der Ausgründung der Tochter, Vorgaben über die erforderliche Prozeß- und Datenkonsistenz zwischen der Tochter und dem Konzern abgesprochen zu haben.

Allerdings hängt der Zeitbedarf für die organisatorische Umgestaltung eines so großen Unternehmens wie die Deutsche Telekom AG von einer zentralistischen Ausrichtung hin zu kleineren flexibleren Einheiten nicht in erster Linie vom Aufwand für die Umgestaltung der IV-Systeme ab. Die größte Anstrengung liegt eher in der Bewältigung des Wandels der Unternehmenskultur und dem Anpaßprozeß der Mitarbeiter an den organisatorischen Wandel.

# 4 Einzug der Standardsoftware in die Kernprozesse

## 4.1 Wo setzt die Deutsche Telekom AG SAP R/3-Systeme ein?

Weltweit baut die Deutsche Telekom die modernsten Telekommunikationsnetze. Der Einsatz von SAP R/3 hat eine hohe Priorität. Schon heute sind eine Vielzahl von R/3-Projekten in den verschiedensten Anwendungsbereichen in der Planung, in der Entwicklung oder bereits im produktiven Einsatz. So wird schon heute beispielsweise die Lagerverwaltung mit R/3-Systemen abgewickelt, die ihre Daten mit SINTEL austauschen. Einige Tochtergesellschaften, wie die DeTeMobil GmbH, wickeln große Teile Ihrer Administration mit R/3-Systemen ab. Andere Tochterunternehmen betreiben das komplette Rechnungswesen mit dem R/3-Modulen FI und CO. Auch die Ablösung von älteren Eigenentwicklungen durch R/3-Systeme ist Bestandteil der SAP-Strategie. Weitere Anwendungsbeispiele sind die Konzernkonsolidierung, Personalverwaltung, die Vertriebsabwicklung und Auftragslenkung im Geschäftskundenbereich oder die Verwaltung des weltweit größten R/3-Debitoren-Kontokorrentes mit ca. 42 Millionen Rechnungen pro Monat.

Es ist wohl davon auszugehen, daß die Deutsche Telekom in absehbarer Zukunft einer der weltweit größten Betreiber eines R/2-R/3-Systemverbundes sein wird. Zur Zeit werden R/3-Einzelsysteme in folgende Bereiche bereits eingesetzt oder entwickelt:

- Investitionscontrolling
- Endgerätelogistik
- Debitorenbuchhaltung
- Materialwirtschaft im Servicebereich
- Lagerverwaltungssysteme
- Konzernkonsolidierung
- Lehrgangsverwaltung
- Finanzkontrollsystem
- Kartentelefone
- Vertrieb und Auftragslenkung GK
- Deutsche Telekom AG-Töchter
- Personalmanagement und
- Erfolgsrechnung

## 4.2 Privat- und Großkundenbereich

Bild 4 zeigt den typischen kundenbezogenen Geschäftsprozeß der Deutschen Telekom AG. Dieser Prozeß steht im Zentrum der Kundenbindung und der Markterfolg hängt davon ab, ob es gelingt, diesen Prozeß durchgängig über alle beteiligten Organisationseinheiten und IV-Systeme zu gestalten und flexibel auf die Kundenwünsche und Marktveränderungen eingehen zu können. Er ist weiterhin durch die Besonderheit gekennzeichnet, daß periodisch aus den kommunikationstechnischen Systemen rechnungsrelevante Daten gesammelt und verarbeitet werden müssen. Dieser Prozeß kann noch nicht in der Gesamtheit durch Standardsoftware abgedeckt werden, jedoch in Teilbereichen. Um die noch fehlenden Funktions- und Schnittstellenbausteine, die im bisherigen R/3-Standardpaket fehlen, abzudecken, wurde die Fa. SAP-S (ein gemeinsames Tochterunternehmen der SAP und Deutsche Telekom AG ) damit beauftragt, hierfür eine Branchenlösung zu entwickeln. Weltweit werden damit den Telekommunikationsunternehmen ein Softwarepaket angeboten, das vom Customer Care, Vertrieb, Auftragslenkung hinzu den Service- und Netzplanungsmodulen sowie Netzverwaltungskomponenten den Prozeß abdeckt. Ebenso werden Schnittstellen wie zum Beispiel zu geografischen Informantionssystemen oder Billingsysteme für den Bereich der Massenfakturierung bereitgestellt. Auch bei der Deutschen Telekom AG ist davon auszugehen, daß die Branchenlösung zukünftig in diesem Kernprozeß eingesetzt wird. Der damit verbundene Aufwand an Kosten und Projektmanagement zur Umgestaltung oder Ablösung der bisher eingesetzten IV-Systeme wird sicher groß sein und alle viele Mitarbeiter in diesem Bereich über Jahre beanspruchen.

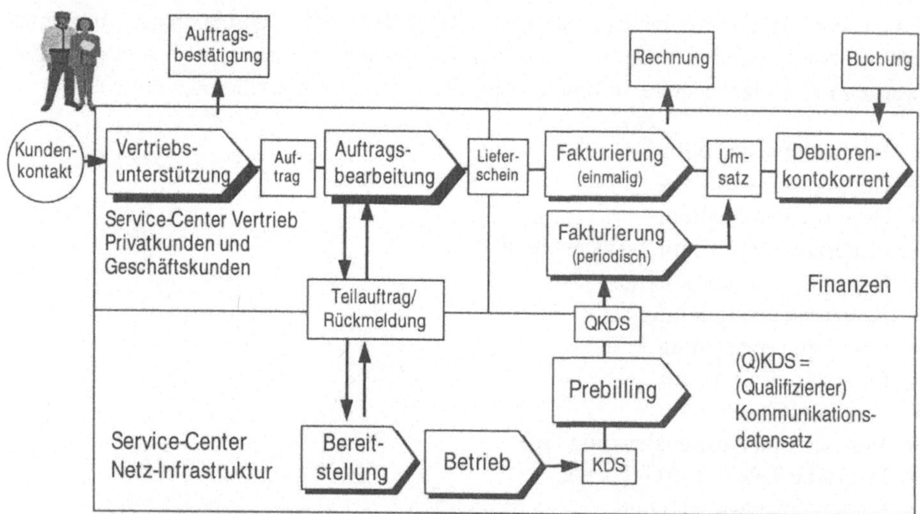


**Abb. 4: Kundenbezogener Kernprozeß der Deutschen Telekom AG**

# 5 Welche Probleme sind bei der Einführung von Standardsoftware bei der Deutschen Telekom AG zu überwinden?

Die komplexe, im Laufe der Zeit, gewachsene IV-Landschaft der Deutschen Telekom AG hat zum Teil die alten fachlichen Ablaufstrukturen abgebildet. Werden Teilbereiche der Altsysteme durch neue R/3-Strukturen ersetzt, die nun den gleichen Funktionsbereich wieder abdecken, ohne größere Integrationsbereiche neu zu realisieren, kann der Vorteil der Standardsoftware nicht ausgeschöpft werden. Die Ablaufstrukturen bleiben zum größten Teil weiter inflexibel, da die alten Schnittstellen wieder neu realisiert werden müssen.

Dennoch bietet hier der Einsatz von R/3-Systemen die Chance zu einem radikalen und kundenorientierten Veränderungsprozeß der IV-Landschaft. Die Stichworte hierzu heißen Precustomizing der R/3-Systeme durch ein Telekom-Kernsystem und das planmäßige Ausweiten der Inselsysteme hin zu einem integrierten Daten- und Prozeßbereich.

Wie bereits oben aufgezeigt, bilden bei der Deutschen Telekom AG eine Reihe unabhängiger R/3-Inselsysteme nur spezielle Funktionen ab. Der große Vorteil der SAP-Software, den Werte- und Warenfluß zwischen Einkauf, Materialwirtschaft und Rechnungswesen sowie ganzheitlich den " Kunde zu Kunde"-Prozeß in nur einem System abzubilden, wird nur bedingt genutzt. Die Integration über externe Schnittstellen zwischen den Systemen, kann die interne SAP-eigene Integration der Module nicht vollständig nachbilden.

Die Ursache hierzu liegt in der funktionsorientierten Ausrichtung der einzelnen Organisationsbereiche und deren weitgehende Selbständigkeit zur Gestaltung ihrer Bereiche. Ein Zusammenwirken mit anderen Unternehmensbereichen wurde auf ein Mindestmaß trotz weitgehender Daten- und Prozeßüberschneidungen beschränkt, da der Bezugsbereich der Bereichsleiter hier aufhörte. Als Folge der Bereichsselbständigkeit entstanden unabhängig voneinander IV-Systeme, die durch individuelle Schnittstellen verbunden werden. Oftmals müssen die Datenstrukturen dabei umgesetzt werden.

Dennoch ist Integration nicht alles. Die Entscheidung für eine Integration hängt zum einen von den organisatorischen Gegebenheiten und Abhängigkeiten ab und andererseits von den Möglichkeiten der Standardsoftware. So ist es eine Binsenwahrheit, daß die Deutsche Telekom AG nicht in einem R/3-System abbildbar ist. Es wird immer eine Vielzahl von Einzelsystemen geben, die die unterschiedlichen Unternehmensbereiche in ihren Kern- und Querschnittsprozessen unterstützen. Die Frage ist hier, nach welchen Kriterien bildet man eine IV-Architektur, die die Einzelsysteme definiert und trotzdem den Gesamtprozeß systemübergreifend unterstützt, indem zwischen den Systemen geeignete Kommunikationsmittel eingesetzt werden (wie ALE Application-

Link-Enabling). Auch hängt die Entwicklung der Architektur von den gewachsenen Strukturen ab, die immer Ausgangspunkt der Neugestaltung sind und bedingt durch die Größe der IV-Systeme bei der Deutsche Telekom AG nun zeitaufwendig und mühsam mit hohen Kosten verändert oder abgelöst werden können.

# 6 Ausblick

Da im Unternehmen divisionsübergreifend und auch konzernweit Prozesse durch SAP-R/3 unterstützt werden sollen, ist für eine SAP-R/3-Architektur die Bildung von Subsystemen mit einem einheitlichen Customizing im Kernbereich ( Telekomstandards: z. B. Rechnungswesen, Controlling, zentraler Einkauf, Personalprozesse, übergreifende Prozesse) notwendig, um die vorher bereits aufgezeigten weiteren Potentiale der R/3-Software zu nutzen . Die Definition eines Kernsystems ist wie bereits gezeigt u. a. erforderlich, um eine sichere und effiziente Kommunikation mit ALE zwischen den Systemen zu ermöglichen. Unter Kommunikation ist sowohl die fachliche als auch technische Verbindung zwischen den Systemen zu verstehen. Aus Konsistenzerwägungen müssen betriebswirtschaftliche Kerndaten (Stammdaten, Rahmendaten [z.B. Buchungsregeln], Steuerdaten und Bewegungsdaten) einheitlich in den einzelnen Subsystemen verarbeitet werden, da ansonsten ein konzernweites Controlling, Reporting und eine systemübergreifende Abwicklung von Geschäftsprozessen nicht mehr möglich ist. Aufbauend auf diesem Kernbereich werden die R/3-Einzelsysteme dann nach den Vorgaben der jeweiligen Organisationsebenen bzw. Bereichen individuell ausgeprägt. Das Kernsystem ist ein auf Basis der betriebswirtschaftlichen Daten der Deutsche Telekom AG bereits teilweise vorausgeprägtes (precustomized) System, das als Grundlage für die Einzelsysteme ausgeliefert wird und nicht eigenständig verändert werden soll.

Das Kernsystem darf nur an einer Stelle in Abstimmung mit den Beteiligten gepflegt und verteilt werden. Das Kernsystem ist die Voraussetzung dafür, daß überhaupt ALE-Szenerien mit dem Verteilungsmodell modelliert werden können. Ohne ein einheitliches Kernsystem sind die R/3-Einzelsysteme quasi nicht konsistente „Fremdsysteme", trotz SAP, und die weiteren Kommunikations- und Integrationsmöglichkeiten der R/3-Software bleiben ungenutzt.

Die wesentlichen Herausforderungen für die Zukunft, an denen zur Zeit Spezialisten der Deutschen Telekom aus mehreren Fachbereichen, den Entwicklungszentren und dem Customer Competence Center mit Hochdruck arbeiten, sind:

- Aufbau eines zentralen Referenzsystems (R/3-Master) zur Bereitstellung von Stammdaten und Steuerungsinformationen aus dem R/2-System SINTEL für unterschiedliche R/3-Zielsysteme,
- Precustomizing von R/3-Systemen für die Tochtergesellschaften der Deutschen Telekom,

- Entwicklung eines spezifischen Vorgehensmodells für die Einführung von R/3-Systemen bei der Deutschen Telekom,
- Aufbau eines Precustomizing-Servers für die Auslieferung und Wartung von voreingestellten R/3-Systemen im gesamten Konzern,
- Anwendungs- und systemübergreifende Integration der SAP-Systemlandschaft durch Einsatz innovativer Technologien wie ALE Application-Link-Enabling, SAP Business Workflow oder Business-Objekten,
- Einbettung der SAP-Welt in übergreifende Standards wie z. B. DCE zur Realisierung globaler Architekturkonzepte.

# 7 Zusammenfassung

1993 gelang es in einem großen gemeinsamen Kraftakt die Standardsoftware SAP R/2 integriert bei der Deutsche Telekom AG in Produktion zu geben. Die gesamte Buchhaltung, das Controlling, die Logistik, den Einkauf und die Managementerfolgsrechnung vereinigten nun ihre Informationsströme in dem neuen R/2-System, schafften für Deutsche Telekom AG neue Anwendungsmöglichkeiten und vereinfachten die Datenerfassung und -aufbereitung entscheidend. Das R/2-System übernahm damit Aufgaben, die bislang in 80 verschiedenen Informationssystemen abgewickelt worden waren. Das Herz dieses Systems bildet ein einmaliges Mehrinstallationskonzept, das sieben separate Regionalsysteme über eine Zentralinstallation zu einer Daten- und Prozeßeinheit zusammenführt. Es ist damit das größte und komplexeste integrierte Standardsoftwaresystem .

Seit 1993 hat der Siegeszug der SAP R/3-Software eingesetzt, auch bei der Deutsche Telekom AG. Die Aufnahmefähigkeit und Flexibilität für neue Funktionen war im R/2-System begrenzt; außerdem genügt R/3 von der Benutzeroberfläche und IV-Technik den Anforderungen, die an moderne C/S-Systeme gestellt werden.

Zur Zeit sind mehr als 60 R/3 Systeme zusätzlich zum R/2-System in Entwicklung oder bereits produktiv. Diese Systeme werden jeweils für einzelne Funktionsbereiche (Bauherrenprinzip) eingesetzt und kommunizieren mit den anderen IV-Systemen des Prozeßabschnittes in der Regel über jeweils programmierte Schnittstellen. Da die Customizingeinstellungen der einzelnen R/3-Systeme für jedes Projekt neu und somit unterschiedlich durchgeführt worden sind, verhalten sich diese wie Fremdsysteme zueinander.

Wenn man Customizing als Umsetzung betriebswirtschaftlicher Konzepte in Standardsoftware versteht, so erkennt man die gravierenden Auswirkungen der aktuellen Situation auf die betriebswirtschaftlichen Gestaltungsmöglichkeiten der R/3-Software bei der Deutschen Telekom AG. Die konkrete Ausprägung von SAP-Organisationsstrukturen wie Mandant, Buchungskreis, Werk, Lagerort und dergleichen haben einen enormen Einfluß auf die Leistungsfähigkeit und Effizienz des SAP-Systems im jeweiligen Umfeld. Auseinanderdriftende Customizingeinstellungen, bedingt durch fehlende Standards und Ansprechpartner im Unternehmen verhindern die Ausnutzung der Vorteile der R/3-Software. Je nach lokaler Sicht erfolgen unterschiedliche Customizingentscheidungen, die isoliert betrachtet sinnvoll sein können, aus Konzernsicht jedoch zu Problemen führen. Eine R/3-Integration stellt eine gewaltige Aufgabe da. Einige Schritte in die Harmonisierung der R/2-R/3-Systeme sind bereits definiert und begonnen worden.

Bis zum Jahr 2000 werden neben dem R/2-System ca. 30-40000 Arbeitsplätze mit R/3 ausgestattet sein.

# Literaturverzeichnis

[1] Vgl. Prof. Dr. H. Österle,: Integrierte Standardsoftware: Entscheidungshilfen für den Einsatz von Softwarepakten, Band 1: Managemententscheidungen, München 1990.

# Management-Paradigmen im Wandel

## Ein neuer Strategieansatz und seine Anwendung auf die IT-Strategie

Dr. Stefan Spang*
McKinsey & Company, Inc., Düsseldorf

## Inhalt



* Dieser Beitrag basiert auf Arbeiten der Strategy Theory Initiative und der Financial Institutions Technology Initiative von McKinsey & Company, Inc.

# 1 Ein neuer Ansatz zur Unternehmensstrategie

## 1.1 Der traditionelle Strategieansatz

Traditionelle Strategieansätze fokussieren darauf, ein abgestimmtes Maßnahmenpaket zu bestimmen, das einen nachhaltigen Wettbewerbsvorteil schafft (s. Abbildung 1).

**"Ein abgestimmtes Maßnahmenpaket, das einen nachhaltigen Wettbewerbsvorteil schafft"**

**Abb. 1: Traditioneller Strategieansatz**

Basierend auf einer Situationsanalyse über das Verhalten der Industrie wird ein Geschäftskonzept entwickelt, das beschreibt, wo, wie und wann man sich dem Wettbewerb stellt. Dieses Geschäftskonzept bildet die Grundlage für den Entwurf eines Geschäftssystems, durch das die Leistungserstellung erfolgt. Angesichts der drastischen Veränderungen der Rahmenbedingungen strategischen Handelns wird jedoch deutlich, daß dieser Denkansatz lediglich einen bestimmten Fall in einem breiteren Spektrum unternehmensstrategischer Überlegungen beschreibt.

Technologie, Deregulierung und Globalisierung schaffen zunehmend mehr Freiheitsgrade und Gelegenheiten für Innovation - und damit eine Herausforderung für Unternehmen, neue Strategien auszuarbeiten. Um mit diesem vergrößerten Spielfeld umgehen zu können, wurden in den letzten zwanzig Jahren viele neue Strategietheorien entwickelt. Von Benchmarking über TQM bis hin zu Kernkompetenzen versuchen all diese Ansätze, diejenigen Fragen, die der traditionelle Strategieansatz unbeantwortet läßt, für die Unternehmen zu klären. Zur Systematisierung dieser Spezialmodelle hat McKinsey einen übergreifenden Strategieansatz entwickelt.

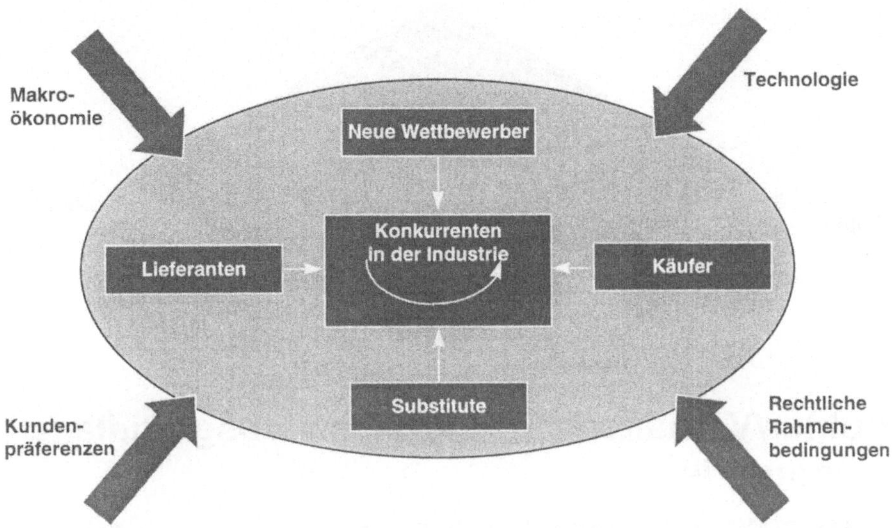


**Abb. 2: Das Porter-Modell**

Kernelement des traditionellen Strategieansatzes ist das Porter-Modell zur Analyse der Industriestruktur (s. Abbildung 2). Das Modell basiert auf drei Schlüsselannahmen, die in der Praxis jedoch nicht in allen Fällen erfüllt sind. Die erste Annahme besteht darin, daß die Spieler in der Industrie weitgehend unabhängig ihre eigenen Zielsetzungen verfolgen: Käufer, Lieferanten und Wettbewerber stehen in distanzierten Leistungsbeziehungen zueinander. Die zweite Annahme besteht darin, daß Wertschöpfung durch diejenigen Spieler erfolgt, denen es gelingt, strukturelle Barrieren gegen bestehende sowie potentielle neue Wettbewerber aufzubauen. Die dritte Annahme schließlich besagt, daß das zukünftige Industrieverhalten hinreichend genau vorhergesagt werden kann. Empirisch zeigt sich jedoch, daß in mindestens der Hälfte aller konkreten Fälle wenigstens eine der Annahmen nicht valide ist.

## 1.2 Weiterentwicklung von Situationsanalyse und Strategieempfehlung

Neben den konventionellen Leistungsbeziehungen in einer Industriestruktur gibt es mindestens noch zwei weitere Typen von Beziehungen, in denen das Wettbewerbsverhalten sich deutlich von den Schlußfolgerungen der klassischen Mikroökonomie unterscheidet (s. Abbildung 3).

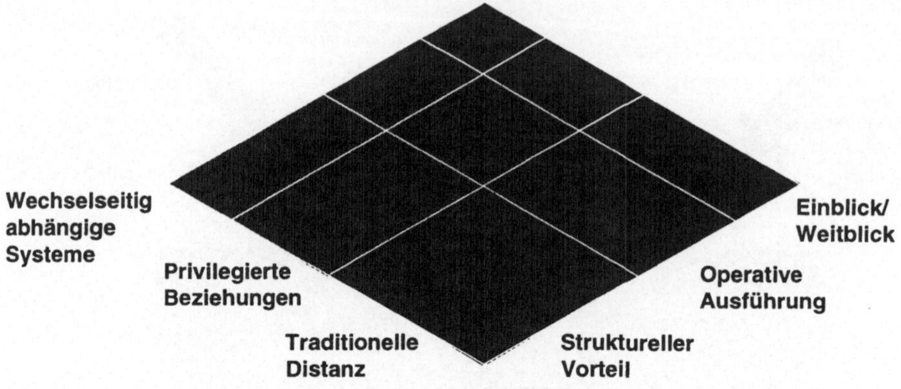


**Abb. 3: Struktur/Verhalten der Industrie und Wettbewerbsgrundlage**

Firmen mit "privilegierten Beziehungen" verhalten sich untereinander anders als die übrigen in demselben Markt. Grundlage für diese privilegierten Beziehungen können finanzielle Verflechtungen sein (z.B. wechselseitige Beteiligungen); ebenso gibt es jedoch mittlerweile eine Vielzahl von Unternehmen, die sich aufgrund persönlicher Beziehungen, Vertrauen, Freundschaft etc. in einem besonderen Verhältnis zueinander befinden (z.B. chinesische Familienunternehmen).

Darüber hinaus gibt es mittlerweile eine zunehmende Zahl "wechselseitig abhängiger Systeme", in denen Firmen auf Basis einer gemeinsamen Architektur unabhängige Elemente eines übergreifenden Nutzenangebotes liefern. Diese Netzwerke werden um so stärker, je mehr Unternehmen sich dem Netzwerk anschließen (z.B. die "Wintel"- und Apple-Netzwerke in der Computerindustrie). Der Erfolg eines jeden Spielers in einem Netzwerk hängt sowohl vom Erfolg des Gesamtnetzes als auch von der spezifischen Position des einzelnen Spielers innerhalb des Netzwerkes ab. Anders als bei konventionellen Leistungsbeziehungen müssen deshalb hier neben den Interessen des einzelnen Spielers auch die Interessen des Gesamtnetzes in die Bestimmung der Strategie einfließen.

Die zweite Annahme eines strukturellen Vorteils als entscheidende Wettbewerbsgrundlage gilt immer noch in vielen Industrien. Es lassen sich jedoch zusehends zwei weitere Kernelemente einer Wettbewerbsgrundlage identifizieren. Unternehmen in manchen Industrien verschaffen sich dadurch eine Führungsposition, daß sie in der Ausführung alltäglicher Aufgaben und Prozesse ihren Wettbewerbern konstant überlegen sind. Zum Beispiel haben in der Industrieversicherung einige wenige Spieler bewiesen, daß überlegenes Underwriting und Schadenbearbeitung jedweden Vorteil überwiegen können. Wieder andere Unternehmen verschaffen sich einen Vorsprung dadurch, daß sie Wissen besitzen oder Einsichten finden, die anderen verschlossen bleiben. Dieses Wissen kann von konkreter wissenschaftlicher oder technischer Expertise bis hin zu reiner Kreativität reichen.

Die dritte Annahme einer genauen Vorhersagbarkeit zukünftiger Entwicklungen erweist sich sehr häufig als nicht realistisch. In einer solchen Situation ist es erfahrungsgemäß entscheidend zu verstehen, mit welchem Unsicherheitsgrad das Unternehmen sich konfrontiert sieht, und dann das strategische Verhalten diesem Unsicherheitsgrad anzupassen (s. Abbildung 4).

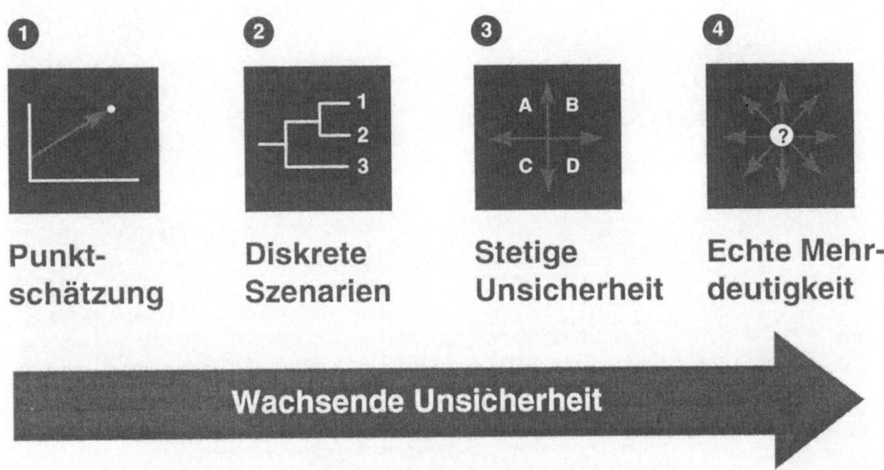


**Abb. 4: Unsicherheitsgrade**

In den wenigen Fällen, in denen eine Punktschätzung sinnvoll ist, können konventionelle Barwertrechnungen als hilfreiche Werkzeuge eingesetzt werden. Besteht die Zukunft aus wenigen diskreten Szenarien, deren Eintreten nicht genau vorhergesagt werden kann, so ist es möglich, alternative Strategien für die einzelnen Szenarien zu entwickeln. Werkzeuge hierfür sind wahrscheinlichkeitstheoretische Szenarioplanung, quantitative Spieltheorie sowie Ansätze zur Ermittlung von Optionspreisen. In einer Situation stetiger Unsicherheit existieren zwar nur wenige Unsicherheitsdimensionen, dennoch ist es nicht möglich, die Zukunft auf eine beschränkte Zahl diskreter Szenarien zu reduzieren. Ein Beispiel dafür ist die Annahme einer neuen Technologie in einem Markt (z.B. die Akzeptanz von Direktbanken in Deutschland). In solchen Situationen können qualitative Spieltheorie und Simulationen als Werkzeuge herangezogen werden. In einer Umgebung echter Mehrdeutigkeit schließlich finden sich vielfältige Dimensionen stetiger Unsicherheit. Die Frage multinationaler Unternehmen, ob sie 1992 in Rußland investieren sollten, ist ein Beispiel für ein solches Umfeld. Von der Entwicklung der Nachfrage, der politischen Stabilität, dem Rechtssystem, bis hin zum Verhalten von Lieferanten und Händlern ließen sich kaum eindeutige Vorhersagen treffen. Auch in solchen Situationen kann auf qualitative Spieltheorie und Simulationen als Werkzeuge zurückgegriffen werden.

Verbindet man nun die erweiterte Beschreibung der Industriestruktur mit der systematischen Behandlung von Unsicherheit, so ergibt sich ein neuer Ansatz für die strategische Situationsanalyse (s. Abbildung 5).

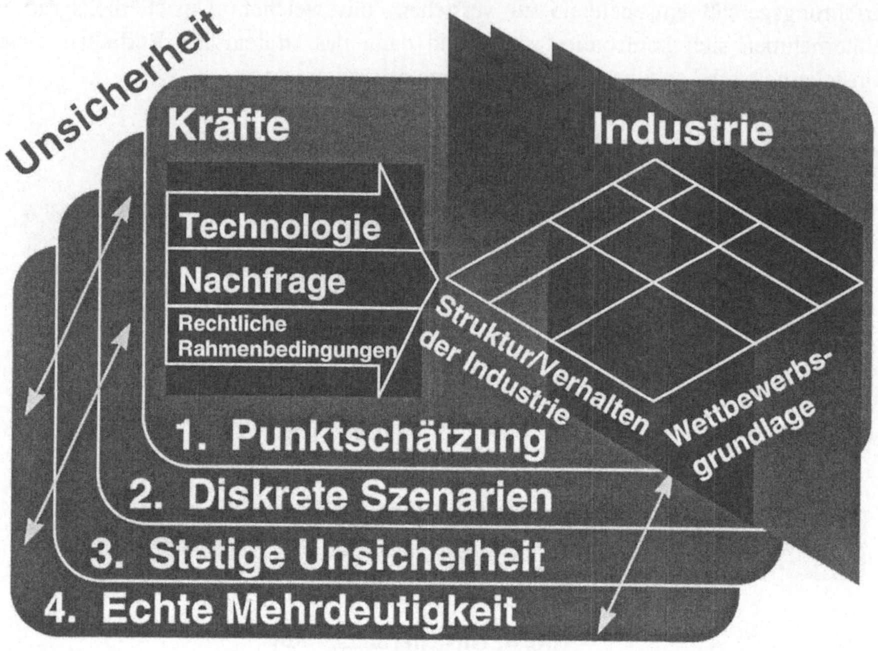


**Abb. 5: Situationsanalyse**

Diese Situationsanalyse bildet die Basis für die Erarbeitung konkreter strategischer Empfehlungen. Die Erarbeitung einer konkreten Strategie umfaßt somit vier Entscheidungen:

- Die Auswahl der strategischen Grundhaltung des Unternehmens
- Die Identifikation der Quellen des Wettbewerbsvorteils
- Die Entwicklung des Geschäftskonzeptes
- Der Aufbau des Wertschöpfungssystems

Je nach Anspruchsniveau kann ein Unternehmen eine von drei strategischen Grundhaltungen einnehmen: aktives Gestalten, Optionen Offenhalten sowie schnellstmögliches Anpassen (s. Abbildung 6).

**Aktives Gestalten**

- Übernahme einer Führungsrolle bei Festlegung von Branchenstrukturen
  - Definition von Rollen/Standards
  - Schaffung von Nachfrage

**Optionen Offenhalten**

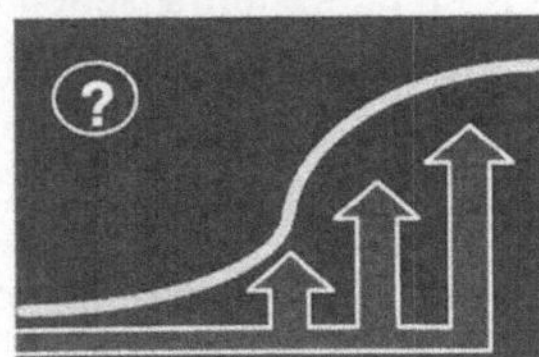

- Ausreichende Investitionen, um im Rennen zu bleiben, aber keine verfrühten Commitments

**Schnellstmögliches Anpassen**

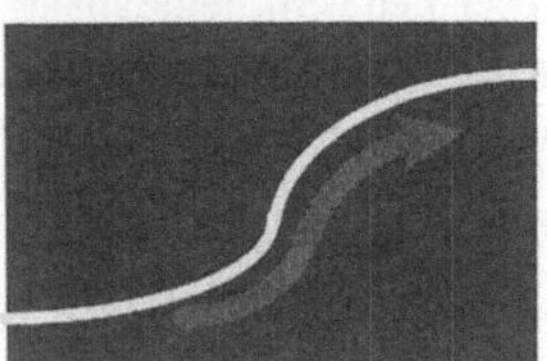

- Gewinn durch Schnelligkeit, Geschicklichkeit und Flexibilität beim Erkennen und Ergreifen von Chancen

**Abb. 6: Umgang mit Unsicherheit**

Aktives Gestalten bedeutet die Übernahme einer Führungsrolle bei der Festlegung von Branchenstrukturen. Diese Haltung erfordert ausreichendes Vertrauen in den Erfolg der eigenen Produktidee oder aber zumindest in die Gestaltungskraft des Unternehmens, Branchenstrukturen nachhaltig zu beeinflussen. Bei einer Strategie des schnellstmöglichen Anpassens hingegen setzt ein Unternehmen darauf, in einem von den Gestaltern geprägten Wettbewerbsumfeld durch die eigene Schnelligkeit, Geschicklichkeit und Flexibilität beim Erkennen und Ergreifen von Chancen einen Vorteil zu erzielen. Optionen Offenhalten bietet sich als Grundhaltung in solchen Situationen an, die durch eine hohe Unsicherheit gekennzeichnet sind. Im Gegensatz zu "Nichtstun" trifft ein Unternehmen hier eine Vielzahl ausreichender aber kleiner Investitionen, um an mehreren möglichen Entwicklungen teilnehmen zu können, ohne sich jedoch mit seiner ganzen Energie auf eine Option zu konzentrieren.

## 2 Die Anwendung auf die IT-Strategie

Dieser neue Strategieansatz liefert einen systematischen Rahmen für die Analyse und die Entscheidungen eines Unternehmens über sein Wettbewerbsverhalten (s. Abbildung 7).

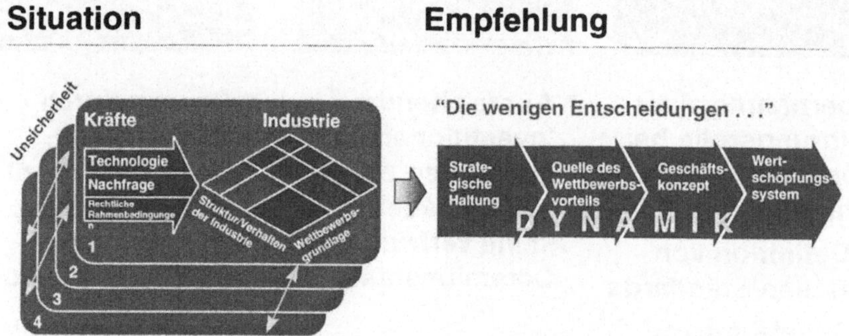


**Abb. 7: Der neue Strategieansatz**

Darüber hinaus sind die Prinzipien des Ansatzes auch für die Erarbeitung einer IT-Strategie anwendbar. Die Entwicklung einer IT-Strategie für ein Unternehmen ist üblicherweise geprägt durch ein Dilemma zwischen den Problemen der typischen Ausgangssituation sowie den typischen Nutzererwartungen (s. Abbildung 8).

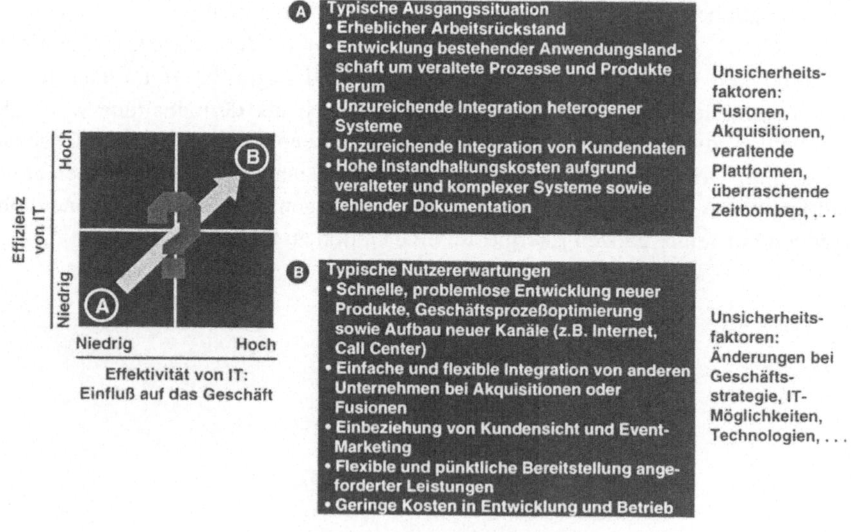


**Abb. 8: Das IT-Dilemma**

Die übliche Diskrepanz zwischen den Lieferschwierigkeiten der IT-Landschaft und der Grenzenlosigkeit der Nutzererwartungen wird bei einer strategischen Betrachtung noch verschärft durch eine Vielzahl von Unsicherheitsfaktoren. Mögliche Änderungen in der Geschäftsstrategie ebenso wie bei den einsetzbaren Technologien verlangen eine systematische Berücksichtigung der Unsicherheit auch im Rahmen der IT-Strategie.

Den Rahmen für die Strategie bildet eine konzeptionelle IT-Architektur (s. Abbildung 9).

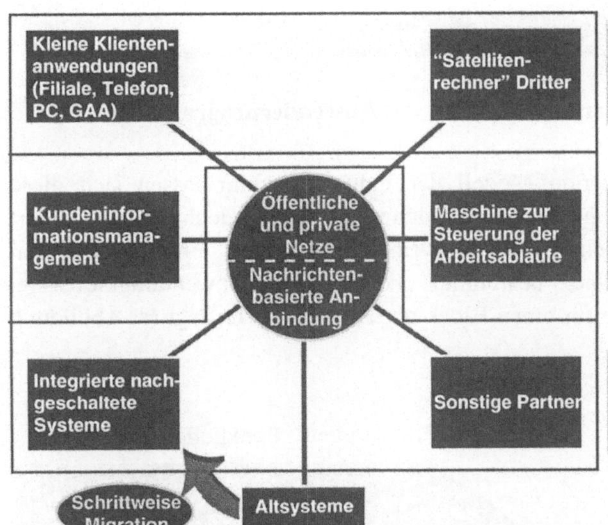


KONZEPTIONELL

Kanalunterstützung
- Differenzierte Nutzenstiftung an Kundenschnittstelle
  - Vertrieb: Effektivität
  - Service: Effizienz
- Voraussetzung für auf Kunden ausgerichtete Modelle

Kundenmanagement
- Möglichkeit der Charakterisierung von Kunden nach Clustern
- Geeignete Abfolge von Aktivitäten durch Workflow-Management

Produktkern
- Mehrkanalstrategie
- Mehrproduktstrategie
- Voraussetzung für auf Vertriebskanäle/Kunden ausgerichtete Architekturen

**Abb. 9: IT-Architektur**

In dieser konzeptionellen Architektur werden die prinzipiellen Strukturen der Systemlandschaft festgeschrieben. Als Basis für konkrete Plattformen- oder Systementscheidungen müssen die Elemente dieser Architektur dann weiter detailliert und ausgearbeitet werden. Auslöser von Veränderungen in der IT-Architektur ist üblicherweise der Erwerb oder die Erweiterung von Anwenderprogrammen, um veränderten Anforderungen der Benutzer Rechnung zu tragen (s. Abbildung 10).

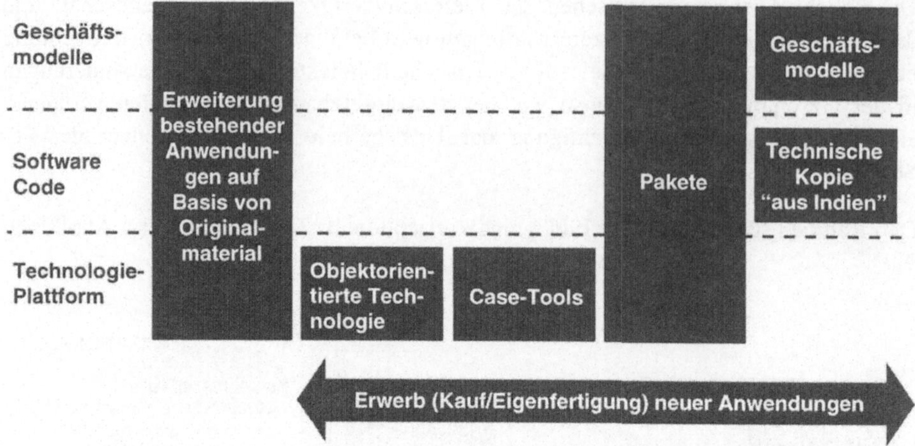


**Abb. 10: Erwerb oder Erweiterung von Anwenderprogrammen**

Vergleichbar mit dem erweiterten Modell der Industriestruktur lassen sich diese Optionen für die Beschaffung von Anwendungssystemen jedoch selten isoliert bewerten. Sie bedeuten üblicherweise eine Entscheidung für einen bestimmten "Technologiestapel", der eine bestimmte Folge von Anwendungssoftware, Systemsoftware und Hardware für einen Block der Architektur festlegt (s. Abbildung 11).

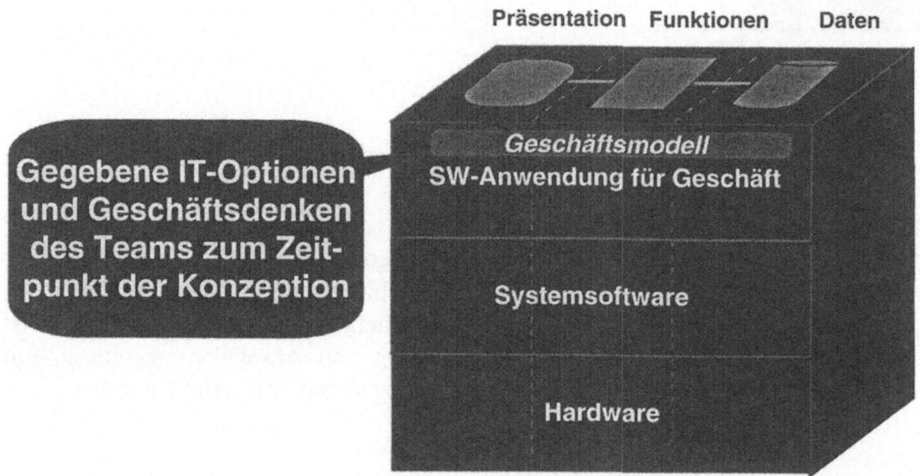


**Abb. 11: Die architektonische Verschachtelung einer Anwendung**

In fast allen Unternehmen existiert heute eine Vielzahl solcher Technologiestapel nebeneinander; oft ist das Gesamtvolumen der Anwendungssysteme nahezu gleich über die einzelnen Technologiestapel verteilt.

Ziel einer IT-Strategie ist es nun, eine kohärente Verschachtelung dieser Technologiestapel anzustreben (s. Abbildung 12).

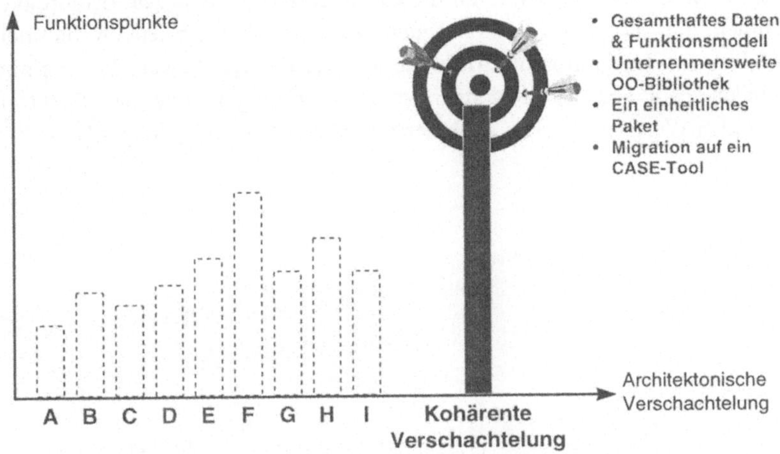


**Abb. 12: Der Ansatz für eine kohärente IT-Welt**

Dies bedeutet zumindest den Entwurf eines gesamthaften Daten- und Funktionsmodells, den Aufbau einer unternehmensweiten Objektbibliothek, den Einsatz einheitlicher Anwendungspakete sowie die Migration auf ein ausgewähltes CASE-Tool. Praktische Erfahrungen zeigen, daß eine solche kohärente Verschachtelung lediglich mit einem massiven "Rundumschlag" erreicht werden könnte. Mittlerweile ist jedoch hinreichend bekannt, daß sowohl Produktivität als auch Erfolgswahrscheinlichkeit eines solchen Vorgehens beliebig gering sind (s. Abbildung 13).

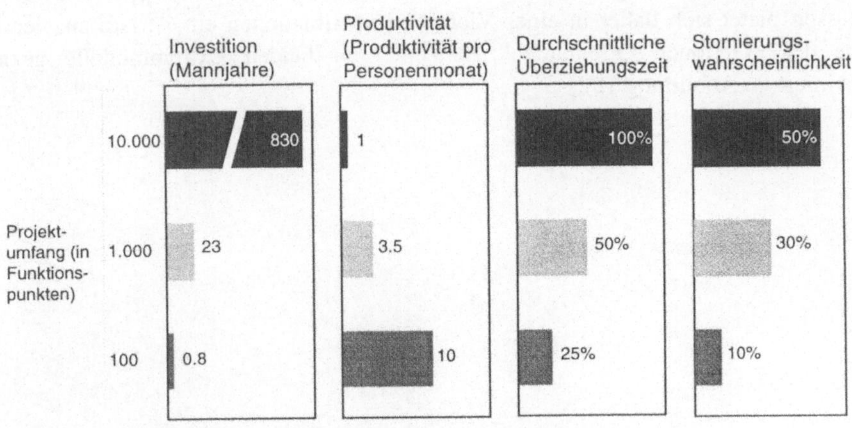


**Abb. 13: Ein „Rundumschlag" bietet sich selten an**

Als Alternative wurde in den vergangenen Jahren sowohl von Herstellern als auch von Systemintegratoren ein "opportunistisches" Vorgehen für die Konzentration der Architekturstapel empfohlen. Mit Hilfe nachrichtenbasierter Middleware-Konzepte sollten bestehende Anwendungen Fall für Fall integriert werden. Die Erfahrungen von Unternehmen, die diesen Ansatz konsequent verfolgten, zeigen jedoch, daß bei einer solchen fallweisen Integration die Anforderungen an die Middleware-Lösung mit einer zunehmenden Zahl von Anwendungen so stark ansteigen, daß das Spektrum der einzusetzenden Werkzeuge kaum noch beherrschbar ist (s. Abbildung 14).

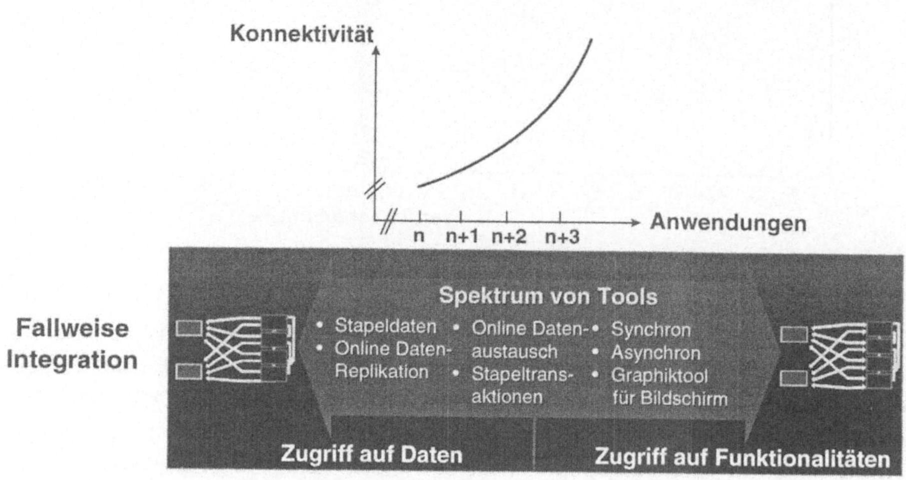


**Abb. 14: Opportunistische Fall-für-Fall-Integration ist nicht haltbar**

Als Alternative zu dem gestalterischen "Rundumschlag" und dem opportunistischen Anpassen bietet sich daher in einer Vielzahl von Situationen ein Ansatz an, der im Sinne des "Optionen Offenhalten" Elemente der beiden Extremmodelle gezielt kombiniert (s. Abbildung 15).

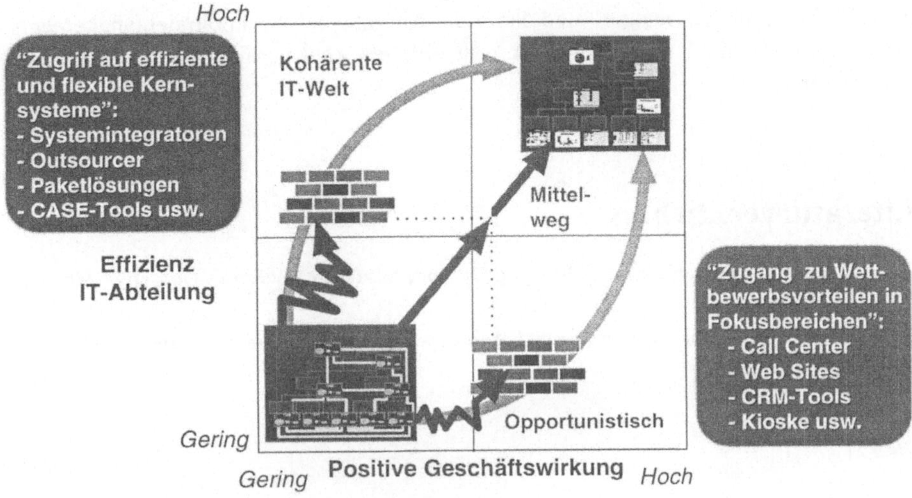


**Abb. 15: Nutzung der Fähigkeiten von IT-Anbietern**

Entscheidend für den Erfolg dieses Ansatzes ist ein bewußtes Management der Technologiestapel (s. Abbildung 16).

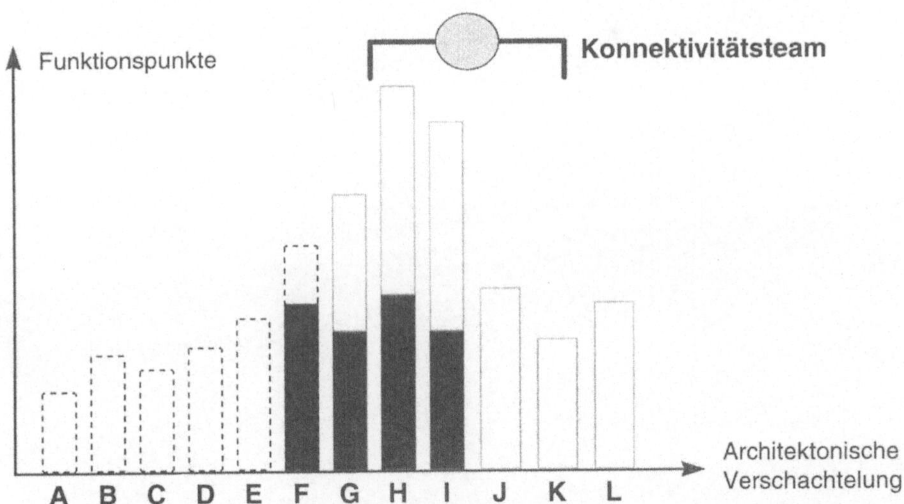


**Abb. 16: Ein Mittelweg hin zu Übersichtlichkeit in der IT-Organisation**

Angesichts der Erfahrungen der letzten Jahre wird die Mehrzahl der Unternehmen wohl anerkennen müssen, daß der Erfolg ihrer IT-Strategie weder im bedingungslosen Vertrauen auf eine bestimmte Technologie noch in der opportunistischen Koexistenz der jeweils letzten Messeneuheiten liegen kann. Statt dessen wird auf Sicht die Aufgabe einer Technologiestrategie - und damit die Aufgabe des Technologiemanagements - im systematischen Management einer kontrollierten Zahl parallel existierender Technologien liegen.

## Literaturverzeichnis

[1] Coyne, K.P.; Subramaniam, S.: Bringing discipline to strategy; McKinsey Quarterly (1996, 4), S. 14-26

[2] Vinckier, J.: The business promise of hub and spoke systems; McKinsey Quarterly (1994, 4), S. 111-121

# Kundenindividuelle Anwendung von Standardsoftware als Grundlage einer Branchenlösung

dargestellt am Beispiel des Rechnungswesens/Controllings in der Bauwirtschaft

Manfred Wolf
SAP AG, Walldorf

## Inhalt



18. Saarbrücker Arbeitstagung für Industrie, Dienstleistung und Verwaltung 1997. Hrsg.: A.-W. Scheer.© Physica-Verlag Heidelberg 1997

# 1 Standardsoftware versus Branchenlösung

## 1.1 Merkmale einer Standardsoftware

Standardsoftware ist heute in der Betriebswirtschaftslehre, speziell der Organisationslehre, aber auch in vielen, vielleicht allen Fragen der täglichen Betriebspraxis ein unverzichtbarer Faktor

- bestehender DV-Anwendungen und/oder
- laufender Planungen bzgl. DV-Einführungen.

Ohne Standardsoftware ist eine wirtschaftliche Abwicklung und Steuerung unternehmerischer Abläufe kaum mehr vorstellbar. Im einzelnen sind besonders folgende Potentiale, d. h. Vorteile zu nennen:

- **Kostensenkungspotential:**

  Im Vergleich zur Individualsoftware bietet ein Standardsoftwareeinsatz die Möglichkeit einer konstengünstigeren Einführung.

- **Verfügbarkeitspotential:**

  Die Entscheidung für ein Standardsoftwaresystem eröffnet gegenüber dem Einsatz eines Individualsoftwaresystems die Chance einer zeitlichen Beschleunigung bis zur produktiven Einsatzfähigkeit des neuen Softwaresystems

- **Qualitätspotential:**

  Durch einen Standardsoftwareeinsatz bietet sich die Möglichkeit, eine qualitativ hochwertige Softwarelösung zu nutzen.

- **Weiterentwicklungspotential:**

  Die Entscheidung für ein Standardsoftwaresystem eröffnet die Aussicht, an zukünftigen Maßnahmen zur Erweiterung und Fehlerbeseitigung durch den Einsatz eines neuen Releasestandes, der vom Standardsoftwarehersteller zur Verfügung gestellt wird, teilzunehmen.

- **Organisationspotential:**

  Das organisatorische Potential wird durch die Menge der mit einem Standardsoftwaresystem möglichen aufbau- und ablauforganisatorischen Lösungen gebildet. Durch die Nutzung dieses Potentials, welches sich auch schon in anderen Unternehmen bewährt hat, läßt sich eine Verbesserung der Aufbau- und Ablauforganisation erreichen. Weiterhin kann dieses sowohl zu einem Aufbau von Wettbewerbsvorteilen als auch zu Rationalisierungserfolgen führen.

Standardsoftware liefert damit auch gleichzeitig die Grundlage, individuelle Ansätze einer DV-Lösung sowohl aus der Sicht einer einzelnen Unternehmung als auch einer ganzen Branche zu definieren.

## 1.2 Notwendigkeiten eines Branchenansatzes

Die Mächtigkeit an Funktionalität der integrierten Standardsoftware R/3 von SAP bietet ein oftmals völlig ausreichendes Spektrum von betriebsindividuell optimalen Lösungen. Dennoch ist es durch eine Vielzahl von Gründen oft zwingend erforderlich, ´branchenbezogene` Anpassungen und Ausrichtungen von Anfang an vorzunehmen.

Unter anderem sind dafür verantwortlich:

- Großer Funktionsumfang zwingt zur Reduktion zwecks Optimierung der Prozesse
- Ausrichtung auf ´branchenspezifische` Terminologie
- Stärkung der Wettbewerbsfähigkeit durch Berücksichtigung branchenspezifischer Erfordernisse
- Straffe und schnelle Einführungsprojekte und Einführungszeiträume
- Branchenverwandte Synergieeffekte als Grundlage weiterer Standardfunktionen
- Branchenorientierte Standardsoftware bindet über Schnittstellen Fremdsoftware an und führt damit zu einer ganzheitlichen Branchensoftware

## 1.3 Von der Standardsoftware zur Branchenlösung (allgemein)

Grundsätzlich läßt sich eine Branchenlösung über verschiedene Wege bzw. daraus in beliebigen Kombinationen der alternativen Ebenen konzipieren und einführen (vgl. Abb. 1):

**Abb. 1: Der Weg zur Branchenlösung**

- Einrichten der betriebsindividuellen Geschäftsprozesse durch Reduktion von Funktionen und Terminologie (Prozeßmodellierung) mit Customizing der Systemparameter
- Einbinden von 'Branchenstandards' als
  - vollständige "Lösungspakete" (z.B. Baulohn)
  - partielle Lösungen (z.B. Reports)
- Ausgestaltung von branchenbezogenem Customizing (z.B. Bilanzschema von 'Arbeitsgemeinschaften')
- Definition von kundenindividuellen Zusatzentwicklungen (z.B. bauwirtschaftliche Bewertung für Controlling und Bilanz mit 'Branchenterminologie')
- Schaffung branchenspezifischer Schnittstellen zur Anbindung von Fremdbranchensoftware (z.B. GAEB-Schnittstelle für Leistungsverrechnung)

Während die Punkte 1 und 2 im Bereich der Standardsoftwareentwicklung von R/3 liegen, finden sich die anderen Bereiche im kundenspezifischen Projektgeschäft. Im ersten Abschnitt obliegen die gesamte Entwicklung, Pflege, Schulung, Dokumentationen ausschließlich dem Softwareanbieter. Dies relativiert zum einen das Risiko für den Endanwender, zum anderen ist es schwieriger, eigene Vorstellungen im letzten Detail einzubringen.

Der projektbezogene Bereich kann dagegen sowohl vom Kunden als auch durch die Lösungskenntnis des Beratungspartners individuell im Rahmen der systemtechnischen Möglichkeiten gestaltet werden. Das bedeutet aber auch die Chance, gute Projektlösungen jederzeit für den Standard zu prüfen bzw. Standardfunktionen mit/ohne Branchenbezug als Grundlage eigener Entwicklungen zu nutzen. Damit sind die beiden Bereiche letztlich wieder auf das Engste miteinander verbunden und adaptionsfähig.

## 1.4 Kennzeichen einer Branchenlösung

Allgemeine Grundsätze, sich einer Branche und dem softwaretechnischen Lösungsumfang zu nähern, lassen sich unter anderem an Hand folgender Kriterien verdeutlichen:

- Begriff der Branche als wertschöpfende Einheit (Handel, Produktion etc.), als Oberbegriff einer abgrenzbaren Teilmenge (Einzelhandel, Einzelfertigung) oder als Ausprägung betriebsspezifischer Merkmale, die in geschäftsmäßig gleichartigen Unternehmungen ähnlich vorkommen (alle Bauunternehmen)
- Anforderungen an die Organisationsstrukturen im Sinne
    - gesetzlicher
    - logistischer
    - betriebswirtschaftlicher

  Deckung bzw. abweichender Einheiten
- Ausrichtung der Geschäftsprozesse nach ´branchenbezogenen`
    - Integrationsansätzen
    - Organisationsbegriffen
    - Internationalen Abhängigkeiten
- Definition eines Berichtswesens für alle Organisationseinheiten mit Ausrichtung auf
    - branchenspezifische Adressaten
    - branchenbezogene Arbeitsabläufe
    - branchenorientierte Berichtsanforderungen

Wesentlich ist, das maximale Volumen des verfügbaren Standardumfanges, soweit irgendwie möglich, inhaltlich und begrifflich zu nutzen. Nur ganzheitlich nicht vorhandene Branchenanforderungen sind als eigene Lösungsbausteine zu konzipieren und zu integrieren. Viele spezifische Anforderungen lassen sich bereits über Standardfunktionen/-prozessen in Verbindung mit punktuellen Erweiterungen abdecken.

### 1.5 Vorteile branchenbezogener Software

Als Vorteile der branchenbezogenen Ausgestaltung von Standardsoftware fallen auf:

- Ganzheitliche funktionale Ausrichtung ermöglicht, ggf. mit Fremdsoftware, ein umfassendes, branchengerechtes Umfeld der Anwendung
- Hohe Akzeptanz durch Endanwender
- Branchenweite Anwendungen sichern ein einheitliches methodisches Vorgehen in der Branche (Vergleiche, Entwicklungen, Trends, etc.)
- Schnelle Einführungen durch "fertige" Branchenlösungen entweder als "Branchenstandard" und/oder als Kundenlösung
- Repräsentative Kundenlösung als Grundlage einer Branchenlösung sichert eine hohe Abdeckung branchenindividueller Anforderungen und damit mögliche Weitervermarktung der geschaffenen Lösungen.

## 2 Die Komponenten einer "Branchenlösung" im einzelnen

### 2.1 Ebene 1: Die Module der Standardsoftware R/3

Welche Schritte sind für einen Kunden konkret zu tun, um eine Lösung zu entwickeln, die ausgehend von einem mehr oder weniger verfügbaren Lösungsstandard durch sinnvolle Ausprägungen und Zusatzentwicklungen den Rahmen für eine eigene Lösung und damit als Grundlage einer Branchenlösung abgeben kann? Dabei kann die Sichtweise einen ganzheitlichen Ansatz aber auch einen partiellen, mehrere Schritte umfassenden Weg beschreiben.

Ausgangspunkt jeglicher Systemeinführung ist das Referenzmodell einer Standardsoftware. Auf dieser Struktur der Organisationseinheiten setzen die Standardgeschäftsprozesse auf. Diese gilt es je nach branchenbezogenen Ansätzen zu selektieren und anzupassen. Für das Controlling in der Bauwirtschaft sind dies alle vorhandenen betriebswirtschaftlichen Abläufe, die im Rahmen einer bauwirtschaftlichen Anwendung in der Regel entstehen.

Im Einzelfall sind dies vor allem die

- Beschaffungsvorgänge von baubezogenem Material
- Instandhaltungsvorgänge von Großgeräten
- Abrechnungsvorgänge im Rahmen von eigenen und gemeinschaftlichen Baustellen.

Hierbei läßt sich zum Großteil das bekannte Standardberichtswesen nutzen. Im einzelnen sind dies vor allem die klassischen Reports der Kostenstellen, der Aufträge für interne Leitungen und der Projekte für Baustellen als klassische Plan/Soll/Ist-Vergleiche.

In Zukunft werden industriespezifische Standardgeschäftsprozeßszenarien die Auswahl und den Einsatz branchenüblicher Abläufe unterstützen und vereinfachen. Für den Bereich 'Einzelfertigung' sind hierzu 'bauorientierte' Prozeßszenarien vorhanden, die in kommende Releases eingehen und sich zu kundenspezifischen Szenarien weiterentwickeln bzw. ergänzen lassen.

## 2.2 Ebene 2: Der Branchenstandard im System R/3

Hierbei ist zu unterscheiden zwischen

- in sich geschlossenen Anwendungen auf Basis (teilweise) von Standardkomponenten und
- punktuell definierten Erweiterungen klar abgegrenzter Funktionsbereiche.

Im ersten Fall wäre als Beispiel für die Bauwirtschaft das Modul Baulohn zu nennen, welches als Standardkomponente des R/3-Personalsystems verfügbar ist.

Im zweiten Fall hält die Software eine Reihe konkreter, sich ständig erweiternder Zusatzfunktionen/-reports vor. Beispiele hierzu sind vor allem Möglichkeiten im Zusammenhang mit der Abwicklung und dem Controlling von Baustellen:

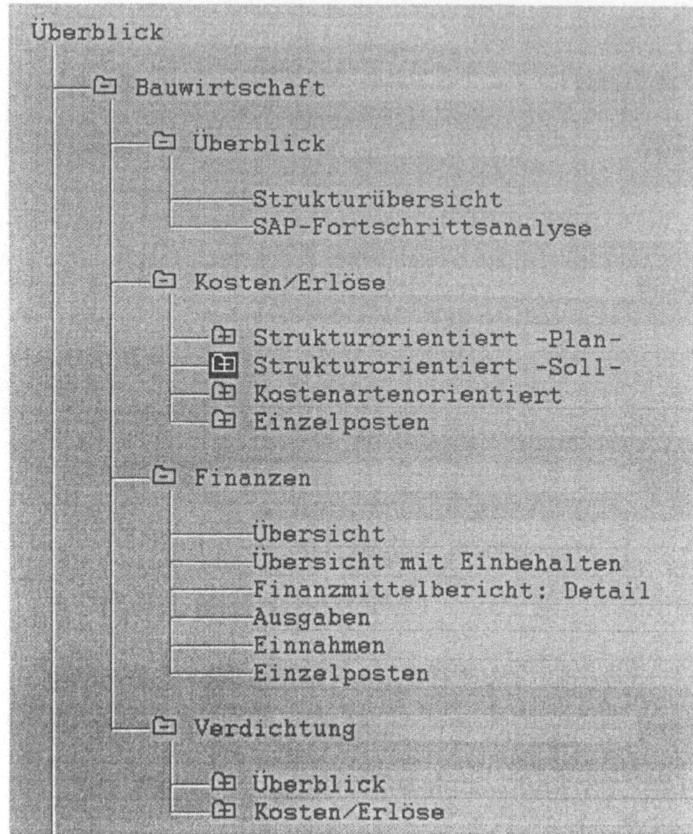


**Abb. 2: Zusatzkomponenten und -funktionen**

Diese Zusatzfunktionen lassen sich je nach Bedarf im einzelnen Kundenprojekt aktivieren und liefern eine wesentliche Grundlage für eine 'branchengerechte' Anwendung.

## 2.3 Ebene 3: Das "Branchencustomizing"

Hierbei gilt es das Ziel zu verfolgen, möglichst viel Standardfunktionalität kundenspezifisch anzuwenden. In der Konsequenz bedeutet dies für eine Branchenlösung ein branchenorientiertes, übergreifendes Ausgestalten der Prozeßabläufe mit deren Einzelfunktionen. Als Beispiele in der Bauwirtschaft sind ein "projektorientiertes" Baustellencontrolling, das Verfolgen interner Aufträge und das Darstellen bautypischer Abschlüsse, wie etwa der Arbeitsgemeinschaften, zu nennen.

Im einzelnen bedeutet dies, daß z.B. das Abbilden von Arbeitsgemeinschaften als eigene Gesellschaft einschließlich dem gesamten Abschluß auf Basis des Baukontenplanes durch entsprechendes Customizing möglich ist.

Weitere Beispiele im Controlling sind die Standardabläufe der Berichtslegung. Hier lassen sich z.B. alle der Ordnungsmäßigkeit dienenden Informationen wie Stammdaten, Ur- und Änderungsbelege sowie Protokolle, aber auch bestimmte periodische Auswertungen im Sinne von mitlaufenden Plan /Ist - Vergleichen nennen.

Hierbei ist es auch möglich, als Basis des Berichtswesens einen vollständigen Controllingkreislauf für eine Baustelle zu definieren: von der Strukturierung des Objektes, der Budgetierung und Planung einer Baustelle, der Vergabe von Nachunternehmerleistungen, dem Disponieren der Ressourcen einschließlich der gesamten logistischen Steuerung (optional), den Rückmeldungen von Leistungen und Fertigstellungen bei Teil- und Schlußabnahmen sowie dem Komplex der Abbildung von Verfügungen, Kosten und Zahlungsströmen. Aber auch ganz spezielle Zielsetzungen wie die

- Umlage/Verrechnung auf Basis von Bauleistungen
- Abbildung von Planungsaufträgen von technischen Büros

sind durch das Customizing der Standardsoftware R/3 branchenbetont möglich.

## 2.4 Ebene 4: Die branchenbezogenen Zusatzentwicklungen ("Add-ons")

Es zeigt sich beim Ausprägen der Detailfunktionen in der Regel der Zusatzbedarf additiver Ergänzungsentwicklungen. Wichtig hierbei ist allerdings, daß auch die sich daraus ergebenden Zusatzanforderungen zunächst im Customizing mit dem Ziel einer Branchenausrichtung auf ihre Machbarkeit geprüft werden. Dies ist meist nur in mehreren Schritten möglich und kann oft nur im Rahmen von Kundenprojekten mit stark branchenführender Sachkompetenz durchgeführt werden.

Als branchenbezogene "Add-ons" sind alle die Funktionen zu bezeichnen, die zusätzlich zur Standardfunktionalität im Rahmen eines Kundenprojektes entwickelt und mit dem Anspruch einer Branchenlösung realisiert werden. Als Werkzeuge stehen hierfür das gesamte Spektrum der Entwicklungsumgebung aber auch alle sonstigen technologischen Tools zur Verfügung.

Das Spektrum der Kundensicht ist dabei entweder erst in einem weiteren Schritt oder schon von Anfang an auf eine generelle Branchensicht hin auszurichten bzw. ggf. auszuweiten. Dies ist häufig eine Frage der projektspezifischen Sachzwänge und des inhaltlichen Qualitätsanspruches im Einführungsprojekt von R/3.

So läßt sich das oben zitierte Beispiel eines Abschlusses von Arbeitsgemeinschaften erweitern um

- den Stand und die Angleichung von Gesellschafterkonten
- die Auswertungen speziell für die Arbeitsgemeinschaften, wie eine Bilanz mit Anschreiben und Berichtslegung
- den mehrstufigen Zusammenhang aus externer Berichtslegung mit den internen Ergebnissichten der jeweils beteiligten Partner und der gesamten Baustelle als Projekt.

Im einzelnen sind im Rahmen der bauwirtschaftlichen Lösung für das Controlling weiterhin hervorzuheben:

- Periodengerechte Abgrenzung von Bauprojekten mit den Kreditoren, Kosten, Leistungen, Beständen und Rückstellungen
- Projektberichte nach Kostenarten und Kostenartengruppen sowie Einzelposten
- Projektbezogene OP-Listen
- Bauspezifisches, modulübergreifendes Berichtswesen auf unterschiedlichen Verdichtungsstufen wie den betriebswirtschaftlichen und bilanziellen Projektberichten, den Kostenstellen- und Auftragsberichten sowie den Erfolgsübersichten
- den mehrstufigen Überleitungen und Abstimmungen zwischen wirtschaftlichen und bilanziellen Ergebnissen
- den Soll /Ist-Vergleichen von Geräteeinsätzen mit Einsatztagen, Miet- Reparatur- und sonstigen Aufwendungen, einschließlich dem gerätespezifischen Erfolgsnachweis durch interne und externe Mietabrechnungen.

In diesen genannten Bereichen zeigen sich auch zahlreiche "branchenübergreifende" Lösungsansätze, sowohl was das Thema des Joint-Ventures als auch alle Fragen einer anlagenorientierten Fertigung betrifft.

An dieser Stelle sei an die verschiedenen Möglichkeiten von Branchenansätzen und -erweiterungen erinnert. Kundenspezifisches "Branchen"-Customizing kann im Kundenprojektsystem erfolgen. Alternativ lassen sich diese Ansätze auch in ein durch Prozeßauswahl voreingestelltes System übertragen. Diese "Aufwärtskompatibilität" ist auch für "branchenbezogene" Add-ons denkbar. Das bedeutet unter Umständen, daß zusätzliche Entwicklungen als eigene Bausteine für weitere Kundenprojekte verfügbar sind bzw. von vornherein als Standardfunktionalität angeboten werden.

## 2.5 Ebene 5: Integration mittels offener Schnittstellen

Durch die offene Systemarchitektur läßt sich die Standardsoftware auf allen Ebenen mit Fremdsoftware verbinden. Speziell branchenbezogene Ansätze lassen sich mit anderen branchenspeziellen Softwarefamilien ideal zu einem echten integrierten ´Branchenlösungsansatz` zusammenfügen. Beispiele sind hier die Anbindung der gesamten bautechnischen Auftragskalkulation an die Kundenauftragsnummer und/oder Nachunternehmer. Dies bildet dann wiederum die Grundlage eines integrierten Controllingansatzes, d. h. aus den Kunden/Nachunternehmeraufträgen kann über definierte Leistungsverzeichnisse bis in die bautechnischen Einzelpositionen der Kalkulation zugegriffen werden.

Aufgrund moderner technologischer Ansätze wie EDI, Internet etc. sind Datentransfers auch in Verbindung mit Workflowsteuerungen möglich.

Aber auch die Integration in Verbindung mit weltweiten Standardsoftwareprodukten (Microsoft etc.) ist eine wesentliche Basis flexibler und damit anwendungsorientierter Branchenlösungen. So lassen sich über standardsoftwareseitig verfügbare Schnittstellen Projekt- und Baustellenberichte in Excel-Anwendungen überführen. Andererseits ist es möglich, individuelle Selektionen, und damit Datenauszüge vorzunehmen, diese text/grafikseitig zu bearbeiten und über R/3 oder E-Mailing an einzelne Einheiten bzw. Verantwortliche zu versenden. Damit erreicht die branchenbezogene Ausgestaltung nicht nur inhaltliche, sondern auch organisatorische Bedeutung für die jeweilige Branche.

# 3 Projektunterstützung bei der Einführung

## 3.1 Einführungstools

Eine leistungsfähige Software bietet für die Einführung, Pflege und laufende Weiterentwicklung Werkzeuge zur Unterstützung aller Phasen und Teilprojekte. Als wesentliche Komponenten sind hierbei das sogenannte

- Vorgehensmodell (VGM) und der
- Einführungsleitfaden (Implementation Guide=IMG)

zu nennen. Diese stellen nach einheitlich formalen Regeln und Strukturen sicher, daß ein Projekt vollständig, selektiert nach den relevanten Arbeitspaketen und Einzelschritten geplant, durchgeführt, überwacht und optimiert wird.

Während das VGM mehr die grundsätzlichen Arbeitspakete einer Einführung aufzeigt, gibt der Einführungsleitfaden die konkreten Einzelschritte bis zur Ebene der Detailfunktionen einschließlich Customizing und Dokumentation wieder.

Bezogen auf eine Branchenlösung sind hierbei vor allem die Einführungen der Standardlösung und der branchenbezogenen Standardzusatzfunktionen wesentlich. Allerdings sind für alle Einzelschritte projektspezifische Generierungen einschließlich entsprechender Dokumentation möglich.

## 3.2 Geschäftsprozeßmodellierung

Während VGM und IMG mehr projektbezogenen Anforderungen genügen, bilden die sogenannte Geschäftsprozeßanalyse der SAP-Standardprozesse auf Basis des Referenzmodells und/oder der industriespezifischen Prozeßszenarien sowie fachliche Checks möglicher Organisationsstrukturen mehr die inhaltlichen Komponenten der Einführungswerkzeuge.

Neben den Standardfunktionsbausteinen sind diese Komponenten, natürlich genauso wie das VGM/IMG auch als Grundlage speziell bei dem projektspezifischen Branchencustomizing und den Branchen-Add-on-Entwicklungen einsetzbar. Vor allem lassen ein einheitliches, methodisches Vorgehen hinsichtlich der damit verbundenen Vollständigkeitsüberprüfungen gegenüber dem Kundensollkonzept sehr schnell Deckungslücken hinsichtlich branchenspezifischer Zusatzfunktionen erkennen.

## 3.3 Entwicklungswerkzeuge und Schnittstellen

Die Standardsoftware liefert mit einer vollständigen Entwicklungsumgebung die Möglichkeit alle Zusatzentwicklungen branchenspezifisch so zu adaptieren, daß sie sich nahtlos in die eigentliche Kernanwendung des Standards integrieren lassen. Über User-Exits und Funktionsbausteine lassen sich beliebige Erweiterungen durchführen. Aber auch Standardschnittstellen können branchenübergreifend angepaßt und auf die individuellen Anforderungen hin ausgerichtet werden.

## 3.4 Verwendung bestehender Software

Eine weitere Möglichkeit der branchenbezogenen Erweiterungen ist das Nutzen von geänderten, erweiterten bzw. neu entwickelten Einzelfunktionen. Auch das Verwenden von branchenfremden Add-ons ähnlicher oder verwandter Branchen als Vorlage branchenbezogenener Weiterentwicklung ist möglich. All diese Überlegungen haben zum Ziel, den Aufbau und die Ausgestaltung einer Branchenlösung durch Nutzung verfügbarer Standardfunktionalität oder Branchen /Kundenlösungen wirtschaftlich herbeizuführen.

# 4 Zusammenfassung

## 4.1 Weitere Einflußfaktoren einer Branchenlösung

Die inhaltliche Komplexität einer Branchenlösung wird zunehmend von weiteren Faktoren mitbestimmt:

- Ausrichtung auf nationale und internationale Anforderungen
- Unterschiedliche Einführungsmethoden und -szenarien (z.B. Rollout, Big Bang)
- Abweichende Vorgehensweisen für den Aufbau von Branchenlösungen (siehe verschiedene Ebenen)
- Unterschiedliche Anforderungsprofile und -tiefe.

Dadurch ist letztlich auch je Einführungsprojekt individuell zu planen, wie sich branchenbezogene Lösungsinhalte integrieren lassen. Auch sind je Projekt verschiedene Phasenkonzepte bzgl. der Einführung einzelner Funktionen und Prozesse denkbar. Somit ist der branchenbezogene Ansatz auch eine sehr projektindividuelle Fragestellung.

## 4.2 Branchenumfassender Einsatz von Standardsoftware

Gute Branchenlösungen lassen sich in unterschiedlichen Szenarien am Markt plazieren. Grundlage bildet immer und in jedem Falle die Standardfunktionalität. In Abhängigkeit von Kundengröße, Branche, Projektumfang und den Anforderungen der Branche ist die Komplexität der Branchenlösung festzuschreiben. Damit sind gleichzeitig alle Fragen der Ausgestaltung zu klären: ob Branchenstandard/-Customizing, Add-on, Schnittstellen jeder Weg ist individuell zu prüfen und ggf. auch kombiniert zu realisieren.

Hat eine Branchenlösung auf Basis kundenorientierter Anwendungen einen akzeptierten Reifegrad erreicht, so ist es möglich, diese Lösung der jeweiligen Branche zugänglich zu machen. Voraussetzung ist, daß alle Fragen in Zusammenhang mit der Wartung, Pflege, Schnittstellen, Schulung, Dokumentation und Beratung generell oder je Branche geklärt sind.

Damit kann die Standardsoftware Grundlage jeglicher Branchenlösung sein und in der jeweiligen Branche marktumfassend zum Einsatz gelangen.

# III Prozeß- und marktorientiertes Controlling

# Shareholder Value - Auswirkungen auf das Controlling

Prof. Dr. Thomas Günther,
Technische Universität Dresden

## Inhalt



18. Saarbrücker Arbeitstagung für Industrie, Dienstleistung und Verwaltung 1997. Hrsg.: A.-W. Scheer.© Physica-Verlag Heidelberg 1997

# 1 Shareholder Value - eine neue Zielgröße für das Controlling

## 1.1 Shareholder Value Management und Controlling

In den USA entstanden zu Beginn der 80er Jahre erste Überlegungen, den Wert eines Unternehmens oder einzelner Unternehmensteile in die Zielsetzungen des Managements einzubinden **(Shareholder Value-Ansatz)**. Das Shareholder Value Management stellt keinen originär neuen Ansatz dar, sondern ist als logische Verknüpfung von bekannten Erkenntnissen aus der Kapitalmarkttheorie, der Unternehmensbewertung, der strategischen und der operativen Planung zu betrachten. Die in den USA durch Publikationen von Professoren amerikanischer Business Schools, wie *Fruhan*, *Rappaport* oder *Copeland,* sowie durch Unternehmensberatungen vorangetriebene Entwicklung breitete sich auf dem europäischen Kontinent erst nach dem Abflauen der M&A-Welle in den USA nach dem Oktober-Crash 1987 aus. In Deutschland wurde das Shareholder Value-Konzept vor allem durch zahlreiche Veröffentlichungen von *Bühner* publik gemacht. Einige Großunternehmen, wie z. B. Veba, Siemens, RWE oder Haniel, erweiterten ihre Unternehmensziele um das Ziel der Schaffung von Eigentümervermögen und sind gegenwärtig dabei, den Shareholder Value-Gedanken in ihre Unternehmenspolitik und ihre Entscheidungen zu integrieren und erste Erfahrungen in der praktischen Umsetzung zu sammeln.

Zur Verbreitung und zum Entwicklungsstand des Shareholder Value-Ansatzes in Deutschland und Europa liegen drei Studien von Beratungsunternehmen vor, die zu vergleichbaren Ergebnissen führen. Nach der Studie von *Höfner & Partner* wird das Wertsteigerungsmanagement nach den Themen „Lean Entreprise“ und „Entschlackung der Verwaltung“ sowohl zum heutigen Stand als auch bis zum Jahr 2000 als drittwichtigstes Themengebiet eingestuft.[1] Die Verbesserung des Shareholder Value ist bei 85,2 % der befragten Unternehmen definiertes Ziel auf Ebene des Top Managements, während die Bedeutung in der Unternehmensplanung (55,7 %), auf Ebene der Geschäftsbereichsleitungen (27,9 %) und bei Abteilungsleitern von Geschäftsbereichen (11,5 %) geringer ausfällt. Die Befragung von *Rappaport/LEK Unternehmensberatungs GmbH* bei den 250 größten deutschen Unternehmen kommt bezüglich des primären Unternehmensziels zu ähnlichen Ergebnissen.[2] Das Rentabilitätsziel ist immer noch bei 55 % der Unternehmen primäres Unternehmensziel, während der Shareholder Value mit 23 % der Nennungen bereits den zweiten Platz einnimmt. Zu vergleichbaren Ergebnissen kommt auch die europaweite KPMG-Studie.[3] Defizite in der Umsetzung sind jedoch, wie nachfolgende Abbildung zeigt, in der Implementierung im Controlling sowie in der Einbettung in Anreizsysteme für Führungskräfte festzustellen **(Implementierungslücke)**.

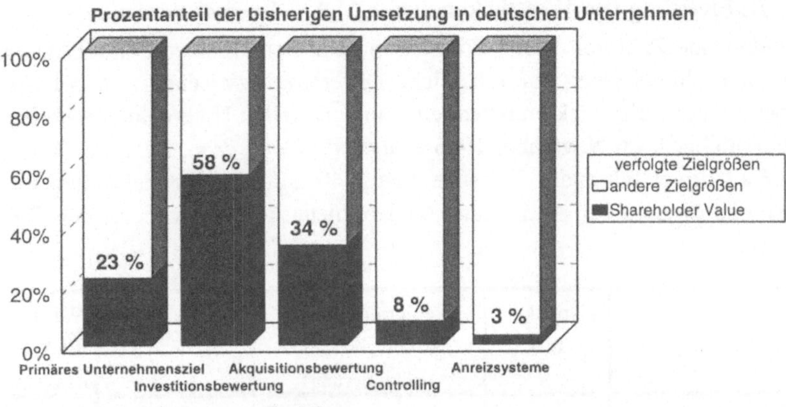


**Abb. 1: Bedeutung des Shareholder Value-Ansatzes in einzelnen Funktionen[4]**

Aufgrund der Implementierungslücke im Controlling soll nachfolgend zum einen untersucht werden, ob durch die „Wiederentdeckung" des Unternehmenswertes Handlungsbedarf für das Controlling gegeben ist und zum anderen, welche „neuen" unternehmenswertorientierten Ansätze in das Controlling zu integrieren sind bzw. wie vorhandene Ansätze adäquat modifiziert werden können. Dabei sei angemerkt, daß konzeptionell auf bekannte Ansätze der Investitionsrechnung und Unternehmensbewertung zurückgegriffen werden kann; das „Neue" besteht allenfalls in der Verknüpfung bisher häufig isoliert betrachteter Ansätze, wie dies z. B. durch die Verwendung risikoangepaßter Kapitalkosten in der Unternehmensbewertung zum Ausdruck kommt.

## 1.2 Der Unternehmenswert als „neue" Zielgröße im Controlling

Die Entstehungsursachen des Shareholder Value-Ansatzes sind in mehreren unterschiedlichen Entwicklungen zu sehen, die sich gegenseitig verstärken. Die Rolle, die dem Unternehmenswert für die Unternehmenssteuerung zugeschrieben wird, läßt sich einerseits auf verhaltenssteuernde Wirkungen und zum anderen auf entscheidungsbeeinflussende Wirkungen zurückführen.

### 1.2.1 Verhaltenssteuernde Wirkungen der Ausrichtung am Unternehmenswert

Die zusätzliche Orientierung am Unternehmenswert kann das Entscheidungsverhalten des Managements und damit auch letztlich die Ergebnisse ihrer Entscheidungen beeinflussen. Die Ursachen der Verhaltenswirkungen können in mehreren unterschiedlichen Faktoren gesehen werden:

### 1.2.1.1 Aufdeckung von Wertlücken durch M&A-Transaktionen

Die zunehmende Zahl von M&A-Transaktionen in den USA und Großbritanien aber auch in Deutschland zeigt, daß erhebliche Differenzen zwischen z.B. bei Unternehmensübernahmen aufgedeckten potentiellen und aktuellen Unternehmenswerten bestehen **(Wertlücken)**. Im November 1986 analysierte *Donaldson, Lufkin & Jenrette*, ein an der Wall Street führendes Investmenthaus, 40 US-Einzelhandelsketten bezüglich aktueller und potentieller Aktienkurse und ordnete sie entsprechend der Größe der Wertlücke.

| Unternehmen | Aktienkurs in $ | Wert pro Aktie in $ (nach möglicher Restrukturierung) | Wertlücke pro Aktie in $ | Wertlücke in % des Wertes nach Restrukturierung |
|---|---|---|---|---|
| Best Products | 11,75 | 29,14 | 17,39 | 60 % |
| Oshman´s Sporting Goods | 13,75 | 33,26 | 19,51 | 59 % |
| Service Merchandise | 11,00 | 22,55 | 11,55 | 51 % |
| Great Atlantic & Pacific | 22,50 | 38,27 | 15,77 | 41 % |
| Kroger | 32,63 | 52,84 | 20,21 | 38 % |
| Dayton-Hudson | 43,00 | 65,61 | 22,61 | 34 % |
| Stop & Shop | 54,25 | 76,68 | 22,43 | 29 % |
| Supermarkets General | 28,25 | 39,19 | 10,94 | 28 % |
| Joly Department Stores | 36,13 | 48,22 | 12,09 | 25 % |
| Gordon Jewelry | 19,63 | 26,14 | 6,51 | 25 % |

**Abb. 2: Geschätzte Wertlücken zehn US-amerikanischer Einzelhandelsketten[5]**

Bei zehn der 40 Unternehmen beliefen sich die in obiger Abbildung wiedergegebenen geschätzten Wertlücken auf 25 bis 60 %. Innerhalb von 16 Monaten mußte mehr als die Hälfte dieser zehn Unternehmen teilweise freiwillig, teilweise gezwungenermaßen restrukturieren oder sie waren Gegenstand von Übernahmeversuchen geworden. Dayton-Hudson, Stop & Shop und Supermarkets General wurden sogar vom selben Raider, der Dart Group, attackiert. Nur Dayton-Hudson konnte der Übernahme durch strenge Anti-Takeover Gesetze, die von der Gesetzgebung des Staates Minnesota erlassen wurden, entgehen. Best Products gab Vorzugsaktien als "poison pill" aus, um feindliche Übernahmen zu verhindern. Kroger trennte sich von einigen Unternehmensbereichen, die über Leveraged Buyouts vom Management übernommen wurden. Ähnliche Ergebnisse finden sich in weiteren empirischen Studien für amerikanische, britische und auch deutsche Unternehmen.

Aus den vorliegenden Ergebnissen kann der Schluß gezogen werden, daß Unternehmen Gefahr laufen, ihre Unabhängigkeit zu verlieren, wenn sie nicht in der Lage sind, Wertsteigerungspotentiale auszunutzen. Im Gegensatz zu den anglo-amerikanischen Ländern mit einer ausgeprägten Kapitalmarktkultur besteht diese Gefahr in Deutschland nur sehr eingeschränkt. Hier kommt jedoch dem „hausinternen“ Kapitalmarkt der diversifizierten Unternehmen eine vergleichbare Bedeutung zu. Großunternehmen scheuen sich nicht, „underperformer“ unter Restrukturierungszwang zu setzen oder gar zu veräußern, wenn Renditevorgaben und damit indirekt Wertsteigerungsziele nicht erreicht werden, wie z. B. die jüngsten Restrukturierungen im Daimler Benz-Konzern zeigen.

Die **Ursachen derartiger Wertlücken** können in drei verschiedenen Punkten gesehen werden:

- **Suboptimale Entscheidungen des Managements:**

  Aufgrund der Orientierung an anderen Zielsetzungen trifft das Management Entscheidungen, die das Wertsteigerungspotential nicht ausnutzen oder gar zu einer Wertvernichtung führen. *Bühner* kam in einer empirischen Untersuchung der 50 umsatzstärksten deutschen Aktiengesellschaften für den Zeitraum 1987 bis 1990 zum Ergebnis, daß nur 31 von 50 Unternehmen Cash Flow RoIs erzielten, die über den Gesamtkapitalkosten lagen, d. h. nur 62 % der Unternehmen konnten einen positiven Wertbeitrag erzielen.[6]

- **Mangelnde Informationsversorgung des Kapitalmarktes:**

  Unternehmenswertsteigerungen am Kapitalmarkt sind nur dann möglich, wenn der Kapitalmarkt auch Informationen über wertsteigernde Maßnahmen des Unternehmens erhält. Die hier beklagten Defizite können durch entwickelte **Investor Relations** ausgeglichen werden.[7]

- **Mangelnde Effizienz des Kapitalmarktes:**

  Selbst wenn das Management wertsteigernde Entscheidungen trifft und entsprechend kommuniziert, verbleibt die Gefahr, daß der Kapitalmarkt die zur Verfügung gestellten Informationen nicht adäquat verarbeitet und das Unternehmen daher nicht entsprechend bewertet. Die in Deutschland eingeleiteten Maßnahmen zur Förderung des Kapitalmarktes (z. B. der Gesetzesentwurf zur Erleichterung des Aktienrückkaufs oder die neu geltenden Insiderregelungen) sollen die immer noch mangelnde Effizienz des deutschen Kapitalmarkts fördern.

Während die letzten beiden Punkte nur für börsennotierte Aktiengesellschaften relevant sind, betrifft die Gefahr, suboptimale Entscheidungen für den Unternehmenswert zu treffen, alle Unternehmen inklusive ihrer Tochterunternehmen oder Geschäftseinheiten unabhängig von deren Rechtsform. Schließlich strebt auch ein Einzelunternehmer oder Personengesellschafter danach, den langfristigen Erfolg seines Unternehmens, d. h. den Unternehmenswert definiert als Zukunftserfolgswert, zu optimieren.

Suboptimales Verhalten des Managements als eine der Ursachen von Wertlücken kann auf möglicherweise unterschiedliche Perspektiven von Management bzw. Eigentümer zurückgeführt werden. Die durch das Rechnungswesen bedingte Orientierung am Jahresüberschuß oder Betriebsergebnis ist für den Eigentümer nicht ausreichend. Er muß schon alleine aufgrund von Opportunitätskostenüberlegungen eine Rendite verlangen, die über seinen Kapitalkosten liegt. Erst dann werden Wertsteigerungen erzielt. Dieses Grundverständnis ist eines der Kernaussagen des Shareholder Value-Ansatzes.

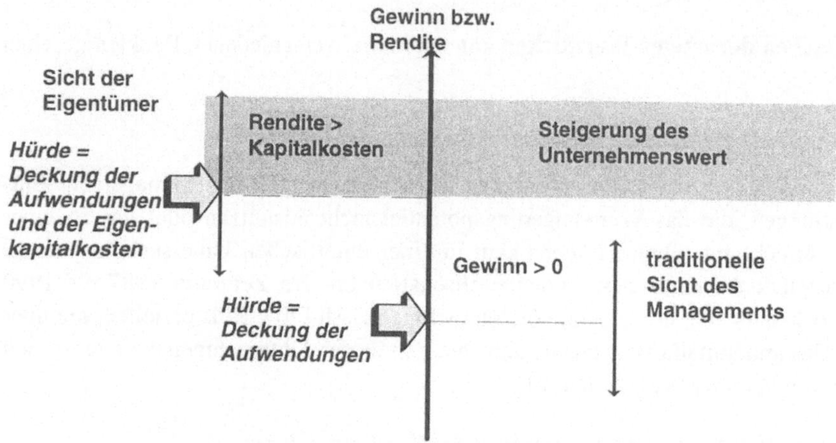


**Abb. 3: Unternehmenswertorientierte vs. gewinnorientierte Sicht[8]**

### 1.2.1.2 Die Entstehung eines Markt für Unternehmenskontrolle

Die weltweite Zunahme an M&A-Aktivitäten hat gezeigt, daß Anteilsrechte an Unternehmen auch in großen Volumina ge- und verkauft werden können. Neben dem schon exisitierenden Markt für einzelne Anteilsrechte, dem sekundären Kapitalmarkt, ist ein Markt für Aktienpakete entstanden, deren Erwerb zu Veränderungen der Verfügungsrechte über die Unternehmen (z. B. Besetzung von Vorstand und Aufsichtsrat bei Aktiengellschaften) führen kann. Der M&A-Boom der 80er Jahre wird daher als Geburtsstunde des **"Market for Corporate Control"**, des Marktes für Unternehmenskontrolle, bezeichnet.

Der "Market for Corporate Control" übernimmt dabei zweierlei Funktionen:

1) Effiziente Bewertung von Verfügungsrechten an Unternehmen durch Ausgleich von Angebot und Nachfrage **(Marktfunktion)**
2) Disziplinierung des Managements von am Markt für Unternehmenskontrolle (momentan) nicht beteiligten Unternehmen **(Kontrollfunktion)**

Die Existenz eines Marktes für Verfügungsrechte eröffnet Dritten die Möglichkeit, Unterschiede zwischen dem aktuellen und dem potentiellen Wert von Unternehmen zu nutzen und nach erfolgreicher Restrukturierung entsprechende Wertsteigerungen zu realisieren. Die Gefahr, Verfügungsrechte an andere zu verlieren, kann ihrerseits, sofern die Effizienz des Marktes für corporate control nicht eingeschränkt wird, dazu führen, daß das Management wertschaffende strategische und operative Entscheidungen trifft bzw. treffen muß. Das Management wird gezwungen, das Verhalten der "Raider" vorwegzunehmen und im Extremfall wie "Raider zu managen", um die Übernahmegefahr abzuwenden. Hierzu liegen eine Reihe empirischer Belege vor.[9]

Während im anglo-amerikanischen Raum beide Funktionen vom Aktienmarkt wahrgenommen werden, wird für Deutschland die Kontrollfunktion durch den internen Kapitalmarkt wahrgenommen (z. B. Androhung der Veräußerung oder Aufgabe einer Geschäftseinheit bei schlechter Performance durch das Top Management).

#### 1.2.1.3 Asymmetrische Informationsverteilung zwischen Management und Eigentümer

Die Delegation der Geschäftsführungsbefugnis von den Eigentümern an ein professionelles Management führt zu einer Reihe potentieller Verhaltensprobleme, die durch geeignete Mechanismen behoben werden können **(Modelle asymmetrischer Informationsverteilung)**:

| | Typ 1 | Typ 2 | Typ 3 | Typ 4 |
|---|---|---|---|---|
| Verhaltensunsicherheit (Informationsasymmetrie) besteht bzgl. ... | Fähigkeiten und Qualifikationen des Managements | Fairness, Entgegenkommen des Managements | Situationsadäquanz der Managemententscheidungen | Fleiß, Anstrengung und Sorgfalt des Managements |
| Zeitlicher Bezug | Vor Vertragsabschluß | Nach Vertragsabschluß | | |
| Lösungsmöglichkeit | Aussendung geeigneter Signale an potentielles Management (z. B. Image) und gezielte Managementauswahl (Signalling; Screening) | Bindung der Führungskräfte an das Unternehmen (Vertikale Integration) | Motivationsmechanismen (z. B. finanzielles Anreizsystem) Informations- und Kontrollmechanismen (z. B. Management Informationssystem; Berichterstattung; Revision etc.) | |

**Abb. 4: Beziehungen zwischen Management und Eigentümer[10]**

Da die originäre Zielsetzung der Eigentümer, wie eben dargelegt, in der Steigerung des Unternehmenswertes besteht, ist sicher zu stellen, daß durch die dargestellten Lösungsmechanismen diese Zielsetzung auf das Management übertragen wird. Dies kann z. B. durch eine Beteiligung an Unternehmenswertsteigerungen oder durch die

Erweiterung von Reporting-Systemen um unternehmenswertbezogene Informationen erfolgen.

#### 1.2.1.4 Der Shareholder Value-Ansatz als Grundlage für ein strategisches Anreizsystem

Die finanziellen Anreizsysteme des deutschen Managements sind, wie eine Befragung des Autors bei 134 deutschen Unternehmen ergab, sehr kurzfristig konzipiert. Nur 5,2 % der Unternehmen geben eigene Anteile in Abhängigkeit vom Erfolg des Managers aus. 4,3 % räumen den Führungskräften Bezugsrechte ein. 20 % der Unternehmen haben keine Ergebnisbeteiligung vorgesehen. Eindeutig vorherrschend (51,7 % der Nennungen) ist eine Beteiligung am Gewinn des Gesamtunternehmens. Die Beurteilung des Erfolges des Managements erfolgt bei 74,1 % der Unternehmen anhand des finanziellen Jahresergebnisses, bei 33,6 % der Unternehmen anhand nicht-finanzieller Größen und nur 11,2 % legen mehrperiodige finanzielle Größen zugrunde.[11]

Um die Umsetzung von Strategien zu fördern, wäre es geboten, langfristige Erfolgskennzahlen als Beurteilungskriterium heranzuziehen. Bei der Auswahl der Art der Erfolgsbeteiligung wäre ein Instrument zu wählen, das eine längerfristige Bindung des Managements an verfolgte Unternehmensstrategien und eine stärkere Verknüpfung mit dem Aktionärserfolg ermöglicht.[12] Damit könnte auch gleichzeitig ein Teil der durch asymmetrische Informationsverteilungen bedingten Verhaltensprobleme gelöst werden.

### 1.2.2 Entscheidungssteuernde Wirkungen der Ausrichtung am Unternehmenswert

Neben der verhaltenssteuernden Wirkung kann sich durch die Berücksichtigung des Unternehmenswertes auch das Entscheidungsergebnis selbst verändern, wenn der Unternehmenswert ergänzend zu bisherigen entscheidungsunterstützenden Instrumenten als Informationsgrundlage berücksichtigt wird.

#### 1.2.2.1 Kritik an gewinnorientierten Erfolgskennzahlen

Eine der Triebfedern in der Ausbreitung des Shareholder Value-Management-Ansatzes ist die umfassende Kritik an gewinnorientierten Erfolgskennzahlen (RoI, RoS, RoA etc.), wie sie z. B. zur Steuerung von dezentralen Einheiten (z. B. Beteiligungsunternehmen oder strategische Geschäftseinheiten) immer noch dominierend ist.[13] Die vorgebrachte Kritik läßt sich in folgenden Punkten zusammenfassen:

1) **Mangelnde Korrelation zwischen jahresabschlußorientierten Kennzahlen und der Wertentwicklung am Kapitalmarkt.**
2) **Mangelnde Berücksichtigung von Risiken.**

3) **Keine Abbildung des Kapitalbedarfs zur Finanzierung von Wachstum.**
4) **Vernachlässigung ökonomischer Wirkungen nach dem Betrachtungszeitraum.**
5) **Vergangenheitsorientierung.**
6) Unterschiedliche Ermittlung gewinnorientierter Größen aufgrund gesetzlicher Spielräume im externen Rechnungswesen.
7) Mangelnde Berücksichtigung des Zeitwertes des Geldes und des Vermögens (Inflation).
8) Verzerrung von Erfolgskennzahlen aufgrund der Altersstruktur des Anlagevermögens.
9) Verzerrung von Erfolgskennzahlen durch Leasing und Goodwill-Ausweis.
10) Keine Würdigung von Unterschieden in der Finanzierungsstruktur (Leverage-Effekt).

Während die Argumente 1) bis 5) stichhaltig sind, können die verbleibenden Kritikpunkte 6) bis 10) durch entsprechende Modifikation von gewinnorientierten Erfolgskennzahlen z. B. durch Berücksichtigung historischer Anschaffungskosten oder Wiederbeschaffungskosten anstatt der Buchwerte behoben werden. Von besonderer Bedeutung ist die Kritik an der mangelnden Korrelation mit Kapitalmarktrenditen, wie sie auch in nachfolgender Abbildung deutlich wird:

| Kennzahl | | Definition | Erklärungsanteil $R^2$ |
|---|---|---|---|
| ROS | Return on Sales (Umsatzrendite) | Gewinn / Umsatz | 25 % der Größe Börsenwert/Umsatz |
| ROE | Return on Equity (Eigenkapitalrendite) | Gewinn / Buchwert Eigenkapital | 28 % der Größe Börsenwert/Eigenkapital |
| ROI | Return on Investment | (Gewinn + Zinsen) / Investiertes Kapital | 35 % der Größe Börsenwert/ Gesamtkapital |
| ROGI | Return on Gross Investment | (Gewinn + Zinsen + Abschreibungen) / (Investiertes Kapital + kum. Abschreibungen) | 48 % der Größe Börsenwert/Gesamtkapital |
| CFROI | Cash Flow Return on Investment | ROGI angepaßt an Inflation, Nutzungsdauer und Endwert | 66 % der Größe Börsenwert/investiertes Kapital |

**Abb. 5: Erklärungsanteil verschiedener Erfolgskennzahlen (BCG-Studie) [14]**

Als Reaktion auf die mangelnde Korrelationen mit dem Kapitalmarkt wurden vor allem von Beratungsunternehmen „neue“ Performance-Maße wie z. B. CFRoI, EVA oder Tobin´s Q entwickelt bzw. zur Unternehmenssteuerung empfohlen.

### 1.2.2.2 Zunehmende Bedeutung ausländischer und institutioneller Anleger

Am deutschen Kapitalmarkt ist eine zunehmende Bedeutung institutioneller und ausländischer Anleger festzustellen. Institutionelle Anleger stehen ihrerseits stärker unter Performance-Druck als private Anleger und werden diesen Performance-Druck an ihre Beteiligungen weiterreichen. Hinzu kommt, daß große institutionelle Anleger nicht mehr in der Lage sind, ohne Wertverluste Anteile umzuschichten. Zudem üben Unternehmen Performance-Druck auf ihre Pensionsfonds aus, um ihrerseits möglichst wenig für die Altersversorgung ihrer Mitarbeiter aufbringen zu müssen. Der ebenfalls zunehmende Anteil ausländischer Anleger bedingt, daß sich das im anglo-amerikanischen Raum bereits in den 80er Jahren stark ins Bewußtsein des Managements getretene Shareholder Value-Denken auch in Deutschland etablieren wird. Hierdurch wird die stärker auf den Kapitalmarkt und auf den Cash Flow bezogene Sicht anglo-amerikanischer Investoren in Zukunft stärker auch das Entscheidungsverhalten deutscher Unternehmen beeinflussen.

| Unternehmen | Anteil institutioneller Anteilseigner | | Trend | Anteil ausländischer Anteilseigner | | Trend |
|---|---|---|---|---|---|---|
| BASF AG | 1985: 40 % | 1988: 46 % | ↑ | 1985: 28 % | 1988: 23 % | ↓ |
| Bayer AG | 1985: 39 % | 1988: 48 % | ↑ | 1985: 39 % | 1988: 48 % | ↑ |
| Commerzbank AG | 1989: 42 % | 1991: 45 % | ↑ | 1989: 34 % | 1991: 38 % | ↑ |
| Hoechst AG | 1981: 48 % | 1986: 58 % | ↑ | 1981: 30 % | 1986: 42 % | ↑ |
| Schering AG | 1988: 58 % | 1991: 70 % | ↑ | 1988: 57 % | 1991: 59 % | ↑ |
| Siemens AG | 1986: 24 % | 1993: 40 % | ↑ | 1986: 44 % | 1990: 43 % | ↘ |
| Veba AG | 1986: 31 % | 1990: 55 % | ↑ | 1986: 22 % | 1990: 40 % | ↑ |

**Abb. 6: Anteile institutioneller und ausländischer Anleger an ausgewählten Aktiengesellschaften [15]**

### 1.2.2.3 Konzeptionelle Erweiterung des strategischen Managements

Der Shareholder Value-Ansatz eröffnet durch den Einbezug des Kapitalmarktes und die Entstehung eines Marktes für Unternehmenskontrolle die Erschließung weiterer Erfolgspotentiale wie Investition/Desinvestition, Finanzierung, Restrukturierung und Steuern, die durch gering wachsende oder gar stagnierende Märkte notwendig geworden ist. Zudem bietet der Shareholder Value-Ansatz eine Möglichkeit zur Quantifzierung bisher im strategischen Management erfaßter weicher, qualitativer oder nicht-monetärer Faktoren wie z. B. Marktanteile, Qualitätsniveaus oder Markenimages. Intention ist es, Strategien monetär bewerten zu können und strategische Entscheidungen durch monetäre Argumente zu untermauern **(Value Based Planning)**. Strategische Entscheidungen sind um den Aspekt der langfristigen Wertschaffung für das Unternehmen und den Eigentümer zu ergänzen. Nach einer Studie von *Höfner & Partner* ist der strategische Planungsprozeß bereits in 19,9 % der 136 antwortenden Unternehmen „rentabilitätsorientiert" und berücksichtigt die Werterzeugung. Mit 36,7 % ist der Prozentanteil bei Unternehmen besonders hoch, die ihr Ergebnis im Zeitraum 1985 bis 1991 am stärksten steigern konnten (Wachstum > 100 %).[16]

# 2 Konzeption eines unternehmenswertorientierten Controlling

Aus den vorangestellten Ausführungen wurde deutlich, daß ein unternehmenswertorientiertes Controlling nicht als Substitut für die bisher bestehende Unternehmenssteuerung herangezogen werden kann. Das Controlling sollte sich jedoch zusätzlich auch an der Zielgröße „Unternehmenswert" ausrichten. Hierzu sind einige Module im kybernetischen Controllingsystem zu modifizieren bzw. zu ergänzen. Diese sind in nachfolgender Abbildung farbig hervorgehoben.

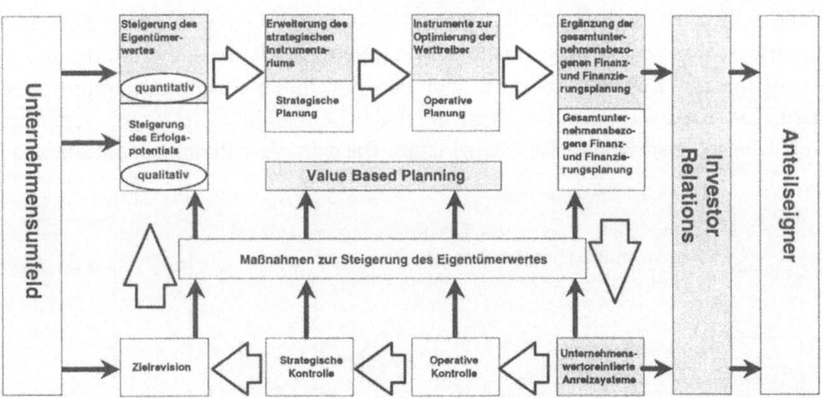


**Abb. 7: Konzeption eines unternehmenswertorientierten Controlling-Systems**

- Ergänzung des Zielsystems um die Zielsetzung „Steigerung des Eigentümerwertes"
- Ergänzung des strategischen Controlling um unternehmenswertbezogene Analysen (z. B. Leaning Brick Pile; Marakon Portfolio; monetäre Bewertung von Strategien etc.)
- Ergänzung des operativen Controlling (z. B. unternehmenswertbezogene Performance-Maße; Modifikation der Ergebnisrechnung; Shareholder Value-basierte Kennzahlensysteme etc.)
- Pflege der Investor Relations zu den Eigen- und Fremdkapitalgebern

- Modifikation des Anreizsystems für Führungskräfte durch Integration unternehmenswertbezogener Performance-Maße

Alle anderen Module des Controllingsystems bleiben davon unberührt. Da sich die Ergänzungen i. d. R. auf das Reporting und die Entscheidungsunterstützung beziehen, nicht jedoch das zugrunde liegende Rechnungswesen in Frage stellen, sondern daraus gewonnen werden, ist der Änderungsaufwand relativ überschaubar.

# 3 Ermittlung des Shareholder Value

Bei der Ermittlung des Shareholder Value von Unternehmen oder einzelnen Unternehmensteilen wird auf traditionelle Verfahren der Unternehmensbewertung und Kapitalmarkttheorie zurückgegriffen. Da in den letzten Jahren eine Fülle von Facetten zur Bestimmung des Shareholder Value entwickelt und diskutiert wurde, soll hier nur das Grundprinzip anhand des sog. Gesamtkapitalansatzes (Weighted Average Cost of Capital (WACC)-Ansatz) vorgestellt werden.[17]

Zur Ermittlung des Shareholder Value wird das Unternehmen zunächst in einzelne Geschäftseinheiten zerlegt, für die differenziert Geschäftspläne für einen Planungshorizont von fünf bis zehn Jahren ermittelt werden. Der Unternehmenswert der Geschäftseinheiten ergibt sich als Barwert von sog. Freien Cash Flows (Cash Flow minus Investitionen in Anlagevermögen und Netto-Umlaufvermögen), die mit einem risikoangepaßten Kapitalkostensatz über den gewählten Planungszeitraum abgezinst werden. Ein Restwert, der den Wert der nach dem Planungszeitraum realisierbaren Mittelzuflüsse ausdrücken soll, wird zum Barwert des Planungszeitraums addiert (Abb. 8).

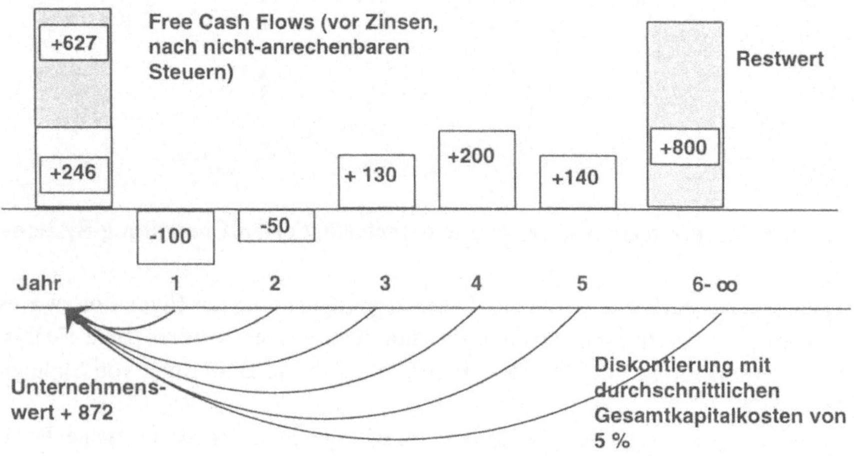


**Abb. 8: Ermittlung des Wertbeitrages einer einzelnen Geschäftseinheit (fiktives Zahlenbeispiel)**

Die Summe der einzelnen Unternehmenswerte plus/minus des Wertbeitrages der Zentralbereiche ergibt den Gesamtwert des Unternehmens. Wird der Freie Cash Flow vor Abzug von Fremdkapitalzinsen errechnet, ergibt sich der **Shareholder Value**, d. h. der auf das Eigenkapital bezogene Wertanteil, als Differenz des Gesamtwertes des Unternehmens und des Marktwertes des Fremdkapitals. Für die Unternehmenssteuerung (wie z. B. für Portfolio- oder Geschäftsfeldentscheidungen) ist i. d. R. die Kenntnis der Wertbeiträge der einzelnen Geschäftseinheiten ausreichend, da zudem der Wertbeitrag der Zentrale und der durch sie bewirkte Synergien zu erheblichen Bewertungsproblemen führt.

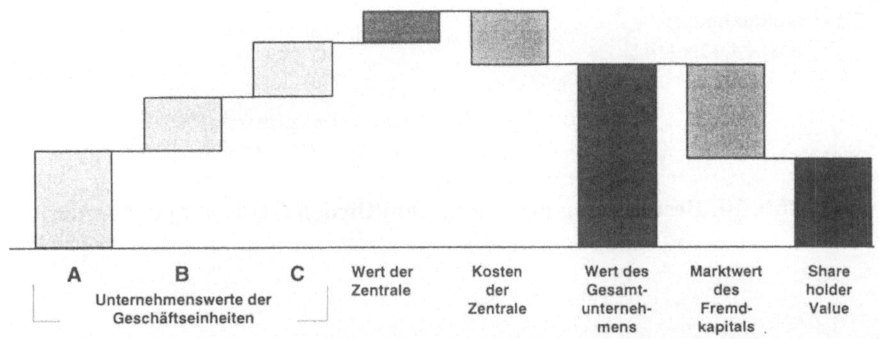


**Abb. 9: Ermittlung des Shareholder Value für den Gesamtkapital-Ansatz**

Als Diskontierungszinsfuß werden beim Gesamtkapital-Ansatz die durchschnittlichen Gesamtkapitalkosten (WACC = Weighted Average Cost of Capital) gewählt. Diese ergeben sich dabei aus den an das Risiko der Geschäftseinheit angepaßten Eigenkapitalkosten und den um den Steuervorteil der Fremdfinanzierung korrigierten Fremdkapitalkosten.

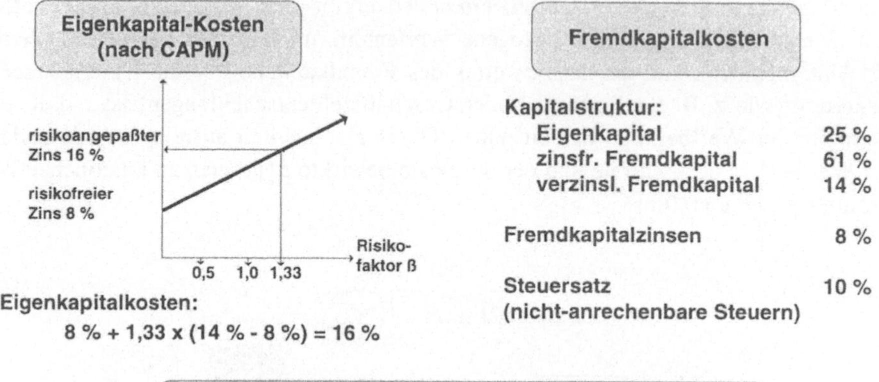


**Abb. 10: Bestimmung der durchschnittlichen Gesamtkapitalkosten**

# 4 Auswirkungen auf das Controlling

Der Unternehmenswert ist als ergänzende Entscheidungsgrundlage umso eher heranzuziehen, sofern seine ihn bestimmenden Eigenschaften durch die Problemstellung tangiert sind:

- Zukunftsbezug
- Mehrperiodigkeit
- Berücksichtigung des Zeitwert des Geldes (d. h. Inflation und Opportunitätskosten)
- Zahlungsorientierung
- Berücksichtigung von Risiken
- Berücksichtigung des Finanzierungsbedarfs zukünftigen Wachstums

Nachfolgende Abbildung zeigt, wie diese Charakteristika in der Bewertungsmethodik des in Kapitel 3 beschriebenen Shareholder Value-Ansatzes berücksichtigt werden.

| Charakteristikum | Art und Weise der Umsetzung |
|---|---|
| Zukunftsbezug | durch Berücksichtigung der aus dem Bewertungsobjekt (z. B. aus einer Geschäftseinheit) fließenden **zukünftigen** Cash Flows und durch den **unendlichen** Betrachtungszeitraum |
| Mehrperiodigkeit | durch Diskontierung eines **Stromes** zukünftiger Cash Flows |
| Berücksichtigung des Zeitwertes des Geldes | durch **Abdiskontierung** nominaler Cash Flows mit einem nominalen **Diskontierungsfaktor** |

| Zahlungsorientierung | durch Berücksichtigung von **Cash Flows** anstatt z. B. von Gewinnen |
|---|---|
| Berücksichtigung von Risiken | durch Abdiskontierung mit einem **risikoangepaßten** Zinssatz |
| Marktwertorientierung | durch Verwendung von **Zahlungsgrößen statt Buchgrößen** durch **Bezug auf Marktwerte statt auf Buchwerte** (z. B. beim eingesetzten Vermögen) |
| Berücksichtigung des Finanzierungsbedarfs zukünftigen Wachstums | durch **Abzug der Investitionen** in das Anlagevermögen und in das Working Capital von den Cash Flows |

**Abb. 11: Charakteristika von Entscheidungssituationen und Umsetzung im Bewertungsansatz**

Anhand einiger ausgewählter Anwendungsbeispiele sollen Einsatzmöglichkeiten des Unternehmenswertes im Controlling aufgezeigt werden.

## 4.1 Der Unternehmenswert im strategischen Controlling

Im strategischen Controlling ist die Frage zu stellen, ob Konzern- oder Geschäftsfeldstrategien auch in der Lage sind, den Unternehmenswert zu erhöhen. Folglich ist das umfangreiche Repertoire an Analysetools gezielt um Instrumente zu ergänzen, die Zusammenhänge zur Zielgröße „Unternehmenswert" aufzeigen.

### 4.1.1 Ableitung von Konzernstrategien (Portfolio-Management)

#### 4.1.1.1 Unternehmenswertorientierte Betrachtung des Marktanteils/Marktwachstums-Portfolios

Das von der Boston Consulting Group geschaffene Marktanteils/Marktwachstums-Portfolio wurde Ende der 70er Jahre vor allem mit der Intention geschaffen, auf den inhärenten Finanzausgleich zwischen den strategischen Geschäftseinheiten hinzuweisen. Idealtypisch ergeben sich die in nachfolgender Abbildung näher erläuterten Free Cash Flow-Positionen für die vier einzelnen Quadranten, die auch durch empirische Studien bestätigt werden konnten. Damit können aus dem BCG-Portfolio bereits erste Schlußfolgerungen für momentane (Milchkühe) bzw. zukünftige (Nachwuchs- und Star-Produkte) Wertbeiträge gezogen werden.

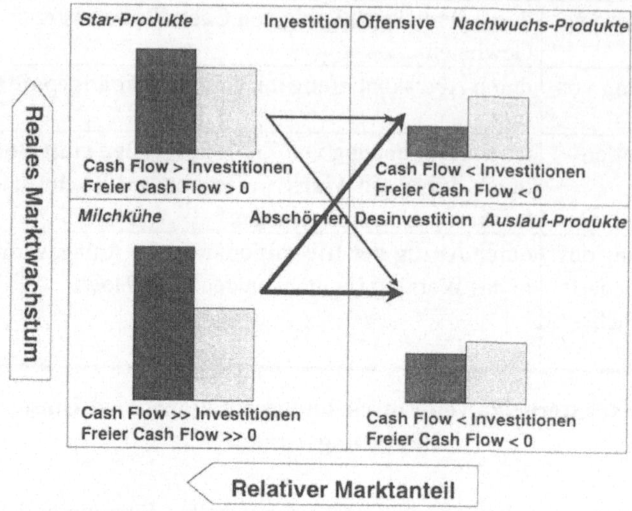


**Abb. 12: Marktanteils-Marktwachstums-Portfolio und Freier Cash Flow**

### 4.1.1.2 Marakon Profitability Matrix

Ausgangspunkt der Betrachtung ist das sog. **Gordon-Modell**, das das Marktwert/Buchwert (M/B)-Verhältnis in Abhängigkeit von Eigenkapitalrendite RoE, Wachstum g und risikoangepaßten Kapitalkosten $k_{EK}$ vereinfachend bestimmt:

$$\frac{M}{B} = \frac{(RoE - g)}{(k_{EK} - g)}$$

Aus dem Gordon-Modell wird von der Unternehmensberatung Marakon Associates die **Marakon Profitability Matrix** (Abb. 13) abgeleitet, die die Eigenkapitalrentabilität RoE dem Wachstum g gegenüberstellt.[18] Von besonderem Interesse sind insbesondere die Positionierung der Geschäftseinheit E, die zwar Gewinne erzielt, die jedoch die Kapitalkosten nicht abdecken können **(Gewinnfalle)** und die Positionierung der Geschäftseinheit C, die ebenfalls Wert vernichtet, da die über die Kapitalkosten hinaus verdienten Überschüsse nicht ausreichen, den Finanzierungsbedarf für das Wachstum abzudecken **(Wachstumsfalle)**. Wie die Abbildung zeigt, ist Wertsteigerung nur möglich, wenn ein positiver Equity Spread (RoE > Eigenkapitalkosten) vorliegt und gleichzeitig die Eigenkapitalrendite die Wachstumsrate übersteigt. Es sei angemerkt, daß es sich hierbei um einen vereinfachten auf Gewinngrößen beruhenden und Konstanz unterstellenden Erklärungsansatz handelt. Für die generelle Anwendung ist der Marktwert über die bereits grob beschriebenen Bewertungsverfahren detailliert zu bestimmen.

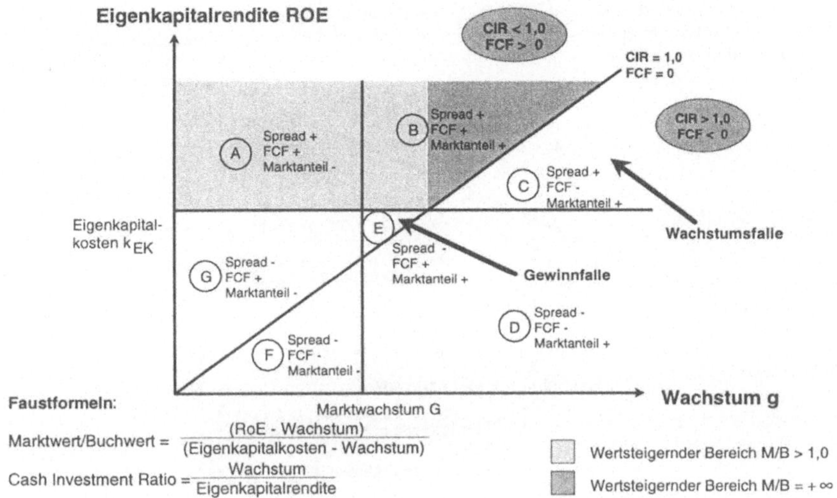


**Abb. 13: Marakon Profitability Matrix**

Die Marakon Profitiability Matrix kann zur Darstellung des Gesamtportfolios zur Marakon Portfolio Profitability Matrix weiterentwickelt werden.

### 4.1.1.3 Leaning Brick Pile

Beim Leaning Brick Pile wird das Unternehmensportfolio in wertschaffende, werterhaltende und wertvernichtende Geschäftseinheiten zerlegt, indem dem momentan investierten Kapital die Gesamtunternehmenswerte bzw. Wertbeiträge der einzelnen Geschäftseinheiten gegenübergestellt werden.[19]

Wie das in Abb. 14 dargestellte fiktive Beispiel veranschaulicht, erzielen die strategischen Geschäftseinheiten A und B jeweils Wertbeiträge, die über dem investierten Kapitel liegen (M/B > 1). Die beiden Geschäftseinheiten sind zu fördern, da hier wachstumsbedingte Investitionen zur Steigerung des Unternehmenswertes beitragen. Die Geschäftseinheit C ist gerade in der Lage, das eingesetzte Kapital zu verzinsen (Wertbeitrag = investiertes Kapital bzw. M/B = 1). Die Geschäftseinheit D trägt zwar noch mit einem positiven Wertbeitrag von 80 Mio. DM zum Unternehmenswert bei, kann jedoch ihre Kapitalkosten nicht verdienen, da das investierte Kapital mit 120 Mio. DM den Wertbeitrag übersteigt (M/B < 1). Sowohl bei der Geschäftseinheit C als auch bei der Geschäftseinheit D sollte geprüft werden, ob rentabilitätssteigernde Maßnahmen den Wertbeitrag erhöhen können. Eventuell können auch unattraktive Teile veräußert und so das investierte Kapital verringert werden. Letztendlich kann auch geprüft werden, ob ein eventueller Liquidationswert den Wertbeitrag übersteigt. Die Geschäftseinheiten E und F können aufgrund ihres negativen Wertbeitrages nicht einmal eine positive Kapitalrendite verdienen und vernichten daher Unternehmenswert. Hier ist zu prüfen, ob desinvestiert wird, falls kein Turnaround möglich ist.

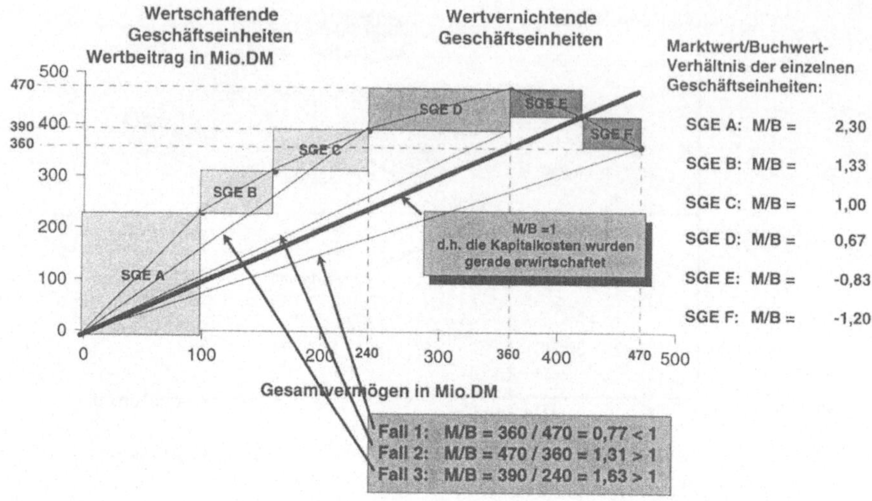


**Abb. 14: Leaning Brick Pile**

Der Leaning Brick Pile macht deutlich, daß - ohne den Wertbeitrag der Zentrale explizit zu betrachten - der Wert des Gesamtkapitals als Summe der Wertbeiträge der einzelnen strategischen Geschäftseinheiten derzeit 360 Mio. DM beträgt. Da das investierte Gesamtvermögen jedoch 470 Mio. DM beträgt, weist das Gesamtunternehmen ein M/B-Ratio von 0,77, d. h. kleiner als eins, auf und wäre damit insgesamt als Wertvernichter einzuordnen **(Fall 1)**. Das Leaning Brick Pile zeigt jedoch auf, daß das Unternehmen ohne die Geschäftseinheiten E und F einen Wert des Gesamtkapitals von 470 Mio. DM bei einem Gesamtvermögen von 360 Mio. DM aufweisen und mit einem M/B-Ratio von 1,31 als wertschaffendes Unternehmen angesehen werden könnte **(Fall 2)**. Voraussetzung für diese Wertsteigerung wäre jedoch, daß die Geschäftseinheiten E und F ohne zusätzliche Belastungen desinvestiert werden können (z. B. keine Schließungskosten, Abfindungen etc.). Solange der Barwert der Stillegungs- oder Desinvestitionskosten kleiner als der der ersparten negativen Wertbeiträge ist, lohnt sich die Stillegung oder die Desinvestition.

Da auch die strategische Geschäftseinheit D ihre Kapitalkosten nicht verdient, würde zumindest das M/B-Ratio bei einem Verkauf der Geschäftseinheit zum erwarteten Wertbeitrag, d. h. ohne Wertminderung für das Unternehmen, von 1,31 auf 1,63 (390 Mio. / 240 Mio. DM) steigen. Das Unternehmen wäre dann zwar nur noch halb so groß, jedoch aus Sicht der Eigentümer wertschaffend anstatt wertvernichtend **(Fall 3)**.

Wenngleich das Leaning Brick Pile in der Lage ist, die **Gesamtunternehmenssituation** darzustellen und die **Dimensionierung des Unternehmens** im Hinblick auf die Wertschaffung kritisch zu hinterfragen, bleiben die hinter dem Wertbeitrag stehenden wesentlichen **Werttreiber** unberücksichtigt. Durch die Annahme der Wertadditivität, die den Wert des Gesamtkapitals als Summe der einzelnen Wertbeiträge erfaßt, werden **Synergien** zumindest explizit nicht erfaßt.

## 4.1.2 Ableitung von Geschäftsfeldstrategien

### 4.1.2.1 Nutzenpotentiale, generischen Wettbewerbsstrategien und Wertsteigerungspotentiale

Hinter der Fähigkeit, langfristig Rendite zu verdienen, die über den Kapitalkosten liegen, steht letztendlich die Schaffung und Nutzung von Wettbewerbsvorteilen und Nutzungspotentialen, wie sie konzeptionell z. B. von *Porter*[20] und *Pümpin*[21] erarbeitet wurden. Die grundlegenden Zusammenhänge werden in Abb. 14 dargestellt:

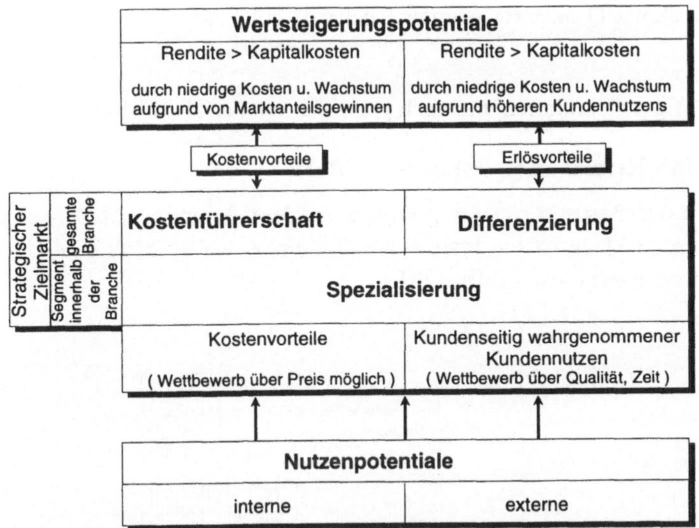


**Abb. 15: Zusammenhang von Nutzenpotentialen, generischen Wettbewerbsstrategien und Wertsteigerungspotentialen**

### 4.1.2.2 Bewertung von Einzelstrategien und strategischer Optionen

Aufgrund des zugrunde liegenden Shareholder Value-Ansatz können einzelne Strategien, sofern sie in mehrjährigen Geschäftsplänen abbildbar sind, gerechnet werden, indem ihr **Wertbeitrag** ermittelt wird. Die Bewertungsmechanik wurde bereits im dritten Abschnitt beschrieben und soll hier nicht weiter vertieft werden.

Darüberhinaus wird diskutiert, ob unter Rückgriff auf die Optionspreistheorie der Kapitalmarktforschung **strategische Optionen** (wie z. B. eine Ausstiegs-, Stillegungs- oder Erweiterungsoption) monetär bewertet werden können.[22]

## 4.2 Der Unternehmenswert im operativen Controlling

Im operativen Controlling gibt es eine Reihe von Ansatzpunkten für ein unternehmenswertorientiertes Controlling, die nachfolgend dargestellt werden sollen.

### 4.2.1 Unternehmenswertorientierte Performance-Maße

Aufgrund der bereits vorgestellen Kritik an gewinnorientierten Kennzahlen, wie z. B. RoI, RoA, RoS etc., wurden in den letzten Jahren eine Reihe von unternehmenswertbezogenen Kennzahlen von Wissenschaft und Beratungspraxis entwickelt, teilweise wie z. B. Tobin´s Q oder EVA unter Rückgriff auf bereits seit Jahrzehnten bekannte Ansätze.

Die am häufigst diskutierten und auch praktizierten Verfahren sind:

- **Cash Flow Return on Investment (CFRoI):**

  Das von der Boston Consulting Group und Holt Planning Associates entwickelte Performance-Maße ist die interne Rendite eines, wie in nachfolgender Abbildung definierten, Cash Flow-Profils.[23]

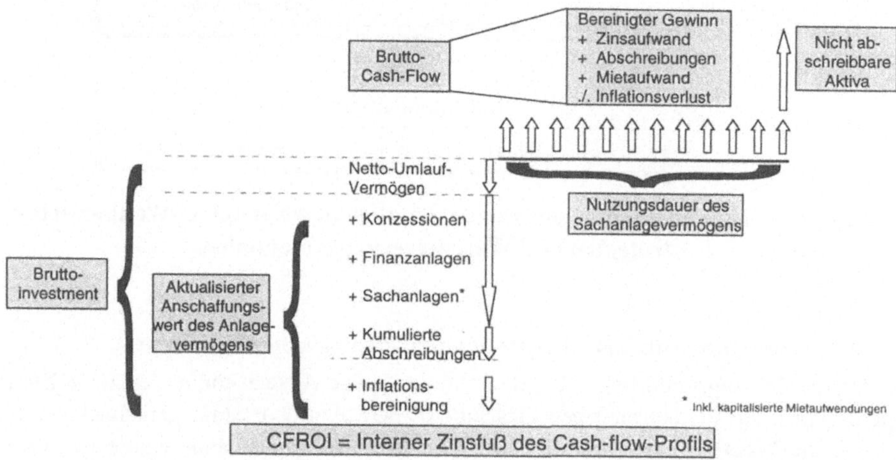


**Abb. 16: Definition des Cash Flow Return on Investment (CFRoI)**

Aufgrund der Annahme der Konstanz der Brutto-Cash Flows über die Nutzungsdauer ist er als **Jahres-Rendite** zu verstehen. Wertsteigerung liegt vor, wenn der CFRoI die Gesamtkapitalkosten überschreitet:

$$CFROI_t \geq gewichtete\ Gesamtkapitalkosten_t$$

- **Economic Value Added (EVA):**

  Der Economic Value Added (EVA) wurde vom Beratungsunternehmen Stern Stewart entwickelt.[24] EVA stellt eine Cash Flow basierte Form des bereits seit Jahrzehnten diskutierten Residualgewinns dar, wobei die Kapitalkosten an das Risiko des Unternehmens bzw. der Geschäftseinheit angepaßt werden.

  Etwas verkürzt kann EVA als Überschuß verstanden werden, der über die Verzinsung des eingesetzten Kapitals hinaus verdient wird:

$$EVA_t = Operativer\ Cash\ Flow\ nach\ Steuern\ und\ vor\ Zinsen_t - WACC_t \bullet Investment_t$$

  In der ursprünglichen Definition von *Stewart* werden Abschreibungen als Cash Flow-mindernd betrachtet, wodurch sich eine Glättung des Cash Flows bei Anlageninvestitionen über die Nutzungsdauer ergibt, die dem Cash Flow-Bezug des Shareholder Value-Ansatzes zugegen läuft. Zudem handelt es sich, wie beim CFRoI, um eine **Jahresgröße**. Die Entscheidungsregel für Wertschaffung beim EVA lautet:

$$Economic\ Value\ Added_t > 0 \Leftrightarrow \frac{Operativer\ Cash\ Flow_t}{Investment_t} > WACC_t$$

- **Market to Book Value Ratio (M/B Ratio):**

  Anstatt des Börsenwertes wird der synthetisch errechnete Shareholder Value bzw. der Wertbeitrag einer strategischen Geschäftseinheit in Relation zum Buchwert des Eigenkapitals bzw. zum Investment (Buchwert des Anlagevermögens plus Working Capital) gesetzt. Aufgrund des zugrunde liegenden Discounted Cash Flow-Ansatzes bei der Ermittlung des Unternehmenswertes handelt es sich hier um eine zukünftsbezogene **Mehrjahres-Betrachtung**. Wertsteigerung liegt hier vor, wenn der so ermittelte Marktwert den Buchwert übersteigt:

$$\frac{Marktwert}{Buchwert_t} > 1$$

- **Tobin´s Q:**

  Das ursprünglich vom Nobelpreisträger Tobin auf Basis vorhandener Ansätze entwickelte Performancemaß wurde im Rahmen des Shareholder Value-Ansatzes vom Beratungsunternehmen Callard, Madden and Associates (CMA) aufgegriffen und bekannt gemacht.[25] Das Q ratio stellt eine Modifikation des M/B Ratios dar, indem in Zähler und Nenner auf reale Größen abgestellt wird. Unter Verwendung der Bruttoinvestitionsbasis kann Tobin´s Q für das unternehmenswertorientierte Controlling wie folgt definiert werden:

$$Q-Wert = \frac{realer\ Marktwert\ des\ Gesamtkapitals}{Bruttoinvestitionsbasis} = \frac{\sum_{t=1}^{\infty} \frac{Freier\ Cash\ Flow_t^{real}}{\left(1+k_{GK}^{emp.,real}\right)^t}}{Bruttoinvestitionsbasis}$$

Reale Wertschaffung liegt vor, wenn das Q ratio größer als eins ist:

$$Q\ ratio > 1$$

- **Equity Spread:**

  Das Equity Spread basiert auf Gewinngrößen des Jahresabschlusses und vergleicht die buchhalterische Eigenkapitalrendite eines Jahres mit risikoangepaßten Eigenkapitalkosten. Wertschaffung ist nur möglich, wenn die Eigenkapitalrendite über den Eigenkapitalkosten liegt:

  $$Eigenkapitalrendite_t > Eigenkapitalkosten_t$$

- **RoI Spread:**

  Analog zum Equity Spread wird beim RoI Spread die Differenz zwischen der jährlichen buchhalterischen Gesamtkapitalrendite (vor Zinsen) und den durchschnittlichen gewichteten Gesamtkapitalkosten untersucht. Die Entscheidungsregel lautet dann:

  $$Gesamtkapitalrendite_t > Gesamtkapitalkosten_t$$

  Beide Verzinsungsspannen stellen nur grobe, pragmatische Näherungsverfahren dar, da sie nicht auf Freien Cash Flows beruhen und daher z. B. Reinvestitionsbedarf oder Erweiterungsinvestitionen nur unzureichend darstellen können.

Während die beiden Verzinsungsspannen den „Makel" der Gewinn-Orientierung tragen, sind der EVA und der CFRoI nur als jährliche Cash Flow-Größen einsetzbar. Es verbleibt das M/B Ratio und der Tobin´s Q, die mehrperiodige Performance-Maße darstellen, jedoch durch die Probleme der Prognose zukünftiger Freier Cash Flows geprägt sind. Daher sind m. E. EVA und CFRoI für die Koppelung mit monetären Anreizsystemen prädestiniert, während M/B Ratio und Tobin´s Q zur Entscheidungsunterstützung herangezogen werden können.

### 4.2.2 Kennzahlensysteme zur Zerlegung der komplexen Zielgröße Unternehmenswert

Die Schaffung von Shareholder Value stellt eine hochaggregierte und komplexe Zielgröße dar. Mit Hilfe von Kennzahlensystemen soll die Zielgröße „Unternehmenswert" weiter zerlegt werden, wobei sowohl **Top-down-Analysen** (Wie kann der Unternehmenswert gesteigert werden ?) als auch **Bottom-up-Analysen** (Wie wirken sich Änderungen einzelner Werttreiber auf den Unternehmenswert aus ?) interessante Fragestellungen aufwerfen können. Entsprechende Modifikationen des Executive Information Systems haben mehrere Großunternehmen wie z. B. Veba, Kaufhof oder RWE vorgenommen.

Der Verfasser hat ein **dreistufiges Kennzahlensystem** als Management-Informationssystem entwickelt:[26]

| Analysestufen | Perspektive |
|---|---|
| Gesamtunternehmen | Unternehmenswert des Gesamtunternehmens bestehend aus den Wertbeiträgen einzelner Geschäftseinheiten |
| Geschäfteinheit | Wertbeitrag einer einzelnen Geschäftseinheit bestehend aus dem Free Cash Flow-Profil über den Planungszeitraum plus des Restwertes |
| Jahr | Wertbeitrag einer einzelnen Geschäftseinheit in einem bestimmten Jahr zusammengesetzt aus den Bestimmungsfaktoren des Freien Cash Flows (Werttreibern) |

**Abb. 17: Analysestufen des unternehmenswertorientierten Kennzahlensystems**

Im Rahmen dieses Beitrags soll nur die erste Analysestufe auf Ebene des Gesamtunternehmens darsgestellt werden.

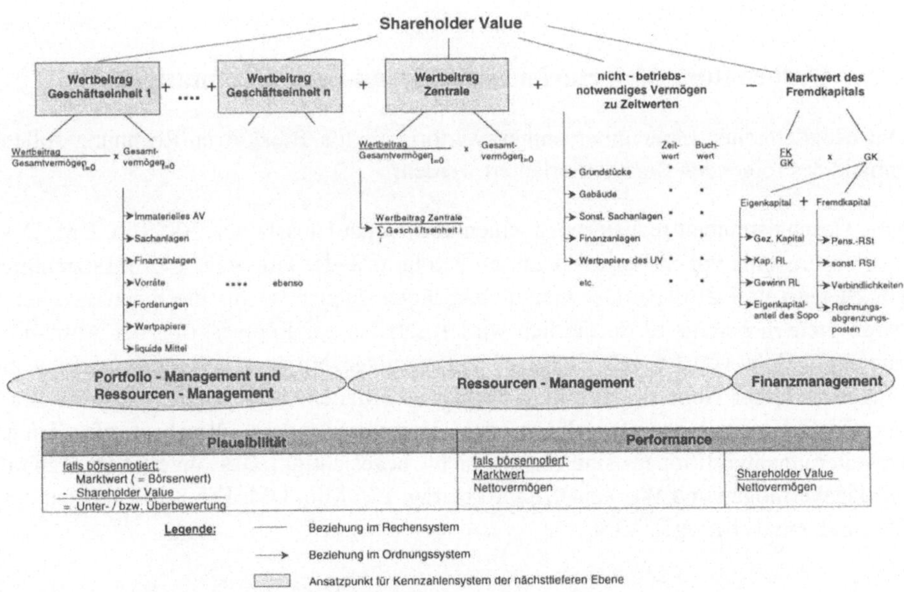


**Abb. 18: Kennzahlensystem: Gesamtunternehmensebene**

Das konzipierte Kennzahlensystem ist durch folgende Eigenschaften geprägt:

- Bei dem vorgeschlagenen Kennzahlensystem werden nicht nur ein Jahr, sondern mehrere Jahre gleichzeitig betrachtet. Hierdurch ist die Abbildung von Wertsteigerungsmaßnahmen über einen längeren Zeitraum möglich (**Zukunftsbezug**).
- Die Abbildung mehrerer Jahre erlaubt gleichzeitig die Simulation zeitlicher Verlagerungen von Maßnahmen (z. B. verspäteter Markteintritt, Streckung von F&E-Maßnahmen etc.) und deren Wirkung auf den Shareholder Value (**Mehrperiodigkeit**).
- Auf allen drei Ebenen ist das Kennzahlensystem als Rechensystem angelegt, d. h. Veränderungen auf den unteren Ebenen wirken sich direkt auf den Shareholder Value als Spitzenkennzahl aus. Des weiteren sind rechnerische Zusammenhänge zwischen den einzelnen Werttreibern erkennbar. Ergänzend wurden Kennzahlen i. S. eines Ordnungssystems angegeben, die den Planungs- und Steuerungsprozeß unterstützen sollen (**Rechen- und Ordnungssystem**).
- Es werden nur Cash Flow-orientierte Größen und keine Gewinngrößen erfaßt (**Cash Flow-Orientierung**).
- Mehrere Geschäftseinheiten sind nebeneinander plan- und steuerbar und erklären gemeinsam die Veränderung des Shareholder Value auf oberster Unternehmensebene (**Multi-Business-System**).
- Die Gliederung und Strukturierung ist den Gegebenheiten des Unternehmens und der einzelnen Geschäftseinheiten anzupassen. Das vorgeschlagene System soll hierzu Hilfestellung geben (**Flexibilität**).

### 4.2.3 Unternehmenswertorientierte Break-even-Rechnungen

Die Möglichkeiten einer unternehmenswertorientierten Break-even-Rechnung sollen anhand des folgenden Beispiels erläutert werden:

Eine Geschäftseinheit realisiert p. a. einen konstanten Umsatz von 500 Mio. DM. Das Betriebsergebnis vor Steuern und Zinsen beträgt 6 % des Umsatzes (= Umsatzrendite vor Steuern und Zinsen). Der hierauf berechnete Steuersatz für die nicht-anrechenbaren Steuern beträgt 10 %. Jährlich wird zusätzlich zur Reinvestition der Abschreibungen in Höhe von 1 % des Umsatzes in das Anlagevermögen investiert, um Einsparungen in selber Höhe des Working Capital zu erhalten (z. B. Investition in Warenwirtschaftssysteme zur Reduktion des Vorratsbestandes). Wachstumsfördernde Erweiterungsinvestitionen sind damit nicht beabsichtigt. Das investierte Kapital (Anlagevermögen und Working Capital) beträgt 225 Mio. DM. Die Kapitalkosten des Gesamtkapitals betragen 10 %.

Mit Hilfe der Break-even-Analyse kann nun analysiert werden,

a) welche Break-Even-Werte die Ausgangsparameter annehmen dürfen, damit die Geschäftseinheit einen Wertbeitrag von Null erwirtschaftet, d. h. die Kapitalkosten gerade abdeckt sind.
b) welche Zielgrößen zu erreichen sind, um den momentanen Unternehmenswert um 60 Mio. zu steigern.

Unter der vereinfachenden Annahme der ewigen Rente errechnet sich der Unternehmenswert des Gesamtkapitals wie folgt:

$$Unternehmenswert = \frac{Ewige\ Rentenzahlung}{Kapitalkostensatz}$$

$$Unternehmenswert = \frac{Umsatz \bullet Umsatzrendite \bullet (1 - Steuersatz) - Inv.AV - Inv.Working\ Capital}{Kapitalkostensatz}$$

$$Unternehmenswert = \frac{500\ Mio. \bullet 0{,}06 \bullet (1-0{,}1) - (5-5)}{0{,}1} = 270\ Mio.$$

Sollen gerade die Kapitalkosten erwirtschaftet werden, ist der Unternehmenswert mit dem investierten Kapital von 225 Mio. DM gleichzusetzen (M/B-Verhältnis = 1). Ceteris paribus ergeben sich nun folgende **Break-Even- und Ziel-Werte** für die eingehenden Parameter, wobei die jeweiligen anderen Parameter den Werten der Ausgangsversion entsprechen:

| Parameter | Parameterwert in Ausgangssituation *(Unternehmenswert 270 Mio. DM)* | Break-Even-Wert für Parameter c. p. *(Unternehmenswert 225 Mio. DM)* | erlaubte Veränderung gegenüber Ausgangssituation (Sicherheitsspanne) | Zielwerte für Parameter c. p. *(Unternehmenswert 330 Mio.)* |
|---|---|---|---|---|
| Umsatz | 500 Mio. | 416,67 Mio. | – 16,67 % | 611,11 Mio. |
| Umsatzrendite in % | 6 % | 5 % | – 16,67 % | 7,33 % |
| Steuersatz in % | 10 % | 25 % | + 150 % | bei 0 % steigt der Unternehmenswert nur auf 300 Mio. |
| Investitionen in das Anlagevermögen | 5 Mio. | 9,5 Mio. | + 90 % | – 1 Mio |
| Investition in das Working Capital | – 5 Mio | – 0,5 Mio. | – 90 % | – 11 Mio |
| Kapitalkosten des Gesamtkapitals in % | 10 % | 12 % | + 20 % | 8,18 % |

**Abb. 19: Break-Even-Werte, Zielwerte und Sicherheitsspanne für einzelne Werttreiber**

Läßt sich der strategischen Geschäftseinheit ein anteiliges Fremdkapital von 180 Mio. DM zuordnen, so ist, um einen Wert des Eigenkapitals von gerade 0 DM zu erreichen, eine Umsatzrendite von 4 % notwendig. Dieser Punkt entspricht der Schmerzgrenze bei rein gewinnorientierter Sicht (Gewinn = 0).

Betrachtet man nur die Umsatzrendite als Werttreiber läßt sich die unternehmenswertorientierte Break-Even-Analyse wie folgt graphisch darstellen:

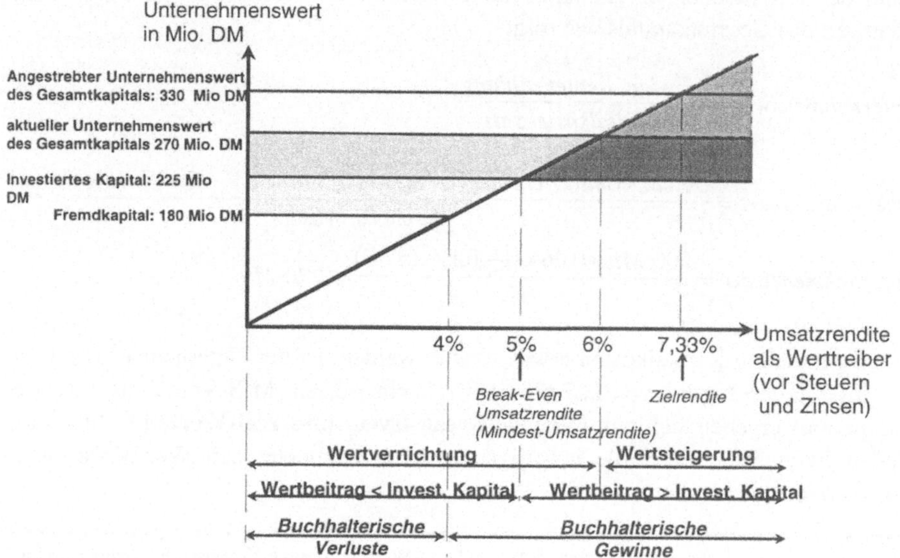


**Abb. 20: Unternehmenswertorientierte Break-Even-Analyse mit dem Werttreiber Umsatzrendite**

Wird im Gegensatz zur obigen statischen Analyse (kein Wachstum) von stark veränderlichen Freien Cash Flows ausgegangen (z. B. beim Aufbau neuer Geschäftseinheiten), so kann in Anlehnung an die Amortisations- oder Projektdeckungsrechnung die **Break-Even-Time** bis zur Deckung der „Anlaufkosten" ermittelt werden. Nachfolgendes vereinfachtes Beispiel soll die dynamische unternehmenswertorientierte Break-Even-Analyse veranschaulichen (i = 10 %) (Abb. 21).

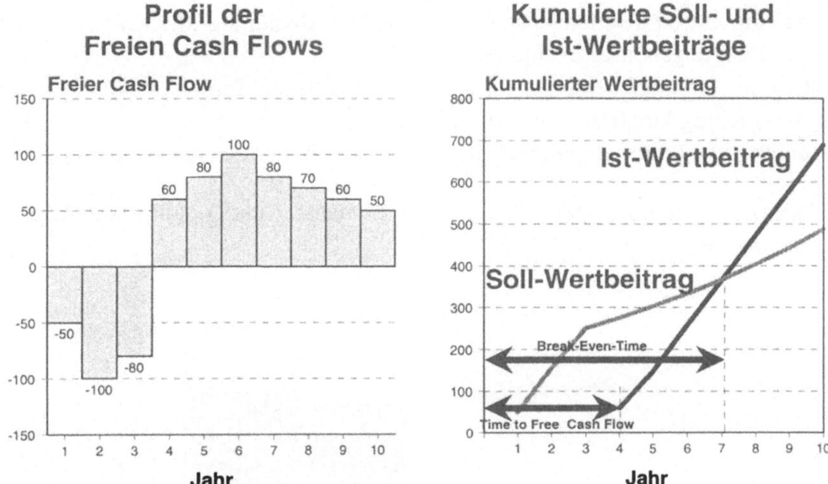


**Abb. 21: Dynamische unternehmenswertorientierte Break-Even-Analyse**

**Zielsetzung** der dynamischen unternehmenswertorientierten Break-Even-Analyse ist es,

- die Anlaufphase soweit als möglich zu stauchen (z. B. durch Verkürzung von Entwicklungszeiten) **(Verschiebung der Soll-Wertbeitragskurve nach rechts)**,
- die Anlaufkosten zu reduzieren bzw. in die Zukunft zu verlagern (z. B. durch Leasing statt Kauf etc.) **(Abflachung der Soll-Wertbeitragskurve)**,
- die Phase mit positiven Freien Cash Flows, d.h. den Marktzyklus soweit als möglich vorzuverlagern (z. B. durch Zukauf von Know How oder Vertriebskanälen) **(Verschiebung der Ist-Wertbeitragskurve nach links)**,
- die Freien Cash Flows zu erhöhen (z. B. durch Kostenmanagement, Reduktion von Bestandsreichweiten, Outsourcing etc.) **(Verschiebung der Ist-Wertbeitragskurve nach oben)** und
- den Vermarktungszeitraum soweit als möglich auszudehnen (z. B. durch Relaunch, durch Aufbau von Eintrittsbarrieren etc.) **(Streckung der Ist-Wertbeitragskurve nach rechts)**.

## 4.2.4 Unternehmenswertorientierte Ergebnisrechnungen

Soll der Unternehmenswert in das Controlling integriert werden, so ist auch die (kurzfristige) Ergebnisrechnung zu modifizieren. Mögliche Ansätze können sein:

- Ergänzung um eine Cash Flow-orientierte Jahresrechnung in Anlehnung an die Kapitalflußrechnung

- Ergänzung um eine stufenweise Free Cash Flow-Rechnung in Analogie zu stufenweisen Deckungsbeitragsrechnung
- Erstellung von langfristigen, mehrjährigen Produkt- und Projektrechnungen, um deren Wertbeitrag langfristig steuern zu können.
- Erstellung von langfristigen, mehrjährigen Gesamtunternehmensrechnungen.

Der Ansatz der langfristigen Gesamtunternehmensrechnung soll nun detaillierter betrachtet werden.

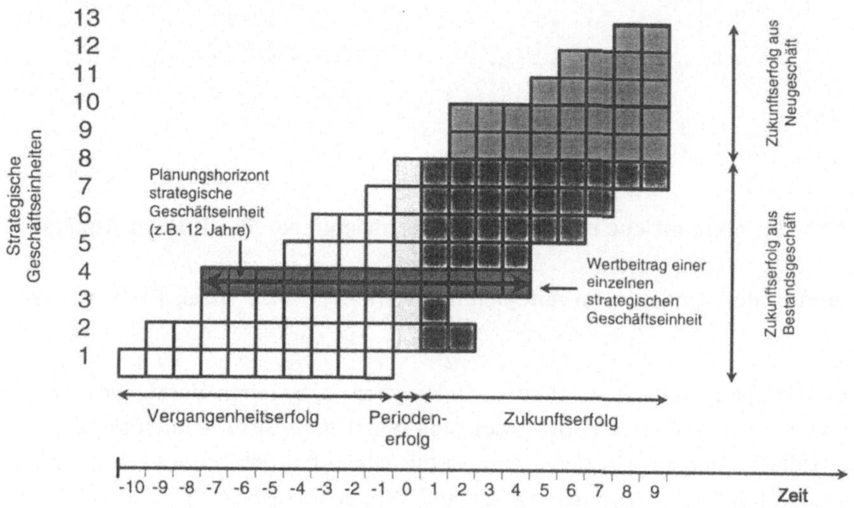


**Abb. 22: Konzeption der langfristigen Unternehmensergebnisrechnung**

In einem Geschäftsjahr 0 sollen die Wertbeiträge alle Projekte bzw. Produktgruppen einer strategischen Geschäftseinheit bzw. alle strategischen Geschäftseinheiten eines Unternehmen zusammen betrachtet werden. Dabei kann zwischen dem Periodenerfolg aus dem Jahr 0, den bisher bereits realisierten Wertbeiträgen (Vergangenheitserfolg) und den noch nicht realisierten, aber erwarteten Wertbeiträgen (Zukunftserfolg) unterschieden werden, die sich jeweils aus der Summe der einzelnen Freien Cash Flows der betrachteten Jahres ergeben. Dabei wurde von unterschiedlichen Planungshorizonten der einzelnen strategischen Geschäftseinheiten ausgegangen. Der Restwert wird in der Abbildung jeweils dem letzten Jahr des Planungshorizonts zugeordnet.[27]

Folgende **Fragestellungen** lassen sich nun beantworten:

- In welchem Umfang haben die strategischen Geschäftseinheiten in der Vergangenheit zur Wertsteigerung des Unternehmens beigetragen **(Vergangenheitserfolg)** ?
- Wie hoch ist der Wertbeitrag der Geschäftseinheiten in der laufenden Periode 0 **(Periodenerfolg)** ?

- In welcher Struktur werden die Geschäftseinheiten in Zukunft zur Wertsteigerung beitragen (**Zukunftserfolg**) ?
- Welcher Anteil an der zukünftigen Wertsteigerung kommt aus bereits vorhandenen Geschäftseinheiten (**Zukunftserfolg aus dem Bestandsgeschäft**) ?
- Welchen Anteil sollen zukünftige Geschäftseinheiten zur Wertsteigerung beitragen (**Zukunftserfolg aus dem Neugeschäft**) ?

Die langjährige Gesamtunternehmensrechnung ermöglicht auf diese Weise sowohl eine **Entscheidungsunterstützung** als auch eine fortlaufende **Zielerreichungskontrolle**.

### 4.2.5 Abweichungsanalysen

Auf Basis der Gliederung in Vergangenheits-, Gegenwarts- und Zukunftserfolge kann in Analogie zur Abweichungsanalyse bei Kosten und Umsätzen die durch einzelne Werttreiber bedingte Wertabweichung ermittelt werden. So kann z. B. analysiert werden, wie sich der absehbare Einbruch der Umsatzrendite auf die zukünftigen Wertbeiträge auswirken wird bzw. welcher Werttreiber für die Nichterreichung gesetzter Wertsteigerungsziele in der Vergangenheit verantwortlich war.[28]

# 5 Shareholder Value Management „light" - Ansatzpunkte für eine Modifikation des „traditionellen" Controlling

## 5.1 Wertsteigerungsmanagement durch „traditionelle" Controlling-Instrumente

Neben dem Einsatz **teilweise neuer Instrumente** (z. B. unternehmenswertorientierte Erfolgskennzahlen) und der Übertragung **vorhandene Instrumente** auf die „neue" Zielgröße „Unternehmenwert" (z. B. die unternehmenswertorientierten Kennzahlensysteme) kann m. E. Wertsteigerungsmanagement auch mit „traditionellen" Controlling-Instrumenten betrieben werden. Entscheidend ist nur, daß die die Wertsteigerung bestimmenden Werttreiber (wie z. B. Kapitalbindung, Umsatzrenditen, Lagerumschlag etc.) zieladäquat, d. h. wertsteigernd, gesteuert werden. Damit kann das unternehmenswertorientierte Controlling letztendlich nach verschiedenen Aggregationsebenen geschichtet werden (Abb. 23). Insbesondere geeignet sind dabei Instrumente, die den Charakteristika des Shareholder Value-Ansatzes Rechnung tragen.

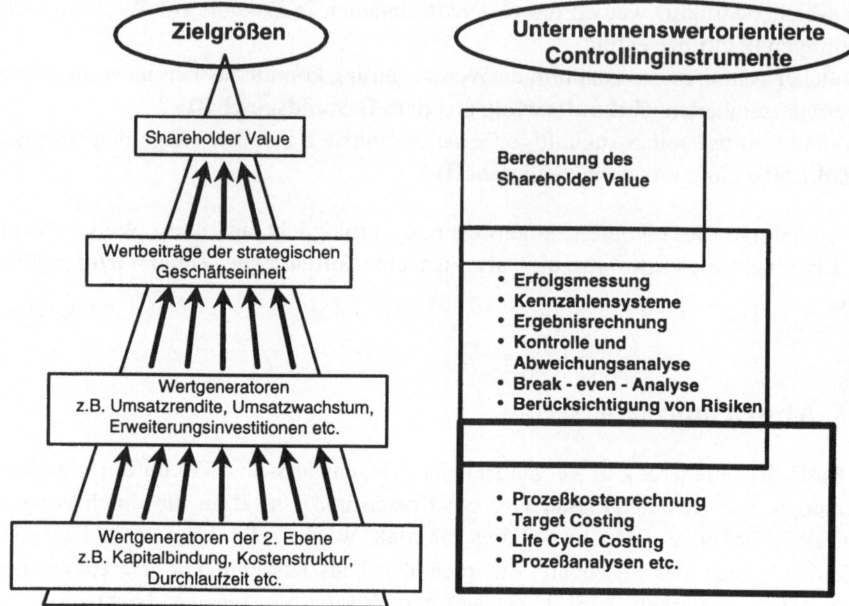


**Abb. 23: Zielgrößen und Instrumente des unternehmenswertorientierten Controlling**

## 5.2 Modifikationen der „traditionellen" Kosten- und Leistungsrechnung und der „traditionellen" Finanzrechnung

Da auch das Controlling selbst der Forderung nach Effizienz und Effektivität unterliegt, ist zu fragen, ob nicht durch Modifikation des in den Unternehmen existierenden Controllingsystems - hier als „traditionell" bezeichnet - bereits erhebliche Entscheidungs- und Verhaltenswirkungen erzielt werden können. Die Stoßrichtung der Modifikationen ergibt sich dabei aus den Charakteristika des Shareholder Value-Ansatzes.

Folgende Modifikationen des internen Rechnungswesens, verstanden als zweitem Rechenkreis neben dem Jahresabschluß, wären zu diskutieren:

- Ergänzende Berücksichtigung von Zeitwerten (z. B. Wiederbeschaffungskosten)
- Aktivierung von immateriellen Vorlaufkosten (z. B. F&E, Teile der Marketingaufwendungen) und Abschreibung über die Nutzungsdauer
- Klare Kontierung von zahlungs- und nicht-zahlungswirksamen Kosten und Leistungen zur direkten Ermittlung von Cash Flow-Rechnungen
- Berücksichtigung risikoangepaßter Eigenkapitalkosten zur Ermittlung kalkulatorischer Zinsen

- Berücksichtigung unterschiedlicher Risiken bei der Vorgabe von hurdle rates bei der Investitionsbeurteilung

Inhaltlich erfolgt damit eine Annäherung des Betriebsergebnisses an die Definition des Economic Value Added, der jedoch mit Ausnahme der Abschreibungen nur zahlungswirksame Größen enthält.

# 6 Schlußbemerkung

Der Unternehmenwert stellt eine relativ komplexe, vielschichtige Zielgröße für das Controlling dar. Umsetzungsprobleme werden sich insbesondere aufgrund der Beschränktheit der Prognose und Planbarkeit, der Akzeptanz der Bewertungsmethodik und der Kontroverse von Stakeholder vs. Shareholder Orientierung ergeben. Wie bereits ausgeführt ist sicher zu stellen, daß auch die Unternehmenskultur entsprechend angepaßt wird und Anreizsysteme entsprechend ausgestaltet werden. Einige Unternehmen haben diesen Weg bereits beschritten und letztendlich wird die Praxis die Tauglichkeit des Ansatzes zu bewerten haben.

# Literaturverzeichnis


[1] Vgl. Höfner, K. (1994): Deutsche Unternehmen - Die drei großen Schritte ins Jahr 2000, Untersuchung über Tendenzen in der strategischen Unternehmensführung und im strategischen Handlungsbedarf bundesdeutscher Unternehmen, München 1994, S. 40f..

[2] Vgl. Rappaport, A./LEK Unternehmensberatungs GmbH (1995): Ziele und Entscheidungsmaßstäbe führender deutscher Unternehmen - Ergebnisse einer Untersuchung der Top 250 Unternehmen in Deutschland, München 1995.

[3] Vgl. KPMG (1996): Value Based Management - A Survey of European Industry, Brüssel 1996, S. 10.

[4] Vgl. Rappaport, A./LEK Unternehmensberatungs GmbH (1995), S. 3.

[5] Vgl. Fruhan, W.E. (1988): Corporate Raiders: Head´em Off at Value Gap, in: Harvard Business Review, Vol. 66, No. 4, July-August 1988, S. 63f..

[6] Vgl. Bühner, R. (1993): Shareholder Value, in: Die Betriebswirtschaft, 53. Jg., Heft 6, 1993, S. 749-769.

[7] Vgl. Günther, T./Otterbein, S. (1996): Die Gestaltung der Investor Relations am Beispiel führender deutscher Aktiengesellschaften, in: Zeitschrift für Betriebswirtschaft, 66. Jg., Heft 4, 1996, S. 389-417.

[8] Vgl. Hax, A.C./Majluf, N.S. (1984): Strategic Management: An Integrative Perspective, Englewood Cliffs 1984, S. 215.

[9] Vgl. Günther, T. (1997): Unternehmenswertorientiertes Controlling, München 1997, S. 34ff..

[10] In Anlehnung an Karmann, A. (1992): Principal-Agent-Modelle und Risikoallokation - Einige Grundprinzipien, in: Wirtschaftswissenschaftliches Studium, 21. Jg, Heft 11, November 1992, S. 558.

[11] Vgl. Günther, T. (1991): Erfolg durch strategisches Controlling ? - Eine empirische Studie zum Stand des strategischen Controlling in deutschen Unternehmen und dessen Beitrag zu Unternehmenserfolg und -risiko, Diss., München 1991, S. 174ff..

[12] Vgl. Siegert, T. (1995): Shareholder-Value als Lenkungsinstrument, in: Zeitschrift für betriebswirtschaftliche Forschung, 47. Jg., Heft 6, 1995, S. 601ff..

[13] Vgl. KPMG (1996), S. 11.

[14] Vgl. Lewis, T.G./Stelter, D. (1993): Mehrwert schaffen mit finanziellen Ressourcen, in: Harvard Business Manager, 1. Jg., Heft 4, 1993, S. 111.

[15] Vgl. Dürr, M. (1994): Investor Relations - Handbuch für Finanzmarketing und Unternehmenskommunikation, München/Wien 1994, S. 3f..

[16] Vgl. Höfner, K. (1994), S. 20ff..

[17] Vgl. Günther, T. (1997), S. 73ff..

[18] Vgl. Marakon Associates (1981): The Marakon Profitability Matrix, in: Commentary - A Quarterly Publication of Marakon Associates, April 1981, S. 6.

[19] Vgl. Hax, A.C./Majluf, N.S. (1984), S. 236f..

[20] Vgl. Porter, M.E. (1980): Competitive Strategy - Techniques for analyzing industries and competitors, New York 1980, S. 36ff..

[21] Vgl. Pümpin, C. (1989): Das Dynamik-Prinzip - Wegweisungen für Unternehmer und Manager, Düsseldorf 1989, S. 89ff..

[22] Vgl. Herter, R.N. (1992): Berücksichtigung von Optionen bei der Bewertung strategischer Investitionen, in: Controlling, 4. Jg., Heft 6, 1992, S. 320f.

[23] Vgl. Lewis, T.G. (1994): Steigerung des Unternehmenswertes - Total Value Management, Landsberg/Lech 1994, S. 40ff..

[24] Vgl. Stewart, G.B. (1990): The Quest for Value - A Guide for Senior Managers, o.O. 1990, S. 118ff..

[25] Vgl. *Callard, C.G./Kleinman, D.C.* (1985): Inflation-Adjusted Accounting: Does it Matter ?, in: Financial Analysts Journal, Vol. 41, No. 3, 1985, S. 51-59.

[26] Vgl. Günther, T. (1997), S. 267ff..

[27] Vgl. das Beispiel bei Günther, T. (1997), S. 291ff..

[28] Vgl. die Darstellung bei Günther, T. (1997), S. 295ff..

# Voraussetzungen, Herausforderungen und Nutzen der Prozeßkostenrechnung (Activity Based Costing)

Dipl.-Kfm. Ernst Herzog
Plaut Controlling Systems AG, Figino

## Inhalt



18. Saarbrücker Arbeitstagung für Industrie, Dienstleistung und Verwaltung 1997. Hrsg.: A.-W. Scheer.

# 1 Activity Based Costing (Prozeßkostenrechnung)

Die Methode des Activity Based Costing, die in der CAMI Studie [1] entwickelt wurde und die in den USA von den Harvard Professoren Cooper/Kaplan [2], in Deutschland von Horvath/Mayer [3] in Anlehnung an Cooper/Kaplan vertreten wird, basiert auf der Erkenntnis, daß die den Produkten direkt zurechenbaren Einzelkosten und über Fertigungsbezugsgrößen (Produktionsmengen, Mann- und Maschinenstunden) verursachungsgerecht zurechenbaren (mengen-)proportionalen Fertigungsgemeinkosten bei Anwendung moderner, heute üblicher Fertigungstechnologien gering sind und nur einen Bruchteil des durch das Produkt verursachten Ressourcenverbrauchs darstellen. Der überwiegende, durch die Erstellung eines Produktes entstehende Ressourcenverbrauch an Gemeinkosten hat andere Kostenverursacher (cost driver) als die in Fertigungsbezugsgrößen ausgedrückte Produktionsmenge. Es sind dies die auf den Lebenszyklus (life cycle), den Auftrag (Bestell-, Produktions- bzw. Kundenauftrag) bzw. die Auftragslosgröße bezogenen Kostenverursacher (cost driver), die als Bezugsgröße für die fertigungs- bzw. vertriebsvorbereitenden und -unterstützenden Prozeß herangezogen werden [4].

Diese Erkenntnisse haben dazu geführt, daß speziell in den USA, aber auch in Deutschland, die Forderung an die SAP herangetragen wurde, die Methoden des Activitiy Based Costing in die R/3-CO-Software einzubringen. Nach Entwicklung einer speziell auf den US-Markt bezogenen Schnellschußlösung des CO-ABC in statistischer Form (parallele Prozeßkostenrechnung) durch SAP im Jahre 1994 [5], wurde in einem Pilotprojekt bei Anheuser Busch (AB) in St. Louis, USA, durch Plaut und ein AB-CMS (Cost Management System) Projektteam in Zusammenarbeit mit der SAP Entwicklung im Oktober 1996 eine Pilotversion des integrierten CO-ABC unter R/3 3.0D (operative Prozeßkostenrechnung) erfolgreich installiert. Es folgte die Kostenplanung, Abrechnung und Steuerung (Controlling) am Beispiel einer Pilotbrauerei bei AB im Monat Januar 1997. Diese Auslegung des Activity Based Costing, wie sie im R/3 CO 4.0 ausgeliefert werden wird, entspricht allen Anforderungen der Industrie- und Dienstleistungsbetriebe, ABC sowohl für die Zwecke einer verursachungsgerechten Kosten- und Deckungsbeitragsrechnung (Bezugsgrößenkalkulation mit Prozeßkosten) als auch für Controlling- und Rationalisierungszwecke (Geschäftsprozeßgestaltung) nutzen zu können.

# 2 Die Auslegung des Activity Based Costing im R/3 CO 4.0

Die im R/3 CO 4.0 realisierte operative (integrierte) Prozeßkostenrechnung (CO-ABC) ist integrierter Bestandteil der Kostenstellenrechnung. Die Prozeßkostenkalkulation je Cost Driver Einheit wird in die auf die Produkteinheit bezogene Kostenträgerkalkulation über ein Prozeßschema (Process Template) verrechnet. Im Prozeßschema werden für alle zu verrechnenden Prozesse Regeln bzw. Formeln hinterlegt. Diese ermitteln dynamisch die Inanspruchnahme eines Prozesses durch einen Kostenträger. Sie können durch die Integration des Systems R/3 nicht nur auf Informationen der direkten Kalkulationsumgebung (z.B. Arbeitsplan/Stückliste) zugreifen, sondern auch auf Kennzahlen der Logistik (z.B. Logistik-Informationssystem) sowie auf Daten anderer Module.

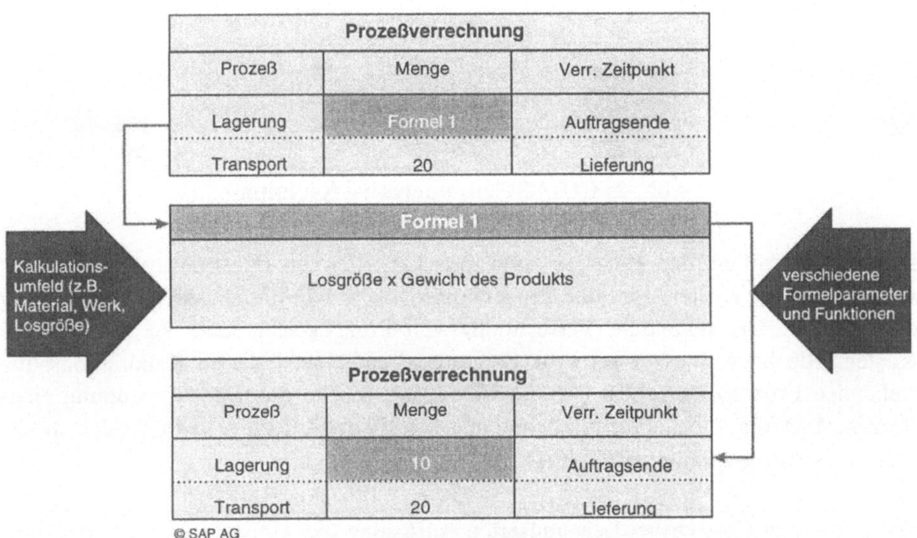


**Abb. 1: Bestimmung der Prozeßmengen**

Zum Beispiel kann in einem Prozeßschema der Prozeß „Materialbereitstellung“ hinterlegt werden. Die Mengenregel für diesen Prozeß kann lauten Anzahl Palettenbewegungen je Auftrag. Die Anzahl Paletten je Auftrag wird variieren, die im Prozeßschema hinterlegte Regel für den Prozeß Materialbereitstellung variiert nicht [6].

Die Integration des CO-ABC in das CO-CCA (Kostenstellenrechnung) erfolgt über die Leistungsartenverrechnung. Leistungsarten (Bezugsgrößen) der Kostenstellen können auf andere Kostenstellen (sekundäre Kostenstellenverrechnung) auf Kostenträger (primäre Verrechnung) oder auf Prozesse (sekundäre Prozeßverrechnung) verrechnen. Material und andere primäre Kostenarten können nicht auf Prozesse verrechnet werden.

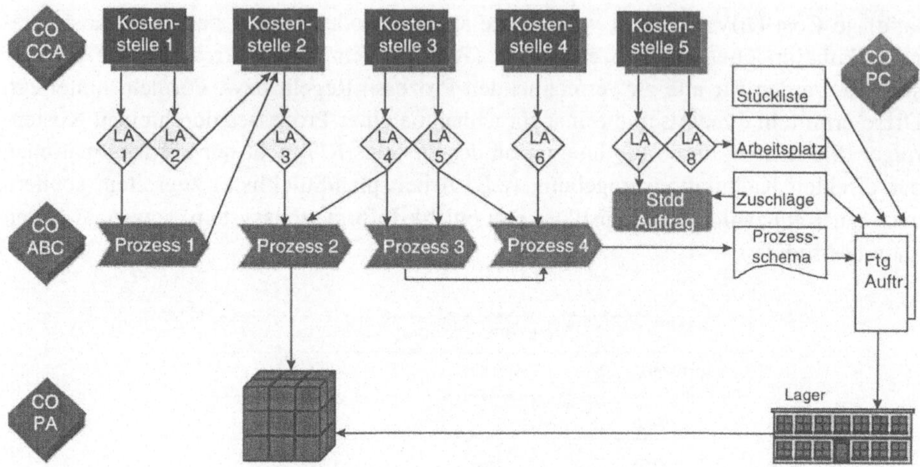


**Abb. 2: CO-ABC als operative Rechnung**

Die Bezugsgrößen der Prozesse sind die Cost Driver (Kostenverursacher). Sie verrechnen ihre Kosten über den Prozeßkostensatz je CD-Einheit entweder sekundär oder primär. Die sekundäre Verrechnung von Prozeßkosten kann zu Lasten einer Kostenstelle oder eines in der Prozeßhierarchie auf einer höheren Kalkulationsstufe stehenden Prozesses erfolgen (vgl. Teil/Baugruppe). Die primäre Verrechnung eines Prozesses erfolgt über Prozeßschema auf den Kostenträger (CO-PC) oder in die Deckungsbeitragsrechnung (CO-PA).

Die retrograde Cost Driver/Leistungsarten Auflösung (backflushing) vom Fertigungs- bzw. Kundenauftrag mit Sollkostenvorgabe im CO-ABC/CO-CCA ist realisiert.

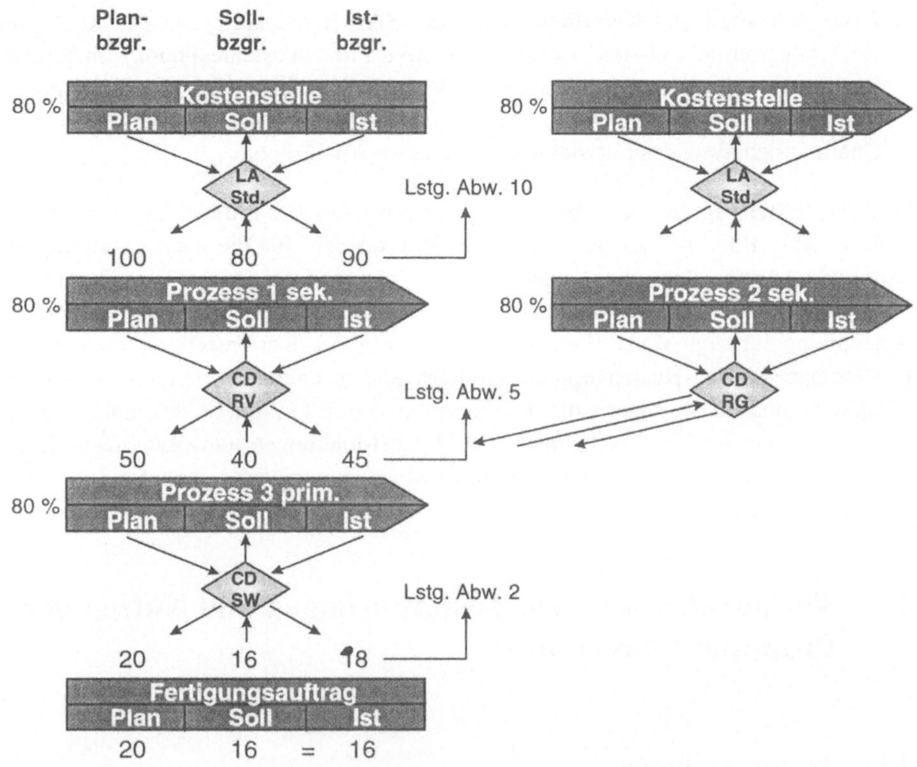


**Abb. 3: Retrograde Auflösung (backflushing)**

Abbildung 3 zeigt die retrograde Sollvorgabe an Cost Driver- und Leistungsartenmengen ausgehend vom Fertigungsauftrag über die Primär- und Sekundärprozesse bis hin zur Leistungsart der Kostenstelle (16/40/80).

# 3 Das Pilotprojekt Anheuser Busch Inc.

Im August 1995 wurde von Anheuser Busch (AB) Plaut Consulting Inc., Boston, USA, beauftragt, gemeinsam mit dem AB Cost Management System (CMS) Team eine Feasibility Study (Machbarkeitsstudie) für folgende Aufgabenstellungen zu erarbeiten.

1. Ablösung des AB-Beercost Systems (Direct Costing) durch eine Activity Based Costing Lösung
2. Gap Analysis (Deckungs-Analyse) der Anheuser Busch ABC Lösung mit den im R/3 CO realisierten betriebswirtschaftlichen Lösungsansätzen

3. Zusammenarbeit und Koordination mit der SAP Entwicklung bei der Auslegung einer integrierten CO-ABC Lösung (operative Prozeßkostenrechnung) im Release R/3 3.0D, welche im 4.0 als Standardlösung freigegeben wird und die Anforderungen einer prozeßkonformen, flexiblen Plankostenrechnung abdeckt
4. Qualitätssicherung des Entwicklungsstandes im AB-Prototyp

Nach Fertigstellung und Abnahme der operativen CO-ABC Entwicklung im Oktober 1996 ist eine Pilotbrauerei bei AB ausgewählt worden, für die nach Erstellung der Kostenplanung (Kostenstellen/Leistungsarten, Prozesse/Cost Driver, Prozeßschemata/ Verrechnungsregeln, Prozeßkalkulationen/Produktkalkulationen mit Prozeßkosten) die Abrechnung für den Monat Januar 1997 in Form des Kostenstellen-, Prozeß- und Kostenträger-Soll/Ist-Kostenvergleichs mit Bestandsrechnung durchgeführt wurde. An Beispielen und Erfahrungen, die in diesem ersten Pilotprojekt gewonnen werden konnten, sollen die Voraussetzungen, die Herausforderungen und der Nutzen aufgezeigt werden, die aus diesem ersten Pilotprojekt gewonnen werden konnten.

# 4 Voraussetzungen, Herausforderungen und Nutzen der Prozeßkostenrechnung

## 4.1 Voraussetzungen

Jedes Kostenmanagement-System, welches dem Anspruch einer verursachungsgerechten Kostenverrechnung und -kontrolle genügen soll, benötigt eine Kostenplanung der

- Kostenstellen / Leistungsarten / Kostenstellenkostensätze
- Prozesse / Cost Driver / Prozeßkostensätze
- Kostenträger / Fertigungsaufträge / Produktherstellkostensätze

Soll das Kostenmanagement-System Controllingansprüchen gerecht werden, ist eine Kostenaufteilung in proportionale (leistungsabhängige) und fixe (zeitabhängige) Kosten erforderlich.

In der bei AB ausgewählten Pilotbrauerei wurden die folgenden Kosten Objekte geplant und abgerechnet.

| Kostenstellen | Kst | LA | Verrechnung auf | | |
|---|---|---|---|---|---|
| | | | Kst | Proz | Ktr |
| Allgemein | 18 | 23 | 18 | 5 | -- |
| Brauerei | 11 | 30 | 2 | 10 | 18 |
| Abfüllung | 13 | 26 | 3 | 1 | 22 |
| Qualitätssicherung | 1 | 3 | 2 | 1 | -- |
| Lager | 1 | 2 | -- | 1 | 1 |
| **Summe** | **44** | **84** | **25** | **18** | **41** |

| Kostenstellen | Kst | LA | Verrechnung auf | | |
|---|---|---|---|---|---|
| | | | Kst | Proz | Ktr |
| Allgemein | 70 | 70 | 7 | 63 | -- |
| Brauerei | 109 | 109 | 1 | 63 | 45 |
| Abfüllung | 136 | 136 | 1 | 97 | 38 |
| Qualitätssicherung | 57 | 57 | 1 | 36 | 20 |
| Lager | 29 | 29 | -- | 24 | 5 |
| **Summe** | **401** | **401** | **10** | **283** | **108** |

| Kostenträger | Biersorten | Gebinde (PDCN) |
|---|---|---|
| Produkte | 56 | 790 |

| Ftg.-Aufträge/Monat | Brauerei | Abfüllung |
|---|---|---|
| Produkte | 500 | 1.500 |

Eine Kostenaufteilung in proportionale und fixe Bestandteile wurde von den Kostenstellen über die Prozesse bis hin zu Kostenträgerleistungs- und Bestandsrechnung durchgeführt. Neben den technischen Daten (Stückliste/Arbeitsplan), die für die Zwecke einer Produktkalkulation erforderlich sind, werden für eine Produktkalkulation mit Prozeßkosten Prozeßhierarchien und Prozeßarbeitsfolgen je Prozeß mit den Ressourcenverbräuchen je Arbeitsfolge benötigt. Sind diese Ressourcenverbräuche in Mitarbeiterstunden bzw. -minuten auszudrücken (was überwiegend zutrifft), so werden Standardzeiten für die Prozeßkostenrechnung benötigt. Dabei handelt es sich nicht um produktionsmengenbezogene Standardzeiten, sondern um ereignismengenbezogene Standards (occurrance Standards). Das Entladen eines Getreidewaggons und Verbringung des Getreides in den Silo, eine Kesselreinigung, die Umrüstung einer Abfüll-Linie bei Sortenwechsel, die Beladung eines LKW mit Paletten etc. sind Prozesse für die es unter Berücksichtigung der personellen Besetzung je Ereignis occurrance Standards gibt.

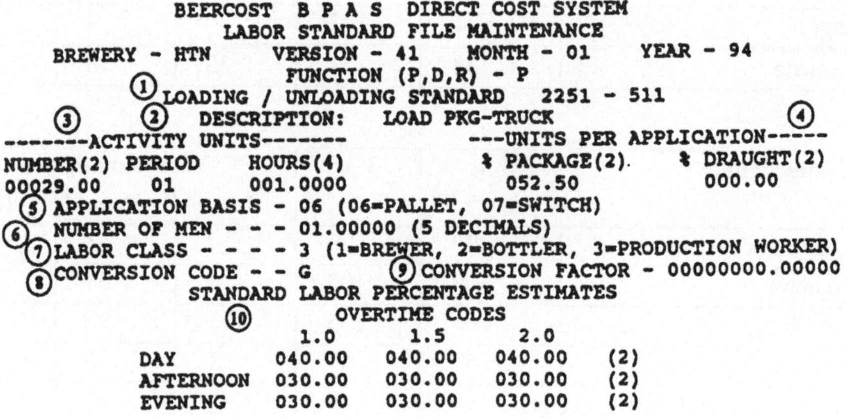

```
                    BEERCOST  B P A S  DIRECT COST SYSTEM
                         LABOR STANDARD FILE MAINTENANCE
        BREWERY - HTN       VERSION - 41      MONTH - 01       YEAR - 94
                                FUNCTION (P,D,R) - P
                  ① LOADING / UNLOADING STANDARD    2251 - 511
     ③           ② DESCRIPTION:     LOAD PKG-TRUCK                         ④
-------ACTIVITY UNITS-------                  ---UNITS PER APPLICATION-----
NUMBER(2) PERIOD     HOURS(4)                 % PACKAGE(2).     % DRAUGHT(2)
00029.00    01       001.0000                  052.50             000.00
 ⑤ APPLICATION BASIS - 06 (06=PALLET, 07=SWITCH)
⑥  NUMBER OF MEN - - - 01.00000 (5 DECIMALS)
 ⑦ LABOR CLASS - - - - 3 (1=BREWER, 2=BOTTLER, 3=PRODUCTION WORKER)
 ⑧ CONVERSION CODE - - G          ⑨ CONVERSION FACTOR - 00000000.00000
                     STANDARD LABOR PERCENTAGE ESTIMATES
                          ⑩       OVERTIME CODES
                              1.0        1.5        2.0
            DAY            040.00     040.00     040.00      (2)
            AFTERNOON      030.00     030.00     030.00      (2)
            EVENING        030.00     030.00     030.00      (2)
```

**Abb. 4: Loading Standard Form for Outbound shipment**

Fehlen diese Standards, so läßt sich mit Hilfe der Prozeßkostenrechnung bei retrograder Auflösung des Prozeßmengenbedarfs kein Ressourcenbedarf der leistenden Kostenstellen ermitteln. (backflushing).

Als Beispiel für eine Prozeßplanung, -Sollkostenvorgabe und -Soll/Ist-Kostenvergleich möge die folgende Abbildung dienen.

Plant: Baldwinsville
Process: 1118XX33 Bottle Line Conversion

Period From: 1096
Period To: 1096
Date: Nov. 1, 1996

| | | Plan | | | | | | Target | | | | | Actual | | Usage Variance | |
|---|---|---|---|---|---|---|---|---|---|---|---|---|---|---|---|---|
| | | Fixed | | Variable | | Total | | Fixed | | Variable | | Total | Total | | | |
| Cost Element | Origin Object | Qty. | Costs | Qty. | Costs | Qty. | Costs | Qty. | Costs | Qty. | Costs | Costs | Qty. | Cost | Qty. | Cost |
| **Debits** | | | | | | | | | | | | | | | | |
| 50043000 | 1118X110/MAINTM | 80 | 2,600 | 100 | 1,000 | 180 | 3,600 | 80 | 2,800 | 120 | 1,200 | 4,000 | 240 | 4,800 | 40 | 800 |
| 50043001 | 1118X110/SUPMNT | 80 | 2,600 | 100 | 1,000 | 180 | 3,600 | 80 | 2,800 | 120 | 1,200 | 4,000 | 240 | 4,800 | 40 | 800 |
| **Totals** | | | 5,200 | | 2,000 | | 7,200 | | 5,600 | | 2,400 | 8,000 | | 9,600 | 80 | 1,600 |
| **Credits** | | | | | | | | | | | | | | | | |
| 58100100 | PK2400 | | (5,200) | | (2,000) | 100 | (7200) | | 5.720 | | 2.200 | | (110) | (7,920) | | |
| **Over/Under Absorpt.** | | | | | | | 0 | | (120) | | 200 | | | 1,680.00 | | |

| | Plan f. | Plan v. | Act.Backfl. | Act.Rec. |
|---|---|---|---|---|
| Process rate | 52.00 | 20.00 | | |
| Process quantity | 100 | | 110 | 120 |
| Operating level | | | | 1.20 |

Target fixed costs = target fixed quantity * fixed activity price +
target fixed quantity * variable activity price +
target variable quantity * fixed activity price.
Target variable costs = target variable quantity * variable activity price.

| | | |
|---|---|---|
| Usage variance | 1600.00 | Actual cost - target cost |
| Volume variance | (520.00) | Fixed rate * (planned quantity - actual backflushed quantity) |
| Secondary fixed cost variance | 400.00 | Target fixed cost - Plan fixed cost |
| Total fixed cost variance | (120.00) | Volume variance + Secondary fixed cost variance |
| Frequency variance | 200.00 | (actual recorded quantity - actual backflushed quantity) * variable rate |
| Sum of all variances | 1,680.00 | |

1118XX33->1118xx34->1118xx35

**Abb. 5: Process 1118XX33 Bottle Line Conversion**

Die Gesamtabweichung von USD 1.680 gliedert sich nach Ursachen in

- Kst. Verbrauchsabweichung (Istkosten - Sollkosten)
  - Beschäftigungsabweichung (Planfixkosten - Verrechnete Fixkosten)
  - Sekundäre Fixkostenabweichung (Planfixkosten - Sollfixkosten)
- Fixkostenabweichung (Besch.Abw. + sek. Fixko.Abw.)
- Leistungsabweichung (vorgegebene prop.Sollkosten - verrechnete prop. Sollkosten)
  Gesamtabweichung (Verbr.- + Fixko.- + Lstg.Abw.)

Als Beispiel für eine Bezugsgrößenkalkulation mit Prozeßkosten möge die Kalkulation ID30-Bud Ice dienen, wobei aus Gründen der Geheimhaltung die Werte des Materialeinsatzes (M), der Eigenleistung (E) und der Summenzeile nicht gezeigt werden.

| | | | | | |
|---|---|---|---|---|---|
| Material | 37-030P | | PKG-IDB6 30/012OZ CAN LOOSE DSTK SP FIBR | | |
| Plant | 01BV | | ABI Baldwinsville Brewery | | |
| Costing variant | AB01 | Costing date | From 04/30/1997 | Created by | DVARGA |
| Costing version | 01 | | To 12/31/1997 | Created on | 04/30/1997 |
| Lot size | 10,000.000 CS | | | | |
| Costs per | 10,000.000 CS | | | | |
| Currency | USD | | | | |
| View | 10 | | Cost of Goods Mfg | | |

| Item | Seq.<br>BOMItm | Oper | SbOp | O | Item name | Tot. costs | Fxd costs | Vbl. costs | Quantity | UnitM | Price<br>Cost elem. | PrcUn | PUn<br>CNo |
|---|---|---|---|---|---|---|---|---|---|---|---|---|---|
| 00001 | 0 | 0010 | | E | FILLHR 11182222 AB01<br>Line 33 Filler Operation | | | | | | | | |
| 00002 | 0010 | 0010 | | M | EBID 01BV<br>5.5% Bud Ice-Package | | | | | | | | |
| 00003 | 0020 | 0010 | | M | 1002175 01BV<br>LID SILVER 204 | | | | | | | | |
| 00004 | 0030 | 0010 | | M | 1002432 01BV<br>CAN 12OZ FLT IDB | | | | | | | | |
| 00005 | 0040 | 0010 | | M | 1002467 01BV<br>PAD TWINSTACK 30/12 | | | | | | | | |
| 00006 | 0050 | 0010 | | M | 1002505 01BV<br>TWINSTACK 30/12 IDB | | | | | | | | |
| 00007 | 0060 | 0010 | | M | 1002222 01BV<br>GLUE CS SEALING HOT | | | | | | | | |
| 00008 | 0 | 0020 | | E | TWPKHR 11182220 AB01<br>Line 33/34 Twin-Stack Packer | | | | | | | | |
| 00009 | | | | X | L33 30/12 TWIN | 770.99 | 42.81 | 728.18 | 3.845 | MH | | | |
| 00010 | | | | X | Dump L33 | 9.58 | 0.00 | 9.58 | 0.032 | SHF | | | |
| 00011 | | | | X | Inspect L33 | 15.87 | 0.00 | 15.87 | 0.053 | SHF | | | |
| 00012 | | | | X | Can L33 Support | 135.62 | 135.62 | 0.00 | 0.006 | MO | | | |
| 00013 | | | | X | OP Can Prod Mtl Sch | 34.52 | 10.31 | 24.21 | 2.227 | SCH | | | |
| 00014 | | | | X | Can Line Support | 2.41 | 2.41 | 0.00 | 0.002 | MO | | | |
| 00015 | | | | X | Change Twinstack | 2.81 | 0.16 | 2.65 | 0.056 | CHG | | | |
| 00016 | | | | X | Can Line SU Wkends | 6.93 | 0.00 | 6.93 | 0.010 | STR | | | |
| 00017 | | | | X | Can Seam Checks | 51.12 | 0.00 | 51.12 | 3.845 | MH | | | |
| 00018 | | | | X | QA Line Sprt Cans | 79.29 | 0.00 | 79.29 | 3.845 | MH | | | |
| 00019 | | | | X | Can Recv Support | 2.59 | 2.59 | 0.00 | 0.002 | MO | | | |
| 00020 | | | | X | Return Can Dunnage | 7.07 | 0.00 | 7.07 | 0.189 | OCC | | | |
| 00021 | | | | X | OP 2nd Pkg Mtl Sch | 155.35 | 46.39 | 108.96 | 27.548 | SCH | | | |
| 00022 | | | | X | Material Testing | 142.46 | 59.33 | 83.13 | 119.997 | CS | | | |
| 00023 | | | | X | Unload Misc Mtl | 371.54 | 0.00 | 371.54 | 1.241 | SHF | | | |
| 00024 | | | | X | Return Pkg Material | 43.86 | 0.00 | 43.86 | 1.172 | OCC | | | |
| 00025 | | | | X | Gen Pkg Line Support | 12.81 | 12.81 | 0.00 | 0.001 | MO | | | |
| 00026 | | | | X | Micro Packaging | 3.24 | 0.00 | 3.24 | 3.845 | MH | | | |
| 00027 | | | | X | | 5.34 | 0.00 | 5.34 | 0.078 | CHG | | | |

**Abb. 6: Bezugsgrößenkalkulation mit Prozeßkosten**

Bei der in die Zeile 12 „Can Line 33 Support“ eingehende Prozeßkalkulation 111833563 handelt es sich um einen Prozeß der Stufe 2, in den Prozesse der ersten Stufe (BPS Weekend Startups/BPS Line Changes) eingehen (vgl. Hierarchie Teil/ Baugruppe).

| Planning report | | Date: 04/30/1997 | | | | | Page: 1 | |
|---|---|---|---|---|---|---|---|---|
| Controlling area AB01<br>Fiscal year 1997<br>Period 3 To 3<br>Version 0<br>Business process 111833563 | | Anheuser-Busch Comp AB01<br><br><br>Plan/act.- version<br>Can L33 Support | | | | | | |
| **Cost element/description** | **OTy** | **Partner** | **ParAct** | **Val. in USD** | **Fxd val. in USD** | **Total qty** | **Fixed qty** | **Un** |
| 50043811 BPS Weekend Startups | BPR | 111833501 | | 6,950.66 | 6,950.66 | 4.333 | 4.333 | CLN |
| 50043811 BPS Weekend Startups | BPR | 111833502 | | 3,649.39 | 3,649.39 | 6.500 | 6.500 | STR |
| 50043811 BPS Weekend Startups | BPR | 111833516 | | 4,022.88 | 4,022.88 | 4.333 | 4.333 | STR |
| 50043812 BPS Line Changes | BPR | 111833552 | | 3,475.32 | 3,475.32 | 4.333 | 4.333 | CON |
| 50043812 BPS Line Changes | BPR | 111833553 | | 2,780.56 | 2,780.56 | 34.667 | 34.667 | CHG |
| 50043812 BPS Line Changes | BPR | 111833561 | | 1,724.08 | 1,724.08 | 4.333 | 4.333 | CON |
| * Activity input | | | | 22,602.89 | 22,602.89 | | | |
| ** Debit | | | | 22,602.89 | 22,602.89 | | | |
| 50043815 PKG LINE SUPPORT | COB | 1118PLAN | | 22,604.12- | 22,604.12- | 1.000- | 0.000 | MO |
| * Internal activity allocation | | | | 22,604.12- | 22,604.12- | 1.000- | 0.000 | MO |
| ** Credit | | | | 22,604.12- | 22,604.12- | 1.000- | 0.000 | MO |
| *** Under/over-absorbed overhead | | | | 1.23- | 1.23- | | | |

**Abb. 7: Prozeß 111833563 Can L33 Support**

Die in die Bud Ice Kalkulation eingehenden Prozeßkosten für Can Line 33 Support von USD 135,62 ergeben sich aus der Multiplikation von 6 MO (Prozeßmenge) x 22,604 USD (Prozeßkostensatz).

## 4.2 Herausforderungen

Die Prozeßkostenrechnung stellt keine Vereinfachung, sondern eine Verfeinerung der Kostenrechnung dar. Die Fähigkeit der Kostenrechnung, die Komplexitätskosten verursachungsgerecht den richtigen Produkten zuzurechnen, erfordert eben auch eine weitergehende Komplexität des Kostenrechnungsverfahrens. Hier sind es vor allem die Auswahl der Prozesse, die Schaffung von technischen Daten (Prozeßhierarchien/ Prozeßarbeitsfolgen/Standardzeiten), die Wahl geeigneter Kostenverursacher (Cost Driver) und die Erstellung von Prozeßschemata mit Verrechnungsregeln, die eine verursachungsgerechte Verrechnung der nicht produktmengen-, sondern ereignisbezogenen Prozeßkosten auf den Kostenträger erst ermöglichen.

Um hier eine Prozeßkostenrechnung mit Erfolg wirtschaftlich zu gestalten, empfiehlt sich die Anwendung der 80/20 Regel. Diese besagt, daß mit 20 % der (kostenintensiven) Prozesse 80 % der Prozeßkosten verrechnet werden können und daß mit 80 % der (kostenmäßig unbedeutenden) Prozesse lediglich 20 % der Prozeßkosten abgedeckt werden. Diese kostenmäßig weniger ins Gewicht fallenden Prozesse können ohne Not auch bei Anwendung der Prozeßkostenrechnung weiter über Zuschläge verrechnet werden.

Jede Prozeßkostenrechnung ist so gut wie die Verrechnungsregeln, die in den Prozeßschemata hinterlegt sind. Da die ereignis-, nicht produktmengenbezogenen Prozeßkosten nur indirekt mit der Produktion verbunden sind, kommt der Festlegung verursachungsgerechter Verrechnungsregeln die entscheidende Bedeutung zu. Während aus Arbeitsplan und Stückliste abzuleitende Rechenformeln (z.B. Einsatzmaterialmenge, Losgröße, Maschinenstunden etc.) noch einen, wenn auch indirekten Produkt- bzw. Fertigungsauftragsbezug haben, sind produktionsunabhängige Rechenformeln (z.B. Materialbeschaffung und -lagerung, Fabrikatelagerung und Versand, lebenszyklusbezogene Prozesse) bezogen auf die Produktkalkulation weit schwieriger festzulegen.

Die Auswahl der abzurechnenden Prozesse richtet sich einerseits nach den Erfordernissen einer verursachungsgerechten Kalkulation der Produkte mit Ausweis der „richtig" zugerechneten Komplexitätskosten. Andererseits wird mit der Prozeßkostenrechnung das Ziel verfolgt, gleichartige Prozesse, die an unterschiedlichen Standorten geleistet werden, zu vergleichen (Geschäftsprozeßoptimierung/Benchmarking). Es geht in diesem Fall nicht in erster Linie um die verursachungsgerechte Verrechnung von Prozeßkosten, sondern um ihre Rationalisierung bzw. Eliminierung.

Die richtige Auswahl von Prozessen für Rationalisierungszwecke kann (wird) eine von der Kostenrechnungsaufgabe abweichende Sicht bei der Prozeßgliederung erfordern. Beide Aufgaben der Prozeßkostenrechnung in Einklang zu bringen, stellt eine Herausforderung dar, die es zu meistern gilt.

## 4.3 Nutzen

Der Nutzen der Prozeßkostenrechnung gliedert sich in die Nutzenarten materieller und immaterieller Nutzen.

Das von der Prozeßkostenrechnung aufgezeigte und durch die Ergreifung von Maßnahmen realisierte Rationalisierungspotential an Ressourcen und Kosten stellt den materiellen Nutzen dar. Dieser Nutzen ist nicht allein der Prozeßkostenrechnung zuzuschreiben, sondern ist, ausgelöst durch die Prozeßkostenrechnung, das Ergebnis von Reengineering Maßnahmen. Die Prozeßkostenrechnung ist hier integrierter Bestandteil der Geschäftsprozeßgestaltung (-optimierung). Fragen, wie

- Welcher Prozeß wird an welchem Standort (Brauerei) am kostengünstigsten geleistet (z.B. Reinigung, Umrüsten, Qualitätssicherung etc.) und warum?
- Welche Kosten können eingespart werden, wenn ein dezentraler Prozeß (z.B. Materialbeschaffung) zentralisiert wird?
- Welche Kosten können eingespart werden, wenn Funktionen (Teilprozesse) eines Prozesses (z.B. Rechnungsprüfung) eliminiert werden?

können hier beantwortet werden und führen zu Maßnahmen.

Die durch die Prozeßkostenrechnung verursachungsgerecht ermittelten Produktkosten stellen die „richtigen" Produktkosten dar und zeigen die produktspezifischen Komplexitätskosten nach wertschöpfenden (value added) und nicht zum Mehrwert beitragenden (non value added) Prozesse dar. Auf die Bedeutung der Ermittlung der „richtigen" Produktkosten für Fragen der Preis- und Sortimentspolitik soll hier nicht näher eingegangen werden. Sie stellen den immateriellen Nutzen der Management Information für strategische Überlegungen dar. Anders hingegen die in Richtung Target Costing tendierende Analyse der non value added Prozeßkosten. Hier werden den Prozessen Merkmale mitgegeben, die Auswertungen nach verschiedenen Kriterien zulassen. Ziel ist die Darstellung der den Produkten zugerechneten Prozesse nach dem Grad ihres Beitrags zur Wertschöpfung (extern/intern). Zur Wertschöpfung im weiteren Sinne zählen hier alle im Rahmen des Supply Chain (von der Beschaffung über die Produktion bis hin zur Lieferung an den Kunden) notwendigen Prozesse. Ziel ist es, alle Prozesse, die nicht Supply Chain-bezogen sind, in Frage zu stellen. Gefordert sind hier neben der Geschäftsprozeßgestaltung besonders die Konstruktion und Entwicklung (Reduktion der Komplexität von Produkten und Fertigungsverfahren, Normierung/Standardisierung von Zukaufteilen, Teilen und Baugruppen). Die konstruktionsbegleitende Bezugsgrößenkalkulation mit Prozeßkosten beeinflußt hier bereits vor der Fertigungsreife des Produktes seine späteren Herstellkosten.

# Literaturverzeichnis

[1] CAM-I: Cost Management for Today's Advanced Manufacturing, Harvard Business School Press, Boston 1988.

[2] Vgl. Cooper, R., Kaplan, S.: Measure Costs Right: Make the Right Decision, Harvard Business Review 1988 Sept./Oct., S. 96 - 103.

[3] Vgl. Mayer, R.: Prozeßkostenrechnung und Prozeßkostenmanagement: Konzept, Vorgehensweise und Einsatzmöglichkeiten, Prozeßkostenmanagement, Hrsg. IFUA Harvath & Partner GmbH Stuttgart 1991.

[4] Vgl. Kilger, W.: Flexible Plankostenrechnung und Deckungsbeitragsrechnung, 10. vollständig überarbeitete und erweiterte Auflage, Gabler: Wiesbaden 1993, S. 101 - 108.

[5] Vgl. Herzog, E.: Geschäftsprozeßbezogenes Activity Based Costing im Integrationsmodell - ein deutsch-amerikanisches Entwicklungsprojekt, Rechnungswesen und EDV, 15. Saarbrücker Arbeitstagung, Hrsg. A.-W. Scheer, Heidelberg 1994, S. 391 - 405.

[6] Vgl. Bittner, P.: Prozeßkostenrechnung im R/3, SAP INFO Entwicklung und Technologie Nr. 53, SAP AG, Walldorf März 1997, S. 10-11.

# Trends und neue Entwicklungen auf dem Gebiet des Controlling

Prof. Dr. Kurt Vikas,
Karl-Franzen-Universität, Graz

## Inhalt



18. Saarbrücker Arbeitstagung für Industrie, Dienstleistung und Verwaltung 1997. Hrsg.: A.-W. Scheer.

# 1 Rückblick und Zielsetzung

## 1.1 Ausgangslage im Vorjahr

Seit es die in Saarbrücken inzwischen bewährte Form des Tutoriums zur jeweiligen Arbeitstagung gibt, wird an dieser Stelle über die bereits erkennbaren Trends und neueren Entwicklungen des Kosten- und Deckungsbeitragsmanagements berichtet. Der erste Beitrag wurde im Jahre 1993 veröffentlicht [1]. Durch die konsequente Beibehaltung der Gliederung und die regelmäßige Gegenüberstellung von Prognose und eingetretener Wirklichkeit bildet diese Serie einen kontinuierlichen Einblick in die Entwicklung und Verbreitung betriebswirtschaftlicher Erkenntnisse. Zu den Quellen der Beiträge zählen einerseits allgemein zugängliche Informationen wie Veröffentlichungen, Kongresse und Tagungen, andererseits internationale Projekterfahrungen der Beratungsgruppe Plaut.

Im vergangenen Jahr wurden die aktuellen Trends vor allem auf folgenden Gebieten geortet [2]:

**Nutzenbetrachtung**

Ganz massiv steht immer noch bei allen Entscheidungen der damit zu erzielende Nutzen im Vordergrund. Das Schlagwort vom „shareholder value" wird extrem strapaziert und führt häufig zu einer kurzfristigen, rein monetären Betrachtungsweise, bei der soziale und volkswirtschaftliche Belange zurückgedrängt werden. Die langfristige Strategie bleibt dabei auf der Strecke, jedoch nur diese gewährleistet auf Dauer hohe Erträge und Existenzsicherung. „Wenn Unternehmen nur bestrebt sind, ständig effektiver zu produzieren, geraten sie in die Strudel eines zerstörerischen Wettbewerbs. Zum Erfolg gehört mehr" [3]. Der strategische Nutzen eines Controllers der Zukunft besteht darin, auf diese Gefahren aufmerksam zu machen.

**Strategisches Controlling**

Die kurzfristigen, der Willkür des Kalenders unterworfenen Controllingaktivitäten (Jahresplanung, Monatsberichterstattung etc.) verlieren an Bedeutung. Life-Cycle-Betrachtungen unter Berücksichtigung der Entwicklungs- und Markteinführungsprozesse entscheiden bei den veränderten Kostenstrukturen – hoher Automatisierungsgrad, hohe Fixkostenbelastung, geringe Flexibilität – über die langfristige Existenzsicherung eines Unternehmens.

**Prozeßorientiertes Controlling**

Die Integration der Controlling-Funktionen in den jeweiligen Geschäftsprozeß, die Übernahme dieser Funktionen durch den jeweiligen Manager oder process owner ist weiter fortgeschritten. Im Vordergrund steht der Gedanke, daß nur zum Zeitpunkt der Entscheidung die damit verbundenen Folgen noch beeinflußt werden können. Daher sind hier die entsprechenden Informationen notwendig. Ein nachträglicher periodi scher Ergebnisausweis kann bereits eingetretene Fehlentwicklungen nicht mehr verhindern.

**Controlling-Kriterien**

Der Controlling-Roentgenschirm zur prozeßorientierten Steuerung der vielfältigen Controlling-Kriterien in Verbindung mit den dazugehörigen Controlling-Areas hat sich in der Praxis in zahlreichen Projekten der Geschäftsprozeßgestaltung bewährt (vgl. Abb.1).

| Controlling-Kriterien | Controlling-Areas |
|---|---|
| Mengen | Abwicklungs-Controlling |
| Ressourcen | Effizienz-Controlling |
| Preise / Kosten | Ergebnis-Controlling |
| Zeiten | Termin-Controlling |
| Qualität | Qualitäts-Controlling |

**Abb. 1: Controlling-Kriterien mit entsprechenden Controlling-Areas**

**Berichtswesen, EIS**

Die Fülle an Informationen, über die ein Manager durch die Entwicklung der Medienvielfalt und der Leistungsfähigkeit computergestützter Systeme heute verfügen kann, stellt eine große Herausforderung dar. Immer wichtiger wird es, die verfügbare Informationsflut zu kanalisieren und die für die Steuerung der Geschäftsprozesse relevanten Daten in geeigneter Form aufzubereiten. Der Phantasie sind dabei keine Grenzen gesetzt, wie Beispiele aus der Praxis (Flugzeugcockpit für den Manager von Morgen) bereits erkennen lassen.

**Foreward Controlling**

Immer mehr gewinnt für das Controlling der häufig von Mellerowicz zitierte Spruch an Bedeutung: „Was gewesen ist, ist vorbei". Zukunftsorientierung und Maßnahmenorientierung lösen retrospektive Analysen und Schuldzuweisungen ab.

Ein Blick auf das Programm dieser Tagung (Saarbrücker Arbeitstagung 1997) zeigt, daß eine Reihe von Beiträgen auf die im Vorjahr dargestellten Trends Bezug nehmen.

## 1.2 Aktuelle Trends

Bei laufenden Projekten und neuen Vorhaben wird die Diskussion derzeit von Ereignissen dominiert, die für alle Unternehmen gleichermaßen durch externe, unbeeinflußbare Faktoren bestimmt werden, nämlich der nahende Eintritt des Millenniums mit seinen Auswirkungen auf die Datumsfelder der alten DV-Programme und die inzwischen absehbare Einführung einer Europawährung in Form des Euro. Die damit verbundenen eher technisch-/organisatorischen Herausforderungen prägen die meisten laufenden und geplanten Projekte.

Neben diesen eher technischen Vorhaben ist festzustellen, daß für den Controller besonders Begriffe wie „Verhaltensorientierung" und „ Change Management" an Bedeutung gewinnen. Die Umsetzung von für richtig erkannten Maßnahmen mit den betroffenen Managern, die Motivation, die Wissensvermittlung und letztlich die gemeinsame Sprache, erfordern bei allen Betroffenen einen „Change Mind", der einige Mühe erfordert. So werden auch in Ausbildungsveranstaltungen die Controller in das prozeßorientierte Management und die Manager in ihre Controllingfunktionen einzuführen sein.

Auf diese Weise geht das Controlling seinen Weg weiter, es wird voll in die Geschäftsprozesse integriert und daher auch stark nach den branchenspezifischen Anforderungen gestaltet. Was muß unter diesen Rahmenbedingungen der Controller seinen „Kunden" bieten? Er muß über einen Werkzeugkasten verfügen, der – wie auch die aktuelle Produktpalette eines Beratungshauses - aus mehreren Fächern besteht:

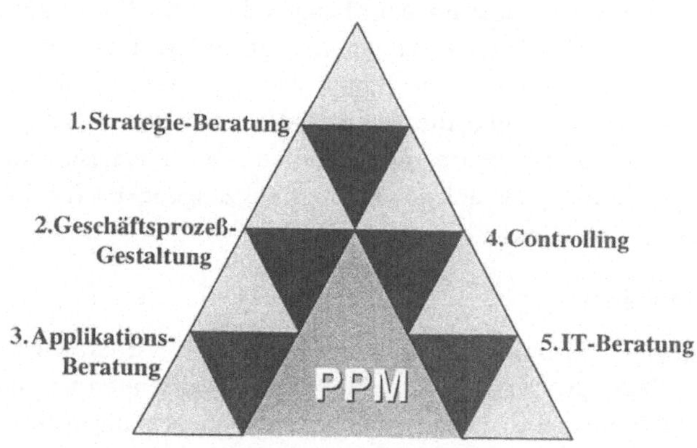


**Abb. 2: Produktlinien eines Beratungshauses (Plaut International Management Consultancy)**

Die Tätigkeitsschwerpunkte der Zukunft liegen auf dem Gebiet der Strategie in Verbindung mit Packages, und zwar produktlinien- und branchenübergreifend. Aus der Fülle dieser Entwicklungen greifen wir nun einige Fallbeispiele aus der Projektarbeit heraus:

# 2 Organisatorische Entwicklungen

## 2.1 Verhaltensorientiertes Controlling

Neben klassischen Rechnungszwecken wie der Entscheidungsfundierung werden in Literatur und Praxis zunehmend Ansatzmöglichkeiten zur Verhaltenssteuerung in dezentralisierten Unternehmen als Aufgabenstellung der Kostenrechnung untersucht [4]. Anders als im Fall einer reinen Entscheidungsorientierung werden hierbei asymmetrische Informationsverteilungen und Interessensunterschiede zwischen den einzelnen Entscheidungsträgern im Unternehmen wie Gesamtvorstand und Bereichsmanagement allen Überlegungen explizit vorangestellt.

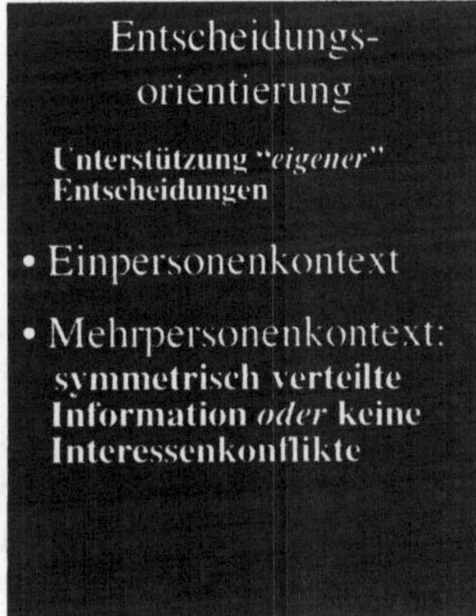

**Abb. 3: Gegenüberstellung von Entscheidungs- und Verhaltensorientierung [5]**

Die Kostenrechnung sieht sich hierbei vor anders gelagerte Anforderungen als im reinen Entscheidungszusammenhang gestellt. So kommt es weniger auf Exaktheit und Differenziertheit der zugrunde gelegten Erfolgsmaßstäbe als auf deren Verständlichkeit, Meßbarkeit und Manipulationssicherheit an. In vielen Fällen können Kennzahlen eine geeignete Beurteilungsbasis sein. Neben wertbezogenen Größen kommen hierfür auch mengen- und zeitbezogene Maßstäbe in Frage.

Ein wichtiger Anwendungsfall für das verhaltensorientierte Controlling ist in der Festlegung der Höhe innerbetrieblicher bzw. konzernaler Transferpreise zu sehen. Durch Einflußnahme auf die Preissetzung bei innerkonzernalen Warenbewegungen ist es der Zentrale möglich, durch systematische Verzerrung der Entscheidungsgrundlagen der Bereichsverantwortlichen verhaltenssteuernde Effekte im jeweils gewünschten Sinne auszulösen [5]. Praktische Erfahrungen zeigen jedoch auch, daß aus vorhandenen Informationsdefiziten der Geschäftsleitung in diesem Zusammenhang nicht unerhebliche Risiken im Hinblick auf die gewünschten Verhaltenswirkungen resultieren.

## 2.2 Prozeßorientiertes Controlling

Auf dem Weg zur Prozeßorientierung des Controlling geht es zunächst um die optimale Gestaltung der Geschäftsprozesse, das heißt von der Analyse der Istprozesse über branchenspezifische Referenzprozesse zum Planprozeß. Angewandtes Prozeßkostenmanagement leitet unter Berücksichtigung gemessener Outputdaten zum Sollprozeß und Sollressourcenverbrauch über. Damit können die Ergebnisse der Optimierungsmaßnahmen dynamisch unter Kontrolle gehalten werden. Diese Prozeßsicht umfaßt die gesamte logistische Kette (supply chain) [6], wobei die aktuellsten Ansätze sogar branchenübergreifend von der industriellen Erzeugung über Handels- und Transportaktivitäten bis zur Finanzierung reichen.

Am Beispiel des Geschäftsprozesses „Abwicklung von Lageraufträgen" der Branche „Industrielle Serienfertigung" werden in der folgenden Abbildung die Objekte des Ergebnis-Controlling beispielhaft dargestellt:

Von den fünf Controlling-Kriterien wurde hier das Ergebnis-Controlling für die Kriterien der Preise und Kosten, also die klassische Wertsphäre, ausgewählt. Die vom Controlling zu beachtenden Objekte sind hier den einzelnen Teilprozessen – von der Erstellung der Jahresplanung bis zur Bearbeitung von Ausschuß – zugeordnet. So stehen z.B. bei der Ausschußbearbeitung neben den Plan- und Istkosten für Ausschuß auch die Prozeßkosten für die Ausschußabwicklung im Blickpunkt eines umfassenden Ergebnis-Controlling, während die Maßnahmen zur Ausschußminimierung im Rahmen des Qualitäts-Controlling mit Kennzahlen und Quoten angesiedelt werden.

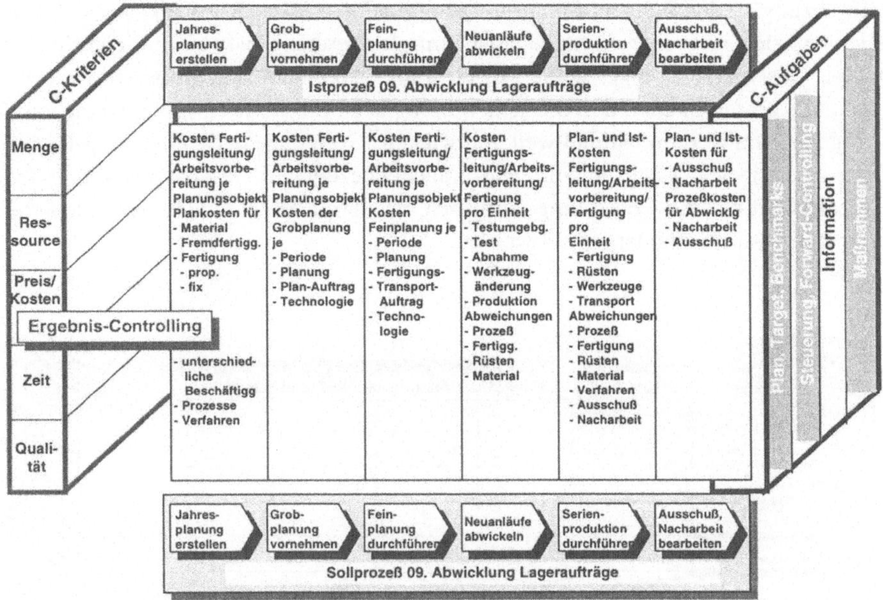


**Abb. 4: Objekte des Ergebnis-Controlling im Geschäftsprozeß „Abwicklung Lageraufträge“**

## 2.3 Branchenorientiertes Controlling

Trotz der unbestrittenen Vorteile, die in einer branchenübergreifenden Übernahme von Controllingkonzepten und zugehörigen Software-Systemen liegen, besitzen viele Branchen Besonderheiten, die einer Berücksichtigung bedürfen, wenn über die Einführung eines Controlling zu entscheiden ist. Mit dem Angebot von sog. „Industry Solutions“ trägt der weltweit führende Hersteller betriebswirtschaftlicher Anwendungssoftware, die SAP AG, diesem Umstand von der Systemseite her Rechnung. Die Industry Solutions verstehen sich sowohl als Adaptierungen als auch als Ergänzungen des im Standard zu Verfügung stehenden Funktionsumfangs. Wichtige Beispiele sind die Solutions für die Bereiche

- Banken (IS-Bank),
- Handel (IS-Retail),
- Krankenhaus (IS- Hospital),
- Verlagswesen (IS-Publishing Sector),
- Versicherungen ( IS-Insurance) und
- Zulieferindustrie (IS-Automotive).

In Ergänzung zu den Industry Solutions bietet Plaut die „BranchenPackages" an. Diese stellen speziell auf eine Branche abgestimmte Beratungspakete mit den Schwerpunkten Geschäftsprozeßgestaltung, Controlling, Applikationen, Informationstechnologie und Kommunikation dar. Sie stehen inzwischen für die wichtigsten Branchen zur Verfügung. und werden laufend weiterentwickelt. Grundlage der Controlling-Konzeptionen sind die von Plaut entworfenen branchenbezogenen Geschäftsprozeßmodelle, in denen nicht nur die Controlling-Aufgaben, sondern auch die wichtigsten branchenbezogenen Instrumente dargestellt werden.

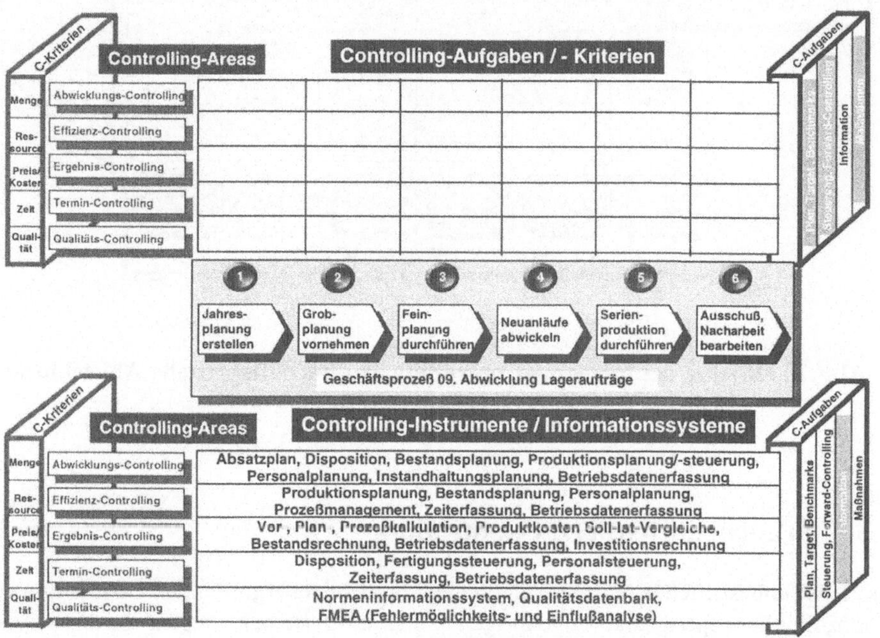


**Abb. 5: Basis-Struktur Controlling**

Wieder für den Geschäftsprozeß „Abwicklung von Lageraufträgen" aus der Branche „Industrielle Serienfertigung" wird auf die vielfältigen Datenquellen für die Erfüllung der Controlling-Aufgaben hingewiesen, die in einem umfassenden Controllingkonzept alle zu berücksichtigen sind.

## 2.4 Controller - Leitbild

Ein aktuelles „benchmark" für die festgestellten und prognostizierten Trends und Entwicklungen im Controlling steht seit kurzem in Form des „Controller-Leitbildes" der IGC - International Group of Controlling - [7] zur Verfügung.

**Controller leisten begleitenden betriebswirtschaftlichen Service für das Management zur zielorientierten Planung und Steuerung.**

- **Controller sorgen für Ergebnis-, Finanz-, Prozeß- und Strategietransparenz und tragen somit zu höherer Wirtschaftlichkeit bei.**
- **Controller koordinierenTeilziele und Teilpläne ganzheitlich und organisieren unternehmensübergreifend zukunftorientiertes Berichtswesen;**
- **Controller moderieren den Controlling-Prozeß so, daß jeder Entscheidungsträger zielorioentiert handeln kann.**
- **Controller sichern die dazu erforderlichen Daten- und Informationsversorgung.**
- **Controller gestalten und pflegen die Controllingsysteme.**

**Controller sind interne betriebswirtschaftliche Berater aller Entscheidungsträger und wirken als Navigator zur Zielerreichung.**

**Abb. 6: Controller - Leitbild des IGC [7]**

Als kleinster gemeinsamer Nenner aus vielfältigen Diskussionen hervorgegangen, zeigt dieses Leitbild die wesentlichen Anforderungen an den Controller und grenzt nochmals die in den Geschäftsprozessen integrierte Funktion des Controlling von der Person oder Organisationseinheit des Controllers ab.

## 2.5 Euro und Millennium – Zwang zur Lösung

Beide Ereignisse betreffen die betriebliche Ablauforganisation. Alle Prozesse sind dahingehend zu überprüfen, ob die eingesetzten Methoden, Verfahren und insbesondere DV-Programme diesen Anforderungen gewachsen sind. Vor zwei Gefahren muß gewarnt werden: Einmal wird in den genannten Zwängen nur eine lästige, unvermeidliche Verpflichtung gesehen, die möglichst rasch und billig erfüllt werden muß. Zum anderen setzt man vielfach zunächst auf Abwarten, läßt sich durch die Wechselbäder der Euro-Diskussion verunsichern, ohne rechtzeitig die erforderlichen Maßnahmen in Angriff zu nehmen. Bei ersterem vergibt man die Chance, im Zuge der Projektarbeit auch mögliche Nutzenpotentiale – sei es durch verbesserte Prozeßgestaltung oder höhere Controllingqualität - zu erzielen, bei letzterem wird der Umstellungsaufwand um so teuerer, je später damit begonnen wird. Dennoch ergeben Umfragen, daß erst ein relativ kleiner Teil der Unternehmen sich gezielt auf die Umstellungen vorbereitet.

Der Zeitplan für die Umstellung der Währung ist lang, jedoch können voraussichtlich ab 1.1.1999 alle Unternehmen in Beitrittsländern bereits in Euro bilanzieren und per 1.7.2002 werden die nationalen Währungen ihre Gültigkeit verlieren. Viele Bereiche und Prozesse im Unternehmen sind davon betroffen.

| | |
|---|---|
| Externes Rechnungswesen | Umstellen der Bücher auf EURO<br>Berichts-, Meldewesen u. Zahlungsverkehr anpassen |
| Controlling und internes Berichtswesen | Planungsaktivitäten auf den Umstellungstermin abstimmen, Umstellen von Aufträgen, Projekten und internen Verrechnungspreisen |
| Personalwesen | Lohn- und Gehaltsabrechnungssysteme umstellen<br>Reisekostenabrechnungssysteme umstellen |
| Steuern und Recht | Auswirkungen von gesetzlichen Maßnahmen im Steuer- und Abgabenbereich prüfen<br>Langfristige Verträge überprüfen |
| Beschaffung | Lieferanten umstellen (Konditionen, Bestellungen, etc.)<br>Artikelbewertung zu EK-Preisen abgestimmt umstellen |
| Vertrieb | Kalkulierte Verkaufspreise umstellen (Eckpreisrundung)<br>Kunden umstellen (Konditionen, Faktura, etc.)<br>Artikelbewertung zu VK-Preisen abgestimmt umstellen |

**Abb. 7: Betroffene Bereiche**

Neben den formalen Anforderungen, wie Verbuchung mehrerer Währungen, Konvertierungsmöglichkeiten mit Korrektur der Rundungsdifferenzen, Zahlungsverkehr in alternativen Währungen und automatischem Einbringen von gesetzlichen Sockel- und Festwerten kommen betriebswirtschaftliche Fragen auf: Für welche Steuerungsdaten werden Zeitraumvergleiche über den Umstellungszeitpunkt hinaus benötigt? In welcher Währung werden diese dargestellt? Auf welche betriebswirtschaftlichen Fragestellungen wirken sich stichtagsbezogene bzw. stichtagsübergreifende Instrumente aus?

| Stichtags- -übergreifende | Stichtags- -bezogene |
|---|---|
| Life Cycle Costing, Target Costing, Konstruktionsbegleitende Kalkulation, Projektabrechnung | Materialbestandsrechnung, Festpreisrechnung |
| Investitions- und Wirtschaftlichkeitsrechnung, Projektabrechnung | Produktkostenrechnung, Plan-, und Nachkalkulation, Herstellkosten-Soll-/ Istvergleich |
| Auftrags-Vorkalkulation, Projektabrechnung | Auftragserfolgsrechnung, Deckungsbeitragsrechnung |
| Projektcontrolling für Euro-Umstellung | Budgetierung, Soll-/ Istkostenvergleiche, Ergebnisrechnung |

**Abb. 8: Zeitlicher Bezug der Instrumente**

In jedem Fall sind die Aufgaben im Rahmen von internen Projekten zu lösen. Externe Beratungsunterstützung ist bei derart einmaligen Aufgaben sinnvoll. Ebenso ist die Problematik des Jahrtausendwechsels inzwischen in aller Munde. Experten behaupten, daß mit Ende 1997 noch keine 20% der Unternehmen fit für die Umstellung sein werden – und die Zeit drängt !

# 3 Methodische Entwicklungen

## 3.1 Globalisierung der Controllinginstrumente

International tätige Unternehmen – allen voran multinationale Großkonzerne, aber in zunehmenden Maße auch der Mittelstand – führen ihre Geschäfte unabhängig von nationalen und kontinentalen Grenzen. Die von diesen Unternehmen genutzten Entscheidungsunterstützungssysteme basieren jedoch bis auf wenige Ausnahmen noch auf den in den einzelnen Landesgesellschaften eingesetzten und auf deren Belange abgestimmten Controllinginstrumenten. Untersuchungen [8] zeigen, daß die Verwendung derartiger Daten bei gegenseitigen Liefer- und Leistungsbeziehungen zu krassen Fehlentscheidungen führen kann. Dies betrifft bspw. Entscheidungen über

- die Höhe von konzernintern zugrunde gelegten Verrechnungspreisen,
- die Fertigungstiefengestaltung bzw. Make-or-Buy oder
- Produktionsverlagerungen und Schließung von Standorten sowie die Herausnahme von Produkten aus dem Sortiment.

Aber auch die Nutzung handelsbilanzieller Spielräume bei der Bewertung von Warenbeständen erfordert Informationen, die aus auf einzelne Gesellschaften beschränkten Kostenrechnungen nicht zu gewinnen sind.

Kurz, Global Trade und Global Pricing erzwingen auch ein Global Costing und das dazu erforderliche Instrumentarium. Die Notwendigkeit einer Ergänzung der Kostenrechnung besteht vor allem im Bereich der Produktkalkulation. Bei entsprechend differenzierter Bewertung können die Verzerrungen in der Zuordnung zu Einzel- und Gemeinkosten auf nachgelagerten Fertigungsstufen vermieden werden.

| Geschäftsvorfälle (ABC-Konzern) | | | Artikelergebnisrechnung | isoliert | Gruppe |
|---|---|---|---|---|---|
| **Gesellschaft A** produziert | P1 | | | | |
| und verkauft | 120 | kg P1 | Umsatzerlöse (je kg) | 24.000 | 24.000 |
| zur Produktion von | 40 | kg P2 | variable Kosten | - 9.600 | -9.600 |
| an **B** für | 200 | DM je kg | Deckungsbeitrag | **14.400** | **14.400** |
| **Gesellschaft B** produziert | P2 | | Umsatzerlöse (je kg) | 32.000 | 32.000 |
| und verkauft | 40 | kg P2 | variable Bezugskosten | -24.000 | -9.600 |
| zur Produktion von | 100 | kg P3 | sonsige variable Kosten | -4.800 | -4.800 |
| an **C** für | 800 | DM je kg | Deckungsbeitrag | **3.200** | **17.600** |
| **Gesellschaft C** produziert | P3 | | Umsatzerlöse (je kg) | 60.000 | 60.000 |
| und verkauft | 100 | kg P3 | variable Konzernbezugskosten | -32.000 | -14.400 |
| an **Konzernfremde** | | | sonsige variable Kosten | -40.000 | -40.000 |
| für | 600 | DM je kg | Deckungsbeitrag | **-12.000** | **5.600** |

**Abb. 9: Kosten- und Erlösdifferenzierung bei Konzernlieferungen [9]**

Inzwischen wurde diese Notwendigkeit auch vom führenden Hersteller betriebswirtschaftlicher Anwendungssoftware, der SAP AG, erkannt. In Zusammenarbeit mit Plaut wurde eine Lösung auf Basis der Software R/3 entwickelt, die in Kürze zur Verfügung steht.

## 3.2 Unterstützung des Unternehmenscontrolling durch EIS

Die Vielfalt im Unternehmen vorhandener, häufig über verschiedene operative Systeme verteilter Datenbestände führt nicht selten zu der paradoxen Situation, daß Entscheidungsträger zwar prinzipiell über geeignete Informationen zur Entscheidungsunterstützung verfügen könnten, deren Verwendung jedoch aufgrund von Verfügbarkeitsproblemen wie mangelnder Aufbereitung oder schlicht der Unwissenheit über den Beschaffungsweg letztlich unterbleibt.

Executive Information Systems, kurz EIS, versprechen hier Abhilfe. Sie sind die Nachfolger der seit Ende der Sechziger Jahre diskutierten Management Information

Systems, einer Entwicklung, die vor allem an den damals noch unzureichenden Möglichkeiten der EDV scheiterte. Insofern besitzen EIS aus betriebswirtschaftlicher Sicht keinen echten Neuheitscharakter. Sie erlauben es, Entscheidungsträgern durch einfachen Aufbau, komfortable Benutzerführung und visuelle Aufbereitung der Daten mit der Möglichkeit zum „roll-up" und „drill-down" schnell an die für sie relevanten Informationen zu gelangen. Ein automatisiertes Exception Reporting, das den Anwender selbständig auf außergewöhnliche Strukturveränderungen in der Datenkonstellation hinweist sowie die Anbindung an ein leistungsfähiges Kommunikationssystem (Intranet) sind weitere Eigenschaften eines ausgebauten EIS. Idealerweise werden EIS hierzu nicht nur unternehmensinterne, sondern auch -externe Datenbestände verwalten.

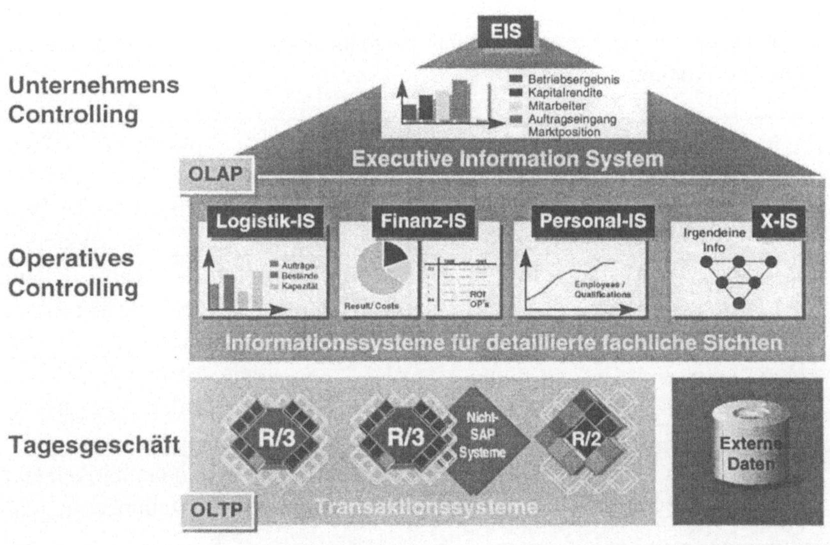


**Abb. 10: Integration eines EIS in die operativen Systeme**

Ergänzt um mächtige Werkzeuge zur Datenanalyse, Kennzahlenbildung, Trendextrapolation und zur automatisierten Erkennung verborgener Strukturen und Zusammenhänge (Data Mining), wie sie im Rahmen von Datawarehouses zur Verfügung stehen, können EIS entscheidend zum Abbau eines „Information Overload" [10] und zur Verbesserung der Entscheidungsqualität beitragen.

## 3.3 IV – Controlling

Die Bedeutung von IV-Leistungen für die Wirtschaft wird in den nächsten Jahren weiter wachsen. Sei es im eigenen IV-Bereich, sei es als outgesourcte Leistung professioneller Anbieter, immer werden die Aufgaben der Planung, Steuerung und Verrechnung von IV-Leistungen als komplexe Fragestellung im Raum stehen.

Auf der Basis der 4 Hauptaufgaben des IV-Controlling, wie sie im Vorjahr hier dargestellt wurden [2], nämlich

- die richtigen IV-Vorhaben genehmigen — Portfolio-Management
- den Erfolg der IV-Produkte darstellen — Produkt-Controlling
- die IV-Kosten richtig ermitteln und verrechnen und — Infrastruktur-Controlling
- die IV-Projekte richtig steuern — Projekt-Controlling

wurde für die einzelnen Aufgabengebiete folgende Bausteine und der damit verbundene Nutzen erarbeitet:

| Baustein | Nutzen |
|---|---|
| Sensibilisierung des Managements für die Möglichkeiten der IV | Verständnis wecken, wie das Unternehmen mit Hilfe der IV weiterentwickelt werden kann |
| Strategischer Abstimmprozeß | Projektdefinition als Ergebnis einer auf die Unternehmensstrategie abgestimmten IV-Strategie |
| Dezentrales Nutzen-Controlling | Ständige Überprüfung der Projektanforderungen auf Prozeßkonformität |
| Methoden zur Unterstützung der Entscheidungsfindung | Meßbarkeit von quantitativen und qualitativen Beurteilungskriterien |

**Abb. 11: Portfolio-Management**

| Baustein | Nutzen |
|---|---|
| IV-Produktkatalog mit Service Level Agreements | Umorientierung des IV-Bereichs zum Dienstleister mit eigener Unternehmenskultur |
| Kostenstellenstrukturierung und Planung auf Basis leistungsorientierter Bezugsgrößen | Meßbarkeit der wirtschaftlichen Arbeitsweise von zusammengehörigen IV-Einheiten |
| Dezentrales Nutzen-Controlling | Ständige Überprüfung der IV-Produkte auf Prozeßkonformität |
| Abgestimmtes Berichtswesen mit Kennzahlensystem | Meßbarkeit von Zielen und Möglichkeit zum Zeit- und Unternehmensvergleich |

**Abb. 12: Produkt - und Infrastruktur - Controlling**

| Baustein | Nutzen |
|---|---|
| Einbindung des IV-Controlling in das Projekt-Controlling | Frühwarnsystem im Projekt-Controlling, Sicherstellung des Multiprojekt-Controlling |
| Projekt-Controlling durch den Projektleiter | Klare Verantwortlichkeiten für die Zielerreichung: Funktionalität, Qualität, Termine, Kosten |
| Abgestimmtes und integriertes Berichtswesen | Meßbarkeit von Zielen und Möglichkeit zum bewerteten Plan-/Istvergleich |

**Abb. 13: Projekt - Controlling**

# 4 Branchenbezogene Entwicklungen

## 4.1 Controlling in Telekommunikationsunternehmen

Die Wachstumsbranche der nächsten Jahre schlechthin, die Telekommunikation und alle damit eng zusammenhängenden Branchen, befinden sich derzeit in einem unglaublichen Aufschwung. Die komplexen technischen Voraussetzungen zu lösen, ist das eine Problem, das andere besteht darin, die administrativen und kommerziellen Verpflichtungen eines Unternehmens, wie Rechnungslegung an die Kunden, an die Eigentümer, an die Behörden etc. in den Griff zu bekommen. Nach und nach treten nun auch erste Controlling-Anliegen auf. Dazu müssen zunächst die branchenspezifischen Geschäftsprozesse modelliert werden, um danach die ersten Fragen einer verursachungsgerechten Kostenzuordnung der eingesetzten Ressourcen für Hard- und Software, Satellitennutzung und Internet einer befriedigenden Lösung zuzuführen. Erste Konzepte liegen bereits vor.

## 4.2 Controlling in Non-Profit-Unternehmen

Rückläufiges Spendenvolumen und stagnierende Mitgliedsbeiträge zwingen die großen Non-Profit-Unternehmen – bis hin zu den staatlich anerkannten Religionsgemeinschaften – über geeignete Controllingsysteme nachzudenken. Damit verbinden sich in der Regel zwei Zielsetzungen: Einmal müssen zur Rechtfertigung für ein Ansuchen um Zuschüsse von staatlichen Stellen eindeutige und zweifelsfreie Zahlen zur Verfügung stehen, andererseits kann mit transparenten Kosten- und Ertragszahlen auch die Wirtschaftlichkeit von Maßnahmen verbessert oder deren Untragbarkeit nachgewiesen werden. So werden in einer Reihe von Projekten die Grundlagen für die Planung und Steuerung von Altenheimen, Erste Hilfe Organisationen, Freizeitbetreuungseinrichtungen etc. geschaffen. Die dabei entwickelten Konzepte wie auch die eingesetzten Systeme sind aus den bisherigen Erfahrungen des Controlling im Dienstleistungsbereich abgeleitet.

## 4.3 Controlling im Handel

Anhaltende Nachfrageschwäche und sinkende Margen erfordern im Handel Umdenken und neue Konzepte. Dies gilt auch für das Controlling sowie hieran angrenzende Managementbereiche. Ein wichtiger Ansatzpunkte ist in der Auswertung der Verkaufsdaten zu sehen, da diese inzwischen ganz überwiegend durch die breite Präsenz edv-gestützter Warenwirtschaftssysteme in hoher Differenziertheit zur Verfügung stehen. Auf dieser Basis können nicht nur Erlös- und Kostenanalysen zur Sortimentsoptimierung durchgeführt werden; im Rahmen von Database-Marketing-Ansätzen sind vielfältige Analysen von Kundenwünschen im Hinblick auf nicht ohne weiteres erkennbare Verbundeffekte möglich [11].

**Abb. 14: Veränderungen der Logistikkette durch ECR [12]**

Über die Unternehmensgrenzen hinaus greift das Konzept der „Efficient Consumer Response“: über die Weitergabe der Absatzdaten vom Handel an die Lieferanten ist im Idealfall eine Rückwärtsintegration mit allen damit verbunden Vorteilen möglich. Die Hersteller können so nicht nur die kurzfristige Artikeldisposition optimieren, sondern auch Produktentwicklungen besser auf die Abnehmerwünsche abstimmen. Gleichzeitig profitiert der Handel von hoher Produktverfügbarkeit bei drastisch reduzierten Lagerbeständen und der Möglichkeit zu verbessertem Kundenservice.

## 4.4 Controlling in Energie- und Versorgungsunternehmen

Durch politische Entscheidungen im Rahmen der EU werden die Geschäftsfelder der Energieversorgungsunternehmen sukzessive aus dem heutigen Monopolstatus in einen liberalisierten Markt zu überführen sein. Dabei werden für die Geschäftsprozesse der Energieerzeugung, der Energieübertragung und der Energieverteilung, die sich heute häufig in einer Hand befinden, im sogenannten „unbundling“ unabhängige Bereiche mit klar abgegrenztem Ergebnisausweis im Rechnungswesen gefordert. Jede Quersubvention wird verboten sein, der Netzzutritt wird auch Dritten offen stehen.

Innerhalb dieser Netznutzung wird es verschiedene Tarife geben, wie

- Netzzutrittspreis
- Netznutzungspreis
- Netzdienstleistungspreis
- Verrechnungspreis
- Preis für die Ausgleichsversorgung

Die Zuordnung der relevanten Kosten zu diesen fünf Kostenträgergruppen, die auch noch von einem staatlichen Regulierer auf Angemessenheit überprüft werden muß, gehört zu den großen Herausforderungen für den Controller in diesem Bereich.

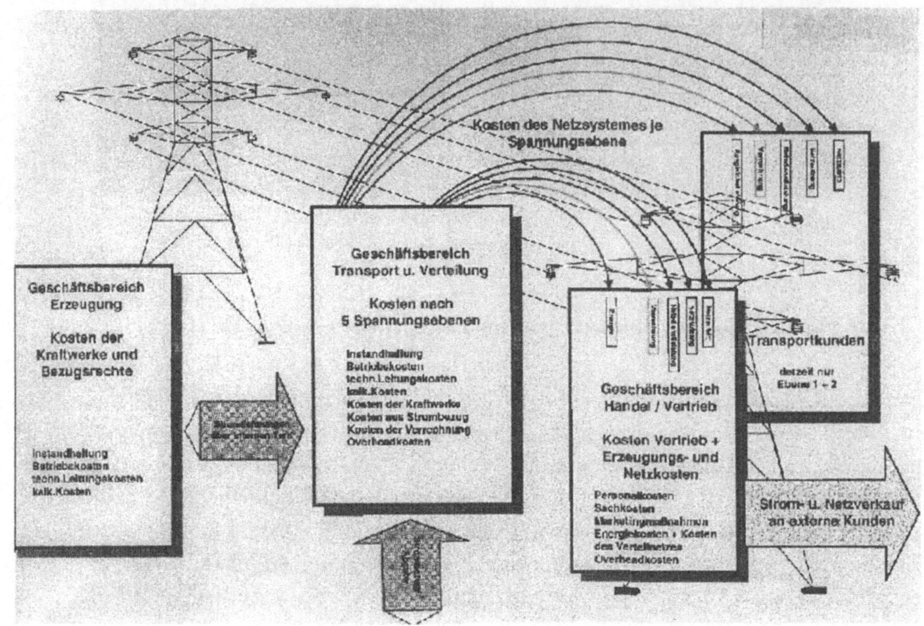


**Abb. 15: Kostenverrechnung im Netzsystem**

# 5 Zusammenfassung und Ausblick

Wenn auch in den nächsten Jahren zwangsläufig zunächst die organisatorischen Herausforderungen (Euro, Millennium) gelöst werden müssen, sollte immer der Kopf für die strategischen Weichenstellungen frei bleiben. Betrachten wir die technischen Aufgaben als willkommenen Anlaß, die Voraussetzungen für ein schlankes, effizientes, transparentes und von allen Partnern im Management getragenes Controlling zu schaffen. Es gibt viel zu tun - packen wir es an !

# Literaturverzeichnis

[1] Vgl. Vikas, K., Trends und neue Verfahren im Kostenmanagement, in: Scheer, A.-W. (Hrsg.), Rechnungswesen und EDV, 14. Saarbrücker Arbeitstagung, Heidelberg 1993, S. 279-314.

[2] Vgl. Vikas, K., Trends und neue Entwicklungen im Kosten- und Deckungsbeitragsmanagement, in: Scheer, A.-W. (Hrsg.), Rechnungswesen und EDV, 17. Saarbrücker Arbeitstagung, Heidelberg 1996, S. 121-136.

[3] Vgl. Porter. E. M., Nur Strategie sichert auf Dauer hohe Erträge, in: Harvard Business Manager 3/1997, S. 42-58.

[4] Vgl. nur jüngst Weber, J., Selektives Rechnungswesen – Schlankes Controlling durch selektive Führungsinformationen, in krp 40 (1996), S. 197-201 oder Pfaff, D., Kostenrechnung als Instrument der Entscheidungssteuerung – Chancen und Probleme, in: krp 40 (1996), S. 151-156.

[5] Vgl. Wagenhofer, A., Verrechnungspreise zur Verhaltenssteuerung in dezentralen Unternehmen, in: krp 39 (1995), S. 269-275.

[6] Vgl. bspw. Turner, J.R., Girgnhuber, V, Was verbirgt sich hinter „Supply Chain Management"?, in: Logistik im Unternehmen 10 (1996), S. 80f.

[7] Vgl. Deyhle, A., Controllership versus Controlling, in: Controlling, 3/1997, S. 183; Deyhle, A., Controller Handbuch, 4. überarbeitete Auflage, Wörthsee 1996, in 5 Bänden und mit CD-ROM.

[8] Vgl. Müller, H., Konzern-Kostenrechnung, in: Rechnungswesen und EDV, 16. Saarbrücker Arbeitstagung 1995, hrsg. von A.-W. Scheer, Heidelberg, S. 193-231.

[9] Nach Küting, K., Rechnungslegung im Konzern, in: Tagungsunterlagen zur Plaut-Fachkonferenz „Neue Wege des Kostenmanagements im Konzern, Frankfurt im Juni 1997.

[10] Vgl. bspw. Ackoff, R.L., Management Misinformation Systems, in: Management Science 13 (1967), S. 147-156.

[11] Vgl. bspw. Hoffmann, W., Kusterer, F., Handels-Controlling auf Basis eines Datawarehouse und OLAP, in: Controlling 9 (1997), S. 46-53.

[12] Vgl. von der Heydt, A., Efficient Consumer Response, zitiert nach: Becker, C., Die Kundenschiene, in: Manager Magazin, Juni 1997, S. 120-128, S. 122.

# Ausrichtung des Controlling auf interne Märkte

## Internes Marketing als neue Aufgabe der Controller

Prof. Dr. Jürgen Weber
WHU Koblenz – Otto Beisheim Hochschule –, Vallendar;
CTcon Consulting & Training im Controlling GmbH, Vallendar

## Inhalt



18. Saarbrücker Arbeitstagung für Industrie, Dienstleistung und Verwaltung 1997. Hrsg.: A.-W. Scheer.

# 1 Kunden- und Wettbwerbsorientierung: Eine Herausforderung für Controller

Controller sind in den Unternehmen seit vielen Jahren bewährte Dienstleister des Managements. Sie sorgen für Ergebnistransparenz, unterstützen die Linie in der Planung, sorgen für ein ständiges Lernen aus Abweichungsanalysen und wirken projektbezogen als interne Unternehmensberater. Dennoch ist der Berufsstand in der letzten Zeit unter Druck geraten. Wenn das ganze Unternehmen schlanker werden muß, bleibt kein Bereich ausgespart – auch das Controlling nicht! In einer solchen Situation ist es naheliegend, zunächst nach Defizitbereichen zu suchen, die dann als Begründung im Abbauprozeß verwendet werden können: Everybody´s Darling ist kein Kandidat für Restrukturierungsmaßnahmen, eher der, der seine Hausaufgaben nicht gut gemacht hat!

Ein zentraler derartiger Defizitbereich fällt schnell ins Auge: Controller richten ihren Blick nur selten aus dem Unternehmen hinaus, berücksichtigen nur unzureichend die Unternehmensumwelt. Ihr Fokus liegt auf internen Prozessen, dort schwerpunktmäßig auf der Produktion. Sollkosten, Verbrauchsabweichungen, Sekundärkostenverrechnung – das ist die Welt der Controller. Die Markt- und Kundenseite wird dem Marketing und Vertrieb überlassen. Controller haben dort – wenn sie sich in dieses Terrain vorwagen – häufig einen schweren Stand. Ein anderer Defizitbereich knüpft eng daran an: Die Ferne von Wettbewerbs- und Kundenfragen erstreckt sich auch auf die interne Aufstellung des Controlling: Das Denken in internen Kunden-Lieferanten-Beziehungen, das ständige Überlegen, ob die Leistungen noch genug „value for money" stiften, das permanente Suchen nach neuen Lösungen und neuen Kunden, das Hinterfragen, ob nicht andere im oder außerhalb des Unternehmens einige Controllerleistungen besser und/oder billiger erstellen können, ist für Controller in den meisten Unternehmen weitgehend fremd. Obwohl sie das Wort des Altmeisters Albrecht Deyhle vom „Zahlenverkäufer" häufig in den Mund nehmen, spricht die Realität zumeist eine andere Sprache.

Kunden- und Wettbewerbsorientierung – nach innen wie nach außen – bildet deshalb in mehrfacher Hinsicht eine aktuelle, bedeutsame Herausforderung für das Controlling. Um dieser Herausforderung willen ist in einem Band der am Lehrstuhl herausgegebenen Schriftenreihe („Marktorientiertes Controlling") ein Drei-Stufen-Programm vorgeschlagen worden, das die Abbildung 1 zeigt. Von diesen drei Stufen sei im folgenden die erste näher betrachtet. Für die beiden anderen wird auf die angesprochene Quelle verwiesen.

## 2 Der Weg zu einer internen Marktorientierung

Das Problem, das uns hier beschäftigt, hat seine Wurzel letztlich darin, daß Controller durch eine Organisationsentscheidung ins Unternehmen gekommen sind, nicht durch die direkte Nachfrage vieler einzelner interner Kunden (Führungskräfte). Die Controllerbereiche sind hierarchie-, nicht marktbestimmt. Aufgaben wurden und werden eher verordnet als verhandelt. In den meisten Fällen macht es deshalb Sinn, das bestehende Leistungsprogramm des Controlling in einem ersten Schritt kritisch zu überprüfen. Hilfreiche Fragen hierfür sind u.a.

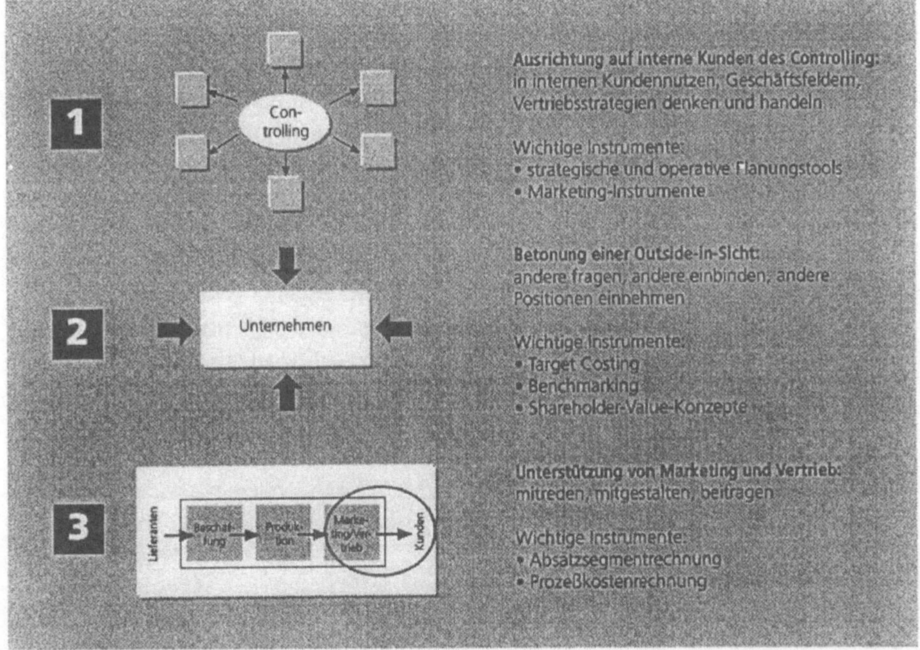


**Abb. 1: Das „Drei-Stufen-Programm“ zur Marktorientierung des Controlling**

- Seit wann werden die einzelnen Leistungen unverändert bereitgestellt (z.B. der monatliche Kostenstellenbericht)?
  Sie werden feststellen, daß die Erneuerungsrate der Controller-Produkte um Größenordnungen hinter der Erneuerungsrate des Absatzprogramms Ihres Unternehmens zurückbleibt!
- Wann wurden Inhalt, Umfang und Häufigkeit (z.B. wöchentlich oder nur monatlich) der Leistungen das letzte Mal von den Controllern selbst überprüft? Wer kennt nicht die Zahlenberge und -gräber, die Berichte, die über die Zeit hinweg immer länger geworden sind? Sie zeigen, daß hier in der Unternehmenspraxis häufig ein erheblicher Handlungsbedarf besteht.

- Wann wurden Inhalt, Umfang und Leistungshäufigkeit zuletzt mit den Empfängern der Leistungen detailliert durchgesprochen?
  Sie werden feststellen, daß solche Absprachen bei einigen Leistungen gänzlich fehlen!
- Wie verteilt sich das Zeitbudget der Controller auf die unterschiedlichen Leistungen?
  Häufig wird bei solchen Überlegungen das Ergebnis herauskommen, daß viel zu viel Zeit für reine Datenerfassung und -aufbereitung verwendet werden muß, daß Kapazitäten für das Arbeiten mit den Zahlen und ebenso für interne Beratung des Managements fehlen.
- Wann sind zum letzten Mal die „Produktionsverfahren" der einzelnen Controller-Leistungen überprüft worden?
  Auch hier wird es in vielen Unternehmen einiges zu tun geben. Wir haben in einem Arbeitskreis Benchmarking Controlling u.a. die Genehmigung von Investitionen untersucht. In einem Unternehmen konnten diverse Mannmonate dadurch eingespart werden, daß unnötige Schleifen im Bearbeitungsprozeß durch entsprechende organisatorische Maßnahmen beseitigt wurden – selbstverständlich ohne Qualitätseinbußen!

Fragen dieser Art können die Controller noch aus dem eigenen Bereich heraus beantworten – und sollten es konsequent tun! Im nächsten, anschließenden Schritt müssen dann die Führungskräfte – als Kunden der Controller – direkt befragt werden. Es gilt dabei die (Hypo-)These: Wüßten die Manager, wie teuer einzelne Leistungen der Controller sind, würden sie auf viele lieber heute als morgen verzichten! Natürlich ist nicht jedes Urteil des Kunden gleich und kritiklos in Maßnahmen umzusetzen: Manchem Kostenstellenleiter käme es ohne Zweifel sehr gelegen, bekäme er nicht mehr monatlich den Spiegel des Kostenstellenberichts vorgehalten. Dennoch macht es umgekehrt auch keinen Sinn, den Managern jedes Recht auf Nutzen-Kosten-Betrachtungen der Controllerleistungen abzusprechen!

Die Einbeziehung der Manager in die Bestimmung der Controllingleistungen wird automatisch zu Bereinigungen des „Produktprogramms" führen. Was liegt näher, als sich über neue Produkte und/oder neue Kunden Gedanken zu machen? Für einen ersten Einstieg eignet sich sehr gut eine matrixförmige Gegenüberstellung, die aus der Strategischen Geschäftsfeldplanung heraus bekannt ist. In der Abbildung 2 sind einige Angaben beispielhaft aufgeführt. Allein das durch diese – zugegebenermaßen relativ grobe – Strukturierung erzwungene systematische Vorgehen eröffnet unserer Erfahrung nach erhebliches kreatives Potential, das erforderlich ist, notwendige Veränderungen im Controlling anzustoßen und voranzutreiben. Das weitere Vorgehen läßt sich mit folgenden Schritten kurz beschreiben:

- *Festlegung der Produktmerkmale*:
  Liegt das Produktprogramm des Controlling als solches fest, gilt es, jeweils die wesentlichen Produktmerkmale zu bestimmen. Hier geht es z.B. um die Detailliertheit einer Standard-Produktkalkulation oder um die Lieferschnelligkeit eines Mo-

natsberichts (wie viele Tage nach Ultimo soll sie dem Management vorliegen?). Diese – zwischen Controlling und Linie auszuhandelnde – Festlegung führt zu konkreten Leistungsvereinbarungen.

- *Festlegung von Leistungsmengen*:
  Hier geht es z.B. um die Einigung über Kapazitäten von Controllern für Sonderauswertungen und interne Beratungsleistungen (z.B. 20 Manntage pro Monat).

| | Alte Kunden | Neue Kunden |
|---|---|---|
| Alte Produkte | • monatlicher Kostenstellenbericht<br>• Bestandsbewertung | • Kostenplanung in Gemeinkostenbereichen<br>• Einrichtung der Kostenrechnung einer neuen Beteiligung |
| Neue Produkte | • Shareholder-Value-Ergebnisse<br>• Balanced Scorecards | • Kundenerfolgsrechnung<br>• Kostenschätzmodelle in der Entwicklung |

**Abb. 2: Ansatz zur Strukturierung des Leistungsprogramms des Controlling**

- *Festlegung von Leistungspreisen*:
  Diesen Aspekt kann man – wenn man dies möchte – so weit treiben, daß aus dem Controlling ein Profit-Center wird, das jede einzelne erbrachte Leistung „nach Preisliste" verkauft, oder sich darauf beschränken, in der operativen Planung jeweils aus dem geplanten Leistungsvolumen abgeleitete Kostenkontingente zu vereinbaren und dann zu verrechnen.
- *Kontrolle der erbrachten Leistungen*:
  Controller sind gewohnt, für alles und jeden Soll-Ist-Vergleiche durchzuführen. Dies muß auch für die von ihnen selbst erbrachten Leistungen gelten. Objekt der Überprüfung sind alle zuvor beschriebenen Aspekte. Ein wesentlicher Teil der Überprüfung sollte in unmittelbaren Feed-back-Gesprächen mit den internen Kunden erfolgen. Dies überwindet Meßprobleme und unnötige Erfassungskosten ebenso, wie es dem (komplexen) Charakter vieler Controllerleistungen entgegenkommt.

# 3 Informationsversorgung als konkretes Anschauungsobjekt

Im folgenden wollen wir die soeben geäußerten Ideen an einem konkreten Aufgabenfeld des Controlling weiter verdeutlichen und konkretisieren. Betrachtet wird die Informationsversorgungsfunktion, die Controller für die Führungskräfte übernehmen.

## 3.1 Schritt 1: Festlegung der Art der bereitzustellenden Informationen

Controller haben sich in der Vergangenheit auf monetäre Informationen konzentriert, speziell auf Erfolgswerte, und unter diesen wiederum schwerpunktmäßig auf Kosten. Die Kostenrechnung ist in vielen Unternehmen dem Controllerbereich organisatorisch zugeordnet; gilt dies nicht, haben Controller zumindest erheblichen Einfluß auf deren inhaltliche Gestaltung. Controller besitzen bei Erfolgsgrößen mit anderen Worten (fast) ein Informationsmonopol.

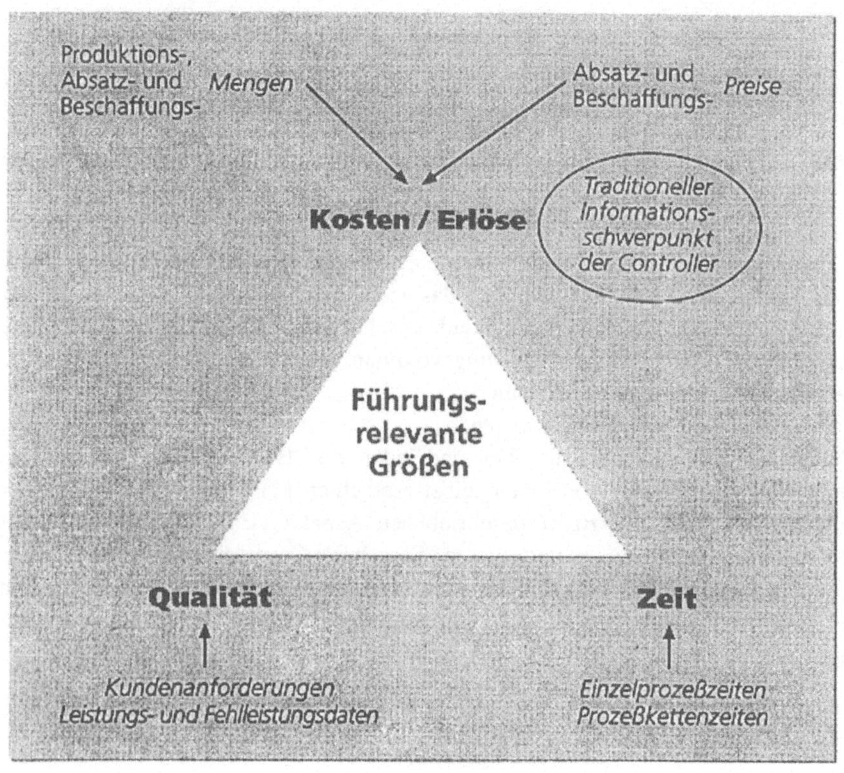


**Abb. 3: Informationsdreieck der Controller**

Wie die Abbildung 3 veranschaulicht, bilden Erfolgsgrößen aber nur einen Teil der führungsrelevanten Informationen. Kosten kommt für unmittelbare Führungsaufgaben eine immer geringere Bedeutung zu. Stark gestiegene Komplexität und Dynamik lassen Kosten als zu wenig aktuell und zu entfernt von den konkret zu beurteilenden oder anzustoßenden Aktivitäten erscheinen. Mengendaten, speziell aber Qualitätswerte und Zeiten gewinnen für die kurzfristige Führung „vor Ort" stark an Bedeutung. Sie treffen die Denk- und Sprachwelt der Führenden und Mitarbeiter ebenso unmittelbar wie die aktuellen Erfolgsfaktoren in vielen Unternehmen (vgl. hierzu ausführlicher auch den Band 1 der angesprochenen, am Lehrstuhl herausgegebenen Schriftenreihe: „Prozeßorientiertes Controlling").

Mengen-, Zeit- und Qualitätsdaten waren in der Vergangenheit von Ermittlung und Auswertung her eine Domäne des Linienmanagements. Mit Betriebsdatenerfassungssystemen oder Qualitätsmessung haben sich Controller nur in Ausnahmefällen beschäftigt. Spezialisierungsvorteile waren kaum gegeben: Wer Kostenrechnung gestaltet, nimmt nur in sehr geringem Maße Einfluß auf die zugrundeliegenden „technischen" Basisdaten. Diese sind über alle Unternehmensbereiche hinweg heterogen, so daß Skaleneffekte nicht zu vermuten sind. Beschränken sich Controller aus diesen Gründen auch weiterhin darauf, Kosten- und Erlösdaten bereitzustellen, so nimmt ihre Funktion der Informationsversorgung des Managements in der Bedeutung komparativ ab. Als neue Aufgabe käme nur hinzu, die Beziehungen zwischen den Mengen-, Zeit- und Qualitätsdaten auf der einen Seite und Kosten sowie Erlösen auf der anderen Seite zu analysieren. Hier entstehen neue Märkte für die Controller; alte, angestammte verlieren an Bedeutung

## 3.2 Schritt 2: Festlegung des Umfangs bereitzustellender Informationen

Wenn Controller führungsrelevante Informationen liefern sollen, müssen sie zum einen den Bedarf des Managements, zum anderen aber auch die tatsächliche Informationsnachfrage kennen. Mit anderen Worten: Informationsangebot, Informationsbedarf und Informationsnachfrage müssen gegeneinander abgeglichen werden. Das Verhältnis dieser drei Größen zeigt die Abbildung 4. „Ideale" Lösung dieses Abgleichs ist das Feld 1, in dem Bedarf, Nachfrage und Angebot übereinstimmen. Dieser Schnittbereich wird aber in der Realität eher selten erreicht:

- Das Management kennt ohne entsprechende Kommunikation der Controller nicht alle Informationsmöglichkeiten, für die es grundsätzlich Bedarf hätte (Feld 6). Informationsprodukte, die vom Manager als Kunden nicht nachgefragt werden, müssen in diesem Feld gesondert „verkauft" werden. Beispiel ist etwa eine Prozeßkostenstudie in Gemeinkostenbereichen, dann, wenn bislang im Unternehmen hierfür keine Erfahrung vorliegt.

- Schlägt ein solches Verkaufen auch nach mehreren Versuchen noch fehl, könnte es daran liegen, daß die Controller einen Bedarf lediglich vermutet haben, der de facto gar nicht vorhanden ist (Feld 7). Ein Beispiel hierfür könnten detaillierte Kostenzusammenstellungen sein, die dem Kostenstellenleiter Führungshilfen geben wollen, die dieser gar nicht umsetzen kann. Aufgabe des Controllers muß es dann sein, das Angebot so schnell wie möglich einzustellen, um keine unnötigen Kosten zu verursachen.
- Schwieriger zu erkennen ist der Fall, wenn Informationsprodukte abgenommen werden, für die bei näherem Hinsehen gar kein Bedarf besteht (Feld 2). Selten ist der Fall aber wohl nicht. Hierauf deuten zwei häufig gehörte Klagen von Controllern hin. (1) Viele Manager würden sich nicht kurzfristig melden, wenn sie einen Monatsbericht aus Versehen nicht pünktlich bekommen hätten („Wen kümmert schon der Monatsbericht?"). (2) Einige Sekretärinnen würden mit den gelieferten Berichten sorgsam umgehen und sie in Plastikhüllen gepackt ablegen. Griffe man die entsprechenden Ordner und nähme Berichte heraus, bräche stets der Kunststoff („Wer schaut schon häufig in die Berichte"?). Das dahinterliegende Phänomen ist das der Unentgeltlichkeit der von Controllern erbrachten Informationsleistungen. Müßten Manager für jeden Bericht oder jede gelieferte Zahl Verrechnungspreise zahlen, wäre das Feld 2 schnell unbesetzt.

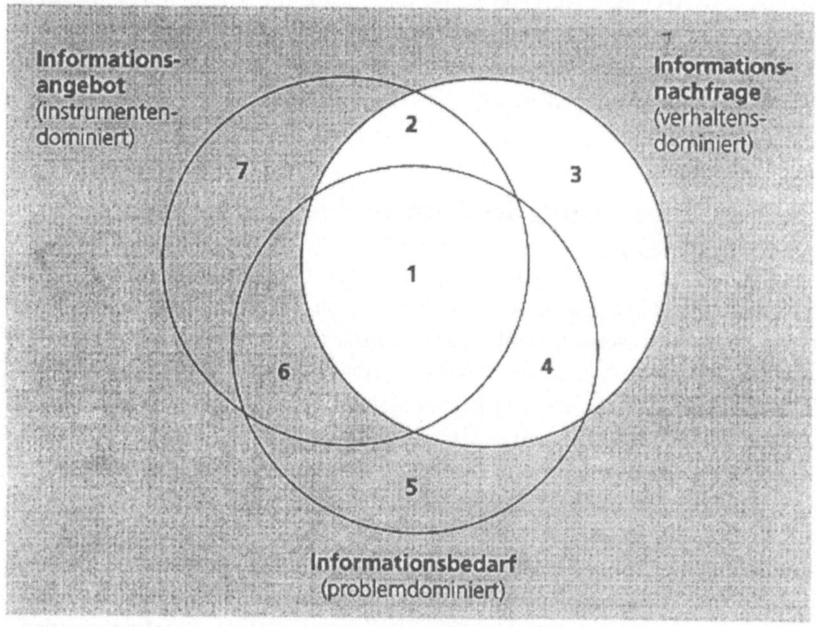


**Abb. 4: Abgleich von Informationsbedarf, Informationsnachfrage und Informationsangebot als Aufgabe von Controllern**

- Im Feld 5 liegen „versteckte Informationsprodukte“, innovative Produkte, die vom Management noch nicht nachgefragt, aber prinzipiell gebraucht werden. Stets auf der Suche nach solchen Informationsprodukten zu sein, erhält den Nutzen der Controller für das Management. Ein Beispiel könnte etwa eine nach Prinzipien des Shareholder-Value-Konzepts erstellte interne Erfolgsrechnung sein.
- Im Feld 3 haben wir es mit Nachfrage des Managements zu tun, die fehlgeleitet ist. Ein Beispiel könnte das Verlangen nach Vollkostenwerten für die Fundierung kurzfristiger Entscheidungen sein. Aufgabe des Controllers ist es in einem solchen Fall, das Management „aufzuklären“, entsprechendes Know how zu vermitteln und die jeweils „richtigen“ Informationen anzubieten.
- Das Feld 4 kennzeichnet schließlich potentielle Informationsprodukte hoher Priorität: Das Management hat nicht nur einen tatsächlichen Bedarf, sondern fragt die entsprechenden Informationen bereits nach, ohne daß die Controller sie anbieten. Von derartigen Situationen wird häufig im Zusammenhang mit Informationsreisen des Managements oder mit Benchmarking-Projekten berichtet. Hier herrscht Handlungsbedarf, der nur von zu hohen Kosten der neuen Informationsprodukte gebremst werden dürfte.

# 4 Interne Kundennähe als Nebenbedingung der Neuausrichtung des Controllerbereichs

Wollen die Controller ihre interne Markt- und Kundenorientierung konsequent vorantreiben, so müssen sie auch bereit sein, Marketing-Know how zu erwerben. In entsprechenden Büchern finden sich viele nützliche Denkweisen und Instrumente, die – mehr oder weniger einfach – direkt auf das Controlling übertragen werden können. Wir wollen im folgenden als Ausschnitt davon das Stichwort „Kundennähe“ diskutieren. Für ein kundennahes Verhalten haben sich in Produktmärkten drei Kriterien als besonders bedeutsam – und parallel zu beherrschend – herausgestellt:

- genaues Treffen des Bedarfs
- Flexibilität bei Bedarfsänderungen des Kunden
- enger kommunikativer Kontakt.

Wir wollen diese Kriterien im folgenden beispielhaft auf die kundengerechte Gestaltung des Informationsinstruments Kostenrechnung anwenden und damit näher verdeutlichen.

## 4.1 Erkennen und Erfüllen des Informationsbedarfs

Hiermit wird ein Aspekt aufgegriffen, den wir vorab schon kurz angesprochen haben: Um die tatsächlichen Informationsbedarfe des Managements zu kennen, darf es nicht bei eigenen Bedarfsvermutungen der Controller bleiben; erforderlich sind vielmehr „Kunden-Lieferanten-Gespräche“ zur Vereinbarung von Produkten (z.B. monatlichen Primärkostenaufstellungen) und deren Ausgestaltung (z.B. Anteil von Graphiken, Aktualitätsgrad).

Hierzu ist es für die Controller hilfreich, sich zuvor Gedanken über den Kenntnisstand des Managements bezüglich der Controllerleistungen zu machen. Die Marketingtheorie bietet hierfür eine tragfähige Denkfigur an, indem sie zwischen Vertrauens-, Erfahrungs- und Sucheigenschaften von Produkten unterscheidet:

- Hat ein Gut überwiegend *Sucheigenschaften*, so kann es der (potentielle) Kunde vor dem Kauf gänzlich für seine Zwecke beurteilen. Beispiel aus dem täglichen Leben ist eine Banane (zumindest für einen deutschen Kunden). Für die Kostenrechnung kann das ein normaler kostenstellenbezogener Monatsbericht sein.
- Bei *Erfahrungsgütern* ist ihm eine vollständige Beurteilung eines Gutes erst nach dessen Konsum möglich. Um das Obstbeispiel fortzusetzen: Wiederum für einen „normalen“ Deutschen bedeutet eine Wassermelone ein derartiges Erfahrungsgut (für einen Griechen ist sie dagegen ein Suchgut). Bezogen auf die Kostenrechnung läßt sich als Beispiel eine einfache Kostenvergleichsrechnung anführen, deren Entstehung der Manager genau nachvollziehen kann.
- Güter mit überwiegend *Vertrauenseigenschaften* schließlich sind vom Kunden nie in Gänze, stets nur in Ausschnitten beurteilbar. Im Obstbeispiel wäre hier eine tropische Frucht undefinierbaren Geschmacks zu nennen, die den Laien nach Verzehr kaum in die Lage versetzt, zwischen „deliziös“ und „leider verdorben“ zu unterscheiden. Als Vertrauensgut der Kostenrechnung mag man sich beispielhaft eine komplexe Analyse der Kosten eines Geschäftszweigs vorstellen, die nach dessen Aufgabe wegfallen würden.

Die Marketingtheorie zeigt, daß Güter dieser unterschiedlichen Kategorien ganz unterschiedlich verkauft werden müssen. So sind beispielsweise bei Vertrauensgütern Standing und Reputation des Anbieters von ausschlaggebender Bedeutung. Dies gilt analog auch für entsprechende Informationsleistungen aus dem Rechnungswesen. Die praktische Leitmaxime von Controllern „Präsentiere nie eine Zahl, die falsch ist“, findet hier ihren Ursprung. Zur Erreichung von bedarfsentsprechenden Produkten ist es schließlich auch hilfreich, ihre Qualität und Akzeptanz zu messen. Für die Kostenrechnung könnte eine Qualitätsmessung z.B. in der Aufzeichnung von Terminverzögerungen und Datenfehlern bestehen; für die Akzeptanzmessung bieten sich periodische Kundengespräche an (Zufriedenheitsmessungen). Einige Unternehmen verfügen hier bereits über entsprechende Erfahrung. Als positive Nebenwirkung gewinnen Controller durch ein solches Vorgehen generell an Akzeptanz: Wer von anderen Leistungsmessung und -reporting verlangt, sollte selbst nicht hinter diesem Anspruch zurückstehen!

## 4.2 Flexible Anpassung an Bedarfsänderungen

Kennen Controller die Informationsbedarfe und das Nachfrageverhalten der Manager, ist es nur ein kleiner Schritt dahin, das Informationsangebot ständig an Veränderungen von Bedarf und Nachfrage anzupassen. Für das betrachtete Beispiel der Kostenrechnung bedeutet dies dreierlei:

- Controller müssen laufend die Prämissen überprüfen, die zur Ausgestaltung der betriebenen Kostenrechnung geführt haben. Unsere praktische Erfahrung zeigt, daß diese Aufgabe derzeit nur sehr unzureichend wahrgenommen wird.
- Controller müssen sich – wie bereits ausgeführt – ständig Gedanken über neue Kostenrechnungs„produkte" machen.
- Controller müssen dem Phänomen der Systemflexibilität eine deutlich höhere Bedeutung zumessen, als in der Vergangenheit geschehen. Es geht nicht an, daß in Unternehmen notwendige Reorganisationsmaßnahmen nur deshalb verzögert bzw. hinausgeschoben werden, weil das Rechnungswesen aufgrund seiner Mächtigkeit nicht schnell genug auf die neuen Verhältnisse angepaßt werden kann!

Betrachtet man die geringe Innovationsrate der Kostenrechnung in den vergangenen Jahren, wird deutlich, wie wichtig Flexibilität als Kriterium für Kundennähe geworden ist.

## 4.3 Intensive Interaktion mit den Kostenrechnungsadressaten

Kundennahes Verhalten bedeutet schließlich auch, engen Kontakt zum Kunden zu halten. Über die rein fachlichen Aspekte hinaus geht es hier um persönliche Vertrautheit, um das Einschätzbarmachen der Person, um damit dem Management einen Rückschluß auf die Produkte des Controllers zu ermöglichen. Ständige Interaktion baut das Image einer „grauen Eminenz" genauso ab wie das eines „Erbsenzählers" und schafft die Basis für eine nutzenstiftende interne Geschäftsbeziehung.

# 5 Zusammenfassung

Die intensive Beschäftigung mit Kunden und Wettbewerbern zählte nicht zu den großen Stärken der deutschen Wirtschaft. Böse Formulierungen wie die der „Servicewüste Deutschland" belegen dies ebenso wie der Erfolg des Total Quality Managements und des Zauberworts „Kundennähe". Auch für Controller ist die Marktorientierung, das Ausrichten auf Kunden und Wettbewerber, häufig längst überfällig. Die traditionelle Konzentration auf Kosten und der Ansatz, Bestehendes zu optimieren, führte zu einer gewissen „Blindheit" gegenüber Marktaspekten.

An dieser Stelle ist ein erhebliches Umdenken erforderlich. Kunden und Wettbewerber müssen sowohl auf den Absatzmärkten als auch intern in den Vordergrund des Controller-Interesses treten. Controller sollten den hierzu notwendigen Veränderungsprozeß schnell und aktiv angehen; sie sollten nicht warten, von Marktleuten angemahnt zu werden. Je schneller sie voranschreiten, desto eher werden sie das (Zerr-?)Bild des ungeliebten – und nicht mehr gebrauchten – Erbsenzählers los!

Wie auch sonst im Leben, so werden die Controller dann am meisten Erfolg haben, wenn sie für sich selbst mit gutem Beispiel voranschreiten. Der altbekannte „Zahlenverkäufer" muß durch eine umfassende interne Wettbewerbs- und Kundensicht mit Leben erfüllt werden! Das Denken in Produkten, Qualitäten, Preisen, Zahlungsbereitschaft und Kundennutzen hat noch niemandem geschadet!

Vielen Controllern fehlen heute die dafür erforderlichen Kenntnisse und Fähigkeiten. Erneutes Lernen in ungewohnten Gebieten ist die Folge; Schulung und Personalentwicklung lassen sich als wesentliche Konsequenz für die Controller ableiten. Am Ende dieses Prozesses stehen wohl (deutlich?) weniger Controller. Diese sind aber besser ausgebildet, sie werden stärker vom Management gehört und nehmen anspruchsvollere und sie selbst mehr erfüllendere Aufgaben wahr: Der Zahlenknecht ist tot, es lebe der Management Consultant!

# Literaturverzeichnis

[1] Weber, J.: Prozeßorientiertes Controlling, Bd. 1 der Schriftenreihe Advanced Controlling, Vallendar 1997 (am Lehrstuhl zu beziehen)

[2] Weber, J.: Marktorientiertes Controlling, Bd. 4 der Schriftenreihe Advanced Controlling, Vallendar 1997 (am Lehrstuhl zu beziehen)

# IV Controlling in der öffentlichen Verwaltung

# Produktcontrolling in der öffentlichen Verwaltung

Dipl.-Wirtsch.-Ing. Markus Bold
Universität des Saarlandes, Saarbrücken

## Inhalt



18. Saarbrücker Arbeitstagung für Industrie, Dienstleistung und Verwaltung 1997. Hrsg.: A.-W. Scheer.© Physica-Verlag Heidelberg 1997

# 1 Produkte der öffentlichen Verwaltung

Die öffentliche Verwaltung steht gegenwärtig in einem Reformprozeß mit dem Ziel, ihr Steuerungsmodell den geänderten Anforderungen des dynamischen Umfeldes anzupassen. Zentrales Element des „Neuen Steuerungsmodells" ist die Einführung einer outputorientierten Steuerung über Produkte. Kaum eine Kommune, Regierungsbehörde oder ein Ministerium, das nicht seine Produkte beschreibt [1, 2]. Dabei wird der Begriff des Produktes nicht einheitlich verwendet und folglich variieren die Produktbeschreibungen.

Der vorliegende Artikel betrachtet zunächst die aktuelle Produktdiskussion und erarbeitet die Besonderheiten der Verwaltungsprodukte. Die Effektivität der Produkte sowie die Effizienz der Produkterstellung ist durch den Aufbau eines Produktcontrollings zu steuern.

## 1.1 Produktbegriff

Produktbeschreibungen zielen auf die outputorientierte und damit betriebswirtschaftliche Steuerung der Verwaltung ab [3]. Verbreitete und bisher genutzte Systematisierungen wie die Funktionsgliederung der Bundeshaushaltsordnung und der Aufgabengliederungsplan der KGSt werden durch Produktbeschreibungen abgelöst bzw. einer Modernisierung unterworfen.

Die Definition des Produktbegriffs ist nicht einheitlich, einzelne Definitionen unterscheiden bezüglich der Breite des Produktbegriffes (einzelne Leistungen als Produkt bis hin zu Leistungsbündeln) und zielen auf unterschiedliche Vorgehensweisen bei der Produktbildung (stärker kostenorientiert oder nachfrageorientiert) ab. Abbildung 1 führt einige Beispiele für Produktdefinitionen auf.

Verwaltungsprodukte stellen Leistungsbündel aus materiellen Sachleistungen sowie immateriellen Dienstleistungen dar: Sie sind teilweise das explizite Ergebnis eines Prozesses und teilweise der Erstellungsprozeß selbst. Dem Prozeß der Dienstleistungserbringung (Dienstleistung i. e. S.) geht der Aufbau von Leistungspotentialen voraus, die zur Realisierung notwendig sind und vorgehalten werden müssen [4]. Neben der Materialität lassen sich Verwaltungsprodukte nach der Integrationsintensität des externen Faktors im Erstellungsprozeß unterscheiden. Der externe Faktor bezeichnet die aktive und passive Mitwirkung der Kunden wie Bürger, Unternehmen und Verbände sowie anderer Organisationseinheiten der öffentlichen Verwaltung bzw. von Kundenobjekten [5]. Bei hoher Integrationsintensität des externen Faktors handelt es sich um kundenbezogene bzw. -spezifische Produkte, bei niedriger Integrationsintensität liegen standardisierte Produkte vor [6].

| Organisation | Produktdefinition |
|---|---|
| KGSt | Ein Produkt ist eine Leistung oder eine Gruppe von Leistungen, die von Stellen außerhalb des jeweils betrachteten Fachbereichs (innerhalb oder außerhalb der Verwaltung) benötigt werden. Unter dem Aspekt der Steuerung ist es nicht zweckmäßig, die nahezu unübersehbare Zahl von Arbeitsergebnissen einzeln zu beschreiben und als Steuerungsgrößen zu definieren. Benötigt eine Organisationseinheit für die Herstellung eines bestimmten Produktes das Produkt einer anderen, so ist zwischen verwaltungsexternem Produkt und verwaltungsinternem Produkt zu unterscheiden. |
| Kommunaler Produktplan Baden-Württemberg | Ein Produkt umfaßt eine Leistung oder eine Gruppe von Leistungen, die von Stellen außerhalb der jeweils betrachteten Organisationseinheit benötigt wird und für die in der Regel ein Preis zu zahlen wäre. |
| Stadt Mannheim | Ein Produkt ist eine kostenmäßig abgrenzbare Leistung eines Bereiches, die außerhalb der Verwaltung von Bürgerinnen und Bürgern oder innerhalb der Verwaltung einem anderen Amt abgeliefert wird. Amtsinterne Serviceleistungen sind Teilleistungen eines Produktes. |
| Freie und Hansestadt Hamburg | Produkte sind sinnvoll gebündelte Gruppen von Leistungen, die von Stellen außerhalb des jeweils betrachteten Bereichs benötigt werden bzw. für eine dortige Nutzung vorgesehen ist. Ein Produkt wird durch mehrere Mitarbeiterinnen und Mitarbeiter gebildet. |
| Berlin | Produkte sind ganzheitliche Verwaltungsleistungen mit definierten externen oder auch internen Nachfragern. Nur Verwaltungsleistungen, die von Bürgerinnen und Bürgern, von Wirtschaftsunternehmen, anderen öffentlichen und privaten Organisation nachgefragt und von diesen auch als notwendig oder nützlich erachtet werden, sind Produkte. Produkte erleichtern als Scharnier für Politik und Verwaltung die Verständigung über Maßnahmen und deren Umsetzung. |

**Abb. 1: Beispiele für Produktdefinitionen [7, 2]**

Um übergreifende Zusammenhänge zu verdeutlichen, werden Produkte zu Produktgruppen und Produktbereichen zusammengefaßt (vgl. Abbildung 2). Alternative Darstellungsform für die Produktklassifikation ist der Produktbaum, in diesem werden die Produkte über mehrere Stufen hierarchisch angeordnet. Die momentan euphorische Grundstimmung bezüglich der Produktbeschreibung darf jedoch auch nicht darüber hinwegtäuschen, daß viele der angefangenen Projekte ins Stocken geraten sind, weil die damit verbundenen Modernisierungskonzepte zwar schlüssig erscheinen, aber zuwenig Wert auf eine stringente Umsetzungsstrategie gelegt wurde [8].

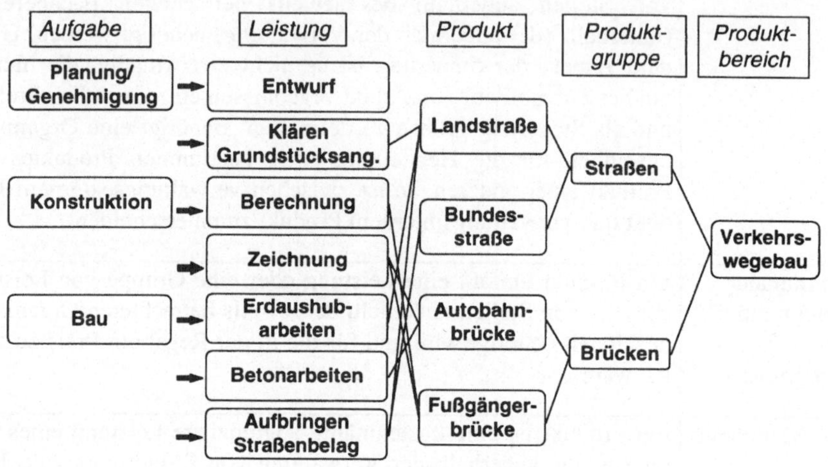


**Abb. 2: Produktorientierter Verkehrswegebau**

## 1.2 Produktcontrolling

Wie das Controlling insgesamt hat auch das Produktcontrolling seinen Ursprung im industriellen Umfeld. Bei seiner Anwendung im Dienstleistungs- und Verwaltungsbereich muß das Rad nicht neu erfunden werden, jedoch sind die Besonderheiten der öffentlichen Verwaltung zu beachten [9].

Der Dienstleistungsbetrieb öffentliche Verwaltung [10] unterscheidet sich von privatwirtschaftlichen Dienstleistern vor allem durch das abweichende Zielsystem sowie die Rechts- und Betriebsformen [11]. Während privatwirtschaftliche Dienstleister nach erwerbswirtschaftlichen Zielen am Markt wirtschaften, stehen bei der öffentlichen Verwaltung gesellschafts- und ordnungspolitische Ziele im Vordergrund. Der Markt für öffentliche Dienstleistungen wird in räumlich abgegrenzten Zuständigkeiten bearbeitet. Während sich privatwirtschaftliche Dienstleister primär aus Leistungsentgelten finanzieren und Gewinne erzielen möchten, dominieren bei Non-Profit-Unternehmen und öffentlichen Dienstleistern Sachziele. Diese finanzieren sich über Leistungsentgelte oder Alimentierung aus Steuereinnahmen, Spenden u.s.w. Die Ausrichtung ihrer Kapazitäten ist daher nicht an Marktgegebenheiten wie der Nachfrage orientiert, sondern häufig am Bedürfnis, wodurch sich die Verminderung der Kapazitäten schwierig - weil unpopulär - gestaltet. Die effiziente und effektive Leistungserstellung der öffentlichen Verwaltung soll die Sachziele realisieren.

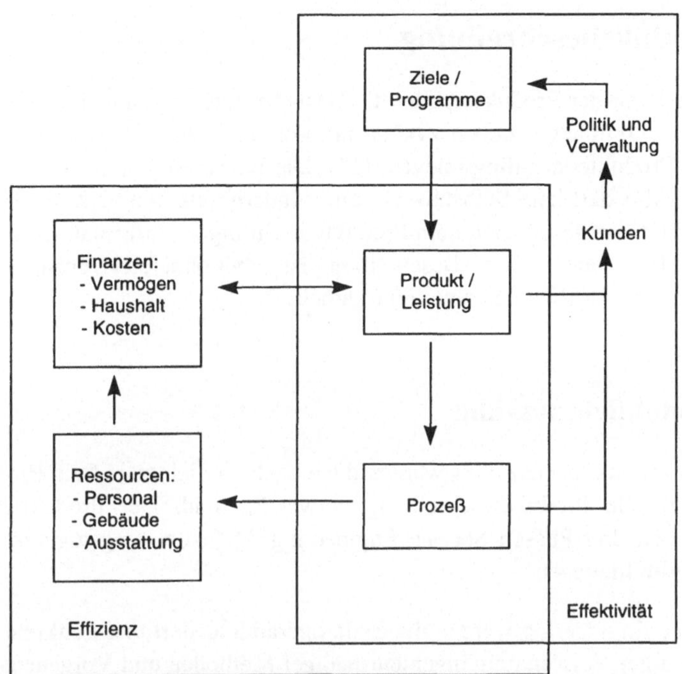


**Abb. 3: Effizienz und Effektivität von Produkten [16]**

Controlling soll in diesem Zusammenhang als führungsunterstützender Prozeß verstanden werden, der durch die Koordination von Planung, Kontrolle sowie Informationsversorgung die Führungsfähigkeit zu verbessern hilft [12]. Diese Koordinationsfunktion beinhaltet die systemkoppelnde und die systembildende Koordination [13]. Die systemkoppelnde Koordination soll die einzelnen Führungs-Teilsysteme optimal aufeinander abstimmen, so daß diese gemeinsam auf die übergeordneten Verwaltungsziele hinarbeiten. Das Produktcontrolling hat innerhalb des Controlling systembildenden Koordinationsaufgaben, im Sinne der Gestaltung und Bewertung von Produkten sowie zugehörenden Prozessen. So muß beispielsweise das Budgetierungssystem jährlich angepaßt und abgestimmt werden [14]. Jeder Produktverantwortliche muß anschließend mit budgetierungsrelevanten Informationen versorgt werden. Koordinationsbedarf besteht sowohl innerhalb der Verwaltung (Mikrokoordination) als auch zwischen Verwaltungen (Makrokoordination) [15]. Ressourcen sind an das Leistungsprogramm anzupassen. In einem iterativen Planungsprozeß ergeben sich dann sowohl die finanzwirtschaftlichen Budgets, die Vermögensrechnung als auch die Kostenbudgets (vgl. hierzu Abbildung 3).

# 2 Produktbeschreibung

Die Beschreibung der Produkte bildet die Basis für das Produktcontrolling. Produkte sind in ihrem kompletten Lebenszyklus mit Vor- und Nachlaufkosten zu betrachten und für das Produktcontrolling relevant [17]. Die Beschreibung der Produkte im Produktlebenszyklus darf kein Selbstzweck sein, sondern muß den verschiedenen Sichten auf ein Produkt und somit auch dem Produktcontrolling als informatorische Basis dienen können. Eine ganzheitliche Beschreibung ist dabei ohne elektronische Produktkataloge nicht wirtschaftlich und sinnvoll möglich.

## 2.1 Produktlebenszyklus

Anhand des Produktlebenszyklus werden die einzelnen Sichten auf ein Produkt hergeleitet, die für die Produktbeschreibung notwendig sind. Der Produktlebenszyklus besteht aus den drei Phasen Service Engineering, Dienstleistungslogistik und Nachsorge (vgl. Abbildung 4):

- Im Service Engineering werden die Ziele operationalisiert und konkrete Leistungsangebote unter Verwendung ingenieurmäßiger Methoden und Vorgehensweisen geplant und entwickelt [18]. Die Produktentwicklung setzt am festgestellten abstrakten Bedarf und den identifizierten Interessengruppen an. Die Bedarfsdeckung setzt einen Kreativprozeß voraus, in dem einem abstrakten Bedarf konkrete Produkte gegenübergestellt werden, die dann getestet und in Einklang mit den Kompetenzen, Strategien und Zielen der Organisation gebracht werden können. In einer Produktbeschreibung sind die entsprechenden Eigenschaften nach Sichten getrennt festzuhalten. Die Prozeßplanung entwickelt und beschreibt den Produkterstellungsprozeß. In der Produktkalkulation werden die geplanten Kosten pro Produkt errechnet. Mit der Planmenge und den Planerlösen (entweder Plankosten oder geringerer Produktpreis) errechnet sich dann der Zuschußbedarf für das Produkt. Während des kompletten Service Engineering besteht der Bezug zum Kunden insbesondere beim Test der Produkte sowie durch den Einbezug politischer Entscheidungsträger.
- In der Dienstleistungslogistik werden die entwickelten Produkte konkret erstellt. Hierzu werden die notwendigen Potentiale aufgebaut (Vorlaufkosten) sowie die benötigten Sach- und Dienstleistungen beschafft.

| Service Engineering | | | | Dienstleistungslogistik | | | | Nachsorge |
|---|---|---|---|---|---|---|---|---|
| Produktidee/ Strategie | Produkt- planung | Prozeß- planung | Produkt- kalkulation | Beschaffung | Produktion/ Dienstleistung | Faktura | Abrechnung | Nach- und Entsorgung |

**Abb. 4: Produktlebenszyklus für ein Dienstleistungsprodukt**

Die eigentliche Dienstleistungserbringung bzw. Produktion erfolgt unter Integration des und Interaktion mit dem Kunden. Der Produktpreis wird in Rechnung gestellt und anschließend wird das Produkt abgerechnet, um im Rechnungswesen die Ist-Werte zu erhalten.

- Der Produktlebenszyklus endet mit der Nachsorge bzw. Entsorgung. Für alle Produkte weitere Dienstleistungen zu erbringen sein bzw. nach Ende der Nutzungszeit sind insbesondere materielle Produkte zu entsorgen. Oftmals entstehen daneben weitere Folgekosten durch die Rückführung der aufgebauten Leistungspotentiale oder die Beseitigung von Umweltbeeinträchtigungen.

## 2.2 Produktsichten

Produkte können als gemeinsame Grundlage für die organisationsinterne Fach-, Haushalts- und Personalplanung, Organisation, Controlling und Berichtswesen genutzt werden. Organisationsexterne Informationsadressaten wie Kunden sowie alle potentiellen Kunden, Steuerzahler, der Rechnungshof sowie andere Organisationseinheiten der öffentlichen Verwaltung interessiert erstens die Produktqualität und -kosten sowie zweitens der konkrete Bearbeitungsstatus für eine konkrete Anfrage, ein Antrag oder eine Stellungnahme und drittens die zu zahlenden Gebühren und Entgelte.

Um den Interessen dieser Informationsadressaten gerecht zu werden, bedarf es einer ganzheitlichen integrierten Beschreibung der Produkte, die allerdings in adressatenspezifische Sichten unterteilt werden sollte. Vorteil dieser Sichtenbildung sind die einheitliche integrierte Beschreibung der Produkte ohne Redundanzen, wobei die verschiedenen Sichten einzelnen Adressatengruppen verborgen bleiben. Im folgenden werden die Sichten generelle Produktsicht, Service Engineering-Sicht, Buchhaltungssicht, Kalkulationssicht, Beschaffungssicht, Kundensicht, Qualitätssicht, Mitarbeitersicht, unterschieden:

- Die generelle Produktsicht beinhaltet Informationen, die für alle Beteiligten von Interesse sind. Dies sind u.a. die Produktbezeichnung und -nummer zur eindeutigen Identifizierung des Produktes, Synonyme, Einordnung in die Hierarchie, Beispiele und eine textuelle Beschreibung.
- Die Service Engineering-Sicht bildet die Ergebnisse sowie Gestaltungsvarianten aus der Produkt- und Prozeßplanung ab. Dadurch wird neben der Produkthierarchie und dem Produktaufbau auch die Prozeßzuordnung zu den einzelnen Produkten vorgenommen sowie die Leistungsmenge und Zeitbedarfe des Produktes als auch der einzelnen Prozesse bestimmt. Für jedes Produkt sind die gesetzliche Grundlagen sowie Aufgaben und Ziele zuzuordnen.
- Die Haushalts- bzw. Buchhaltungssicht stellt den Bezug zum Haushalt her. Hierzu wird das Produkt dem jeweiligen Haushaltstitel, Haushaltsjahr und entsprechenden Unterabschnitt zugeordnet. Dadurch wird sichergestellt, daß sowohl die Ausgaben als auch die Einnahmen des Produktes für jedes Produkt sowohl als Plan- als auch

als Ist-Werte einzeln ersichtlich sind. Hierdurch wird ersichtlich, welche Auswirkungen das Produkt auf die Liquidität hat und welcher Zuschußbedarf besteht. Je nach Buchhaltungssystematik - Doppik oder Kameralistik - geschieht die Zuordnung der Erlöse in der Buchhaltungs- oder aber in der Kalkulationssicht.

- Die Kalkulationssicht beinhaltet die für die Produktkalkulation notwendigen Daten wie die zu den Prozessen zugeordneten Ressourcen (Mitarbeiter, Gebäude etc.) und Leistungspotentiale sowie als Ergebnis der Produktkalkulation die unmittelbar auf das Produkt entfallenden geplanten Produktkosten.
- Die Beschaffungssicht charakterisiert die Merkmale der von Dritten zuzukaufenden verwaltungsexternen Produkte, Dienstleistungen sowie Materialien. Weitere relevante Attribute sind die Beschaffungsmenge, der Beschaffungszyklus, die Losgröße und der Bestellzeitpunkt.
- Die Messung der Qualität eines Produktes wird anhand von quantitativen Kennzahlen und qualitativen Kenngrößen vorgenommen und in der Qualitätssicht abgebildet. Diese stellen Controllingparameter dar, welche die von den Kunden wahrgenommene Bedürfniserfüllung sowie die Leistungsfähigkeit der Verwaltung ausdrücken. Für die Zertifizierung nach DIN ISO 9001 sind neben diesen Kennzahlen und Kenngrößen die Soll-Prozeßmodelle sowie einzubindende Ressourcen von Bedeutung. Durch das Kontraktmanagement können die Leistungsziele für einzelne Produkte vereinbart werden.
- Die Organisationssicht bildet die das Produkt erstellenden Verwaltungseinheiten, die Produktverantwortlichen sowie die notwendigen Mitarbeiterqualifikationen ab. Sie kann mit der Service Engineering-Sicht zusammengefaßt werden.
- Die Kundensicht auf das Produkt stellt dem Kunden im Vorfeld einer Anfrage relevante Produktinformationen wie Formulare, Ansprechpartner, Gebühren und Entgelte bereit. Nach erfolgter Antragstellung sollten die Kunden die Möglichkeit zum Monitoring ihres Antrages erhalten.

Für das Produktcontrolling sind dabei die Qualitäts-, Kalkulations-, Haushalts- und Kundensicht von besonderem Interesse. Die Produktbeschreibung selbst ist als Kostenfaktor nicht unerheblich. Dabei gilt es, Produktbeschreibungen soweit als möglich für Leistungsvergleiche nutzbar zu halten und Benchmarking zu ermöglichen. Insbesondere bei Produkten, bei denen der Markt nach regionalen Zuständigkeiten aufgeteilten wird, sollte das Rad nicht immer wieder neu erfunden werden. Referenzproduktkataloge bzw. -beschreibungen sowie -prozeßmodelle können dabei als Ausgangsbasis für die eigene Beschreibung genutzt werden.

## 2.3 Produktkataloge

Der Produktkatalog wird zunächst unter Berücksichtigung der bestehenden Haushaltssystematik entwickelt. Die Aufstellung des Produktkataloges hinterfragt letztlich das gesamte Leistungsspektrum unter einem aufgabenkritischen Blickwinkel. Die Produktdefinition erfordert die aktive Mitarbeit der Verwaltung und kann durchaus mit tiefgreifenden Reorganisationsmaßnahmen einhergehen und neue Verantwortungsstrukturen bedingen. Endziel der Produktdefinition ist aber, die Haushaltsgliederung der Produktstruktur anzupassen, um so zu einer verbesserten Transparenz zu gelangen. Auf diese Weise ist es möglich, die Kosten ohne zusätzliche Kontierung zuzuordnen.

Der Ablauf der Produktdefinition ist ein iterativer Prozeß. Selbst wenn nur ein Teil der Produkte festgelegt ist, können diese als Kostenträger im Rahmen der Kostenrechnung bereits verwendet werden. Der Produktkatalog wächst sukzessive. Dabei darf nicht der Fehler begangen werden, die Produkte so fein zu gliedern, daß über die Hintertür wieder haushaltsähnliche Strukturen aufgebaut werden, oder aber so grob, daß eine effektive Steuerung nicht möglich ist.

Die Produktdefinition und -beschreibung ist aufgrund der Vielzahl an Verwaltungsprodukten sowie den umfangreichen Produktattributen mit entsprechenden Werkzeugen zu unterstützen. Neben der Realisierung in rein textlicher Form mit einer Textverarbeitung und Datenbanklösungen bildet die graphische Produktmodellierung mit entsprechenden Modellierungswerkzeugen wie das ARIS-Toolset etc. die dritte Realisierungsvariante.

Abbildung 5 zeigt die Realisierung eines elektronischen Produktkatalogs mit einer Datenbanklösung sowie mit einem Modellierungswerkzeug. Die integrierte Beschreibung von Produkten und Prozessen kann als Basis für die Workflow-Steuerung des Prozeßablaufes dienen.

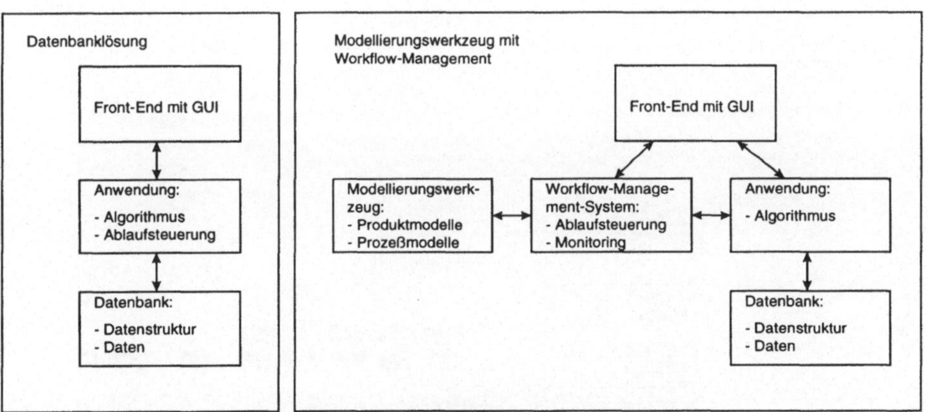


**Abb. 5: Elektronische Produktkataloge**

In diesem Fall übernimmt das Workflow-System die Pflege der Monitoring-Daten, die dem Kunden Auskunft über den Bearbeitungsstatus seiner Anfrage o.ä. geben. Im Fall einer Datenbanklösung müssen diese von Verwaltungsmitarbeitern gepflegt werden.

Im Produktbaum in Abbildung 6 werden die Produkte in einer hierarchischen Struktur klassifiziert. Die Produktdefinition erfolgt im Objektdialog. Den Produkten werden

Organisationseinheiten zugeordnet, die produktverantwortlich sind (vgl. Abbildung 7). Daneben werden den einzelnen Produkten Aufgaben und Prozesse zugeordnet.[19] Für die Abbildung von Produktvarianten bieten sich Produktauswahlmatrizen an, die für jedes Produkt die Prozeßvarianten tabellarisch darstellen.

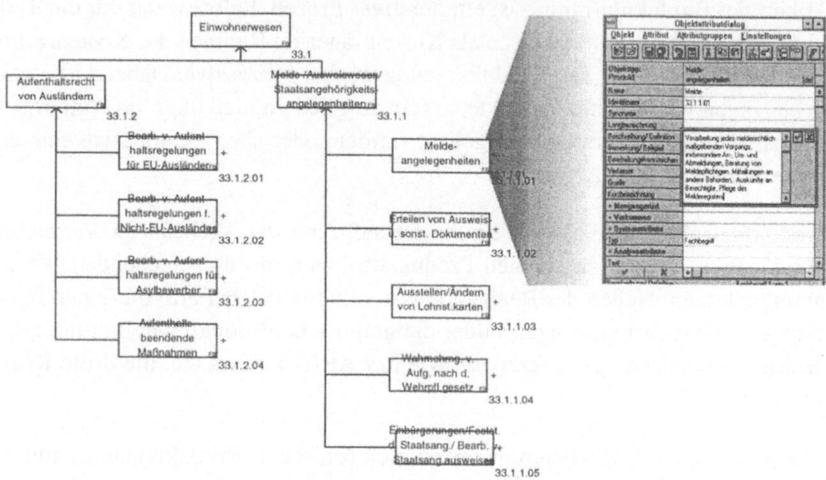


**Abb. 6: Produktbaum und Produktdefinition**

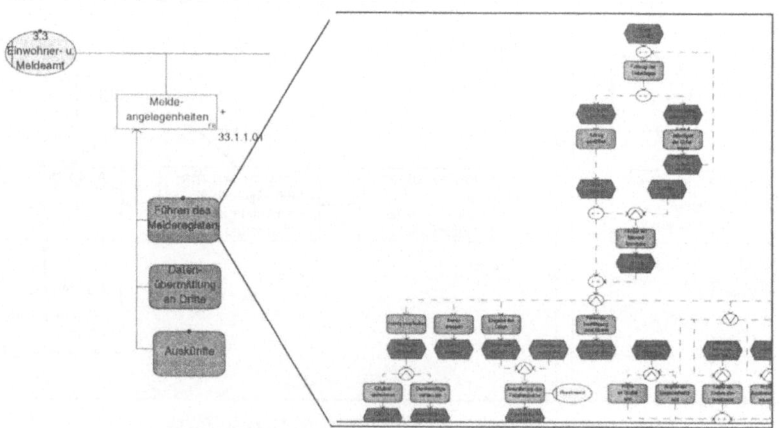


**Abb. 7: Erstellungsprozesse eines Produktes**

# 3 Aspekte des Produktcontrollings

Die Produktdefinition und -beschreibung ist die Voraussetzung für ein wirksames Produktcontrolling. Als Aspekte des Produktcontrolling werden nachfolgend das Rechnungswesen in der öffentlichen Verwaltung, die Aufgaben und Instrumente sowie die Organisation und Einführung des Produktcontrollings betrachtet.

## 3.1 Rechnungswesen in der öffentlichen Verwaltung

Das Rechnungswesen bildet die bedeutende Informationsbasis für das Produktcontrolling. Unter dem Schlagwort Produkthaushalt hat sich ein wirksamer Ansatz zur zielgerichteten finanzwirtschaftlichen Steuerung des Verwaltungshandelns entwickelt. Das Produktcontrolling mit Produkthaushalten impliziert neben der finanzwirtschaftlichen Sicht die Produktkalkulation in der Kosten- und Leistungssicht. Hierzu sind sowohl im externen als auch mit dem Aufbau- bzw. Ausbau des internen Rechnungswesen entsprechende Voraussetzungen zu schaffen, um Produkte transparent zu machen und eine sinnvolle Produktsteuerung der Verwaltung im Produktcontrolling vorzunehmen.

### 3.1.1 Doppik versus Kameralistik oder duales Rechnungswesen

Der Rechnungsstil der öffentlichen Verwaltung ist das kamerale Rechnungswesen. Die Mängel und Probleme der Kameralistik sind bekannt und beschrieben [20]: Die Vermögens- und Schuldennachweise sind mit der Kameralistik nur teilverbunden. Forderungen und Verbindlichkeiten sind in der zahlungsstromorientierten Kameralistik unbekannt. Die Vermögensrechnung ist unvollständig. Der Fokus der Kameralistik liegt auf der Betrachtung der Ausgaben, diese werden mit Haushaltsüberwachungslisten penibel kontrolliert. Die Überwachung der Einnahmen kennt kein explizites Instrument. Schwächen bestehen auch in der Darstellung des internen Leistungsgeflechts. So stellt die Kameralistik keine Beziehung zwischen Ausgaben und Einnahmen her. Innenaufträge und die Verrechnung interner Leistungen finden nicht statt.

Einige Mängel werden zwar mit der Kameralistik genannt, obwohl die Ursachen eher organisatorischer Natur sind: Die Haushaltsstruktur ordnet die Budgets nicht einzelnen klar ersichtlichen Organisationseinheiten und Produkten zu. Es fehlt eine strategische Planung. Wenn geplant wird, wie z.B. bei der Finanzplanung, werden Pläne lediglich fortgeschrieben (inkrementelle Budgetierung), statt strategische Entscheidungen einfließen zu lassen. Die Haushaltspläne unterliegen dem Jährlichkeitsprinzip. Nicht übertragbare Budgetreste haben zum legendären Dezemberfieber geführt, der vollständigen Ausgabe aller Budgetreste zum Jahresende, ausgelöst durch die Befürchtung drohender Budgetkürzungen in den Folgejahren.

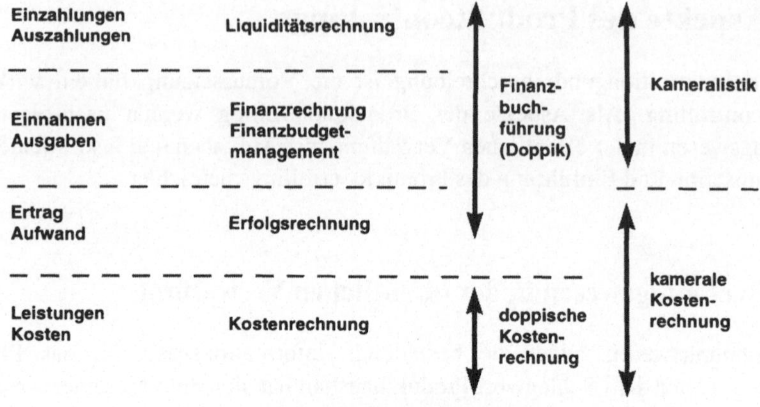


**Abb. 8: Rechenstile**

Bei vielen Projekten werden primär die Anschaffungskosten bzw. -ausgaben als Entscheidungskriterium berücksichtigt. Folgekosten, d.h. Kosten späterer Projektphasen oder der Produktentsorgung, werden nicht oder nur teilweise ermittelt und nur rudimentär in den Entscheidungsprozeß einbezogen.

Die intensive Auseinandersetzung mit dem kameralen Rechnungswesen hat drei Lösungsansätze hervorgebracht (vgl. Abbildung 8):

- Die doppische Buchführung löst das kameralen Rechnungswesens ab.
- Die Kostenrechnung ergänzt das kamerale Rechnungswesen in allen Verwaltungseinheiten und -bereichen (optimierte Kameralistik).
- Kamerales und doppisches Rechnungswesen (dualer Ansatz für das Rechnungswesen) werden gleichzeitig parallel nebeneinander geführt.

Während der zweite Ansatz bereits in den siebziger Jahren unter den Stichworten erweiterte Kameralistik und optimierte Kameralistik Eingang in die Literatur gefunden hat [21], werden die anderen beiden Ansätze erst in jüngerer Zeit diskutiert. Den ersten Ansatz legitimieren Experimentierklauseln im Haushaltsrecht in verschiedenen Bundesländern (u.a. in Baden-Württemberg und Rheinland-Pfalz). Er wird besonders in Kommunalverwaltungen diskutiert. Der dritte Ansatz entspricht prinzipiell der Erweiterung der kaufmännischen Bilanz- und Erfolgsrechnung um eine integrierte Finanzrechnung [22]. Im Konflikt zwischen erwerbs- und finanzwirtschaftlicher Zielsetzung erscheint er als Lösungsansatz [23], der die Anbindung der Kostenrechnung ermöglicht und zudem den Vorteil bietet, einen kontinuierlichen Übergang von der Kameralistik zu ermöglichen, ohne auf gewohnte Informationen zu verzichten.

Da aus der Kameralistik prinzipiell die gleichen Informationen wie aus der Doppik gewonnen werden können, können auch beide Rechnungssysteme als Basis für eine Kosten- und Leistungsrechnung verwendet werden. Während die Kameralistik nur Ausgaben und Einnahmen kennt, stellt die doppische Buchführung auch einen Bezug zwischen Aufwand und Ertrag her. Die Doppik hat als Bestandteil des kaufmännischen Rechnungswesens einen engeren Bezug zur Kosten- und Leistungsrechnung. Sie verbindet als geschlossenes System die drei Rechnungsteile Finanz-, Vermögens- und Ergebnisrechnung zuverlässiger als die Kameralistik. Trotzdem stellen beide Rechnungssysteme adäquate Informationen für die Kostenrechnung bereit. Durch zahlreiche Beteiligungen und outgesourcte Regie- und Eigenbetriebe im Verwaltungskonzern exisitieren diese Systeme mit unterschiedlicher Bedeutung und Ausprägung parallel nebeneinander, was den Wirtschaftlichkeitsvergleich und die finanzielle Gesamtbetrachtung erschwert. Die Prozeßketten laufen in diesen Konzernstrukturen öffentlicher Dienstleister über verschiedene Organisationsgrenzen (Betrieb, Behörde, Kernverwaltung) hinweg. Das Rechnungswesen darf aber z.B. bei der finanziellen Kalkulation (Kosten und Finanzen) nicht an diesen Organisationsgrenzen stoppen, sondern es muß ermöglichen, die Produkte über diese Grenzen hinweg zu verfolgen. Daher erscheint der zweite Ansatz am ehesten geeignet, die obengenannten Defizite und Probleme der Kameralistik zu lösen.

Die Gliederung des Haushalts (z.B. in Einzelpläne und Kapitel) ist per Gesetz vorgegeben und rechtlich bindend. Die Budgetierung, die Verabschiedung der Budgets und die Freigabe zur Haushaltsausführung erfolgt im Rahmen dieser Gliederung. Diese Struktur unterstützt den Bericht der öffentlichen Verwaltung an die zugeordnete politische Instanz und die Führung des Verwendungsnachweises. Die Ausrichtung des Haushalts ist daher inputorientiert. Zur Abbildung dieser Haushaltsgliederung bietet sich u.a. eine Dreiteilung in die Dimensionen Finanzstelle, Finanzposition und Fonds an.[24] Finanzstellen (Kapitel, Titel) sind Verantwortungsbereiche der Budgetplanung, -verwaltung und -kontrolle. Sie bilden die hierarchische Organisation (Abteilungen und Sachgebiete) ab. Die Finanzpositionen (z.B. Personalausgaben, Sachausgaben) werden zur sachlichen Gliederung des Budgets eingesetzt. Sie geben Auskunft über die strukturelle Zusammensetzung und Verwendung der Budgets. Fonds sind notwendig, um zweckgebundene Mittel und deren Herkunft und Verwendung zu dokumentieren.

Auf Basis der Produktkataloge ist diese Darstellung des Haushalts durch den produktbezogenen Ausweis der Mittelverwendung (Plan und Ist) im Sinne eines Produkthaushaltes (produktorientierter Haushalt) zu ergänzen. Dies kann als Zweithaushalt oder als weitere Darstellung im Haushaltsplan erfolgen. Politische Entscheidungen können dann bereits bei der Planung auf der Ebene der Sachziele output- und kundenorientiert verhandelt werden, statt formal über Budgetkürzungen auf der Ebene von Prozentpunkten zu entscheiden. DV-technisch sollte, um eine entsprechende Wirtschaftlichkeit zu gewährleisten, die kamerale Buchführung und die doppische Buchführung integriert eingerichtet werden. Dadurch läßt sich der doppelte Erfassungsaufwand auf ein Mindestmaß beschränken. Abbildung 9 skizziert die Integration von Kameralistik, Doppik und Kostenrechnung.

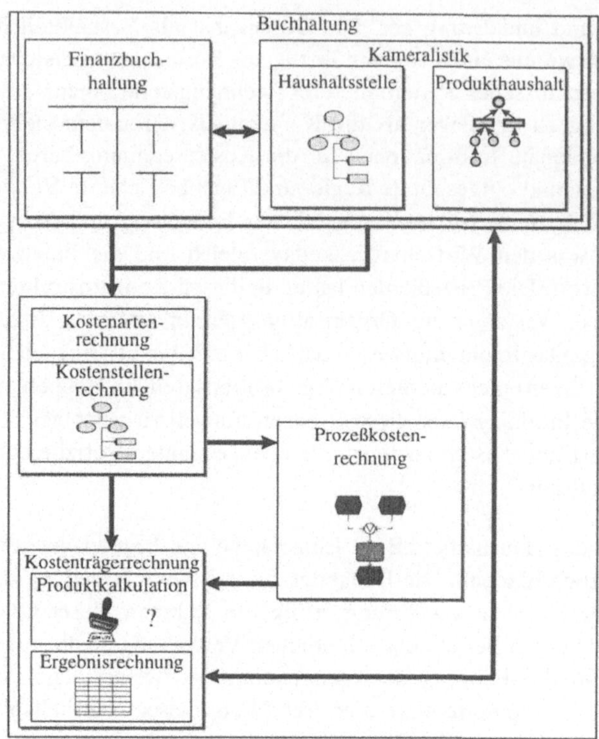


**Abb. 9: Integration von Kostenrechnung, Budgetplanung und -kontrolle**

### 3.1.2 Kostenrechnung öffentlicher Dienstleister

Kostenrechnung wird in der öffentlichen Verwaltung nur in Teilbereichen angewendet, die überwiegend gebührenfinanziert sind sowie in öffentlichen Unternehmen. Dabei dominiert die Vollkostenrechnung. Für eine aktive Steuerung des Haushaltes ist die Kenntnis von Kosten und Leistungen sowie der Bezug zwischen beiden notwendig. Diese Informationen können nicht durch die Kameralistik und auch nicht durch die Doppik abgebildet werden, sondern müssen durch eine Kosten- und Leistungsrechnung erfaßt werden. Die Kosten- und Leistungsrechnung erweitert damit das in der Haushaltsplanung und -kontrolle in Form des Produkthaushalts gewonnene Bild um outputorientierte produktspezifische Kosten- und Leistungsdaten (vgl. den Doppelpfeil von der Kostenträgerrechnung zum Produkthaushalt in Abbildung 9).

Der Kostenrechnung kommen dabei in der öffentlichen Verwaltung insbesondere die folgenden Aufgaben zu: Preisbildung, Wirtschaftlichkeitskontrolle, die kostenrechnerische Beurteilung von Verwaltungsentscheidungen sowie die Bereitstellung von entscheidungsrelevanten Kosten zur Alternativenbeurteilung.

Die Kosten- und Leistungstransparenz zeigt die Wirtschaftlichkeit einzelner Bereiche auf. Damit ist die Basis für flexible Haushaltswirtschaft und dezentrale Budgetierung geschaffen und die finanzielle Handlungsfähigkeit der öffentlichen Verwaltungen kann gesichert werden.

Die öffentlichen Dienstleister müssen dabei die eingesetzte Vollkostenrechnung überdenken. Mittlerweile existieren Verfahren, die den gesetzlich geforderten Vollkostennachweis bzw. -kalkulation aus der Grenzplankostenrechnung ermöglichen [25]. Das Erbringen von Dienstleistungen ist üblicherweise stärker personenbezogen und personalintensiver als die Sachgüterproduktion im Industriebetrieb. Größter Kostenfaktor bei der Erstellung von Dienstleistung sowie in der öffentlichen Verwaltung insgesamt sind folglich i.d.R. die Personalkosten und diese sind vom Charakter her fix. Zur Zuordnung der Personalkosten auf die einzelnen Kostenträger (Produkte) hat sich die Prozeßkostenrechnung etabliert. Diese legt die Basis für die Produktkalkulation, den einzelnen Produkten werden die Prozesse sowie die ermittelten Prozeßkosten quantitativ zugeordnet (vgl. Instrumente des Produktcontrollings).

## 3.2 Aufgaben des Produktcontrollings

Die Aufgaben des Produktcontrollings lassen sich in den folgenden Punkten zusammenfassen:

- Unterstützung der strategischen Planung durch Parlamente und Festlegung produktbezogener Ziele sowie Messung der Zielerreichung,
- Gesetzesfolgenabschätzung,
- Aufstellung der Grundsätze für die quantitative und qualitative Produktbeschreibung,
- Klärung von Schnittstellen zwischen dem Haushalt, produktorientiertem Haushalt sowie der Kostenrechnung und Produktkalkulation,
- Konsolidierung der produktbezogenen Budgets und Abgleich mit dem Haushaltsplan,
- Richtlinien für die Produktkalkulation,
- Informationsbereitstellung produktrelevanter Daten aus der Kostenrechnung sowie Produkthaushalt an die Verwaltungsführung sowie politische Gremien.
- Aushandlung der Verrechnungssätze der Kostenrechnung,
- Übersicht über die Struktur und Entwicklung der Produktkosten,
- Informationen für die Produktentwicklung,
- Richtlinien für Outsourcingentscheidungen,
- Beratung der Fachabteilung bei der Identifizierung von Einspar- und Outsourcingpotentialen, Benchmarking und Leistungsvergleichen sowie
- Definition eines einheitlichen Berichtswesens (konzernweit) mit Kennzahlen.

## 3.3 Instrumente des Produktcontrolllings

Zentrale Instrumente des Produktcontrollings sind der Produkthaushalt, die outputorientierte Budgetierung und die Kosten- und Leistungsrechnung, hierbei insbesondere die Produktkalkulation. Auf diesen basiert das produktorientierte Berichtswesen mit verdichteten Informationen auf Produktgruppen- und -bereichsebene für Führungskräfte. Für das strategische Produktcontrolling bieten sich daneben eine Vielzahl von Portfolios u.a. für die Untersuchung von Outsourcingpotentialen an [3].

Bei der outputorientierten Budgetierung kann in Form einer reinen Mengenplanung die voraussichtlich zu erbringende Menge (Fallzahl, Antragsanzahl etc.) geschätzt und mit den aufgrund einer Bedarfs- und Nachfrageanalyse ermittelten Werte abgeglichen werden. Das durchschnittliche Produktbudget sowie die durchschnittlichen Produktkosten des Vorjahres ergeben dann mit der Fallzahl multipliziert das den weiteren Verhandlungen zugrunde liegende Budget.

Die Kosten- und Leistungsrechnung unterteilt in Kostenarten-, Kostenstellen- sowie Kostenträgerrechnung. Die Kostenartenrechnung verbindet die Haushaltstitel mit der Kostenrechnung, bei kalkulatorischen Kosten kann keine Zuordnung vorgenommen werden, da diese ohne Ausgaben und Auszahlungen - eben kalkulatorisch - sind (vgl. Abbildung 10).

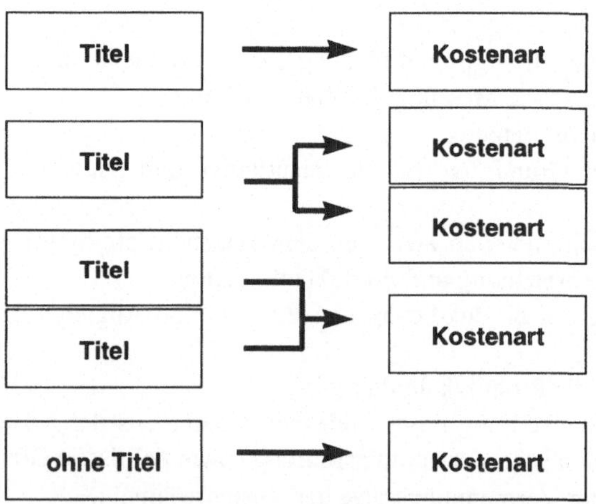


**Abb. 10: Beziehung von Titel und Kostenart**

Die Kostenstellenrechnung ordnet die Kosten organisatorischen Einheiten zu. Dabei wird in Vorkosten- und Endkostenstellen unterschieden. Die Vorkostenstellen erbringen verwaltungsintern Leistungen für die Endkostenstellen. Endkostenstellen sind produktverantwortlich. Verwaltungsexterne Leistungen für ein Produkt werden entweder in Form von Dienstleistungskosten (als Produkteinzelkosten) direkt dem Kostenträger zugeordnet oder sollten rein informatorisch ausgewiesen (verwaltungsübergreifende Produkte) werden. In der Kostenträgerrechnung werden die Produkte kalkuliert (Kostenträger-Stückrechnung) sowie im Zeitablauf betrachtet (Kostenträger-Zeitraumrechnung). Produkte fassen dabei in Abhängigkeit von der Produkt- und Prozeßgranularität mehrere Kostenträger zusammen oder entsprechen einem Kostenträger. Für die verursachungsgerechte Zuordnung der Gemeinkosten auf die einzelnen Kostenträger wurde die Prozeßkostenrechnung entwickelt.

Die in einer Prozeßkalkulation ermittelten Prozeßkosten sind mit der Fallzahl aus der Mengenplanung, die den Prozeßhäufigkeiten für das Produkt entsprechen, zu multiplizieren.

| Prozeß | Prozeßkosten | Fallzahl | Prozeßgesamtkosten |
|---|---|---|---|
| Führen des Melderegisters | 283.124,- | 1 | 283.124,- |
| Datenübermittlung an Dritte | 1,2 | 43000 | 51.600,- |
| Auskünfte | 15,2 | 19.800 | 300.960,- |
| Summe: | | | 635.684,- |

**Abb. 11: Produktkalkulation Melderegister**

## 3.4 Einführung des Produktcontrollings

Die Einführung des Produktcontrollings ist eng mit der Produktdefinition und -beschreibung verbunden. Sehr oft werden Produktbeschreibungen nur für Kostenrechnungszwecke eingerichtet. Für die Produktbeschreibung bieten sich die induktive und die deduktive Vorgehensweise an. Beide Vorgehensweisen wirken sich unterschiedlich auf die Einführung des Produktcontrollings aus.

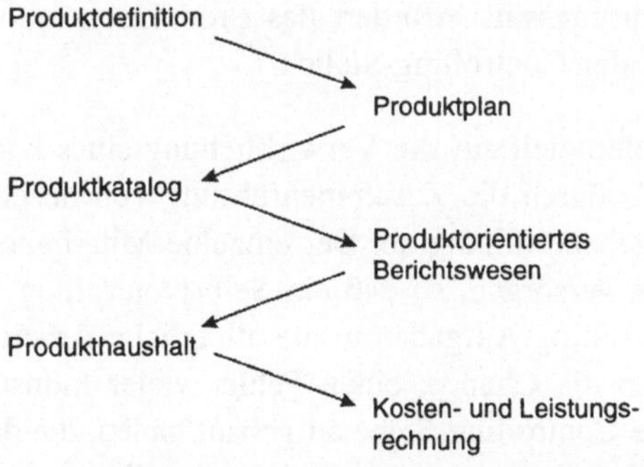


**Abb. 12: Einführungsstrategie**

Die deduktive Vorgehensweise beginnt bei den Zielen der Verwaltungsorganisation und leitet daraus die einzelnen Aufgaben und Produkte ab. Dieses top-down-Vorgehen erlaubt die einfache Anpassung der Organisationsstruktur (produkt- und projektorientierte Aufbauorganisation), erschwert damit aber naturgemäß die Produktbeschreibung. Die Produktdefinition erarbeitet nach und nach Produktpläne für einzelne Produktbereiche, die schließlich zu einem Produktkatalog zusammengefaßt werden. Das produktorientierte Berichtswesen stellt nach dem Produktplan die zweite Zwischenstufe auf dem Weg zu einem Produkthaushalt dar. Hierzu sind die Berichte für die einzelnen Produkte zu definieren. Die produktorientierte Darstellung des Haushaltes ist dann durch den sukzessiven Aufbau einer Kosten- und Leistungsrechnung zu unterstützen. Wird die gesamte Organisation produkt- und projektbezogen ausgerichtet, so besitzt bereits die Kostenstellenrechnung Aussagekraft für das Produktcontrolling.

Bei der induktiven Vorgehensweise werden die Produkte bottom-up in den einzelnen Fachabteilungen definiert, indem ausgehend von den einzelnen Leistungen Produkte gebildet werden. Diese Vorgehensweise führt erfahrungsgemäß zu einer größeren Anzahl an Produkten. Die Produktdefinitionen können dann bereits als Produktpläne in Teilbereichen zur Budgetplanung genutzt werden. Für die beschriebenen Produkte kann dann auch bereits das produktorientierte Berichtswesen prototypisch entwickelt werden. Der Produkthaushalt sowie die Kosten- und Leistungsrechnung setzen jedoch einen kompletten Produktkatalog voraus, da ansonsten Kosten unvollständig ausgewiesen und untersucht werden. Diese führt wie Partialkostenrechnungen zu Kostenverlagerungen statt zu Kostensenkungen.

## 3.5 Organisation des Produktcontrollings

Die Aufgaben des Produktcontrollings erfordern Fachwissen über die Produkte, die Produktentstehungsprozesse und generelles Controlling-Know-how. Eine organisatorische Verankerung des Produktcontrollings kann durch die Bildung von zentralen Controlling-Stellen, dezentraler Controlling-Stellen bei den Produktverantwortlichen (Produktbereiche bzw. -gruppen) sowie durch Selbstcontrolling erfolgen. Im Rahmen eines bürokratischen Führungsstils erfordert das Produktcontrolling die Einrichtung von eigenständigen zentralen Controlling-Stellen.

Das neue Steuerungsmodell zielt auf die Verwirklichung eines kooperativen kundenorientierten Führungsstils durch die Zusammenführung von dezentraler Ressourcenverantwortung und Aufgabenerfüllung ab. Der einzelne Mitarbeiter kann sich ausreichend mit Informationen versorgen, so daß ein Selbstcontrolling möglich wird, also die Übernahme der Controlling-Aufgaben in die alltägliche Arbeit. Für Verwaltungsorganisationen besteht so die Chance, einen Fehler vieler Industrieunternehmen zu vermeiden, welche große Controlling-Stäbe aufgebaut haben, die dann ihren Wissensvorsprung für eigene Zwecke nutzen und sich von ihren unternehmensinternen "Kunden" entfernten. Die Verwaltungsmitarbeiter sollten hierzu in den entsprechenden Instrumenten ausgebildet und geschult werden. Ein kleiner Controlling-Stab sorgt dann für das methodische Wissen, stellt die Instrumente bereit, berät bei Leistungsvergleichen und unterstützt die Verwaltungsführung bei der Planung des Produkthaushaltes, der Festlegung von Leistungszielen, von Verbesserungsmaßnahmen und bei der Betrachtung verwaltungsübergreifender Produkte. In größeren Verwaltungsorganisationen können daneben dezentrale Produktcontrolling-Stellen bei den Produktverantwortlichen eingerichtet werden.

# 4 Zukunftsperspektiven

Produktbeschreibungen lenken den Blickpunkt der öffentlichen Verwaltung auf ihren Output. Diese Orientierung hilft, die Kundenbedürfnisse zu befriedigen und damit die Ressourcenallokation konkret und verständlichen vorzunehmen. Produktcontrolling betrachtet die finanziellen (Kosten und Haushaltsmittel), die quantitativen und qualitativen Ergebnisse der Verwaltungstätigkeit integriert.

Es darf jedoch nicht als Allheilmittel zum Sparen mißverstanden werden, welches die anstehenden Herausforderungen von alleine bewältigt. Sondern bei der Umsetzung entsprechender Strategien sind immer die Zielsetzungen zu beachten, welche der Verwaltung zugrunde liegen. Die Bezeichnung Produkt darf daher nicht falsch interpretiert werden, sonst suggeriert sie, daß der Ersteller des Produktes und seine Leistungen austauschbar wären [27]. In diesem Falle wäre die preisgünstigste Verwaltung die Beste. Hier muß das Produktcontrolling den Ausgleich aus gesellschaftspolitischer Zielsetzung und der Kosten-Nutzen-Relation schaffen. So ist die Diskussion der Kosten bei einer Industrieansiedlung zwar ein wichtiges Kriterium, kann aber nicht das einzige sein. Entscheidungswege sowie Genehmigungsverfahren können für Unternehmen wesentlich größere Bedeutung haben. Eine einseitige Ausrichtung der Produktbeschreibung auf die Kosten - wie sie heute vielerorts zugrunde liegt - stellt schlichtweg eine Fehlinterpretation des Produktcontrolling dar.

Die Transparenz der Kosten für einzelne Produkt sowie die Kundenzielorientierung setzen enorme Motivations- und Produktivitätspotentiale in der Verwaltung frei. Hierdurch können Einsparungen im zweistelligen Prozentbereich realisiert werden. Bei der Realisierung dieser Einsparungen müssen die Kompetenz und das Know-how der einzelnen Führungskräfte genutzt und diese zur weiteren Mitarbeit motiviert werden. Hierzu bieten sich Regelungen wie 50:50, also die Aufteilung der ersparten Beträge in Investition und Einsparung im Haushalt, an.

Für den Kunden ist es unerheblich, ob nun die Kreisverwaltung oder die Kommunalverwaltung oder der Eigenbetrieb zuständig sind und die Kosten verursachen. Deshalb darf Produktcontrolling nicht an den Grenzen der eigenen Verwaltungsorganisation enden.

# Literaturverzeichnis


[1] Vgl. Deutscher Städtetag (Hrsg.): Produkte im Mittelpunkt, DST-Beiträge zur Kommunalpolitik Reihe A, Band 23, Köln 1996.

[2] Vgl. KGSt. (Hrsg.): Das Neue Steuerungsmodell: Definition und Beschreibung von Produkten, Bericht Nr. 8/1994.

[3] Vgl. Kraemer, W.; Ball, G.: Entkommunalisierung: Outsourcingpotentiale in der öffentlichen Verwaltung, in: Scheer, A.-W. (Hrsg.): Rechnungswesen und EDV, 16. Saarbrücker Arbeitstagung, Heidelberg 1995, S. 371-389.

[4] Vgl. Hilke, W.: Grundprobleme und Entwicklungstendenzen des Dienstleistungs-Marketing, in: Hilke, W.(Hrsg.): Dienstleistungs-Marketing. Band 35 der Schriften zur Unternehmensführung, Wiesbaden 1989, S. 5-44.

[5] Vgl. Corsten, H.: Betriebswirtschaftslehre der Dienstleistungsunternehmungen. 2. Aufl., München; Wien 1990.

[6] Vgl. Engelhardt, W. H.; Kleinaltenkamp, M.; Reckenfelderbäumer, M.: Leistungsbündel als Absatzobjekte. Ein Ansatz zur Überwindung der Dichtomie von Sach- und Dienstleistungen, in: ZfbF, 45 (1993) 5, S. 393-426.

[7] Vgl. Innenministerium Baden-Württemberg (Hrsg.): Kommunaler Produktplan Baden-Württemberg, Stuttgart 1996.

[8] Vgl. Bäumer, H.: Ein Drittel motzt, eine Drittel wartet ab und ein Drittel macht mit, in: Frankfurter Rundschau, 10. Juli 1997, Nr. 157, S. 12.

[9] Vgl. Scheer, A.-W.: Industrialisierung der Dienstleistungen, in: Scheer, A.-W. (Hrsg.): Veröffentlichungen des Instituts für Wirtschaftsinformatik, Heft 122, Saarbrücken Januar 1996

[10] Vgl. Maleri, R.: Grundlagen der Dienstleistungsproduktion, 2. Auflage, Berlin; Heidelberg; New York 1991.

[11] Vgl. Reichard, C.: Betriebswirtschaftslehre der öffentlichen Verwaltung, Berlin; New York 1977.

[12] Vgl. Horváth, P.: Controlling, 6. Auflage, München 1996.

[13] Vgl. Weber, J.: Controlling als Koordinationsfunktion innerhalb der Verwaltungs- bzw. Unternehmensführung. Ein Beitrag zu Lösung des Definitionsproblems des Begriffs Controlling, in: Weber, J.; Tylkowski, O. (Hrsg.): Perspektiven der Controlling-Entwicklung in öffentlichen Instituten, Stuttgart 1991, S. 15-54.

[14] Vgl. Scheer, A.-W.; Bold, M.; Heib, R.; Teusch, W.: Geschäftsprozeßmodellierung für das Controlling im Public Sector, in: m&c, 3 (1995) 4, S. 275-284.

[15] Vgl. Schmidberger, J.: Controlling für öffentliche Verwaltungen, 2. aktualisierte Auflage, Wiesbaden 1994.

[16] Vgl. Buddäus, D.: Controlling in öffentlichen Verwaltungen, in: Scheer, A.-W. (Hrsg.): Rechnungswesen und EDV, 17. Saarbrücker Arbeitstagung, Heidelberg 1996, S. 487-498.

[17] Vgl. Blanchard, B. S.: Design and Manage to Life Cycle Cost, Portland 1978.

[18] Vgl. Kraemer, W.; Zimmermann, V.: Public Service Engineering - Planung und Realisierung innovativer Verwaltungsprodukte, in: Scheer, A.-W. (Hrsg.): Rechnungswesen und EDV, 17. Saarbrücker Arbeitstagung, Heidelberg 1996, S. 555-580.

[19] Vgl. Heib, R.: Von der Produktdefinition zur Prozeßoptimierung. Internes Arbeitspapier. Saarbrücken 1997. Vgl. zu den Beispielen [7].

[20] Vgl. u.a. Eichhorn, P.: Allgemeine und Öffentliche Betriebswirtschaftslehre, insbesondere Doppik und Kameralistik, in: Eichhorn, P. (Hrsg.): Doppik und Kameralistik. Baden-Baden 1987, S. 48-62.

[21] Vgl. Gornas, J.: Grundzüge einer Verwaltungskostenrechnung. 2. Aufl., Baden-Baden 1992.

[22] Vgl. Chmielewicz, K.: Integrierte Finanz- und Erfolgsplanung. Stuttgart 1972.

[23] Vgl. Lüder, K.: Öffentliches Rechnungswesen 2000. Berlin 1994.

[24] Vgl. Teusch, W.: Budgetplanung und -kontrolle von Nonprofit-Organisationen, in: Scheer, A.-W. und Friederichs, J. (Hrsg.): Innovative Verwaltungen 2000. Wiesbaden 1996, S. 93 - 104.

[25] Vgl. Vikas, K.: Controlling im Dienstleistungsbereich mit Grenzplankostenrechnung. Wiesbaden 1988.

[26] Vgl. Zimmermann, G. und Grundmann, R.: Die Prozeßkostenrechnung als Instrument zur Wirtschaftlichkeitskontrolle und Preisbegründung in der öffentlichen Verwaltung, in: Scheer, A.-W. und Friederichs, J. (Hrsg.): Innovative Verwaltungen 2000. Wiesbaden 1996, S. 105 - 117. Berkau, C.: Vernetztes Prozeßkostenmanagement - Konzeption und Realisierung mit einem Blackboardsystem. Wiesbaden 1994.

[27] Vgl. Gilmore, J. H.; Pine, B. J.: Beyond Goods and Services, in: Strategy & Leadership, 3 (1997) 3.

# Public Accounting - Von Insellösungen zur Standardisierung der Kosten- und Leistungsrechnung in der Bundesverwaltung [1]

Klaus Buchholtz,
Arthur D. Little International, Inc., Wiesbaden
Peter Budig,
Bundesministerium der Finanzen, Bonn

## Inhalt



18. Saarbrücker Arbeitstagung für Industrie, Dienstleistung und Verwaltung 1997. Hrsg.: A.-W. Scheer. 

# 1 Notwendigkeit und Ziele für die Entwicklung einer standardisierten KLR

## 1.1 Notwendigkeit für eine bundesspezifische, standardisierte KLR

Kosten- und Leistungsrechnung (KLR) findet in der Bundesverwaltung zunehmend Verbreitung [2]. In vielen Ressorts werden Pilotprojekte zur Einführung und Prüfung des Nutzens einer KLR in der Bundesverwaltung durchgeführt. Dabei stehen die nachgeordneten Behörden bisher im Mittelpunkt, aber auch die obersten Bundesbehörden können beispielsweise im Bereich des Bundespresseamts, des Auswärtigen Amts und der Abteilung Straßenbau beim Bundesministerium für Verkehr auf erste Ansätze mit der produktorientierten Steuerung auf der Basis von Kosten- und Leistungsinformationen verweisen.

Getrieben durch die zunehmenden Einsparungszwänge und ermutigt durch erste Erfolge der KLR-Pilotprojekte beschäftigt sich nun eine stetig wachsende Zahl von Bundesbehörden mit der KLR. Dabei besteht aus übergeordneter Sicht die Gefahr, daß vergleichbare Probleme, wie z. B. eine Schnittstelle zur Haushaltsrechnung oder ein Kosten-/Leistungsartenplan, mehrfach angegangen und gelöst werden. Eine Koordination erscheint hier geboten, um zu verhindern, daß das Rad der KLR immer wieder neu erfunden wird.

Neben diesen vergleichbaren Problemfeldern der KLR zeichnet sich die Bundesverwaltung durch eine besondere Heterogenität der Fachaufgaben und die Nähe zu politisch-parlamentarischen Prozessen aus. Vor allem Konzepte aus der Privatwirtschaft können dementsprechend lediglich als methodische und instrumentelle Hinweise bei der Entwicklung einer KLR für die Bundesverwaltung verstanden werden. Auch eine unreflektierte Übertragung von KLR-Ansätzen aus dem kommunalen Dienstleistungsbereich kann nicht zielführend sein, da bei Kommunalverwaltungen - entsprechend der deutschen Verwaltungsstruktur - ausführende Aufgaben überwiegen, während die Bundesverwaltung in hohem Maße für politische und planende Aufgaben zuständig ist. Die Notwendigkeit der Entwicklung einer Konzeption für eine KLR, die auf die spezifischen Belange der Bundesverwaltung abgestimmt ist, liegt somit auf der Hand.

Das Bundeskabinett hat dieser Notwendigkeit dadurch Rechnung getragen, daß das Bundesministerium der Finanzen (BMF), durch den Beschluß vom 7. Februar 1996, mit der Entwicklung konzeptioneller Grundlagen für eine standardisierte KLR für die Bundesverwaltung beauftragt wurde. Zur Erfüllung dieses Auftrags arbeitete das BMF von Dezember 1996 bis Juli 1997 gemeinsam mit Arthur D. Little an dem Projekt zur „Entwicklung einer standardisierten KLR für die Bundesverwaltung".

## 1.2 Zielsetzungen der standardisierten KLR

Für die Bundesverwaltung sollen Rahmenregelungen entwickelt werden, die eine standardisierte und damit vergleichbare Anwendung der KLR in geeigneten Bereichen ermöglichen. Diese Rahmenregelungen werden zugleich Einführungshilfe für die Konzeption und Durchführung der KLR in einzelnen Behörden sein und stellen so die notwendige Koordination der KLR in der Bundesverwaltung sicher.

Die allgemeinen Rahmenregelungen für die KLR reichen von einheitlichen Begriffsdefinitionen bis hin zum gleichen Verständnis von zentralen Kennzahlen, wie z. B. dem Kostendeckungsgrad. Damit wird sichergestellt, daß die KLR-Experten und das Verwaltungsmanagement in Sachen KLR problemlos und ohne Mißverständnisse kommunizieren und - wo möglich und sinnvoll - Kosten- und Leistungsvergleiche durchführen können.

Neben der Schaffung von allgemeinen Rahmenregelungen zielt die Standardisierung auf eine Vereinheitlichung der Verfahren zur inner- und zwischenbehördlichen Verrechnung. Vergleichbarkeit bei innerbehördlichen Verrechnungsverfahren kann und soll die notwendige Transparenz im Bereich der Gemeinkosten der Bundesverwaltung bringen. Im Rahmen der zwischenbehördlichen Verrechnung sollen Verfahren bereitgestellt werden, die die vielfältigen Leistungsbeziehungen zwischen Bundesbehörden (z. B. im Rahmen der Amtshilfe oder auch für Baudienstleistungen) abbilden und die Bewertung bisher unentgeltlich erbrachter Leistungen unter Kosten-/Leistungsaspekten ermöglichen.

Schließlich soll mit der Standardisierung die fachliche Kompatibilität zwischen Haushaltsrechnung und KLR sichergestellt werden. Hinter dieser Zielsetzung verbirgt sich eine der wesentlichen, vom BMF gesetzten Prämissen für das Rechnungswesen des Bundes: Der auf das parlamentarische Bewilligungsverfahren ausgerichtete Haushalt wird auch in Zukunft das maßgebliche Finanzrechnungssystem bleiben und ist für Zwecke der internen, an der Wirtschaftlichkeit orientierten Steuerung in geeigneten Bereichen durch eine KLR zu ergänzen.

Vor der Entwicklung einer KLR-Konzeption müssen die Rechnungsziele festgelegt werden, die die Auswahl der einzusetzenden KLR-Verfahren und -Systeme grundlegend bestimmen. Aus einem Querschnittsvergleich der Pilotprojekte wurden die folgenden sechs Ziele als für eine KLR in der Bundesverwaltung maßgeblich festgelegt:

1. Schaffung von Transparenz über Kosten und Leistungen;
2. Verbesserung der Planung, Steuerung und Kontrolle von Kosten und Leistungen;
3. Unterstützung der Haushaltsplanung und -ausführung;
4. Ermittlung kostendeckender Gebühren und Entgelte;
5. Prüfung der Möglichkeiten der Privatisierung;
6. Ergänzung der Instrumente der kameralistischen Haushaltsrechnung.

Die KLR hat im Laufe ihrer Entwicklung und Anwendung einen Wandel von einem Rechnungs- und Dokumentationssystem zu einem führungsunterstützenden Controllinginstrument durchlaufen. Darüber hinaus ergeben sich aus den Konzepten zur Verwaltungsmodernisierung, die heute unter dem Begriff „New Public Management" zusammengefaßt werden, inhaltliche Anforderungen an die Entwicklung eines KLR-Standards für die Bundesverwaltung. Um diesen Entwicklungstrends Rechnung zu tragen, gelten für die inhaltliche Ausgestaltung der standardisierten KLR die folgenden Prinzipien.

- **KLR als behördeninternes Steuerungsinstrument**

  Bei der Festlegung von KLR-Standards steht der Steuerungs- und Informationsbedarf der Behördenleitung und der anderen behördeninternen Führungsebenen im Mittelpunkt. Die Herstellung von Vergleichbarkeit, z. B. bei Produkten oder Kosten-/Leistungsarten, dient nicht als Basis für eine Konsolidierung von KLR-Daten auf Bundesebene. Vielmehr sind die fachaufgabenspezifischen Anforderungen der Ressorts und Behörden zu berücksichtigen. D. h. mit anderen Worten: Die KLR-Standards sind einerseits so detailliert, daß eine vergleichbare Anwendung möglich ist, bleiben jedoch andererseits so allgemein, daß genügend Freiraum für eine behördenspezifische Ausgestaltung bleibt.

- **Produktorientierte KLR**

  Um die Ergänzung der inputorientierten Steuerung im Haushalt durch die outputorientierte Steuerung sicherzustellen, wird die KLR konsequent produktorientiert konzipiert. Damit rücken die Ergebnisse der Verwaltungsprozesse in den Mittelpunkt. Zur Verbesserung des Gemeinkostenmanagements und zur Schaffung einer Basis für transparente innerbetriebliche Verrechnungen werden neben externen auch interne Produkte definiert.

- **Outputorientierte Kostenplanung als Basis für die Haushaltsplanung**

  Das Ziel der Unterstützung von Haushaltsplanung und -ausführung stellt vor allem in der Planungsphase hohe Anforderungen an die Standard-KLR. Bei der Jahresplanung gilt es zunächst Planansätze für Leistungen auf der Basis von Mengen, Qualitäten und gegebenenfalls auch Erlösen zu ermitteln. Die korrespondierenden Kostenansätze sind dann in Haushaltsplanansätze zu überführen. Durch eine derartige Verknüpfung von Kosten-/Leistungsplanung und Haushaltsplanung kann auch für den Haushalt die notwendige Outputorientierung sichergestellt werden.

- **Wettbewerbsorientierte KLR**

  Die Leistungen der Bundesverwaltung werden überwiegend nicht in einem marktlichen Wettbewerb erbracht. Der durch die Konkurrenz aufgebaute Effizienzdruck entsteht somit für Bundesbehörden nicht. Als Wettbewerbssurrogat hat sich auf der kommunalen Ebene im In- und Ausland bereits der zwischenbehördliche Vergleich (Benchmarking) etabliert und bewährt. Die standardisierte KLR muß die notwendigen Voraussetzungen und Rahmenbedingungen für derartige Vergleiche schaffen und entsprechende Anstöße geben.

- **Unabhängigkeit des KLR-Standards von der behördenspezifischen Organisation**

  Mit den KLR-Standards sollen keine Vorgaben für die Organisation der Behörden festgeschrieben werden. Dementsprechend wird beispielsweise auf eine inhaltliche Standardisierung von Kostenstellen und Prozessen verzichtet. Diesem Vorgehen liegt die Philosophie zugrunde, daß die KLR ein Instrument ist, das Anstöße für organisatorische Optimierungen liefert, diese aber nicht im Detail festschreiben soll.

- **Unterstützung von Entscheidungen und Optimierungsansätzen**

  Die Entscheidungsorientierung ist seit Jahren das prägende Prinzip für die KLR. Preispolitik, Outsourcing oder Programmplanung sind typische Entscheidungssachverhalte, die die KLR mit adäquaten Kosten- und Leistungsinformationen unterstützen muß. Aus den o. g. Zielen ergibt sich für die Standard-KLR bei der Unterstützung von Privatisierungsentscheidungen ein aktuell hoher Bedarf.

Einen Überblick über die Ziele und Prinzipien, die der Standardisierung der KLR für die Bundesverwaltung zugrunde liegen, gibt Abbildung 1.

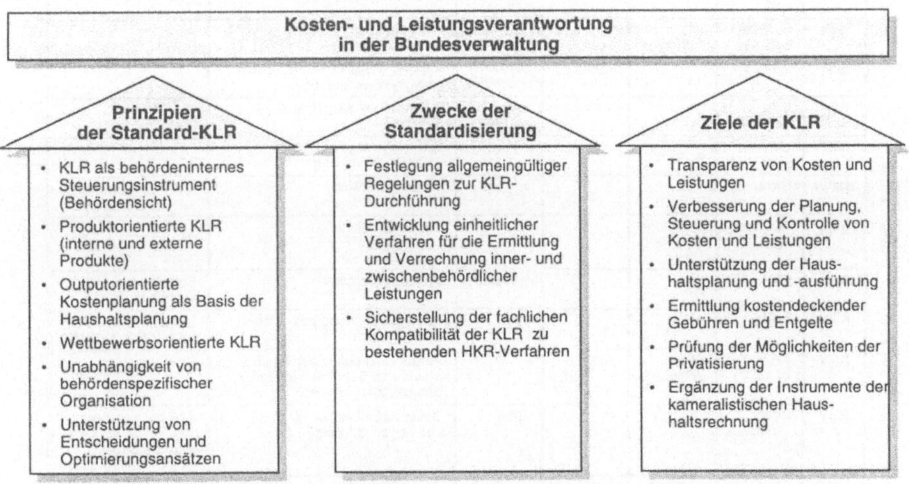


**Abb. 1: Ziele und Prinzipien der standardisierten KLR für die Bundesverwaltung**

## 2 Aktueller Stand der KLR in der Bundesverwaltung

Eine Analyse der bereits existierenden KLR-Konzepte und -Systeme in der Bundesverwaltung ergibt ein recht heterogenes und schwer überschaubares Bild. Viele Behörden beschäftigen sich zwar mit der KLR, sind aber über die Formulierung erster Gedanken und Ansätze noch nicht hinaus gekommen. Von KLR-Erfahrungen, die in den Prozeß der Entwicklung des Standards sinnvoll eingebracht werden können, kann man lediglich bei 18 Behörden sprechen (vgl. Abbildung 2). Auch bei diesen finden sich unterschiedliche Entwicklungsstände und zum Teil sehr unterschiedliche Ansätze. Signifikante Erfahrungen mit der KLR im Wirkbetrieb und bei der Anwendung von KLR-Informationen weisen insgesamt fünf Behörden auf: Wasser- und Schifffahrtsverwaltung (WSV), Bundesamt für Post und Telekommunikation (BAPT), ausgewählte Dienststellen des Bundesministeriums der Verteidigung (BMVg), Deutscher Wetterdienst (DWD) und die Bundesvermögensverwaltung (BV).

| Ressort | Behörde | Konzeption von ... bis ... | Pilotphase von ... bis ... | Wirkbetrieb ab ... | KLR-Anforderungen | Anmerkungen |
|---|---|---|---|---|---|---|
| AA | AA | abgeschlossen | | | Steuerung des politischen Bereichs durch Zielvorgaben, Basis für Controlling-Konzept | |
| BK | SWP | abgeschlossen | | | Kostentransparenz, Forschungscontrolling | |
| BK | BPA | abgeschlossen | seit 09/97 | | Transparenz, Projektcontrolling, Basis für Controlling-Konzept | |
| BMI | Statistisches Bundesamt | ab 1997 | | | Kostentransparenz für Produkte/ Statistiken "Ressortinterne Verrechnung" | |
| BMI | B. Institut SportWi | in Arbeit | | | Transparenz für Forschungsarbeit/ Projektcontrolling | |
| BMI | BSI | | keine | 03/1997 | Kostentransparenz für Kostenarten, -stellen und -träger | |
| BMF | BVV-Forsten | | | stufenw. ab 1995 | Auftragscontrolling, internes Benchmarking | |
| BMF | BVV-Liegenschaft. | in Arbeit | | | Vergleich mit privatwirtschaftlicher Wohnungswirtschaft | |
| BMWi | BAM | | | teilweise | Projektcontrolling | |
| BML | B. Sortenamt | Grobkonzept liegt vor | | | Gebührenkalkulation | |
| BMV | LBA | | | teilweise | Gebührenkalkulation | Softwareausschreibung läuft |
| BMV | WSV | | | 1985 | Effizienzsteigerung im betrieblichen Bereich | Nur im betriebl. Bereich (ca. 8.000 MA) |
| BMV | KBA | abgeschlossen | ab III/97 | | Produktorientierte Planung und Steuerung, Gebührenkalkulation, Unterstützung HH-Planung | |
| BMV | DWD | | | 1996 | Gebührenkalkulation, Kosten-/ Leistungscontrolling | KLR hat Teil einer integrierten betriebswirtschaftlichen Systemlandschaft |
| BMV | EBA | ab III/97 | | | | Ausschreibung für Feinkonzept und Software läuft |
| BMPT | BAPT | | Mitte 1993 | 1994 | Gebührenkalkulation, Kostentransparenz | Flächendeckend in 54 Außenstellen mit ähnlichen Aufgaben |
| BMVg | BMVg | | | 1995 | Grundlage für Kostenbewußtsein/ -verantw. (Verbindung zu KVP) | In ca. 70 Dienststellen |
| BMBF | BMBF | | | 1990 | Wissenschaftliches Projektcontrolling | Qualitatives Projektcontrolling in F&E |

**Abb. 2: Übersicht zum aktuellen Stand der KLR in der Bundesverwaltung**

KLR-Erfahrungen liegen in leichter Häufung in den Geschäftsbereichen der Bundesministerien für Verkehr, des Inneren und der Verteidigung vor. Dennoch kann sowohl aus konzeptioneller Sicht als auch in bezug auf die Verbreitung der KLR lediglich von Insellösungen gesprochen werden. Die Gebührenkalkulation war häufig die treibende Anforderung an die KLR und damit ein Hauptgrund für ihre Einführung. In letzter Zeit ist jedoch zunehmend zu beobachten, daß die Kostentransparenz sowie die Schaffung einer Basis für das Controlling als Anforderungen an die KLR formuliert werden, z.B. in der BV. Dies wird auch an der Verknüpfung der KLR mit einem kontinuierlichen Verbesserungsprogramm in den Dienststellen des BMVg deutlich.

Bei der Betrachtung einzelner Elemente der KLR fällt auf, daß aus unterschiedlichsten Motiven zum Teil erheblich divergierende Ansätze gewählt wurden. Dies soll beispielhaft an den verwendeten Kosten-/Leistungsartenplänen ausgewählter Behörden verdeutlicht werden (vgl. Abbildung 3). Ein dekadischer Kontenrahmen, der sich in der Privatwirtschaft als systematischer Rahmen für die Ordnung und Numerierung von Konten nachhaltig bewährt hat, wird nicht von alle Behörden angewendet. Darüber hinaus unterscheiden sich Inhalt und Detaillierungsgrad der Kontengruppen zum Teil erheblich. Die Berücksichtigung der Haushaltssystematik bei der Herleitung von Kosten-/Leistungsarten erfolgt bei einigen Behörden nicht, was zu Abstimmungsproblemen zwischen Finanzrechnung und KLR führen kann.

Sicherlich sind einige der dargestellten Unterschiede auf die behördenspezifischen Anforderungen zurückzuführen und damit sachlich begründet, wie z. B. die Berücksichtigung von Finanztransfers im Auswärtigen Dienst. Andere Divergenzen, wie z. B. bei der Verwendung eines Kontenrahmens oder der Berücksichtigung der Haushaltssystematik, führen jedoch zu einer erhöhten Komplexität der KLR, erschweren Vergleiche zwischen Behörden und lassen eine Verbindung zwischen Haushaltsrechnung und KLR nur in Teilen zu.

| | Vergleich von Kosten- und Leistungsartenplänen ausgewählter KLR-Konzepte | | | | | |
|---|---|---|---|---|---|---|
| **Vergleichsgrundlagen** | **Ausw. Dienst** | **BPA** | **BMVg** | **BAPT** | **WSV** | **DWD** |
| **Anzahl der Kontenklassen analog zu GKR oder IKR** | - | 10 | - | 10 | - | 10 |
| **Anzahl der Hauptkontengruppen** | 4 | 20 | 5 | 24 | 10 | 19 |
| **Grobstruktur der Kontenklassifizierung** | • Personalkosten<br>• Sachkosten<br>• Finanztransfer<br>• Kalk. Kosten | • Umsatz u. sonst. Erlöse<br>• Personalkosten<br>• Sach- u. sonst. Kosten (inkl. Afa auf Vermögensgegenstände<br>• Amtsinterne Verrechnung | • Personalkosten<br>• Materialkosten<br>• Infrastruktur-Betriebskosten<br>• Kalk. Kosten<br>• Sonst. Kosten externer Dienste | • Erträge/ Leistungen<br>• Aufwendungen (inkl. Material u. Personalkosten)<br>• Ergebnisrechnungen<br>• Abgrenzungen | • Abgaben/Mieten<br>• Betriebsstätte<br>• Verbrauchsstätte<br>• Ersatzteile u. Ausrüstung<br>• Beschaffungskost.<br>• Personalkosten<br>• Unternehmerleistungen | • Personalkosten<br>• Infrastrukturkost.<br>• Geschäftsbed.<br>• Neutraler Aufw.<br>• Kfz-Kosten<br>• Marketingkosten<br>• Kommunikationskosten<br>• Abgrenzungen<br>• Kalk. Kosten+ILV |
| **Berücksichtigung der bestehenden HH-Titelsystematik** | • 80 Titel aus 5 Kapiteln zu 80 Kostenarten zusammengefaßt<br>• Entsprechungstabellen | • Überführungsrechnung HKR<br>• Mehrere 100 Kostenarten<br>• Jeder Titel wird auf eine oder mehrere Kosten-arten umgelegt | • Mehrere 100 Titel auf 39 Kostenarten verrechnet | — | — | — |
| **Org. Besonderheiten bei der Einrichtung** | • Oberste Behörde | • Oberste Bundesbehörde | • Dienststellen der Bundeswehr | • Nachgeordnete Behörde | • Nachgeordnete Behörde | • Nachgeordnete Behörde |
| **Besonderheiten** | • Wegen Geringfügigkeit keine Berücksichtigung der Einnahmen | — | • Kostenarten sind noch in Unterkostenarten unterteilt<br>• Infrastruktur-Betriebskosten | • Umfassende Ergebnisrechnung | • Kostenverrechn. erfolgt nicht für Personalkosten<br>• Berücksichtigung nur von Personalnebenkosten | — |

**Abb. 3: Kosten-/Leistungsartenpläne ausgewählter KLR-Konzepte im Vergleich**

# 3 Konzept der standardisierten KLR

Im Prozeß zur Entwicklung von Standards im Rechnungswesen stellt sich die Herausforderung, einen Mittelweg zwischen so extremen Polen wie Problembezug und Allgemeingültigkeit, Spezifität und Flexibilität sowie Akzeptanz bei den zukünftigen Nutzern und bei anerkannten KLR-Experten zu finden. Diese Herausforderungen wurden durch eine besondere Projektorganisation bewältigt, die in ähnlich polarisierter Form strukturiert ist. Ein Projektbeirat mit Mitarbeitern aus allen Ressorts wurde durch eine Expertenrunde mit anerkannten Wissenschaftlern aus den Bereichen öffentliche Verwaltung und Rechnungswesen ergänzt. Ressortspezifische Projektgruppen, in denen die Anforderungen aller Ressorts aufgenommen wurden, gingen in themenbezogene Projektgruppen über, in denen die für alle Ressorts verbindlichen Standards entwickelt wurden. Schließlich erfolgte im Rahmen eines Akzeptanztests mit zwei Bundesbehörden die Überprüfung, ob das Konzept der Standard-KLR und das erstellte Einführungshandbuch tatsächliche eine Einführungshilfe für die zukünftigen KLR-Nutzer sind [3].

## 3.1 Überblick

### 3.1.1 Anwendungsbereiche für eine KLR in der Bundesverwaltung

Mit der Entwicklung der standardisierten KLR war auch die Frage nach den geeigneten Anwendungsbereichen für eine KLR in der Bundesverwaltung zu beantworten. Fraglich erschien in diesem Zusammenhang aus Sicht der Ressorts, ob eine KLR in Ministerien und dort vor allem in den politisch-parlamentarischen Aufgabenbereichen sinnvoll eingesetzt werden kann.

Nach eingehender und strukturierter Analyse der Aufgaben der Bundesverwaltung bleibt festzuhalten, daß eine Kostenrechnung in allen Bereichen der Bundesverwaltung nutzbringend eingesetzt werden kann [4]. Im ministeriellen Bereich wird dabei häufig auf Ansätze der Projektkostenrechnung zurückzugreifen sein, die sich bereits in der Forschung und Entwicklung von Unternehmen bewährt haben. Grenzen für den Einsatz der KLR aus betriebswirtschaftlicher Sicht bestehen lediglich in kleinen Bereichen der Bundesverwaltung für die Leistungsrechnung. Einige Aufgaben der Bundesverwaltung sind als ad-hoc-Tätigkeit zu kennzeichnen, die nicht planbar und nicht meßbar sind. In derartigen Bereichen ist eine Leistungsrechnung nicht mehr sinnvoll möglich, d. h. die Leistungsmessung würde einen zu hohen Aufwand bei geringem Nutzen erfordern. Die Kostenplanung sollte bei derartigen Aufgaben pauschal erfolgen, um nicht eine Planungsgenauigkeit zu erzwingen, die aufgrund der Tätigkeitsstruktur nicht sinnvoll durchführbar ist. Von diesen Einschränkungen abgesehen, ist die KLR als in allen Bereichen der Bundesverwaltung einsetzbar einzustufen.

### 3.1.2 Standardisierungsbereiche und Standardisierungsgrad

Mit den einzelnen Detailfacetten der KLR lassen sich bei dem heutigen Stand der betriebswirtschaftlichen Diskussion hunderte von Seiten füllen. Dementsprechend gilt es zunächst, diejenigen KLR-Bereiche zu identifizieren, die sich für eine Standardisierung grundsätzlich eignen und gemäß o. g. Zielsetzungen bei der Entwicklung der Standard-KLR zu berücksichtigen sind. Entsprechende Analysen zeigen, daß der allgemeine Verwaltungsbereich, der in allen Behörden annähernd gleiche Aufgaben umfaßt (z. B. Organisation, Personal, Haushalt, innerer Dienst), in höherem Maße standardisierbar ist als der Fachaufgabenbereich. Dementsprechend erfolgt bei der Festlegung des Standardisierungsgrades eine Unterscheidung nach allgemeinem Verwaltungsbereich und Fachaufgabenbereich. Ebenso lassen sich nicht alle ausgewählten KLR-Bereiche inhaltlich standardisieren. In einigen Fällen werden sogenannte methodische Standards festgelegt, die eine standardisierte Vorgehensweise beschreiben (z. B. Vorgehensweise für die Produkt- oder Kostenstellenbildung).

Unter Verwendung der dargestellten Kategorien werden die standardisierten KLR-Bereiche mit ihrem Standardisierungsgrad und einer Kurzbeschreibung des Standards nachfolgend dargestellt (vgl. Abbildung 4 bis 6).

| KLR-Bereich | Standardisierungsgrad | | Standard |
|---|---|---|---|
| | Allg. Verwaltungsbereiche | Fachaufgabenbereiche | |
| **Bundeskontenrahmen (einschl. Kosten-/ Leistungsartenplan)** | ⊙ | ⊙ | • 10 Kontenklassen sind einheitlich festgelegt<br>• Herleitung der Kosten-/Leistungsarten aus dem Gruppierungsplan des Haushaltes<br>• Standardisierung der Kosten-/Leistungsarten überwiegend auf Ebene der Obergruppen der Haushaltssystematik |
| **Erfassungs-/ Bewertungsregeln** | ● | ⊙ | • Nutzungsdauer-Tabelle für Gegenstände, die üblicherweise für allgemeine Verwaltungsaufgaben eingesetzt werden<br>• Inhaltliche Standardisierung zur Berechnung der Kalkulatorischen Kosten<br>• Standardisierte Vorgehensweise zur systematischen Kostenerfassung und -bewertung<br>• Standardvorgaben für Personalzeiten und -kosten |
| **Kostenstellen** | ○ | ○ | • Standardisierte Vorgehensweise zur systematischen Abbildung der Orte der Kostenentstehung in Anlehnung an die Organisationsstruktur |

● Inhaltlicher Standard ○ Methodischer Standard ⊙ Inhaltlicher Standard mit begrenztem Detaillierungsgrad

**Abb. 4: KLR-Standards im Überblick (1)**

Mit der inhaltlichen Standardisierung des Kontenrahmens und der Erfassungs- und Bewertungsregeln für Kosten und Leistungen wird vor allem sichergestellt, daß Informationen auf der Ebene der Kosten- und Leistungsarten vergleichbar sind. Durch die ausschließlich methodische Standardisierung der Kostenstellen werden Vorgaben und Eingriffe in die Organisation der Behörden vermieden. Dennoch ist eine Vorgehensweise zur behördenindividuellen Kostenstellenbildung verfügbar, die u. a. die bisherigen Erfahrungen aus der Bundesverwaltung zusammenfaßt. Auf die wesentlichen Erfassungs- und Bewertungsregeln wird in Kapitel 3.2.4 näher eingegangen.

| KLR-Bereich | Standardisierungsgrad | | Standard |
|---|---|---|---|
| | Allg. Verwaltungsbereiche | Fachaufgabenbereiche | |
| Kostenträgerrechnung, Kalkulation von Leistungen | ○ | ○ | • Standardisierte Vorgehensweise zur Auswahl von Kalkulationsverfahren<br>• Zielbezogene Unterscheidung zwischen Gebührenkalkulation und Kalkulation zum Zweck der internen Steuerung |
| Kostenpauschalen / Standardkostensätze | ● | ● | • Behördenspezifische Personalkostensätze je Besoldungs- und Vergütungsgruppe<br>• Sachkostenpauschale für Planungszwecke |
| Prozesse, Produkte, Kosten-/Leistungsträger, Leistungsrechnung | ● | ○ | • 46 standardisierte Produkte für den allgemeinen Verwaltungsbereich<br>• Standardisierte Vorgehensweise zur prozeßorientierten Bildung und Beschreibung von Produkten<br>• Messung der Leistung in den Dimensionen Menge, Erlös und Qualität |
| Kostenrechnungssystem/-verfahren | ◉ | ◉ | • KLR-Tool-Box zum behördenindividuellen Einsatz der KLR<br>• Standardisiertes Basis-KLR-System, das den Zielen der KLR und der Standardisierung gerecht wird<br>• Erweiterung der KLR-Tool-Box um aufgabentypspezifisch einzusetzende Bestandteile |

● Inhaltlicher Standard ○ Methodischer Standard ◉ Inhaltlicher Standard mit begrenztem Detaillierungsgrad

**Abb. 5: KLR-Standards im Überblick (2)**

Der wesentliche Unterschied zwischen der Standardisierung im allgemeinen Verwaltungsbereich und im Fachaufgabenbereich manifestiert sich in der Vorgabe von 46 Produkten zur Abbildung der allgemeinen Verwaltungsaufgaben. Für die Gebührenkalkulation wird ein Vorgehen auf der Basis der Zuschlagskalkulation vorgegeben, das neben Personal- und Sachkosten auch Kapitalkosten und begründete Wagniskosten enthält. Für interne Steuerungszwecke kann aus dem Spektrum gängiger Kalkulationsverfahren das für den jeweiligen Aufgabentyp anzuwendende ausgewählt werden. Die bisherige Verwendung von einheitlichen Personalkostensätzen für die gesamte Bundesverwaltung (BMI-Sätze) wird mit der Standard-KLR zugunsten von behördenspezifischen Standardkostensätzen aufgegeben. Das Berechnungsschema umfaßt dabei neben den direkten und indirekten Personalkosten auch Personalnebenkosten und Pensionsrückstellungen. Personalgemeinkosten gehen nicht mehr pauschal, sondern behördenspezifisch aus der Kostenstellenrechnung in den Personalkostensatz ein. Auf die zentralen Bereiche Leistungsrechnung und KLR-Tool-Box wird in Kapitel 3.2.1 näher eingegangen.

| KLR-Bereich | Standardisierungsgrad | | Standard |
|---|---|---|---|
| | Allg. Verwaltungsbereiche | Fachaufgabenbereiche | |
| Innerbehördliche Leistungsverrechnung | ○ | ○ | • Methodischer Standard zur Verrechnung innerhalb von Behörden mittels interner Produkte |
| Zwischenbehördliche Leistungsverrechnung | ○ | ○ | • Methodischer Standard zur Anwendung Verfahren zur Leistungsverrechnung auf die zwischenbehörliche Betrachtung |
| Berichtswesen/ Kennzahlen | ⊙ | ⊙ | • Standardisierte Kennzahlen für die Produkte des allgemeinen Verwaltungsbereiches<br>• Beschreibung von Berichten anhand Berichtssteckbriefe<br>• Standardisierter Planungskalender |
| (Quasi-)Wettbewerb, Benchmarking | ○ | ○ | • Standardisierte Vorgehensweise zur Etablierung von Wettbewerb auf der Basis von KLR-Informationen<br>• Identifikation und Priorisierung von Bereichen der Bundesverwaltung in bezug auf die Eignung für Wettbewerb |
| Überführungsrechnung zum HKR | ● | ● | • Laufende Rechnung mit dezentraler Erfassung zur Überführung von Haushaltstiteln in Kosten-/Leistungsarten<br>• Standardisierter Bericht zur Abgrenzung von KLR- und Haushaltsergebnis auf der Ebene von Haushaltskapiteln<br>• Standardisierte Vorgehensweise zur outputorientierten Haushalts- und Kostenplanung |

● Inhaltlicher Standard   O Methodischer Standard   ⊙ Inhaltlicher Standard mit begrenztem Detaillierungsgrad

**Abb. 6: KLR-Standards im Überblick (3)**

Die innerbehördliche Leistungsverrechnung ist durch das Konzept der internen Produkte geprägt. Dadurch können interne Marktmechanismen aktiviert werden, die eine Effizienzsteigerung im allgemeinen Verwaltungsbereich fördern oder sogar fordern. Darüber hinaus stellt die umfassende Transparenz der Leistungen des allgemeinen Verwaltungsbereiches den Einstieg in ein fortlaufendes Gemeinkostenmanagement auf der Basis zwischenbehördlicher Vergleiche dar. Ausgewählte Kennzahlen können verglichen und Abweichungen als Anhaltspunkte für Effizienzsteigerungspotentiale genutzt werden. Nähere Erläuterungen zur Überführungsrechnung finden sich in Kapitel 3.2.3.

## 3.2 Ausgewählte Bestandteile der Standard-KLR im einzelnen

Der begrenzte Raum dieses Beitrags einerseits sowie der große Umfang der Standard-KLR andererseits machen es erforderlich, bei der konkreten Darstellung des Standards auf ausgewählte, wichtige und für die Bundesverwaltung typische Bereiche des Standards einzugehen. Für eine vollständige Darstellung der standardisierten KLR sei auf den Projektergebnisbericht von Arthur D. Little für das BMF verwiesen, der im Herbst dieses Jahres veröffentlicht wird.

### 3.2.1 Die KLR-Tool-Box als Kern der Standard-KLR

Systeme der KLR, wie z. B. die Vollkostenrechnung, die Deckungsbeitragsrechnung oder die Einzelkostenrechnung sind vor dem Hintergrund eines spezifischen Rechnungszieles entwickelt worden. In der Regel wird mit dem Einsatz der KLR jedoch nicht nur ein singuläres Ziel verfolgt. So hat beispielsweise die Deckungsbeitragsrechnung die vorher in der Privatwirtschaft übliche Vollkostenrechnung nicht ersetzt, sondern diese in bestimmten Entscheidungssituationen ergänzt. Ziele waren dabei sowohl die Vollkostentransparenz als auch eine Deckungsbeitragstransparenz als Basis für Produktprogrammentscheidungen.

Aus diesem Tatbestand ist zu erklären, daß moderne KLR-Systeme zunehmend aus verschiedenen Teilsystemen bestehen und dadurch unterschiedlichen Rechnungszielen gerecht werden. Einige Beispiele für derartige KLR-Systeme seien zur Verdeutlichung genannt: prozeßkonforme Grenzplankostenrechnung, fixkostenmanagementorientierte Plankostenrechnung, prozeßorientierte Standard-Einzelkostenrechnung. Der Einsatz dieser Systeme in der Praxis hat gezeigt, daß eine Integration unterschiedlicher KLR-Systeme vor allem aufgrund der gut entwickelten IT-Unterstützung heute unproblematisch ist.

Neben der Berücksichtigung unterschiedlicher Rechnungsziele ist der Einsatz der KLR auf die Anforderungen der jeweiligen Aufgabenstruktur abzustimmen. Mit Hilfe einer Aufgabentypologisierung kann in diesem Zusammenhang eine sinnvolle Grundlage für den KLR-Einsatz geschaffen werden. Als Grundlage für die Aufgabentypologisierung in der Bundesverwaltung werden die folgenden drei Typologisierungsmerkmale eingesetzt:

- **Tätigkeitsstruktur:**

  Beschreibt Komplexität und Innovationsgrad der Aufgabeninhalte mit den Merkmalsausprägungen repetitiver Tätigkeit, Auftragstätigkeit und Projekttätigkeit.

- **Wettbewerbsumfeld:**

  Beschreibt die Verfügbarkeit alternativer Leistungsanbieter oder von Vergleichsmöglichkeiten mit den Merkmalsausprägungen marktlicher Wettbewerb, Quasi-Wettbewerb (zwischenbehördlicher Produktkostenvergleich) und kein Wettbewerb.

- **Entgeltorientierung:**

  Beschreibt, ob als direkte Gegenleistung für die Aufgabenerfüllung Entgelte erhoben werden oder nicht mit den Merkmalsausprägungen Leistung gegen Entgelt und kein Entgelt.

Die unterschiedlichen Systeme und Verfahren der KLR sind also an spezifische Anwendungsbedingungen geknüpft, die sich aus den KLR-Zielen und dem Aufgabentyp ergeben. Dabei ist es das Ziel der Standard-KLR, für die in der Bundesverwaltung jeweils anzutreffenden Anwendungsbedingungen, ein adäquates KLR-System zur Verfügung zu stellen. Es kann also nicht ein einziges KLR-System für die gesamte Bundesverwaltung geben. Dementsprechend ist ein wesentlicher Bestandteil der Standard-KLR die KLR-Tool-Box.

Aus den Zielen der KLR ergeben sich fünf Standard-KLR-Systeme, die unter der Bezeichnung „Qualitätsorientierte Plan-KLR" zusammengefaßt werden und den ersten Teil der KLR-Tool-Box darstellen. Die einzelnen Standard-KLR-Systeme sind:

- Flexible Plan-KLR auf Vollkostenbasis als Basissystem, um den Zielen der Transparenz sowie der Planung, Steuerung und Kontrolle von Kosten und Leistungen Rechnung zu tragen, ergänzt um
- die Überführungsrechnung zur Haushaltsrechnung, um das Ziel der fachlichen Kompatibilität zwischen KLR und Haushaltsrechnung zu erreichen;
- die Leistungsrechnung mit Qualitätsindikatoren, um eine umfassende Leistungstransparenz und aussagekräftige Kostenvergleiche zu ermöglichen;
- das System zur Leistungsverrechnung, um durch die inner- und zwischenbehördliche Leistungsverrechnung die Kräfte interner Märkte zur Steigerung der Effizienz freizusetzen;
- die Standardkostenrechnung, um sicherzustellen, daß sich Transparenz aus verhaltensorientierter Sicht lediglich auf beeinflußbare Kosten bezieht.

Letztlich ist die Qualitätsorientierte Plan-KLR wie andere moderne KLR-Systeme modular aufgebaut und wird unterschiedlichen Rechnungszielen gerecht. Das Basissystem, das die Grundstruktur der Standard-KLR bestimmt, ist die flexible Plan-KLR auf Vollkostenbasis. Alle weiteren KLR-Systeme lassen sich, wie in Abbildung 7 dargestellt, integrieren.

**Abb. 7: Die Qualitätsorientierte Plan-KLR als Standard-KLR-System**

Als optionale Ergänzung kann die Qualitätsorientierte Plan-KLR um eine entscheidungsorientierte Einzelkosten- und Fixkostenstrukturrechnung erweitert werden. Damit entsteht eine Grundrechnung der Standard-KLR, die wesentliche Bestandteile einer Voll- und Teilkostenrechnung für die Bundesverwaltung integriert. Vor allem die Transparenz über die Fixkostenstruktur nach Fristigkeit der Abbaufähigkeit von

Fixkosten ist eine wesentliche Voraussetzung für nachhaltig erfolgreiche Privatisierungsentscheidungen.

Den einzelnen Ausprägungen der Typologisierungsmerkmale lassen sich wiederum unterschiedliche KLR-Systeme zuordnen (vgl. Abbildung 8). Damit wird der zweite, aufgabentypspezifische Teil der KLR-Tool-Box beschrieben.

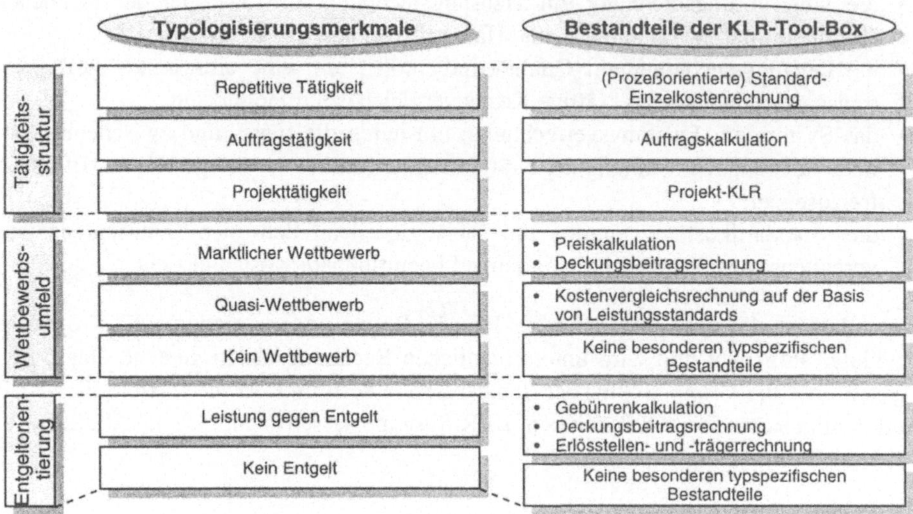


**Abb. 8: Die aufgabentypspezifische Erweiterung der Standard-KLR**

Als typspezifische KLR-Systeme, die optional zum Einsatz kommen können, ergeben sich:

- (prozeßorientierte) Standard-Einzelkostenrechnung;
- Projekt-KLR;
- Auftrags-/Preis-/Gebührenkalkulation;
- Deckungsbeitragsrechnung;
- Erlösstellen-/-trägerrechnung;
- Kostenvergleichsrechnung auf der Basis von Leistungsstandards.

Alle typspezifischen KLR-Systeme lassen sich problemlos in die qualitätsorientierte Plan-KLR integrieren, wie Abbildung 9 verdeutlicht.

**Abb. 9: Integration der typspezifischen KLR-Systeme in die Qualitätsorientierte Plan-KLR**

Für die typspezifische Anwendung der KLR-Tool-Box bedarf es einer Typologisierung der Aufgaben der betreffenden Behörde. Als Plausibilitätsprüfung für die Anwendbarkeit der KLR-Tool-Box wurden im Verlauf der Entwicklung der Standard-KLR die Aufgaben der Bundesministerien typologisiert. Zu diesem Zweck erfolgte zunächst eine Aufnahme der Aufgabenschwerpunkte ausgewählter Ministerien und die Festlegung von Aufgaben, die in allen Ministerien anzutreffen sind auf der Basis einer Querschnittsanalyse. Gemeinsam mit ausgewählten Vertretern der Bundesministerien konnte anschließend ein erster Ansatz zur Typologisierung dieser Aufgabenschwerpunkte erstellt werden (vgl. Abbildung 10). Es fällt auf, daß die ministeriellen Aufgabenschwerpunkte nicht - wie vermutet - größtenteils als Projekttätigkeit zu typologisieren sind. Ebenso häufig sind Aufgaben mit Auftragscharakter anzutreffen, was die Einführung von Quasi-Wettbewerb auch im ministeriellen Bereich sinnvoll erscheinen läßt. Ebenso wird anhand der ministeriellen Aufgabenschwerpunkte die hohe Bedeutung der Qualitätsdimension in der Leistungsrechnung deutlich. So läßt sich z. B. bei der Unterstützung der politischen Leitung in Form von Redevorbereitungen die Leistung weder monetär noch als Menge sinnvoll messen. Eine Bewertung der Qualität der Redevorbereitung mit Hilfe von Indikatoren wie z. B. die Antwortzeit oder der fachliche Abdeckungsgrad erscheint zwingend notwendig, um Aussagen zur Effizienz der Redevorbereitung treffen zu können. Vergleichbares gilt für die Beantwortung von parlamentarischen und Bürgeranfragen.

| | Beschreibung | Typologisierungsmerkmale | | |
|---|---|---|---|---|
| | | Tätigkeits-struktur | Wettbewerbs-umfeld | Entgelt-orientierung |
| **Politische Konzepte/ Strategien** | Entwicklung grundlegender politischer Konzepte | Projekttätigkeit | Kein Wettbewerb | Kein Entgelt |
| **Normsetzung i. w. S.** | Federführung / begleitende Mitarbeit bei Normsetzung | Projekttätigkeit | Kein Wettbewerb | Kein Entgelt |
| **Kontrolle i. w. S.** | Fach-/Rechtsaufsicht, Kontrolle und Prüfung | Auftragstätigkeit | Kein Wettbewerb | Kein Entgelt |
| **Programmvollzug** | Initiierung und Abnahme des Programmvollzugs | Auftragstätigkeit | Marktlicher Wettbewerb | Kein Entgelt |
| **Dienstleistungen** | Auch von Dritten beziehbare Dienstleistungen | Projekt-/ Auftragstätigkeit | Marktlicher Wettbewerb | Kein Entgelt |
| **Berichte** | Verfassung wiederkehrender Berichte, z.B. Jahreswirtschaftsbericht | Auftragstätigkeit | Kein Wettbewerb | Kein Entgelt |
| **Information/ Kommunikation** | Öffentlichkeitsarbeit und Kommunikation mit politischen Organen | Auftragstätigkeit | Teilw. marktlicher/ Quasi-Wettbewerb | Kein Entgelt |
| **Unterstützung der politischen Leitung** | Redenvorbereitung, Reisebegleitung etc. | Projekt-/ Auftragstätigkeit | Kein Wettbewerb | Kein Entgelt |

**Abb. 10: Typologisierung ministerieller Aufgabenschwerpunkte als Basis für den Einsatz der KLR-Tool-Box**

## 3.2.2 Leistungsrechnung

Eine Besonderheit der öffentlichenVerwaltung ist es, daß die erstellte Leistung, das Produkt, in keinem direkten Zusammenhang zum Zweck seiner Erstellung und damit zum politischen Ziel steht. Während in der Privatwirtschaft das Ziel der Tätigkeit die Erzielung von Gewinn ist, verfolgt die öffentliche Verwaltung andere, u. a. auf die Entwicklung von Gesellschaft und Wirtschaft ausgerichtete Ziele. Insofern ist die Wirkung der erbrachten Leistung auf Gesellschaft und Wirtschaft hinsichtlich der Erreichung politischer Ziele von der eigentlichen Leistung der Verwaltung zu unterscheiden [5].

Mit der Leistungsrechnung erfolgt eine Messung (Erfassung und systematische Abbildung) von

- Einnahmen,
- Mengen und
- Qualitäten

der Produkte in der Bundesverwaltung.

Gerade der Qualität und einem damit verbundenen Leistungsstandard kommt eine besondere Bedeutung zu. Häufig hat die Praxis bewiesen, daß Effizienzvorteile nicht nur durch Kosteneinsparungen, sondern durch Verringerung der Qualität der Leistung realisiert werden. Es kommt daher bei der Produktdefinition auf eine klare und meßbare Festlegung dessen an, was unter der Produktqualität im Rahmen der Leistungsrechnung verstanden wird und wie sie gemessen werden soll.

Die Messung der Qualität kann nur indirekt über ein Set von Indikatoren erfolgen. Dabei ist der Wirtschaftlichkeit bei der Erhebung der Qualitätsindikatoren eine besondere Bedeutung beizumessen. Wird Qualität um jeden Preis gemessen, so ist die Wirtschaftlichkeit der KLR insgesamt gefährdet. Es ist dementsprechend vorgesehen, bei der Bestimmung von Qualitätsindikatoren Plausibilitätsprüfungen nach unterschiedlichen Kriterien vorzunehmen, die in Abbildung 11 beispielhaft dargestellt sind.

Beispiel

| Kriterien / Indikatoren | Muß | | | | Kann | |
|---|---|---|---|---|---|---|
| | Zusammenhang zur Qualität | Meßbarkeit | Erfaßbarkeit | Beeinflußbarkeit | Market Testing | Benchmarking |
| Fehlerquote | ● | ◐ | ◐ | ● | ● | ● |
| Antwortzeit | ● | ● | ● | ◐ | ● | ● |
| Zufriedenheit des Bürgers | ● | ● | ◐ | ◐ | ○ | ◐ |
| Postverteilzeit | ● | ● | ● | ◐ | ○ | ○ |
| Reaktionszeit (Eingang bis Beginn der Bearbeitung) | ● | ● | ● | ◐ | ● | ● |
| ... | | | | | | |

● geeignet ◐ bedingt geeignet ○ ungeeignet

**Abb. 11: Beispielhafte Plausibilitätsprüfung für Qualitätsindikatoren**

Sicherlich ist die Qualitätsorientierung der Standard-KLR eine der großen Herausforderungen, die sich nicht in einigen Monaten bewältigen läßt. Gleichwohl sollte frühzeitig mit der Pilotierung einer derart erweiterten Leistungsrechnung begonnen werden, um die Lücke zwischen dem Anspruch der Standard-KLR und den vorhandenen praktischen Erfahrungen schnell schließen zu können.

### 3.2.3 Überführungsrechnung

Die KLR für die Bundesverwaltung ist als Ergänzung zur kameralistischen Haushaltsrechnung zu konzipieren und einzuführen. Dementsprechend ist ein Rechnungssystem, das eine Brücke zwischen KLR und Haushaltsrechnung schafft, notwendiger Bestandteil der Standard-KLR. Dieses Rechnungssystem ist die Überführungsrechnung.

Wesentliche Grundlage für die Durchführung der Überführungsrechnung ist die Entwicklung der Kosten- und Leistungsarten aus der Haushaltssystematik. So kann zumindest auf dieser Ebene eine problemlose und automatisierte Abstimmung der Haushalts- und KLR-Daten erfolgen.

Die Abstimmung der KLR mit der Haushaltsrechnung verursacht Aufwand, der bei einem isolierten Betrieb der KLR nicht entstehen würde. Da die Standard-KLR selbst unter Wirtschaftlichkeitsgesichtspunkten konzipiert wird, muß es stichhaltige Gründe für die Überführungsrechnung geben, die den Aufwand rechtfertigen. Die wesentlichen und zum Teil schon in der KLR-Praxis der Bundesverwaltung verifizierten Gründe sind:

- **Wirtschaftlichkeit:**

  Durch die Überführungsrechnung werden Doppelerfassungen von Geschäftsvorfällen in der Haushaltsrechnung und der KLR vermieden. Allein durch dieses Argument wird eine Überführungsrechnung gerechtfertigt, da erfahrungsgemäß ca. 80 % der Geschäftsvorfälle in gleicher Form in die Haushaltsrechnung und die KLR eingehen.

- **Zuverlässigkeit/Vollständigkeit:**

  Nur in Verbindung mit der Haushaltsrechnung kann sichergestellt werden, daß alle relevanten Geschäftsvorfälle in der KLR erfaßt werden. Damit wird die Haushaltsrechnung zu einem der Finanzbuchhaltung vergleichbaren Vorsystem der KLR.

- **Akzeptanz:**

  Die Akzeptanz von Haushaltsrechnung und KLR leidet vor allem beim Verwaltungsmanagement, wenn die Ergebnisse beider Rechnungssysteme nicht vergleichbar gemacht werden können.

- **Outputorientierung:**

  Ohne eine Überführung von produktorientierten KLR-Plandaten in Haushaltsansätze kann die Outputorientierung der Haushaltsplanung nicht erreicht werden.

Um eine umfassende und zuverlässige Abstimmung zwischen Haushaltsrechnung und KLR sicherzustellen, ist der Abstimmungsbedarf anhand des Prozesses der Haushaltsplanung und des Haushaltsvollzuges zu bestimmen. Die dabei wesentlichen Prozeßschritte aus Sicht der Ressorts sind: Haushaltsaufstellung, Haushaltsverhandlungen, Haushaltsvollzug, Haushaltsabschluß.

Bei der Haushaltsaufstellung stellt die KLR die Datenbasis für eine outputorientierte Haushaltsplanung bereit. Dabei werden, wie in Abbildung 12 dargestellt, im Anschluß an die klassische Leistungs- und Kostenplanung, differenziert nach Einzel- und Gemeinkosten, die Planansätze für Kosten- und Leistungsarten mittels einer im

Kontenrahmen enthaltenen Zuordnungsliste in Haushaltsansätze auf der Ebene der Obergruppen der Haushaltssystematik überführt. Weitere Kosten- und Leistungsinformationen können für besondere Planungsbereiche (z. B. Gebührenerhöhungen oder Großinvestitionen) in die Haushaltsverhandlungen eingebracht werden.

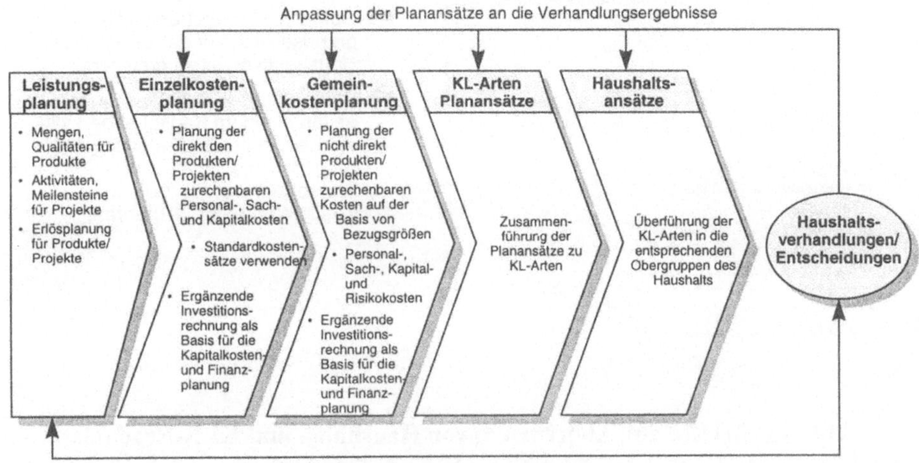


**Abb. 12: Prozeß der outputorientierten Kosten- und Haushaltsplanung**

Im Haushaltsvollzug erfolgt zunächst eine laufende, abgestimmte Erfassung von Haushalts- und KLR-Daten im Rahmen der Überführungsrechnung, sofern es sich um zahlungsbasierte Kosten- und Leistungsarten handelt. Dies unterstützt den Prozeß der dezentralen integrierten Erfassung der relevanten Daten der Geschäftsvorfälle bei der Erstellung der Kassenanweisungen. Zukünftig können die Kassentransaktionen an die Bundeskasse auch elektronisch und damit wesentlich effizienter erfolgen. Durch diese laufende Abstimmung von KLR- und Haushaltsdaten im Buchungsprozeß wird es schließlich möglich, im Rahmen der Jahresabschlußrechnung einen Abgrenzungsbericht weitestgehend automatisiert zu erstellen, in dem die Abgrenzung aller nicht zahlungsgleichen Kosten und Leistungen erfolgt. Damit wird das KLR-Ergebnis in das Haushalts- bzw. Kassenergebnis überführt. Die Struktur und Anwendungsvoraussetzungen des Abgrenzungsberichts gibt Abbildung 13 wieder.

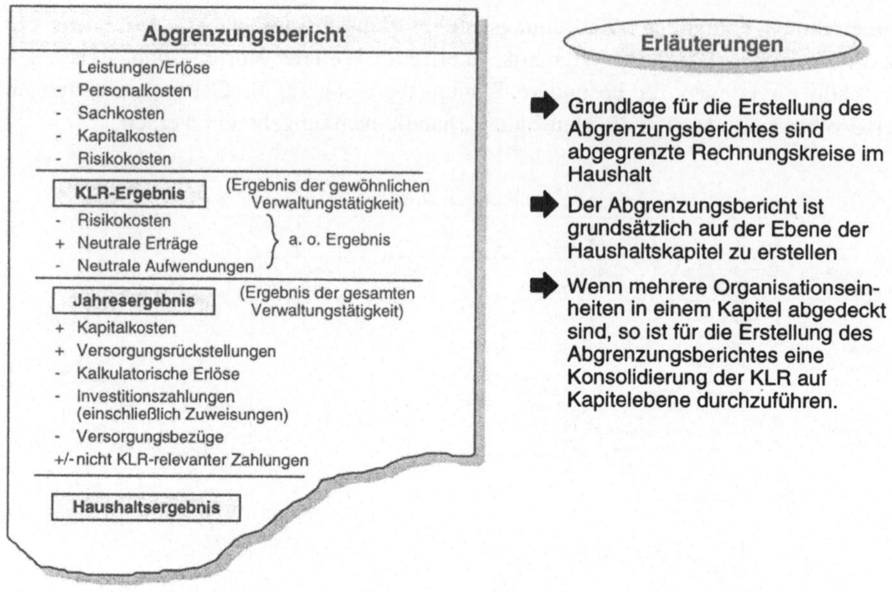


**Abb. 13: Bericht zur Abgrenzung von Haushalts- und KLR-Ergebnis**

Letztlich sind KLR, Überführungsrechnung und Haushaltsrechnung ein teilintegriertes Rechnungssystem, das im Sinne der doppelten Buchführung eine Konsistenzprüfung der Daten auf Vollständigkeit und Richtigkeit erlaubt.

## 3.2.4 Ausgewählte Erfassungs- und Bewertungsregeln

Von zentraler Bedeutung für die Standard-KLR der Bundesverwaltung ist das Vorgehen für die Berechnung kalkulatorischer Kosten und die Erfassung von Personalzeiten als Basis für die Berechnung von Personaleinzelkosten. Für alle weiteren Erfassungs- und Bewertungsregeln sei wiederum auf den Projektergebnisbericht von Arthur D. Little für das BMF verwiesen.

Als kalkulatorische Kosten finden in der Standard-KLR die Kapitalkosten sowie Wagniskosten und kalkulatorische Mieten Berücksichtigung. Dadurch erfolgt eine periodengerechte Ermittlung des realen Werteverzehrs. Die einzelnen Kostenarten werden wie folgt berechnet:

- **Abschreibungen:**

  Berechnung von Abschreibungen auf der Basis von Anschaffungs- und Herstellungskosten bei linearem Abschreibungsverlauf. Nutzungsdauern werden auf der Basis einer fortgeschriebenen Nutzungsdauer-Tabelle ermittelt.

- **Kapitalverzinsung:**

  Die Berechnung von Zinsen für gebundenes Kapital erfolgt auf der Basis des im Jahresdurchschnitt gebundenen Kapitals einer Behörde. Als Zinssatz findet die Umlaufrendite börsennotierter Bundeswertpapiere Verwendung (6,18 % für 1996).

- **Wagniskosten:**

  Vor allem aufgrund der Tatsache, daß der Bund Selbstversicherer ist und für Risiken und Wagnisse keine Versicherungen abschließt, sind zumindest für versicherbare Wagnisse, Wagniskosten zu verrechnen. Die Ermittlung der Wagniskosten erfolgt in Anlehnung an die Höhe vergleichbarer Versicherungsprämien. Da über Wagniskosten eine Normalisierung der im Haushalt anfallenden außergewöhnlichen Zahlungen erfolgt, ist als Plausibilitätsprüfung für die Höhe der Wagniskosten sicherzustellen, daß sich kumulierte Wagniskosten und kumulierte Zahlungen des Haushalts langfristig entsprechen.

- **Miete:**

  Die Verwendung kalkulatorischer Mieten erfolgt zum einen für selbst genutzte Gebäude sowie zum anderen zur Vereinfachung der Berechnung von Kapitalkosten für Gebäude, wenn keine Angaben über den aktuellen Gebäudewert vorliegen. Als Bewertungsgrundlage ist eine ortsübliche Vergleichsmiete anzusetzen.

Als dominierende Kostenart in der Bundesverwaltung müssen die Personalkosten einer möglichst weitgehenden und genauen Ermittlung, Zuordnung und Verrechnung innerhalb der KLR unterzogen werden. Die zu erfassenden Personalkosten setzen sich aus den Faktoren Zeit und Personalkosten des Arbeitgebers zusammen. Ziel der Personalzeiterfassung ist eine Verrechnung von Personalkosten auf unterschiedliche Bezugsobjekte der KLR, nämlich Kostenträger, Prozesse und Kostenstellen. Im Mittelpunkt steht die Verrechnung von Personaleinzelkosten auf Kostenträger/Produkte, um eine hinreichend aussagefähige Outputsteuerung zu ermöglichen. Darüber hinaus entsteht eine Transparenz, auf deren Grundlage die notwendigen Planungsdaten für Kapazitäten, Gebühren sowie ein Gemeinkostenmanagement ermittelt werden.

Im Rahmen der Standard-KLR ist eine Erfassung der gesamten Arbeitszeit und ihre Verrechnung an interne und externe Produkte sowie weitere Kategorien (wie z. B. Urlaub, Krankheit) vorgesehen. Bei der Einführung einer derartigen Zeitaufschreibung ist eine frühzeitige und umfassende Information der Personalvertretung unabdingbar. Die Standard-KLR enthält in diesem Zusammenhang einige praktische Einführungshilfen, wie z. B. Entwürfe für Dienstvereinbarungen mit dem Personalrat.

# 4 Weiteres Vorgehen zur Einführung der standardisierten KLR

Das vorliegende Fachkonzept „Standardisierte Kosten- und Leistungsrechnung in der Bundesverwaltung“ verfügt derzeit noch über keine IT-Komponenten, etwa Empfehlungen für Standardprodukte oder technische Beschreibungen von Schnittstellen und dergleichen. Die Umsetzung des Konzepts bedarf in jedem Falle betriebswirtschaftlichen Sachverstands, der in den Verwaltungen bisher nicht oder nur spärlich vorhanden ist. Es wird daher umfangreicher Schulungsmaßnahmen bedürfen, trotzdem wird zumindest in Teilbereichen externer Sachverstand in Anspruch genommen werden müssen. Sinnvoll erscheint auch die Organisation eines Erfahrungsaustauschs zwischen Behörden in unterschiedlichen Stadien der Einführung, um z. B. aus Fehlern oder positiven Erfahrungen anderer Verwaltungen zu lernen. Es wird darüber nachgedacht, Einführungs-Pilotprojekte aufzulegen, um Bereiche des KLR-Standards, in denen noch keine Erfahrungen aus der Bundesverwaltung vorliegen, einem Praxistest zu unterziehen. Schließlich bedarf es zur Flankierung der möglichst flächendeckenden Einführung einer Reihe von Rechtsänderungen.

Die gerade beschriebenen Überlegungen sind in ein modulares Einführungskonzept des BMF eingeflossen, das demgemäß aus folgenden Bausteinen besteht:

## 4.1 Verbreitung und Bekanntmachung des Handbuchs

Das Handbuch zur standardisierten KLR ist inzwischen in der Vorschriftensammlung der Bundesfinanzverwaltung erschienen und ist so jedermann über den Buchhandel zugänglich. In allen Ressorts sind vorab die Leitungsebene und die ehemaligen Beiratsmitglieder mit Belegexemplaren versorgt worden. Das Management-Summary wurde weit gestreut. Es gab eine Reihe von Pressemitteilungen, die zu verschiedenen weiteren Artikeln geführt haben.

Für interessierte oder bereits zur Einführung entschlossene Verwaltungen kann vom BMF ein Einführungsworkshop oder eine Kick-off-Information veranstaltet werden.

## 4.2 Erfahrungsaustausch

Seit der Vorlage des Fachkonzepts ist das BMF (Referat II A 4) übergreifend koordinierend tätig.

Die im Rahmen der Konzeptentwicklung erhobenen umfangreichen Daten über KLR-Systeme im Wirkbetrieb, in Entwicklung oder Vorbereitung, werden weiter aktuell gehalten und stehen jeder interessierten Verwaltung zur Verfügung. Es besteht eine umfangreiche Liste von Ansprechpartnern zu den Projekten sowie zu speziellen Fragestellungen.

Der ehemalige Projektbeirat, in dem alle Ressorts vertreten sind, hat während des Entwicklungsprojekts wertvolle Arbeit geleistet. Es bietet sich an, diese Einrichtung auch für Zwecke der Koordinierung und des Erfahrungsaustauschs zu nutzen und daher zu perpetuieren. Demgemäß wird es im nächsten Monat erstmals ein „Bundes-Controller-Treffen" geben, zu dem alle ehemaligen Beiratsmitglieder und Vertreter von derzeit mit der Umsetzung befaßten Behörden, eingeladen werden. Es ist daran gedacht, solche Treffen halbjährlich (jeweils im November und im Mai) auszurichten, um z. B. die weitere Vorgehensweise bei der Einführung der Standard-KLR, die Weiterentwicklung des Standards und die Einführungserfahrungen zu diskutieren. Der zu diesen Treffen eingeladene Personenkreis wird ab diesem Monat von BMF mit einem Info-Brief versorgt, der in sechs Ausgaben jährlich ebenfalls über aktuelle Entwicklungen, Erfahrungen und Problemlösungen berichtet.

Ergibt sich bei einer Einführung größerer Klärungsbedarf in einer allgemein interessierenden Frage, so kann gegebenenfalls ein Problemlösungsworkshop mit interessierten Teilnehmern organisiert werden. Falls notwendig, ist hierbei auch externe Unterstützung möglich.

Das Handbuch selbst wird unter Auswertung der gemachten Erfahrungen in regelmäßigen Abständen überarbeitet und aktualisiert.

## 4.3 Schulungskonzept

Für den Betrieb einer KLR, besonders aber in der Einführungsphase, wird Personal mit soliden betriebswirtschaftlichen Kenntnissen und Fähigkeiten gebraucht. Solches Personal ist in den meisten Verwaltungen nicht oder nicht ausreichend vorhanden. Der daraus resultierende Schulungsbedarf ist auch zahlenmäßig von Gewicht. Wenn nur jeder hundertste Bedienstete des Bundes bei möglicher flächendeckender Einführung des Systems einer KLR-Schulung bedarf (sicher keine überzogene Prämisse!), so bedeutet das immerhin ca. 3.200 zu schulende Personen. In diesem Personenkreis bestehen sehr unterschiedliche Anforderungen an den Inhalt und Umfang der Schulungen. Eine Erfassungskraft, die KLR-Daten in IT-Systeme eingibt, hat einen anderen Schulungsbedarf als ein hauptamtlicher Controller einer Großbehörde.

Daher entwickelt das BMF ein modulares Schulungskonzept, das eine dezentral vor Ort in den Behörden durchzuführende KLR-Grundschulung sowie anwenderspezifische Aufbaukurse in einer der zentralen Bildungseinrichtungen des Bundes (Bundesakademie für Öffentliche Verwaltung, Fachhochschule des Bundes, Bundesfinanzakademie) vorsieht.

Es wird Lehrgänge für Führungskräfte, für Kostenstellen-Verantwortliche und für haupt- und nebenamtliche Controller geben. Für andere Zielgruppen, etwa für Haushälter und Personalräte, wird ein entsprechender Baustein in die jeweiligen funktionsbezogenen Grundkurse integriert werden. Daneben sollen Grundlagen der KLR auch in den Themenkatalog der Laufbahnausbildungsgänge aufgenommen werden.

Spezielle Schulungen befassen sich mit dem Management einer KLR-Einführung mit oder ohne externe Unterstützung. Hier, wie auch in den anderen Kursen, wird neben professoralem Sachverstand auf erfahrene Praktiker zurückgegriffen, die ganz konkrete Erfahrungen mit der Einführung und dem Betrieb eines KLR-Systems in Bundesbehörden haben.

## 4.4 Einführungs-Pilotprojekte

Im Rahmen der Konzeptentwicklung wurde auch eine Pilotierung bei der Einführung des KLR-Systems durchdacht. Danach ist vorgesehen, in ausgewählten exemplarischen Bundesbehörden Einführungs-Pilotprojekte aufzulegen. Diese werden vom BMF finanziert und hinsichtlich des Projektmanagements unterstützt. Federführend geleitet wird die Einführung vom jeweiligen Ressort. Externe Unterstützung ist zumindest für einen Teil der Projekte vorgesehen; die Vergabe erfolgt im Wettbewerb durch Ausschreibung. Weitere Einzelheiten lagen bei Drucklegung noch nicht fest.

## 4.5 IT-Marktevaluierung

Im ersten Quartal des nächsten Jahres werden konkrete Erfahrungen mit der IT-mäßigen Umsetzung von KLR-Projekten in der Bundesverwaltung vorliegen. Eine Reihe von Systemen sind dann hinreichend lange im Wirkbetrieb, um die eingesetzte Hard- und Software einer vergleichenden Bewertung zu unterziehen. Außerdem haben zu diesem Zeitpunkt alle Anbieter von Standardsoftware nach der Veröffentlichung des Fachkonzepts der standardisierten KLR hinreichend Zeit und Gelegenheit gehabt, ihre Produkte an die Erfordernisse des Systems anzupassen. Geplant ist daher, in den ersten Monaten des nächsten Jahres eine umfassende Evaluierung des IT-Markts hinsichtlich der Unterstützung der Standard-KLR durchzuführen.

Die Durchführung der Marktevaluierung wird gegebenenfalls extern unterstützt werden; das Projekt wird ausgeschrieben.

### 4.6 Ausweitung des sachlichen Anwendungsbereichs

Die Standard-KLR ist für die Bundesverwaltung im engeren Sinne entwickelt worden. Hier wird es sicher zunächst möglichst flächendeckend eingeführt werden. Ein spezifisches System wurde für die Stiftung Wissenschaft und Politik in Ebenhausen bei München, einem Zuwendungsempfänger des Bundeskanzleramts, entwickelt. Dabei hat sich gezeigt, daß auch wissenschaftliche Einrichtungen durchaus sinnvoll mit diesem Instrument unterstützt werden können. Andere Zuwendungsempfänger arbeiten privatrechtlich und haben schon aus diesem Grund bereits entsprechende Systeme. Es ist daher daran gedacht, die standardisierte KLR später auch in der mittelbaren Bundesverwaltung sowie bei Zuwendungsempfängern in geeigneten Bereichen einzuführen.

## 5 Weiterentwicklung der KLR in der Bundesverwaltung: Neue Steuerungsinstrumente

### 5.1 Weitere Reformansätze

Die dargestellte standardisierte KLR ist Teil der unter dem vielgebrauchten Begriff vom „Schlanken Staat" neu in Gang gekommenen Reformdiskussion in der öffentlichen Verwaltung. Für den Bundesbereich stellt dieser Komplex nach ausdrücklicher Absprache in der Koalition ein Schwerpunktthema der laufenden Legislaturperiode dar.

Andere wesentliche Handlungsfelder dieses Komplexes sind ebenfalls bereits mit respektablem Erfolg aufgearbeitet worden. Für den Bereich des Dienstrechts hat der Bundesminister des Innern sein Dienstrechtsreformgesetz formuliert und trotz schwieriger Verhandlungen im Gesetzgebungsverfahren auch durchgesetzt. Stichworte sind eine Stärkung des Leistungsprinzips und der Mobilität der Beschäftigten sowie moderne Instrumente der Personalführung. Das BMF hat neben der Erarbeitung der Standard-KLR in insgesamt sechs Pilotprojekten Instrumente der flexiblen Bewirtschaftung der Haushaltsmittel erprobt. Die dabei gewonnenen Erfahrungen werden ab Januar 1998 für den gesamten Bundesbereich umgesetzt. Alle Bundesbehörden werden danach im Bereich der Ausgaben für die eigene Verwaltung, also bei den sogenannten Overhead-Kosten, eine weitgehende gegenseitige Deckungsfähigkeit in Anspruch nehmen können. Dies gilt in Höhe von 20 % des jeweiligen Gesamtansatzes der Hauptgruppe sogar hauptgruppenübergreifend. Außerdem wird es möglich sein, in Durchbrechung des Jährlichkeitsprinzips Mittel überjährig anzusparen und ohne Deckung durch entsprechende Einsparungen im Folgejahr auszugeben.

Die geschilderten Reformansätze ergänzen sich gegenseitig und damit natürlich auch die Standard-KLR. Dies gilt insbesondere im Verhältnis zum Parlament im Rahmen der Haushaltsaufstellung. Eine flexiblere Bewirtschaftung der Mittel führt im Rahmen der traditionell inputorientierten Steuerung durch das Parlament zu (scheinbaren) Einbußen der Steuerungsfunktionalität. Diese werden jedoch mit Sicherheit kompensiert durch eine leistungsfähige KLR, wenn aggregierte Standardkennzahlen die Aussagefähigkeit der jetzigen Haushaltsrechnung im Sinne einer neuen Qualität verbessern und über Zeitreihenbetrachtungen auch die Aufstellung künftiger Haushalte unterstützen.

## 5.2 Entwicklungsoptionen

### 5.2.1 (Standardisiertes) Controlling-System

In der Bundesverwaltung gibt es eine Reihe nennenswerter Aktivitäten zur Entwicklung bzw. Einführung von vollausgebildeten Controlling-Systemen. Diese Systeme fußen nur teilweise auf leistungsfähigen KLR-Systemen. Beim Bundespresseamt und für den Gesamtbereich des Auswärtigen Dienstes hat das BMF selbst solche KLR-basierten Controlling-Systeme entwickeln lassen. Die Instrumente sind in der Einführungsphase, erste Erfahrungen sind positiv. Daneben gibt es von anderen Ressorts aber auch probeweise Controlling-Systeme ohne eigentliche Haushaltsbrücke oder KLR im Sinne einer rein fachlichen Steuerungsfunktionalität.

Versteht man jenseits der facettenreichen wissenschaftlichen Fachdiskussion den Begriff Controlling pragmatisch als einen Teil der (Behörden-)Führung, dem die Planung, Steuerung und Kontrolle der inneren Abläufe durch die zeitnahe Bereitstellung geeigneter Informationen obliegt, so kann und muß gerade angesichts des fast immer fehlenden Markteinflusses ein solches System nur auf der Basis einer leistungsfähigen KLR überhaupt funktionieren. Ein zeitnaher Überblick über den konkreten Arbeitsanfall, den Erledigungsstand, den hinreichend genau aufgeschlüsselten bisherigen Ressourcenverzehr sowie die Gegenüberstellung zu den jeweiligen Planungs- und Haushaltsdaten ist unverzichtbar. Es ist daher davon auszugehen, daß die Standard-KLR sich einerseits grundsätzlich zur Weiterentwicklung zu einem möglicherweise wiederum standardisierungsfähigen Controlling-System eignet, andererseits eine solche Basis aber auch zwingend notwendig ist.

### 5.2.2 Qualitätsmanagement (QM)

Für QM-Systeme gilt nahezu das gleiche wie für Controlling-Systeme. Es gibt kleinere Probeprojekte im Bundesbereich, die bisherigen Erfahrungen sind noch spärlich. Es bietet sich möglicherweise an, die KLR- und Controllingsysteme in geeigneten

Bereichen durch entsprechende QM-Instrumente zu ergänzen. Eine isolierte Einführung ohne vorherige Organisationsoptimierung und funktionierende Steuerungsinstrumentarien ist sehr wahrscheinlich nicht sinnvoll. Auch hier muß streng - wie bei allen anderen Instrumenten - auf die konkrete Wirtschaftlichkeit der Einführung und des Betriebes geachtet werden. Erste Ansätze eines QM sind durch die Ergänzung der Leistungsrechnung um die Qualitätsdimension bereits in der Standard-KLR enthalten.

# 6 Fazit: Die Standard-KLR mit Leben füllen

Die Standard-KLR ist ein umfassendes Konzept, das alle Anforderungen der Bundesverwaltung abdeckt und auf moderne KLR-Instrumente zurückgreift. Daß ein solches System nicht auf einen Schlag einzuführen ist, liegt auf der Hand. Vor allem der hohe Schulungsbedarf setzt dem Einführungstempo klare Grenzen. Dennoch gilt es, in den geeigneten Bereichen der Bundesverwaltung unverzüglich mit der Umsetzung der Standard-KLR zu beginnen, um das Momentum des Wandels, das im Rahmen des Entwicklungsprojektes entstanden ist, zu nutzen.

Sicherlich werden - wie bei der Einführung eines jeden Standards - hier und dort Unzufriedenheit oder Zweifel an einzelnen Aspekten des Standards aufkommen. Natürlich wird sich das BMF den entstehenden Diskussionen stellen und diese im Rahmen des Erfahrungsaustausches gezielt für die Weiterentwicklung der Standard-KLR nutzen. Es gilt jedoch zu vermeiden, daß durch Detaildiskussionen das unzweifelhaft sinnvolle Ziel der KLR-Einführung außer Sicht gerät. Diskussionen können und müssen parallel zur KLR-Einführung geführt werden. Wer nur redet und nicht handelt, muß sich nicht wundern, wenn der KLR-Zug in ein bis zwei Jahren an ihm vorbeigefahren ist.

Letztlich gilt es also, möglichst schnell vom Konzeptpapier zum Praxiseinsatz zu kommen und damit die Standard-KLR mit Leben zu füllen.

# Literaturverzeichnis

[1] Quelle aller in diesem Beitrag enthaltenen Abbildungen: Arthur D. Little International, Inc.: Nicht veröffentlichter Projektergebnisbericht für das BMF.

[2] Vgl. beispielsweise die aufgeführten Behörden auf der Bundesebene bei Buchholtz, K., Müller, P.: Standardisierte Kosten- und Leistungsrechnung für die Bundesverwaltung, in: Verwaltung und Management 3 (1997), S. 120-122; Buchholtz, K., Meierhofer, H.: Kosten- und Leistungstransparenz in der Bundesverwaltung?, in: Verwaltung und Management 1 (1995), S: 106-111 (Teil 1) und S. 179-182 (Teil 2); Wolfram, J., Dunkel, T.: Prozeßorientierte Kosten- und Leistungsrechnung für die Bundeswehr, in: Kostenrechnungspraxis 41 (1997), S. 101-106 sowie die Ausführungen in Kapitel 2.

[3] Vgl. zur Organisation und Vorgehensweise bei der Entwicklung der standardisierten KLR Scholz, J.T.: Standard-KLR für die Bundesverwaltung, in : VOP (1997), Heft 3, S. 28-31.

[4] Vgl. dazu auch die Darstellungen zur Aufgabentypologisierung und dem typspezifischen Einsatz der KLR-Tool-Box in Kapitel 3.2.1.

[5] Vgl. für eine konzeptionelle Einordnung von Leistungen und Wirkungen in den Zusammenhang des Controlling in öffentlichen Verwaltungen Budäus, D., Buchholtz, K.: Konzeptionelle Grundlagen des Controlling in öffentlichen Verwaltungen, in: Die Betriebswirtschaft 57 (1997), S. 322-337.

# Stakeholder Value - Ganzheitlicher Ansatz zur Organisationsentwicklung von Ministerien

Gustav Greve
Arthur D. Little International, Inc., Berlin

## Inhalt



18. Saarbrücker Arbeitstagung für Industrie, Dienstleistung und Verwaltung 1997. Hrsg.: A.-W. Scheer.

# 1 Vision und Realität

Eine Vielzahl von modernen Managementmethoden wurden in Ministerien erprobt. Aber regelmäßig erzielen Reformbestrebungen in der öffentlichen Verwaltung nicht die Wirkung, welche man sich von ihnen erhofft hatte. Die Spitzen suchen den politischen Tageserfolg, Führungskräfte lehnen Veränderungsbestrebungen ab, Mitarbeiter sind eher desinteressiert; Veränderungen erfolgen nur punktuell. So können Reformbestrebungen zu kontraproduktiven Resultaten führen: Neue Formen von Mitarbeiterführung und -motivation rufen Zynismus hervor; Total Quality Management verläuft im Sande oder schafft zusätzliche Bürokratie; Projektmanagement scheitert an etablierten und hierarchischen Strukturen.

Diese Nebeneffekte liegen daran, daß nur ein kleiner Teil der Interessen und Anforderungen der Mitarbeiter und anderer *„Stakeholder"*[1] bekannt sind, und das Ausmaß der Auswirkung der Nichtbefriedigung ihrer Bedürfnisse nicht klar gemessen wird.

Ziele und Aufgaben werden oft nicht ausreichend erfüllt - Ministerien führen bislang keine Bedarfsanalysen, Abweichungskorrekturen geschweige denn strategisches (Projekt-) Controlling durch, weil:

- Ministerien ihre verschiedenen Stakeholder nicht systematisch genug beobachten - sie handeln sehr innenorientiert und räumen den Überbrückungsfunktionen im Ministerium eine zu geringe Bedeutung ein;
- Ministerien Stakeholder-Signale nicht ausreichend in entsprechende Leistungen für die Stakeholder zu übersetzen vermögen;
- Verwaltungen die Bedürfnisse der Mitarbeiter, Bürger und anderer Interessengruppen tendenziell so interpretieren, das die bestehende Ordnung und Struktur der Aufbauorganisation möglichst wenig gestört werden;
- Ministerien konfliktreiche Lernprozesse scheuen, da dazu weder Zeit zur Verfügung steht noch der Nutzen gesehen wird

Stakeholder haben vielseitige Bedürfnisse und Erwartungen an das Ministerium oder sind von seinen Aktivitäten betroffen. Die Berücksichtigung der Stakeholder-Beziehungen - vor allem zu Medien, Mitarbeitern, Bürgern und Regierung - spielen für eine stetige Verbesserung und die Steigerung seiner Ergebnisqualität eine besondere Rolle.

---

[1] Freeman und Reed bemerkten schon vor über zwanzig Jahren, daß Stakeholders *„those groups without whose support the organization would cease to exist"* darstellen. Zwar wurde der Begriff des „stakeholder" bereits in den 60er Jahren am Stanford Research Institute geprägt, seine Verbreitung wurde allerdings erst zwanzig Jahre später forciert. „Stakeholders" sind alle Interessengruppen, die in und mittels einer Organisation ihre unmittelbaren Interessen tangiert sehen. Dabei ist es unerheblich, ob dies objektiv so ist oder subjektiv nur so empfunden wird.

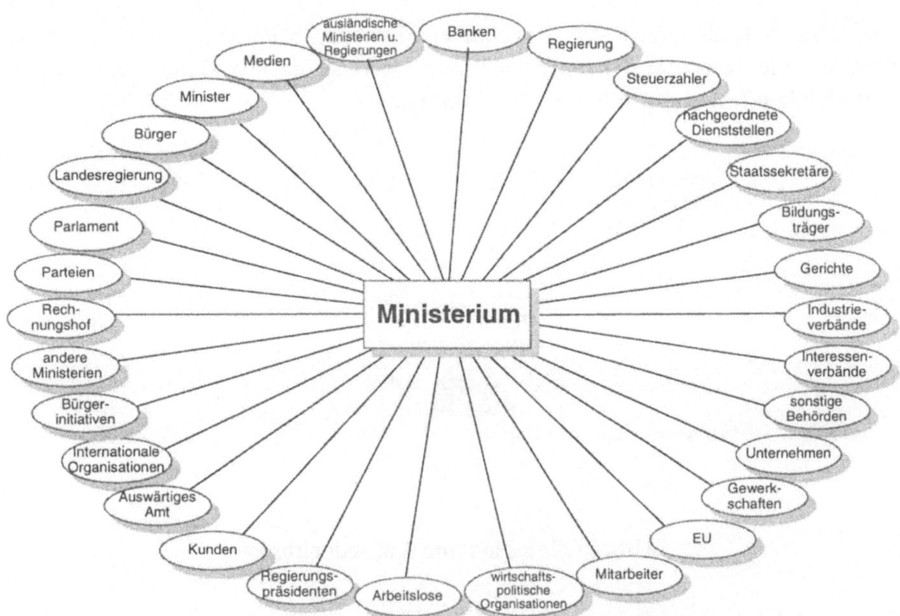


**Abb. 1: Typische Stakeholder eines Ministeriums**

Arthur D. Little kennt genau die Möglichkeiten und Grenzen des öffentlichen Sektors und hat Vorgehen und Methoden seinen Kunden angepaßt. Arthur D. Little hat einen umfassenden Ansatz „Auf dem Weg zur Lernenden Organisation" für die Organisationsentwicklung entworfen und für Ministerien adaptiert. Das Vorgehen bildet einen transparenten methodischen Rahmen und stellt den zukunftsorientierten Aufbau, die Entwicklung und Pflege langfristiger Stakeholder-Beziehungen in den Mittelpunkt.

Die „Lernende Organisation" ist sowohl Prozeß als auch Zustand. Sie drückt das Streben aus, alle individuellen und organisatorischen Fähigkeiten im Ministerium zu mobilisieren, um eine dauerhafte Beziehung zwischen Leitung und Mitarbeitern und anderen Interessengruppen zu ermöglichen.

Hierfür muß ein **strategisches Selbstverständnis** im Ministerium bestehen, das sich aus politischen und gesetzlichen Vorgaben und dem Leitbild ergibt. Das erfolgreiche Einhalten des Leitbildes ist auf Dauer nur möglich, wenn die verschiedenen Interessen- und Anspruchsgruppen als Stakeholder ernst genommen werden. Die enge Einstellung zu den Mitarbeitern als passive, teils geduldete, teils störende Anspruchsgruppe aus der Ausführungsebene der Stab-Linien Hierarchie des Ministeriums muß zu erweiterten Einstellung zu den Mitarbeitern als interaktive Stakeholder weichen. Eine **systematische Beurteilung der Stakeholder-Befriedigung** steht dabei im Mittelpunkt.

Wenn die Anforderungen der Stakeholder (Leitung, Mitarbeiter, Nutzer, Politik, Öffentlichkeit) in einem dynamischen Prozeß aufeinander abgestimmt werden, kann ein Wandel und Leistungsschub erzeugt werden.

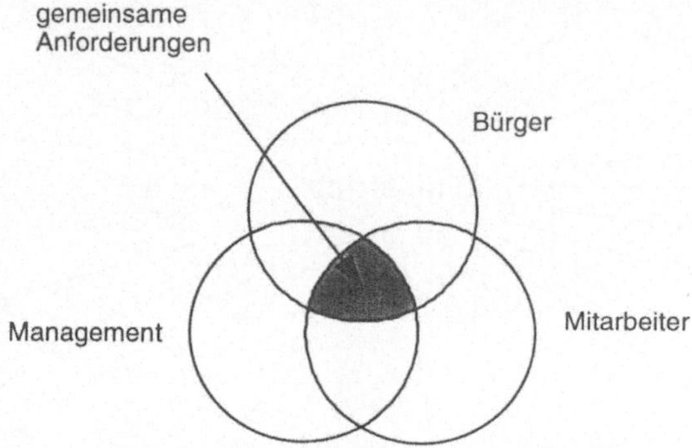


**Abb. 2: Gemeinsame Anforderungen**

Die Prozeßdynamik fehlt in traditionellen Organisationsmodellen. Die Entwicklung des Ministeriums von der hierarchischen Stab-Linien-Organisation zu einer zukunftsorientierten, budgetgesteuerten **Programmorganisation** stellt einen Lösungsansatz dar. Die Programmorganisation ist so gestaltet, daß sie sich unverändert, quasi als Dauerzustand, in ständiger Bewegung befindet.

Eine wesentliche Bedingung ist allerdings die feststehende **Verpflichtung zur Implementation**. Die Führungskräfte müssen dahinter stehen, die Mitarbeiter ernsthaft eingebunden und klare Umsetzungsverantwortlichkeiten bestimmt werden. Nur dann kann das Management einen Regelkreis der Selbstoptimierung in Gang setzen.

# 2 Strategisches Selbstverständnis des Ministeriums

## 2.1 Ziele und Aufgaben erkennen und strukturieren

Wer nicht weiß WAS, WANN, WIE, WESHALB, WIE GUT, WIE OFT, ZU WELCHEN KOSTEN getan werden muß, kann nicht steuern, koordinieren oder motivieren. Die Ziele eines Ministeriums werden durch den öffentlichen Auftrag, die Programmziele und das Leitbild festgelegt.

- Mit den Programmzielen werden die Ziele aus der politischen Willensbildung festgelegt. Hier finden sich die Festlegungen aus Koalitionsvereinbarung und Regierungserklärung wieder.

  Oft werden die Programmziele auch als äußeres Leitbild bezeichnet.

- Die gesetzlichen Rahmensetzungen des öffentlichen Interesses und die Orientierung am Gemeinwohl finden sich im öffentlichen Auftrag wieder. Hier sollten die zu erfüllenden öffentlichen Aufgaben in ihren sachlichen, zeitlichen und räumlichen Dimensionen präzisiert sein.

  Dieser öffentliche Auftrag ist häufig der einzige Bezugsrahmen für die Exekutive.

- Das Leitbild beschreibt das Selbstverständnis der Organisation. Es werden der Zweck und die leitenden Werte der Organisation angesprochen. Der partizipative Prozeß der Leitbildformulierung und der Leitbildentwicklung minimiert die Identifikationsdefizite der Verwaltungsmitarbeiter.

  Auch als inneres Leitbild definiert.

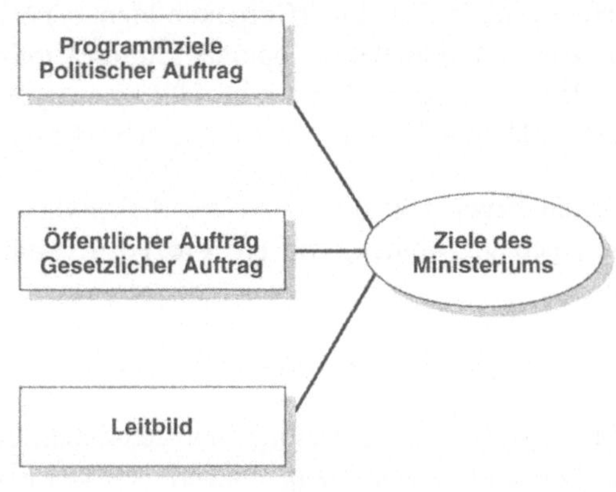


**Abb. 3: Ziele und Aufgaben des Ministeriums**

Neben der Prioritätensetzung auf das eigene politische Programm sind Minister und Staatssekretäre herausgefordert, sich systematisch und vor allem mit einem neuen Verständnis an einzelnen Interessengruppen als besondere Stakeholder zu orientieren. Diese Orientierung soll ein notwendiges Gegengewicht zu einer Überbetonung verwaltungsinternen „Effizienzdenkens" oder der Gefahr einer „Technokratiedominanz" schaffen. Hierbei ist wichtig, daß im Ministerium ein **gemeinsames Leitbild** d.h. Selbstverständnis besteht.

Durch die Diskussion des Leitbildes kann die Strukturierung der Ziele des Ministeriums auf allen Ebenen deutlich konkretisiert werden; es verliert damit an Abstraktion. Ein konkretes Leitbild führt zu der Optimierung des Leistungsangebots und erhöht die Schlagkraft der Organisation, da Schwerpunkte gesetzt werden können.

***Wie wird das Leitbild formuliert?***

Bei der ersten Formulierung des Leitbildes sind im wesentlichen folgende Punkte zu beachten:

Das Ministerium muß sich selbst verstehen, indem es die einzelnen Interessengruppen, die Forderungen an die Organisation stellen, systematisch erfaßt.

Anschließend muß es sich klar machen, welche gesellschaftlichen bzw. politischen Erwartungen befriedigt werden sollen, bzw. welche Probleme zu lösen sind und wie mit diesen Aufgaben umgegangen wird.

Dabei muß auf spezifische Machtpositionen und Einflüsse der wichtigsten Interessengruppen angemessen eingegangen werden. Wichtige Stakeholder sind natürlich nicht nur Parlament und Kabinett sondern auch die Bürger und andere.

Eine eigene Philosophie (Corporate Identity) und eigene Kernwerte, an denen sich das Ministerium orientiert (Coporate Culture) müssen ermittelt werden, um strategisch handeln zu können. Dabei muß klar herausgestellt werden, was das Ministerium von vergleichbaren Organisationen unterscheidet und was es einzigartig macht.

Da die Ergebnisqualität also die Stakeholder-Zufriedenheit gesteigert werden soll, muß geplant werden, wie ein Prozeß der ständigen Verbesserung verfolgt werden kann.

***Wie wird Stakeholder-Value gemessen?***

Für das operative Controlling im öffentlichen Bereich fehlen häufig wesentliche Teile des konzeptionellen Bezugsrahmens. Gerade in Ministerien ist die Identifizierung und Analyse der Interessen der verschiedenen Anspruchsgruppen von besonderer strategischer Bedeutung. Es fällt aber schwer die sogenannte „Stakeholder value" also ihre Zufriedenheit zu quantifizieren.

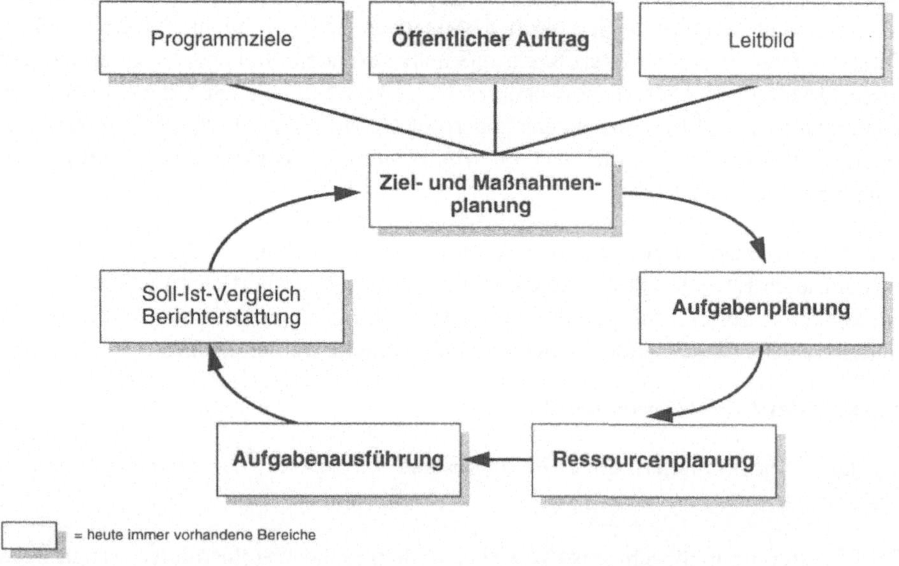


**Abb. 4: Strategisches Ziel- und Aufgabenmanagement**

Hieraus ergibt sich das Interesse an einer Methodik, die explizit den Zusammenhang zwischen **Ergebnissen und Stakeholder** zeigt. Die Methodik muß in der Lage sein, Einsichten in das strategische Verhalten der Stakeholder zu vermitteln und Ergebnisse bereitstellen, welche sich möglichst nahtlos in den Prozeß des strategischen Managements einbinden. Das System soll die Rolle eines strategischen Kontroll- und Frühwarnsystems übernehmen.

## 2.2 Methodik für eine integrierte *„Stakeholder-Aufgaben"* Analyse

Es wurde gezeigt, daß das Selbstverständnis der Organisation durch den Eigenanspruch und die verschiedenen Interessengruppen geprägt wird. Ziel des Ministeriums muß natürlich eine Maximierung der Befriedigung der Bedürfnisse seiner *Stakeholder* sein. Hierbei ist die Berechnung und Maximierung eines bestimmten Globalwertes, wie es beispielsweise im privatwirtschaftlichen Bereich über die *„shareholder-value"* getan wird, nicht möglich. Dieser Wert kann nicht die jeweiligen Anforderungen der einzelnen Interessengruppen wiedergeben.

Dieses Vorgehen entspricht der Erweiterung von einem engen „Managerial View" zu einer umfassenden Perspektive des Ministeriums: Das Ministerium ist quasi in einem öffentlichen Netzwerk mit vielfältigen Stakeholder-Beziehungen, z.B. zu Parteien, Regierung, Parlament, Kunden, Interessenverbänden und Bürgerinitiativen eingebunden.

Mit diesem Vorgehen kann ein Soll-Ist-Vergleich durchgeführt werden, das heißt die für die Stakeholder vom Management vorgegebene Aufgabenerfüllung wird mit der tatsächlich empfundenen Aufgabenfüllung (Stakeholder-satisfaction) verglichen und die Abweichung gemessen.

Folgende Schritte sind zu beachten, um einen „sustainable Fit" zu erreichen, der für die wichtigen Stakeholder akzeptabel ist:

- Interessengruppen systematisch erfassen
- Einfluß einzelner Interessengruppen gewichten
- Aufgaben für die Befriedigung der wichtigen Interessengruppen festlegen
- Prioritäten durch die Gewichtung der Aufgaben festlegen
- Ziele definieren (Soll-Aufgabenerfüllung)
- *„Stakeholder-satisfaction"* (Ist-Aufgabenerfüllung) ermitteln
- Zielerreichung feststellen (Soll-Ist Vergleich)
- Maßnahmen zur Abweichungsbehebung einleiten

Die Methodik stellt einen iterativen Prozeß dar, der regelmäßig bzw. nach der Einführung von Verbesserungsmaßnahmen rückgekoppelt und wiederholt wird. Die Stakeholder-Zufriedenheit, die im erweiterten Sinn die Stakeholder value darstellt, kann auf diese Weise maximiert werden.

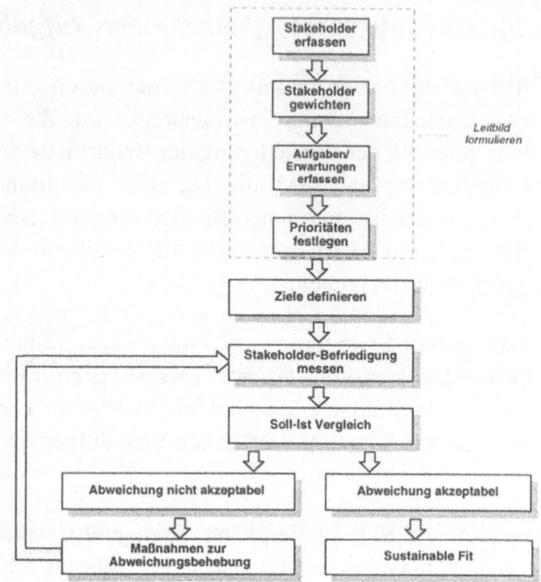


**Abb. 5: Iterative „Stakeholder-Aufgaben" Analyse**

Die Methodik dient auch der Früherkennung, um sowohl systematisch Schwachstellen in Beziehungen zwischen Stakeholder und Ministerium aufzuzeigen, als auch konkrete Handlungen und Strategien für die einzelnen Verwaltungsbereiche abzuleiten.

***Interessengruppen systematisch erfassen***

Alle für das Ministerium wichtigen Akteure werden in einer Stakeholder-Map zusammengestellt - der Stakeholder wird aus der Sicht des Ministeriums betrachtet und wie ein Investitionsobjekt angesehen. Hierbei wird auch die Beziehungsdynamik gemessen, indem die Wichtung mit dem Faktor *Zeit* verknüpft wird.

Die Machtposition der einzelnen Interessengruppen auf das Ministerium wird eingeschätzt und ein auf langfristige Beziehungen ausgerichtetes Einflußmodell entwickelt. Dieses kann zum Beispiel über eine Unterscheidung nach hoheitlicher, marktlicher und nicht-marktlicher Beziehungen entwickelt werden.

**Abb. 6: Stakeholder - Map**

***Einfluß einzelner Interessengruppen gewichten***

Die Entfernung der einzelnen Stakeholder zum Ministerium, wie sie in der Stakeholder-Map dargestellt wird, verdeutlicht wie nahe eine bestimmte Interessengruppe dem Ministerium eigentlich steht. Bürgernähe und Mitarbeiterbezug sollten im Wirkungszentrum stehen. Und doch ist es momentan so, daß den fernen Stakeholder, wie Parlament, Kabinett oder Medien die größte Beachtung geschenkt wird.

Für eine effektive Arbeit, muß demzufolge eine klare Gewichtung der verschiedenen Stakeholder vorgenommen werden. Bei diesem Prozeß werden alle Mitarbeiter der Organisation mit einbezogen.

***Aufgaben für die Befriedigung der wichtigen Interessengruppen festlegen***

Da jeder einzelne Stakeholder eigene Anforderungen hat, müssen diese erfaßt werden. Das kann beispielsweise mittels einer morhologischen Analyse durchgeführt werden.

Für die einzelnen Stakeholder werden die jeweiligen Aufgaben ermittelt und die Beziehungseffektivität gemessen, das bedeutet, daß die Beziehung zum Ministerium und die möglichen Alternativen aus der Sicht der Interessengruppe werden nach ihrer jeweiligen Erwartung bewertet. Aus den Erwartungen ergeben sich die Aufgaben und Ergebnisziele des Ministeriums.

***Prioritäten durch die Gewichtung der Aufgaben festlegen***

Die Erwartungen der Stakeholder zu kennen, bedeutet aber noch lange nicht, zu wissen welche Aufgaben für das Ministerium wirklich wichtig sind. Die einzelnen Aufgaben werden ihrer Wichtigkeit nach geordnet.

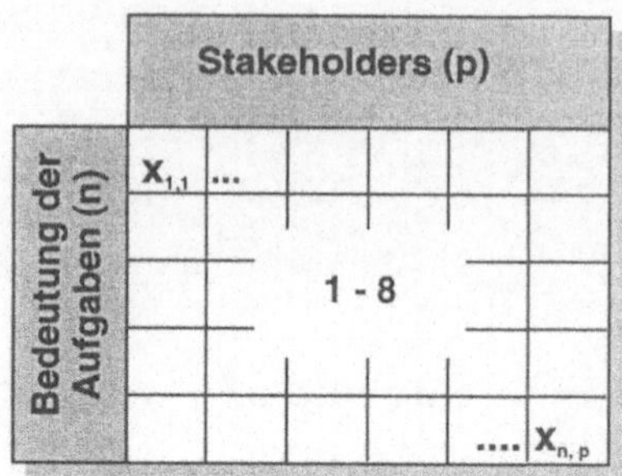


**Abb. 7: Bedeutung der Aufgaben**

***Ziele definieren (Soll-Aufgabenerfüllung)***

Die Erledigung der Aufgaben ergibt sich aus dem Interesse, daß das Ministerium an bestimmten Stakeholdern hat und aus besonderen Kompetenzen und Fähigkeiten des Ministeriums wie z. B. Expertenwissen, Methodenwissen oder Sozialkompetenz.

Über die Priorisierung müssen Ziele für den Grad der möglichen Stakeholder-Satisfaction festgelegt werden. Für den Fall, daß Stakeholder nicht zufrieden sind, also Ziele nicht erreicht werden, müssen Handlungsempfehlungen diskutiert werden. Auch hier müssen alle Akteure in die Diskussion einbezogen werden.

***„Stakeholder-satisfaction" (Ist-Aufgabenerfüllung) ermitteln***

Die Ergebnisqualität wird mit Hilfe regelmäßiger Stakeholderbefragungen ermittelt.

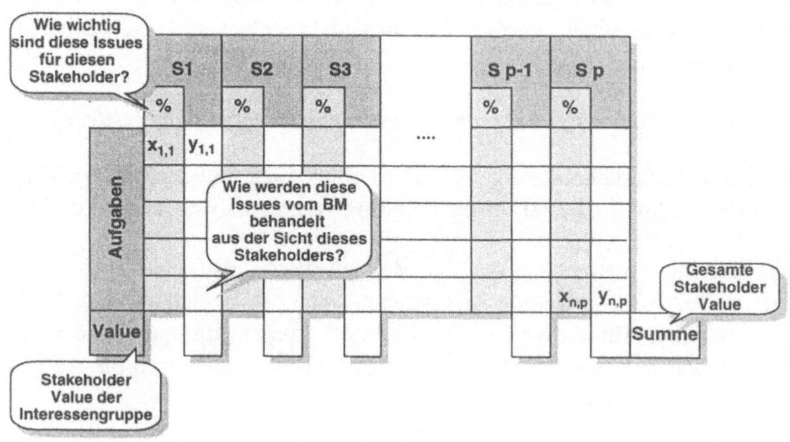


**Abb. 8: Aufgabenerfüllung**

Aus der Ist-Aufgabenerfüllung kann die Stakeholder-Value berechnet werden. Die Summe der Ist-Erfüllungen unter Berücksichtigung der Wichtigkeit der jeweiligen Aufgabe für den einzelnen Stakeholder ergibt der Stakeholder-Value.

***Zielerreichung feststellen (Soll-Ist Vergleich)***

Um einen „sustainable Fit", also eine für Ministerium und Stakeholder akzeptable Aufgabenerledigung zu erreichen gilt, daß eine Maximierung der Stakeholder-Value angestrebt wird.

Der „sustainable Fit" ist erreicht, wenn sich keine Abweichung zwischen Soll- und Ist-Aufgabenerfüllung ergibt.

Es gilt: $\mathbf{min\ \Sigma\Delta\ (x_{n,p};y_{n,p}) = max}$ **Stakeholder-Value**.

Bei Überschreitung des „sustainable fit" besteht Handlungsbedarf von der Seite des Ministeriums.

***Maßnahmen zur Abweichungsbehebung einleiten***

Bei starker Abweichung zu dem jeweilig festgelegten Soll-Wert werden spezifische Defizitursachen ermittelt und Maßnahmen zur Lösung eingeleitet. Für Handlungspriorisierung wird dabei nicht nur die Machtposition der einzelnen Stakeholder beachtet sondern auch die aktuelle Gewichtung.

Die vorgestellte Methodik ist ein ganzheitlicher Ansatz, mit dem die Stakeholderorientierung im Ministerium grundlegend verankert, organisiert und instrumentalisiert, und eine stetige Verbesserung und Steigerung der Ergebnisqualität verfolgt wird.

# 3 Konsequenzen für die Organisationsentwicklung

## 3.1 Auf dem Weg zur Lernenden Organisation

Die Stakeholderorientierung zielt auf dem „Weg zur Lernenden Organisation" darauf ab, zwischen der Grundhaltung aller Ministerialangehörigen, ein gemeinsames Ziel mit jeder einzelnen Interessengruppe anzustreben. Die Stakeholderorientierung ist also weder eine Spezialaufgabe für einzelne Referate oder Ministerialangestellte mit Überbrückungsfunktionen, noch kann sie allein „von oben" verordnet werden.

Die „Lernende Organisation" ist sowohl Prozeß als auch Zustand. Sie drückt das Streben aus, alle individuellen und organisatorischen Fähigkeiten im Ministerium zu mobilisieren, um eine dauerhafte Beziehung zwischen Leitung und Mitarbeitern und anderen Interessengruppen zu ermöglichen. Im Ministerium der Zukunft bilden „Stakeholder", Abläufe, Personen, Instrumente und Organisationsstrukturen eine harmonische Einheit.

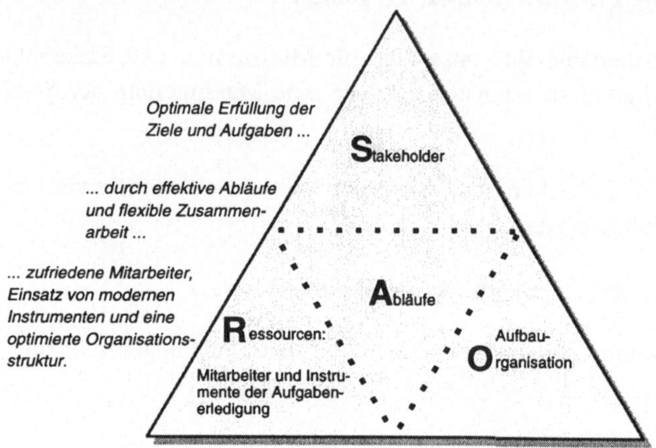


**Abb. 9 Das Ministerium der Zukunft**

Nach Arthur D. Little die Prinzipien der „Lernenden Organisation zu der Beschleunigung von Wandel und Lernen. Dabei sollten drei Regeln beachtet werden, nämlich von der Vergangenheit zu lernen, mit anderen zusammen zu lernen und regelmäßig die Dinge zu hinterfragen.

Aus diesen Regeln ergeben sich die wichtigsten Schritte zur Lernenden Organisation, die sich in fünf Phasen beschreiben lassen:

**Phase 1:** Gemeinsames Verständnis für die anstehenden Anforderungen gewinnen

- Gezielte Wahrnehmung von Umfeldveränderungen
- Offene Kommunikation, Hinterfragen der bisheriger Handlungsweisen
- Gestaltung eines Zukunftsbildes

**Phase 2:** Kreative Auswertung der in Phase 1 gewonnenen Erkenntnisse

- Interpretation von Systemzusammenhängen
- Einbeziehung der verfügbaren Wissens- und Erfahrungsbasis
- Entwicklung von Optionen für die Zukunftsgestaltung

**Phase 3:** Gemeinsame Wirkungsrichtung aller Beteiligten bei der Umsetzung der Lösungsansätze wird verfolgt

- Experimentelle Umsetzung von Lösungsansätzen
- Regelmäßige Abstimmung über die eingeschlagene Handlungsrichtung
- Gemeinsame Auswertung und Dokumentation der Lernergebnisse
- Kommunikation der Lernergebnisse im Ministerium

**Phase 4:** Mitglieder der Organisation nehmen Abstand von den operativen Anforderungen und reflektieren gemeinsam den beschrittenen Weg

- Reflektion der einzelnen Phasen des Lernprozesses
- Frühzeitiges Intervenieren, wenn die Qualität des Lernprozesses unzureichend ist
- Hinterfragen der strategischen Ausrichtung (der Abteilung, des Referates)

**Abb. 10: Das Fünfphasen Modell der Lernenden Organisation**

Für die Umsetzung der Prinzipien müssen alle betroffenen Stakeholder beteiligt sein, muß ständig Vision und Plan kommuniziert werden und Stabilität durch vertrauensvolle Beziehungen geschaffen werden.

Der Einsatz der Schritte verändert das Verständnis des Ministeriums und die Aufbau- und Ablauforganisation. Die traditionelle Stab-Linien-Organisation heutiger Prägung mit einfachen Zusammenfassungen von Organisationseinheiten ist nur bei niedriger Marktdynamik und Anforderungskomplexität leistungsfähig.

Stakeholder bewirken sowohl hohe Marktdynamik als auch steigende Anforderungen. Dieses führt zu einer steigenden Komplexität der Produkte des Ministeriums. In dieser Umgebung ist die traditionelle Stab-Linien-Organisation nicht mehr angemessen. Vielmehr steht Ansätze dezentraler Ressourcenverantwortung und die Einführung von Controlling im Mittelpunkt.

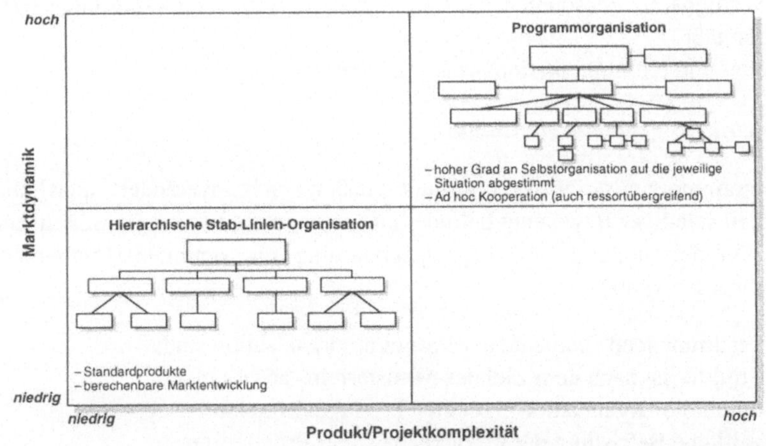


**Abb. 11: Organisationsstrategien**

Arthur D. Little entwickelte in der Vergangenheit erfolgreich zukunftsorientierte Organisationen. Dabei wird die Reduzierung der festen Organisation auf Abteilungen und Geschäftsbereiche vorgenommen. Die Kombination aus teamorientierter Führung und transparenter Budgetsteuerung läßt dabei ein effektives Prioritätenmanagement zu.

## 3.2 Von der hierarchischen Stab-Linien-Organisation zur budgetgesteuerten Programmorganisation

Mit der Programmorganisation erreicht das Ministerium eine Struktur, die

- von außen die Ziel- und Programmstruktur des Ministeriums eindeutig erkennen läßt
- über frühere Organisationsgrenzen hinweg, Synergieeffekte durch interdisziplinäre Zusammenarbeit erzielt
- flexibel auf neue Anforderungen schnell reagieren kann
- ein Prioritätenmanagement bei der Aufgabenvergabe ermöglicht
- neben der festen Struktur der strategischen Programmfelder (früher Abteilungen) und der operativen Geschäftsbereiche (früher Unterabt.) nur flexible Einheiten hat
- die verfügbaren Ressourcen optimal verteilt und die Leerkapazitäten transparent werden läßt
- Arbeits- und Kommunikationswege verkürzt

***Was ist eine Programmorganisation?***

Die Programmorganisation ist so gestaltet, daß sie sich unverändert, quasi als Dauerzustand, in ständiger Bewegung befindet und so angelegt ist, daß jeweils für die spezifische Aufgabenstellung und Ergebniserwartung die optimale Teamkonstellation gewählt werden kann.

- Die bestimmenden Elemente der Programmorganisation sind:
- Die Struktur ist nach dem Ziel des Ministeriums ausgerichtet
- Die durch die Organisation erzeugten Produkte/Projekte
- Die zeitliche Befristung der Produkt- bzw. der Projektgruppen

Die Programmorganisation ist darauf gerichtet, ein bestimmtes - in den Einzelelementen durchaus veränderbares - Programm des Ministeriums zu realisieren. Die Ziele des Programmes werden durch drei Elemente definiert (vgl. Abb. 3):

- Politischer Programmauftrag (Kabinett)
- Gesetzlicher Auftrag (Parlament)
- Strategisches Selbstverständnis (Minister)

Für den Wirkungsgrad der Programmorganisation ist es entscheidend, daß die Produkte/Projekte bzw. die politisch-administrativen Ziele von diesen obigen Aufträgen des Ministeriums ableitbar sind.

***Welche Elemente hat die Programmorgansation?***

Die **Abteilungsleiterkonferenz (ALK)** erhält die wichtige Funktion über Produkt- und Projektvorschläge aus dem Haus, entsprechend der zwischen Kollegium und ALK entschiedenen Programmstruktur, zu entscheiden. Die ALK prüft die Ziel- und Zweckmäßigkeit und die Vorkalkulation des Personalaufwandes und gibt dem Produkt/Projekt eine Prioritätennummer (1-5), um das Ressourcenmanagement entsprechend der Prioritäten zu ermöglichen.

Damit sind alle Mitglieder der ALK für das erfolgreiche Ergebnis verantwortlich; gegenseitige Unterstützung solle damit möglich sein.

Das Controlling unterstützt die Leitung und die ALK. Hier werden die Vorkalkulationen geprüft, die Ressourcenverwendung registriert, der laufende Soll- Ist-Vergleich des Zeitaufwandes für einzelne Produkte/Projekte durchgeführt und Abweichungen transparent gemacht. Signifikante und wiederkehrende Fehlallokationen der verfügbaren Mitarbeiterzeit wird untersucht. Das Controlling kann auch Vorschläge für die personelle Besetzung von Produkt/Projektteams machen.

Die Leiter der bisherigen Abteilungen sind Leiter der strategischen Programmfelder. Strategische Programmfelder könnten z. B. in einem Wirtschafsministerium sein:

- Wachstum und Beschäftigung (statt Wirtschaftspolitik)
- Innovation und Wettbewerb
- Standort und Infrastruktur etc.

Die Abteilungsleiter übernehmen innerhalb ihrer Funktion die abschließende Verantwortung für die ziel- und zeitgerechte Produkt/Projekterstellung ihres Bereiches. Sie sind auch frei in der Verwendung der ihnen dafür dauerhaft oder temporär zugewiesenen Personalressourcen. Sie entwickeln - unterstützt vom Servicebereich Personal - das Personalmanagement und setzen die Beschäftigten nach ihrer Qualifikation optimal ein. Sie werden vor allem an der Erreichung der vorher definierten Ergebnisse bei der Bearbeitung der Produkte/Projekt gemessen.

Die Abteilungsleiter werden von den **Leitern der Geschäftsbereiche** (Unterabteilungsleiter/Referatsleiter) unterstützt. Diese sind für in sich geschlossene Produkt/Projekt-Bereiche verantwortlich.

Geschäftsbereiche könnten z. B. sein:

- Wirtschaftsstandort Deutschland
- Initiative Dienstleitungen
- Strategische Wirtschaftsförderung
- Währungspolitische Zusammenarbeit

Diese Geschäftsbereiche sollten so gebildet werden, daß mehrere Produkt/Projekt-Bereiche zu Ergebnissen zusammengefaßt werden. Die Leiter der Geschäftsbereiche verantworten die zeit- und qualitätsgerechte Projekt/Projekterstellung und steuern den Arbeitsablauf des Tagesgeschäftes. Sie berichten den Abteilungsleitern stets über den jeweiligen Stand und geben entsprechende Informationen direkt an das Controlling.

Die **Mitarbeiter** unterhalb der Geschäftsbereichsleiter sind, im Gegensatz zu diesen, keinem Geschäftsbereich dauerhaft fest zugeordnet, sondern gehören einem Pool an, der dem gesamten Programmfeld dient. Die Zuordnung zu Pools geschieht vor allem, um eine disziplinarische Zuordnung zu gewährleisten. Diese Zuordnung soll allerdings so offen sein, daß ein Beschäftigter sowohl im Projekt A des Programmfeldes X mitarbeiten kann, als auch im Produkt B des Programmfeldes Y.

Die bisherigen Stufen (Referatsleiter, Referent, Sachbearbeiter etc.) werden beibehalten, allerdings können und sollen die Beschäftigten weniger nach ihrer formalen Besoldungsstufe als nach ihren spezifischen Fähigkeiten und nach Verfügbarkeit eingesetzt werden. Ein Referent soll sehr wohl Projektmanager sein und ein Referatsleiter Mitarbeiter in einem Produkt.

***Wie wird die Programmorganisation gesteuert?***

Jeder Beschäftigte ist unmittelbar für seinen Zeiteinsatz verantwortlich. Er hat die Pflicht, seine jährlichen Einsatztage auf die Erstellung von Produkten/Projekten zu verbringen. Dies kann er jedoch nur, wenn er von einem Projekt/Produktmanager als geeignet gesehen und eingesetzt wird. Sein Einsatz ist quasi zu buchen und abzurechnen. Der Verantwortliche wird an der Qualität, an der Zeit und an dem Ressourcenverbrauch für sein Produkt/Projekt gemessen.

Der Zielkonflikt zwischen Produktmanager (wenig Zeit von Mitarbeitern einsetzen) und Mitarbeiter (viel Zeit zu buchen) führt zu einer Verbesserung des sachgerechten Zeiteinsatzes, da es keinen Einsatztag mehr gibt, ohne verantwortliche Verwendung. Die ressourcensparende Teamarbeit wird gefördert.

Alle formalen Zuständigkeiten unterhalb des Geschäftsbereichsleiters sind aufgelöst und existieren nur in Abhängigkeit zu den beschlossenen und kalkulierten Produkten/Projekten.

Produkte/Projekte können von jedermann der ALK vorgeschlagen werden. Die ALK entscheidet darüber.

Zwischen den Geschäftsbereichsleitern wird es zum Wettbewerb um die besten Projekt/Projektmanager und Mitarbeiter kommen. Die Rotation der Mitarbeiter ist quasi institutionalisiert.

Bei der „Auftragsvergabe" für neue Produkte/Projekte werden Zielvereinbarungen über Ziel/Zweck, Zeit, Qualität und Ressourceneinsatz geschlossen. Der Erfolg des

Projektmanagers wird daran gemessen. Die vom Produkt/Projektteam nicht zu vertretenden Komplikationen werden gewürdigt.

Bei den regelmäßigen Beurteilungen werden vor allem die Produkt/Projekt-Berichte sowie die Ergebnisbeurteilungen der Empfänger (ALK, Leitung) herangezogen.

***Was sind die Charakteristika von Produkten/Projekten?***

**Produkte** sind auf Dauer angelegte Leistungen, entsprechend gesetzlichem Auftrag, nach gleichbleibender Qualität zu erstellen.

**Projekte** sind alle nicht auf Dauer durch Leitungsauftrag definierte Leistungen.

Die Priorität der Ressourcenzuordnung auf Produkte oder Projekte richtet sich nach der Stakeholderanalyse.

Aufgaben, die weder Produkt-/noch Projektcharakter haben, sind sogenannte politisch/administrative Tätigkeiten, z. B. Leitungsstäbe.

***Welche Nachteile hat die Programmorganisation?***

Es wird noch geprüft, ob diese Organisationsform nach den gegenwärtigen rechtlichen Rahmenbedingungen für öffentliche Organisationen zulässig ist, bzw. welche Rechtsvorschriften, wie verändert werden müßten.

Die klare hierarchische Zuordnung aller Beschäftigten löst sich auf und die Fähigkeitsanforderungen zu führen und geführt zu werden, erhöht sich.

Auch unterhalb der heutigen Referatsleiterposition muß Ergebnisverantwortung direkt gegenüber dem „Besteller" übernommen werden.

Die Verwendung der persönlichen Zeitbudgets wird transparent und Leistungsschwächen (durch Nichteinsatz auf Projekten und Produkten) werden sichtbar.

Es ist die Erstellung einer Vielzahl von Produkten/Projekten ständig zu erfassen und zu überwachen. Ein Controlling wird notwendig.

Zwischen dem steuernden Controllingstab und den Fachbereichen werden Konflikte entstehen, ebenso wird um gute Mitarbeiter ein Wettbewerb aufkommen. Diese werden ihre „Zeitbudget" überbuchen können.

Beschäftige die neu im Ministerium sind oder nicht ausreichend eingesetzt werden, müssen für sich werben und Qualität beweisen.

Der Abbau von Stellen entsprechend der Vorgaben wird eher dort geschehen, wo keine Produkte/Projekte laufen. Dadurch könnte ein Angebotsdruck der Ersteller auf die Besteller (ALK) zu kommen.

## 4 Die Begleitung der Implementation ist erfolgsentscheidend

Arthur D. Little ist davon überzeugt, daß die Zahl der Organisationsanalysen und Systementwicklungen für Ministerien immens groß ist, deren Realisierung entweder gar nicht in Angriff genommen worden ist oder deren Umsetzung in der Praxis weitgehend gescheitert ist.

Arthur D. Little Berater können aus ihrer Beratungspraxis für Kunden des öffentlichen Bereiches eine Reihe wesentlicher Bedingungen herauskristallisieren, die als grundlegende Voraussetzungen für einen erfolgreichen Verlauf von Projekten zur Organisationsentwicklung in Ministerien angesehen werden müssen.

Die „Lernende Organisation" fängt in den Köpfen der Leitungsspitze an. Wenn dort keine Einsicht in den Veränderungsdruck und keine Bereitschaft zum Wandel besteht, geht gar nichts. Für den Veränderungsprozeß ist es aber auch wichtig, das junge, noch ambitionierte mittlere Management auf Abteilungsleiterebene zu gewinnen, das neben noch vorhandenen eigenen Ideen und Vorstellungen in der Regel auch einen recht guten Zugang zu der Mitarbeiterebene verfügt.

Die Mitarbeiter im Ministerium sind die wichtigste Ressource. Ohne deren Unterstützung und Mitwirkung ist jeder Projektansatz zum Scheitern verurteilt. Die interaktive Einbeziehung der unmittelbar betroffenen Mitarbeiter in die Projektarbeit ist die beste Garantie dafür, das umsetzungsfähige Lösungen erarbeitet werden. Eine umfassende Information der Personalvertretung und die Beteiligung der Vertreter des Personalrats ist erforderlich.

Es ist jedoch immer wieder zu bemerken, daß das, was in Dekaden gewachsen ist und sich entwickelt hat, nicht innerhalb von Wochen oder Monaten zu verändern ist. Das Aufnahme- und Anpassungsvermögen des Ministeriums gegenüber strukturellen und instrumentellen Veränderungen ist weit geringer als in der privaten Wirtschaft. Ein zu schnelles Vorgehen kann zu deutlichen Überforderungen führen. Neben einer strukturierten Arbeitsplanung sind vor allen Dingen realistische Zeitansätze für die Projektaufgaben abzustecken. So kann eine Aufgaben- und Strukturanalyse schnell zu einem Arbeitsprogramm von 3-6 Monaten führen. Die Schaffung der Voraussetzungen für die Einführung eines Leistungs- und Kostenrechnungssystems wird kaum unter einem halben Jahr und mehr zu machen sein.

Daran schließt sich noch der Implementierungszeitraum an, der sich schnell, bis alle Veränderungen die Organisation durchdrungen haben, in Jahresfristen messen läßt.

In der Phase der Umsetzung müssen an Mitglieder des Ministeriums klare Umsetzungsverantwortlichkeiten gegeben werden. Die Umsetzungsverantwortlicheiten bedürfen der notwendigen Entscheidungskompetenz und einer direkten Berichtlinie an die Führungsspitze.

Der Weg zur Lernenden Organisation ist kein Spaziergang, sondern fordert alle heraus. Rückschläge und nicht oder nur teilweise erreichte Ziele gehören dazu. Wichtig ist, daß über regelmäßige Fortschrittsberichte oder -konferenzen Ursachen für Fehlschläge, Faktoren für besondere Erfolge und erkennbare Hemmnisse offen angesprochen und ohne persönliche Schuldzuweisungen ausdiskutiert werden. Nur dadurch wird das Ministerium zu einer lernenden Organisation.

Abschließend sei auf die relevanten Differenzierungsmerkmale des Konzepts des lernenden Ministeriums hingewiesen. Arthur D. Little hat mit diesem ganzheitlichen Ansatz einen Handlungsrahmen und ein Instrumentarium zur Verfügung, das uns in die Lage versetzt, mit der Realisierung des neuen Managementsystems im Ministerium einen Regelkreis der Selbstoptimierung in Gang zu setzen.

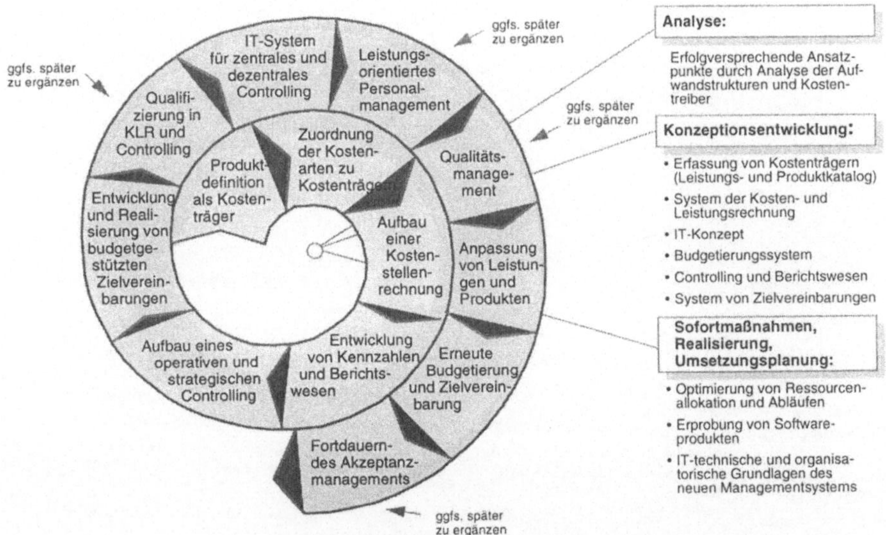


**Abb. 12: Regelkreis der Selbstoptimierung**

# Literaturverzeichnis

[1] Freeman, R. Edward/Reed, David L., A: Stockholders and stakeholders: A new Perspective on Corporate Governance. In: California Management Review, 25 Jg., Nr. 3, 1983, S. 88-106.

[2] Management im Zeitalter der Strategischen Führung, Arthur D. Little International (Hrsg.), 1986, 2. Auflage, VIII, Gabler.

[3] Management des geordneten Wandels, Arthur D. Little International (Hrsg.), 1988, XIII, Gabler.

[4] Management der Hochleistungsorganisation, Arthur D. Little International (Hrsg.), 1991, 2. Auflage, VIII, Gabler.

[5] Strategische Frühaufklärung - Trends, Issues, Stakeholder, Franz Lieble, 1996, Oldenbourg.

# Referenzmodell Kommunalverwaltung - Wie können öffentliche Verwaltungen von einem Branchenreferenzmodell profitieren?

Dipl.-Inf. (FH) Michael Klefges,
ivl GmbH, Leverkusen
Dipl.-Kfm. Ralf Heib,
IDS Prof. Scheer GmbH, Saarbrücken

## Inhalt

# 1 Charakterisierung von Referenzmodellen

## 1.1 Die verschiedenen Referenzmodelltypen

Referenzmodelle sind formale oder halbformale Beschreibungen betriebswirtschaftlicher Tatbestände wie Geschäftsprozesse, Datenstrukturen, Bearbeitungsregeln und Organisationsstrukturen [4]. Sie bilden die Grundlage für eine einheitliche und vereinfachte Generierung von Modellen, die an die Anforderungen und Spezifika von Unternehmen und Institutionen angepaßt sind.

Ist allgemein die Rede von Referenzmodellen, so müssen zunächst die verschiedenen Arten unterschieden werden:

- Vorgehensmodelle
- Software-Referenzmodelle
- Branchenreferenzmodelle

Im Folgenden werden die verschiedenen Referenzmodelltypen kurz beschrieben und ihre wesentlichen Einsatzmöglichkeiten dargestellt. Der Schwerpunkt der Ausführungen liegt dabei auf den Branchenreferenzmodellen.

## 1.2 Vorgehensmodelle

Bei Vorgehensmodellen handelt es sich um strukturierte Beschreibungen von Handlungsweisen und Aktivitäten bei bestimmten Problemstellungen. So gibt es beispielsweise Vorgehensmodelle für die Optimierung von Geschäfts- und Verwaltungsprozessen, für die Einführung von Standardsoftware, für die Qualitätssicherung bei der Entwicklung und Pflege von Softwaresystemen oder für die Zertifizierung nach ISO 9000.

Vorgehensmodelle beschreiben Informationen zur Projektorganisation, zu den im Projekt auszuführenden Funktionen, zu den im Projekt anfallenden Daten sowie zu den Projektabläufen und Verarbeitungsregeln.

Die wesentlichen Vorteile beim Einsatz von Vorgehensmodellen ergeben sich aus der Zeitersparnis bei der Projektplanung und -durchführung.

## 1.3 Software-Referenzmodelle

Software-Referenzmodelle bilden den Aufbau, die Funktionalität, die Verarbeitungsstrukturen sowie die gegebenen Varianten und Lösungsalternativen von (Standard-) Software ab und dokumentieren damit bestehende bzw. geplante Softwaresysteme. Sie dienen zum einen als Entscheidungshilfe bei der Auswahl von Standardsoftware (Können die Geschäfts- bzw. Verwaltungsprozesse mit einer bestimmten Software abgebildet werden?) und zum anderen für die konzeptionelle Vorbereitung der Einführung solcher Softwaresysteme (In welcher konkreten Form sind die Geschäfts- bzw. Verwaltungsprozesse mit der Software abzubilden?). Werden auf Basis von Software-Referenzmodellen Anpassungen an die spezifischen Gegebenheiten eines Unternehmens oder einer Institution vorgenommen, ergeben sich weitere Einsatzmöglichkeit, z.B. für die Planung und Dokumentation der individuellen Unternehmensprozesse, -daten und -organisation bei Einführung einer Standardsoftware, für die Steuerung von Workflow-Systemen und als Schulungsinstrumentarium [2].

Software-Referenzmodelle umfassen Informationen über die Organisationsstrukturen des Systems, die implementierten Funktionen, die Datenstrukturen sowie die Prozesse und Verarbeitungsregeln des Systems.

## 1.4 Branchenreferenzmodelle

Diese Form von Referenzmodellen dokumentiert die Besonderheiten bestimmter Branchen. Die Beschreibungsinhalte sind dabei unabhängig von dem Einsatz einer konkreten Software. Sie entstammen in der Regel praktischen Erfahrungen sowie theoretischen Überlegungen und decken die betriebswirtschaftlichen Anforderungen einer bestimmten Branche in ihren wesentlichen Geschäftsprozessen ab.

In Branchenreferenzmodellen werden Informationen über die hierarchischen Funktionsstrukturen, Datenmodelle und Prozeßdarstellungen abgelegt. Auf eine ausgeprägte Darstellung von Organisationsstrukturen wird i.d.R. verzichtet, da hier die unternehmensindividuellen Aspekte in einem ganz besonderen Maße zur Geltung kommen.

Gerade im Zusammenhang mit Branchenreferenzmodellen verleitet der Namensbestandteil ‘referenz’ oft dazu, in diesen Modellen die Beschreibung des optimalen Wegs zu sehen. Dabei verfolgen Branchenreferenzmodelle einen anderen Ansatz: Ihr Ziel ist es, Erfahrungen und Erkenntnisse, die bei der Bearbeitung bestimmter Probleme bereits gewonnen wurden, in einer strukturierten und aufbereiteten Form als Ausgangsbasis bei ähnlich gelagerten Aufgaben bereitzustellen. Die daraus entstehenden neuen Einsichten führen dann möglicherweise wieder zu Änderungen und Ergänzungen an den Ausgangsmodellen, so daß sich ein permanenter Evaluationsprozeß ohne definiertes Ende ergibt. Die Definition einer allgemeingültigen Referenz ist aufgrund der individuellen Situationen auch bei Unternehmen innerhalb einer Branche in Verbindung mit unternehmensphilosophischen Unterschieden ohnehin nicht zu realisieren.

Branchenreferenzmodelle dienen also als Ausgangsbasis für den Einstieg in ein Untersuchungsgebiet und als Diskussionsgrundlage für die Definition der eigenen Geschäfts- und Verwaltungsprozesse. Sie finden Anwendung bei der Dokumentation und Optimierung von Geschäfts- und Verwaltungsprozessen, bei der prozeßorientierten Einführung von Standardsoftware, bei der Softwareentwicklung und im Rahmen von Mitarbeiterschulungen.

Am Beispiel des Softwareentwicklungsprozesses soll eine Abgrenzung der Einsatzmöglichkeiten eines Branchenreferenzmodells gegenüber anderen Werkzeugen dargestellt werden. Das ARIS-Toolset als Werkzeug für die Modellierung von Prozessen ist beispielsweise geeignet, den gesamten Prozeß der Softwareentwicklung abzudecken. Eine besonders hohe Anzahl an Modelldefinitionen des Toolsets liegt jedoch im Bereich der Fachkonzeption, so daß hier eine gewisse Fokussierung zu sehen ist. Die klassischen Case-Tools setzen üblicherweise bei der DV-Konzeption auf und finden somit Anwendung bei der dv-technischen Umsetzung. Bei einem Referenzmodell liegt der Schwerpunkt eindeutig auf Fachkonzeptebene.

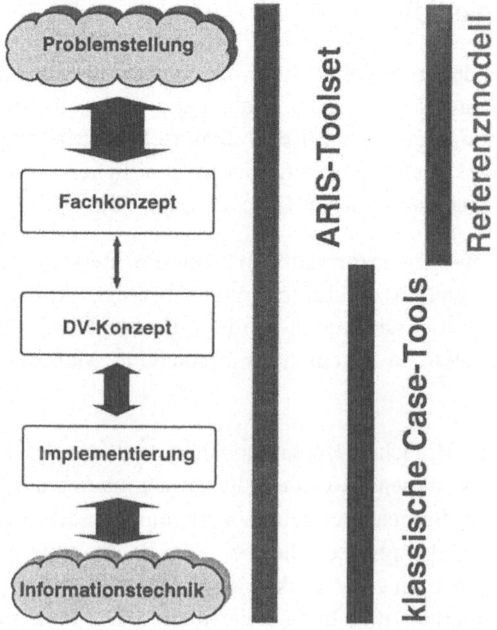


Quelle: IDS Prof. Scheer GmbH

**Abb. 1: Referenzmodelle im Softwareentwicklungsprozeß, in Anlehnung an [1]**

# 2 Besonderheiten eines Referenzmodells für die Kommunalverwaltung und seine Einsatzmöglichkeiten

Ein Referenzmodell für die Kommunalverwaltung beschreibt Geschäftsprozesse sowie Daten- und Funktionsstrukturen, die typisch für diese Institutionen sind. Im Gegensatz zu den 'klassischen' Branchenreferenzmodellen, wo in der Regel branchenspezifische Ausprägungen üblicher betriebswirtschaftlicher Sachverhalte - eventuell ergänzt um jeweils typische Funktionalitäten - beschrieben werden, stellt sich die Situation bei Kommunalverwaltungen völlig eigenständig dar. Für die hoheitlichen Aufgaben existieren keine übertragbaren Analogien aus anderen Branchen. Das Aufgabenspektrum ist zudem sowohl in der Breite als auch in der Tiefe besonders komplex. Die Aufgaben selbst sind untereinander ausgesprochen heterogen.

Vor allem die besondere Eigenständigkeit der Aufgaben einer Kommunalverwaltung macht klar, daß ein solches Referenzmodell nicht aus der Ableitung oder auf der Grundlage anderer Branchen gewonnen werden kann, sondern daß die Funktionen, Daten und Prozesse jeder einzelnen Teilaufgabe gezielt erhoben werden müssen. So entsteht basierend auf Erfahrungen und Erkenntnissen aus verschiedenen Projekten eine „Wissensbasis", die abstrahiert und vereinheitlicht sowie permanent aktualisiert werden muß.

Die wesentlichen Einsatzmöglichkeiten eines Referenzmodells für Kommunalverwaltungen sollen im folgenden kurz dargestellt werden.

## 2.1 Modellierung von Verwaltungsprozessen

Ein besonderer Schwerpunkt für den Einsatz eines Referenzmodells für die Kommunalverwaltung ist ohne Zweifel die Modellierung von für Kommunalverwaltungen besonders wichtigen Prozessen zum Zwecke der Dokumentation organisatorischer Abläufe und v.a. zur Optimierung dieser Abläufe. Die Prozeßmodellierung eröffnet jedoch weitergehende Möglichkeiten [5]. So lassen sich z.B. die Prozesse identifizieren, die direkt an der Erstellung eines Verwaltungsprodukts beteiligt sind oder dieser Erstellung vor- bzw. nachgelagert sind. Es ist bei entsprechender Pflege der Modelle beispielsweise auch ablesbar, welche organisatorischen Einheiten am 'Produktionsprozeß' teilhaben und wie hoch der jeweilige DV-Unterstützungsgrad ist. Durch die genaue Definition der einzelnen Teilleistungen bei einer produktorientierten Prozeßmodellierung ist dann auch eine höhere Transparenz beim Leistungsvergleich z.B. bei Ausschreibungen, bei Outsourcing-Entscheidungen oder beim interkommunalen Vergleich gegeben (vgl. Abbildung 2).

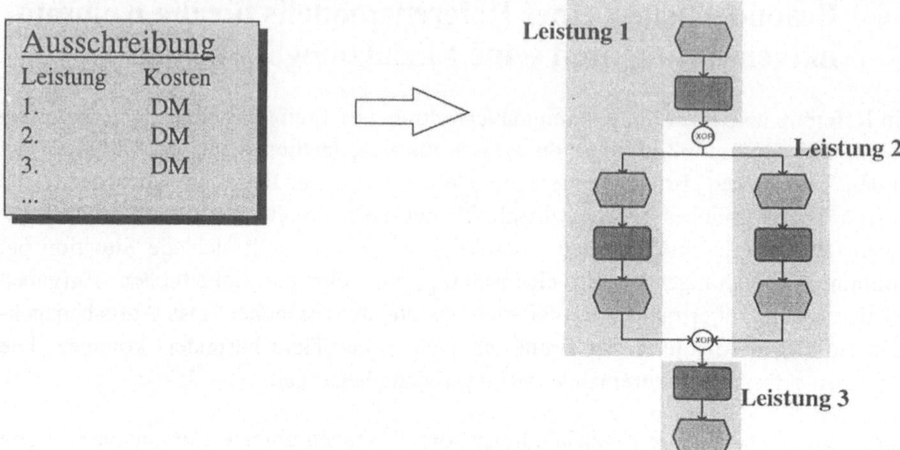


**Abb. 2: Transparenz beim Leistungsvergleich [5]**

Eine durchgängige Modellierung kann Anhaltspunkte für die Verbesserung des Bürgerservices geben und z.B. zur Bündelung und zentralen Bereitstellung bestimmter Dienstleistungen führen.

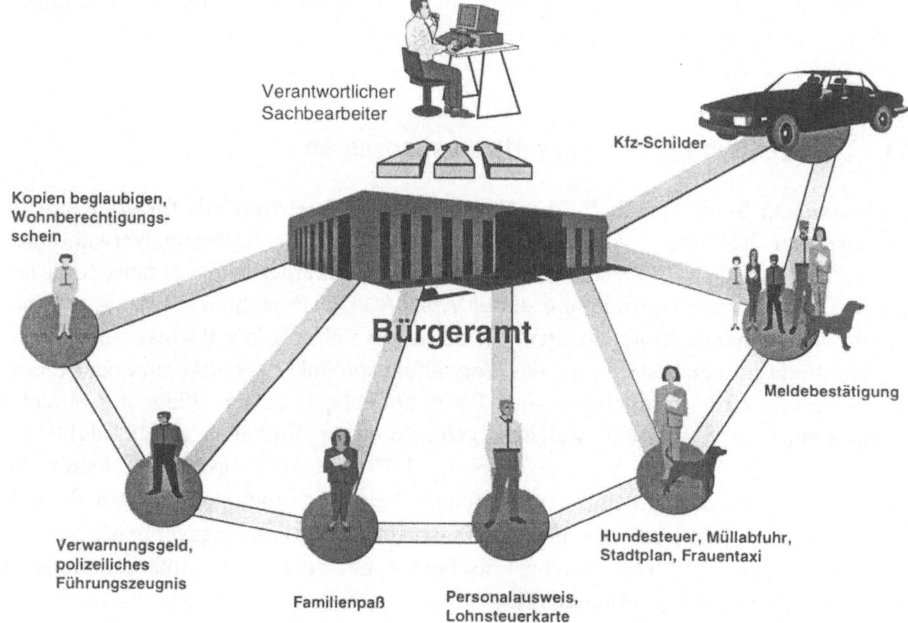


**Abb. 3: Bündelung von bürgerorientierten Antragsprozessen [5]**

## 2.2 Einführung von Standardsoftware

Die grundsätzliche Eignung von Branchenreferenzmodellen für die Einführung von Standardsoftware wurde bereits im Abschnitt 1.4 kurz ausgeführt. Diese Einsatzmöglichkeit spielt jedoch bei Kommunalverwaltungen derzeit eine eher untergeordnete Rolle, da im Gegensatz zu der Situation bei privatwirtschaftlich ausgerichteten Unternehmen hier Standardsoftware - v.a. für die hoheitlichen Anwendungen - nicht in diesem Maße angeboten wird. Es kann aber davon ausgegangen werden, daß sich dieser Zustand in Zukunft ändern wird und hierdurch diese Einsatzmöglichkeit für ein kommunales Referenzmodell an Bedeutung gewinnt.

Für diesen Fall stellt sich der grundsätzliche Ablauf bei der Einführung einer solchen Standardsoftware folgendermaßen dar:

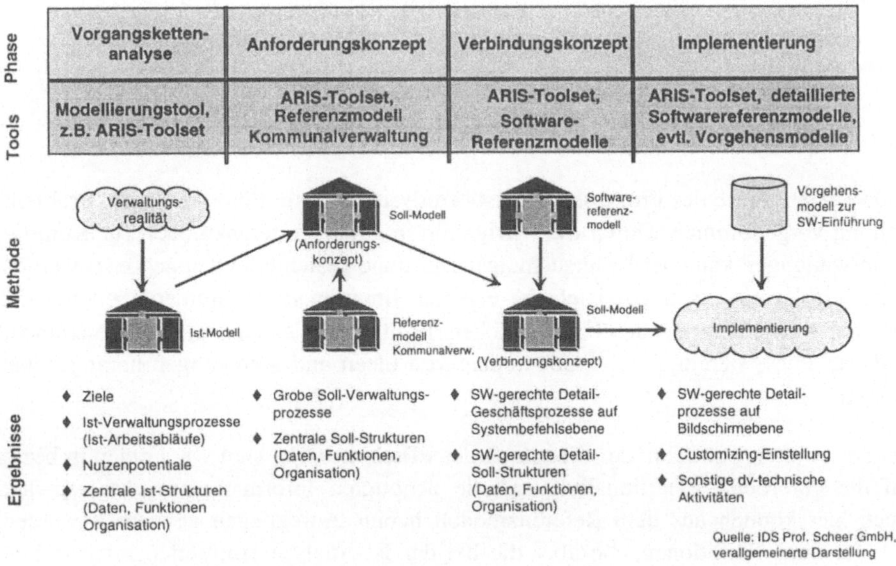


**Abb. 4: Prozeßorientierte Einführung von Standardsoftware [2]**

## 2.3 Auswahl bzw. Entwicklung von Software

Eine weitere Einsatzmöglichkeit ergibt sich, wenn bei einem Softwareprojekt zu Beginn noch nicht feststeht, ob für die wirtschaftliche Abdeckung der geforderten Funktionalität eine am Markt angebotene Software geeignet ist oder ob stattdessen einer Eigenentwicklung der Vorzug gegeben wird.

Im Folgenden wird ein musterhaftes Vorgehensmodell für ein solches Projekt dargestellt. Das Symbol des 'ARIS-Hauses' zeigt dabei die Stellen, an denen auf Informationen aus einem kommunalen Referenzmodell zurückgegriffen werden kann. Von besonderer Bedeutung ist dabei das Know-how der Beteiligten aus den entsprechenden Fachbereichen, so daß aus der Kombination dieser beiden Informationsquellen die konkreten Anforderungen definiert werden können.

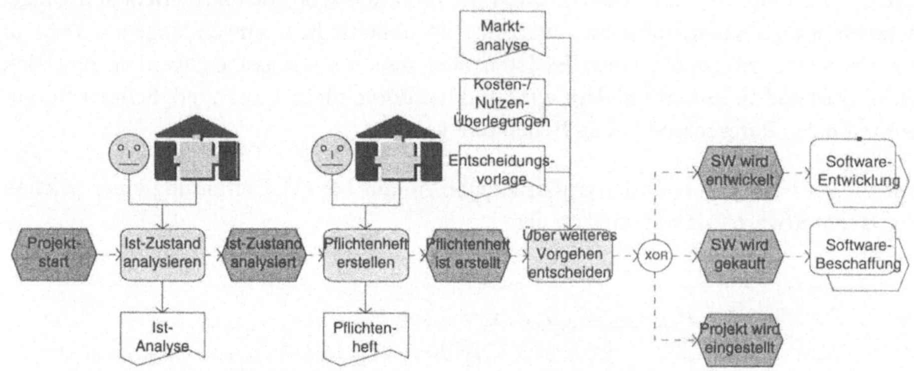


**Abb. 5: Vorgehensmodell Softwareprojekt**

In der ersten Phase des Prozesses, der **Ist-Analyse**, wird die Einordnung der Problemstellung vorgenommen. Durch die Navigation in einem Referenzmodell für Kommunalverwaltungen kann der Untersuchungsgegenstand gesichtet und abgegrenzt werden. Dabei erfolgt ein erster Abgleich der eigenen Situation in Zusammenarbeit mit den späteren Anwendern aus den Fachbereichen. Darüber hinaus kann ein Referenzmodell in dieser Phase bereits für die Gewinnung von Ideen und Anregungen herangezogen werden.

Bei der zweiten Funktion, der Erstellung des **Pflichtenhefts**, sind v.a. Fragen in bezug auf die geforderte Funktionalität und die benötigten Informationsobjekte relevant. Auch hier können aus dem Referenzmodell heraus Anregungen gewonnen werden, z.B. für neue Funktionen, die über die bei der Ist-Analyse ermittelten hinausgehen. Das hier abzuleitende Kundenmodell dient in der Entscheidungsphase zum Abgleich der geforderten mit der in einer Fremdsoftware enthaltenen Funktionalität.

Erfolgt in der dritten Funktion die Entscheidung zugunsten der Beschaffung von Software, so kann das Referenzmodell Kommunalverwaltung und v.a. das entsprechende Kundenmodell für die Dokumentation der neuen Software und für die Schulung der Mitarbeiter eingesetzt werden. Ergibt sich die Entscheidung für eine Eigenentwicklung, so kann der Prozeß folgendermaßen weitergeführt werden:

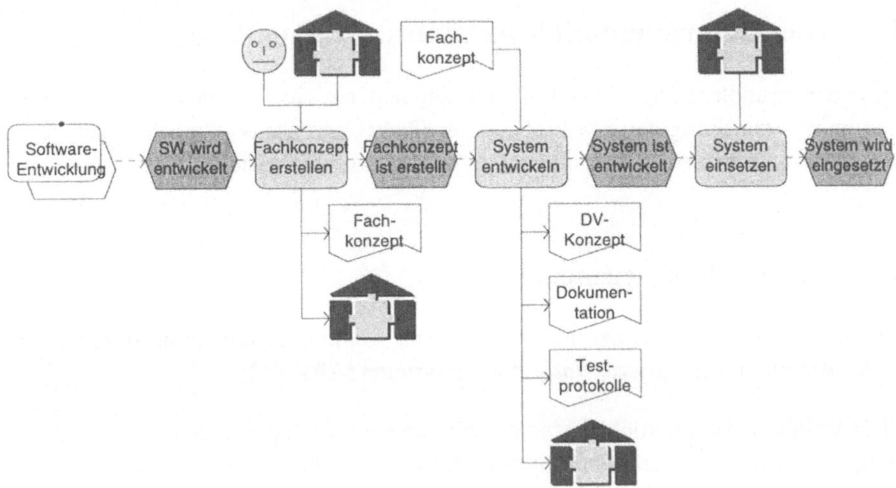


**Abb. 6: Vorgehensmodell Softwareprojekt**

Bei der Erstellung des Pflichtenhefts wurden bereits Funktionen bzw. Funktionsblöcke und Daten definiert, aber noch nicht detailliert ausgeführt. Dies ist eine wesentliche Aufgabe bei der Erstellung des **Fachkonzepts**. Für diese Detaillierung kann wieder auf die Referenzmodelle zurückgegriffen werden. Neu hinzu kommen in dieser Phase v.a. auch konkrete Beschreibungen von Abläufen. Die spezifischen Ausprägungen der jeweiligen Verwaltung fließen wieder in das Referenzmodell ein und bilden dort das um neue, erweiterte bzw. geänderte Beschreibungen ergänzte Kundenmodell. Dieser Prozeß wird auch während der **Entwicklung des Systems** fortgeführt, so daß das Kundenmodell schließlich die vollständige Dokumentation des Systems auf fachlicher Ebene beinhaltet. Im **laufenden Betrieb** eignet sich das Referenzmodell bzw. das individuell angepaßte Kundenmodell dann als Dokumentationssystem und als Schulungsinstrumentarium.

Zusammenfassend ergeben sich aus dem Einsatz eines Referenzmodells für Kommunalverwaltungen folgende Nutzenpotentiale [2]:

- Zeit-, Kosten- und Ressourcenersparnis bei der Planung und Optimierung von Verwaltungsprozessen durch vordefinierte Prozesse, Strukturen und Konventionen.
- Verbesserung des eigenen Projekterfolges durch praxiserprobte Lösungsansätze.
- Diskussionsgrundlage in Projekten.
- Basis für die Auswahl von Standardsoftware.
- Basis für die Entwicklung von Individuallösungen.
- Schulungsinstrumentarium.
- Grundlage für die Prozeßkostenrechnung und Workflow.
- Chance zur branchenweiten Vereinheitlichung von Begriffen und Anforderungen.

# 3 Das Referenzmodell Kommunalverwaltung

Nach den grundlegenden Ausführungen soll nun am Beispiel des Referenzmodells Kommunalverwaltung der IDS Prof. Scheer GmbH und der ivl GmbH dargelegt werden, wie ein kommunales Branchenreferenzmodell aufgebaut sein kann.

## 3.1 Beschreibungselemente

Der methodische Aufbau des Referenzmodells Kommunalverwaltung orientiert sich an der Architektur integrierter Informationssysteme (ARIS) [3].

ARIS stellt einen einheitlichen Methodenrahmen zur Verfügung, mit dessen Hilfe eine komplexe fachliche Beschreibung eines Unternehmens bzw. einer Institution durch die Zerlegung in eine Daten-, Organisations- und Funktionssicht ermöglicht wird. Die Zusammenhänge zwischen den einzelnen Sichten wird durch Hinzufügen einer Steuerungssicht erhalten (vgl. Abbildung 7).

Idealerweise beschreibt die **Organisationssicht** zum einen die Organisationsstruktur eines Unternehmens bzw. einer Institution und die Zuordnung der Bearbeiter in diese Struktur, zum anderen werden die Beziehungen der Organisationseinheiten untereinander dargestellt. Im Rahmen des Referenzmodells Kommunalverwaltung wird diese Zuordnung jedoch nicht vorgenommen, da sie entscheidend von den individuellen Gegebenheiten abhängt. Stattdessen erfolgt innerhalb der Organisationssicht die Gruppierung von Aufgaben zu Organisationseinheiten auf der Ebene 'Amt' orientiert an den Größenklassen 1 bis 6.

Die **Funktionssicht** enthält die Beschreibung der auszuführenden Funktionen, die Aufzählung der einzelnen Teilfunktionen, die zum betrachteten Gesamtzusammenhang gehören, sowie die zwischen den Funktionen bestehenden hierarchischen Zusammenhänge. Die Funktionssicht des Referenzmodells Kommunalverwaltung gestattet damit einen Überblick über die statische Aufgabenstruktur einer Verwaltung.

Mit der **Datensicht** werden die Ereignisse und Zustände des Datenumfelds von Unternehmen bzw. Institutionen dargestellt. Eine Methode zur Darstellung von Zusammenhängen der Datensicht ist das erweiterte Entity-Relationship-Modell. Dabei werden Begriffe wie Entitytypen, Beziehungstypen, Attribute, Domänen usw. verwendet. Die entstehende Datenstruktur ist eine wesentliche Grundlage für die spätere Implementierung einer Anwendung.

Durch die Trennung in Daten-, Funktions- und Organisationssicht besteht zwischen den einzelnen Sichten nur noch eine sehr lose Kopplung, während die Beziehungen innerhalb der Sichten sehr hoch sind. Die **Steuerungssicht** stellt nunmehr die Verbindung zwischen den einzelnen Sichten dar. Im Zentrum der Betrachtung stehen hier die Verwaltungsprozesse der Kommune.

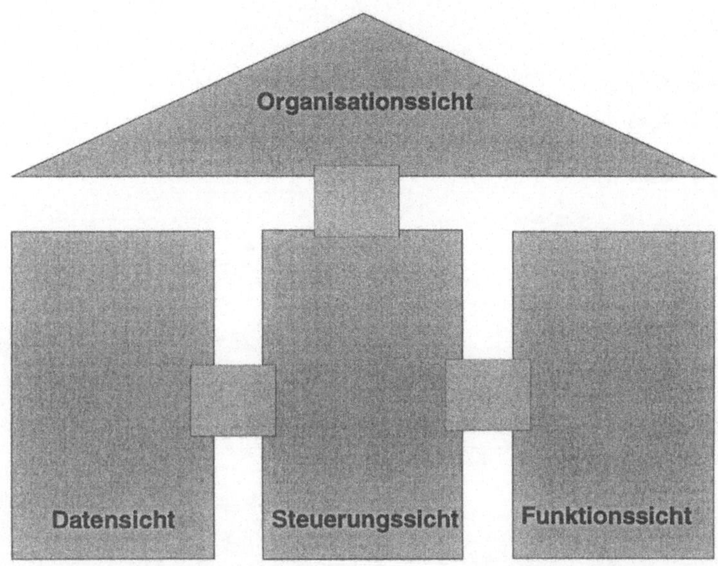


**Abb. 7: Verschiedene Sichten im Aufbau von ARIS, in Anlehnung an [3]**

Die Inhalte der einzelnen Sichten werden in Form von Modellen beschrieben. Dabei finden beim Referenzmodell Kommunalverwaltung die folgenden Modelltypen Verwendung:

| | |
|---|---|
| Organisationssicht: | Organigramm |
| Datensicht: | Clustermodell, Entity-Relationship-Modell (ERM), Attributzuordnungsdiagramm |
| Funktionssicht: | Funktionsbaum |
| Steuerungssicht: | Prozeßauswahlmatrix, erweiterte Ereignisgesteuerte Prozeßkette (eEPK), Funktionszuordnungsdiagramm |

Die einzelnen Modelle stehen untereinander sowohl in hierarchischer als auch in vernetzter Beziehung. Hierdurch werden zum einen Funktionen mit den benötigten Input/Output-Daten sowohl eigenständig, als auch zusammengefaßt in Form von Prozeßketten verfeinert und zum anderen Daten, beginnend von Clustermodellen über Entity-Relationship-Modelle bis zum Attributzuordnungsdiagramm, detailliert.

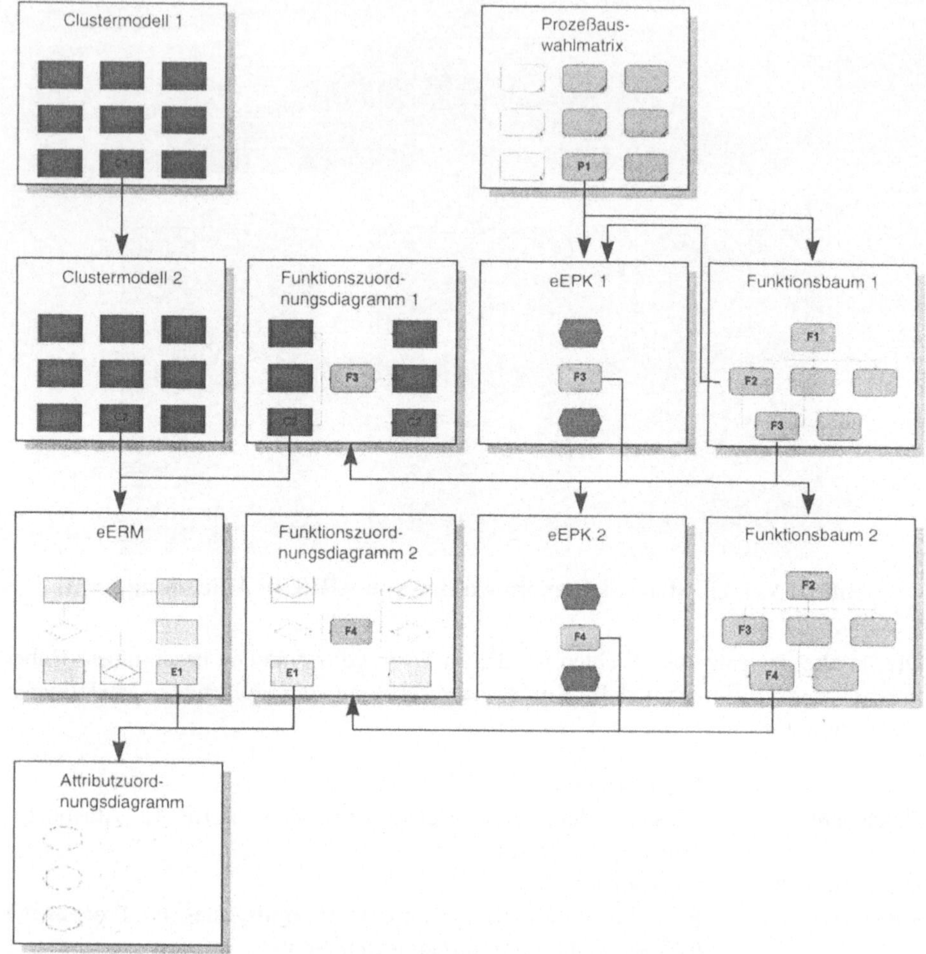


**Abb. 8: Detaillierungsstrukturen bei ARIS [1]**

## 3.2 Aufbau und Inhalte des Referenzmodells Kommunalverwaltung

Das Referenzmodell Kommunalverwaltung orientiert sich in der vorliegenden Version an einer aufgabenorientierten Struktur. Dabei wird ausgehend von den Aufgabenhauptgruppen über die Aufgabengruppen und (Teil-) Aufgaben eine Detaillierung bis auf die Prozeßebene vorgenommen.

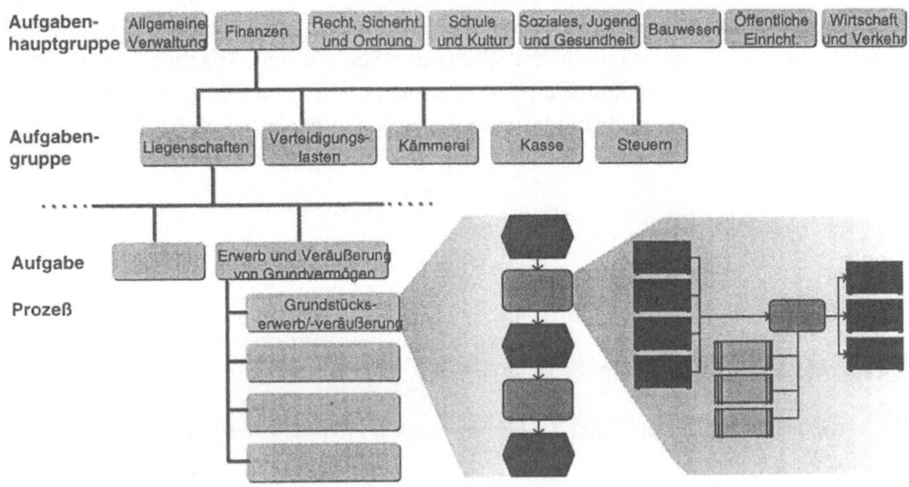


**Abb. 9: Aufgabenorientierter Aufbau [2]**

Für die praktische Arbeit mit dem Referenzmodell bietet sich auf der höchsten hierarchischen Ebene der Einstieg über die jeweilige Aufgabenhauptgruppe an. Von hier können durch das Öffnen hinterlegter Modelle tiefergehende Informationen eingesehen werden. Alternativ ist auch der Einstieg über die Organisationseinheiten des Verwaltungsgliederungsplans möglich. Die durchgängig realisierte Verknüpfung aller Modelle erlaubt eine komfortable Navigation mit zunehmendem Detaillierungsgrad, wobei von jeder beliebigen Stelle gezielt in die verschiedenen hierarchischen Ebenen verzweigt werden kann. Außerdem ist es jederzeit möglich, über Suchmechanismen bestimmte Objekte wie Funktionen oder Daten aufzufinden und in die zugehörigen Modelle zu verzweigen.

## 3.3 Ausblick

In den zukünftigen Versionen des Referenzmodells Kommunalverwaltung sind verschiedene Erweiterungen sowohl in funktionaler Hinsicht als auch im Modellumfang vorgesehen. So wird es möglich sein, im Referenzmodell über die Definitionen von Verwaltungsprodukten zu navigieren und so beispielsweise festzustellen, welche Prozesse an der Entstehung von bestimmten Produkten beteiligt sind. Mittels der Abbildung ihrer spezifischen Verhältnisse in den Kundenmodellen kann eine Kommunalverwaltung exakt dokumentieren, wie ihre Produktprozesse definiert sind und welche Organisationseinheiten an welchen Stellen an ihren Abläufen beteiligt sind.

Neue Erkenntnisse werden stetig in die weiteren Versionen des Referenzmodells Kommunalverwaltung einfließen und so den Umfang und den Detaillierungsgrad der

Modelle erweitern. So werden in einem nächsten Schritt z.B. innerhalb der Aufgabenhauptgruppe 'Finanzen' Modelle der Thematik 'Steuern und Abgaben' zur Beschreibung der wichtigsten kommunalen Einnahmearten wie Gewerbesteuer, Grundbesitzabgaben, Vergnügungs- und Hundesteuer in das Referenzmodell einfließen.

# Literaturverzeichnis

[1] IDS Prof. Scheer GmbH: ARIS-Toolset, verschiedene Produktinformationen, Saarbrücken 1992-1996.

[2] Institut für Wirtschaftsinformatik an der Universität des Saarlandes, Vortrag zum Workshop Referenzmodell Kommunalverwaltung, Saarbrücken 1996.

[3] Scheer, A.-W.: Wirtschaftsinformatik - Referenzmodelle für industrielle Geschäftsprozesse, 5. Aufl., Berlin - Heidelberg - New York - Tokyo 1994.

[4] IDS Prof. Scheer GmbH, ivl GmbH: Handbuch zum Referenzmodell Kommunalverwaltung, Saarbrücken 1996.

[5] Kraemer, W.: Vortrag Referenzmodell Kommunalverwaltung, Saarbrücken 1997.

# Business Integration als ganzheitlicher Ansatz der wirkungsorientierten Krankenhausführung

Bruno Manser,
UniversitätsSpital Zürich

## Inhalt



18. Saarbrücker Arbeitstagung für Industrie, Dienstleistung und Verwaltung 1997. Hrsg.: A.-W. Scheer.© Physica-Verlag Heidelberg 1997

# 1 Einleitung

Wirkungsorientierte Krankenhausführung orientiert sich primär an der Zufriedenheit des Kunden, der Spitalmitarbeiter sowie der Gesellschaft als Ganzes mit den vom Spital geschaffenen Mehrwerten (gesundheitliche Verbesserung, befriedigendes Arbeitsumfeld, effiziente und effektive Leistungserstellung). Um diesen diversen Zweck- und Zielsetzungen gerecht werden zu können, werden auch im Spitalbereich verschiedene „New Public Management"-Konzepte diskutiert und implementiert, welche letztlich auf die Optimierung der Leistungserstellungsprozesse, der dafür benötigten Strukturanpassungen sowie den Ausbau und die Zusammenführung der Informationssysteme hinzielen [1]. Im folgenden sollen deshalb die Anforderungen an das Zusammenwirken einzelner, spezifischer Systemkomponenten zu einem Gesamtsystem aus der Sicht eines Praktikers dargestellt werden.

# 2 Definition „Business Integration"

Im heute vorherrschenden komplexen und dynamischen Krankenhaus-Umfeld ist es eine absolute Notwendigkeit, die Konzepte des „Neuen Steuerungsmodelles" organisatorisch und informationstechnisch umzusetzen. Unter dem in diesem Kontext zu definierenden Begriff „Business Integration" wird deshalb die einheitliche Ausrichtung und Zusammenführung der operativen Informationssysteme im Hinblick auf:

- die Erfüllung der gesetzlichen Vorgaben,
- die Zurverfügungstellung von Tarifierungsgrundlagen (Zusammenarbeit mit den Kostenträgern) sowie
- die interne Bereitstellung von Steuerungsinformationen mit Hilfe von Analyse- und Reporting-Werkzeugen

verstanden. Dabei ist auch eine weitgehende Integration der operativen Transaktionssysteme mit den Analyse- und Reporting-Systemen (wie dies z.B. das SAP-System R/3 anbietet) anzustreben.

# 3 Die Situation im UniveritätsSpital Zürich

Das Universitätsspital Zürich sieht sich als kantonale Anstalt des öffentlichen Rechts mit der Aufgabe der hochspezialisierten Maximalversorgung im Gesundheitsbereich in letzter Zeit vermehrt den kontinuierlich steigenden Anforderungen seiner verschiedenen Anspruchsgruppen (Patienten, Mitarbeiter, Spitalträger, Parlament, Krankenkassen, Ärzte, Medien, breite Öffentlichkeit, usw.) konfrontiert. Entwicklungen wie etwa die anhaltenden strukturellen und konjunkturellen Schwächeanfälle der Wirtschaft allgemein, die Knappheit der staatlichen Finanzen, die markanten Kostensteigerungen im Gesundheitswesen, neue gesetzliche Regelungen (wie z.B. das neue schweizerische Krankenversicherungsgesetz), usw. verstärken darüber hinaus den Ruf nach organisatorischen Veränderungsprozessen sowie vermehrter Transparenz von Kosten und Leistungen.

Es stellt sich angesichts dieser Rahmenbedingungen eindringlich die Frage nach angemessenen Reaktionen im Hinblick auf die bestehenden und sich potentiell erweiternden Handlungsspielräume der Krankenhausleitung. In diesem Umfeld werden immer wieder auch im Gesundheitswesen Ansätze des sog. „New Public Management" (in Deutschland als „Neues Steuerungsmodell" bezeichnet) diskutiert, welche die Effizienz und Effektivität verbessern und damit dem öffentlichen Sektor - zumindest teilweise - den Rechtfertigungsdruck betr. seiner (angeblich geringen?!) Leistungsfähigkeit nehmen sollen. In der Schweiz wurden aus diesen Überlegungen heraus ab etwa 1993/94 auf kommunaler, kantonaler sowie auf Bundesebene diverse Projekte zur Implementierung von Ansätzen der wirkungsorientierten Verwaltungsführung initiiert (beispielhaft seien hier die Kantone Zürich und Luzern sowie die Städte Bern und Winterthur genannt) [2]. Die Gesundheitsversorgung als wichtiger Bereich staatlicher Tätigkeit bewegt sich folgerichtig ebenfalls in eine ähnliche Richtung. Spitalträger und Krankenhäuser diskutieren und implementieren deshalb in der Schweiz vermehrt wirkungsorientierte Konzepte, was z.T. sogar als eigentlicher Paradigmawechsel in der Krankenhausführung gefeiert wird. Welcher Natur sind nun diese Konzepte, und welche Auswirkungen hat deren Implementierung auf Organisation und den Einsatz der Informationssysteme?

# 4 Wirkungsorientierung im Krankenhausumfeld

Das moderne Spital ist heute eingebettet in einen Kranz von Anspruchsgruppen, welche weitgehend die normative Zweck- und Zielsetzung des Spitals bestimmen. So legt z.B. der Spitalträger (in der Schweiz der jeweilige Kanton) die Tätigkeitsbereiche des Krankenhauses weitgehend selbst fest. Er tut dies im Rahmen der vertikalen und horizontalen Spitalplanung sowie der überregionalen und (der allerdings äusserst seltenen) internationalen Koordination:

- Unter der **vertikalen Spitalplanung** wird die Koordination zwischen Anbietern von Gesundheitsleistungen unterschiedlicher Stufe verstanden, wie z.B. zwischen Hausärzten, Therapeuten, Zulieferern (z.B. von Medikamenten, Blutplasma, medizinischen Geräten usw.), Akutspitälern, Einrichtungen der Langzeit-Krankenpflege, spitalexternen Diensten (Hauskrankenpflege), usw. Ziel dieser Koordination ist die optimale Abstimmung der einzelnen Gesundheitsversorgungsbereiche.

- Im Bereich der **horizontalen Spitalplanung** geht es um die effiziente und effektive Versorgung der Bevölkerung mit Akutspital-Leistungen, basierend auf der Kategorisierung der Spitäler in Regional-, Schwerpunkt-, Zentrums- und Maximalversorgungsspitäler. Gleichzeitig soll diese Koordination auf überregionaler oder gar internationaler Ebene erfolgen, um eine optimale Allokation der Ressourcen sicherstellen zu können. Auf diese Weise soll z.B. der Auslastungsgrad beschaffter medizinischer Geräte wie Computertomographen, PET-Geräte, usw. verbessert werden können.

Wirkungsorientierung bedeutet in diesem Kontext deshalb nicht zuletzt auch die Institutionalisierung eines ausgebauten Kontraktmanagementsystems[1] zum Zweck der Sicherstellung einer genügenden Gesundheitsversorgung und der Förderung des Wettbewerbs unter den Anbietern. Diese Verträge zwischen den Spitalträgern einerseits sowie den Spitälern andererseits beinhalten die eindeutige Definition:

- des Verhältnisses zwischen Legislative, Exekutive und leistungserbringendem Spital. Hier ist insbesondere an die jeweiligen Weisungsbefugnisse der übergeordneten staatlichen Organe und die Ausgestaltung des Berichtswesens zu denken.
- des zu erfüllenden Leistungsauftrages, gesamthaft oder bezogen auf einzelne Leistungsgruppen (z.B. Behandlung von 2'000 Herzchirurgiepatienten im Jahre XY) oder Einzeldiagnosen (z.B. Behandlung von 1'500 Appendektomien im Jahr XY für die Bevölkerung der Region Zürich). Dieser Leistungsauftrag kann neben quantitativen Überlegungen auch operationalisierte Qualitätsaspekte (Definition von Qualitätsindikatoren) beinhalten.
- des zur Erfüllung des Leistungsauftrages zur Verfügung stehenden Globalbudgets resp. der entsprechenden Fallpauschalen
- der Sanktionsmechanismen bei Nichterfüllung des mengen- und qualitätsbezogenen Leistungsauftrages sowie bei Nichtausreichen der im Globalbudget oder den Fallpauschalen vereinbarten finanziellen Mittel.
- der Vorgehensweise bei finanziellen Überschüssen. So ist z.B. klar festzulegen, ob anfällige Überschüsse auf kommende Rechnungsperioden (zur freien oder gebundenen Verwendung) übertragen werden dürfen oder an die / den Spitalträger abgeliefert werden müssen.
- die Festlegung der Bedeutung ökologischer Aspekte.

---

[1] Unter einem „Kontrakt" versteht man eine rechtlich verbindliche Vereinbarung zwischen einem Leistungsfinanzierer einerseits und einem Leistungserbringer andererseits über die zu erbringenden Leistungen in quantitativer und qualitativer Hinsicht (Leistungsauftrag) sowie das entsprechende Entgelt für diese Leistungen (Fallpauschalen/Globalbudget). Darüber hinaus werden bestimmte formelle Regelungen getroffen, wie z.B. die Sanktionsmechanismen bei Nichtausreichen der verfügbaren Mittel oder die Verwendung von erarbeiteten Ueberschüssen.

# 5 Business Integration und wirkungsorientierte Krankenhausführung

Die operative Umsetzung der einzelnen Leistungsaufträge einerseits sowie die Überwachung der Kosten andererseits machen eine klare Ausrichtung an den Prinzipien der wirkungsorientierten Verwaltungsführung unumgänglich. Deshalb soll im folgenden kurz dargestellt werden, welche Komponenten in diesem Kontext bedeutsam sind [3]:

- **Kundenorientierung**:

  Der Patient steht im Zentrum der medizinischen und administrativen Leistungserstellung im Krankenhaus. Seine Zufriedenheit muss trotz des für ihn ungewohnten und z.T. unangenehmen Umfeldes Maxime für sämtliche Einheiten des Spitals sein. Insbesondere müssen die Prozesse derart ausgestaltet werden, dass flexibel auf unterschiedliche Patientenwünsche reagiert werden kann. Andererseits ist aber intern auch eine bestimmte Behandlungskontinuität sicherzustellen. Mit anderen Worten sind die den Patienten behandelnden interdisziplinären Teams derart zu bilden und einzusetzen, dass der Patient kontinuierlich von den gleichen Bezugspersonen umgeben ist. Aufgrund der Kundenorientierung sind die einzelnen am Patienten zu erbringenden Leistungen qualitativ und quantitativ zu definieren und dessen Zufriedenheit mit der Leistungserstellung kontinuierlich im Rahmen von Befragungen zu erfassen.

- **Marktorientierung**:

  Im Rahmen der Analyse der Marktstruktur stellen sich dem Spital u.a. die folgenden Fragen:

  - Wie sind die eigenen Leistungsbereiche relativ zu den von der Konkurrenz angebotenen Produkten sowie im Hinblick auf die von den Spitalträgern definierten Leistungsaufträge zu positionieren?
  - Sind die angebotenen Leistungen marktgerecht und berücksichtigen sie den Versorgungsauftrag?
  - Wird eine vergleichbare Leistung von anderen Spitälern bereits angeboten, oder können wir uns durch die Leistungsgestaltung von diesen differenzieren (z.B. nur Zweierzimmer, Ausbau der Hotellerieleistungen, Fernseher in allen Zimmern, Internet-Anschlüsse, usw.)?
  - Werden die durch externe Stellen definierten Leistungen durch den Markt auch entsprechend vergütet?

Mit anderen Worten: Welche Leistungskomponenten müssen aufgrund der Vorgaben des Versorgungsauftrages zwingend erbracht werden (z.B. Forschung und Lehre, Notfallstation, usw.), und in welchen Bereichen ist die Erbringung von Zusatzleistungen hinsichtlich der Kundenanforderungen sowie der Marktsituation sinnvoll?

Für die Ausgestaltung eines Marketing-Informationssystems bedeutet dies letztlich, dass dem Spital detaillierte Informationen zu den Entwicklungen im gesellschaftlichen und politischen Umfeld, zu den Leistungsangeboten und zur Art der Leistungserstellung von Konkurrenten sowie zu den von den Patienten erwarteten Leistungen zur Verfügung stehen müssen. Es muss letztlich in der Lage sein, die in diesem Bereich benötigten Information zeitnah und empfängerbezogen zu liefern.

- **Prozessorientierung**:

  Auf Basis der Leistungsdefinition im Rahmen des Versorgungsauftrages sowie von Marktüberlegungen können diese nun in Standard-Behandlungsprozesse umgesetzt werden. Der Patient durchläuft ja während seines Aufenthaltes im Spital eine Reihe von Teilprozessen, welche zusammen den eigentlichen Hauptprozess des Spitales bilden. Verschiedene Einheiten erbringen dabei, entweder direkt (Ambulatorium, OPS, IPS, Therapie) oder indirekt (Labors, Röntgeneinheiten, Hotellerie) in bestimmten Abfolgen Einzelleistungen am Patienten. Die eigentliche Abfolge dieser Leistungseinheiten soll unter Berücksichtigung der Patienten- und Mitarbeiterzufriedenheit optimiert werden.

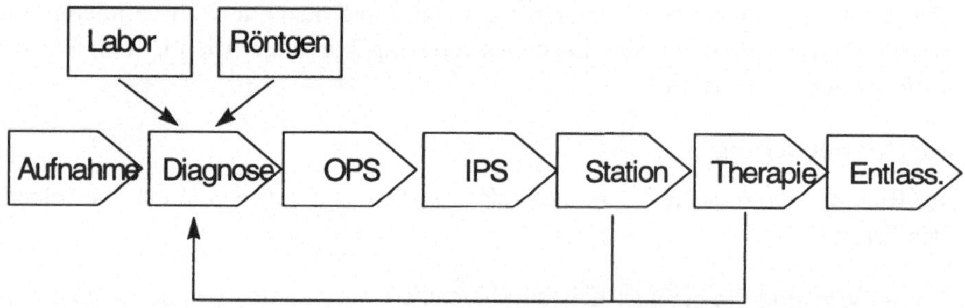


**Abb. 1: Vereinfachte Darstellung des Patientenprozesses im stationären Bereich**

Zur Dokumentation der Prozesse hat sich dabei das ARIS-Toolset der IDS Prof. Scheer auch im UniversitätsSpital Zürich bewährt und wird in diversen Bereichen eingesetzt (Dokumentation der Patienten-Hauptprozesse, der Materialbewirtschaftungsprozesse, usw.). Neben der Darstellung der einzelnen Tätigkeiten kann dabei in diesem Dokumentations- und Analyse-Hilfsmittel auch eine organisatorische Zuordnung der Leistungserbringer auf den jeweiligen Behandlungsprozess vorgenommen werden. Hier stellt sich aber die Frage, wer in welchem Zusammenhang an welchen Prozessschritten beteiligt ist, und wie die sich ergebenden Schnittstellen definiert sind. Im Zuge der Prozessoptimierung kann sodann eine weitgehende Prozessschnittstellen-Minimierung vorgenommen werden, welche durch eine entsprechende Nutzung der integrierten Informationssysteme einerseits (optimale Koordination der einzelnen Teilprozesse im Rahmen des gesamten Behandlungsprozesses durch Nutzung von integrierten Systemen!) sowie eine bessere Ausbildung der über einen breiteren und interessanteren Arbeitsinhalt verfügenden Mitarbeiter andererseits unterstützt werden kann. Gerade diese beiden wichtigen Aspekte sollen nachfolgend nochmals erläutert werden:

- Da die für den Betrieb eines Workflow-basierten Systems benötigten Informationen zur Abarbeitung der einzelnen Prozessschritte teilweise in unterschiedlichen Systemen vorliegen, stellt sich die Frage, wie diese Informationen gesamthaft zusammengeführt werden können, um den Gesamtprozess abzubilden sowie die einzelnen erbrachten Leistungen den einzelnen Teilprozesse zuordnen zu können (Patientenadministrationssystem). Gleichzeitig müssen die einzelnen Leistungen zeitbezogen sowie mengen- und wertmässig abgebildet werden. Diesen Anforderungen kann aber wiederum nur ein weitgehend integriertes Informationsystem genügen.
- Um die Prozesse optimal auszugestalten, ist auch eine Anpassung der Strukturen durch Delegation von Kompetenzen und Verantwortung an die leistungserbringenden Einheiten sicherzustellen. Dies führt zu einer dezentralen Leistungserstellung in gut ausgebildeten, interdisziplinären Teams, welche die Verantwortung für das Behandlungsresultat zu tragen in der Lage sind (Zusammenarbeit von ärztlichem Dienst, Pflegedienst, Hotellerie und Verwaltung). Von diesen Teams sowie von den einzelnen Mitarbeitern erwarten wir deshalb eine selbständige und unternehmerische Denkweise (Intarpreneurship) im Hinblick auf eine effiziente und effektive Leistungserstellung. Im Gegenzug dürfen die Mitarbeiter aber auch neue Personal-Ausbildungskonzepte zu ihrer persönlichen Weiterentwicklung sowie eine Spitalkultur erwarten, welche die eigenverantwortliche Selbstorganisation in Teams unterstützt.

• Förderung des **Kostenbewusstseins** sowie der **Leistungs- und Wirkungsorientierung** durch **Bereitstellung angemessener Controlling-Instrumente**: Die Kontierung der bezogenen internen und externen Leistungen auf die einzelnen leistenden Einheiten im Rahmen des Gemeinkostencontrollings, die Bewertung der erbrachten Leistungen im Rahmen der Diagnosekalkulation (basierend auf einem standardisierten Behandlungsprozess), die korrekte Zusteuerung der Erlöse sowie die Ausgestaltung der Ergebnis- und Marktsegmentrechnung ist Aufgabe der Kosten- und Leistungsrechnung. Somit muss aber der Behandlungsprozess systemtechnisch abgebildet werden können. Die eigentliche Fragestellung in diesem Zusammenhang bezieht sich auf die Bereitstellung der benötigten Daten (Kosten, interne Leistungsbeziehungen, Einzelmaterial, usw.). Die Datenlogistik ist deshalb so auszugestalten, dass Kostenflüsse und Leistungserbringung bezogen auf den Patienten (dessen Fall im Rahmen der Kostenträgerrechnung vor- resp. nachkalkuliert wird) einander zugeordnet werden können.

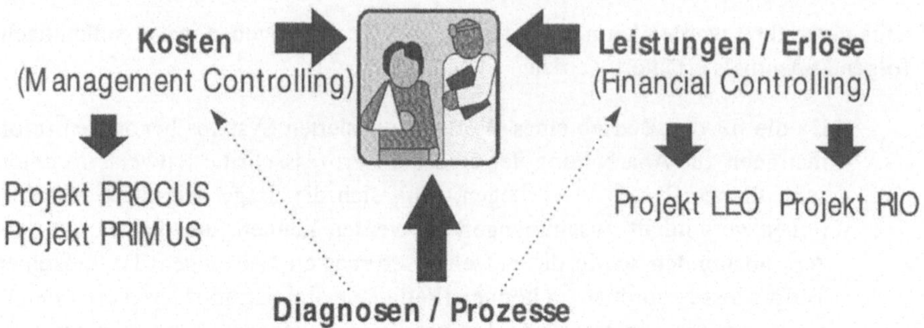


**Abb. 2: Business Integration im Spitalbereich**

Diese Voraussetzungen sind in vielen Spitälern heute aber noch nicht gegeben, weshalb die Datenlogistik vordringlich behandelt werden muss. Im folgenden (siehe dazu Kapitel 6 „Umsetzung der Business Integration im USZ als Antwort auf die neuen Herausforderungen“ auf Seite 453) wird auf das entsprechende Konzept des UniversitätsSpitals Zürich noch detailliert eingangen.

- **Qualitätssicherungssysteme**:

  Die im Rahmen der Leistungsaufträge definierten Anforderungen an das Krankenhaus werden neben der mengenmässigen Definition teilweise auch durch Qualitätsindikatoren (wie z.B. die maximal zulässige Rehospitalisierungsrate) ergänzt. Dies erfordert eine weitgehende Zusammenführung der internen Informationssysteme (administrative und medizinische Daten) einerseits sowie die Verfügbarkeit externer Daten (Zusammenarbeit mit anderen Spitälern) andererseits. Gerade auf diesem Gebiet werden derzeit erste Erfahrungen gesammelt. Eine abschliessende Beurteilung der aktuellen Situation ist daher kaum möglich.

  Spitalintern kann die Qualität der Leistungserbringung darüber hinaus beispielsweise mit Hilfe von Abweichungsanalysen der im Einzelfall erbrachten Leistungen zu dem vom Standardprozess (im Zusammenhang mit der entsprechenden Diagnose) vorgegebenen Leistungsspektrum sichergestellt werden. Abweichungen können dabei einerseits durch Prozessmängel (wie z.B. die Wiederholung einzelner Prozessschritte oder die unnötige Erbringung von Einzelleistungen) sowie durch die Fallabhängigkeit (z.B. die Konstitution des Patienten) andererseits verursacht worden sein. Eine eindeutige Evaluation der Abweichungsursachen ist bei derartigen Fragestellungen äusserst schwierig, da aufgrund der einzelfallbezogenen Leistungserbringung bei Prozessbeginn vielfach noch keine differenzierte Ablaufplanung möglich ist. Hier besteht auch in der Ausgestaltung der Informationssysteme noch etwelcher Nachholbedarf.

- **Benchmarking-Aktivitäten**:

  Werden die Leistungen im Vergleich mit der „best practice" hinsichtlich Leistungsqualität, Zeitnähe der Leistungserbringung (wie lange dauert eine entsprechende Leistungserbringung im Vergleich zur Konkurrenz?) und Effizienz optimal erbracht? Das UniversitätsSpital Zürich ist gerade in diesem Bereich bereits seit Jahren an Betriebsvergleichen mit Universitätsspitälern in Deutschland und den Vereinigten Staaten beteiligt.

# 6 Umsetzung der Business Integration im USZ als Antwort auf die neuen Herausforderungen

## 6.1 Die datenlogistische Gesamtkonzeption der Finanzabteilung

Im Spitalbereich steigen die Anforderungen an die Integration der im Gesamtsystem verfügbaren Informationen beständig an. Konnten vor ca. 10 Jahren die Informationssysteme (Finanzbuchhaltung, Patientenverwaltung, Leistungsverwaltung / Klinikinformationssystem, Fakturierung / Debitorenverwaltung, Honorarbuchhaltung, usw.) noch weitgehend getrennt und mit entsprechenden Schnittstellen versehen betrieben werden, so haben sich heute die Anforderungen an die Informationen in Richtung integrierter Controllinginstrumente verschoben. Diese Entwicklung hin zu einer vollständigen betriebswirtschaftlichen System-Integration ist gerade auch im UniversitätsSpital Zürich eindrücklich zu beobachten. In einem phasenweisen Vorgehen werden die bisher getrennt und z.T. auch redundant erfassten und gehaltenen Informationsbestände zu einem gesamtheitlichen Informationssystem für interne und externe Stellen ausgebaut. Entscheidend ist in diesem Zusammenhang vor allem die Integration von medizinischen Diagnose- und Leistungsdaten aus den einzelnen Kliniken, Labors und Röntgenbereichen mit den administrativen Systemen der Finanzabteilung:

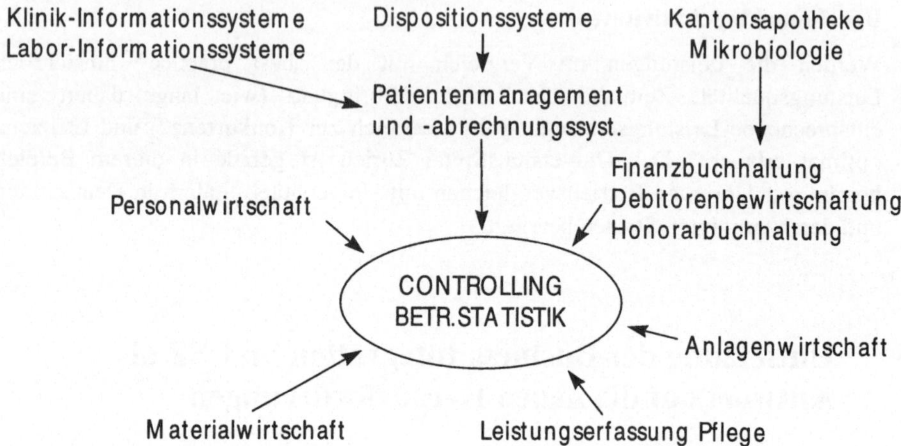


**Abb. 3: Integration der Informationssysteme im UniversitätsSpital Zürich**

Nachfolgend sei die bisherige Entwicklung der Informationssysteme der Finanzabteilung sowie das weitere Vorgehen in Richtung Integration in ein Gesamtsystem kurz aufgezeigt:

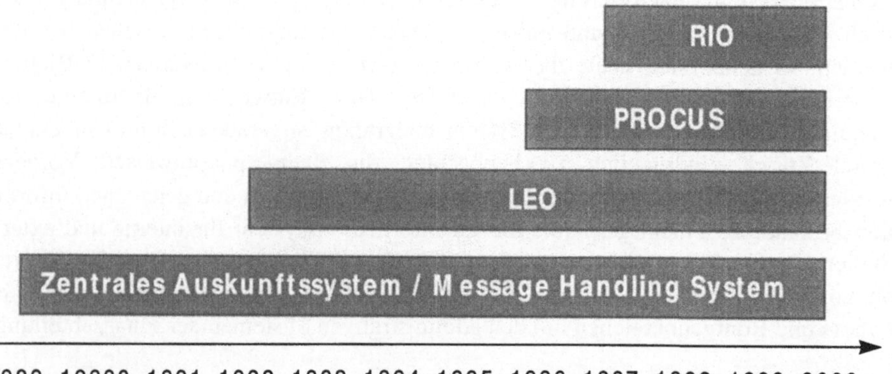


**Abb. 4: Entwicklung der Informationssysteme der Finanzabteilung des UniversitätsSpitals Zürich**

| Phase | Beschreibung der Systeme und Entwicklungen: |
|---|---|
| Phase 1 (1989-1992):<br>**Zentrales Auskunftssystem**<br>**Message Handling System** | Der Aufbau des ZAS (Zentralen Auskunftssystems) und des MHS (Message Handling Systems) bildete die Ausgangsbasis für den elektronischen Datenaustausch zwischen der Finanzabteilung einerseits und den Kliniken andererseits. Tritt der Patient ins USZ ein, so werden seine patientenbezogenen Daten von Mitarbeitern der Finanzabteilung erfasst (Vergabe einer eindeutigen Patienten- und Fallnummer). Diese Angaben stehen via ZAS innert Sekunden sofort allen Einheiten des USZ zur Verfügung. Gleichzeitig können die in den Kliniken und Instituten am Patienten im Behandlungsprozess erbrachten Leistungen sofort via standardisiertem Inhouse-File und kontrollierter Schnittstelle via ZAS dem DIOHIS zurückgemeldet werden, was eine beinahe lückenlose Leistungserfassung sicherstellt. |
| Phase 2 (1992-...):<br>**Projekt LEO** | Das Projekt LEO (**L**eistungs**e**rfassungs**o**rganisation) dient der systematischen, vollständigen und einheitlichen Erfassung sämtlicher Leistungsdaten, auch der Anästhesie-, Labor-, Röntgen- und Pathologie-Einheiten. Mit dem Teilprojekt LEO I wurde vorerst eine beleg-orientierte Leistungsmeldung realisiert, welche derzeit aber schrittweise durch eine elektronische Leistungsmeldung ersetzt resp. ergänzt wird. |
| Phase 3 (1996-1999):<br>**Projekt PROCUS**<br>**Projekt PRIMUS** | Mit dem Projekt PROCUS (**Pro**zessorientiertes **C**ontrolling im **U**niversitäts**S**pital Zürich) werden, gestützt auf ein betriebswirtschaftliches Fachkonzept (erarbeitet in Zusammenarbeit mit der Fa. PLAUT) verschiedene Controlling-Instrumente überarbeitet resp. eingeführt:<br>• Finanzbuchhaltung, Anlagen- und Debitorenbuchhaltung (Konzept: 1996: Produktivstart: 1.1.1997)<br>• Gemeinkostencontrolling: Kostenarten- und Kostenstellenrechnung mit interner Leistsungsverrechnung (Konzept: 1996: Produktivstart: 1.1.1997; Start Leistungsverrechnung: 1.1.1998)<br>• Produktkostencontrolling: Kalkulation von Einzeldiagnosen resp. Diagnosegruppen (Patienten- |

| Phase | Beschreibung der Systeme und Entwicklungen: |
|---|---|
| | fälle als Kostenträger), basierend auf der ICD-10-Codierung (Konzept: 1998; Produktivstart: 1.1.1999).<br>• Ergebniscontrolling: Stufenweise Ergebnis- und Marktsegmentrechnung (Konzept: 1998; Produktivstart: 1.1.1999)<br><br>Ziel des Projektes ist es letztlich, das zentrale, in der Finanzabteilung angesiedelte Controlling-Team mit den notwendigen Instrumenten für die gesamtheitliche betriebswirtschaftliche Beratung der Führungskräfte in den einzelnen Kliniken, Instituten und Verwaltungseinheiten des USZ auszustatten. Systemseitig werden diese Instrumente durch die SAP R/3-Module FI, FI-AA und CO realisiert (Einführungszeitpunkt war der 1.1.1997).<br><br>Das Partnerprojekt PRIMUS (**Pr**ozessorientierte und **i**ntegrierte **M**aterialwirtschaft im **U**niversitäts**S**pital Zürich) bezweckt die Neugestaltung der Prozesse im Materialbewirtschaftungsbereich durch ein Integrationsteam „Prozesse" sowie die Einführung des SAP R/3-Moduls MM durch das PRIMUS-Kernprojektteam. In diesem Zusammenhang konnten die Ist- und Sollprozesse erfolgreich mit Hilfe des ARIS-Toolset modelliert werden. Im Hinblick auf die optimale Ausgestaltung des entsprechenden Workflows wird u.a. auch die Nutzung von Internet- und Intranet-Funktionalitäten (z.B. für Materialbestellungen) geprüft. |
| Phase 4 (1997-1999):<br><br>**Projekt RIO** | Mit dem dieses Jahr gestarteten Projekt RIO (**R**eengineering von **I**nformation und **O**rganisation) soll ausgehend von einer eingehenden Marktbeobachtung das derzeit eingesetzte Patientenadministrationssystem im Hinblick auf:<br><br>• die Erfüllung der gesetzlichen Anforderungen im Bereich der Statistik (Anforderungen von Art. 49, Abs. 6 und 7, des Bundesamtes für Statistik sowie der kantonalen Gesundheitsdirektion im Hinblick auf die Ausgestaltung des Patienten-Record) |

| Phase | Beschreibung der Systeme und Entwicklungen: |
|---|---|
| | • die vollständige, patientenbezogene Leistungserfassung<br>• eine weitgehende Integration in die Controlling-Systeme (primär in die Kostenträgerrechnung)<br>• die Umstellungen im Rahmen des Jahrtausendwechsels (Sicherstellung der Fakturierung), sowie<br>• die Modernisierung der technologischen Basis (von der bisherigen, veralteten VAX-Lösung unter dem Betriebssystem VMS hin zu einer UNIX- oder NT-basierenden Lösung)<br><br>durch eine neue Lösung ersetzt werden. |
| Phase 5 (1999-...)<br><br>**Vision** | • Ausgebaute Prozesskostenrechnung<br>• Weitgehende Integration mit den medizinischen Informationssystemen (Klinikinformationssystemen) |

Letztlich müssen die einzelnen oben beschrieben Systeme schrittweise dergestalt integriert werden, dass allen in die Behandlungsprozesse involvierten Stellen einerseits sowie den Führungskräfte im USZ andererseits die für sie relevanten Informationen jederzeit aktuell und benutzeradäquat zur Verfügung stehen.

Da die Informationsbedürfnisse der Empfänger z.T. völlig unterschiedlich sind, werden die Bestrebungen im Controlling-Bereich des UniversitätsSpital Zürich in drei grosse Bereiche eingeteilt, welche nachfolgend kurz beschrieben werden:

- Strategic Controlling
- Financial Controlling, und
- Management Controlling

## 6.2 Strategic Controlling: Erfüllung gesetzlicher Vorgaben / Produkt-Portfolio

Vorgaben für das strategische Controlling im UniversitätsSpital Zürich bilden die gesetzlichen Regelungen des Bundes und des Kantons Zürich (Zielvorgaben/Versorgungsaufträge!) sowie die Weisungen und Projekte des Regierungsrates des Kantons Zürich (dazu gehören u.a. das Projekt LORAS der kantonalen Gesundheitsdirektion zur versuchsweisen Einführung des Kontraktmanagements im Krankenhausbereich, sowie die Anforderungen an die Ablieferung betriebsstatistischer Informationen der

Spitäler an staatliche Stellen). Darüber hinaus dient auch das sich derzeit im Aufbau befindliche Marketing-Informationssystem der Bereitstellung von Basisdaten zu aktuellen Entwicklungen in der relevanten ökonomischen, ökologischen und gesellschaftlichen Umwelt sowie zur Evaluation der Kundenzufriedenheit mit den Leistungen des UniversitätsSpitals. Dies erlaubt letztlich auch Rückschlüsse auf die künftige Ausgestaltung des Produkt-Portfolios.

### 6.2.1 Financial Controlling: Tarifierung / Betriebsstatistik

Das Financial Controlling bezweckt, die operativen Kosten-, Leistungs- und Erlösdaten des Spitals kostenträgerbezogen (patientenfallbezogen) aufzubereiten, um daraus Daten für die Tarifierungs- resp. Vertragsverhandlung mit den Kantonen und den Krankenkassen bereitzustellen. Daneben werden auch betriebsstatistische Daten aufbereitet und ausgewertet für:

- die Statistiken des Kantons Zürich und des Bundes (v.a. Bundesamt für Statistik)
- die Vergleiche mit anderen UniversitätsSpitälern (Benchmarking).

Im Gegensatz zum Management Controlling liegt der Fokus beim Financial Controlling auf den Bedürfnissen der externen Informationsempfänger.

## 6.3 Management Controlling: Führungsinstrumentarium

Die Aufgabe des Management Controlling ist demgegenüber die interne Bereitstellung von Führungsinformationen für Management-Entscheidungen. Diese umfassen einerseits quantitative Kosten-, Leistungs- und Erlösdaten (Kosten- und Leistungsrechnung), andererseits aber auch einzelne Qualitätsmessgrössen. Dies bedingt letztlich eine Integration der administrativen und medizinischen Systeme. Erreicht wird diese Integration dabei durch die Definition standardisierter Produkte für einzelne Diagnosegruppen resp. Einzeldiagnosen, welche sodann, basierend auf den jeweils vorgesehen Standardleistungen, kalkuliert werden können. Die medizinische Diagnose dient dabei der Definition eines Gewichtungsfaktors, mit welchem der Vergleich des Standardproduktes mit der tatsächlichen Leistungserbringung durchgeführt werden kann. Dies erlaubt Rückschlüsse auf die Effizienz und Effektivität der Leistungserbringung im Einzelfall.

# 7 Schlussfolgerungen

„New Public Management" ist auch für die Krankenhäuser kein Fremdwort mehr, sondern ist in letzter Zeit vielmehr zu einem eigentlichen Imperativ geworden. Mehr

Handlungsspielräume der Spitalführung durch ein neugestaltetes Verhältnis zwischen Parlament, Regierung und Spital, neue Vergütungssysteme wie Fallpauschalen und Globalbudgets, sowie der zunehmende Wettbewerb unter den Anbietern von Gesundheitsleistungen lassen ein rasches Umdenken angezeigt erscheinen. Die derzeitigen Entwicklungen bewirken dabei sowohl prozedurale und strukturelle Veränderungen als auch die Notwendigkeit der Integration der bestehenden Informationssysteme. Diese integrierten Informationssysteme bilden sodann die notwendige Grundlage für die Vermeidung redundanter Datenerfassungen sowie die Zurverfügungstellung der benötigten Informationen für die in den Patienten-Behandlungsprozess involvierten, interdisziplinären Teams sowie die Krankenhausführung.

## Literaturverzeichnis

[1] Vgl. Morra, F. (Krankenhausmanagement): Wirkungsorientiertes Krankenhausmanagement, Verlag Paul Haupt, Bern 1996

[2] Vgl. Schedler, K. et. al. (Umbruch): Umbruch in Politik und Verwaltung - Ansichten und Erfahrungen zum New Public Management in der Schweiz, Verlag Paul Haupt, Bern 1995

[3] Vgl. Haldemann T. (New Public Management): New Public Management: Ein neues Konzept für die Verwaltungsführung des Bundes?, Band 1 der Schriftenreihe des Eidg. Personalamtes, Bern 1995

# Steuerung von Ministerien über Produkte

Barbara Meyer-Piton,
Senatsverwaltung des Landes Berlin
Dr. Christhard Pilder,
KPMG Unternehmensberatung GmbH, Berlin

## Inhalt



8. Saarbrücker Arbeitstagung für Industrie, Dienstleistung und Verwaltung 1997. Hrsg.: A.-W. Scheer.

# 1 Vorbemerkung

Das Land Berlin führt seit 1994 ein umfassendes Reformprojekt durch, bei dem für die gesamte Berliner Verwaltung die Elemente des Neuen Führungs- und Steuerungsmodells eingeführt werden sollen. Schwerpunkte der Projektarbeit waren und sind die Definition von Produkten, deren Kosten über die parallel eingeführte Kostenrechnung ausgewiesen werden können, die Budgetierung sowie umfassende Reorganisationsansätze verbunden mit neuen Verfahren des Personal- und Qualitätsmanagements.

Während in der ersten Projektphase der Reformprozeß insbesondere in den Bezirken Berlins vorangetrieben wurde, konzentriert sich der Reformprozeß jetzt mehr auf den ministeriellen Bereich (die Senatsverwaltungen in Berlin). Dabei wurde und wird sehr intensiv die Frage diskutiert, ob die Produktbildung und die Steuerung über Produkte auch bei ministeriellen Aufgaben sinnvoll und möglich ist.

Die folgenden Ausführungen sind Auszüge aus einem Anfang 1997 entstandenen Ergebnisbericht einer Arbeitsgruppe des Landes Berlins und der KPMG, die diese Frage noch einmal vertieft untersuchte. Wir hoffen, daß dieses Papier auch für diejenigen Leser/Leserinnen verständlich ist, die nicht mit den Details des Berliner Reformprozesses vertraut sind.

Nur eine Begrifflichkeit soll im Vorspann kurz erklärt werden: Bei den gebildeten Produkten wurde in Berlin immer auch versucht, eine outputorientierte Bezugsgröße festzulegen, d.h. eine Einheit, mit der man die Leistungsmenge des Produktes zählen kann (z.B. Zahl der Baugenehmigungen einer bestimmten Komplexität). Diese Bezugsgröße dient in der Kostenrechnung dazu, die Stückkosten des Produktes auszurechnen und soll in der Budgetierung dazu dienen, die Planmengen eines Produktes zu steuern und zu finanzieren. Bei einer Reihe von Produkten ist es aber sehr schwierig, zu einer solchen Bezugsgröße zu kommen; hier wurde in der Regel der Zeitaufwand der Verwaltungsmitarbeiter als (inputorientierter) Ersatz verwendet. Solche Produkte werden aber in der Diskussion als „Produkte ohne Bezugsgröße“ bezeichnet.

# 2 Einleitung

Grundsätzlich gilt für die Produktbildung in der Berliner Verwaltung folgende Aussage:

- Im **Regelfall** werden in der Berliner Verwaltung **Produkte und Projekte** gebildet.
- In den Bereichen, in denen dies „nach intensiven Bemühungen" nicht möglich war - bisher als Produkte ohne Bezugsgröße bzw. „Politisch-Administrativer Bereich" bezeichnet -, muß eine ergänzende Steuerung entwickelt werden. Die Steuerung in diesen Bereichen muß eine vollständige **Kostentransparenz gewährleisten**.

Vor diesem Hintergrund sind Produkte mit Bezugsgröße, Projekte sowie spezifische Produkte mit der Bezeichnung „Politisch-Administrativer Bereich" (Produkte ohne Bezugsgröße) als Steuerungsobjekte definiert worden. Für den „Politisch-Administrativen Bereich" fehlt es jedoch zur Zeit noch an geeigneten Möglichkeiten zur Schaffung von **Kostentransparenz** und zweckmäßigen Methoden der **Finanzmittelzuweisung**. Als denkbares Vorgehen hinsichtlich einer Finanzmittelausstattung dieser Bereiche ist eine analoge Behandlung zu den Regiekosten angedacht worden.

Die Senatsverwaltung für Finanzen hat mit diesem Bericht eine entsprechende Konzeption als Entscheidungsvorlage für die Gremien der Verwaltungsreform (Projektmanagement, Steuerungsgremium, Lenkungsgremium) erarbeitet. Die Vorlage zeigt grundlegende Problemlösungsmöglichkeiten, wie Kosten, die nicht unmittelbar im Zusammenhang mit outputorientierten Produkten stehen, angemessen gesteuert werden können. Es handelt sich dabei um ein **Konzept**, das nach einem entsprechenden Beschluß der Projektgremien von den Teilprojekten Produktkatalog, Kostenrechnung, Controlling und Budgetierung in der Senatsverwaltung für Finanzen anwendungsgerecht zu verfeinern ist. Die Ausführungen dieser Vorlage gelten für die **gesamte Berliner Verwaltung**, wobei systembildende Unterschiede (z.B. durch die Verfassung vorgegebene Entscheidungsspielräume) gesondert berücksichtigt werden müssen.

An dieser Stelle sei darauf hingewiesen, daß der Begriff „**Gemeinkostencontrolling**", unter dem diese Aufgabenstellung gefaßt wurde, von dem in der betriebswirtschaftlichen Fachliteratur verwendeten Begriff zu unterscheiden ist. In der Betriebswirtschaftslehre sind Gemeinkosten (oder „indirekte Kosten") Kosten, die nicht unmittelbar, sondern nur **indirekt** einzelnen Kostenträgern zurechenbar sind.

Hier ist dagegen mit Gemeinkostencontrolling die Steuerung all jener Kosten gemeint, die nicht über Produkte mit Bezugsgröße und Projekte abgebildet werden. Damit sind hierunter auch Kosten gemeint, die zwar bestimmten Objekten (z.B. Produkten des politisch-administrativen Bereiches) direkt zugerechnet werden können, die aber weder durch Produkte mit (sinnvoller) Bezugsgröße noch durch Projekte erfaßt werden können.

Dabei sind die grundsätzlichen **Ziele der Kostenrechnung bzw. der Budgetierung** entsprechend zu berücksichtigen und umzusetzen:

- Kostentransparenz herstellen
- interne Leistungsverflechtungen offen legen
- den Ressourcenverbrauch in den Kostenstellen und für Kostenträger aufzeigen
- Preisbildung für interne und externe Produkte ermöglichen
- Selbsterstellungskosten mit Preisen einer Fremderstellung vergleichen
- bedarfsgerechte (outputorientierte) Zuweisung der Finanzmittel ermöglichen
- Schaffung einer verwaltungsinternen Wettbewerbssituation
- Schaffung von Anreizen für wirtschaftliches Verhalten

# 3 Gemeinkostencontrolling in Kostenstellen

**Kostenstellen** sind die für die Kostenrechnung in der Berliner Verwaltung eingerichteten Organisationseinheiten (je nach Organisationsstand, Ämter, LuV, Abteilungen). **Gemeinkosten** in den Kostenstellen sind alle Kosten, die für die interne Steuerung, Betreuung und Betrieb der Kostenstellen anfallen und nicht direkt Produkten oder Projekten zugerechnet werden. Dies können z.B. Kosten für die LuV-Leitung, die Abteilungssekretärin, die interne Beschaffung etc. sein.

**Bisher** lassen sich diese Gemeinkosten nur als einheitlicher Block dargestellen. Eine Binnendifferenzierung der Kostenbestandteile ist nicht möglich. **Ziel der Kostenrechnung** und des **internen Controllings** sollte es sein, auch diese Gemeinkosten für die Verantwortlichen in den Kostenstellen transparent zu machen und einen direkten Zusammenhang zu den Kostenverursachern herzustellen. Hierbei können unterschiedliche Fragestellungen eine Rolle spielen, z. B.:

- Wie hoch ist ein bestimmter Kostenblock (z.B. Kosten der Kostenstellenleitung, der internen Beschaffung etc.) an den Gemeinkosten?
- Ist bspw. dezentrale Beschaffung (durch die eigene Kostenstelle) effizienter als eine zentrale Beschaffung?

Da die **Erfordernisse** in Abhängigkeit von den örtlichen Gegebenheiten unterschiedlich sind, wird folgender Umgang mit den Gemeinkosten in der Kostenstelle vorgeschlagen:

- Es soll den Kostenstellen ermöglicht werden, einzelne Bestandteile ihrer Gemeinkosten gesondert auszuweisen (Kosten einzelner Funktionen, z.B. Beschaffung, Raumnutzung, IT-Unterstützung etc.).

- Die Nutzung dieser Möglichkeit sollte den einzelnen Kostenstellen freigestellt werden. Die Kostenstellenleitung wird darauf hingewiesen, daß hierdurch ein ggf. nicht unerheblicher Buchungs- und Kostenprüfungsaufwand entstehen kann und daher vorher eine **Kosten-Nutzen-Abwägung** durchzuführen ist.
- Die Abbildung erfolgt über die Einrichtung von **speziellen Gemeinkostenträgern**. Es muß sichergestellt werden, daß die so separierten Kosten am Periodenende (Kalendermonat) auf den entsprechenden **allgemeinen Gemeinkostenträger** der Kostenstelle umgebucht werden (dies wird voraussichtlich über eine Umlage erfolgen). Anschließend können die standardmäßig vorgesehenen Umlagen aufsetzen.

Jede Kostenstelle hat damit die Wahl, entweder nur einen Gemeinkostenträger für die Kostenstellenkosten zu nutzen oder selbständig weitere Gemeinkostenträger zu implementieren.

Um den Aufwand der Gemeinkostenträger-Einrichtung in den Kostenstellen zu reduzieren und die Vergleichbarkeit zu erhöhen, wird vorgeschlagen, Standardgemeinkostenträger entsprechend den **internen Serviceprodukten** einzurichten, z.B.:

- Haushaltsangelegenheiten
- Maßnahmen im Rahmen des Beschäftigungsverhältnisses/Personalwirtschaft
- Beschaffung
- Grundstücks- und Gebäudeangelegenheiten

Die Einrichtung von Standardgemeinkostenträgern bietet den Vorteil, Kostenvergleiche zwischen Verwaltungen mit unterschiedlichen Organisationsformen durchführen zu können. Beispielsweise können kostenstelleninterne Serviceleistungen mit Leistungen von fremden Servicestellen verglichen werden.

# 4 Gemeinkostencontrolling im Feld der Produkte ohne Bezugsgröße

Weitaus komplexer als im Bereich der Kostenstellen ist die Problemstellung der Gemeinkostensteuerung im Feld der **Produkte ohne Bezugsgröße**, d.h. für jene Produkte, die im Produktkatalog mit der Bezugsgröße „Zeit" gebildet wurden. Bei einer genaueren Analyse der Produkte ohne Bezugsgröße ist festzustellen, daß eine entsprechende Unterteilung dieses heterogenen Bereichs notwendig ist. Eine entsprechende Gliederung nach Empfängern bzw. Verursachern ergibt folgende Differenzierung:

- Dienstleistungen für das eigene Haus (inkl. nachgeordneter Einrichtungen)
- Dienstleistungen für andere Verwaltungen (nicht nachfragegesteuert)
- Klassische Produkte des „Politisch-administrativen Bereichs"
- Politische Themenfelder

Die Steuerungsmöglichkeiten dieser unterschiedlichen Produkte ohne Bezugsgröße werden zur Zeit als ungenügend erachtet. Hinsichtlich der Budgetierung ist hierbei zwischen den Anforderungen einer **zentralen Budgetierung** (Finanzmittelzuweisung durch Senatsverwaltung für Finanzen) und den Erfordernissen der **dezentralen Finanzmittelverteilung** (Verteilung innerhalb der Verwaltungen auf die einzelnen Kostenstellen) zu unterscheiden. Die folgende Matrix ordnet die von der Verwaltung erbrachten Dienstleistungen nach Empfängergruppen sortiert den drei Steuerungsobjekten (Produkte, Projekte, Produkte ohne Bezugsgrößen) zu und zeigt (durch die Größe der Kreuze) die Relevanz der Kombinationen.

| Empfänger | Produkte | Projekte | Sonstige Steuerungsobjekte |
|---|---|---|---|
| Dienstleistungen für eigene Verwaltung | X | x | x |
| Dienstleistungen für andere Verwaltung | X | x | x |
| Dienstleistungen für Externe | X | x | |
| Dienstleistungen für Abgeordnetenhaus | | | X |
| Dienstleistungen für „Politik“ | x | x | X |

**Abb. 1: Relevante Kombinationen von Empfängern und Steuerungsobjekten**

Die ersten drei Dienstleistungsarten lassen sich vorwiegend als Produkt und Projekt abbilden; **Produkte ohne Bezugsgrößen** sind dabei die Ausnahme. Die Matrix verdeutlicht, daß für die beiden letztgenannten Dienstleistungsarten (an das Parlament für politische Entscheidungsträger) primär eine Zuordnung zu Produkten ohne Bezugsgrößen erfolgen muß.

Hinsichtlich der Behandlung von Produkten ohne Bezugsgröße in der Kostenrechnung stehen folgende **alternative Möglichkeiten** zur Verfügung:

- Als erste Alternative ist eine Verrechnung der Kosten auf andere Kostenträger/ Kostenstellen über Hilfsverteilungsgrößen möglich. Für Produkte, für die keine sinnvolle Zählgröße gefunden wurde, läßt sich dennoch ein **Verteilungsschlüssel** finden (z.B. prozentuale Verteilung der Kosten auf die entsprechenden Kostenträger). Beispielsweise ist dies für interne Produkte ohne Bezugsgröße innerhalb der eigenen Verwaltung anwendbar. Bei Verwendung dieser Alternative ist zu entscheiden, in welcher Weise die Kostenverrechnung erfolgt. Entweder die entsprechenden internen Produkte ohne Bezugsgröße refinanzieren sich aus den

Produkten der eigenen Verwaltung oder es erfolgt ein informatorischer Ausweis. Im zweiten Fall bleibt das Produktbudget unberührt. Die Finanzmittel müssen dann im Rahmen eines inputorientierten Plafonds zur Verfügung gestellt werden.

- Als zweite Alternative ist die Umlage der Produktkosten auf andere Kostenträger der eigenen Kostenstelle möglich. Werden bestimmte Aufgaben aus den fachlichen Produkten ausgegliedert (z.B. Beantwortung von Anfragen), so können die hierfür angefallenen Kosten am Monatsende auf die entsprechenden Fachprodukte der Kostenstelle umgelegt werden. Dies ist beispielsweise für die Produkte des Politisch-Administrativen Bereichs denkbar. Auch bei der Umlage ist - wie bei der Verrechnung - zu entscheiden, ob sie einen Einfluß auf die Budgetierung haben soll oder nicht (im zweiten Fall nur informatorische Umlage).

Auch für die **Budgetierung** stehen unterschiedliche **Möglichkeiten** der Bemessung von Finanzmitteln für die Produkte ohne Bezugsgröße zur Verfügung:

- Ermittlung eines **inputorientierten Plafonds** anhand von **Hilfsbemessungsgrößen** (Stunden u.ä.), die eine Aussage darüber erlauben, ob der Ressourcenaufwand der betrachteten Dienstleistung eher klein oder eher groß ist.
- Ermittlung eines **inputorientierten Plafonds** anhand von **politischen Schwerpunktsetzungen**. Die Plafondhöhe bestimmt sich über die von der Politik für diesen Bereich festgelegte Priorität und dem damit verbundenen (zeitlichen/personellen) Aufwand.

**Die oben genannten vier Kategorien** von Produkten ohne Bezugsgröße werden im folgenden einzeln behandelt und **möglichst trennscharf** gegeneinander **abgegrenzt**.

## 4.1 Dienstleistungen für das eigene Haus (inkl. nachgeordneter Einrichtungen)

Bei den Dienstleistungen für die eigene Verwaltung befindet sich der **Empfängerkreis im eigenen Haus bzw. in einer dieser Verwaltung nachgeordneten Behörde**. Entsprechend dem Produktkatalog der Senatsverwaltung für Finanzen lassen sich beispielsweise die Produkte *IT-Planung* oder *Rechtsberatung* dieser Kategorie zuordnen. In **Ermangelung einer geeigneten Bezugsgröße** werden diese Dienstleistungskategorien zur Zeit nicht als interne Produkte, sondern als Produkte ohne Bezugsgröße abgebildet.

Eine Verrechnung der Kosten dieser Produkte ohne Bezugsgröße kann über einen **statischen Verteilungsschlüssel** (z.B. Zahl der Nutzer bzw. Nachfrager in der eigenen Verwaltung) stattfinden. Verrechnungenhaben gegenüber einer - grundsätzlich ebenfalls möglichen Umlage den Vorteil, daß die zu belastenden Kostenträger oder Kostenstellen spezifisch angegeben werden und damit keine undifferenzierte Verteilung auf die Kostenträger erfolgt. **Produkte dieser Kategorie sind intern zu finan-**

**zieren**. Die budgetwirksamen Anteile der Kosten gehen über die Verrechnung in die erweiterten Teilkosten der budgetierbaren Produkte ein und werden damit im Wege der zentralen Budgetierung (Senatsverwaltung für Finanzen) berücksichtigt.

Die **dezentrale Finanzmittelverteilung** (innerhalb der einzelnen Verwaltung) kann in gleicher Art und Weise wie die Verteilung von Gemeinkosten (beschrieben im „Anwendungskonzept Budgetierung") vorgenommen werden. Eine mögliche Orientierungsgröße für die Zuweisung von Budgets bilden die (modifizierten) Ist-Kosten der Vorperiode. Weiterhin ist es möglich, für die Produkte der Kategorie „Dienstleistungen für das eigene Haus inkl. nachgeordneter Einrichtungen" Hilfsverteilungsgrößen zu finden. Geeignete Kenngrößen, um beispielsweise Finanzmittel für die interne IT-Planung zur Verfügung zu stellen, könnten sich an folgenden Daten orientieren:

- Volumen der IT-Beschaffungen
- Anzahl der unterschiedlichen Hard- und Software-Plattformen
- Anzahl der IT-Nutzer
- Zahl der Endgeräte

## 4.2 Dienstleistungen für andere Verwaltungen (nicht nachfragegesteuert)

Die Kategorie „Dienstleistungen für andere Verwaltungen (nicht nachfragegesteuert)" umfaßt Produkte ohne Bezugsgröße, deren **primäre Empfänger sich außerhalb der eigenen Verwaltung** (inkl. nachgeordneter Einrichtungen) befinden. Hierbei handelt es sich um **Produkte ohne Bezugsgröße**, die für eine andere Verwaltung, z.B. eine andere Senatsverwaltung oder für Bezirke erbracht werden.

Für diese Produkte hat die erstellende Verwaltung ein Angebotsmonopol und die Nachfrage kann von den beziehenden Verwaltungen nicht gesteuert werden (Nachfrage nicht aktiv und nicht freiwillig). Produkte der *Fachaufsicht* fallen unter diese Kategorie. Hierbei ist der Empfängerkreis auf die Kostenstellen bzw. Produkte, für die die Fachaufsicht jeweils wahrgenommen wird, eingrenzbar.

Die Kosten der hier betrachteten Kategorie von Dienstleistungen betreffen im Extremfall alle Kostenstellen der Berliner Verwaltung. Die entsprechenden Gemeinkosten sollten in der **Kostenrechnung** so behandelt werden, daß sie auf **alle fachlich betroffenen Produkte/Kostenstellen** verrechnet werden (Eine Umlage zwischen verschiedenen Verwaltungen ist aus technischen Gründen nicht möglich). Hierzu sind die entsprechenden Verteilungsschlüssel zu bilden.

Der **Ausweis dieser Verrechnungen erfolgt informatorisch**, also in Analogie zu den Regiekosten.

Der für die Kostenverrechnung definierte Verteilungsschlüssel kann für die Budgetierung allein jedoch ungeeignet sein. Aus diesem Grund sind Hilfsbemessungsgrößen zur Bestimmung der inputorientierten Plafonds zu bilden. Als Beispiel für Produkte der *Fachaufsicht* könnten die „Anzahl der beaufsichtigten Organisationseinheiten" oder die „Größe dieser Einheiten" eine Hilfsbemessungsgröße sein Die **Finanzmittelverteilung innerhalb der einzelnen Verwaltungen** sollte analog der oben beschriebenen Vorgehensweise (Abschnitt 3.1. „Dienstleistungen für die eigene Verwaltung") vorgenommen werden.

Im Gegensatz zu dieser Kategorie von Produkten werden Dienstleistungen für andere Verwaltungen, die **nachfragegesteuert** sind, durch Produkte mit Bezugsgröße abgebildet.

## 4.3 Klassische Produkte des „Politisch-administrativen Bereichs"

In diese Kategorie fallen die **fünf „klassischen" Produkte** des „Politisch-Administrativen Bereichs" (Petitionen; Kleine/Große Anfragen; Sonstige Anfragen und Anträge des Abgeordnetenhauses; Senatsvorlagen und Vorlagen an das Abgeordnetenhaus; Koordinationstätigkeiten, Stellungnahmen...).Die Besonderheit dieser Produkte liegt darin, daß sie **grundsätzlich in allen Kostenstellen** der Senatsverwaltungen erbracht (bebucht) werden können.

Es ist theoretisch möglich, diesen PAB-Produkten (Ausnahme Produkt 5) eine Bezugsgröße zu geben und sie damit wie andere Produkte zu behandeln. Aufgrund komplexer Prozeßketten der Bearbeitung durch verschiedene Verwaltungen (insbesondere Mitzeichnungen) ist jedoch **eine eindeutige Zählung schwer realisierbar**. Die besondere Schwierigkeit der Kostenerfassung und Verrechnung führte dazu, diese Produkte nicht als „reguläre" interne Produkte abzubilden. Im Unterschied und in **Abgrenzung** zur Kategorie „Dienstleistungen für andere Verwaltungen" ist es jedoch möglich, für diese Produkte zentrale Zählungen (z.B. in der Senatskanzlei) durchzuführen und eine geeignete Bezugsgröße zu definieren.

Die Kosten dieser PAB-Produkte sollen informatorisch auf die Produkte der Kostenstelle, in der sie erzeugt werden, umgelegt werden. Damit wird sichergestellt, daß sie nicht als Bestandteil in die outputorientierte Budgetierung eingehen und dennoch auf externen Produkten nachgewiesen werden.

Die **zentrale Budgetierung** (Senatsverwaltung für Finanzen) sollte für jedes dieser Produkte pro Senatsverwaltung erfolgen. Zur Festlegung der Plafonds sind geeignete Hilfsbemessungsgrößen zu bilden. Als Hilfsbemessungsgröße könnte z. B. die Anzahl der Anfragen oder Petitionen des letzten Jahres pro Verwaltung herangezogen werden, wobei der Zuweisungspreis in seiner Höhe für jede Verwaltung unterschiedlich (nach Bearbeitungsaufwand bzw. Ressourcenverbrauch) festgelegt werden kann.

Die **dezentrale Finanzmittelverteilung** ist aufgrund veränderbarer politischer Schwerpunktsetzung und damit zu erwartender Verschiebungen zwischen den Abteilungen möglicherweise problematisch. Dennoch scheint eine Orientierung an den Ist-Kosten des vergangenen Jahres praktikabel zu sein.

## 4.4 Politische Themenfelder

Bei den Produkten ohne Bezugsgröße dieser Kategorie handelt es sich um **politische Aufgaben im engeren Sinne,** also um politisch geforderte Verwaltungsdienstleistungen, die jederzeit in Abhängigkeit von der politischen Schwerpunktsetzung verringert oder ausgeweitet werden können.

Politische Themenfelder weisen eine hohe Ähnlichkeit mit Projekten auf (u.a. gebündelter Ressourceneinsatz, definierte Zielstellung, Erarbeitung auf der Basis eines Auftrags). Im Gegensatz zu Projekten ist das politische Themenfeld jedoch nicht zeitlich begrenzt sondern besitzt einen offenen Zeithorizont.

Charakteristisch ist, daß die Produkte der „Politischen Themenfelder" in den Bereich der **angebots-/politikgesteuerten** Produkte fallen. Zu dieser Kategorie zählt beispielsweise das Produkt *Flughafenpolitik* (Produkt Nr. 1072 der Skzl) oder die *Regionalpolitik* (Produkt Nr. 1070 der Skzl). Beispiele für politische Themenfelder sind insbesondere in den Grundsatzreferaten zu finden. Zur Charakteristik dieser Produktkategorie gehört weiterhin, daß sie häufig parallel neben externen Produkten in den gleichen Kostenstellen existieren.

In der **Kostenrechnung** werden diese Produkte wie die Produkte des politisch-administrativen Bereiches behandelt, indem eine **informatorische Umlage** der Kosten stattfindet.

Eine **zentrale Plafondierung** ist über eine inputorientierte Bemessung anhand der politischen Schwerpunktsetzung möglich. Zur Bemessung der entsprechenden Plafonds sollten neben dem geplanten Ressourceneinsatz die mit dem Aufgabenfeld verbundenen **Ziele** und evtl. **Qualitätsmaßstäbe** für die Aufgabenerfüllung festgelegt werden.

Die **dezentrale Finanzmittelzuweisung** kann aufgrund der Mittelkoppelung an eine konkrete politische Aufgabenstellung bspw. in einer verwendungsgebundenen Weiterleitung an die bearbeitende Kostenstelle liegen.

# 5 Implikationen

Hinsichtlich der Prioritätensetzung bei der Produktbildung ist aus Sicht der **Politik**, der **zentralen** Budgetierung und den **Anforderungen** aus den Verwaltungen die folgende Rangreihe zu sehen:

1. Produkte mit Bezugsgröße
2. Projekte
3. Produkte ohne Bezugsgröße
    - Politische Themenfelder
    - Dienstleistungen für das eigene Haus (inkl. nachgeordneter Einrichtungen)
    - Dienstleistungen für andere Verwaltungen (nicht nachfragegesteuert)
    - Klassische Produkte des „Politisch-administrativen Bereichs“

Diese Rangreihe bedeutet, daß nur dann Produkte ohne Bezugsgröße gebildet werden, wenn es trotz intensiven Bemühungen nicht möglich ist, eine geeignete Bezugsgröße zu finden.

Sobald auf diese Form der Steuerungsobjekte zurückgegriffen werden muß, ist zu beachten, daß

- bei Produkten ohne Bezugsgröße auch auf Informationen zur Quantität verzichtet wird und deshalb diese zur internen Steuerung und Planung schlechter genutzt werden können;
- bei den Produkten ohne Bezugsgröße eine größere politische Einflußnahme besteht; Jahr für Jahr wird der Plafond nach politischen Prioritäten neu festgelegt, was eine größere Unsicherheit bezüglich der geplanten Finanzmittelausstattung zur Folge hat;
- bei Produkten mit Bezugsgrößen ist bei steigendem Arbeitsanfall eine Erhöhung des Budgets bzw. zumindest eine Verhinderung von Kürzungen argumentativ leichter zu vertreten und durchzusetzen, als bei Produkten ohne Bezugsgröße;
- bei Finanzmittelkürzungen budgetierbarer und nachfragegesteuerten Produkten nicht nur die Anbieter, sondern auch die Nachfrager betroffen sind und damit ein größeres Interessenpotential zur Verhinderung der Mittelkürzungen gegeben ist.

# Benchmarking des Rechnungswesens in der Versicherungswirtschaft

Dipl.-Kfm. Burkhard Brunner, Senior Consultant
KPMG Unternehmensberatung GmbH, Köln

## Inhalt



18. Saarbrücker Arbeitstagung für Industrie, Dienstleistung und Verwaltung 1997. Hrsg.: A.-W. Scheer.© Physica-Verlag Heidelberg 1997

# 1 Einleitung

Durch die Deregulierung wurde ausländischen Versicherungsunternehmen der Zugang zum deutschen Markt wesentlich erleichtert. Bis zu diesem Zeitpunkt war der deutsche Versicherungsmarkt in sich geschlossen. Das Bundesaufsichtsamt für das Versicherungswesen (BAV) übte eine vorbeugende Kontrollfunktion aus, d.h., Produkte und Prämien befanden sich auf einheitlichem Niveau. Sofern von Versicherungsunternehmen (VU) externe Vergleich durchgeführt wurden, war es ausreichend, sich an den Branchendurchschnittswerten der deutschen Versicherungswirtschaft zu orientieren.

Mit der Erkenntnis, daß die Komplexität des Geschäftes durch die Deregulierung zunimmt und weitreichende Konsequenzen mit sich bringt, wird die Wettbewerbssituation in die strategischen und operativen Überlegungen der Versicherungsunternehmen eingebunden. Externe Vergleiche gewinnen zunehmend an Bedeutung, da unter diesen neuen Rahmenbedingungen detailliertere Informationen beschafft werden müssen. Benchmarking kommt hierbei eine tragende Rolle zu, da nicht nur quantitative Informationen ermittelt werden, sondern auch die Art und Weise der Abläufe berücksichtigt werden.

Ziel dieses Vortrages ist es, nach einer theoretischen Einführung in die Benchmarking Thematik, die Ergebnisse einer Benchmarking-Studie im Rechnungswesen von Versicherungsunternehmen darzustellen.

# 2 Benchmarking - Möglichkeiten und Grenzen in der Versicherungswirtschaft

## 2.1 Abgrenzung des Benchmarkingbegriffs

In der Literatur sind eine Vielzahl von Definitionen zu finden. Je nach Verfasser sind die einen mehr theoretischer Natur, die anderen mehr praxisorientiert. Der Begriff Benchmark wird als „Referenzpunkt" oder „Bezugspunkt" übersetzt [1]. In der Computertechnologie handelt es sich um ein Programm für den Leistungsvergleich unterschiedlicher Computersysteme [2].

Vergleichen ist der wesentlichste Aspekt des Benchmarking. Dabei ist von Bedeutung, daß es sich i.d.R. nicht um qualitative Vergleiche handelt, sondern die Vergleichsbasis quantifiziert wird. Verwertbare aussagen aus einem Bechnmarkingvergleich sind nur möglich, wenn eine Vergleichsbasis realisiert werden kann. Dies bedeutet i.d.R., daß ein Vergleich auf Elementarebene nicht möglich ist. Notwendige Abstraktionen und Vereinfachungen werden in der Praxis als Nachteil gewertet. Diese werden jedoch durch Erweiterungen des Betrachtungsspektrums kompensiert.

Die Benchmarking Erfahrungen der KPMG sind in die folgende Definition eingeflossen:

**Benchmarking ist ein kontinuierlicher Prozeß, der betriebliche Marktleistungen anhand von best practice Standards analysiert und bewertet, um Erklärungsansätze für ehrgeizige Veränderungsziele nachvollziehbar abzuleiten und zu erreichen**

Ein besonders wichtiges Kriterium der Benchmarking Philosophie ist der kontinuierliche Prozeß. Eine einmalige zeitpunktbezogene Betrachtung und sei sie noch so detailliert birgt das Risiko des Einflusses erheblicher Sonderfaktoren. Erst die Festlegung einer Basis, die im Zeitablauf mehrmals verwendet werden kann, gewährleistet eine objektive Sichtweise.

Betriebliche Marktleistungen bilden die Grundvoraussetzungen eines Benchmarking Projektes. Ohne eine Identifizierung und Abgrenzung solcher Leistungen ist ein fundierter meßbarer Vergleich nicht möglich.

Die Bewertung der eigenen Leistung anhand von best practice Standards erleichtert die Definition der hieraus abzuleitenden Veränderungsziele bzw. Verbesserungspoten tiale. Idealziel eines Benchmarkingprojektes ist es, besser zu werden als der identifizierte best practice. Die Praxis zeigt, daß dies in einigen Fällen möglich ist, oft aber es bereits als ausreichend angesehen wird, wenn deutliche Verbesserungspotentiale realisiert werden können. Angestrebte Veränderungsziele sind strategisch orientiert, wodurch deutlich wird, daß Benchmarking primär ein Konzept des strategischen Managements ist. Da Benchmarking i.d.R. für konkrete operative Fragestellungen herangezogen wird, bietet dieses Konzept die Möglichkeit, eine Brücke zwischen operativem Geschäft und Unternehmensstrategie zu schlagen.

Benchmarking, wie es bisher vorgestellt wurde, ist nichts grundlegend Neues. Vielmehr existieren Methoden mit ähnlichen Zielsetzungen. Hierzu sind in erster Linie das Business Process Reengineering (BPR) und der Konkurrenz- bzw. Unternehmensvergleich zu nennen.

BPR hat genau wie Benchmarking das Ziel, deutlich spürbare, fundamentale Änderungen in den Bereichen hinsichtlich Zeit, Kosten, Qualität und Service zu erreichen [3]. In der Praxis wird Benchmarking i.d.R. als Technik des BPR eingesetzt [4]. Der fließende Übergang zwischen den Konzepten wird durch nachfolgende Grafik deutlich.

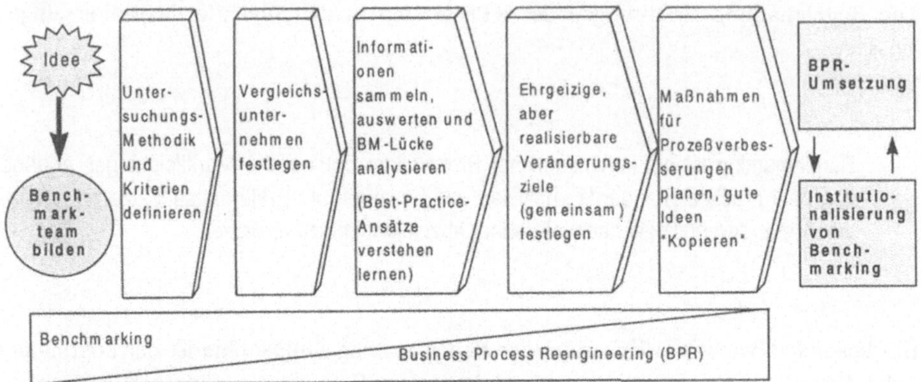


**Abb. 1: Darstellung des Zusammenhangs zwischen Benchmarking und BPR**

Die Konkurrenz- oder Unternehmensanalyse konzentriert sich auf den Vergleich betriebs- und finanzwirtschaftlicher Daten von direkten Wettbewerbern. Benchmarking geht über diese Analyse hinaus. Neben finanzwirtschaftlichen Daten können auch Prozesse und Methoden verglichen werden. Auch Beschränkt sich Benchmarking nicht auf direkte Mitwettbewerber sondern integriert auch andere Branchen in die Analyse [5].

## 2.2 Benchmarking - Arten und Untersuchungsobjekte

Wie bereits ober erwähnt, kann Benchmarking für verschiedene Untersuchungsobjekte verwendet werden. Die Bandbreite des möglichen geht von gesamten Organisationen bis zu kleinsten Teilprozessen [6]. Dabei kann es sich um einen internen Vergleich zwischen Unternehmensteilen (z.B. Betriebsstätten, Abteilungen, etc.) oder um einen externen Vergleich mit Wettbewerbern handeln.

Bei internem Benchmarking werden die Untersuchungsobjekte in verschiedenen Organisationseinheiten z.B. eines Konzerns verglichen.

Als wesentlichste konkrete Ausprägungen des externen Benchmarking in der Versicherungswirtschaft sind folgende Arten zu nennen:

- Vergleich mit Branchendurchschnittswerten
- Vergleich mit best practice VU je Versicherungszweig
- Vergleich mit Durchschnittswerten des relevanten Wettbewerbs
- Vergleich mit best practice des relevanten Wettbewerbs
- Vergleich mit best practice Unternehmen außerhalb der Branche

In der Versicherungswirtschaft können mehrere Tätigkeitsgebiete für Benchmarking identifiziert werden. Die wesentlichsten sind hierbei:

- der Versicherungsschutz
- die versicherungstechnischen Verfahren
- die betriebstechnischen Verfahren

Der Versicherungsschutz stellt die direkte Beziehung zwischen Versicherungsnehmer und Versicherungsunternehmen dar. Dabei ist Versicherungsschutz kein homogenes Produkt sondern kann verschiedenartige Ausprägungen annehmen. Wesentliche Merkmale sind die Kunden- und Produktstruktur sowie die Vertriebswege.

Um im Rahmen von Benchmarking objektive Ergebnisse erzielen zu können, ist es notwendig, für jedes Kundensegment ein Anforderungsprofil für die erwartete Leistung des Unternehmens zu erstellen. Hierzu bieten sich i.d.R. Kundenbefragungen an. Ein Vergleich der Befragungsergebnisse mit den tatsächlichen Leistungen kann zur Auswahl von Benchmarkingobjekten herangezogen werden. Es muß jedoch kritisch angemerkt werden, daß Kundenbefragungen subjektiven, emotionalen Einflüssen unterliegen, die eine nur schwer zu bewertende Unschärfe in das Benchmarking hineintragen.

Versicherungstechnische Verfahren beschäftigen sich mit dem Risikogeschäft des Versicherungsunternehmens. Ziel ist es, den Risikoausgleich im Kollektiv und in der Zeit sicherzustellen [7]. Die wichtigsten Verfahren sind im folgenden aufgeführt:

- Bestandspolitik
- Schadenpolitik
- Rückversicherungspolitik
- Prämienpolitik

Die Komplexität der Versicherungstechnik ergibt sich durch wechselseitige Interdependenzen. Die Prämienpolitik beeinflußt den Versicherungsbestand und hierdurch wird wiederum die Rückversicherungspolitik tangiert. Diese Abhängigkeiten erlauben es im Rahmen des Benchmarking nicht, einzelne Elemente isoliert als Benchmarkingobjekt zu definieren.

Auch ein Benchmarking der gesamten Versicherungstechnik erweist sich als äußerst schwierig, da kaum ein Unternehmen mit gleichen oder ähnlichen Ausprägungen zu finden sein wird.

Betriebstechnische Verfahren betreffen das Dienstleistungsgeschäft des Versicherers. Von besonderer Bedeutung sind folgende Elemente:

- Vertragsbearbeitung/ -verwaltung
- Schadenbearbeitung
- Kapitalanlagenverwaltung
- Rechnungswesen

Benchmarking in der Betriebstechnik zielt in erster Linie auf die Effizienzsteigerung der Prozesse. Im Falle der Vertrags- und Schadenbearbeitung muß berücksichtigt werden, daß die Gewichtung in den verschiedenen Versicherungszweigen variiert. So hat die Schaden-/Leistungsbearbeitung in der Personenversicherung (Leben, Kranken, Unfall) eine höhere Bedeutung als in den Versicherungszweigen des Sachgeschäftes. Erfolgt das Benchmarking auf einer abstrakten Ebene ist aufgrund der Ähnlichkeit in anderen Dienstleistungsegmenten ein branchenübergeifender Vergleich möglich.

Wie bereits oben erwähnt, konzentriert sich Benchmarking auf die Ermittlung von quantifizierten Verbesserungspotentialen in den Bereichen Kosten, Qualität und Zeit.

Der Erfolgsfaktor Zeit wird i.d.R. über die Ausprägungen Durchlauf- und Bearbeitungszeit abgedeckt. Hierbei muß darauf geachtet werden, daß zum einen die betrachteten Teilprozesse ähnlich definiert sind, zum anderen sichergestellt wird, daß ähnliches Geschäft miteinander verglichen wird. Unterschiedliche Benchmarks ergeben sich schon aus einer Differenzierung in Standard- und Spezialgeschäft.

Die Qualität der Antrags- bzw. Vertragsbearbeitung kann über folgende Kennzahlen bewertet werden:

- Transaktionsvolumen
- Fehlerrate
- DV-Unterstützungsgrad
- etc.

Die Kosten der Vertragsverwaltung werden mit Hilfe finanzwirtschaftlicher Kennzahlen verglichen. Auf Basis der externen Rechnungslegung wird zunächst ein Kostenstrukturvergleich durchgeführt. Dies dient der Identifizierung von Effizienzsteigerungspotentialen. Um größere Unschärfen zu vermeiden, sollte der Vergleich nur auf Basis des selbstabgeschlossenen Geschäftes erfolgen. Die Aufwendungen für den Versicherungsbetrieb als aggregierte Größe können in die zwei wesentlichsten Kostenarten, Verwaltungs- und Provisionsaufwendungen unterteilt werden. Da die Kostenentwicklung zwischen Antragsbearbeitung und Vertragsverwaltung unterschiedlich verlaufen kann, wird zusätzlich zwischen Bestands- und Neugeschäft differenziert. Hierauf aufbauend muß dann im Sinne des Benchmarking analysiert werden, welche Methoden und Verfahren in anderen, kostengünstigeren Unternehmen angewendet werden.

Benchmarking im Rechnungswesen ist aufgrund des hohen Standardisierungsgrades ein interessantes Tätigkeitsgebiet und kann unterschiedliche Schwerpunkte beinhalten. Gängiges Benchmarkingobjekt ist die Zeitdauer für die Erstellung des Jahresabschlusses. Branchenübergreifende Vergleiche führen zu signifikanten Unterschieden.

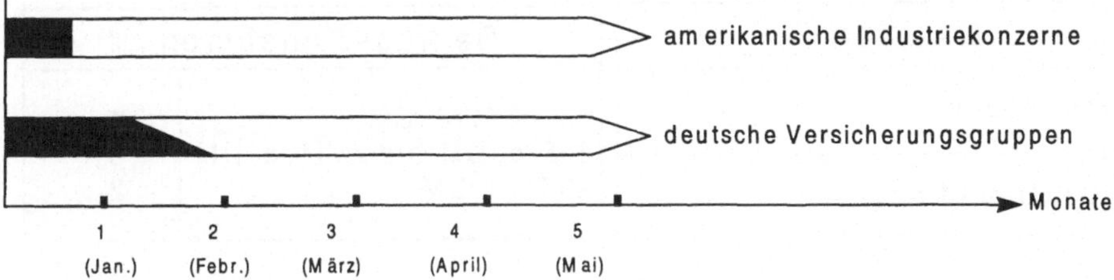


**Abb. 2: Vergleich der Dauer zur Jahresabschlußerstellung zwischen amerikanischen Industriekonzernen und deutschen Versicherungsgesellschaften**

Die kritischen Erfolgsfaktoren hierbei sind:

- Einsatz von Schätzverfahren
- Vorverlagerung des Buchungsschlusses
- Grad der Systemintegration
- Konzerneinheitliche Arbeitsanweisungen
- Konsequentes Qualitäts- und Terminmanagement

Ziel der KPMG in Zusammenarbeit mit einem der führenden deutschen Lebensversicherungsunternehmen war es, Benchmarking im Rechnungswesen nicht nur auf einen Teilaspekt (Jahresabschluß) zu beschränken, sondern einen Überblick über das gesamte Rechnungswesen zu erhalten. Hierzu wurden Strukturkennzahlen zu Rechnugnswesenprozesse bei Leben- und Sachversicherern erhoben. Dabei wurde das Rechnungswesen nicht ausschließlich aus funktionaler Sicht betrachtet, sondern zusätzlich auch die Prozeßsichtweise berücksichtigt.

# 3 Benchmarking des Rechnungswesens

## 3.1 Zeitrahmen der Benchmarking-Studie

Erste Gespräche mit dem Kooperationspartner fanden im April 1996 statt. Nachdem gemeinsam die wesentlichen Teilprozesse erarbeitet waren, wurde bis Anfang Juni 1996 das Studiendesign entworfen. Parallel hierzu wurden Versicherungsunternehmen für eine mögliche Teilnahme angesprochen. Die teilnehmenden Gesellschaften wurden sorgfältig ausgewählt, um repräsentative Aussagen ableiten zu können. Die auswahl erfolgte nach Tätigkeitsgebiet, gebuchten Bruttobeitragseinnahmen (BBE) und Größe des Kapitalanlagebestandes. Das Ergebnis zeigt, daß ein ausgewogenes Verhältnis in den relevanten Clustern BBE und Kapitalanlagebestand erzielt wurde.

| Geschäft / # | |
|---|---|
| nur Leben | 2 |
| Leben und Sach | 7 |

| Beitragseinnahmen / # | |
|---|---|
| bis <2 Mrd. DM | 4 |
| 2 Mrd. DM bis <6 Mrd. DM | 3 |
| >6 Mrd. DM | 2 |

| Kapitalanlagebestand / # | |
|---|---|
| <10 Mrd. DM | 3 |
| 10 Mrd. DM bis <20 Mrd. DM | 3 |
| >20 Mrd. DM | 3 |

**Abb. 3: Klassifizierung der Studienteilnehmer**

Von den neun Gesellschaften, die an der Studie teilgenommen haben, gehören fünf Unternehmen zu den zehn größten Gesellschaften des deutschen Versicherungsmarktes. Bei vier Versicherern handelt es sich um mittlere bzw. kleinere Unternehmen.

Die Fragebögen wurden Mitte Juni verteilt und mit der Auswertung des Datenmaterials wurde im Oktober begonnen. Im Dezember wurden die Ergebnisse dem Kooperationspartner präsentiert. Seit Februar 1997 werden die Resultate den teilnehmenden Gesellschaften vorgestellt.

## 3.2 Studiendesign

Konkrete Zielsetzung der Studie war es festzustellen, ob der Fachbereich Rechnungswesen richtig strukturiert ist und wie die Mitarbeiterzahlen vor dem Hintergrund des Mengen- und Wertgerüstes im Marktvergleich zu beurteilen sind. Der Fokus der Untersuchung lag somit auf den Personalressourcen. Um die gemessenen Personalressourcen vergleichen zu können, wurden die Studienteilnehmer gebeten, die vorgegebenen Aktivitäten je Teilprozeß zu ergänzen, soweit dies notwendig erschien. Die konkrete Interpretation der Benchmarkingzahlen war wesentlicher Bestandteil der solchen Untersuchung. Die Feststellung, daß ein VU mehr Personalkapazitäten benötigt als ein anderes Unternehmen war dementsprechend nicht ausreichend. Quantitative Ergebnisse wurden in Relation zum Aufgabenumfang bewertet. Nur so war es möglich, Effizienzaussagen zu erarbeiten.

Zweite Kriterium zur Sicherung der Vergleichbarkeit war die Normierung des Datenmaterials. Bezugsgröße waren die gebuchten Bruttobeitragseinahmen (BBE). Normiert wurde auf Basis 1 Mrd. DM BBE.

Darüber hinaus wurde das Ressort Rechnungswesen gebeten, die RW-Prozesse anhand folgender ausgewählter Qualitätsindikatoren zu beurteilen:

- DV-Unterstützungsgrad / Systemfunktionalität
- DV-Schnittstellen
- Organisationsschnittstellen / Kommunikation
- Qualifikation der Mitarbeiter
- Durchlaufzeiten
- Datenqualität / Dokumentation

Da diese Beurteilung nur durch das Ressort Rechnungswesen erfolgte und nicht durch alle Prozeßbeteiligte, handelt es sich um eine subjektive Einschätzung. Dennoch läßt sich daraus erkennen, ob gut positionierte Unternehmen ihre Situation kritisch beurteilen und nach Verbesserung streben bzw. weniger gut positionierte VU Handlungsbedarf erkennen.

Den teilnehmenden Gesellschaften wurden zu insgesamt 16 Teilprozessen Fragebögen zugesandt. Hierbei wurde, wie die folgende Abbildung verdeutlicht, neben der gewohnten funktionalen Sicht auch die Prozeßsichtweise berücksichtigt. Die nachfolgende Grafik soll dies verdeutlichen.

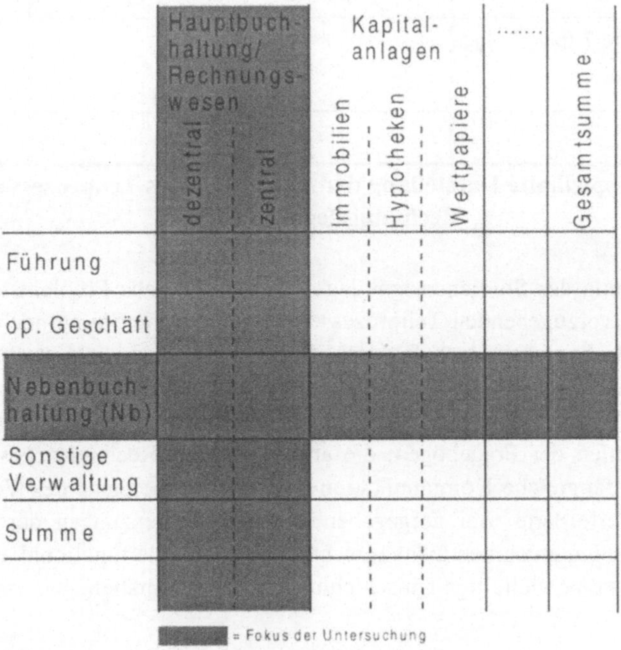

Hauptbuchhaltung/ Rechnungswesen — dezentral, zentral
Kapitalanlagen — Immobilien, Hypotheken, Wertpapiere
.......
Gesamtsumme

Führung
op. Geschäft
Nebenbuchhaltung (Nb)
Sonstige Verwaltung
Summe

= Fokus der Untersuchung

**Abb. 4: Sichtweisen der Benchmarking-Studie**

Die wesentlichen Teilprozesse waren:

- Durchführung der Jahresabschlußarbeiten
- Durchführung der internen Rechnungslegung
- Durchführung der Inkasso-/Exkassobuchhaltung
- Durchführung Hypothekenbuchhaltung
- Durchführung der Wertpapierbuchhaltung
- etc.

Für jeden Teilprozeß wurden Aktivitäten ermittelt. Die Abbildung 5 zeigt dies beispielhaft.

| **Aktivitäten** | **Personenjahre im Fachbereich Rechnungswesen** | | | **Personenjahre in anderen Fachbereichen** |
|---|---|---|---|---|
| | gesamt | davon zentral (Hauptverwaltung) | davon dezentral | |
| unterjährige Meldungen erstellen | | | | |
| Jahresmeldungen erstellen | | | | |
| Meldewesen koordinieren | | | | |
| Kontakt zum BAV pflegen | | | | |
| Sonstiges, welche ? (bitte Folgezeilen verwenden) | | | | |
| **Gesamt** | | | | |

**Abb. 5: Beispielhafte Darstellung der Aktivitäten des Teilprozesses Interne Rechnungslegung (BAV)**

Bei der Erstellung des Studiendesigns lag die grundsätzliche Problemstellung in der Festlegung der vorzugebenden Teilprozesse. Da eine solche Studie noch nicht in der deutschen Versicherungswirtschaft durchgeführt wurde, lag die Entscheidung nahe, den Teilprozessen grobe Aktivitäten zuzuordnen und auf eine allzu enge Abgrenzung zu verzichten. Wie sich im Nachhinein zeigte, war diese Entscheidung richtig, da das korrekte Ausfüllen der Fragebögen, die an das Ressort Rechnungswesen adressiert waren, eine umfangreiche Kommunikation über alle Teilbereiche des Versicherungsunternehmens erforderte. Bei vorgegebenen engen Abgrenzungen der Teilprozesse hätten sich viele Unternehmen nicht zurechtgefunden, da die funktional ausgerichteten Informationssysteme vielfältige Umschichtungen erfordert hätten.

## 3.3 Einführung in die Studienergebnisse

Als grundlegende Ergebnisse sind folgende festzuhalten:

Empirische Daten über die Struktur des Ressorts Rechnungswesen oder der Rechnungswesenprozesse in der Versicherungswirtschaft liegen bislang nicht vor.

Ein ganzheitliches, über alle Unternehmensfunktionen gehendes Prozeßdenken ist in der Versicherungswirtschaft noch nicht vorhanden. Die Studienerkenntnis zeigt ein ansatzweises Prozeßdenken in den Funktionsbereichen. Optimierungsbemühungen führen unter diesen Voraussetzungen allerdings zu suboptimalen Insellösungen. Obwohl es sich bei Rechnungswesenaktivitäten um in hohem Maße standardisierte Vorgänge handelt, wird die Komplexität der Prozesse durch die Bildung unternehmensinterne Individualismen gefördert.

Weiterhin ist festzustellen, daß in den untersuchten Versicherungsunternehmen keine homogene Struktur im Rechnungswesen vorzufinden ist. Dies liegt in unterschiedlichen aufbauorganisatorischen Zuständigkeiten begründet. Musterbeispiele hierfür sind zum einen der Bereich Kapitalanlage, zum anderen der Zahlungsverkehr.

Das ausgewertete Datenmaterial der Studienteilnehmer zeigt, daß die Fragebögen in fast allen Fällen sowohl vom Rechnungswesen als auch von den Fachbereichen ausgefüllt wurden. Dies deutet darauf hin, daß die gewünschten Informationen grundsätzlich generierbar sind. Nur bei zwei Teilprozessen (Schaden-/Leistungsbuchhaltung und Rückversicherungsbuchhaltung) ist das Datenmaterial bzw. die korrekte Abgrenzung der Teilprozesse über alle beteiligten Gesellschaften kritisch zu hinterfragen.

## 3.4 Detaillierte Studienergebnisse

Die folgende Darstellung der Studienergebnisse berücksichtigt beide bereits oben erwähnte Sichtweisen. Zum einen die funktionale Sicht auf das Ressort Rechnungs wesen bezogen, zum anderen die Prozeßsicht über alle Funktionsbereiche des VU.

Bei Betrachtung der gesamten Personalkapazitäten (Prozeßsicht) läßt sich eine Abhängigkeit zur Unternehmensgröße erkennen. Gesellschaften mit Beitragseinnahmen größer 2 Mrd. DM BBE benötigen mit Ausnahme von zwei Unternehmen weniger Kapazitäten als Unternehmen mit weniger als 2 Mrd. DM BBE.

Deutlicher fällt dieser Trend aus, wenn der Fokus auf den Kapazitäten des Ressorts Rechnungswesen liegt. Mit zunehmender Unternehmensgröße steigt die Personalkapazität erst an, um ab einer Größe von ca. 2 Mrd. DM BBE wieder abzunehmen.

Anhand nachfolgender Grafik wird der Größendegressionseffekt sichtbar. Die Interpretation mußte um die Unternehmen VU3 und VU7 bereinigt werden.

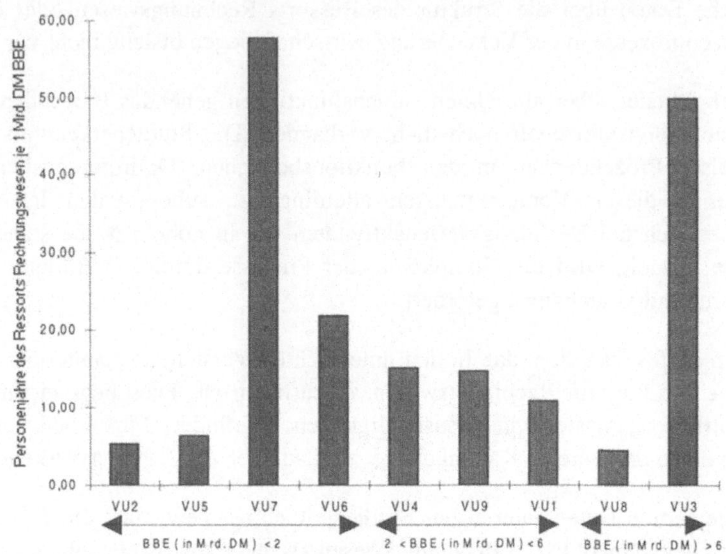


**Abb. 6: Darstellung der normierten Personenjahre im Ressort RW in Abhängigkeit der Unternehmensgröße**

Einfluß auf die Höhe der gebundenen Personalkapazität hat ein weiterer Aspekt, der für die Interpretation beachtet werden muß. Das Ressort Rechnungswesen erstellt i.d.R. zentral für den Versicherungskonzern Jahresabschlüsse für mehrere konzerngebundene Unternehmen. Hierzu gehört auch die gesamte unterjährige Betreuung. Im Rahmen der Studie konnte festgestellt werden, daß mit zunehmender Anzahl der zu betreuenden Gesellschaften die Personalkapazität zunimmt. Steigt die Anzahl weiter, werden auch hier Größendegressionseffekte sichtbar. Versicherungsunternehmen, die mehr als 14 Gesellschaften betreuen, binden in Relation zu VU mit geringer Anzahl zusätzlicher Unternehmen weniger Personal.

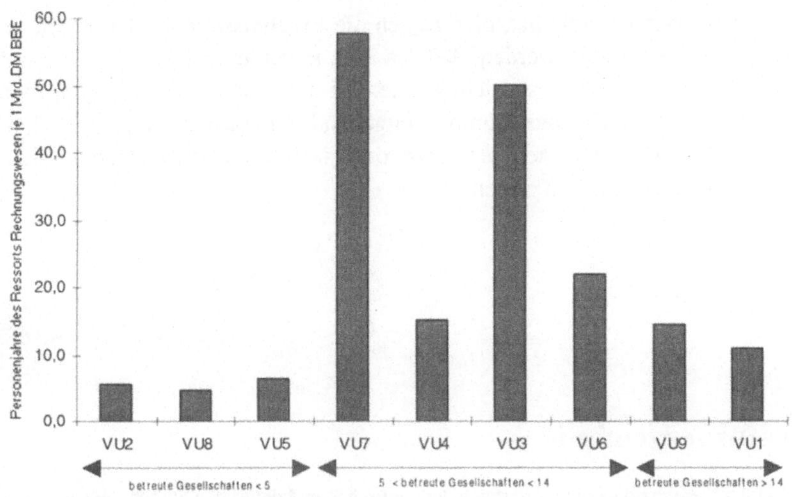


**Abb. 7: Darstellung der normierten Personenjahre des Ressorts RW in Abhängigkeit der Anzahl betreuter Gesellschaften**

Die Analyse der durch Führungsaufgaben gebundenen Kapazitäten führte zu einem heterogenen Ergebnis. Zwar werden durchschnittlich 7% der Personalkapazitäten für Führungsaufgaben verwandt. Ein Vergleich einzelner Unternehmen zeigt jedoch, daß Differenzen bis zu 6%-Punkten auftraten. Eine positive Korrelation zur Unternehmensgröße ließ sich nicht feststellen. Die Unterschiede in der Kapazitätsbindung durch Führungsaufgaben läßt für einzelne Unternehmen erhebliches Verbesserungspotential erkennen.

# 4 Weiteres Vorgehen

Die detaillierten Ergebnisse sind von den Studienteilnehmern sehr positiv aufgenommen worden. Mit jedem einzelnen Studienteilnehmer wurde ein Feedback-Workshop veranstaltet Hierbei sind die einzelnen Teilprozesse kritisch hinterfragt worden. Neben bereits im Unternehmen bekannte Schwachstellen konnten auch neue Anstöße zu Prozeßoptimierungen in den Workshops erarbeitet werden.

KPMG strebt daher die Fortführung der Studie an. Hierbei soll zum einen die Datenbasis durch Gewinnung weiterer Versicherungsunternehmen ausgebaut werden. Zum anderen gilt es die Erhebungsmethodik zu verfeinern und zu erweitern. Hierzu zählen die klassischen prozeßorientierten Kennzahlen wie z.B. Bearbeitungszeiten und -kosten.

Diese Benchmarking-Studie hat, dies zeigen die Ergebnisse, noch Unschärfebereiche. Insgesamt kann festgestellt werden, daß das Ziel, in den teilnehmenden Gesellschaften eine Diskussion zu initiieren, erreicht wurde. Für die gesamte Versicherungswirtschaft gilt im Rechungswesen, das durch weitgehend einheitliche Inputs und Outputs gekennzeichnet ist, im Rahmen der Prozeßorganisation Optimierungspotentiale durch externe Vergleiche zu identifizieren.

## Literaturverzeichnis

[1] Vgl. Langenscheidts Großwörterbuch der englischen und deutschen Sprache, Berlin und München 1985

[2] Vgl. Fromm, H.: Benchmarking, in: Handbuch Qualitätsmanagement, 3. Aufl., hrsg. Von W. Masing, München und Wien 1994, Seite 121

[3] Vgl. Hammer, M.; Champy, J.: Business Reengineering, 3. Aufl., Frankfurt am Main 1994, Seite 48

[4] Vgl. Watson, G.H.: The Benchmarking Workbook: Adapting Best Practices for Performance Improvement, Cambridge, Norwalk 1992, Seite 91ff.

[5] Vgl. Reyes, G.; Pfleger, E.: Die Weltklasse als Maßstab - Über Benchmarking zur Spitze aufschließen, in: Kompetenz - Das Diebold Management Journal, Dezember 1993, Nr. 23, Seite 43

[6] Vgl. Pieske, R.: Benchmarking-Lernen von den Besten, in: VDI-Zeitschrift, 1995 Nr. 1, Seite 81

[7] Vgl. Farny, D.: Versicherungsbetriebslehre, a.a.O., Seite 362

# Das KPMG Referenzmodell für Versicherungen - Ansatz für ein effizientes Vorgehen bei der Optimierung von Geschäftsprozessen?

Dr. Rolf Meyer,
KPMG Unternehmensberatung GmbH Köln
Dr. Carla Schneider,
KPMG MC Wien

## Inhalt



18. Saarbrücker Arbeitstagung für Industrie, Dienstleistung und Verwaltung 1997. Hrsg.: A.-W. Scheer.© Physica-Verlag Heidelberg 1997

# 1 Einleitung

Effiziente und durchgreifende Strukturanpassungsprozesse im Versicherungsgeschäft nehmen immer mehr an Bedeutung zu. Aus diesem Grund bildet der Bereich der Geschäftsprozeßoptimierung bei der Beratung von Versicherungskunden durch die KPMG einen entscheidenden Schwerpunkt.

Der Inhalt des Referenzmodells für Versicherungen umfaßt im Sinne der Wertschöpfungskette die wesentlichen Geschäftsprozesse im Versicherungsunternehmen (Vertrag, Leistung, Produktentwicklung) und ist somit auf das Kerngeschäft der Versicherungen abgestimmt.

Das KPMG-Referenzmodell ist Grundlage für die Neugestaltung von Geschäftsprozessen in Versicherungsunternehmen. Es bietet dem Kunden eine umfassende Hilfestellung bei der kunden- und serviceorientierten Ausrichtung ihres Geschäftes. So wird das Modell für die strukturierte und ganzheitliche Lösung von strategischen, DV-technischen und organisatorischen Fragestellungen herangezogen. Hierfür bietet das Gesamtmodell eine sichtenübergreifende Betrachtung auf Geschäftsprozesse, Datenstrukturen, Informationsfluß und Organisation.

Um den Nutzen für den Kunden zu erhöhen, hat die KPMG das Referenzmodell mit dem ARIS-Toolset abgebildet. Der Anwender erhält damit eine Gesamtsicht auf das Unternehmen. Funktionalität und Benutzerfreundlichkeit des Werkzeuges gewährleisten eine einfache und schnelle Bearbeitung und Pflege der Modelle. Zusätzlich kann der Kunde die erstellten Modelle für weitere Zwecke, wie z.B. die ISO-Zertifizierung, Prozeßkostenrechnung und die Simulation von Prozessen, verwenden. Aufgrund der Offenheit von ARIS ist der Anwender frei in seiner Auswahl entsprechender Hard- und Softwaresysteme zur Umsetzung der neu gestalteten Geschäftsprozesse.

# 2 Zielsetzung und Einsatzkriterien

Zielsetzung des KPMG Referenzmodells für Versicherungen ist es, die Chancen für eine erfolgreiche Abwicklung und Strukturierung von komplexen Projekten zu erhöhen. Das Modell bietet die Grundlage für eine prozeßintergrierte, ganzheitliche Betrachtung von strategischen, ablauforganisatorischen und informationstechnischen Fragestellungen sowie deren Wechselbeziehungen.

Ein entscheidender Vorteil der Darstellung der zu untersuchenden Prozesse in einem Modell, ist die Transparenz der Wechselbeziehungen zwischen den Fragestellungen und einer somit einfacheren Analyse dieser.

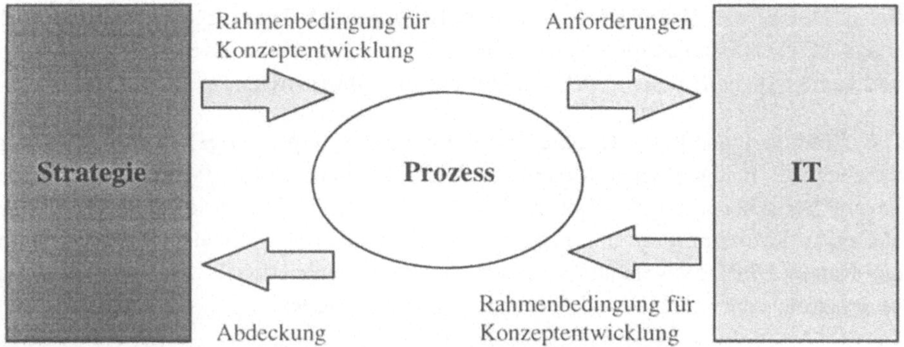


**Abb. 1: Prozess als Integrationsansatz**

Das Modell liefert die Basis für vielfältige Verwendungsmöglichkeiten. Es kann z.B. für Geschäftsprozeßmodellierung und -optimierung unter Berücksichtigung informationstechnischer Optionen und strategischer Vorgaben genutzt werden. In diesem Zusammenhang kann das Modell auch für branchenspezifische Schulungen im Bereich Prozeßanlayse und -modellierung genutzt werden. Ebenso können Versicherungsunternehmen unter Zuhilfenahme des Modells Simulationen von Prozessen mittels alternativer Parametersetzung durchführen oder es für eine kostenrechnerische Betrachtung von Prozessen im Zuge eines Prozeß-Controlling einsetzen.

Des weiteren ist die Nutzung des Modells im Rahmen von Auswahlverfahren von Standardsoftware-Paketen und der Pflichtenhefterstellung bei der Software-Individualentwicklung möglich.

Plant ein Versicherungsunternehmen eine Analyse von Informations- und Kommunikationssystemen oder deren Gestaltung, kann das KPMG Referenzmodell eingesetzt werden, um diesen Vorgang zu vereinfachen, schneller zu bewältigen und somit Kosten zu reduzieren.

# 3 Entwicklung, Aufbau und Abbildung mit ARIS

Das von der KPMG entwickelte Referenzmodell für Versicherungen ist auf Basis von Ergebnissen der Arbeitskreise des Gesamtverbandes der deutschen Versicherungswirtschaft (VAA) entstanden. Auf der Grundlage, von in zahlreichen Beratungsprojekten bei Versicherungen gewonnenen Erfahrungen der KPMG, wurde das Basismodell weiterentwickelt, um Spartenspezifika (Leben) ergänzt und der Detaillierungsgrad verfeinert.

Für die Entwicklung des Referenzmodells wurde ein marktgängiges und in sich integriertes Software-Werkzeug, das ARIS Toolset (Architektur integrierter Informationssysteme) von IDS Prof. Scheer GmbH, eingesetzt. Vorrangiges Ziel des Werkzeugs ist die Organisationsentwicklung und die unternehmensweite Dokumentation und ganzheitliche Beschreibung von Unternehmensprozessen.

Das Referenzmodell wurde unter Berücksichtigung eines Regelwerkes entwickelt, welches die maßgeblichen Modell- und Objekttypen, sowie die zu betrachtenden Abstraktionsebenen angibt. Ziel des Regelwerkes ist die Gewährleistung eines hohen Maßes an Strukturiertheit und rascher Verständlichkeit des Modells. Die Ausprägung des Regelwerkes, festgehalten in einem Konventionenhandbuch, kann individuell an unternehmensspezifische Modellierungen angepaßt werden.

Im Rahmen des Integrationsansatzes der Fragestellungen werden die zu untersuchenden Bereiche in Strukturmodellen des Referenzmodells abgebildet und konkretisiert.

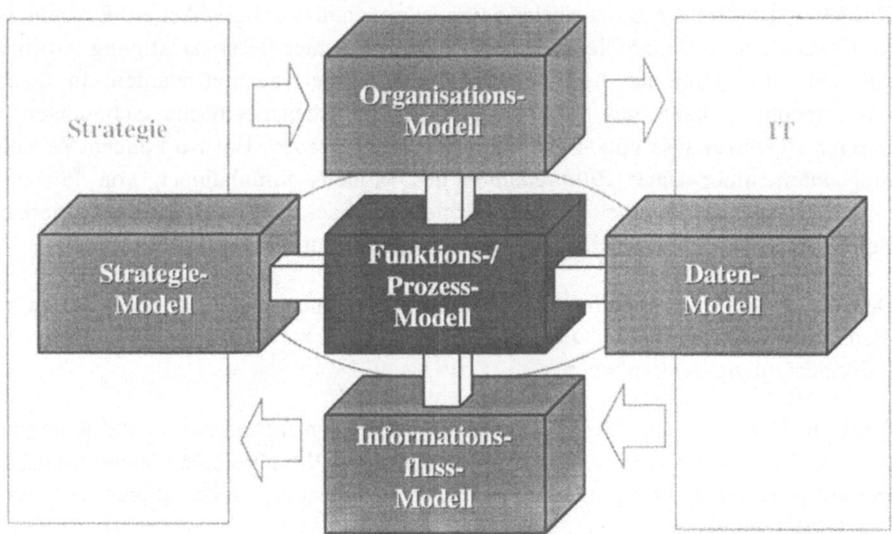


**Abb. 2: Integrationsansatz und Strukturmodelle des Referenzmodells für Versicherungen**

- *Funktions-/Prozeßmodell*

  Das Funktions-/Prozeß-Modell stellt den Mittelpunkt des Referenzmodells dar und fungiert als zentrale Einheit, über die die anderen Modelle miteinander verknüpft sind und anhand dessen Wechselbeziehungen zwischen diesen Strukturmodellen dargestellt werden können. Zweck diese Modells ist die Abbildung idealtypischer Geschäftsprozesse, die anhand von Funktionen mit unterschiedlichen Attributsausprägungen dargestellt werden.

- *Organisationsmodell*

  Die Verbindung zwischen Funktions-/Prozeßmodell und Organisationsmodell erfolgt über die Zuordnung von Funktionen/Prozessen zu Arbeitsplatztypen. Der Ar-beitsplatztyp ist ein zentrales Objekt im Organisationsmodell und spiegelt das Be-streben wider, unter Berücksichtigung der Prozeßsicht (horizontal-funktionsübergreifend), Kompatibilität mit der klassischen Aufbauorganisation (vertikal-funktionsorientiert) zu schaffen. Arbeitsplatztypen können unternehmensspezifischen Organisationseinheiten (beeinflußt durch die Organisationskultur) und Standorten zugeordnet werden.

- *Datenmodell*

  Das Datenmodell verfügt über keine unmittelbare Verknüpfung zum zentralen Funktions/Prozeßmodell. Bestandteil des Datenmodells ist die Beschreibung von den im Rahmen von Attributen konkretisiert und dem Strategiemodell über den strategisch geforderten kritischen Informationsbedarf zugeordnet. Über die Beschreibung der von den Funktionen benötigten bzw. bereitgestellten Daten durch das Informationsflußmodell steht dieses mit dem Datenmodell in direkter Verbindung.

- *Informationsflußmodell*

  Der Zu- und Abfluß von Daten, die zur Funktions-/Prozeßausübung notwendig sind, bzw. als Ergebnis von Funktions/Prozeßausübungen resultieren, ist im Informationsflußmodell abgebildet. Die Informationsflüsse werden durch Objekte des Datenmodells beschrieben.

- *Strategiemodell*

  Das Modell dient zur Entwicklung von Vorgaben für die Konkretisierung der sonstigen Strukturmodelle. Die Hauptaufgabe besteht darin strategische Geschäftsfelder zu definieren und die jeweilige Geschäftsfeldstrategie, bzw. Geschäftsziele, quantifizierbar festzulegen. Durch die Formulierung des kritischen Informationsbedarfs werden Strategieeinhaltung und Zielerreichung operationalisierbar.

Die jeweiligen Strukturmodelle können in einem Metamodell zusammengefügt werden, so daß die Wechselwirkungen zwischen ihnen deutlich werden und werden durch spezifische Modelltypen beschrieben:

| | | |
|---|---|---|
| Funktions-/Prozeßmodell | = | eEPK, Prozeßauswahlmatrix und Funktionsbaum |
| Organisationsmodell | = | Organigramm |
| Datenmodell | = | Clustermodell und ERM |
| Informationsflußmodell | = | Funktionszuordnungsdiagramm |
| Strategiemodell | = | Zieldiagramm |

Die verwendeten Modelltypen beinhalten vordefinierte Objekttypen und zugehörige Attribute (Objektname, -identifizierer, -beschreibung/definition) und können. entsprechend der durch das Metamodell vorgegebenen Beziehungen, zwischen den Strukturmodellen, dargestellt werden.

Die Festlegung der abzubildenden Prozesse orientiert sich an der Wertschöpfungskette im Versicherungsunternehmen und umfaßt die Modellierung von zehn Übersichtsprozessen/Szenarien (Ebene 1) sowie rd. 60 Detailprozesse (Ebene 2). Die Feinprozesse (Ebene 3) umfassen die Elementarfunktionen, die kundenspezifisch erarbeitet werden.

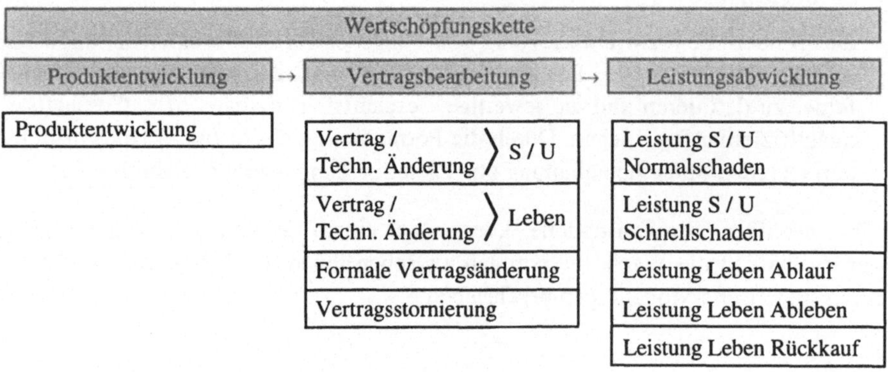


**Abb. 3: Prozeßkette**

Für jeden der drei Bereiche der Wertschöpfungskette, d.h. für Produktentwicklung, Vertragsbearbeitung und Leistungsabwicklung, gibt es entsprechende Funktionsbäume auf den Ebenen 1 und 2. Sämtliche in den eEPK verwendeten Funktionen entsprechen den Funktionen der Funktionsbäume. Insgesamt wurden rund 80 Funktionsbäume und 60 Prozeßketten der Ebene 2 mit insgesamt etwa 500 Funktionen modelliert.

Sinn der konsequenten Ebenenstrukturierung ist es, die Übersichtlichkeit von Einzelmodellen zu wahren, Komplexität zu reduzieren und in der Modellierung trotzdem vollständig zu sein.

# 4 Praktische Erfahrungen und Nutzen

Der Einsatz des KPMG-Referenzmodells für Versicherungen hat für den Kunden vielseitige Vorteile. Projekte werden effizienter und kostengünstiger ausgeführt. Die Erfolgswahrscheinlichkeit des Projektes kann deutlich erhöht werden. Durch die Ergebnisse eines Projektes im Rahmen des Referenzmodells initialisieren einen kontinuierlichen Verbesserungsprozeß und können als solide Ausgangsbasis für alle weiteren internen Weiterentwicklungsprozesse verwendet werden. Vor allem die einfache Handhabung des Modells und die Berücksichtigung sämtlicher Interessengruppen, wie z.B. IT, BO, Anwender und Management, zeichnen das Modell aus. Hinzu kommt, daß man von vorgegebenen Modellen der Softwarehersteller unabhängig ist und die eigenen spezifische Bedürfnisse besser erfüllen kann.